国家出版基金资助项目　　铁路科技图书出版基金资助项目

桥梁漫笔

李国豪 题

万明坤　项海帆
秦顺全　罗　玲　主编

中国铁道出版社

2015年·北京

内 容 简 介

　　本书是我国五十多位很有影响的桥梁专家、学者联合撰写的一部全面介绍桥梁知识的参考书。内容包括桥梁的历史、文化、类型、结构、勘测、设计、制造、安装、施工、试验、监测、维修、养护、管理、可持续性评估、今后的宏伟发展前景，以及与之有关的水文、地质、气象、地震、风害、材料、物理、力学和美学方面的知识。

　　本书全面反映了进入 21 世纪以来国内外桥梁科学技术突飞猛进的最新发展，结合国内外著名大桥进行介绍，图文并茂，是一部百科全书式的参考书，可供在桥梁科学技术及建设领域的工作者和大专院校师生参考，也可供对桥梁事业有兴趣的人士以及具有初中以上文化程度的青少年阅读。

图书在版编目（CIP）数据

桥梁漫笔 / 万明坤等主编 . —北京：中国铁道出
版社，2015.11
　ISBN978-7-113-21086-1

　Ⅰ.①桥… Ⅱ.①万… Ⅲ.①桥梁工程—普及读物
Ⅳ.① U44-49

中国版本图书馆 CIP 数据核字（2015）第 263085 号

书　　名：桥梁漫笔	
作　　者：万明坤　项海帆　秦顺全　罗　玲	

责任编辑：许士杰　宋　薇	编辑部电话：（010）51873204	电子邮箱：syxu99@163.com
编辑助理：郭　静		
封面题字：李国豪		
装帧设计：崔丽芳		
责任印制：郭向伟		

出版发行：中国铁道出版社（100054，北京市西城区右安门西街 8 号）
网　　址：http://www.tdpress.com
印　　刷：中煤涿州制图印刷厂北京分厂
版　　次：2015 年 11 月第 1 版　　2015 年 11 月第 1 次印刷
开　　本：787mm×1092mm　1/16　印张：41.75　字数：840 千
书　　号：ISBN 978-7-113-21086-1
定　　价：180.00 元

季羡林 | 卢嘉锡 | 王绶琯

关于文化交流与科普工作的 *语录*

文化交流是人类进步的主要动力之一。人类必须相互学习，取长补短，才能不断前进。而人类进步的最终目标必然是某一种形式的大同之域。

—— 季羡林（1911~2009），学界泰斗，东方学大师

科技工作者，尤其是知名科学家参加科普工作，能起到高屋建瓴的作用。他们在科普创作中所融入的科学探索体验，对科学事业的情感和科学的思想方法，对青少年都会有很强的感召力。

—— 卢嘉锡（1915~2001），物理化学家，中国科学院前院长（1981~1987）

近代历史一再说明，一个科学知识水准低下的社会，总是极其脆弱、没有力量的。现代社会的整体力量极大地依托于全社会的知识水准。

—— 王绶琯（1923~   ），天文学家，中国科学院院士

新版编者前言

世界公认，古代罗马人与中国人是人类最伟大的桥梁工程师。保存至今的中国古代桥梁，不仅在技术上，而且在艺术上都取得了辉煌的成就。但是自1840年鸦片战争以后的百余年内，当西方的桥梁科学技术在工业革命带来的科技进步的基础上不断发展的同时，中国却长期陷于连绵不断的内外战乱，桥梁科学技术远远地落在了西方国家的后面。古代中国先人在桥梁建筑方面创造的辉煌已成历史烟云。

中华人民共和国建立后，上世纪的后五十年，中国的桥梁科学技术取得了长足的进步，迅速追赶世界先进水平。在原有各种基础条件十分薄弱的情况下，经过半个世纪的艰苦努力，到上世纪末，中国即已跻身于世界桥梁强国之列。

尤为可喜的是，进入21世纪，由于自上世纪70年代开始实行改革开放政策带来的中国经济实力的迅速增长与交通建设的强劲需求，特别是高速公路网与高速铁路网的快速发展，以及一座座跨海大桥与跨深谷大桥的建成，中国的桥梁科技水平与建设实践又跨上了一个新台阶，不仅在水平上，而且在规模上均取得了举世瞩目的成就。对于这些成就，作为一个拥有13.7亿人口的大国并没有什么值得骄傲的。相反，应该看到，我们在进步，别人也在进步。中国还有许多值得虚心向其他桥梁科学技术先进国家学习的地方，如勇于挑战，大胆创新，注重细节，严格管理，在桥梁设计中更多采用现代科技成果，以及体现人性化、艺术化和浪漫主义精神等等。此外，中国在桥梁施工与运营过程中十分有必要学习和借鉴先进国家在建立完善的、严谨的科学管理与控制体系方面的宝贵经验。

近30年中国经济高速增长，遗憾的是，在少数人身上及少数部门滋生了浮躁戾气与急功近利之风，由此带来的违反科学规律与忽视在桥梁施工与运营过程中的严格管理，导致在桥梁建设中造成了一些不应有的负面影响，虽属支流，但应引起工程界的警惕。

桥梁几乎与每一个人的生活密切相关。我们认为，作为一项历史记录，也是为了让公众了解，有必要回顾与总结自茅以升先生主持的、总工程师罗英先生全力襄理的、从1935年开始到日本发动全面侵华战争的1937年的极端困难条件下、由中国自主建成的第一座现代化杭州钱塘江大桥开始，直到21世纪的今天，这八十年来，我国桥梁工作者发展中国桥梁建设事业的奋斗历程与取得的成就，同时也有必要让公众了解一些国外桥梁的发展状况。这是本书从上世纪末筹备初版到现在，经过二十年后决定重新组织力量编写出版本书新版的初衷和历史背景。

新版在文字上仍然尽量做到深入浅出，以适应对桥梁有兴趣的广大读者的阅读，在内容上注意体现趣味性、知识性与思想性，同时也要照顾到不同文化层次、专业的和非专业的读者的需要。二者是有矛盾的，编者只能努力在二者之间寻找一个合适的平衡点。读者可以根据自己的兴趣和理解所及，选读本书的有关章节。

新版对初版原有篇目做了少量调整，保持初版的基本框架与风格等特色未变。根据二十年来各方面发生的变化，除对本书初版各篇内容视情况分别进行了不同程度的或修订，或补充，或改写外，新版增加了"高速铁路桥梁"、"跨海大桥"、"跨谷桥"、"桥梁管理与养护"、"桥梁的可持续性与评价方法"五个篇目。新版是初版的修订再版本，是初版的继承和发展，作为历史记录在新版中特意保存了初版的编者前言，借此也可窥见经历了一代人之后各方面的一些变化与桥梁科学技术的进步。

本书初版曾被选送参加 1998 年在德国莱比锡举办的国际图书博览会。为方便参观者了解本书，更好地向德国读者展示本书的内容，专为德国参观者编辑了一本约 30 页的德文小册子，介绍本书内容、作者简介及各篇章节名。该德文小册子在一定程度上收到了很好的展出效果。新版除了将原德文小册子内容按新版改写，并补充了《新版编者前言》德文版作为附录列于书末外，为了方便及扩大本书今后的国际交流，还特在新版书末增加了与该德文附录内容相同的英文附录。

中国铁道出版社对本书新版按一本精品图书的要求做出了很大努力，包括：纸张的选择、文字与图表的印制、全书彩印，到庄重新颖的封面装帧，都力求做到最好。全体参编人员也都做出了努力，大家都希望通过此次改编争取新版在继承初版所形成的特色的同时，从内容到形式都能以崭新的面貌献给读者。

当此新版《桥梁漫笔》问世之时，我们特别怀念二十年前参与本书初版编写工作的一部分已经辞世的桥梁界的著名专家、学者，怀念他们在编写过程中的敬业精神，感谢他们为本书初版所做的贡献，感谢他们为本书新版打下的良好基础。其中要特别提及共同参与本书初版策划的李国豪、程庆国、陈新三位院士。程庆国院士和陈新院士还各担任了本书初版一个篇目的撰稿工作。

李国豪院士是享誉国际的桥梁工程学者及教育家。他充分肯定编写这样一本国内外尚未见到的、全方位介绍桥梁知识的、既有一定深度又带有一定科普性质的图书的价值，积极支持本书初版的工作，并为本书题写书名。他的支持无疑对所有参加本书初版与此次新版编写与出版的工作人员都是很大的鼓励与鞭策。

程庆国院士在担任铁道科学研究院院长期内，在他的领导下，团结全体员工为中国桥梁科学技术的进步做了大量重要的、开拓性的基础研究工作。这方面的研究成果有力地支持了中国桥梁事业的发展，并为国家培养了大批人才。

陈新院士在大型桥梁深水基础的设计与施工方面有很多重大创新。他在桥梁建设中始终贯彻并坚守安全、实用、经济、美观的正确方针。国家授予他中国工程设计大师的荣誉称号。他的一生见证了中国桥梁由落后一步步向前迈进的历程。他参与主持了长江上以及其他许多重要大桥的设计与施工，长期在第一线指挥工作，直到京沪高速铁路南京大胜关长江大桥的建设打止。

李国豪、程庆国、陈新三位院士分别于 2005、1999、2011 年辞世，但是以他们为代表的老一辈桥梁工作者谦虚严谨的工作作风与不断进取的创新精神，永远是桥梁界后继者学习的楷模。

作为新版的发起人与组织者，我们首先要感谢所有应邀参与本书改编的作者的创造性劳动；还要感谢本书新版编辑组的全体成员为本书新版繁重的编辑工作竭心尽力所做的贡献。通过他们的集体合作才得以完成这一浩繁的编书工程。如果本书新版较之初版有所进步的话，与他们的努力是分不开的。我们也十分感谢北京交通大学、同济大学、中铁大桥局集团有限公司、中铁大桥勘测设计院集团有限公司、北京市市政工程设计研究总院有限公司、中国铁道科学研究院、西南交通大学、重庆交通大学、中南大学和中国铁道出版社自新版开始筹划工作以来在人力与物力等方面的积极支持。这一切都是本书再版得以顺利进行的重要因素。最后，我们还要感谢北京交通大学王梦恕教授、中南大学曾庆元教授和刘宝琛教授三位院士对编写、出版本书给予的热情鼓励与有力支持。感谢中国科技馆前常务副馆长张泰昌教授为本书所绘的 81 幅中国民间名桥精美插画，感谢几位外国友人为本书英文与德文附录译文的更为完美所给予的慷慨热情帮助。

受编审会议委托，由许士杰、郭静担任全书文字与图表的校核工作，由万明坤与宋薇担任全书的统稿与定稿工作。

万明坤　项海帆

秦顺全　罗　玲

2015 年 10 月

初版编者前言

本书是我国桥梁科技工作者贡献给读者的一本桥梁知识科普读物，介绍桥梁的基本知识和我国桥梁建设的成就，并适当介绍国外桥梁。

以河北赵州安济桥，福建泉州洛阳桥，北京卢沟桥以及绍兴、苏州等南方著名水网城市形态各异的千百座桥梁为代表的我国古代桥梁，是我国珍贵的文化遗产，无论是其造型艺术、工程技巧、历史积淀、文化蕴涵还是人文景观，都在世界上占有很高的地位。但是就近代桥梁而言，我国却比西方大大落后了。我国铁路工程先驱詹天佑（1861~1919）在中国铁路史上，桥梁工程先驱茅以升（1896~1989）在中国桥梁史上所以占有重要地位，是因为他们二人都是在旧中国经济衰微，科技落后，外患不已的极端困难条件下，团结了一批有志气、有骨气的中国工程师，分别迈出了中国人自己设计、修筑铁路（1909年建成的北京至张家口铁路）及自己设计、修建现代大型桥梁工程（1937年建成的杭州钱塘江大桥）的第一步，从而缩小了我国铁路及桥梁科学技术与西方的差距。

自1937年以后的将近20年内，由于内外战乱频仍，加上战后要集中精力于医治战争创伤和恢复工作，中国的桥梁科学技术又一度陷于停滞状态。特别是旧中国的公路，遇江必阻，逢河必渡，几乎没有什么像样的公路桥梁。直到1957年，长江上的第一座桥梁——武汉长江大桥建成通车，才实现了"天堑变通途"这一多少代中国人的梦想，并从此揭开了新中国光辉灿烂的桥梁建设史的开篇。

自1978年实行改革开放政策以来的近20年，中国的桥梁建设者呕心沥血，锐意进取，不断刷新国内纪录与世界纪录，把中国的桥梁科学技术水平提到了一个新的高度。如陕西安康铁路薄壁钢箱型截面斜腿刚构桥（1982年建成，主跨176m，为世界跨度最大的铁路斜腿刚构桥）；湖南凤凰乌巢河公路石拱桥（1990年建成，跨度120m，为世界跨度最大的石拱桥）；京九铁路九江长江公路铁路两用桥（1992年建成，主跨216m，铁路部分全长7675.4m，为我国跨度最大的公路铁路两用钢桥）；上海黄浦江杨浦大桥（1993年建成，主跨602m，为当时世界跨度最大的斜拉桥）；南昆铁路贵州兴义清水河预应力混凝土连续刚构桥（1996年建成，主跨128m，桥高182m，墩高100m，为世界第二高铁路桥墩）；广东虎门珠江公路预应力混凝土刚构桥（1996 年建成，主跨 270m，列同类桥梁世界第一）；四川万县长江公路劲性钢骨架混凝土拱桥（1997 年建成，跨度 420m，为世界跨度最大的混凝土拱桥）；江苏江阴长江公路悬索桥（正在建设中，预计 1999 年建成，跨度 1385m，超过美国第一大跨度悬索桥——纽约跨度 1298m 的韦拉扎诺海峡桥，居世界第 4 位，基础使用了尺寸创记录的世界最大的沉井基础），以及以北京为代表的规模宏伟，各展风姿的城市立交桥等一系列桥梁，在长度、跨度、墩身高度、基础复杂程度和工程规模方面所创造的纪录，为世界各国桥梁界所瞩目。

20 世纪的后 50 年，也是世界桥梁科学技术飞跃发展的时期。在原本科技基础条件总体上十分薄弱的情况下，我国的桥梁科学技术只用了 40 年，就迅速走向世界前列。

我国有 12 亿人口，国土面积 960 万 km^2。自 1876 年以来，铁路经过 120 年的建设，目前仅有 6.3 万 km，2000 年计划达到 6.8 万 km；高速公路的建设在 80 年代后期才开始起步，目前尚不足 5000km，2000 年计划达到 10000km。德国有 7900 万人口，国土面积 35.7 万 km^2，现有铁路 4.1 万 km，高速公路 1.1 万 km。我国铁路和高速公路按人均占有长度计算，分别只及德国的 1/10 和 1/33；按每平方公里国土面积所分布的长度计算，分别只及德国的 1/18 和 1/60，它反映了我国交通事业和国民经济发展水平与发达国家的差距。铁路和高速公路是现代交通的主动脉。桥梁在其总长中所占比重，视地形复杂程度和线路标准，有时可高达 10% 以上。因此在未来 50 年内，随着普通道路、现代铁路与高速公路为适应我国到 21 世纪中叶建成中等发达国家国民经济高速增长所需要的路网新建里程的迅速延长，我国桥梁科技与建设事业的发展，在规模上和科技水平上肯定将大大超过前 50 年，因此需要更多的青少年和建设者投身于这一事业。

为了认真贯彻国家大力加强科普工作，以提高全民族的科技文化素质，加强社会主义精神文明建设的方针，中国铁道出版社决定组织编写本书，在传播桥梁知识的同时，介绍我国桥梁科学技术的巨大成就。它的发起、组织与编写，得到我国桥梁界前辈，著名桥梁工程力学专家，同济大学名誉校长李国豪院士的积极支持，并热情为本书题写书名。

我们高兴地看到，科普工作在我国正越来越受到人们的重视。近年来，许多科学家对科普工作发表了很多精辟的见解。这些见解对促进科普教育的健康发展具有非常重要的指导意义。

在促进科普工作的发展方面，中国科学院前院长卢嘉锡院士认为："科技工作者，尤其是知名科学家参加科普工作，能起到高屋建瓴的作用。他们在科普创作中所融入的科学探索体验，对科学事业的情感和科学的思想方法，对青少年都会有很强的感召力。"他希望有更多的图文并茂的科普读物出版。

关于科普教育的重要意义，王绶琯院士指出："近代历史一再说明，一个科学知识水准低下的社会，总是极其脆弱、没有力量的。现代社会的整体力量极大地依托于全社会的知识水准。"关于科普工作的位置，他还认为："科学研究工作者、科学教育工作者和科学普及工作者，分别从科学知识的开拓、传授与传播三个层面，致力于社会奉献。"这一见解是对科普工作的科学定位。

关于科普工作的内容和形式，钱学森院士着重指出："要害是让人们喜欢看，听得懂。"

科普教育应该对公众实现三个层次的目的：第一个层次是传播科学知识，培养科学兴趣；第二个层次是掌握科学规律，训练科学思维；第三个层次是培育科学精神，提高科学素养，它也是科普教育的最终目的。高质量的科普教育应该从第一个层次入手，实现第二个层次的深化，达到第三个层次的最终目的。

科普教育涉及的范围应该包括基础科学、应用科学和人文学科三个方面。因为三者所包括的不同学科，即属于基础科学的数学、物理、化学、天文、地理、气象、海洋、地质、生物学科；属于应用科学的材料、能源、空间、农业、医学、心理、工程技术和管理学科；以及属于人文学科的哲学、政治、经济、历史、法律、教育、文学、艺术、音乐、伦理、语言学科，分别从不同的视角，用不同的方式向人们打开科学而深刻地认识世界——包括自然、社会和人自身——的窗口。普及基础科学知识，能使人们懂得要按科学规律办事，减少盲目性，培育理性精神；普及应用科学知识，了解一点生产知识，能使人们在生活与工作中养成求实精神；普及人文学科知识，有助于帮助人们懂得怎样做人，提高人的品位，多一点人文精神。因此，基础科学、应用科学和人文学科知识的充实是一个人建立正确的世界观、人生观与价值观的根本途径。正确的世界观、人生观与价值观则是培养高尚、聪明、健康的高素质社会成员的关键所在。

提高全民族的思想道德素质和科学文化素质，团结和动员各族人民把我国建设成为富强、民主、文明的社会主义现代化国家是我国今后的奋斗目标。科学普及工作将会在实现这一目标的过程中发挥重要作用。

中外桥梁科普读物已不鲜见，但像本书这样从桥梁的历史、文化、类型、结构、勘测、设计、制造、安装、施工、检验，以及它们所涉及的水文、地质、气象、地震、材料、物理、力学、美学等方面的知识，结合国内外桥梁建设的实践，全方位地介绍桥梁科技知识的科普读物，尚不多见。由于涉及的知识面很宽，撰写这样一本读物，通常也不是一两个人力所能及的事。本书是我国桥梁界科技工作者在这方面所作的努力，编者在组织编写时力图符合前面提到的有关科普读物的要求。内容上力求深入浅出，使非专业读者阅读时不感到深，专业读者阅读时不觉得浅。形式上力求图文并茂，雅俗共赏，以适合各个文化层次读者的阅读需要。中国科学技术馆前馆长张泰昌教授还亲手为本书绘制了七十余幅以全国各省市著名的古桥和富有浓郁民族色彩的桥梁为内容的精美插画，为本书增色不少。编者希望本书能在吸引青少年投身我国未来的桥梁事业，提高我国庞大的桥梁科技人员和桥梁建设工人队伍的专业文化素质，拓宽大、中专土建类专业学生的专业知识面和向公众介绍桥梁科技知识方面发挥积极作用。虽然撰稿人都是多年从事桥梁科技工作的经验丰富的学者、专家，但是撰写科普读物对于许多人来说可能还是第一次。尽管大家非常努力，数易其稿，但是能否达到一本科普读物应有的要求，还希望广大读者提出意见。特别是在完稿时感到，要适应前面提到的各类读者的阅读兴趣与接受能力，殊非易事。有的篇目的部分内容可能偏专、偏深了一点。但考虑到它也许能从某一侧面给一些感兴趣的读者以更深层次的启发，故仍保留了这部分内容。

本书邀集了我国桥梁界的二十多位著名学者、专家分工执笔。由万明坤、程庆国、项海帆、陈新负责全书内容的组织与编审工作。由万明坤根据编审意见担任全书最后的统稿工作和一部分插图的增补工作。

在编写此书的过程中，北方交通大学、同济大学、铁道部科学研究院、铁道部大桥工程局、西南交通大学、交通部公路规划设计院、北京市市政设计研究总院、重庆交通学院、铁道部第二勘测设计院、上海铁路局，以及四川省交通厅，上海黄浦江大桥工程建设指挥部，在不同方面给予了许多支持，在此谨致谢忱！

万明坤　程庆国

项海帆　陈　新

1997 年 7 月

目录 CONTENTS

第1部分

桥梁史话

1

关于古今中外桥梁的故事

北京交通大学教授、前校长
撰文：万明坤　中国铁道学会前副理事长
欧美同学会暨中国留学人员联谊会前常务副会长

- 远古时期的桥梁
- 古代桥梁
- 近代与当代桥梁
- 桥梁在经济与政治上所起的重要作用
- 桥梁与战争
- 在一些桥梁上留下的历史烙印
- 桥梁折射出的丰富文化蕴涵与社会内容
- 桥梁一词的含义在社会生活中的延伸

关于古今中外桥梁的故事

桥梁与人类的生活密切相关。没有桥梁，我们的生活空间将大受限制，更不会有今天四通八达的公路与铁路把世界紧密地联系在一起。世界上许多著名的水网城市，如斯德哥尔摩、汉堡以及我国江南以苏州、绍兴为代表的许多水乡城镇是靠众多的桥梁发展起来的。意大利的威尼斯有 450 多座桥；德国的汉堡有 2000 多座桥；而我国的绍兴竟有 5000 多座桥。世界文化名城北京，河流虽不多，桥梁却不少，城市道路立交桥仅五环以内就有 200 余座，还有众多的人行过街天桥、跨河桥与园林桥。许多桥梁已成为重要的历史文物和著名的人文景点。桥梁是人类所建造的最古老、最壮观与最美丽的建筑工程，也是一个时代文明与进步的标志。

远古时期的桥梁

桥梁是人类为扩大自己的活动范围，克服自然障碍而最早建造的工程建筑。早在靠狩猎为生的穴居时代，人类就需要借助最简单的桥梁去扩大自己的活动范围。因此

图 1.1　西藏雅鲁藏布江大峡谷中的原始藤网桥

有的学者认为，桥梁的历史与人类一样古老。据说猴子会手尾相接地搭成一座"猴桥"来跨越两棵大树之间的障碍（图 1.24.1.1）。如果属实，那么桥梁的出现岂不比人类还早。

　　一般认为，人类学会建造各式桥梁，最初得益于自然界的启发。例如：从倒下的树干，学会建造梁桥；从天然的石穹，学会建造拱桥；从攀爬的藤蔓，学会建造索桥。在一些地方，至今仍然可以看到这类原始桥梁的踪影（图 1.1）。考古发掘出的世界上最早的桥梁遗迹，在公元前 6000～公元前 4000 年今小亚细亚一带。我国 1954 年发掘出的西安半坡村公元前 4000 年左右的新石器时代氏族村落遗址，是我国已发现的最早出现桥梁的地方。图 1.24.1.0 所示是根据发掘出的遗迹推测出的当时的房屋与桥梁。

古代桥梁

　　古代桥梁所用材料，多为木、石、藤、竹乃至皮革之类的天然材料。锻铁出现以后，开始有简单的铁链桥。它们的强度都很低，加上当时人们掌握的力学知识不多，所以古代桥梁一般跨度很小，断面偏大，外形敦实。木、藤、竹、革类材料还易腐烂，能够保留至今的古代桥梁，多为石桥。世界上现存最古老的石桥在今希腊的伯罗奔尼撒半岛（Peloponnesos），建于公元前 1500 年左右，为一跨越山谷、用未经修凿过的石块干砌成的单孔石拱桥。瑞士琉森市（Luzern）尚保存有建于公元 1333 年的世界上最古老的木桥（图 1.2）。该桥为一长 204m 的廊桥，称卡佩尔桥（Chapel Bridge），屋顶内横

图 1.2　瑞士琉森市建于 1333 年世界上保存下来的最古老的木廊桥

梁上绘有 110 幅彩画，描述 17 世纪琉森的一些历史事件。该桥是琉森的著名景点之一，也是琉森的标志性建筑。

世界公认古罗马人与中国人是古代最伟大的桥梁工程师。公元前 30 年至公元 476 年的罗马帝国，在其全盛时期版图所及的今西班牙、意大利、法国、不列颠、德国、北非、土耳其和小亚细亚一带，修建过许多巨大的石拱桥，跨度在 6~24m，高度有达 50~60m 者，单块石料最重达 8t，有的桥不用灰浆干砌，至今还保留有 60 座之多。最著名的是今法国南部尼姆城（Nîmes）的加尔德（Gard）石拱桥（图 1.3）。该桥建成于公元前 18 年，长 270m，最大跨度 24.4m。全桥共分三层：上层为输水槽，连接一长 50km，落差仅 17m 的水渠；中层供行人通行；下层在一侧加宽以便车马能够通行，是 1743 年才扩建的。西班牙境内尚保存有两座著名的石拱桥，即塞戈维亚（Segovia）石拱桥（图 1.4）与爱坎塔拉（Alcantara）石拱桥，也是罗马帝国时期修建的。

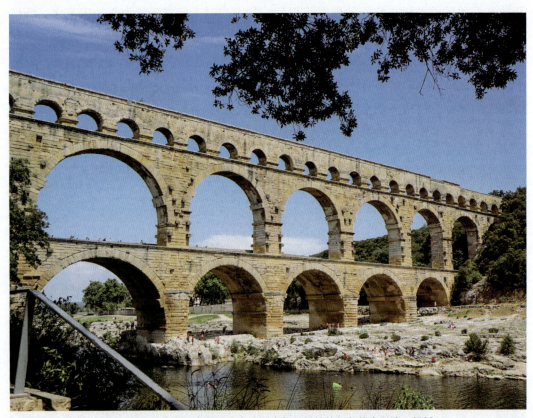

图 1.3　建于古罗马帝国时代今法国南部尼姆城的加尔德多用途石拱桥

罗马帝国崩溃以后，欧洲经历了漫长的中世纪黑暗时期，由于思想的禁锢，桥梁技术几无建树可言。直到 14~16 世纪的文艺复兴时期，桥梁建筑才异彩大放，保留至今的仍有不少。意大利威尼斯的利亚托（Rialto）单孔石拱桥可以称得上是这一时期桥梁的代表作（图 1.5）。该桥建成于 1588 年，长 48.2m，宽 22.5m，跨度 27m。由于地基

图 1.4　建于古罗马帝国时代今西班牙境内的塞戈维亚输水用的石拱桥

图 1.5　建成于 1588 年欧洲文艺复兴时期意大利威尼斯的利亚托石拱桥

松软，基础建立在多达 1 万根木桩上。全桥用大理石装饰，雕凿精美，线条舒畅。桥上还建有 24 个门面的店铺。这座桥充分反映了欧洲文艺复兴时期桥梁建筑技术与建筑艺术所达到的水平和这一时期商业的繁荣。

我国有记载最早的桥梁始见于《史记·周本纪》。所记载的桥梁在公元前 1122 年的商末周初时期。世界公认悬索桥最早出现在中国。公元前 3 世纪四川已有竹索桥；公元前 2 世纪陕西已有铁链桥。而欧洲则迟至 17 世纪才开始有悬索桥的记载。

我国有各类石桥约四百余万座。在我国古代石桥中，北方河北赵州的安济桥与南方福建泉州的洛阳桥蜚声中外，充分反映了我国古代的造桥水平。赵州安济桥系公元605~618 年隋代大业年间李春所建，跨度达 37.02m（图 1.6）。它是世界上第一座敞肩式石拱桥，其跨度之大，构思之巧，设计之精，均领先于欧洲同时期的石拱桥。赵州安济桥建成 1400 多年来，共经历了 310 次洪灾，8 次大的战乱和地震。1966 年距该桥 40km的邢台 7.6 级大地震都未能破坏它。赵州安济桥是我国古代桥梁的杰出代表，1991 年美国土木工程学会把它评为与巴黎铁塔、伦敦泰晤士河塔桥等建筑齐名的国际土木工程里程碑建筑。

图 1.6　建于公元 605~618 年隋代大业年间的河北赵州安济石拱桥

泉州洛阳桥系公元 1053~1059 年宋代蔡襄所建（图 1.7）。1996 年 10 月全面修缮后的洛阳桥，全长 731.29m，共 47 孔，每孔用 7 根跨度 11.8m 的石梁组成。它是我国第一座海港桥，在基础工程上首创筏形基础和种蛎固基技术，在石梁的跨度上也达到了十分可观的纪录。

图 1.7　建于公元 1053~1059 年宋代的福建泉州洛阳桥

　　安济桥与洛阳桥具有极高的历史、科技与艺术价值，都属国家重点文物保护单位。关于我国古代桥梁的成就，在本书第 2 篇有专文介绍。

　　古代桥梁所取得的成就，可以用德国当代著名桥梁学者莱昂哈特（Fritz Leonhardt，1909~1999）在其名著《桥梁建筑艺术与造型（Brücken-Ästhetik und Gestaltung）》一书中的一段评论来加以概括。他说："当我们想到古人常常是在极为艰难的水下或沼泽地修建桥梁基础，想到数量巨大而又十分沉重的石块的运输，想到高达数十米的脚手架的搭设和艰难万分的起重工作，再联系到当时十分有限的技术条件，就可以想象出古代的工匠们为此付出了多少心血与牺牲，从而不得不为他们的巨大成就而惊讶不已。他们不愧是古代伟大的桥梁工程师。这一切都是靠人类的勇敢、智慧与努力所取得的成果。"

近代与当代桥梁

　　钢、水泥、钢筋混凝土及预应力混凝土等人工材料在桥梁上的应用是近代桥梁的标志。

　　18 世纪中叶的工业革命以及上述人工材料的出现和发展，推动了近代桥梁科学技术的革命。1825 年铁路的出现和 20 世纪 30 年代高速公路与 90 年代高速铁路的兴起，不断促进近代与当代桥梁科学技术的巨大进步。

　　20 世纪中叶，第二次世界大战以后，全球持续了半个多世纪的相对稳定和这一时期科学技术与经济的高速发展，使得当代的桥梁科学技术获得了比历史上任何时期都

要快的发展，面貌焕然一新。其主要特征是：高强轻质材料的发展与应用；跨度的不断增大；桥型的多样化与结构的整体化；设计与计算的电子化；制造的工业化、自动化与三维程控化；预应力混凝土技术的广泛应用；钢结构铆钉连接的淘汰和高强螺栓与焊接技术的普及；以及把安装工作从笨拙的脚手架中彻底解放了出来；人类已不必下到深水下去处理地基，影响工人健康甚至危及生命的基础沉箱施工法（1935~1937年建造的杭州钱塘江大桥曾采用此法）已基本淘汰。由于材料科学及制造工艺、基础技术与安装方法、设计方法与计算理论的不断进步，今日桥梁工程规模之巨大、技术之复杂、已远非古代桥梁所能比。

　　在载重与车速不断增加，由供行人及马车通过，发展到通行车速达300~500km/h的高速列车的情况下，人类已建造了跨度1991m的大桥〔图3.23（h）〕，水下接近100m深的基础、世界上平面尺寸最大的沉井基础（69m×51m，1999年建成的我国江阴长江大桥）、高出地面245m的桥墩（图3.3法国米洛跨谷桥），载重也愈来愈大，并且还在向更高的纪录攀登。有关近、当代桥梁的介绍在本书后半部有关各篇有详尽的介绍。

　　到本书新版问世的今天，任何巨川与深谷，都已不能阻挡人类用桥梁去跨越。人类已开始向跨海工程挑战。世界上宽度在100km以内的海峡有数十处。孤立于大陆之外，具有开发价值的近海岛屿无数。它们将是21世纪人类用桥梁去征服的目标。国内外已经建成了不少跨海大桥、跨谷大桥与高速铁路大桥，一些更为宏伟的跨海大桥工程及跨国高速铁路路网工程已经列入议事日程。桥梁与水底隧道终会将世界各大洲及其近海岛屿连成一片。

　　综上所述可知，当代大型桥梁工程是多种学科知识和高科技综合运用的产物。设计和建造一座现代大型桥梁工程，需要规划、勘测、结构、计算、制图、测量、材料、水文、地质、钻探、工艺、机械、检验、施工、建筑等诸多专业工程师的集体参与和通力合作；需要使用小至各种精密仪器设备，大至巨型钻机与起重机械和特种车辆与船舶，所以不再可能存在哪一座大桥是哪一位工程师设计、建造的说法。桥梁总设计师和总工程师的职责是综合运用以上知识，在桥梁的设计与建造过程中，制订设计、施工工作中的基本思路，还要预先周密考虑以后几十年到百余年长期运营过程中的许多细节问题，主持决策与担负组织工作，并进行全面指导。对桥梁总设计师与总工程师的综合素质的要求也愈来愈高。

桥梁在经济与政治上所起的重要作用

　　人类造桥，上至远古的狩猎活动，下至现代的货物运输、旅客来往，主要是出于经济活动的需要。诸如前面提及的古罗马人投入了那么巨大的人力与物力修建的加尔德输水桥、塞戈维亚输水桥和爱坎塔拉输水桥都是为了满足灌溉和向城市供水的需要。把宋代世界大港泉州与中国的内地联系起来的泉州港的洛阳桥，更是古代阿拉伯和欧

洲一些国家通过海路与中国内地进行贸易的重要通道。1958 年京广铁路旧黄河大桥被洪水冲毁，南北交通中断，一天的经济损失就达近十亿元。

与上海浦西仅一江之隔的过去的浦东，因与上海无桥相通，自从上海开埠成为远东第一大都市以来，作为农村沉睡了一百多年。如今浦东已成为重振大上海的主战场和中国改革开放的龙头。随着 2005 年连接洋山深水港全长 32.5km 的东海跨海大桥、2008 年全长 36km 的杭州湾跨海大桥的建成，上海将发展成为远东最大的航运中心、集装箱集散转运中心、贸易中心和金融中心。

开发浦东的先决条件，也即最主要的基础设施建设，就是用一座座大桥把黄浦江两岸连接起来。由于上海本身没有深水港，除了已建成的洋山深水港以外，还已经通过跨海大桥把上海与可以提供众多深水港的舟山群岛连接起来。2014 年开工建设，计划于 2019 年建成的通行高速公路与高速铁路的沪通长江大桥将进一部扩大上海的经济辐射作用，加速苏北地区的发展。凡此种种都足以窥见桥梁对促进经济发展所起的重要作用。

政治作为上层建筑，是为经济服务的。我国巴蜀、秦岭之险，世所罕见，然而早在战国秦惠王时期（公元前 399~ 前 387 年）即开始营造通往巴蜀的千里栈道，以后历经汉、唐，不断经营。其工程之浩大与艰险，即在今日，也难以想象。栈道在历史上对四川盆地的开发，对加强整个大西南地区与中原的联系，对巩固中国的统一，都起过不可磨灭的作用。古栈道、古长城与古运河被世界列为中国古代三大杰出建筑。图 1.8

图 1.8　建于两千多年前先秦时期四川广元市境内的明月峡古栈道

所示四川广元境内明月峡古栈道是迄今全国所有栈道中，地理位置最险要、形制结构最科学、保存最完好、最具有古栈道风貌的一段。罗马帝国在其境内修建了许多巨大的石拱桥，也是出于巩固幅员辽阔的大帝国的统治这一政治需要。当代桥梁作为陆上交通系统的重要组成部分，更是加强每一个现代国家政治上的统一和加强地缘政治的集团力量与经济的繁荣所不可少的。中国进入 21 世纪以后，高速铁路网的快速发展与已经提上日程的中国连接东南亚地区的跨国高速铁路网的修建将进一步证明这一点。

桥梁与战争

　　军事是政治的延续和行为手段之一。自古以来，桥梁都是兵家必争的战略要地，关系到一场战役的胜败，甚至可以影响历史进程。古代波斯国王大流士（Darius，公元前 521~ 前 486 年在位）和泽克西斯（Xerxes，公元前 486~ 前 465 年在位），都是借助于浮桥才能率领几十万大军西渡博斯普鲁斯海峡，远征欧洲的。

　　第二次世界大战后期，盟军于 1944 年 6 月 5 日在诺曼底登陆后，只用了一年不到的时间，向东迅速推进到莱茵河西岸。当时莱茵河上只剩下唯一的一座桥梁，即位于波恩与科布伦茨之间的雷马根桥（Remagen）。美军于 1945 年 3 月 7 日到达桥西岸时，东岸守桥德军引爆据称是反纳粹地下组织故意生产的劣质炸药炸桥未果。美军得以迅速占领并通过该桥，加快了东进的速度。不过该桥终因在战火中屡遭创伤，加上重武

图 1.9　第二次世界大战后期被毁的德国莱茵河上的雷马根桥遗迹

器的频繁通过，在美军抢占后的第 10 天突然坠毁，致使正在桥上的美军死 27 人，伤 63 人，付出了惨重的代价。战后雷马根桥未再重建（图 1.9）。联邦德国政府把原桥废墟与位于柏林市中心被盟军炸毁的威廉皇帝纪念教堂（Kaiser Wilhelm Gedächtniskirche，1895 年建成）作为第二次世界大战期间的重要历史遗迹保留至今，供后人凭吊，并教育德国人民永志不忘发动战争者给人类带来的灾难。这与日本政府迄今保留着供奉有 14 名二战甲级战犯的靖国神社的做法与政府官员还在带头参拜形成鲜明的对比。

　　我国历史上的桥梁战例也不少。在西晋时期、宋末元初时期以及太平天国时期的南北争战中，都曾在黄河或长江上架设过浮桥。现代则有 1935 年红军长征至四川大渡河边时著名的勇夺泸定桥的故事（图 1.10）。

图 1.10　四川大渡河上红军长征时激战过的泸定铁链桥

　　我国自己设计修建的第一座现代大型桥梁，著名的杭州第一座钱塘江桥（图 1.11），在抗日战争中也有过一段悲壮的历史。该桥于 1935 年 4 月开工。施工期间，1937 年 8 月 13 日，侵华日军继 7 月 7 日挑起华北战火之后，又挑起淞沪战火。8 月 14 日起，日寇飞机即频频炸桥。在战火中，该桥铁路部分于 9 月 26 日通车，公路部分于 11 月 17 日通车，旋即成为上海、南京相继陷敌后大批军民及抗战物资西撤的唯一通道。该桥在通车后不到三个月内为中国的抗日战争立下了重要战功。12 月 23 日杭州陷敌。同日下午我军于日骑进抵桥北时引爆预埋的炸药将之炸毁，直至抗日战争胜利后于 1947 年 3 月才行修复。图 1.12 为该桥炸毁前及被炸部分炸毁情况。在该桥施工期间，总工程师罗英曾出过一上联戏曰："钱塘江桥，五行缺火（金、木、水、土）"，征求下联。而该桥竟于通车后不到三个月即毁于战"火"，让日寇对上了下联，却是始料所未及。

图 1.11　1937 年 9 月建成的杭州钱塘江大桥

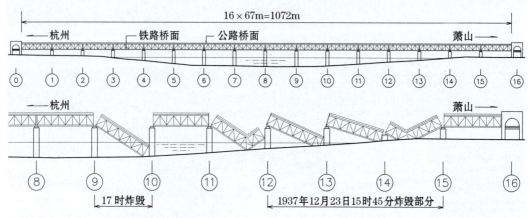

图 1.12　杭州钱塘江大桥 1937 年 12 月 23 日炸毁时的情况

在一些桥梁上留下的历史烙印

一些年代久远的桥梁，犹如饱经风霜的老人，是历史的目击者和重大历史事件的见证人。在它们身上所留下的历史印痕反映了风云变幻与人间沧桑，也可以从一个侧面丰富人们对历史的了解。

1. 一张 19 世纪英国人精心制作的铜版画所承载的历史沧桑

1992 年德国著名的霍赫梯夫建筑公司（Hochtief AG. 1985 年笔者曾在该公司工作过）总工程师叶特尔先生（Dipl-Ing. Roland Jetter）应邀访问北京交通大学。他曾参加过 20 世纪 60 年代委内瑞拉著名的马拉开波湖预应力混凝土斜拉桥的设计与施工。来访时他带来一张 19 世纪 40 年代英国人制作的雕刻得非常精细的铜版画，因年代久远，纸面已泛黄。画的中心位置是一座桥，还有一些中式房屋。他说是不久前在慕尼黑旧书市场上淘到的，觉得是一张与中国有关的古画，特意买下带来赠给笔者。画下方的标题是"镇江西门"，并注明系由英海军上校斯托达特（R.Stodart）现场所绘素描，由画家阿隆（T.Allom）据以重绘，由斯塔林（J.M.Starling）制成铜版印刷而成（图 1.13）。

图 1.13　1842 年 7 月 21 日侵华英军攻打镇江时的镇江西门护城河桥

1998 年笔者已将此画赠送给镇江博物馆收藏。后来笔者在范文澜所著《中国近代史》上册第 53~54 页查到了英军攻打镇江时的惨烈战争描写。1842 年 7 月 22 日扼南京咽喉的镇江陷落，南京不守。英舰 80 余艘进逼南京下关江面，迫使清廷屈服，于 8 月 29 日在英舰上签订了《中英南京条约》，内容之一就是把香港割让给英国（图 1.14）。《中

图 1.14　1842 年 8 月 29 日清廷被迫在南京江面英舰上签订《中英南京条约》割让香港

英南京条约》是中国近代与列强签订的第一个不平等条约。中国即从此一蹶不振，一路衰落下去，直到 1911 年辛亥革命的成功和 1949 年中华人民共和国的建立，中华民族才开始一步步走上了伟大而艰巨的复兴之路，终于在 1984 年 12 月 19 日中英签订了关于香港归还中国的《中英联合声明》。1997 年 7 月 1 日零时，经历了 150 余年殖民统治的香港终于回归中国（图 1.15）。

图 1.15　经历了 150 余年英国的殖民统治，1997 年 7 月 1 日零时香港回归中国

2. 承载了伟大历史意义的卢沟桥

北京宛平县城的卢沟桥长 266.5m，宽 7.5~9.3m，计 11 孔，为华北最长的古代石拱桥，建于 1189 年金代。栏杆上共有神态各异的石狮子 501 个，包括雄狮背上及母狮膝下的幼狮。马可波罗把卢沟桥誉之为"世界上独一无二"的桥（图 1.16）。

卢沟桥因为扼北京的咽喉，故常为古今兵家必争之地。图 1.17 是德国多特蒙德地理学教授盖尔斯（Dr.Dietmar Geers）1993 年访问北京交通大学时所赠他的摄影作品《中国的足迹（Auf Chienesischen Füßen）》中的一幅卢沟桥照片。这张以大幅蓝天白云为背景，以今人维修时精心保存下来的 800 多年来经车轮磨损所形成的凹痕深陷的石板桥面为主题的照片，粗看平淡无奇，仔细品味，其蕴含的却是"天上风云"与"人间沧桑"这一千古话题。

卢沟桥在中国现代史上的重要地位在于：它是觉醒了的中国人民团结奋起，英勇抗击日本帝国主义的象征。1937 年开始的日本全面侵华战争是在中国近代史上日本侵

图 1.16　建于 1189 年金代的北京宛平县城的卢沟桥

图 1.17　承载了 800 多年历史风云沧桑的卢沟桥艺术摄影

略中国持续时间最长、手段最凶残、其屠戮中国人民的野蛮程度为人类文明史上所罕见的一场战争（参见篇末注 1）。不算 1874~1937 年 63 年间日本屡次侵略中国给中国带来的巨大祸害，仅抗战八年就使中国蒙受了 4500 多万人员伤亡失踪与 1945 年时值 6500 多亿美元（约合 2014 年 10 万亿美元）财产被毁的惨重损失。八年抗日战争是在中国千千万万个家庭的男女老幼心中留下的创伤最深的一次战争，也是中国战胜日本帝国主义，结束百年耻辱的最后一次战争。一百多年来，日本发动的多次侵华战争大大延缓了中国近代的现代化进程，它所给了中国人民的痛彻教训是，中国只有强大了，才能争取到国家可持续的和平与发展。

　　自 1937 年 7 月 7 日日寇挑起卢沟桥事变全面入侵中国至 1941 年 12 月 8 日偷袭珍珠港进而发动太平洋战争，美英对日寇宣战，中国作为中、美、英、法、苏五大同盟

国中的唯一一个既贫又弱的国家，对第二次世界大战三大元凶之一的日本，单独作战达四年零五个月之久，在第二次大战中作出了巨大牺牲与贡献。中国在二战中的贡献至今没有得到公正的评价（参见篇末注2）。

　　总之卢沟桥已经成为中国现代史乃至世界现代史上具有重大意义的一座桥梁。它告诉我们，近百年的日本侵华史是中日两个民族两千年来关系史上日本走上帝国主义道路后写下的最为可耻的一页（参见篇末注3）。

　　由于中国的复兴与日益强大，两国人民交往的日益频繁，不幸的一页终将翻过。中日两个伟大民族终将再次成为两千多年主流历史上友好相处，惠及双方的邻居。

桥梁折射出的丰富文化蕴涵与社会内容

　　桥梁常常是中外园林中刻意装点的景点。在园林艺术中，桥梁在建筑艺术上的观赏价值常常与交通功能并重。

　　人们惊奇的发现，建于1739年英王乔治二世年间位于著名的英国巨石阵景点附近的巴斯小镇（Bath 在英格兰西南）威尔顿（Wilton）公园中的帕拉迪俄桥（Palladio，图1.19），与20年后建于1757年清乾隆年间扬州瘦西湖中的5孔五亭桥（又名莲花桥）竟有惊人的相似之处（图1.18）。二桥隔着欧亚大陆遥相对望，在地理上与情调上虽然是一东一西，但是在造型上仿佛有一种不谋而合，异曲同工，天生一对之妙。

　　飞临美国旧金山湾上空，第一个映入眼帘的就是既壮观又秀丽的唯一能与青山、绿水、蓝天、白云媲美的赭红色的旧金山悬索桥（图1.20）。它犹如镶嵌在旧金山湾

图1.18　建于1757年清代乾隆年间扬州瘦西湖上的五孔五亭桥

图 1.19　建于 1737 年英王乔治二世年间巴斯小镇威尔顿公园内的五孔帕拉迪俄桥

图 1.20　从美国旧金山高空鸟瞰金门大桥

上的一颗璀璨的红宝石，给初次踏上这块新大陆的人以美好的印象。这座大桥曾以其 1280m 的跨度，雄踞世界第一大桥的宝座达 27 年之久（1937~1964 年），并以此闻名于世。

许多著名的桥梁，或以其宏伟，如澳大利亚的悉尼港桥；或以其秀丽，如颐和园内的玉带桥；或以其独具的风格，如伦敦泰晤士河桥；或以其时代气息，如 20 世纪建成的上海黄浦江上的杨浦大桥、南浦大桥、徐浦大桥，和进入 21 世纪以来新建的上海黄浦江上跨度居世界第一的钢箱拱桥——卢浦大桥、荷载居世界第一通行高速铁路的钢桁拱桥—南京大胜关长江大桥（见本书封面），以及跨度与荷载均居世界前列的、连接上海与南通的沪通高速铁路跨越长江的斜拉桥（见本书封底）等等，已成为一个国家，一座城市或一个时代的标志，是桥梁建设者为人类留下的永垂不朽的人文景观，为世界增添无限魅力。

桥梁还是古今文学艺术家喜爱选取的创作题材或故事背景。如中国古代《白蛇传》中杭州西湖白堤上的断桥；牛郎织女神话故事中"今日云骈渡鹊桥，应非脉脉与迢迢"中的鹊桥。外国著名的有 20 世纪 40 年代凄惘悱恻的二战时的电影《魂断蓝桥（Waterloo Bridge）》中英国伦敦的滑铁卢桥；20 世纪 90 年代风靡一时的小说与电影《廊桥遗梦（The Bridges of Madison County）》中美国依阿华州麦迪逊县的马斯兰桥。在这些以桥梁为背景的文学作品中，作者之所以要选择桥梁作为爱情故事喜剧性开场与悲剧性结尾的场景，是为了给读者留下一个想象与思索的空间，这体现了桥梁这一人工建筑物的人情味。

许多著名画家对桥梁也情有独钟，创作了不少以桥梁为题材的传世绘画作品，如荷兰的梵高（Vincent Van Gogh，图 1.21）、法国的卡勒勃代（Gustave Caillebotte，图 1.22）、莫奈（Claude Monet，图 1.23）等。梵高才华横溢，艺术创作思想与表现手法超前。这位在欧文·斯通的《渴望生活》(1934 年出版)，以及丰子恺的《梵高生活》(1929 年出版，尘封了 84 年后于 2013 年再版）二书中真实地再现了的，一个灵魂永远不羁的艺术家，其作品却不为当时的人们所赏识，故一生穷愁潦倒，最后在贫病中以自杀了却一生。他决不会想到，他的画在他死后 100 年拍卖时竟创造了叫价最高达到 3000 万英磅的世界纪录。图 1.21 是他在晚年定居的法国南部小城阿尔（Ales）城郊所绘的一座木质开启桥。在欧洲河网密布的一些沿海平原地区，有很多这样的开启桥。后人为纪念他和这张画，一直将该桥精心保留至今。1888~1890 年梵高在他去世前的最后两年，在此共创作了 300 余幅油画，在数量上和艺术成就上都到达了他一生中的巅峰。

一些高桥还成了西方兴起的一种叫做"蹦极"运动的跳台。

桥梁如此丰厚的内涵，也使它成为世界各国邮票设计师和各种收藏品所选取的题材。图 1.24 是选自工艺美术师王安城设计的一套以古今中外许多名桥为题材的 96 幅火柴盒系列的盒面画。它犹如一部精美的微型桥梁教科书。

图 1.21 荷兰著名画家梵高 1888 年所绘法国南部小城阿尔的一座木开启桥

图 1.22 法国著名画家卡勒勃代 1876 年所绘法国的一座公路钢桁梁桥

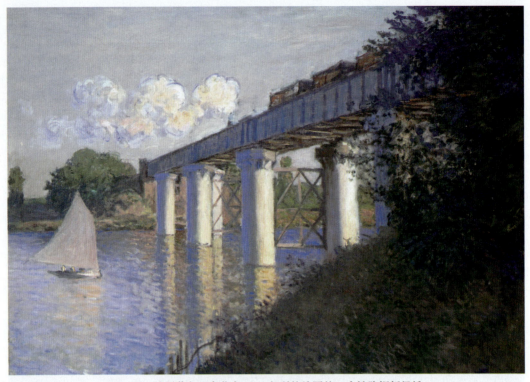

图 1.23　法国著名画家莫奈 1874 年所绘法国的一座铁路钢板梁桥

桥梁一词的含义在社会生活中的延伸

一个名词既有技术科学含义，又有人文学科含义，这在人类使用的词汇中是十分罕见的。

由于桥梁所蕴涵的丰富的社会内容，作为技术科学名词的"桥梁"一词，长久以来已经被视作在心灵沟通、相互理解、文化交流、友好往来、感情交融、传统继承和构筑未来等社会生活领域内，跨越各种时空障碍和文化差异，一切为增进人类的亲近感所作努力的同义语，成为人文学科中的一个非常重要的名词。因此美国的《韦氏大词典》才会把"桥梁"一词广义地解释为"衔接或过渡的时间、空间或手段"。

世界上任何民族的思想财富都是属于全人类的。美国科学技术顾问团主席潘文渊博士 1990 年 6 月 16 日在受到中美两国领导人致函祝贺的在纽约举行的交通大学北美校友联谊会上，对中国西安、西南、北京、上海、新竹五所交通大学的祝辞中说："为了人类的共同利益，上一代人最重要的工作之一，便是为下一代人架设一座'交融世界，通达古今'的桥梁，来共享这份财富。"作为当代中国人，更应该架设好继承中国优秀文化传统和通向光明未来的桥。

毕业于唐山交通大学（今西南交通大学）的美国知名桥梁学者林同炎 1993 年 10 月 22 日为庆祝欧美同学会成立 80 周年在北京人民大会堂举行的座谈会上的发言中说："我一生设计了不少桥梁。其中有些是同行和社会认为比较有创意的作品。这些比较有

图 1.24.1　以 96 座古今中外各式桥梁为题材的火柴盒盒面（0—31）

图 1.24.2　以 96 座古今中外各式桥梁为题材的火柴盒盒面（32~63）

图 1.24.3   以 96 座古今中外各式桥梁为题材的火柴盒盒面（64-95）

创意的作品，其中不少的灵感都是来自中国传统文化中的哲学或艺术。我认为中国目前最需要的桥梁，是在优秀的传统文化与四个现代化之间搭一座桥。"

两院院士、清华大学副校长、深圳大学首任校长张维在读了本书初版时也在《光明日报》著文表示："在总结 20 世纪人类所走过的道路，展望 21 世纪人类将走向何方时，希望这种在人文学科意义上的桥梁会愈来愈受到人们的重视，得到发展，并架设在各国人民之间。"

在桥梁工程师的努力下，桥梁作为跨越空间障碍的一种物质手段，依靠科技进步，它的发展在当代取得了前所未有的辉煌成就。而桥梁作为跨越因种族、民族、国家、文化、教育、信仰、阶层、性别以及发展阶段的差异而形成的人与人之间的障碍的一种超越时空的手段，它的发展则相对滞后得多。在这方面所取得的每一项成就都会是对人类进步事业的贡献。人类有理由在 21 世纪在这方面做出更大的努力，以发挥它的比物质桥梁意义更为深远的影响。

参考文献

[1] Fritz Leonhardt. Brücken——Ästhetik und Gestaltung. Vierte Auflage, Deutsche Verlags-Anstalt, Stuttgart, 1994.

[2] Dietmar Geers. Auf Chinesischen Füßen. Jade-Verlag, Witten, 1994.

[3] A Day in the Country-Impressionism and the French Landscape. Abradale Press Harry N. Abrams, Inc. 100 Fifth Avenue New York, N.Y.10011 Sealey.

[4] Bridges and Aqueducts. London, 1976.

[5] Brücken-Die bibliophilen Taschen Bücher. überarbeitete und ergänzte Auflage Dortmund, 1987.

[6] 茅以升 . 茅以升选集 [M]. 北京 : 北京出版社，1986.

注 1：美国参加两次对日本投掷原子弹的飞行员、退役空军少将查尔斯·斯文尼于 1995 年日本投降 50 周年之际，1995 年 5 月 11 日在美国国会听证会上发表长篇证言提到："日本屠杀无辜的男人、女人和孩子。在惨绝人寰的南京大屠杀中，30 万手无寸铁的平民被杀害。这是犯罪。这是事实。……整个几代日本人不知道他们的国家在第二次世界大战中都干了些什么。这可以理解为，为什么他们不理解日本为什么要道歉。与德国人认罪态度不同，日本坚持认为，他们没干任何错事。……这种态度粉碎了任何真正弥合的希望。只有记忆才能带来真正的谅解，而遗忘就可能重复历史的危险。……如果日本不追问并接受真相，日本怎么能安心地与自己相处，与亚洲邻国，与美国相处？"

注 2：英国牛津大学拉纳·米特教授于 2013 年 10 月 18 日在美国《纽约时报》上发表了《世界欠中国的战争债》一文。文内提到："中国在二战期间对同盟国抗日战争的贡献，不但未被承认，也未被转化为中国在本地区的政治资本。……中国抵抗日本侵略是未被讲述的二战伟大故事之一。尽管中国是首个与轴心国交战的同盟国，与美国、英国，甚至 1945 年 8 月才对日宣战的苏联相比，中国在太平洋战局中的作用远未得到承认。战后，中国的贡献被置于一旁，在纯意识形态竞争的冷战时期，成为不宜提及的一段历史。……中日战争在 1937 年全面爆发。尽管远比强大的美国或大英帝国贫穷，但中国在这场战争中发挥了主要作用。……这种历史修正对当今东亚和东南亚具有重要意义。"

注 3：1937 年 12 月 13 日，侵华日军在中国南京开始对我同胞实施长达 40 多天惨绝人寰的大屠杀，制造了震惊中外的南京大屠杀惨案。30 多万人惨遭杀戮，这是人类文明史上灭绝人性的法西斯暴行。——摘自南京大屠杀纪念馆广场上 2014 年 12 月 13 日建立的《和平大鼎》铭文。

2

中国古代桥梁

撰文：唐寰澄　中铁大桥局集团有限公司资深教授级高级工程师

- 总说
- 梁桥
- 拱桥
- 索桥
- 浮桥
- 结语

中国古代桥梁

总　说

在人类社会发展过程中，交通是个关键。交通工程中又属桥梁为复杂。桥梁可以克服自然障碍，增进人类交往，促进经济和社会各方面的发展。世界上各个民族历史悠久，桥梁也有独特的创造。年代越近，民族和国际间的交往，一切文化和技术的交流都更为密切。中国的桥梁技术影响了外国，外国的桥梁技术也影响着中国。然而翻开中国的桥梁历史，仍可看到中国古桥独特的民族风格和在世界上其他国家找不到的特殊形式。其构思的巧妙，结构的精良，造型的美丽，种类的繁多，令我辈后人钦佩并引以为傲。

中国的古桥，虽然最初也是效法自然的产物，然而却是巧妙地利用了自然客观规律进行组合，创造出和中国建筑相协调的桥梁系统。中国古桥在史前已有存在。自有历史记载，就有桥梁的记录。中国古桥早期都是利用天然材料——以木、石为主，后期用铁。大概实物桥梁保存下来的最早的为晋代永嘉三年（公元 309 年）。不过再早的古桥还可以通过文字记载，地下埋藏的墓葬石刻、壁画，以及保藏得非常好的一些宫廷藏画中发现。如果从后代的历史传记、地方志书、诸子百家、诗词文集里面砂里淘金，还能整理出不少桥梁盛衰的故事。于是，中国可靠的桥梁记录可以上推到商末周初时代（见第 1 篇）。

中国古桥，大致分为梁、拱、索、浮四大类型。分别介绍如下。

梁　桥

梁桥是结构最简单的桥梁。古字先有梁而后有桥。

密排石墩，不搁木梁的称做石矴，俗称踏步桥、蹬步桥（见图 1.24.1.5）。

搁上独木的桥称榷或约，或者叫做杠或绮。并列几根木头，上面或更钉上小横木，铺以土，便于行走，这就成为木梁"桥"。桥，严格地说是并列的多木梁。

中国春秋时期的《诗经》和其他典籍上记载了很多梁桥。较早有名的梁桥是商代都城朝歌（今河北曲周东北）的"钜桥"，建于公元前 11 世纪。

到了周代，木梁规模已经不小了。如公元前 5 世纪山西太原晋阳县东十里的汾桥，长约 135m，宽有 19.2m，十分宽大，可驰车队。

秦王朝建都咸阳，在渭水上造过长大的木梁桥。咸阳渭桥建于公元前 4 或 3 世纪的秦代，共有 68 孔，长 524m，宽为 13.8m。南桥头水中还曾立过半身的"衬留（水神）"石像。

汉代在咸阳渭桥东面造了东渭桥（公元前 152 年），唐代（公元 721 年）还曾经修缮过。桥长约 400m，宽约 12m。汉代（公元前 138 年）又在西边修了座西渭桥，尺寸不详。这三座渭桥的形象亦出现在曾经到过长安的当代高官的墓葬壁画和砖刻上（图 2.1 及图 2.2）。

图 2.1　山洪沂南东汉画像石刻上的木梁桥

图 2.2　四川青杠坡汉墓砖刻上的木梁桥

中国现存古画中有几座当年著名的木梁木柱桥。如北宋时张择端画的汴京（今河南开封）金明池《有舟竞渡图》上骆驰虹木梁桥；北宋王希孟《千里江山图》上估计在江苏吴江的利涉桥，桥大小 40 余孔，"木以万计"，桥中心部分加宽造亭，可以休憩和观赏（图 2.3）。

以上都是木梁木柱桥。亦有木梁石柱或木梁石墩的桥。远的如唐代的洛阳天津桥，西萨拉萨瑜顶桥；近的如清代浙江鄞县百梁桥等，数量众多。

图2.3　北宋王希孟《千里江山图》木长桥（摹改）

还有一种木梁石轴柱桥，石柱是由一块块像磨盘那样的大石块砌成，这是西安有名的沣、灞、浐三桥，可惜现在都已看不到了（图2.4）。木梁之外用石梁。石梁、石柱或石墩桥可以保存很久。

图2.4　陕西西安石楼柱木梁桥（原沣桥）

最古的石梁桥墩数浙江绍兴始建于唐代（公元806~820年）的纤道桥和福建泉州等地众多的石梁石墩桥。福建宋代自公元960~1258年，300年间修建的石梁石墩桥，仅泉州一地就有110座。平均每年修桥550m。现在作为国家重点文物保护的一是现存长2070m，宽3.0~3.8m，共有桥墩331个的安平桥；另一是有名的泉州万安桥（即图2.5的洛阳桥，建于公元1053~1059年）。原桥长834m（1996年修缮后长731.29m，见图1.7所示泉州洛阳桥全貌图），宽约4.9m。当年采用将蛎（蚝）种在潮水涨落的抛石基底和石砌墩身上，使结合牢固，并严禁采剥。它是中国古代桥工的独特创造。

图 2.5 明代版画 福建泉州洛阳桥

福建漳州虎渡桥，一名江东桥，是宋代嘉熙 2 年(公元 1238 年)修建的。原为 15 孔，长 560 余米。石梁长达 20m，重约 200 余吨，每孔 3 梁。共计 45 根如此重的石梁，当初开采、运输和安装，都表现出中国古代桥工高超的智慧和能力。

简单的木、石梁桥跨度有限。于是出现了层层相叠，向江心挑出的伸臂梁。木伸臂梁古称折桥。石伸臂梁又称叠涩。

据记载，最早的木伸臂梁是西晋公元 4 世纪时建造在甘肃的黄河上游。甘肃自古多折桥，至今还有实物。折桥就是两岸叠梁，斜向伸出，中搁简支木梁的单孔桥，净跨可达 30~50m。折桥实例有甘肃郑州的握桥（已无）和甘肃支县的阴平桥等（图 2.6 ）。

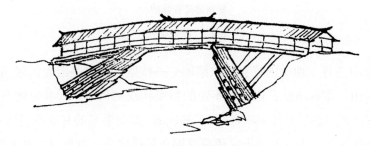

图 2.6 甘肃文县阴平桥

将单向伸臂发展为双向伸臂，木伸臂梁便可建成多孔的长桥，并且从山区移植到了平原地区。多孔木伸臂梁桥广见于我国南方云南、四川、西藏、广西、湖南、江西、浙江、福建、贵州等省。在湖南，因平衡伸臂木的构筑如鹊作巢，上又建廊亭，故称鹊亭桥。在湖南、广西又因桥上构架花巧，装饰彩绘，文彩辉煌，又称花桥。桥上廊屋，自然成市，别饶趣味，与图 1.5 威尼斯的利亚托桥可谓同曲同工。现今尚存的著名的有广西三江程阳桥，湖南通道都天桥、回龙桥等，大都在少数民族地区。这些桥梁十分珍贵，已作为各级文物被保护起来（图 2.7）。

湖南溆浦万寿桥

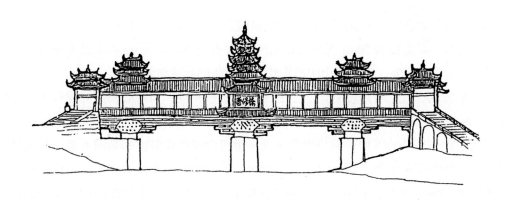

湖南通道普修桥

图 2.7　湖南花桥

　　梁桥家族中还有一种中国特有的木结构——栈道。栈道是沿着河谷用木头架设出来的，半边倚山，靠着峭壁，用绵延不断的桥梁构成的道路。春秋时的秦国，已在川陕之间的汉中地区建造过总长 1800km 以上的栈道。其中著名的有故道、褒斜道、堂光道、子午道以及金牛道等。中国的栈道，建筑时期在长城之前，规模可以和万里长城媲美。现正在部分恢复以吸引中外游人，宏扬我中华灿烂文化。

　　栈道种类很多，主要的是在石壁上每隔几米凿一约 0.4m × 0.4m 口径，深 0.5m 的方孔，内插木梁。对应梁下，在河底石基上又凿一方孔以插柱。一梁一柱成为一架，上搁并列的纵向桥面，外侧设栏杆，成为沿山蜿蜒曲折的栈道。有时柱脚亦斜撑在石壁上，有时上下并伸，诸柱撑在梁间，有时干脆有梁无柱（图 2.8）。

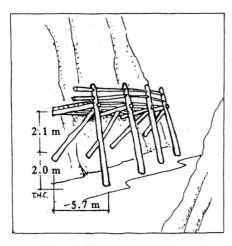

依崖梁柱斜挡式栈桥

依崖梁柱直挡式栈桥

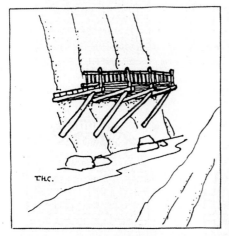

依崖斜挡式栈桥

摹明·仇英《剑阁图》栈桥

图 2.8　栈桥图

　　栈道不但曾存在于西南各省的山区陡峭地带，并且亦存在于中国其他各地和印度、巴基斯坦等国的古代道路上。至今在国内名山游览胜地有时仍可见到。

　　现在古代栈道多半只留下石孔。最近几年四川广元恢复了一段金牛道，陕西汉中恢复了一段褒斜石门道，四川小三峡恢复了一段有梁无柱栈道，可供今人观赏和亲身体验中国古代栈道的惊险和乐趣（参见图 1.8 及第 16 篇首页中间插画）。

拱　桥

　　中国古代拱桥可以分为竹木拱桥和圬工（砖、石）拱桥两大类。竹拱因不耐久，多数用于临时性建筑。木拱桥在中国是一种非常独特的类型。最普遍的是砖石拱桥，最多的是石拱桥。

世界上诸古老民族，不论东、西方，都有石拱桥，论宏伟壮观，则以中国与古罗马帝国为最。至于拱的结构是如何发生发展的，已经不容易说得清楚。唯独在中国，有很多实物足可以说明拱是由多方面原因发展汇集而成的。人们从天生拱得到型式的启发；从土穴拱产生安全的经验；从叠涩和假拱知道拱要产生推力作用；从折边拱才是一步一步进入了拱的堂奥。拱桥是由梁，经过三、五、七边折边拱最后发展成圆弧拱的。自春秋到秦汉和以后为数众多的墓葬结构、古画及实物桥梁中均可得到证明（图2.9）。

图 2.9　折边拱演进图

拱出现的时间在西汉，有墓葬实物为证。拱桥亦出现在西汉、东汉之间。可能最早的石拱桥记载是东汉阳嘉四年（公元135年）当时京都洛阳的建春门石桥，和东汉末年满城（今河北满城县）的石窦桥。唐代张彧的《赵州桥铭》称其"云作洞门，呀为石窦"，用石窦桥比赵州桥，可见石窦桥也是石拱桥。

中国石拱桥的发展是先有圆弧拱（即割圆拱，是圆弧的一段，小于半圆），后有半圆拱。现存最早的实例是始建于东汉河北满城的方顺桥；后有隋代河南临颖的小商桥；最有名的当推隋代河北赵县的安济桥（公元591~599年）。

小商桥（图2.10）和赵州桥（图2.11）都是敞肩式（即大拱之上叠有小拱）圆弧拱桥。赵州桥在国际上被誉为"国际土木工程里程碑建筑"和"世界著名古石桥"，均立碑于桥头。

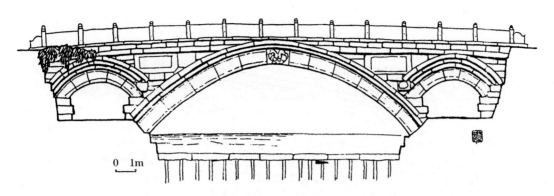

图 2.10　河南临颍小商桥

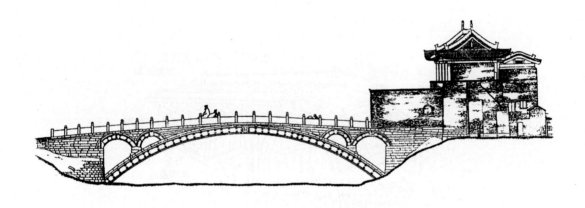

图 2.11　河北赵州安济桥

赵州桥净跨 37.02m（拱腹拱脚间），拱轴线跨度平均为 37.707m，拱矢高为 7.218m，拱石厚约 1.02m。拱桥全宽 9.6m，桥面净宽 9m。

后世亦有敞肩圆拱的建造，如唐代河北赵州水道桥（公元 765 年），明代河北永年弘济桥，和河北赵县济美桥等（时间均不详）。

中国的石拱桥，南方和北方不同，主要是因为北方河流多数是迳流式，夏天水涨，冬天水枯，不利行舟，所以交通多赖车马，桥道则要求拱弧平坦。南方多水，水势随潮涨落，交通多靠舟船，过去陆路乘骑、坐轿，桥道便自要求拱弧高耸，下可行船。此外，南方多软土地基，即使坭丁拱桥，亦要求轻薄，所以南方多驼峰式的薄拱桥（图 2.12）。

不论南方北方，拱轴线都有变化。基本上有圆弧拱、半圆拱、马蹄拱、尖拱、蛋拱和椭圆拱六种（图 2.13）。每一种都有实例桥梁。

现保存得最多的是半圆拱。中国石拱，拱券均为等厚，放样、配料、琢制和砌筑都比较简单。然而因注意立体造型，所以中国古代石拱桥都十分美丽。特别是南方的

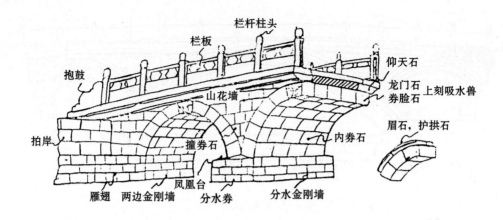

北方的石拱桥

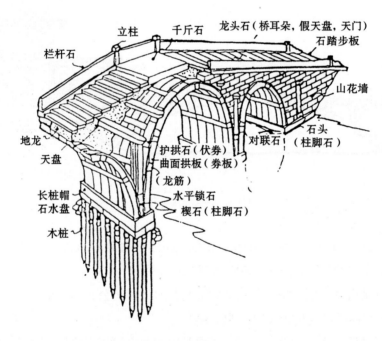

南方的石拱桥

图 2.12　中国石拱桥各部分名称

多孔联拱石拱桥，用联锁并列的拱券排列砌筑方法，玲珑剔透，使人流连不去。中国的石拱桥极富于艺术魅力。保存得较好的中国石拱桥之乡如江苏苏州，江苏昆山周庄，上海青浦、金泽、朱家角以及浙江绍兴等地，涉足其境，可以充分领略中国古镇古桥的浓厚韵味。

江南驼峰薄拱，孔数多成单。三孔者现存也为数不少。其中以浙江吴兴双林三桥为最富集体韵味。三孔石拱，早的可见之于唐代名画之中，所以始建年代当不晚于唐。

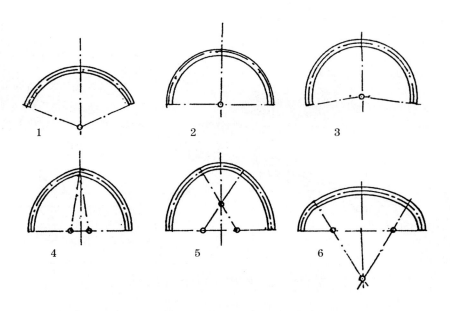

1. 圆弧拱（割圆拱）；2. 半圆拱；3. 马蹄拱；4. 尖拱；5. 蛋形拱；6. 椭圆拱

图 2.13　中国石拱桥拱轴线形

五孔石拱的实例以上海青浦朱家镇的放生桥保存最好。两岸环境作协调的布置，桥上两侧是雀衔野生石榴种子，临水婀娜，一似簪花仕女。此桥现为上海市重点文物保护单位。

长桥中多孔的，北方有建于金代明昌三年（公元1192年）11孔的北京卢沟桥和建于清代乾隆年间的北京颐和园十七孔桥（北京卢沟桥与颐和园十七孔桥分别见图1.16及图20.27）；南方则有起自明末（公元1634年）成于清初（公元1647年）23孔的江西南城万年桥（见第25篇首页插画）等，都是厚拱厚墩石拱桥，仍都存留至今。

江苏苏州宝带桥（见第4篇首页左插画），始建于唐元和十一年至十五年间（公元816~820年）。桥计有53孔，其中3孔高起通舟，全长约392m，在南方被称为"小长桥"。南方薄墩联拱最长的长桥是江苏吴江垂虹桥。该桥原来是座木长桥（图2.3），元泰定二年至三年（公元1352~1326年）改建为62孔石桥，长约400多米。至元至正十二年（公元1352年）增至85孔，中间有三起三落的三个驼峰高孔，用以通航。可惜此桥已于20世纪60年代坍毁。图2.14为明代阙名所绘垂虹桥图，孔数不详。图中所绘仅为象征性的，经作者摹改为三起三落，以符合实际。

中国木桥用干材和板材构成，桥梁承重结构部分用干材。木简支梁桥由简单并列的干材组成，跨度有限。木伸臂梁桥则竖叠层层干材组成，使桥跨得以用更大跨度飞跃。另外一种做法是在梁下加八字撑架，以加大跨度。因为撑架产生横推力，起拱的作用，亦可归之于木撑架拱。中国的古代桥工在撑架拱的基础上发展出一族在国外桥架史上

图 2.14 《江右名胜图·垂虹桥》(摹改本)

找不到的，非常独特的"贯木拱"。

古代贯木拱桥见之于北宋名画家张择端所画名画《清明上河图》。该画描绘的是公元 1111~1125 年宋都汴京（今河南开封）汴水上的虹桥。贯木拱是用大木横贯两套折边拱而成（图 2.15），目的是扩大跨度，不在河中修墩，以避免总是发生撞船事故。现在这座木桥以其特有的构筑方式已经世界闻名。

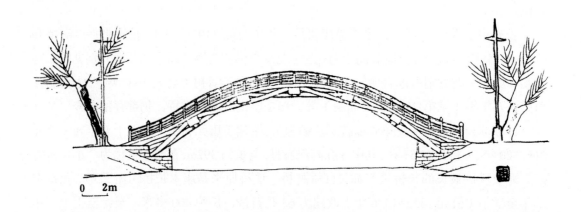

0   2m

图 2.15 《清明上河图》汴水河桥

这座桥的创始人历史上有两种说法。一说是当年山东青州（今益都）一个守牢卒子（是个残废人）所创（约在公元 1033 年）；或说是安徽宿州（今宿县）宋太守陈希亮所创建（约在公元 1049 年）通过考证，以后者为可靠。当年此种桥式曾推广到山西汾水之上。后世汾水、汴水都未见这样的桥式，以为失传。但写桥史调查时发现，今浙江、福建、甚至甘肃，仍然存在着好几座经过改进的贯木拱桥，如图 2.16 所示。保

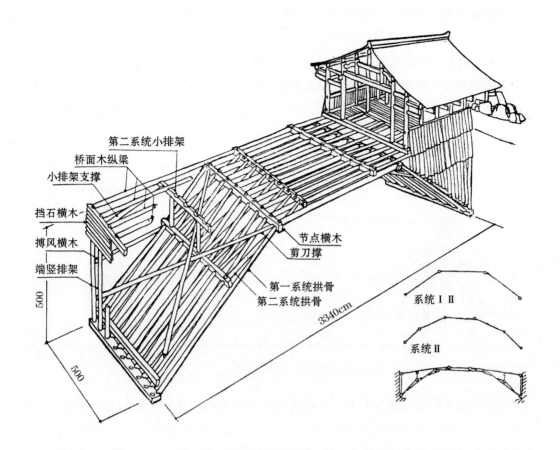

图 2.16 《清明上河图》汴水河桥构造细节图

存得较好的还有浙江泰顺的三条桥、薛宅桥和东溪桥等，都是单孔，上有桥屋。福建屏南尚有双孔的千乘桥、三孔的余庆桥、六孔的万安桥等。

索 桥

索桥又称绳桥、絙桥、软桥。索桥源自利用山间藤萝，攀援过河。现在我国西藏、云南尚有少数藤索桥可见（见图 1.1）。

藤之外用竹索。竹索古代称"笮"或"筰"，四川、云南用得较多。史书上记载最早的索桥约在战国时代，周赧王三十年(公元前 285 年)。古代中国西南地区因多有用藤、竹做成的索桥，所以当地有少数民族被称为"笮人"者。有些地区，称河流为绳水（金沙江上游），称州治为绳州（四川茂汶）。

战国时铁器盛行，已经有了铁链。最早的中国铁链桥记载，可归于秦末汉初（约公前 200 年），是在今陕西汉中地区的樊河桥。

索桥构造大致可以分为六种。

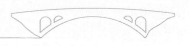

单索溜索桥　桥只用一根竹索或皮绳，横绷两崖人用木篾以坐或仰式挂在索上，索一头高，一头低，顺之溜达对岸。货物与畜类亦是如此。如索两端一样平、则溜过一半后需人力自己攀援或用细绳牵之过桥（参见图1.24.1.8及第16篇首页左插画）。

双索溜索桥　桥用二索并列，如此索东高西低，则另索东低西高，往来各走一索，自然溜放，不需牵引（图2.17）。

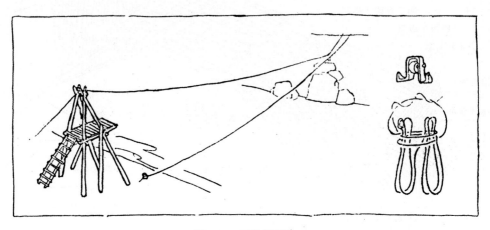

图 2.17　双索溜索桥

上下双索人行桥　索分上下，高差约1m，左右相离约0.3m。人行走在下索，一手扶上索以过。如今四川江油窦圌山云岩寺还有一座相传始建于唐代（公元661年），现在是清代重修的铁链桥便是此式。现也列为国家重点文物保护单位。云岩寺是旅游胜地，现在且有艺人在索上作杂技表演，俗称"铁索飞人"。

并列双索下悬桥面的人行桥　索并列相距约1m，自两索向下呈V形，用皮绳或细链，藤竹较密排列，悬挂中间的木梁或编织的细藤形成桥西走行道，人行中间，双手扶左右索过桥。这样的桥，今川、滇、藏地区的山间仍有存在。

四至六索走行桥　主索四至六根，边高中低，断面呈U形。索间用细藤、或皮、篾编织成网，中间上铺篾席桥面，可供人畜行走。这样的桥式，西藏较多（图2.18）。或用更多的主索，用同法编织成网状，是西藏所特有的藤网桥（图2.19，参见图1.1）。

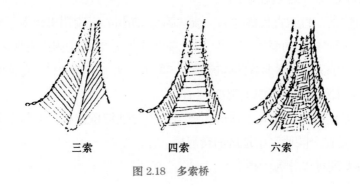

三索　　　　　　四索　　　　　　六索

图 2.18　多索桥

图 2.19 藤网桥

并列多索桥 密排并列多根同样高度的索，上铺木板。左右再各用高低二三索、用细索联于桥面充作扶栏。这是后期见得最多的竹索桥或铁链桥（图 2.20 及图 2.21）。有名的如始建于宋代的四川成都灌县安澜桥（见第 20 篇首页中间插画），原为多孔连续竹索桥，现改用钢丝绳。铁链桥如云南永昌斋虹桥，为云南省重点文物保护单位，四川泸定桥则是国家重点文物保护单位。

图 2.20 并列多索桥

以上六类索桥现今多数还能看到，但因使用性能差，缺乏经常维修，将会逐渐销声匿迹，或不用竹、藤、铁链，维修时以钢丝绳代之。

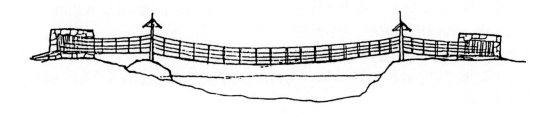

图 2.21 三孔连续索桥

中国古代索桥跨长约可达到 150m，主要是受制于材料强度。现代悬索桥最大跨度已近 2000m，并在向更大跨度发展，然而世界公认现代悬索桥的初始建筑型式构思是从中国古代索桥而来。中国索桥的各种布局构思，尚未全部为现代悬索桥所吸收，还

有进一步发掘与发展的可能。如现在的预应力混凝土薄带桥就是采用了中国并列多索桥的构思，用新材料和新技术发展出来的一种桥式方案。

浮 桥

用浮于水上的渡河工具或浮体搭架成桥，称为浮桥。古代又称桥航，或浮航（桁）。

一般可以浮于水上承载重物的东西、古代都可以搭架浮桥。于是西北的皮船、革囊，多数地区的竹、木排筏、大小船只，甚至于酒瓮、轮胎、门板、苇竹等都曾用来做过浮桥。

史书记载最早的浮桥是公元前 1229 年周文王娶妻迎亲，在陕西渭水上用船只架设的浮桥。经过 264 年以后，他的五世孙周穆王行军江南，在九江长江上用革囊浑脱搭架军用浮桥，以渡数万之师。后世历代凡稍大一些的河道，暂时还难以建造固定式桥梁时，多用浮桥。长江、黄河上都建造过不少浮桥。

浮桥有好多种不同型式。从浮桥结构受力的平面形状分，有曲浮桥和直浮桥。此外还有潮汐浮桥、通航浮桥和组合浮桥，分别介绍如下。

曲浮桥　曲浮桥在浮桥中出现最早。秦昭襄王在今山西永济搭架的蒲津浮桥，一直流传下来直到元代，都是曲浮桥。

曲浮桥在河两岸树立桩柱，系上缆索（竹或铁链），维系船只，铺搭木板成桥。桥因受流水冲击，向下弯曲自然形成曲浮桥（图 2.22 上）。曲浮桥或为一河一桥，或利用河心洲岛，左右航道分搭为曲，而且像双手环抱似的两桥（图

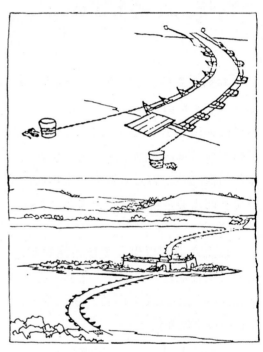

上图—单孔；下图—双孔，曲而且抱

图 2.22　曲浮桥

2.22 下）。长度记录前者曾做到 600m（河南滑州黄河浮桥），后者各有 360m（山西永济蒲津浮桥）。

直浮桥　浮桥的每个浮体、用铁铺、石鳖（石笼）锚于河底，或各料牵于两岸，桥身自然顺直，成为直浮桥。前一种直浮桥只要能抛锚，长度没有限制。后一种只适宜于较狭河道（图 2.23）。

潮汐浮桥　季节性河流水位变化时间长，调节比较从容。潮汐河流则每日至少调节两次，不胜其烦。宋代苏东坡在广东惠州建造用"机牙伸缩"自动调节的曲浮桥；

宋代唐仲还采用过多孔活动栈桥式的潮汐直浮桥，可惜都只有文字记载，没有图画，实物亦已荡然无存。

通航浮桥 浮桥的缺点之一是妨碍通航。解决的笨办法是临时拆卸浮桥船节。宋代公元1015年在澶州黄河浮桥上第一次采用船上加"脚"的办法，使桥面得以升高或降低，便于通航。当年呈报朝庭，获得奖赏（图2.24）。

组合浮桥 广东潮州广济桥是全国唯一的一座浅滩部分用石墩石梁，深水部分用浮桥的组合浮桥。当年宋代初建时河心有墩，为双曲浮桥。自宋至明，逐步由两岸向河心增加梁墩，成为"十八梭船二十四洲（石墩如洲）"的特殊组合桥梁。

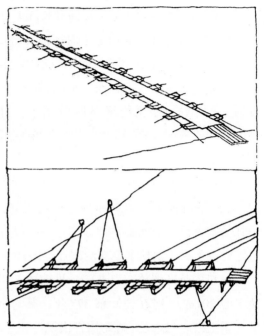

上图—船锚于河底；下图—船斜牵于两岸

图 2.23 直浮桥

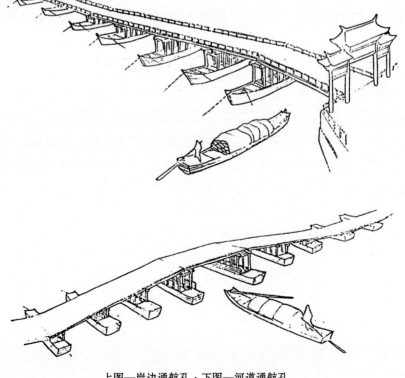

上图—岸边通航孔；下图—河道通航孔

图 2.24 通航浮桥

中国的两条特大河道，黄河和长江上都曾经建造过临时性的和半永久性的浮桥。

经过历史考证，黄河上下游河道上曾经于 33 个桥址造过浮桥。最早是公元前 541 年的春秋时代，位于今陕西韩城当年的夏阳浮桥。公元前 257 年，秦昭襄王在山西永济建成第一座半永久性浮桥。此桥到唐玄宗时改为铁链桥，两岸用铁人铁牛铁柱锚住铁链。东岸这一组文物于 1989 年出土，自唐玄宗开元十二年（公元 724 年）建成到 1997 年共存在了 1274 年，是世界上最久的浮桥实物真迹遗址。这座浮桥从初始创建到明代河流改道（公元 1570 年）废弃，共计断断续续存在了 1827 年，加上其他黄河上有名的浮桥桥址的兴废，黄河上搭架过的浮桥数达百次之多。

长江源远流长，江阔水深，航运频繁，船大桅高，更难造永久性浮桥，所以多半是在枯水季节，搭架临时性军用浮桥。经过考证，竟亦有曾架过浮桥的桥址 19 处，架过浮桥数十次（包括主要支流岷江，因岷江在古代认为是长江的上游）。

最早的长江浮桥在上九江（见前述），时在公元前 965 年；其次在四川蔺市（今涪陵上游 20km），时在公元前 377 年。其它重要的浮桥，如东汉长江虎牙浮桥（在今枝城大桥上游）；武汉三镇元初青山矶浮桥（在今武钢附近）；汉阳到武昌太平天国的三座浮桥（其一在今武汉长江一桥附近）；宋初安徽采石矶浮桥（公元 974 年）等。

浮桥作为桥式的一种，以临时、半永久和军用为主（参见图 3.10）。现在仍在桥梁建设中起上述的作用。近代在斯堪的纳维亚半岛的瑞典，应用近代材料和技术造成通航（航道不高）的曲浮桥，作者曾与其设计者探讨，他始知中国早有此种布置，并非新意。

结　语

中国古代桥梁是近代桥梁的先声，还可以继续发掘，推陈出新。世界上没有无本之木，无源之水。既不能厚古薄今，亦不能厚今薄古，作出虚无主义的结论。仔细地发掘，保存，记录桥梁珍贵的历史文物，加以发扬，研究，对当代及今后的桥梁科技工作者，有厚望焉。

第 2 部分

桥梁概论

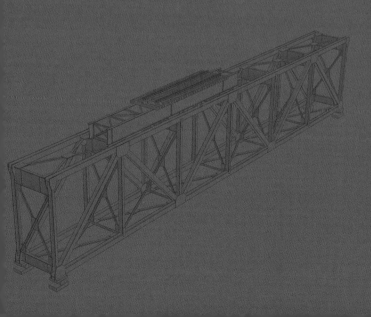

3

关于桥梁的一些基本知识

北京交通大学教授、前校长
撰文：万明坤　中国铁道学会前副理事长
欧美同学会暨中国留学人员联谊会前常务副会长

- 桥梁的定义
- 按用途划分的桥梁种类
- 桥梁的组成部分及各部分的作用
- 桥梁上部结构的五种基本结构类型与当今跨度纪录
  ——梁式桥、拱式桥、悬索桥、斜拉桥与刚构桥
- 桥梁下部结构的高桥墩与当今高度纪录
- 组合体系桥梁

关于桥梁的一些基本知识

第 1 篇已就桥梁的历史演变及其与人类生活的密切关系作了一番论述，旨在为读者打开认识桥梁的窗口。这一篇将向读者介绍有关桥梁的一些最必要的与最基本的知识，以帮助读者顺利地阅读本书以后各篇方方面面有关桥梁的有趣知识。

桥梁的定义

人们经常接触桥梁，然而当遇到要怎样用最简洁、准确与科学的语言来对"桥"下一个定义时，则颇要经过一番斟酌。我们不妨先看看词典上是怎么说的。

我国最权威的《辞海》与《现代汉语词典》都是这样来解释的：

"桥是架在水上或空中以便通行的建筑物。"

英国最权威的《牛津现代高级英语词典（Oxford: The Advanced Learner's Dictionary of Current English）》是这么定义的：

"桥是用木、石、砖、钢、混凝土做成的，让道路跨越河流、运河、铁路等的结构物。"

美国最权威的《韦氏大词典（Webster's New Collegiate Dictionary）》则又是这样来解释的：

"桥是（1）让大小道路跨越洼地或障碍的结构物；（2）衔接或过渡的时间、空间或手段。"

美国《韦氏大词典》的第（2）条解释，初读有些抽象，甚至有些晦涩。但是如深入推敲这一解释，却堪称比其他解释略胜一筹。它把上一篇提到的"桥梁"一词延伸到社会生活领域的含义也包括了进去。第（2）条实际上是包含了第（1）条含义在内的对"桥梁"一词的一种广义的解释。

其实，关于"桥"字的更为简洁、准确与科学的定义笔者认为应该是：

"桥是跨越障碍的通道。"

这一解释只用了少到不能再少的 9 个汉字，而且包括了《韦氏大词典》对"桥梁"一词中的（1）与（2）条的两层含义在内。作为一种"跨越障碍的通道"，"桥梁"一词当然在人类物质生活与精神生活中都具有特殊意义。

按用途划分的桥梁种类

按照桥梁是"跨越障碍的通道"的定义，"通道"的用途可以是：供人通行的，供车马通行的，供输水用的或供输送其他流体物质用的（渠道或管道），甚至还有供船舶通

过的(运河桥)。于是相应地便有：**人行桥、公路桥、铁路桥、城市桥、管道桥**(图 1.24.2.52)，
渡槽(图 1.3、图 1.4 及图 3.1)和**运河桥**(图 3.2)等等。

图 3.1　南水北调平顶山地区的跨沙河渡槽(总长、流量、跨度居世界第一)

图 3.2　德国马格德堡(Magdeburg)运河桥

　　这里的障碍可以是道路、山谷、农田、河流、建筑物，或地面必须留出的空间，以及地面上一切需要跨越的障碍等。于是相应地便有：**跨线桥**（又称立交桥，图1.24.2.59）、**跨谷桥**（图3.3及第16篇跨谷桥）、**高架桥**（图3.4及图3.5），以及常见的**跨河桥**等。

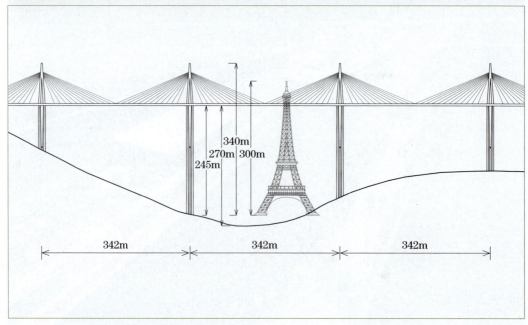

图3.3　法国境内的米洛跨谷桥（最大墩高245m，创世界纪录）

图 3.4　德国著名的沃珀塔尔高架桥（Wuppertarler Schwebebahn）
（1890 年 10 月 24 日建成的世界上最早和最长的悬挂式车厢高架桥，总长 13.3km，由 472 孔跨度 21~23m，高出地面 8~12m，架设在 944 个钢腿上的钢桁梁组成，故又称千足桥）

图 3.5　上海市内穿梭于林立高楼间的高架桥

　　当所跨越的航道上的交通不甚繁忙，但偶而仍有大船通过，需要把桥修得很高，在技术上有困难或经济上不合算时，则可修建**开启桥**。图 3.6 是**提升式开启桥**。图 3.7 是**上旋式开启桥**。

图 3.6　天津 2003 年建成的跨越海河响螺湾的提升式开启桥

图 3.7　天津 2010 年建成的跨越海河响螺湾的上旋式开启桥

　　抗洪及战争期间要求以极快的速度架起桥梁，或施工期间需要修建供施工时暂时使用的便桥，于是便设计有各种便于快速装拆的临时**便桥**。图 3.8 是我国较常使用的钢制 321 型贝雷桁架梁的组装单元。

图 3.8　中国使用较普遍的 321 型钢贝雷桁架梁的组装单元

　　图 3.9 是用钢贝雷桁架单元以不同组合组装成的适用于不同跨度的临时便桥示意图。图中的梁用贝雷桁架单元组装而成。当桥的载重较大时，可以采用多片贝雷桁架；当桥的跨度较大时还可以组装成多层贝雷桁架。贝雷桁架单元同样可以组装用于充当桥墩，见图 3.10。

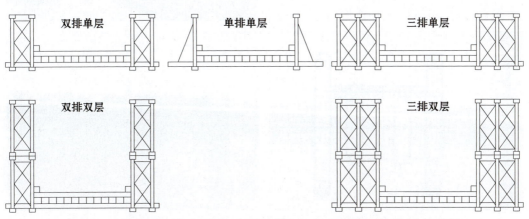

图 3.9　用钢贝雷桁架单元以不同组合方式组装成不同跨度的临时便桥断面示意图

图 3.10　用 321 型钢贝雷桁架单元组装成的临时便桥上下部结构实例

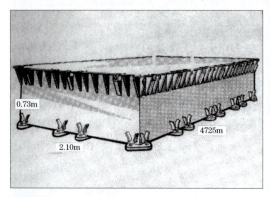

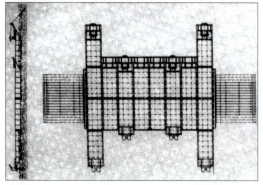

图 3.11　德国设计的用钢浮箱组装的车载式快速装拆军用便桥

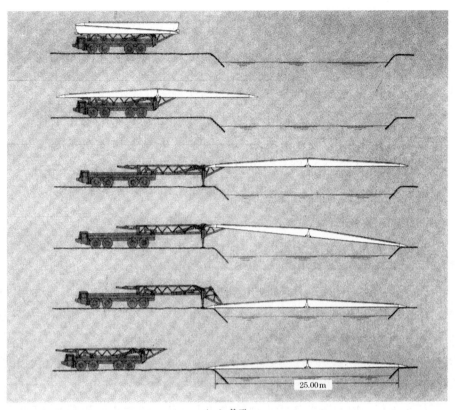

（a）单孔

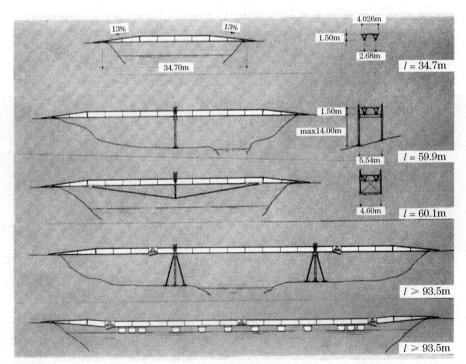

（b）单孔或多孔

图 3.12　德国设计的用锌铝合金制成的车载式快速装拆军用便桥

　　贝雷梁是世界上应用得最广泛的一种装拆式梁，既可用作临时桥，也可用作短期固定桥，具有组装单元少，重量轻的优点。最初的贝雷梁是二战初期英国工程师为战时军用便桥设计的，因其使用中的许多优点，战后被广泛用于民用。20世纪60年代，我国引进后加以改进，设计成现今广泛使用的321型装拆单元

　　图3.11与图3.12是德国设计的两种车载式可以快速装拆的便桥。前者为由钢浮箱拼装而成的钢浮桥；后者为用锌铝合金制成的军用便桥（重435kg/m）。

　　图1.24.1.9与图2.22~2.24则是简单的木浮桥。

　　这里的"跨越"二字含有"架在空中"的意思。如果是"穿越障碍的通道"，那就变成隧道，地下铁道或水底隧道了。

桥梁的组成部分及各部分的作用

　　几根原木并排架在两岸就形成了一座最简单的单孔木梁桥。如果木头的长度小于两岸的距离，则可在两岸之间设立一至数个木的或砖、石砌筑的支承物，然后在支承物与支承物之间及支承物与河岸之间架设木梁，于是便形成了一座多孔木梁桥。木梁所承受的重力（竖直的）或外力（竖直的或水平的），叫做**荷载**。木梁起承受重力的作用，在桥梁上的学名就叫做**承重结构**。

　　为了便于通行，以及避免作为承重结构的木梁年久被磨损，影响其承重能力〔图3.13（a）〕，一般要在木梁上铺上木板〔图3.13（b）〕，木板这部分便称做**桥面**。此时桥面与承重结构统称桥梁的**上部结构**。任何最简单的桥梁与最复杂的桥梁上部结构的基本部分都是由这两部分组成的。

（a）无桥面　　　　　　　　　　　　　　　　（b）有桥面

图3.13　两座最简单的木梁桥

　　为了防止河岸在承重结构的压力下崩塌，则可紧贴河岸用石块或木排桩做成挡墙，将承重结构支承在挡墙上。两岸之间的支承物称作**桥墩**；岸边的支承物兼挡墙称作**桥台**。桥墩与桥台统称**下部结构**。

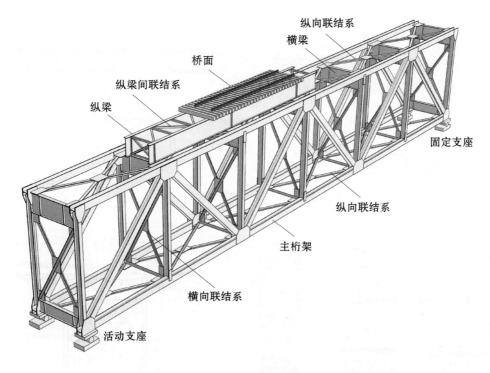

图 3.14　桥梁上部结构（上承式铁路钢桁梁）组成部分示意图

上部结构是跨越部分，又称**跨越结构**或**桥跨结构**；下部结构是支承部分，又称**支承结构**。

近代桥梁由于所承受的载重和跨度都比较大，结构就比上面说的要复杂一点。拿上部结构来说，如果承重结构是梁，就叫做**主梁**。主梁可以用钢（钢板梁，钢箱梁，钢桁梁），钢筋混凝土（跨度不大时）或预应力混凝土做成。承重结构如果是拱，就叫做**主拱**（多于一片拱时叫**拱肋**）；如果是悬索，就叫做**主索**或**大缆**。

图 3.14 是一座上承式（桥面在承重结构的上方）铁路钢桁梁组成部分的示意图。其钢轨铺在枕木上，枕木铺在纵梁上，纵梁支承在横梁上，横梁支承在主梁上（桁架式承重结构）。此时钢轨与枕木部分叫做**桥面**，**纵梁**与**横梁**部分叫做**桥道结构**。图 3.14 所示直接将枕木铺在纵梁上的桥面叫做**明桥面**。如果枕木是铺在道砟上面，就叫**道砟桥面**，此时就要设置承受道砟的**钢筋混凝土托盘**或**钢托盘**。混凝土桥的托盘一般与主梁做成一体〔图 3.15（a）〕；钢桥的钢筋混凝土托盘一般要支承在纵梁上，或直接支承在主梁上〔图 3.15（b）〕。高速铁路常用**无道砟的整体道床**，即用数米一块的整块的预应力混凝土板直接铺在垫层上，取代常规铁路按一定间隔铺设在道砟上的轨枕（图 3.16）。

桥面设在承重结构上方的叫做**上承式桥**；桥面设在承重结构下方的叫做**下承式桥**（参见图 3.17）；桥面设在承重结构中部的叫做**中承式桥**（参见图 3.19）。图 3.15 是各类

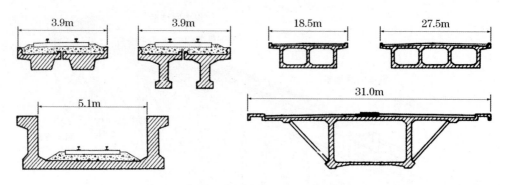

（a）钢筋混凝土桥与预应力混凝土桥

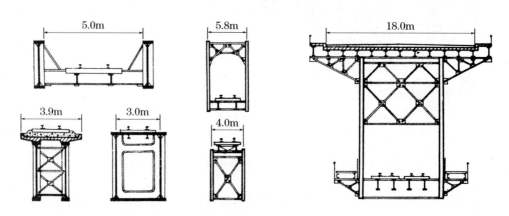

（b）钢板梁、钢箱梁与钢桁梁桥。

图 3.15　各类混凝土桥梁与钢梁桥的断面结构示意图

混凝土的与钢的上承式与下承式梁式桥的断面结构示意图。

　　18 世纪出现钢桁梁以后，用钢桁梁做成的片状承重结构为保持结构的几何稳定性，便多了一套复杂的联结系统，如图 3.14 所示，其组成部分与各组成部分的作用见表 3.1。此时，在两片或多片主桁之间要用纵向的及横向的杆件，将两片很薄的主桁连接成一个几何不变的空间结构，以抵抗横向的及纵向的力。横向的有风力、车辆摇摆力、桥梁位于曲线上时的离心力；纵向的有车辆的起动力与制动力等。这些联结杆件形成了一套完整的联结系统，叫做联结系。于是上部结构便扩充为四个部分，即：1）**桥面**；2）**桥道结构**；3）**主承重结构**；及 4）**联结系**，联结系又分水平方向的**纵向联结系**和横断面方向的**横向联结系**（表 3.1）。

　　再看下部结构。荷载是通过上部结构的承重结构传递至下部结构的墩台顶面的。为了使上部结构与下部结构的受力明确（主要是保证在支点处的作用位置明确），以便进行精确的力学计算，同时为了也要保证上下部结构之间的连接牢靠，必须在上下部结构之间有一个能保证力的作用位置明确并且连接牢固的支点构造，这个支点构造

表 3.1　桥梁的组成部分及各部分的作用

桥梁的组成部分				各组成部分的作用
桥梁	上部结构	桥面	公（铁）路桥路面、人行道	通行车辆或行人部分
		承重结构 — 桥道结构	纵梁、横梁或其他形式	支承桥面，将荷载传给主承重结构
		承重结构 — 主承重结构	主梁（刚构、拱或索）	架设在支座上，将全部荷载传给支座
		承重结构 — 联结系	纵向的及横向的	位于主梁之间，承受横向的及纵向的水平力
	下部结构	支座	固定支座、活动支座（或全约束支座，或悬索桥的塔顶鞍座）	1. 支撑上部结构，将荷载传给墩台 2. 将上部结构固定在墩台上 3. 保证上部结构能自由伸缩、弯曲等变形
		墩台	桥墩（位于中间） 桥台（位于岸边）	支承上部结构，将上部结构荷载传至基础（桥台兼起挡土墙作用）
		基础	浅基础或深基础（桩、沉井或沉箱）	将桥墩、桥台传来的荷载分布到地基（土壤或基岩）中去

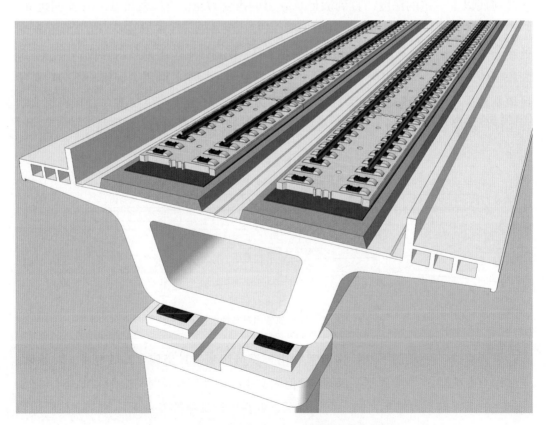

图 3.16　中国高速铁路常用的无道砟整体道床透视图

就叫做**支座**。不同的承重结构（梁、刚构、拱、索）在支座处的受力及变形状况不同，对支座的要求也不同。以梁式桥为例，由于荷载和温度的作用，梁都会发生变形。这种变形在支座处有两种：一种是梁弯曲时的转动变形；一种是梁伸缩时的移动变形。既允许梁作伸缩变形，又允许梁作转动变形的支座叫**活动支座**；只允许梁作转动变形而不能作伸缩变形的支座叫**固定支座**（见图 3.14）。每根梁只能有一个固定支座，其余的均应是活动支座（图 3.17），因为如果一孔梁的两端都是固定支座，梁在温度变化下产生伸缩时，便会产生对墩台不利的推拉力。刚构桥、拱桥、斜拉桥与悬索桥对其支座分别有不同的要求，在以后相关篇目会一一介绍，此处不赘述。

　　梁式桥活动支座的简图常用○表示；固定支座的简图常用△表示。

　　桥墩与桥台一般用砖、石砌筑或用混凝土灌注而成，简单的木桥可用木料做成（见图 3.13），在旱地上有时也有用钢（见图 3.4）做成的。

　　承受墩台底部压力的土壤或岩石叫做**地基**。如果地基具有设计需要的足够的承载力，那么就可以将墩台身的底面根据地基承载力的大小和墩台抗倾倒稳定的需要适当扩大，直接支承在埋入地面深度不大的地基上。这个扩大了的部分就叫做**扩大基础**或**浅基础**。如果地基浅层的承载力不足以承受墩台身传下的压力，则要将基础下降到地面或河底以下一定的深度，直到满足承载力的需要为止。下降的方法，一类叫**沉井**，一类叫**沉桩**。沉井与沉桩统称**深基础**（图 3.17）。深基础与浅基础在受力方面的不同之处在于：浅基础只依靠基础底部面积传递压力；深基础则除了依靠沉井或桩尖的底部面积将压力传递给地基以外，还依靠井壁或桩壁与土层间的摩阻力，将一部分荷载传至地基。所以深基础的承载能力要比浅基础为大，当然施工难度也大。直接将桩支承在坚硬的地层上的叫**柱桩**；单纯靠桩壁与土层间的摩擦力支承的叫**摩擦桩**。

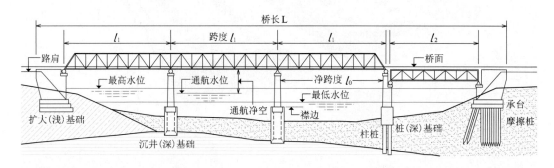

图 3.17　桥梁上、下部结构及各种水位示意图

　　这样一来，桥梁的下部结构通常就由三部分组成：1. **支座**；2. **墩台身**；3. **基础**。支座作为支承部分，本应属于下部结构。但因支座在设计与计算时与上部结构密不可分，在制造时又常与上部结构在同一工厂加工，或在生产支座的专业工厂加工，然后运到工地，故一般桥梁专业书籍常将支座归入桥梁的上部结构。

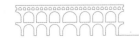

一座桥梁的组成部分及各部分的作用归纳于表 3.1。

在图 3.17 中，两岸桥台后背到后背的距离叫做**桥长**；一孔上部结构支座中心到中心的距离叫**跨度**或**计算跨度**；相邻墩台之间的净距离叫**净跨度**。**最低水位**即**枯水位**。为了美观及防止船只碰撞，叫做**襟边**的水中基础的顶面必须低于最低水位一定高度。具有一定洪水设计频率（通常为百年一遇）的水位叫做**设计水位**或**高水位**。确保不停航的水位叫做**通航水位**。通航水位定得高，桥就要修得高；定得低，出现高于通航水位的洪水位时，停航时间就会长。自通航孔的梁的底部边缘至通航水位的高度叫做**通航净空**。通航水位的高低以及通航净空的大小，由设计部门与地方航运部门协商确定。

桥梁上部结构的五种基本结构类型与当今跨度纪录——梁式桥、拱式桥、悬索桥、斜拉桥与刚构桥

现代桥梁按照受力特点的不同，可以分为五大类型，即：1.**梁式桥**；2.**拱式桥**；3.**悬索桥**；4.**斜拉桥**；5.**刚构桥**。

梁式桥、拱式桥与悬索桥是三种古老的桥梁结构形式。斜拉桥与刚构桥则是近代发展较快的两种结构形式，特别是在最近半个多世纪以来，二者得到较大的发展。原因一是二者计算较为复杂，古代受到力学知识的不足与计算手段的限制，难于发展，到了现代，这些都不成问题了；二是这两种桥式在施工上有许多优点，所以发展很快。斜拉桥、刚构桥与梁式桥、拱式桥、悬索桥五种桥式可谓在当代桥梁建设中各有所长，并驾齐驱，各领风骚，给予桥梁设计者以多种选择的可能。

无论采用哪种桥式，在对一座桥进行评价时，主要是考察它的技术、经济与运营指标，即技术上的先进与否、经济上的合理与否与运营的可持续性。三者应通盘考虑，做到辩证统一，不应只追求一个方面的指标而忽略另一方面的指标。

反映一座桥梁技术复杂程度的主要指标是：跨度、载重、水深、特高桥墩带来的问题、基础埋深和地质地理（抗风、抗震、抗洪、抗潮涌等）条件的复杂程度，而与桥梁的长度基本无关。

梁式桥

在竖直荷载作用下，梁的截面只受弯，支座只承受竖直方向的力。图 3.17 表示了上承式桥（桥面设在梁的上方）与下承式桥（桥面设在梁的下方）。多孔梁桥的梁在桥墩上不连续的称为**简支梁**；在桥墩上连续的称为**连续梁**；在桥墩上连续在桥孔内中断，线路在桥孔内过渡到另一根梁上的称为**悬臂梁**（图 3.18）。支承在悬臂上的梁称为**挂梁**；伸出有悬臂的梁称为**锚梁**。

目前梁式桥的最大跨度达到 548.8m，还是 1917 年建成的加拿大魁北克（Quebec）公路铁路两用悬臂钢桁梁桥所保持的记录〔图 3.23（a）及图 3.24〕。

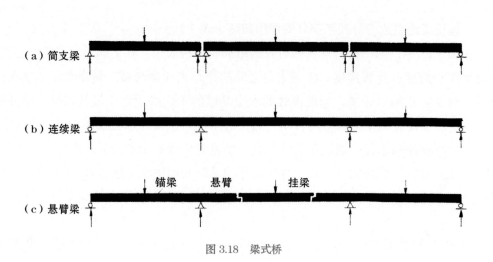

图 3.18　梁式桥

拱式桥

在竖直荷载作用下，作为承重结构的拱肋断面主要承受压力。拱桥的支座则不但要承受竖直方向的力，还要承受水平方向的力。因此拱桥对基础与地基的要求比梁桥要高。图 3.19 分别表示**上承式拱桥**（桥面在拱肋的上方）、**中承式拱桥**（桥面一部分在拱肋的上方，一部分在拱肋的下方）与**下承式拱桥**（桥面在拱肋的下方）。仅供人、畜通行的拱桥，可以把桥面直接铺设在拱肋上。而通行现代交通工具的拱桥，桥面必须保持一定的平直度，不能直接铺设在曲线形的拱肋上，因此要通过**立柱**或**吊杆**将桥面间接支承在拱肋上。

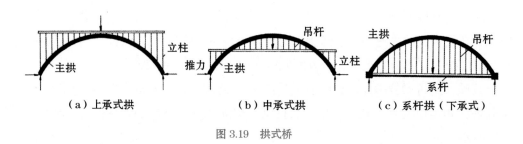

（a）上承式拱　　　　　（b）中承式拱　　　　　（c）系杆拱（下承式）

图 3.19　拱式桥

下承式拱桥还可以做成**系杆拱**，即在拱脚处用一根被称为系杆的纵向水平受拉杆件将两端的拱脚连接起来。此时作用于支座上的水平推力就由系杆来承受，支座不再承受水平方向的力。这样做可以减轻地基承受的荷载，特别是在地质条件不良时。

目前世界上跨度最大的拱桥是中国 2003 年在上海建成的跨越黄浦江的卢浦大桥，与 2012 年在重庆建成的跨越长江的朝天门大桥。卢浦大桥是一座城市道路钢箱拱桥，跨度达 550m〔图 3.23（c）〕；朝天门大桥是一座通行城市道路与轨道交通的钢桁拱桥，跨度达 552m〔图 3.23（d）〕。它们比美国 1976 年建成的跨度 518.3m 的西弗吉尼亚新河谷（New River Gorge）公路钢拱桥跨度长出了 32~34m。在此之前，美国 1931 年建成

的纽约奇尔文科（Kill Van Kull）城市道路钢拱桥，跨度为 503.6m。澳大利亚 1932 年建成的悉尼港（Sydney Harbour）公路铁路两用钢拱桥，跨度为 503m。纽约奇尔文科桥与悉尼桥共同保持了 44 年的跨度纪录，直到 1976 年才被新河谷桥打破，27 年后上海卢浦大桥又创造了新的世界纪录，相隔 9 年后，重庆朝天门大桥又把跨度纪录提高了 2m。由于悉尼港钢拱桥承受的是 4 线电车加公路，载重要大得多，造型优美，已成为悉尼市的重要标志建筑，至今在大跨度钢拱桥中仍占有重要地位，故在图 3.23（d）中仍予列出。

悬索桥

桥面支承在悬索（通常称大缆）上的桥称为悬索桥（图 3.20）。英文 Suspension Bridge，德文 Hänge Brücke，俄文 ВИСЯЧИЕ МОСТЫ，均为"悬挂的桥梁"之意，故也有译作"吊桥"的。"吊桥"的悬挂系统大部分情况下用无数 5~7mm 左右高强度圆钢丝或异形钢丝编织成的"索"做成，故译作"悬索桥"。个别情况下也有用链条（图 1.10），刚性杆件〔图 3.26（d）〕或链杆做成的，故"悬索桥"严格讲不能涵盖这类吊桥。

在炼钢技术尚不能生产高强度钢丝时，链杆式吊桥是吊桥的唯一选择，现在已被淘汰。人们在欧洲旅游时，尚可见到这种吊桥。我国有湖南泸溪县境内 1938 年建成的湘川公路上的能滩吊桥，为一链杆式吊桥，跨度 80m，单线。该桥在抗日战争、解放战争以及湘西山区的经济建设中均发挥过很大作用。

和拱肋相反，悬索的截面只承受拉力。简陋的只供人、畜通行用的悬索桥可以把桥面直接铺设在悬索上（参见图 1.10）。通行现代交通工具的悬索桥则不行，为了保持桥面具有一定的平直度，是将桥面用**吊索**吊挂在悬索上。此外，和拱桥不同的是，作为承重结构的拱肋是刚性的，而作为承重结构的悬索则是柔性的。为了避免在车辆驶过时，桥面随着悬索一起变形，现代悬索桥均设有**刚性梁**（又称**加劲梁**）。桥面铺设在刚性梁上，刚性梁吊在悬索上。现代悬索桥的悬索一般均支承在两个塔柱上。塔柱顶部设有悬挂悬索的鞍形支座。承受很大拉力的悬索端部通过埋于地下的**锚碇**固定在地基中。个别也有将悬索两端固定在刚性梁的两端者，称为自锚式悬索桥。

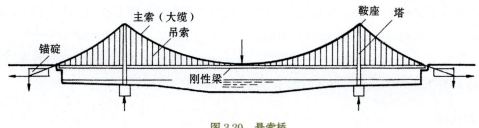

图 3.20　悬索桥

目前悬索桥的最大跨度达到 1991m，是日本于 1998 年建成的明石海峡 6 线高速公

路悬索桥〔图 3.23（h）〕。连接意大利南端与西西里岛的墨西拿海峡桥已蕴酿了几十年，已定方案的设计跨度为创纪录的 3300m，为 12 车道高速公路悬索桥（参见图 27.27）。由于对其技术与经济上的可行性争议不断，其建设计划一再推迟。为慎重起见，2012 年底意大利政府再次做出决定，把墨西拿海峡大桥的可行性评估再延长两年。

斜拉桥

斜拉桥日文称"斜张桥"，德文称"斜索桥（Schrägseil Brücke）"，英文称"拉索桥（Cable Stayed Bridge）"。将梁用若干根斜拉索拉紧在塔柱上，便形成斜拉桥。与多孔梁桥对照起来看，一根斜拉索就等于代替一个桥墩的（弹性）支点，从而能大大增加桥梁的跨度（图 3.21）。

图 3.21　斜拉桥

斜拉桥这种结构类型古已有之。但是由于斜拉索中所受的力很难计算和很难控制，建成的桥时有垮塌，所以一直没有得到发展和广泛应用。直到 20 世纪中叶，由于电子计算机的出现和适合于在电子计算机上计算的结构力学的完善，解决了索力计算难的问题，再加上调整装置的完善，解决了索力控制的问题，使得斜拉桥成为自 20 世纪 50 年代以来发展最快，应用日广的一种桥型。

1955 年在瑞典建成了世界上第一座斜拉桥，跨度仅为 182.6m。60 年来跨度不断增大，令人目不暇接。到 1993 年跨度即发展到 602m，为中国上海的杨浦大桥。1994 年随即提高到 856m，为法国的诺曼底大桥。2008 年中国建成的苏通大桥一下把跨度提高到 1088m。现今世界上跨度最大的斜拉桥是俄罗斯 2012 年建成的海参崴跨东博斯普鲁斯海峡的俄罗斯岛 4 车道公路斜拉桥，跨度 1104m〔图 3.23（g）〕。短短 19 年间，斜拉桥的跨度几乎提高了一倍。中国正在建造的沪通跨长江大桥（距上游的江阴大桥 45km，距下游的苏通大桥 40km，距长江口 140km），跨度为 1092m，跨度虽然略小于俄罗斯岛大桥，但沪通大桥的载重却大大超过前者，为 2 线高速铁路加 2 线城际铁路与 6 车道高速公路〔图 3.23（f）及本书外文封面〕。其跨度与载重已接近斜拉桥的理论极限。

刚构桥

梁身与桥墩或桥台连为一体者，称为刚构桥（图 3.22）。刚构桥的受力兼有梁桥与拱桥的一些特点。刚构桥由于在施工安装上有许多优点，特别是当这些优点与预应力

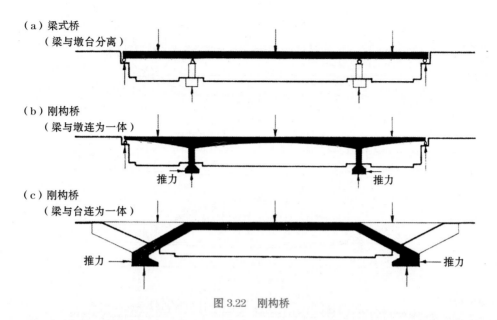

（a）梁式桥
　（梁与墩台分离）

（b）刚构桥
　（梁与墩连为一体）

推力　　　　　推力

（c）刚构桥
　（梁与台连为一体）

推力　　　　　　　　　　推力

图 3.22　刚构桥

混凝土结构的优点结合在一起时，显得更为突出。因此预应力混凝土刚构桥自 20 世纪 50 年代以来得到很大的发展，在结构形式上不断有所创新，在跨度上不断创造出新的记录。在预应力混凝土桥领域，预应力混凝土连续刚构桥几乎逐渐取代了预应力混凝土连续梁桥（见本书以后各有关篇目），但二者的受力特点有很大不同，在结构力学定义上有严格的区分，不可混淆。

　　刚构桥的最大跨度原为中国 1996 年建成的虎门珠江辅航道上的预应力混凝土公路刚构桥，主跨跨度 270m（见图 10.25）。2006 年建成的重庆石板坡预应力混凝土长江公路桥又把主跨跨度提高到 330m〔图 3.23（e）〕，其主跨中间一段为 103 的钢箱梁（分别见图 10.25 与图 10.34）。

桥梁下部结构的高桥墩与当今高度纪录

　　人们往往关注吸引人眼球的桥梁上部结构，而对没于水中或建于旷野的桥梁下部结构则知之甚少。自 20 世纪中期至今，由于高速公路与高速铁路的兴起，国内外修建了不少跨深谷大桥，创造了不少高桥墩纪录。图 3.25 列出了国内外 10 座高桥墩的纪录，其中大部分为中国在本世纪所建。目前世界上最高桥墩为 245m，为法国 2004 年底建成的米洛大桥（Viaduc de Millau）。其桥墩至斜拉桥塔顶全高达 340m。比包括 24m 天线在内总高 324m 的巴黎埃菲尔铁塔尚高出 16m（图 3.3）。米洛大桥建成后使原有 34km 蜿蜒其间的公路，行车时间从 3h 缩短为 10min。

　　早在 1979 年，德国就在纽伦堡至海尔布隆的 B10 号高速公路上建成了跨科赫河谷的大桥，最大墩高已达 178m（科隆大教堂高 157m）。我国跨深谷桥虽起步较晚，然发展迅速。图 3.25 所示 2013 年建成的贵州毕节至威宁高速公路在赫章县境内的赫章大桥，

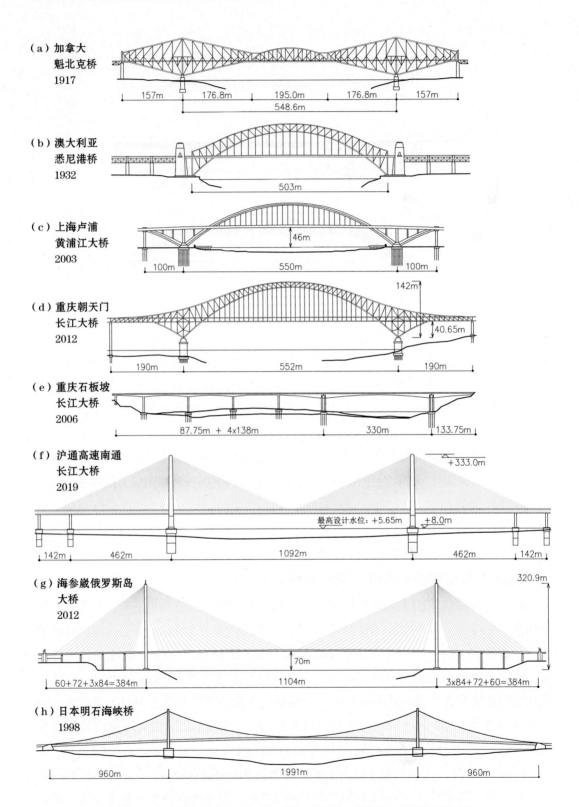

图 3.23　目前世界上跨度最大的梁式桥、拱式桥、刚构桥、斜拉桥与悬索桥

图 3.24　1917 年建成至今仍保持着跨度世界纪录的加拿大魁北克钢悬臂桁梁桥

最大墩高达 195m，居亚洲第一。该桥建成通车后，毕节至威宁的行车时间将由原来的 4h 缩短为 40min 左右。

图 3.25 所列国内外 10 座高桥墩全部为公路桥梁。值得一提的是 2013 年建成的渝利（利川）高速铁路（是规划建设的上海—汉口—重庆—成都时速 200km 双线客运专线的重要组成部分）北盘江上游的蔡家沟双线铁路桥，墩高达 139m，为世界最高铁路桥墩。

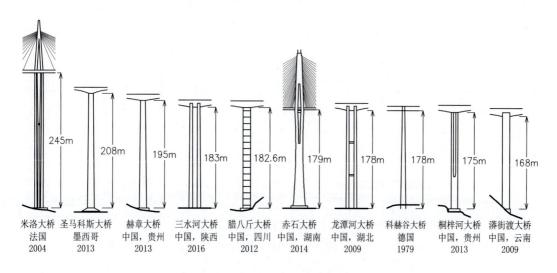

图 3.25　世界十大高桥墩纪录

组合体系桥梁

除了以上五种桥梁的基本结构类型以外，还有一种桥梁结构形式，其承重结构系由两种结构体系组合而成。这种结构形式的桥梁称为**组合体系桥梁**，有时简称**联合系桥**。曾经见过的组合方式有：

（1）实腹梁与桁架的组合，如俄罗斯曾经建造过的全焊钢桥，跨度 66m，1948 年建成〔图 3.26（a）〕；

（2）梁与拱的组合，如兰新铁路新疆昌吉河跨度 56m 的全预应力混凝土刚性梁

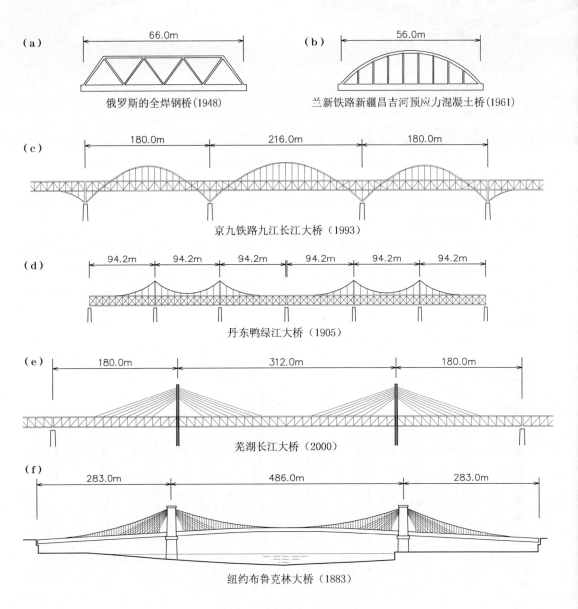

图 3.26　各式组合体系桥梁

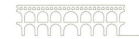

图 3.27 兰新铁路乌鲁木齐至国境线段昌吉河拱梁组合体系预应力混凝土桥

图 3.28 纽约布鲁克林大桥

柔性拱桥〔图 3.26（b）和图 3.27〕与九江钢桁梁柔性拱长江大桥，主跨跨度 216m，1993 年建成〔图 3.26（c）〕；

（3）钢桁梁与悬吊系统的组合，如丹东中朝边界河上的鸭绿江大桥，跨度 2 — 3×94.2m，1905 年建成〔图 3.26（d）〕；

（4）钢桁梁与斜拉索的组合，如芜湖长江大桥，主跨跨度 312m，2000 年建成〔图 3.26（e）〕，芜湖长江大桥之所以采用如此低矮的斜拉索的索塔，是为了满足附近机场飞机起降的安全需要；

（5）悬索与斜拉索的组合，如纽约跨越东河（The East River）连接曼哈顿岛与布鲁克林区与皇后区的布鲁克林大桥，主跨跨度 486m，1883 年建成，是当时世界上跨度最大的悬索桥，工期长达 14 年，被视为世界桥梁史上的一座丰碑，1964 年成为美国国家历史地标，是纽约市的标志性建筑之一〔图 3.26（f）及图 3.28〕。

参考文献

[1] 德国克虏伯公司桥梁工程部（Die Abteilung für Brückenbau der Firma Krupp GmbH）资料室提供（1985 年笔者作为访问学者曾在该公司工作过）。

[2] 毛俊杰等译. 德国铁路基础设施设计手册［M］. 北京：中国铁道出版社，2007.

[3] 南水北调中线沙河渡槽架设完工［N］. 平顶山日报，2013-1-1.

4

桥梁上部结构的安装与施工方法

撰文：邵克华　中铁大桥局集团有限公司教授级高级工程师、局前总工程师
　　　潘东发　中铁大桥局集团有限公司教授级高级工程师、局总工程师

- 膺架架设
- 架桥机架设
- 龙门吊机架设
- 浮运架设
- 预应力混凝土梁的悬臂法施工
- 用造桥机架设预应力混凝土梁
- 采用移动式支架逐跨就地灌注混凝土箱梁
- 顶推法架设预应力混凝土梁
- 水平转体法架设预应力混凝土梁
- 悬臂法架设大跨度钢桁梁
- 用双层吊索架悬臂架设大跨度钢桁梁
- 大跨度钢桁梁跨中合龙
- 整体起吊安装钢桁梁
- 钢斜腿刚构桥的拼装与合龙

桥梁上部结构的安装与施工方法

　　桥梁上部结构按力学性能的不同，分为五大类型。每种类型又衍生出种类繁多的结构形式。每种形式的安装与施工方法视桥址条件和施工单位拥有的施工装备与经验的不同而千变万化。因此要在本篇作全面系统的介绍，既无可能，读者也难以接受，且在本书第9~18篇分别有专文介绍。笔者遵循"由浅入深，循序渐进"的原则，在本篇以使用最广泛的梁式桥为载体，介绍其不同的安装与施工方法。读者有了这方面的基本知识，阅读以后的相关篇目便不会有困难。

　　桥梁上部结构的安装与施工方法种类繁多。选择何种方法，必须视桥梁的类型、结构和材料等特点，工地的地形、水文、航运、地震、气象等情况，工地可以掌握的机具设备及其起重能力，安装与施工方法的经济效益评价，以及已掌握的实际工艺水平、技术条件等因素而异。要经过综合比较，选择一种实用、经济、适合当地条件，而又安全、优质的施工方法。下面将按表4.1简单介绍梁式桥及刚构桥一般常用的安装方法。

表 4.1　梁式桥及刚构桥上部结构安装方法简表

桥 梁 类 别	架 设 方 法	制 造 方 法		通常较多采用的跨度（m）
		就地灌注	全预制或预制节段	
预应力混凝土梁桥（包括预应力混凝土简支梁、连续梁、悬臂梁及刚构桥）	1. 鹰架架设	√	√	10~30
	2. 龙门吊机架设		√	20~50
	3. 架桥机架设		√	20~50
	4. 拖拉或顶推架设		√	30~50
	5. 悬臂架设		√	60~250
	6. 移动架设	√	√	30~100
	7. 水平转体架设	√		
钢梁桥（包括简支梁、连续梁、悬臂梁、斜腿刚构、钢板梁或钢桁梁以及钢桁梁和柔性拱相结合的组合梁）	1. 鹰架架设	工厂预制		30~80
	2. 浮运架设	工厂预制		30~80
	3. 拖拉或顶推架设	工厂预制		30~100
	4. 悬臂架设	工厂预制		30~100
	5. 整体起吊架设	工厂预制		视起重能力而定

膺架架设

膺架架设是一种最古老的架设方法，即在桥下先搭设满布式膺架，然后在膺架上就地灌注预应力梁的混凝土，或是拼装其预制节段，也可在膺架上拼装钢梁。搭设膺架费工费时，对桥下条件的要求也较苛刻，故非不得已时不用之。

架桥机架设

铁路及公路桥梁跨度在 50m 以内的简支梁为数最多。如何提高架梁速度，是加快桥梁建设的关键问题之一。实践证明，钢筋混凝土梁或预应力混凝土梁，先在工厂内预制，然后运送至工地用架桥机架设，不仅工程进度快，而且成本低。架桥机有多种型式，各具不同的性能，其中主要有的：

双悬臂式架桥机

我国应用架桥机架设钢板梁，始于 20 世纪 40 年代末解放战争的后期。由于预应力混凝土简支梁的跨度不断增大，架桥机的结构与起重能力也相应地不断改进与发展。20 世纪 50 年代，我国已使用双悬臂式架桥机架设混凝土梁。最初使用的是起重能力65 t 及 80 t 的双悬臂式架桥机。1958 年又设计、制造了起重能力 130 t 的构架式双悬臂架桥机 130—58 型。1959 年，经过改善设计，又制成 130—59 型架桥机。这些架桥机不仅完成了这一时期的架梁任务，而且为推动我国钢筋混凝土及预应力混凝土梁的发展，在历史上起到了一定的作用。

双悬臂架桥机架梁时，前悬臂吊平衡重。将架设的梁先运至特设的岔线上，用架桥机吊起，运至桥位安装。双悬臂式架桥机的主要缺点是起吊能力有限，工作稳定性差。

简支梁式架桥机

简支梁式架桥机的基本特点是：架桥机空载运行到位，以前方墩台为支点，待架的梁由架桥机上的起重小车吊住，移送到桥位，然后落梁。图 4.1 为单梁架桥机架设预应力混凝土梁。

我国开始发展简支梁式架桥机架梁是在 20 世纪 60 年代以后。架梁时利用前方墩台为支点，让架桥机的承重部分在接近简支的状态下进行架梁作业。它比用双悬臂式架桥机架梁施工更安全、更可靠不少，架梁进度亦快。它的最大起重能力可达 300 t。

修建九江大桥时，为架设南岸跨白水期的一段引桥，专门设计制成一台最大起重能力为 300 t 的双简支梁式架桥机（图 4.3），安全架设了跨度 39.6m 整体式箱型简支梁58 孔，双简支梁式架桥机架设预应力混凝土梁见图 4.2。

江阴长江公路悬索桥引桥部分大量跨度 50m 的预应力混凝土 T 梁，也采用简支梁式架桥机架设。

图 4.1　单简支梁式架桥机架设预应力混凝土梁

图 4.2　双简支梁式架桥机架设预应力混凝土梁

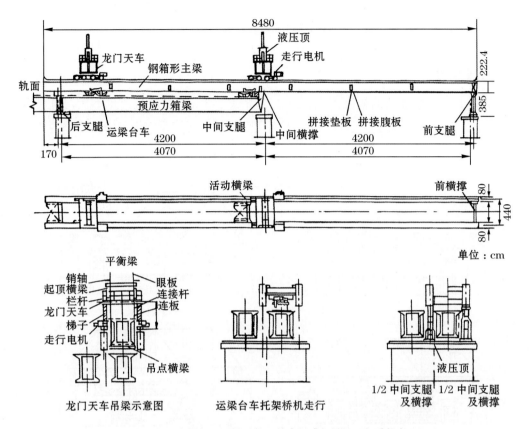

图 4.3　九江长江大桥架设引桥用的双简支梁式架桥机（起重能力 300 t）

高速铁路的修建，大量采用简支箱梁，也相应研制了大吨位的架梁设备，这类设备的最大起重能力达 900 t，在后面有专门的篇幅介绍，这里不再详述。

龙门吊机架设

在特定的条件下，例如桥梁位于较平坦的河滩滩地或在平地上，简支梁（钢板梁、预应力混凝土梁或箱梁）均可用龙门吊机架设。图 4.4 所示是南京长江大桥引桥用 2 台起重能力为 150 t 的龙门吊机架设跨度 39.6 m 的预应力混凝土箱梁。预应力混凝土箱梁先用运梁台车自墩旁的运梁专用线运来，然后龙门吊机吊起箱梁将之架设就位。

图 4.4　南京长江大桥架设引桥用的龙门式架桥机
（起重能力 150 t）

龙门吊机采用能自动走行的轮箱沿桥梁架设方向走行。

浮运架设

某些工点江水涨落的幅度不大，仅 1~2 m 或 2~3 m，江水流速也不大，且墩身又不太高，则钢梁可考虑用浮运法架设。下面用珠江桥浮运架设钢桁梁的例子来说明（见图 4.5 ）。

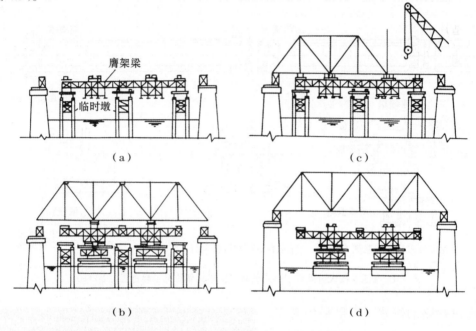

（a）在靠岸墩旁组拼浮运膺架；（b）用水上吊船在膺架上拼装主桁；
（c）浮运船组进入拼装墩位浮起钢梁；（d）将钢梁运到时要架设的桥孔就位后浮船组退出墩位

图 4.5　钢梁浮运架设示意图

先在靠岸的一个桥孔修建临时墩 3 个，并拼装膺架梁。在膺架梁上进行钢梁拼装，每孔梁拼装上螺栓后，即连同膺架梁一并浮运至江中各桥孔就位。落梁后膺架梁浮回原处。当浮运架设的各孔梁完成后，在膺架梁上最后拼装的一孔梁就直接在该桥孔上落梁。

利用潮水涨落浮运架梁是珠江桥施工的特点。浮船组于退潮时进入拼装墩位，涨潮时船组将梁托起，然后用绞车或拖轮将船组连同钢梁拖至预定桥孔，等退潮时落梁就位。每架一孔约 7~11 小时。在潮水涨落规律能被充分利用时，浮运架设所需时间更可缩短。

预应力混凝土梁的悬臂法施工

平衡悬臂法施工适用于预应力混凝土连续梁、悬臂梁、连续刚构、斜拉桥等多种

型式的桥梁结构，应用极为广泛。这种方法可以分为工地现浇混凝土梁段及用预制节段拼装两大类。

　　它们的施工原理分别如图4.6和图4.7所示。

　　在我国以这种方法施工的桥梁很多。它的最大优点是不用搭设费工费时的膺架，故特别适用于深水、峡谷地区，使用的设备也较少，是修建跨度较大的不能用架桥机架设的预应力混凝土桥梁的一种经济合理的方法。公路上用此法施工的桥的跨度

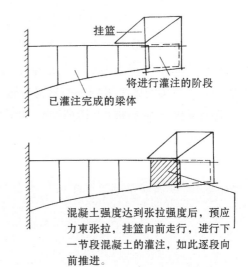

图 4.6　悬臂法施工的原理

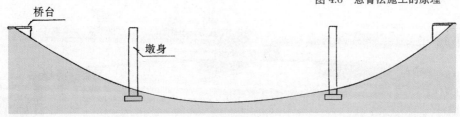

（1）修建桥墩及桥台

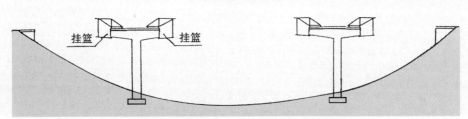

（2）在墩顶安装挂篮进行梁体的平衡悬臂法施工

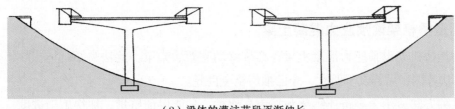

（3）梁体的灌注节段逐渐伸长

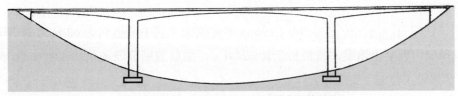

（4）直至跨中，最后合龙，完成整个梁体的施工

图 4.7　平衡悬臂法的施工步骤

已达到 270 m——广东虎门珠江辅航道上的预应力混凝土连续刚构桥。铁路荷载较大，梁的截面尺寸大，最大跨度也已修建到 168 m——四川攀枝花铁路联络线桥。宜万铁路宜昌长江大桥采用预应力混凝土连续刚构与钢管混凝土拱的组合结构，安装方法为先梁后拱，其中梁的施工采用平衡悬臂法施工，主跨跨度达 275 m。

图 4.8 所示为钱塘江二桥预应力混凝土连续梁正在以平衡悬臂法施工时的情形，图中所示是即将合龙，悬臂最长时的现场实况。

图 4.8　钱塘江二桥预应力混凝土连续梁的平衡悬臂灌注法施工

用造桥机架设预应力混凝土梁

用造桥机架设预应力混凝土梁，亦称移动支架法架梁。此法自 20 世纪 50 年代源于德、法等国，后普及于西欧，今已推广至全世界。

这种方法适用于多跨连续梁和城市高架桥，是能保证质量，加快施工进度，并降低造价的很好方法。

石长铁路长沙湘江桥正桥为 9 孔 96 m 的连续梁（其中两边孔为 62 m），采用造桥机架设预应力混凝土箱梁。造桥机全长 224.6 m，做成预制节段的梁块重量小于 150 t。图 4.9 为架设工作的主要顺序。

造桥机就位后，利用造桥机的起重小车将预制的箱梁节段吊起，2 台起重小车将预制节段对称架设于形似 T 型刚构的已架好部分的悬臂端部。此 T 型刚构在中间支点

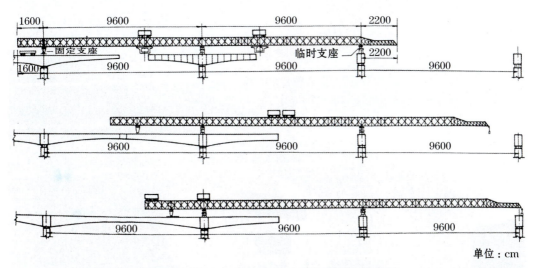

单位：cm

图 4.9　造桥机架设预应力混凝土连续梁的架设顺序图

处则用预应力钢丝束临时锚固于桥墩上。对称架设至最大悬臂状态时，即可在新架完的悬臂段与同跨内先一步架好的悬臂段之间灌注合龙节段的混凝土，将左右两部分两个形似 T 型刚构的，处于最大悬臂状态的箱梁连成一体，变成设计状态的连续梁。造桥机再走行至下一孔，准备架设下一孔的预制节段。如此循环前进。

图 4.10 是用造桥机造桥时的照片。

图 4.10　孟加拉国帕克西桥用造桥机架设预应力混凝土箱梁

图 4.11　预应力混凝土箱梁的预制节段

图 4.12　置于梁下的架梁支架及架梁时情况

以上介绍的是支架位于主梁上侧的造桥机。对于跨度较小（例如 50 m 以下）的桥梁，还可采用一种支架位于主梁下侧的造桥机。这种造桥机在城市高架桥上架梁时经常采用。梁体先分块预制（图 4.11）。预制好的节段存放在预制场，存放期不得少于 3 个月，以减少架梁后混凝土的徐变和收缩量。

图 4.12 表示在架梁孔位上预设架梁用的支架梁。支架梁支承在从桥墩边伸出的墩旁托架上。支架梁的位置低于主梁的顶板。

将预制节段用吊机逐段架设在支架梁上，并将各节段逐段调整至正确位置。然后将各节段的接触面上涂以环氧树脂，进行粘接。接着张拉预应力钢丝束，使之联成整体。至此，该孔梁的架设工作即告完成，支架梁便可纵向拖拉向前滑移至下一孔位，架设下一孔梁。

图 4.13 为架设完成后的桥梁。

图 4.13　箱梁架设完毕撤去架梁支架后的情况

采用移动式支架逐跨就地灌注混凝土箱梁

现在介绍另一种采用移动式支架就地灌注上部箱梁混凝土进行逐跨施工的方法，亦称移动模架法。此种施工方法与前述造桥机施工方法基本属于相同类型。其区别在于前者是在移动式支架上拼装梁身的预制节段，后者是就地灌注梁身混凝土。

厦门高集海峡大桥位于厦门岛北端，跨越高（崎）集（美）海峡，全长 2070 m。上部结构为 45 m 等跨度等截面预应力混凝土箱型连续梁，共计 46 孔，梁高 2.68 m，在横向为两个独立的单室箱。

厦门高集海峡大桥采用移动式钢支架梁逐跨施工。移动式支架共用两套。支承模板的每套模架由两组钢梁组成，承重部分为两根钢箱梁，由 6 个单元组成，长 61.25 m，高 2.25 m，宽 1.9 m。钢箱梁前后分别装有用钢桁架做成的导梁，前导梁长 31.25 m，后导梁长 21.25 m。该桥所用的模架钢梁全长 113.75 m，如图 4.14 所示。

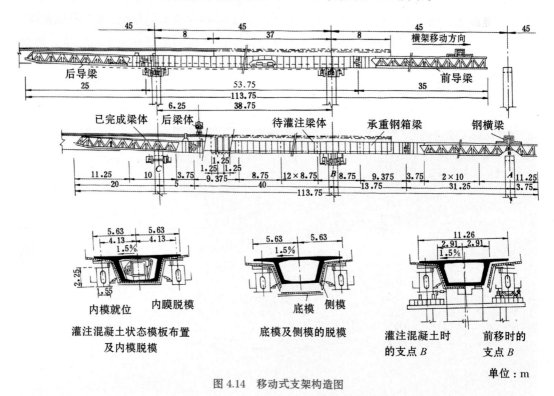

图 4.14　移动式支架构造图

移动式支架直接支承在桥墩上，调整就位后在支架上设立混凝土箱梁的内、外侧模板，然后即可在模板内灌注混凝土。在张拉预应力钢丝束后，即可脱模。脱模后支架就可移至前方，如此反复循环作业。

对于中等跨度的，桥梁总长较长的大型桥梁，应用这种方法施工是经济的。它不仅支架结构简单，而且工期与质量也能保证，工序循环基本不变，完全流水作业，易于管理，机械化程度也高。

顶推法架设预应力混凝土梁

顶推法架设预应力混凝土梁是一种十分合理、经济的架梁方法。采用这种架梁方法，预应力混凝土梁段每次顶推的节段长度在 8~15 m 左右，梁段在设置于桥台后的制梁台

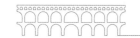

座上逐节灌注，在张拉预应力钢丝束以后用墩顶的顶推设备将梁向前顶推前进。灌注一段，向前顶推一段，直至到达预定桥位。这种方法适用于中等跨度且梁底面平直的混凝土连续梁。其优点一是当桥梁跨越深水、山谷以及施工时不允许中断桥下交通时，可以无阻碍地滑行通过；二是在桥头一个工厂化的固定地点制造梁段，免去了高空作业和流动施工的不利条件，梁段的施工质量容易保证。在我国，顶推法施工得到了广泛的采用。

顶推法的施工总体布置如图 4.15 所示。

顶推设备实际上为一牵引装置。其动力是一个行程 1000 mm 的穿心千斤顶。利用千斤顶拉动锚在混凝土梁底部的拉杆锚柱，拉动全梁向前移动。因为是在梁的后部拉动全梁前移，形似顶推，顶推法之名即由此而来。顶推设备及其工作情形如图 4.16 所示。

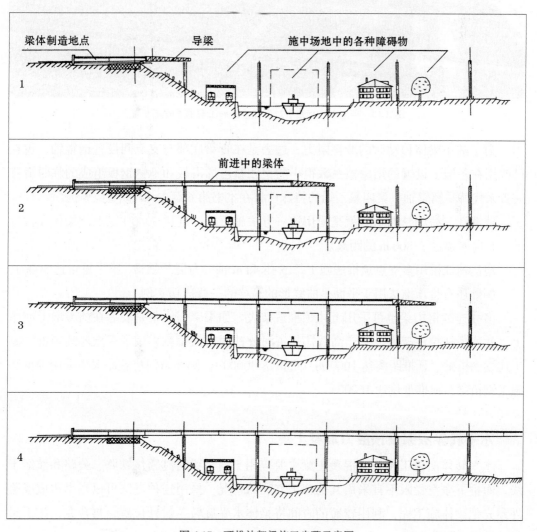

图 4.15   顶推法架梁施工步骤示意图

图 4.16　利用千斤顶牵引进行顶推法施工时的千斤顶布置

　　为了减小梁体移动时的摩擦阻力，过去是在直梁底部与支点间设置钢辊轴，现在已改用在各墩上设置的用摩擦系数很小的聚四氟乙烯滑板和不锈钢板组成的临时滑移装置来代替易锈辊轴。聚四氟乙烯的特殊性将在本书第 6 篇中详细介绍。

　　钱塘江二桥的铁路引桥就是采用这一方法施工的。重达 3000 t 以上的梁体在桥位上一共向前顶进了 800 m 的距离。

　　南昌赣江桥用多支点顶推法施工，15 孔 48 m 预应力混凝土梁，整个重量达 3000 t。

　　国外还有将顶推法用于平面是曲线形的箱梁的一些成功实例。

　　多孔连续钢桁梁也可采用上述顶推法架设。如果牵引设备是安装在前方墩上或岸上，就称为拖拉法架设。京广高铁郑州黄河公铁两用大桥就采用了多点连续顶推法施工连续钢桁梁。顶推距离达 1000 m，重量达 30000 t。郑州黄河桃花峪大桥采用顶推法施工钢箱梁，顶推重量达 16000 t。

水平转体法架设预应力混凝土梁

　　水平转体法施工预应力混凝土梁主要应用于当桥梁跨越繁忙铁路、公路和航运干线，而桥下净空受限不宜采用其他施工方法的情况，采用这种方法可以在岸边或线路外预先把梁体施工完，利用较短的时间将梁体水平旋转至设计位置，再合龙。施工过程几乎不会影响交通。

先根据设计在承台或墩顶设置转盘，上下转盘间设有球铰和滑道，当混凝土梁体施工完成后，利用千斤顶拉动转盘旋转，直至梁体到达设计位置，封铰、合龙。

目前，水平转体法得到大量应用，转体重量已达 20000t。

图 4.17 为转盘结构示例图，图 4.18 为动车驶过转体成功的武汉姑嫂树桥的照片。

图 4.17　转盘结构示例图（下转盘）

图 4.18　动车组驶过转体成功的武汉姑嫂树桥

悬臂法架设大跨度钢桁梁

　　悬臂法是架设大跨度钢桁梁最常使用的一种方法，我国长江上的几座大型钢桁梁桥都是采用这种方法安装的。

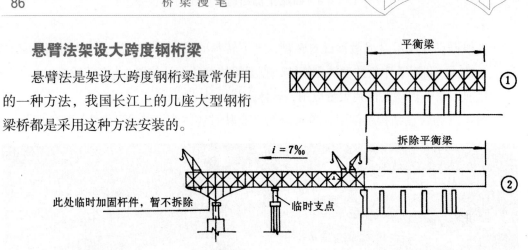

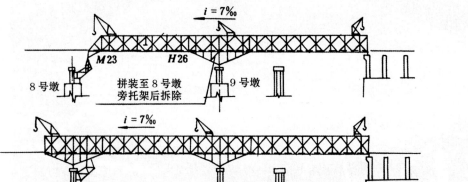

图 4.19　南京长江大桥钢桁梁悬臂拼装南京岸一端的施工步骤

图 4.20　南京长江大桥钢桁梁悬臂拼装实况

南京长江大桥正桥上部结构系一孔 128 m 钢桁梁加三联三孔 160 m 等跨连续钢桁梁,全部钢梁重 31600 t。正桥钢桁梁采用悬臂法安装。

所谓悬臂法就是利用在钢桁梁上弦平面移动的拼装吊机将钢桁梁杆件逐根向前拼出。钢桁梁的拼装分别由两岸向江中进行,以加快全桥安装速度。

在每个桥墩面向安装前进方向的一侧,设有悬出 16 m 的托架,以适当减短安装时钢桁梁的最大悬出长度。也即每孔伸出 144 m 后,即可支承在墩旁托架上,再继续往前拼装,直至到达前方桥墩。南京岸钢梁架设步骤如图 4.19 所示。南京长江大桥钢桁梁悬臂拼装如图 4.20 所示。

用双层吊索架悬臂架设大跨度钢桁梁

京九线上的关键工程九江长江大桥,是我国目前跨度最大的一座公路铁路两用钢桁梁桥。它在江心的三个主孔的跨度是 180 m+216 m+180 m,为柔性拱加刚性桁梁的组合结构型式。

为了在高空安装钢梁时增加钢梁伸出时的刚度,减小下垂度,采用了独特的双层吊索架的方法。九江桥是双线铁路四线公路桥,安装时巨大的钢梁悬出长度达 180 m,是我国架设钢桁梁历史上的一次创举。

双层吊索中的内吊点的吊索由 6 股钢丝束组成,设计索力为 1200 kN;外吊点的吊索由 4 股钢丝束组成,设计索力为 8000 kN。吊索架自重 80 t,整个系统重约 1100 t,能在钢梁上弦移动,逐孔倒用。钢桁梁的拼装程序同上节。

架设步骤如图 4.21 及图 4.22 所示。

图 4.21　用双层辅助吊索架悬臂架设九江长江大桥二孔主拱的 180m 边孔拱时的情况

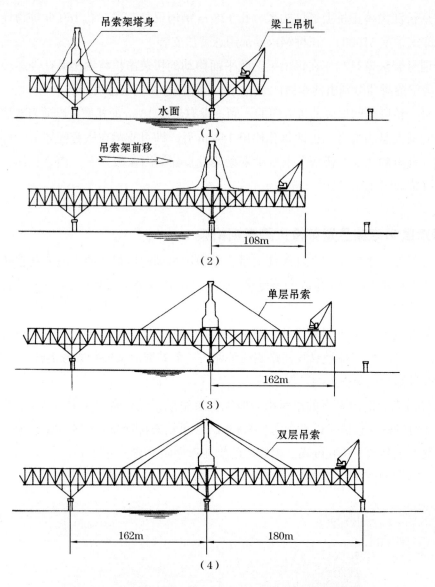

（1）180m 节间开始拼装；（2）悬臂至 108m 前可不采用吊索架；
（3）悬臂至 162m 前采用单层吊索架；（4）悬臂至 108m 前采用双层吊索架。

图 4.22　九江长江大桥钢桁梁架设步骤

大跨度钢桁梁跨中合龙

当钢梁跨度很大，从一个方向向另一个方向单向悬臂安装有困难时，可从两个方向同时向跨中悬臂安装，以减小悬臂长度。由于要在跨中合龙，这种合龙技术需要精确的设计计算和完善的施工技术措施。

我国利用跨中合龙施工技术安装的钢桁梁计有 4 座，即宜宾金沙江大桥（112 m+176 m+112 m 三孔连续梁）、三堆子金沙江大桥（192 m 简支梁）、三堆子雅砻

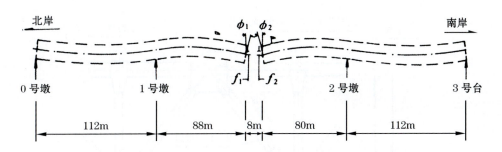

图 4.23　钢桁梁自两岸向河中同时进行悬臂拼装时在跨中合龙时的计算图式

大桥（172 m 简支梁）及九江长江大桥（180 m+216 m+180 m 三孔连续梁）。2011 年建成的京沪高速铁路南京大胜关长江大桥的主跨钢桁拱桥，也是采用在跨中合龙的技术（见图 4.26）。

　　钢梁自两岸边孔采用悬臂法向前拼出，向跨中接近。在钢梁及架梁吊机二者自重的作用下，两个悬臂钢梁在梁端要产生一定的挠度 f 及偏角 ϕ，如图 4.23 所示。为使南北两岸的钢梁合龙，必须设法扭转两岸钢梁各自的梁端偏角 ϕ_1 及 ϕ_2，使合龙节间上、下弦节点中心距与设计尺寸相符，以及使弦杆节点中心线标高一致。例如，利用图 4.24 所示的桥墩顶部的纵、横移设备，来调整钢梁合龙时需要调整的尺寸差值。合龙杆件布置如图 4.25 所示。

图 4.24　桥墩顶部使用钢桁梁作纵、横移动的设施

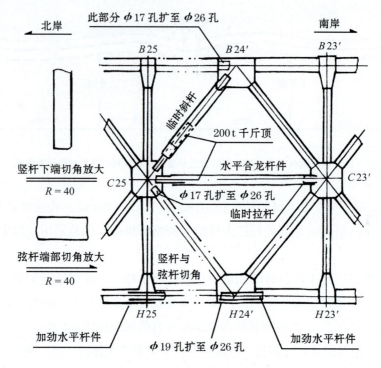

注：粗线部分表示已拼好的杆件图

图 4.25　合龙杆件布置

图 4.26　京沪高速铁路南京大胜关长江大桥主跨在跨中合龙时情况

整体起吊安装钢桁梁

整体起吊安装桥梁上部结构，是目前世界上安装钢桁梁的发展方向。尤其是在沿海地区及水深的江河上，由于潮汐及船舶交通的影响，要求加快桥梁的安装速度，因此在不阻碍航道的条件下，这种施工方法是十分合适的。这样可以将大量的桥梁高空作业改在岸上工场中进行，对施工条件及工程质量都有很多好处。只要具有大型的吊船以及重型桥梁上部结构浮运设备，就具备采用这种施工方法的条件。

我国目前已经具有起吊能力由 500 t 到 4000 t 的大型吊船。许多桥梁上部结构就是在桥墩出水以后，用大型吊船整孔安装的。

现在举一个国外的例子。图 4.27 是日本关西国际机场连络桥的安装示意图。三跨一联的跨度 150 m 的钢梁分为 175 m、150 m 和 125 m 三次安装。最大的一次起吊重量约为 4600 t 吊起的钢梁节段长度为 175 m。采用一台 3500 t 吊船及一台 3600 t 吊船同时起吊，完成了安装工作。其它再次的起吊重量各为 3700 t 和 2900 t，吊起的钢梁节段长度为 150 m 和 125 m。

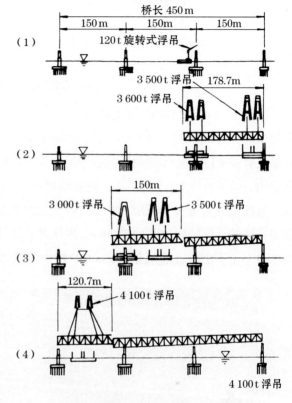

（1）架设前准备工作；

（2）架设长 175m 的 1 号节段；

（3）架设长 150m 的 2 号节段；

（4）架设长 125m 的 3 号节段；

（5）最后安装钢桥铁路纵梁及桥面。

图 4.27 日本关西国际机场连络桥的安装示意图

钢斜腿刚构桥的拼装与合龙

斜腿刚构是一种具有推力的结构，可利用斜腿作为中间支承，以较小跨度的主梁达到较大跨越能力的效果，适用于山区峡谷地区。与拱桥相比，它外形简洁挺直，便于工厂制造和采用各种新支架方法施工。

1982 年建成的陕西安康汉江铁路薄壁箱型钢斜腿刚构桥，是迄今世界上同类型桥梁中跨度最大者。该桥主要尺寸如图 4.28 所示。主梁以 56 m+64 m+64 m+64 m+56 m 分

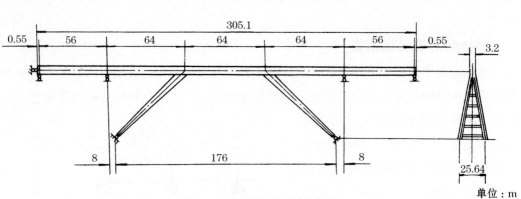

图 4.28　安康汉江桥桥式布置图

跨，全长 305.1 m，两斜腿铰中心距为 176 m，主梁中心线至斜腿足部支座的高度为 52 m。斜腿横向分开成两肢，以 6：1 的坡度向两侧撑开，两肢之间有 6 根横撑杆相连。斜腿底部设有铰支座，叉开的两肢的铰中心距为 25.89 m。主梁和斜腿均采用薄壁单箱型栓焊结构，主梁高 4.4 m，宽 3 m，腹板壁厚仅 10 mm。全梁等高，分成 10~12 m 长的节段，每段又分为上、下两层，在工厂焊制成块件后运至工地，在工地组拼成设计截面。斜腿每肢的几何轴线长度为 77.48 m，共分成七段，每段长度不超过 12 m，截面宽 1.475 m，高度自上至下由 4 m 递减至 1.5 m。全桥由斜腿 48 块，主梁 58 块，共计 106 块构件组

图 4.29　将厂制箱梁节段在浮船上组拼后浮运到桥位

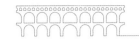

成。桥梁的混凝土墩台均采用明挖基础，桥墩为圆形空心墩，建成后如图 4.36 所示。
全桥的安装架设方法根据桥址地形、地质、水文、递航具体情况和起重、运输条件确定。
其主要步骤为：

（1）将在工厂组装好的箱梁节段运至工地，用浮船运至桥位（图 4.29）；

（2）竖直拼装斜腿（图 4.30），向下转体就位，利用拉杆固定并调整斜腿位置，如

图 4.30 用缆索吊机竖直拼装二斜腿

图 4.31 将斜腿向下转体就位

图 4.31 所示；

（3）在浮船上组拼中孔主梁 64m 梁段（图 4.32），然后整孔起吊（图 4.33），与两斜腿在两端合龙，如图 4.34 所示；

（4）利用 25 t 大跨度缆索吊机自中孔向两侧对称悬臂拼装 64m 及 56m 边孔梁体（图 4.35），完成全桥架设。

中孔 64m 梁段吊升高度 70m 以上，耗时 2.5 小时，两端同时与斜腿顶部合龙，共耗时 6 小时。

由于中孔梁就位准确，合龙时安装对位精度控制在 1mm 左右，成功地实现了无强迫合龙。

图 4.32　在浮船上中孔主梁 64m 梁段，准备起吊

图 4.33　整孔起吊中孔主梁 64m 梁段

图 4.34　中孔主梁与斜腿合龙

图 4.35　自中孔向两侧对称悬臂拼装 64m 及 56m 边孔

图 4.36   建成后的安康汉江桥

5

桥梁下部结构的类型与施工方法

撰文：李军堂　中铁大桥局集团有限公司教授级高级工程师、局副总工程师
　　　周　璞　中铁大桥局集团有限公司教授级高级工程师

- 桥梁下部结构概说
- 基础的类型及选择
- 浅置基础
- 桩基础
- 管柱基础
- 沉井基础
- 复合基础
- 特殊基础
- 桥梁下部结构展望

桥梁下部结构的类型与施工方法

桥梁下部结构概说

桥梁下部结构由桥墩、桥台及其下部的基础构成。其作用在第3篇中已经作了说明，此处不再重复。

世界上各类地面建筑，就其功能不同，基本上分为两大类：一类是跨越空间用的，可称为跨越结构；一类是作支承用的，可称为耸立建筑。前者如桥梁上部结构、楼面、屋顶等；后者如桥梁下部结构、各类柱子、高耸建筑等。在这两类建筑物中，无论从规模的宏伟、结构的复杂，还是从施工的艰难程度来说，莫不以桥梁为最。拿跨越结构来说，跨度最大的室内运动场，屋顶跨度不超过一二百米，而屋顶仅承受本身的重量，和跨度已近2000m还要承受上千吨活载作用的桥梁相比，简直是小巫见大巫。再拿耸立建筑来说，法国米洛高架桥桥墩已达245m，是目前世界最高桥墩（图5.1

图5.1　法国米洛高架桥桥墩达245m（世界最高桥墩）

及图3.3）。目前世界上已建成的最高
建筑为迪拜的哈利法塔，828m，如图
5.2所示。虽然大大高于世界第一高墩，
但高桥墩细长，顶部承受巨大荷载，
基础有时要深置于水面及河底以下数
十上百米之深，其设计和建造都比摩
天大楼要复杂和艰巨得多。所以把桥
梁说成是人类所建造的最为宏伟壮观
的建筑物是一点也不夸张的。

本书第4篇及第9~18篇分别介
绍在各种复杂困难的条件下，桥梁修
建的全部过程，以及人类为征服自然
所表现出的非凡智慧和勇气。本篇重
点介绍桥梁下部结构中结构最为复杂，
施工最为困难的基础部分。

图 5.2　迪拜哈利法塔

基础的类型及选择

由桥梁上部结构传来的各种荷载，通过桥台或桥墩传至基础，再由基础传至地基。
基础需要根据自然条件的不同，选用不同的型式，使整个桥梁稳妥、可靠地耸立在地
面上。所以基础是桥梁结构的重要部分。

基础的类型很多，如何合适地选型，主要看桥位所在地点的自然环境条件。例如：
桥墩处在什么样的地基之上？覆盖层的情况如何？是否有可利用的岩层？地基的承载
能力有多大？水深如何？水的流速和全年的水位变化情况又是怎样的？是否有船撞或
流冰撞击的可能？是否位于地震地区等等。另外，还要考虑气象的变化、施工方法的
可能以及环境保护的要求。现在常用的基础类型如图5.3所示。

图5.3中的基础类型和自然条件之间有着十分紧密的联系。例如在深水中采用直接
的基础显然是不可能的；在含有大卵石的地基中采用打入桩基础也显然是不利的。表5.1
中列出的它们之间的一般关系，是根据长期工程实践得出的。它能使读者对各种类型
基础的适用条件大体上有一个概念。当你知道桥位的自然条件以后，就可以试验一下
选择出比较合适的桥梁基础类型来了。在实际工作中也完全是这样做的，不过做得更
详细更慎重而已。表5.1也说明，没有一种类型的基础是万能的，因此，今后还要人们
不断地去研究和发展。

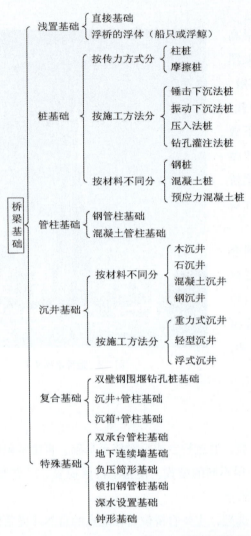

图 5.3　桥梁基础的类型

表 5.1　桥梁基础类型与自然条件的关系

基础形式 / 自然条件	浅置基础		桩基础			管柱基础		沉井基础		复合基础			特殊基础			
	直接基础	浮桥的浮体	钢管桩	混凝土桩	预应力混凝土桩	钢管柱基础	混凝土管柱基础	混凝土沉井	钢沉井	双壁钢围堰钻孔桩基础	沉井+管柱基础	沉箱+管柱基础	双承台管柱基础	负压筒形基础	地下连续墙基础	深水设置基础
陆地上施工	◎	-	◎	◎	◎	-	-	◎	◎	-	-	-	-	-	◎	-
水深 水深 0~5m	○	◎	◎	◎	◎	△	◎	◎	◎	-	△	△	-	-	◎	×
水深 5~30m	△	◎	○	◎	◎	◎	◎	◎	◎	◎	◎	◎	◎	◎	×	◎
水深 30m 以上	×	◎	○	○	×	◎	◎	◎	◎	◎	◎	◎	◎	◎	×	◎

（续表5.1）

基础形式 / 自然条件	浅置基础		桩基础			管柱基础		沉井基础		复合基础			特殊基础			
	直接基础	浮桥的浮体	钢管桩	混凝土桩	预应力混凝土桩	钢管柱基础	混凝土管柱基础	混凝土沉井	钢沉井	双壁钢围堰钻孔桩基础	沉井+管柱基础	沉箱+管柱基础	双承台管柱基础	负压筒形基础	地下连续墙基础	深水设置基础
基础穿过覆盖层的土质 — 黏土层及砂黏土层	◎	－	◎	◎	◎	◎	◎	◎	◎	◎	◎	◎	◎	○	◎	－
饱和水分的细砂层	○	－	◎	◎	◎	◎	◎	◎	◎	◎	◎	◎	◎	◎	◎	○
砂及砂砾层	◎	－	◎	◎	◎	◎	◎	◎	◎	◎	◎	◎	◎	◎	◎	○
穿过直径10cm以下的卵石层	◎	－	△	◎	△	◎	◎	◎	◎	◎	◎	◎	◎	×	△	－
穿过直径10cm以上的大卵石层	◎	－	×	◎	×	○	○	△	△	○	○	○	△	×	△	－
到达岩层并嵌入岩层	◎	－	◎	◎	◎	◎	◎	◎	◎	◎	◎	◎	◎	×	△	◎
基础穿过覆盖层的深度 — 5m以内	◎	－	×	×	×	×	×	×	×	×	×	×	×	×	×	－
5~10m	◎	－	△	◎	○	×	×	◎	◎	◎	◎	◎	◎	◎	◎	○
10~20m	○	－	◎	◎	◎	◎	◎	◎	◎	◎	◎	◎	◎	◎	◎	◎
20~35m	△	－	◎	◎	◎	◎	◎	◎	◎	◎	◎	◎	◎	◎	◎	◎
35~50m	×	－	○	◎	◎	◎	△	◎	◎	◎	◎	◎	◎	△	◎	◎
50~100m	×	－	△	○	○	◎	△	◎	◎	◎	◎	◎	○	○	◎	◎
100m以上	×	－	×	×	×	○	△	◎	◎	◎	△	△	△	○	◎	◎
噪声及振动较小的施工方法	◎	◎	×	×	×	×	×	◎	◎	◎	◎	◎	◎	◎	◎	◎
对环境污染较有利的施工方法	○	◎	×	×	×	×	×	◎	◎	◎	◎	◎	◎	◎	◎	◎

图例：◎合适；○比较合适；△可以研究；×原则上不合适；－无关。

浅置基础

浅置基础是在桥台或桥墩下直接修建的实体基础，一般适用于在岸上或水流冲刷影响不大，水深在5~10m左右的浅水处，并有完整的岩面或坚实的土层。浅置基础又叫明挖基础或扩大基础（参见图3.17），是简单的、经济的，也是我们最希望采用的基础类型。基坑一般采用放坡开挖或支护开挖，当地下水位较高时，采取井点降水或汇水井排水。

有一个特例，就是利用水的浮力，用特制的浮体浮在水面上做成浮动的桥墩，用抛于河底的锚碇或其他方法使它们在水上定位，然后在其上安装木梁或钢梁，铺上桥面，通行汽车甚至铁路列车，做成浮桥。浮体可以是船只，也可以是密闭的钢制浮箱（又称浮鲸）。浮桥常用于军事行动上，或河底地层条件不适于修建桥墩，或水深特别大时（参见图3.11）。据史料记载，在黄河和长江上，历史上曾多次架设过浮桥（参见第2篇）。

桩基础

当墩台所处位置的覆盖层很厚，适于承力的地基很深，或同时水深也较大时，可以选用桩基础。桩基础可以将荷载直接传递到地层深处。单桩的承载力一般有限，所以桩基础通常以群桩的形式出现，桩群的顶部还要修建一个承台将桩群连为整体（参见图 3.17）。

桩基础按成孔方式可分打入预制桩和就地成孔灌注桩；按材料分可分为木桩、钢桩、钢筋混凝土桩、预应力混凝土桩、复合桩；按传力方式可分为柱桩和摩擦桩（参见图 3.17）。柱桩是将桩尖通过软弱的覆盖层以后再嵌入坚实的岩面，荷载由桩尖直接传到基岩中，桩像柱子一样受力。摩擦桩是当基岩埋藏很深，桩尖不可能达到时，荷载是通过桩壁与土壤间的摩阻力和桩端部的支承力共同来承受的。

预制桩有钢管桩、宽翼缘 H 型钢桩、钢筋混凝土预制方桩以及用离心法旋制的钢筋混凝土或预应力混凝土管桩。这些桩均可用焊接的方法逐节接长。

打入预制桩，可以采用有桩架作导向的气锤或柴油锤将桩打入地基中（图 5.4）。也可以采用振动打桩锤振动沉桩的方法将桩沉入地基中（图 5.5）。振动打桩机的原理是利用置于桩顶箱内的两个偏心轮子的旋转产生上下的冲击力。

图 5.4　柴油打桩机的桩架及柴油打桩锤

柴油打桩锤结构简单，利用柴油爆发的能量升起击锤中的活塞，打击桩头，强迫桩身下沉，不再需要其他动力设备，所以使用十分广泛。在深水中打桩时要配备大型的打桩船（图 5.6），它配备有很高的桩架用来导向和插桩。用气锤、柴油锤或振动的方法打桩，速度较快，但噪声及振动很大，在城市中对环境有影响。为了避免对环境的干扰，所以又发明了一种利用压重作为支点，用千斤顶将桩压入地基中去的静力压桩机。

图 5.5　打桩锤

图 5.6　打桩船

　　国内在水上插打直径 1.5m 左右的大型钢管桩修建桥梁基础已很普遍。我国修建的跨海大桥如连接洋山港的东海大桥、杭州湾跨海大桥、青岛海湾大桥、港珠澳大桥等都大量地使用打入钢管桩基础。由于打入桩成桩速度快，现场作业时间短，因此很适合在恶劣的海洋环境下修建桥梁基础。海上钢管桩插打施工如图 5.7 所示。

图 5.7　海上钢管桩插打施工

　　美国在墨西哥湾的科格纳克（Cognac）油田修建石油钻井平台时，曾在水面以下309m 深处打入直径 2.13m 的钢桩，用以固定石油钻井平台。桩长达 190m，共 24 根，打入海底以下 140m 左右。全部工作由潜水员监视，并通过水下电视观察施工全过程。

　　钻孔灌柱桩基础是用一种巧妙的施工方法完成的大直径深桩基础，诞生于上上世纪中叶。它的最大优点就是不用大型的打桩机械而能完成直径很大和承载能力很强的深桩基础。其施工方法是先就地成孔，后在孔内插入钢筋笼架，再灌注水下混凝土而成。

　　最简单的成孔方法是人工挖掘成孔，所成桩叫做挖孔灌注桩。它的施工方法是在要形成的桩处做一个混凝土护圈，然后在护圈内人工挖土，每下挖 1m 左右，便将混凝土护圈跟进向下接高，直到挖至设计标高。混凝土护圈的作用是保护好孔口和井壁在施工过程中不致坍塌。采用这种方法的条件必须是桩孔中没有地下水，并且土层比较坚实，不会坍塌。这种成孔方式成本较低，尤其适合大型设备不宜进出的山区。

　　另一种施工方法是用一种冲击型钻机钻孔。其施工方法是用卷扬机带动钢丝绳，钢丝绳吊着重力式冲击钻头，往复吊起和落下，用冲击成孔的方法进行钻孔。武汉长江大桥及南京长江大桥都是采用这种方法通过管柱内腔在岩层中钻孔的。用冲击型钻机成孔的施工方法适用于多种地基，从大小不等的卵石层到坚硬的岩石，费用也低，不过它的成孔速度较慢。

　　用得比较多的是旋转式钻机成孔，所成桩也称钻孔灌注桩。所用钻机由钻机机身、钻杆及钻头组成。根据所在地层的不同，可以分别换用不同型式的钻头。例如用刮刀钻头来对付松软的地层；用牙轮钻头来对付坚硬的岩石（图 5.8）。除卵石地层外，各种地质条件基本上都可以采用这种钻孔桩。它的钻孔速度比冲击型钻机要快得多。它的成孔原理是：在钻孔时灌入一种特制的泥浆，即用一种名叫膨润土的特殊粘土加以化学制剂用水调制成的泥浆，它不易沉淀在孔内，故能起到保护钻好的孔壁不致坍塌的作用。泥浆在填灌水下混凝土时，由于它的比重比混凝土轻，可以通过混凝土的向上挤压被替换出来。目前国内一次成孔直径最大的钻孔桩是嘉绍跨海大桥，直径为 3.8m，桩长 105m。基础为独桩独柱结构。正在修建的福平铁路跨海大桥，桩的直径将达到 4.5m，采用 KPG-5000 型钻机，它的成孔能力可达 5m。

　　使用旋转式钻机钻孔可有两种不同的排渣方法。一种是正循环排渣法，因为钻机的每节钻杆都是空心的，钻孔时在地面上用泵将过滤干净的泥浆从钻杆内部泵入孔底，钻渣就随着泥浆在钻孔中上浮，不断地向上排入地面的泥浆池内。另一种是反循环排

图 5.8　旋转式钻机的各种钻头

渣法，泥浆从钻孔口注入。此时要求将钻杆的内腔做得更大一些。在钻杆的两侧还要加设送气钢管。施工时将压缩空气由地面通过送气钢管压送到钻头底部。此时压缩空气气泡和钻孔底部的泥浆混合钻渣后形成一种比重较轻的混合物(泥浆＋钻渣＋空气)。混合了岩渣的泥浆通过钻杆内腔上浮到钻机上端的连于钻杆钢管的排渣软管内，被排放到钻渣处理池中进行分离。分离后的泥浆可以循环使用，如图 5.9 所示。岩渣就是这样不断地被携出地面的。这种排渣方法的排渣能力很强。所以反循环法比正循法效率更高，钻进速度更快，是一种常用的施工方法。旋转式钻机的成孔步骤如图 5.10 所示。

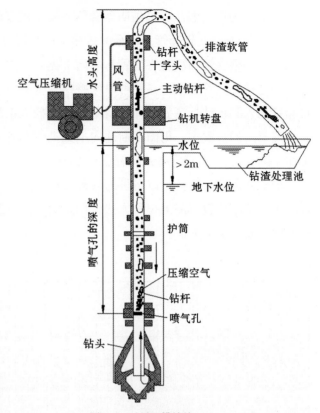

图 5.9　反循环排渣法

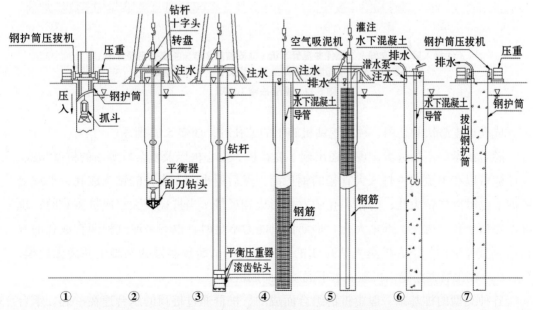

①埋入钢护筒；②在覆盖层中钻进；③在岩中钻进；④安装钢筋及水下混凝土导管；
⑤清孔；⑥灌注水下混凝土；⑦拔出钢护筒

图 5.10　反循环排渣法

还有一种成孔灌注桩基础叫做套管法施工桩基础。其特点是施工时采用一套直径1~2m 不等的常备式钢套管，以重锤式抓斗在套管内部不断挖土，同时在地面上用一种特殊的晃动钢套管的设备将套管不断向下晃入地层中。晃管设备不断晃动钢套管的目的，一是帮助套管下沉，二是可以保持钢套管不会卡死在地层中。通过不断挖土不断将套管晃入到设计标高后，即可清基，然后插入钢筋笼，进行混凝土的填充工作。在灌注混凝土的过程中，仍旧不断地向上晃动钢套管，并逐节拔除，直到完成整根桩的工作（图 5.11）。这种常备式套管法施工桩基础的工艺有一个显著的优点，就是完全排除了坍孔的危险，并且可以将桩的底部清理得十分干净。套管法就地成孔灌注桩是各种施工方法中比较可靠的一种方法，但是由于晃桩及向下压入套管的力量有限，故施工深度一般不大于 40m。

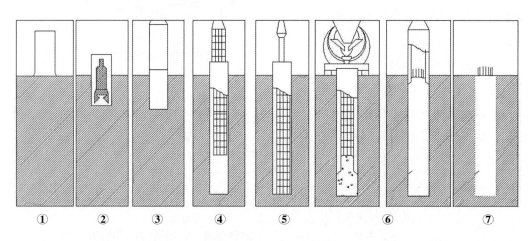

①插入第 1 节套管；②抓泥并晃管下沉；③安装第 2 节；④安装钢筋骨架；
⑤插入导管；⑥灌注混凝土并上拔套管；⑦桩基完成

图 5.11　套管法施工步骤

成孔速度最快的是用一种旋挖钻机施工的钻孔桩，如图 5.12 所示。

随着技术的不断进步，现在还出现了变径桩、空心桩以及复合桩等新的桩基型式。变径桩可以在覆盖层中打入大直径的钢护筒，然后用小一点直径的钻头成孔，形成变径桩；也可以先钻大孔，再钻小孔的方式形成变径桩；当桩径较大，成桩困难时，也可以先钻小孔，再在上部钻大孔。早期钻机能力不足时，也有采取这种两次成孔的方式钻大直径桩的。空心桩是先钻孔或挖孔，在孔内吊装预制好的混凝土井筒做内模，然后在外侧吊装钢筋笼，再灌注水下混凝土而成桩。

各种类型的桩基础一般由桩群组合而成的，桩群通过桩顶的承台连在一起。承台根据其在水中和在地面位置的不同分为两种：一种是高桩承台，承台筑在水面以下或水面以上，承台底高出河床，承台及水下部分的墩身（承台筑在水面以下时）可用吊箱

围堰来完成；另一种是埋入河床的低桩承台，承台和水面以下的墩身可用套箱围堰或钢板桩围堰将内部抽水后完成，然后修建水面以上的墩身（图 5.13）。当遇到要在很深的水中同时又是很厚的覆盖层中修建桥梁基础时，简单的桩基础是很难胜任的，往往要将桩和各式沉井（沉箱）并用，做成一种复合型的桥梁基础，下面还要进行介绍。

图 5.12　旋挖钻机

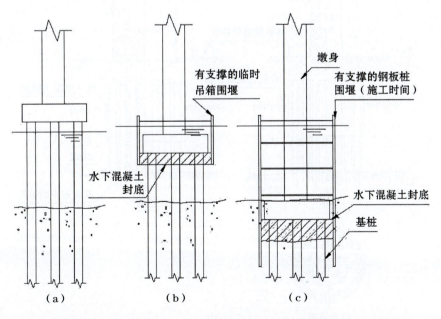

（a）露在水面以上的高桩承台；（b）埋藏在水面以下的高桩承台；（c）低桩承台

图 5.13　各种型式承台

管柱基础

管柱基础是我国在 1953~1957 年修建武汉长江大桥时首创的一种先进的基础型式，是我国工程师和以西林为首的前苏联专家组合作研制成的一种深置基础。

武汉长江大桥的深水基础，每个桥墩采用 24~35 根不等、直径 1.55m ，壁厚 10cm 的钢筋混凝土管柱（图 5.14）。施工方法是：先将管柱用振动打桩机边振动边进行内部吸泥的方法强迫沉入覆盖层，直至管柱到达岩面，然后以管壁作护筒，用位于水面上的冲击式钻机吊住重力式冲击钻头进行凿岩钻孔。钻至设计标高后将钻孔清洗干净，然后在管柱内吊入钢筋笼并灌注水下混凝上，使每根管柱像生了根一样牢牢地锚固于基岩之中，单根管柱的施工便算完成。全部管柱群施工完毕以后修建承台，即用钢板桩围堰将全部管柱围在一起，在围堰内吸泥、封底、抽水，然后灌注承台。管桩群遂在水面以下结合成一个坚固的整体，然后继续在承台上修筑墩身，成为一个完整的由基础与墩身组成的桥梁下部结构。管柱基础的施工步骤如图 5.15 所示。

管柱基础的直径后来在修建京广线郑州黄河大桥时发展到 3.6m，在修建南浔线南浔赣江大桥时进一步发展到 5.8m。

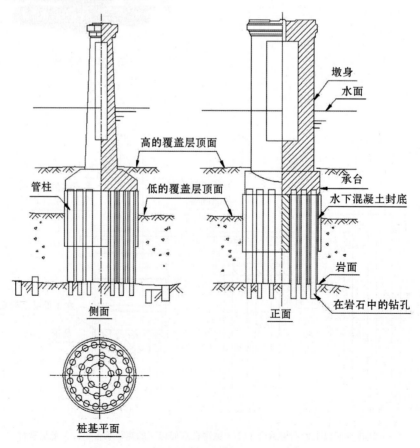

图 5.14　武汉长江大桥的钢筋混凝土管柱基础

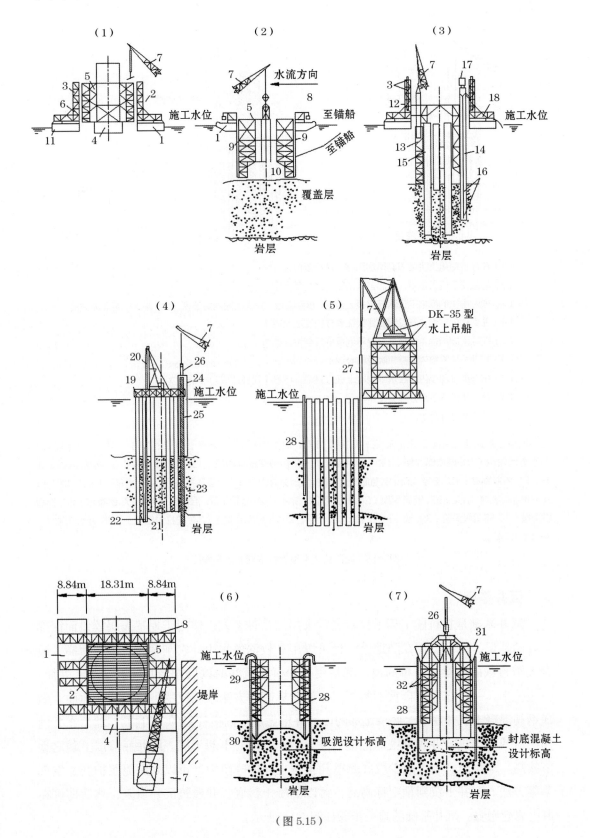

（图 5.15）

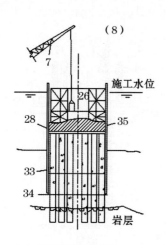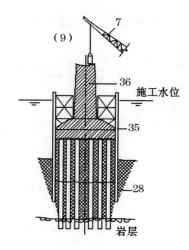

（1）在浮运船组上拼装下面两层围囹，然后就位；

（2）将围囹下沉入水中，接高各层围囹，并将其固定于设计位置；

（3）通过围囹的框格下沉钢筋混凝土管柱，直至岩层，并将围囹固定于管柱上，腾出船组撤离墩位；

（4）在管柱内钻岩，安设钢筋骨架在管柱内灌注混凝土；

（5）在围囹周围插入钢板桩，并将钢板桩打至设计位置；

（6）从钢板桩围堰内用空气吸泥机吸泥；

（7）在钢板桩围堰内灌注水下混凝土进行封底，将各个管柱连成一个整体；

（8）灌注墩身水下部分混凝土；

（9）灌注墩身混凝土。

1. 导向船；2. 起重塔架；3. 主滑轮组；4. 拼装船；5. 钢围囹图；6 . 混凝土模板；7.30 t 吊船；8. 连接梁；9. 平衡滑轮组；10. 辅助钢丝绳；11. 平衡用碎石；12. 钢围囹图辅助层；13. 第 1 节直径 1.5m 钢筋混凝土管节；14. 内冲刷管；15. 直径 1.5m 钢筋混凝土管柱；16. 外冲刷管；17. 震动打桩机；18. 水包；19. 工作平台；20. 甲钻机；21. 钻头；22. 钢筋骨架；23. 钻孔；24. 漏斗；25. 导管；26. 混凝土吊斗；27. 钢板桩；28. 钢板桩围堰；29. 空气吸泥管；30. 沙；31. 汾槽；32. 十导管；33. 封底混凝土；34. 管柱内混凝土；35. 承台混凝土；36. 墩身混凝土

图 5.15　武汉长江大桥管柱基础施工步骤图

沉井基础

　　沉井基础是在桥梁工程上比较经常采用的一种型式。适用于地基表层较差而深部较好的地层，既可以用在陆地上，也可以用在较深的水中。它刚度大、承载力高，适合大跨重载的桥梁。简单的说，就是用一个事先筑好的以后充当基础的混凝土井筒，一边挖土，一边靠它的自重不断下沉到设计标高的方法来完成的。首先是在地面上做成钢筋混凝土沉井底节，底节足部的内侧井壁做成由内向外斜的"刃脚"，然后在井内用机械或人工进行井底土壤的挖掘与除土工作，使之不断下沉。沉井底节以上随之逐节接高。下沉时，为了减少沉井侧壁和土壤之间的摩阻力，可以采用泥浆护套、空气幕等方法。沉井下沉到预定标高后，再以混凝土封底，并建筑沉井顶盖，然后即可在其上修建墩身。沉井基础的施工步骤如图 5.16 所示。

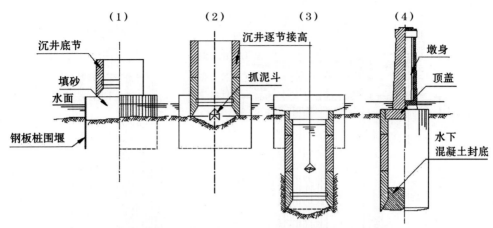

（1）沉井底节在人工筑岛上浇筑；（2）沉井开始下沉及接高；
（3）沉井已下沉至设计位置；（4）进行封底及墩身等工作

图 5.16 沉井基础施工步骤图

我国南京长江大桥正桥 1 号墩基础就是采用普通钢筋混凝土沉井基础。它是从长江北岸算起的第一个桥墩。那里水很浅，但地质钻探结果表明在地面以下 100 m 以内尚未发现岩面，地面以下 50 m 处有较厚的砾石层，所以采用了面积为 20.2 m × 24.9 m 的长方形多井式沉井（图 5.17）。沉井在土层中下沉了 53.5 m，这在当时是一项很艰巨的工程。正在建设的沪通长江大桥，其主塔墩沉井的平面尺寸是 86.9 m × 58.7 m，高度达到 115 m，将是世界上体量最大、高度最高、下沉深度最深的沉井基础。

在深水条件下修建沉井基础时，可以采用浮运钢沉井下沉就位的方法施工（图 5.18）。即在岸边先以钢料做成可以飘浮在水上的底节，拖运到桥位后在它的上面逐节接高钢井壁，并灌水下沉，直到沉井稳定地落在河床上为止。然后在钢井壁的隔舱中填充混凝土，在上面继续接高混凝土沉井，然后在井孔内用吸泥机除土下沉，交替接高和下沉使沉井刃脚沉到设计标高。最后清基，灌注水下封底混凝土，抽水，在沉井顶面灌注承台。泰州公路长江大桥和铜陵公铁两用长江大桥的沉井等就是这样完成的（图 5.17）。

沉箱基础跟沉井类似，也称气压沉箱基础。过去也有将沉井叫做开口沉箱或将沉箱叫做闭口沉井的。二者不同之处，沉井是人不进入水下工作，沉箱则是人可进入水下工作，便于排除一些必须人下去才能排除的障碍。沉箱是将沉井的底节做成有顶板的工作室，工作室犹如一倒扣的杯子，在其顶板上装有气筒及气闸。先将气压沉箱的气闸门打开，在气压沉箱沉入水下达到覆盖层后，再将闸门关闭，并将压缩空气输送到工作室中，将工作室中的水排出。施工人员就可以通过换压用的气闸及气筒到达工作室内进行挖土工作，挖出的土向上通过气筒及气闸运出沉箱。这样，沉箱就可以利用其自重下沉到设计标高，然后用混凝土填实工作室做成基础的底节。沉箱上部的接高工作和沉井一样。

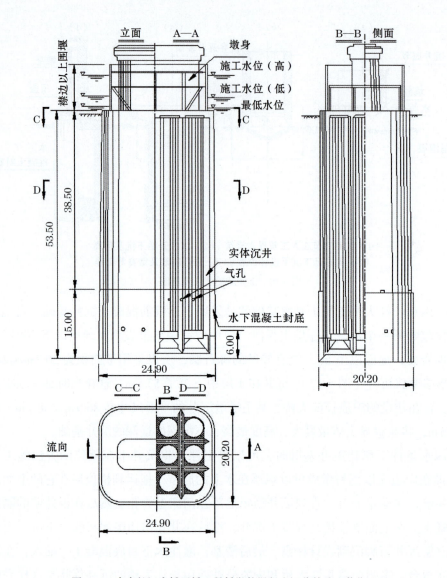

图 5.17　南京长江大桥正桥 1 号桥墩的混凝土沉井基础（单位：m）

　　压气沉箱法在我国 1937 年建成的第一座钱塘江桥中曾经采用过，采用的是一种和预先在深水中打入的方木桩相组合的基础，见图 5.18。沉箱的主要缺点是对施工入员身体有害，工效很低。因为在水中每深入 10m 左右就需要增加一个大气压力才能将水排出工作室，而人体仅能承受 3.5 个大气压力，也就是只能在深度不超过 35m 左右的水下进行工作，而且在这样的条件下，工作时间将缩短到每日 2 小时以内。工作人员在进闸后先要缓慢增压以适应沉箱工作室内的大气压力，在出来前则先要在气闸内缓慢减压以适应外界的正常压力。如果在气闸内减压不当，入体血液中的空气没有及时排除，易得沉箱病。所以我国自从采用管柱钻孔基础以后就未再采用过它。现在日本等一些国家仍在沿用，但已改用机械化方法开挖，尽量减少工人进入室内施工。

1. 河床覆盖层；2. 砂岩；3. 打桩机；4. 蒸汽打桩机；5. 钢送桩；6.30m 长的木桩（正在打入）；7. 已打入到岩面的木桩；8. 浮运钢筋混凝土沉箱，上面有临时木围堰（浮运状态）；9. 沉箱着陆后，在沉箱中充气，以人工在沉箱工作室中挖土下沉；10. 沉箱挖土下沉的过程中，不断灌注墩身并接高气闸，使露出水面，直至沉箱正确的嵌在已打好的基桩上；11. 已完成的正桥墩身；12. 沉箱内以混凝土填实，保证墩身基础和木桩连接牢固

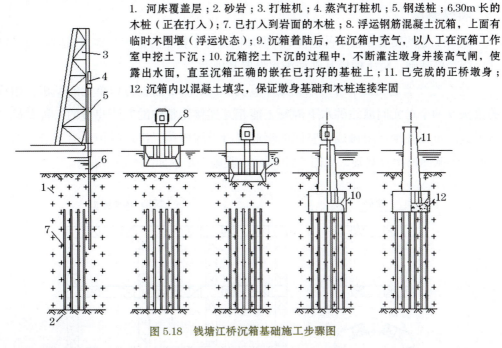

图 5.18　钱塘江桥沉箱基础施工步骤图

复合基础

在深水及地基条件十分复杂条件下常采用几种基础结合的方式形成基础，例如沉井内加管柱的型式、沉井内加钻孔灌注桩、双承台管柱基础和双壁钢围堰钻孔桩基础等，称为复合基础。这种基础的好处是充分发挥了不同基础型式的优点，满足承载力和刚度等要求，同时又降低了施工难度。九江长江大桥的基础就是采用双壁钢围堰加钻孔灌注桩的基础型式，如图 5.19 所示。

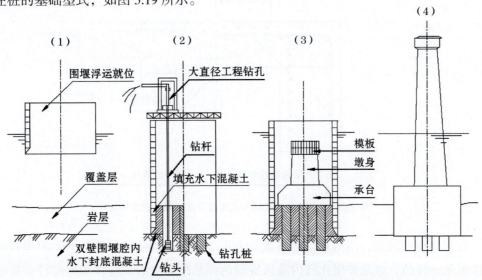

（1）双壁钢围堰浮运就位；（2）围堰下沉后封底钻孔；
（3）围堰内抽水后灌注承台及墩身；（4）完成墩身后在水下切除围堰

图 5.19　九江长江大桥双壁钢围堰钻孔桩基础施工步骤图

特殊基础

随着工业的发展和技术的进步,工程师们设计了新型的特殊基础,包括地下连续墙、锁口钢管桩基础、负压桶形基础和深水设置基础等。

地下连续墙是利用一种可以钻成厚度为 0.8m~1.5m 的长方形单元的钻机,用特殊的接头使两个单元间灌注的水下混凝土能相互连接为整体的方法建造的一种基础。用这种方法可以在地层中做成由坚固的钢筋混凝土堰壁单元组成的矩形、圆形、多角形或井字形截面的闭合基础,如图 5.20 所示。其施工步骤如图 5.21 所示。

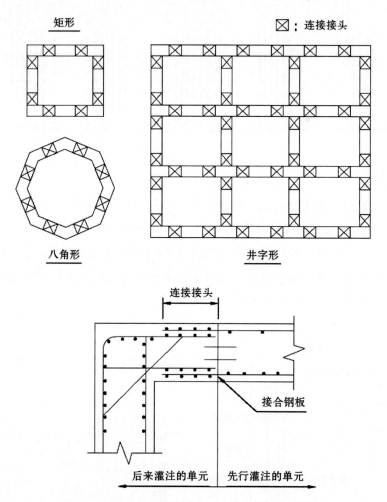

图 5.20 地下连续墙基础平面型式及单元间的连接接头

首先要说明的是,用这种方法钻成长方形单元时,使钻孔保持不坍的原理和钻孔灌注桩是一样的,也是采用在孔内灌入特制的泥浆来解决的。这种基础的特点是可以不必采用沉井下沉的方法就能做出各种截面型式的桥梁基础,深度一般在 20~40m 左右,最深已可达到 100m 左右,在其顶面即可修建承台及墩身了。

单元的挖掘可以采用矩形抓斗做成特制的钻机或旋转钻头钻机，如图 5.22 所示。它们都是一种低噪声、低振动的施工方法。

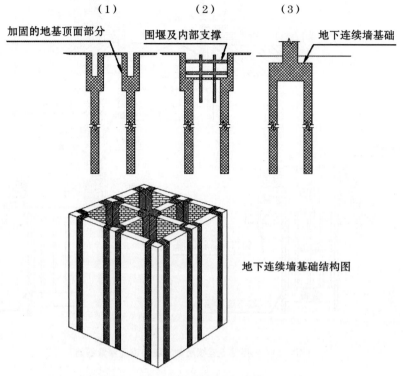

（1）建造地下连续墙单元；（2）安装顶部的临时围堰；（3）灌注承台及墩身

图 5.21　地下连续墙基础施工步骤及结构图

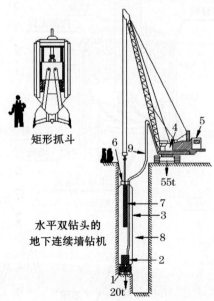

1.水平双钻头；2.排渣泵；3.导向外壳；4.履带吊机；5.液压泵；
6.排渣软管；7.钻机重量调整设备；8.膨润土泥浆；9.高压软管

图 5.22　地下连续墙施工机械

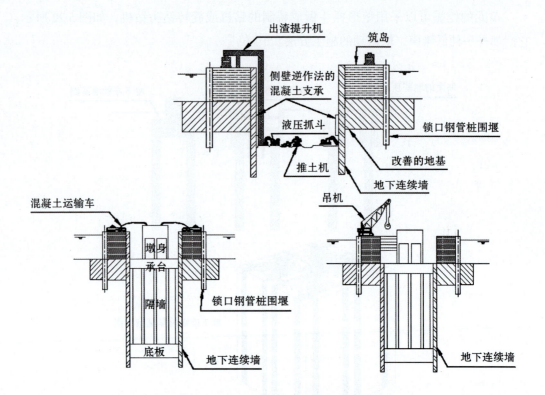

图 5.23　采用地下连续墙做围堰的桥梁深置基础

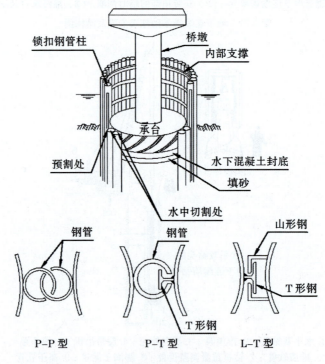

图 5.24　锁口钢管桩基础示意图及锁口的不同型式

　　另外，还可用地下连续墙作为防水及抵抗土压力的围堰，在围堰内进行挖掘工作，到达设计标高后就地灌注像沉井基础一样的深置基础，再在其上修筑墩身。这是桥梁基础发展的又一个新动向，如图5.23所示。

　　锁口钢管桩也是一种特殊的桥梁基础型式。其原理是先在要修建的基础周围打入大型锁口钢管桩，形成一个围堰，再以砂浆将锁口处封闭，然后在围堰内挖除土壤，到一定深度后再灌注水下混凝土进行封底，在围堰中抽水后即可灌注承台及墩身混凝土，直到水面以上。在围堰内回灌水以后，用水下切割机将承台以上的锁口钢管桩切除，锁口钢管桩基础就完成了，如图5.24所示。

　　这种基础的承载能力很大，又有锁口钢管桩作保护，不但安全可靠，施工也较简单，是一种很好的基础型式。这种基础在日本应用较多，我国首次应用是在宁波市甬江口修建的宁波大桥主塔桥墩基础中，采用这种锁口钢管桩作为防水围堰。

　　负压筒形基础是借鉴海上石油平台的技术演化而来的，如图5.25所示。外形象一个或多个倒扣的口杯或水桶，筒体的上端是穹形或平板的基础顶板，基础顶板的下方伸出混凝土或钢制的"筒形"，下端开口。筒体和基础顶板构成的空间称为舱室。在舱室内抽水，形成负压，基础就在自重、大气压和水压的压力下，被压入河床。如图5.26所示。

　　其特点是不需要作地基处理，且可利用水头差下沉，环保性能好，较沉井、设置基础工序少。但其下沉深度

图5.25　海上石油平台

有限，不易控制，对冲刷较深的基础难以保证安全。

　　这种基础在日本应用较多，我国还没有在桥梁领域中应用，仅在海洋的船舶锚碇中借鉴了这种技术。在水深、覆盖层厚的大跨跨海桥梁中，这种基础有其独到的优势。相信在不久的将来，随着人类挑战更大跨度、更大水深的跨海桥梁，负压筒形基础会得到更多的关注和发展。

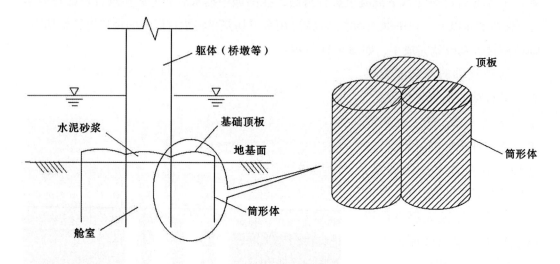

图 5.26　负压式筒体基础

　　很多跨越海峡的大桥，风大、水深、浪高、潮急，有时航运还很频繁，在这种条件下修建桥梁基础特别困难。为了尽可能减少上述因素对施工的干扰，国外许多深水桥梁已在采用一种先将基础在岸上预制好，然后通过大型浮吊或其它方式将基础吊放至已经整平或加固的河床上，称之为设置基础。这种基础将大量水上工作改为在岸上或船坞内预制，大大减少现场恶劣条件下施工深水桥梁基础的困难，也符合桥梁工厂化、预制化、机械化施工的理念，所以有很好的发展前景。

　　如果海底是高低不平的岩石，必须先将海底进行爆破取平，然后用挖泥船或带有大型抓斗的吊船将海底爆破的碎石清除，形成基底台面。也有的工程还采用过超大直径的磨削机打磨岩面，这样可以使基底平面内的高差小于10cm。如果海底是深厚的覆盖层，则需对海底地基进行加固处理，通常的作法是水下插打钢管桩加固海床。然后用超声波深测仪及水下电视等手段检测整平的效果。基础预制好后，用浮运沉井下沉的方法或直接以大型浮吊吊装的方法在深水中安置桥梁基础，基础与基底间可以灌注水下混凝土或压浆固结，周边通过抛石或压浆防护河床冲刷。在日本欧洲等国，很多的跨海大桥都是采用此法修建深水基础，但我们国家到目前还没有应用。

　　现以加拿大诺森伯兰海峡大桥为例介绍深水设置基础的施工方法。此桥由44孔跨度250m的预应力混凝土箱梁组成。它的桥墩、基础及梁体全部是在岸上工场预制，然

后用大型吊船就地安装的。在海中安装的基础及桥墩分为两大件分别吊装。基础部分
按水深不同分别制造，高度变化在 10~35 m 之间，基底直径为 22m。基础顶部做成锥
形平台，以便和套入的墩身密切结合，重量在 3000~5500 t 之间。墩身也是预制的，它
的下部位于海平面处，做成高 6m 的破冰锥面，使冰层可以在锥面上自动上拱而破裂。
墩身用吊船直接套入基础顶部的锥形平台上。上部结构也是用吊船安装的。重型吊船
的起吊能力为 6700t。梁身断面、墩身及基础的结构如图 5.27 所示。

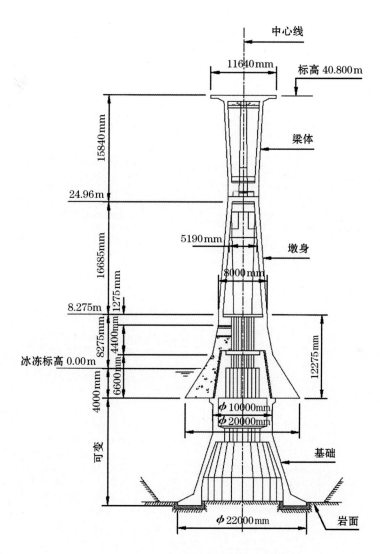

图 5.27　加拿大诺森伯兰海峡大桥设置基础

桥梁下部结构展望

　　随着桥梁向大跨、轻型、高强、整体方向发展，桥梁下部结构的型式正在出现日
新月异的变化，我国桥梁基础的设计及施工水平也有了长足的进步，但跟世界先进水

平相比 , 仍有差距。我国江河纵横，海岸线很长，沿海有开发价值的岛屿众多，本世纪将会有诸多更大的桥梁有待我们去修建，也定会遇到许多新的技术难题，因此桥梁的下部结构必须有更进一步的发展，才能满足我国经济建设不断高速发展的需要。我们寄希望于下一代青年能肩负起这一重担。

6

桥梁支座与桥面伸缩装置

撰文：庄军生　中国铁道科学研究院研究员、铁道建筑研究所桥梁研究室前副主任

- 桥梁支座的功能与种类
- 钢支座
- 板式橡胶支座与盆式橡胶支座
- 柱面与球面钢支座
- 减、隔震支座与装置
- 桥梁伸缩装置的功能与种类
- 铁路桥梁伸缩装置

桥梁支座与桥面伸缩装置

桥梁支座的功能与种类

桥梁支座是桥梁结构的重要组成部分，它设置在桥梁上部结构与下部结构之间，将作用于桥梁梁部的荷载（竖向力、纵向水平力和横向水平力）传递到桥梁的墩台上，同时桥梁支座要能适应桥梁上部结构的自由变形（位移和转角），以避免对梁体的变形造成约束。因此桥梁支座是按桥梁计算图式的要求，保证桥梁上部结构设计位置，既将上部结构的荷载传至下部结构，又能适应上部结构变形需要的一个重要组成部分，在桥梁结构中起承上启下的作用。

桥梁支座按其使用功能可区分为固定支座和活动支座。固定支座的功能用于承受上部结构传来的荷载，保证上部结构的设计位置，并应能满足梁端自由转动的需要。活动支座除要满足传递荷载和转动要求外，应能适应上部结构的自由伸缩（位移）的需要，该伸缩位移包括上部结构的温度伸缩位移、混凝土与预应力混凝土梁部结构的收缩与徐变产生的位移，以及上部结构在静、活载作用下的挠曲伸长位移。

桥梁支座的种类众多，主要取决于支座的功能和所使用的材料。大致可区分为钢支座、板式橡胶支座与盆式橡胶支座、柱面与球面钢支座、以及减震、隔震支座等等。

钢支座

早期桥梁上并没有专用的支座，仅在梁底面与墩台顶面之间加垫一块 2~4mm 厚的石棉板或铅板，利用这两种材料具有一定强度并能少量变形的特性，来适应桥梁端部传力和较小变形的要求，这种简陋的办法只适用于较小跨度的桥梁。随着桥梁跨度的增加，为了适应较大荷载和变形的需要，出现了用钢材制成的钢支座。钢支座用铸钢或锻钢加工而成，是一种传统型式的支座。视桥梁跨度与荷载的大小，钢支座有弧形支座、摇轴与铰轴支座以及辊轴支座三种型式。

弧形支座

弧形支座是最简单的钢支座，如图 6.1（a）所示。它由上、下支座板和连接两者的销钉组成。上、下支座板中有一个的一面为弧面，另一个的一面为平面。通过平面与圆弧面之间的转动来适应梁体的转角要求，因此称之为弧形支座。固定支座通过设置在上、下支座板之间的销钉承受水平力。活动支座则将上支座板的销钉孔沿桥轴方向做成长圆形，容许上、下支座板之间发生少量的位移。弧形支座竖向荷载是通过圆

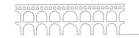

弧面与平面的线接触传递，接触应力较大，常常出现接触面由于应力集中被压平不能转动的现象，且支座位移时需克服上、下支座板间较大的摩阻力，因此只能用于支座反力和位移量相对较小的支座，一般适用的桥梁跨度为 8~12m。目前弧形支座已经很少使用，多已被下面将会介绍的适用于小跨度桥梁的板式橡胶支座取代。

摇轴支座与铰轴支座

摇轴支座与铰轴支座如图 6.1（b）和（c）所示。摇轴支座和下面要介绍的辊轴支座的固定支座都采用图 6.1（b）的型式。它的工作原理与弧形支座是一样的。不同的是将弧形支座的下支座板加高，以使圆弧面上的线接触应力得以扩散，减小作用于支承混凝土墩、台顶面上的局部承压应力，这样便能承受较大的支座反力。摇轴支座固定支座的上、下支座板之间不再采用销钉传力，而是通过上支座板两侧的限位挡块，套在下支座板顶部凸起的圆弧面部分，这样既能承受桥梁的纵向水平力，又不影响上支座板的转动。为了使上支座板转动更加灵活，自上世纪 90 年代以来，采用一个锻造的钢圆柱放置在上、下支座板铸造的轴套内，形成一个铰轴，来替代圆弧面接触的摇轴，用于固定支座，这就是铰轴支座，如图 6.1（c）所示。

摇轴支座和铰轴支座的活动支座是在支座的上支座板与下座板之间，设置一个削成上小下大的钟摆形摇轴，通过摇轴部分的摆动，满足支座的位移需要，如图 6.1（c）所示。因为所能适应的位移量有限，通常在 40mm 左右，所以，摇轴与铰轴支座常常用于 24~40m 中等跨度的预应力混凝土桥梁上。

无论是摇轴支座还是铰轴支座，竖向荷载都是通过钢与钢之间的线接触传递，接触应力的大小与圆弧面的曲率半径有关，根据支座反力的大小来设计圆弧面的曲率半径，半径越大，接触应力越小，反之半径越小，接触应力越大。支座反力从圆弧面处以刚性分布角向支座与梁体和墩台的接触部分传递。为了减小支座接触部位混凝土的局部承压应力，支座反力越大，圆弧面的曲率半径越大，支座的高度就需要越大。

辊轴支座

大跨度钢桥的大吨位活动支座常常采用辊轴支座，如图 6.1（d）所示。辊轴支座的固定支座与铰轴支座一样。辊轴支座的活动支座是在铰轴支座活动支座的基础上改进而成，由于支座反力较大，单个钟摆式的摇轴无法满足支座反力传递的需要，因此将铰轴支座活动支座的钟摆式摇轴改用辊轴替代，辊轴的两侧边被削去一部分，以节省占用空间，减小整个支座的体积，通过辊轴的摆动来实现支座的位移。为了增加活动支座的承载能力，可以根据荷载大小增加辊轴的个数。多个辊轴平行设置，在辊轴端部的上下设置两片连接钢条，使多个辊轴能保持同步工作。

辊轴支座所能适应的位移量与辊轴的高度相关，位移量越大，支座高度越大。为了适应较大的支座位移量，往往辊轴的高度较高，大的辊轴支座可高达数米，支座用

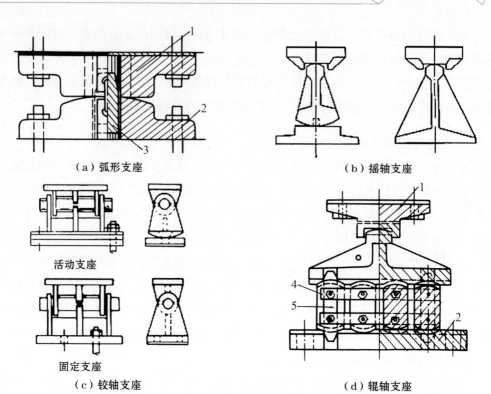

（a）弧形支座　　　　　　　　　　　（b）摇轴支座

活动支座

固定支座

（c）铰轴支座　　　　　　　　　　（d）辊轴支座

1. 支座上摆；2. 支座底板；3. 销钉；4. 固定辊轴间距的钢条；5. 削边辊轴

图 6.1　钢支座的几种构造形式

钢量很大，而且养护维修工作量也大。

　　自 20 世纪 50 年代以来，随着新型的支座用材料的发展，桥梁支座相继出现很大的发展。钢支座本身也不断改进，例如采用高强度合金钢，以及将支座钢件上承受接触应力的部分进行热处理等措施，可以提高钢材的硬度与强度，使其可达到普通钢材的十余倍，支座的体积与重量也可大为减少。此外，随着橡胶工业和化学工业的发展，出现了橡胶支座和聚四氟乙烯滑动支座，彻底改变了钢支座通过部件的线接触传递荷载的不利状态，改成由橡胶或聚四氟乙烯等滑板材料的面接触传递荷载的状态，显著改善了桥梁支座的受力状态，降低了支座的结构高度，大大节省了支座用钢量，还大大减轻了钢支座的维修养护工作。

板式橡胶支座与盆式橡胶支座

　　随着橡胶和塑料工业的发展，工程橡胶和塑料也在桥梁制造上得到广泛应用。20世纪 40 年代末在法国最早出现橡胶支座。由于它的优越性能和价格优势，很快得到普及。我国在 20 世纪 60 年代开始研发板式橡胶支座，并很快在公路桥梁上得到推广应用。

板式橡胶支座

板式橡胶支座是通过在橡胶中设置钢板加劲，提高橡胶承载能力所制成的一种支

座，适用于中、小跨度的桥梁。橡胶具有良好的弹性，能很好地适应桥梁的转动和位移（通过橡胶的剪切变形）的需要，但由于橡胶的抗压弹性模量较小，在竖向荷载作用下的压缩变形较大，因此在支座内部各层橡胶之间设置加劲钢板，与橡胶粘接在一起，通过加劲钢板约束橡胶的变形，可显著提高橡胶的抗压刚度，从而减小橡胶的压缩变形。这就是目前在公路简支梁桥上广泛使用的板式橡胶支座，如图 6.2（a）所示。板式橡胶支座的使用应力可以达到 8~12MPa，极限抗压强度可以达到 60~70MPa。在公路桥梁上使用板式橡胶支座时，通常不区分固定支座和活动支座，因此特别适用于简支连续化的桥梁，在地震区的桥梁上使用时，可以得到水平反力分散的效果。而在铁路桥梁上使用板式橡胶支座时，应在支座上设置上、下支座钢板，约束板式橡胶支座的横向变形，以便减小由于列车横向摇摆力作用所引起的桥梁横向变位。

板式橡胶支座的位移是靠橡胶的剪切变形来实现的，由桥梁的静载位移（温度伸缩、混凝土及预应力混凝土桥梁的收缩与徐变，竖向静活载产生的梁体伸长等）引起的橡胶剪切变形，其最大剪切角宜控制在 $\tan a \leqslant 0.5$，由桥梁静活载和制动力产生的位移引起的橡胶剪切变形，其最大剪切角宜控制在 $\tan a \leqslant 0.7$。当桥梁活动端支座的位移量较大时，采用普通板式橡胶支座时，为了满足支座最大剪切角不超限的要求，支座橡胶的总厚度必须增加，这样支座高度增加，容易引起支座失稳。为此可以在普通板式橡胶支座的顶面粘贴一层聚四氟乙烯板，而在梁底预埋钢板上镶嵌一层表面平面度很高的不锈钢板，在聚四氟乙烯板和不锈钢板之间形成一个摩擦系数极小（小于 0.04）的滑动摩擦副（滑动摩擦组件），组成聚四氟乙烯滑板支座，如图 6.2（b）所示。

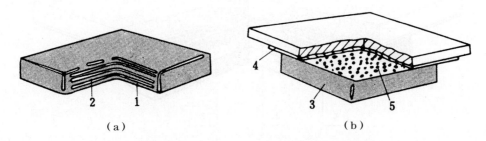

（a）加劲板式橡胶支座；（b）聚四氟乙烯板式橡胶支座。

1. 橡胶；2. 加劲钢板；3. 板式橡胶支座；4. 不锈钢板；5. 聚四氟乙烯板

图 6.2 板式橡胶支座与聚四氟乙烯滑板支座

聚四氟乙烯是一种乳白色高分子化学聚合物。它与强酸、强碱、强氧化剂和大多数有机溶剂如醚、醇、酮等均不发生化学反应，是一种化学稳定性极强、抗老化性能极好的合成材料。聚四氟乙烯具有耐高温、低温、韧性强、抗压强度高、摩擦系数极低的特点。尤其是它的摩擦系数极低的特性，被广泛应用于桥梁支座的滑板。

聚四氟乙烯板与镜面不锈钢板的摩擦系数不足 0.04，而且压应力越大，相对滑动速度越慢，摩擦系数越小。如果在滑板表面再涂以 295 硅脂润滑剂，摩擦系数和滑板的

磨耗将进一步下降，是一种理想的支座滑板材料。自20世纪50年代以来，聚四氟乙烯板被广泛应用于桥梁支座上，而且在桥梁顶推施工和拖拉施工中代替原来置于梁下的辊轴广泛应用，在转体施工中也都得到广泛应用。

盆式橡胶支座

盆式橡胶支座是在板式橡胶支座的基础上研发的一种承载力更高的橡胶支座，板式橡胶支座是利用置于支座内部橡胶层之间的钢板来约束橡胶的变形，从而提高橡胶的承载能力，而盆式橡胶支座是将橡胶放置在一个圆形钢盆内，橡胶受压后的变形，受到圆形钢盆的约束，橡胶处于三向应力状态，此时橡胶的承载应力可以达到25~30MPa，试验表明只要支座的钢盆不破坏，钢盆内的橡胶就不会丧失承载能力。密封在钢盆内的橡胶，转动十分灵活，能很好地满足支座转动的要求。此外由于橡胶被密封在钢盆内，与大气和紫外线隔绝，提高了支座的抗老化性能。盆式橡胶支座的固定支座由下支座钢盆，承压橡胶板和上支座板构成。为满足活动支座位移的需要，在固定支座的上部设置由聚四氟乙烯板和不锈钢板组成的滑动摩擦副（滑动摩擦组件），构成盆式橡胶活动支座，如图6.3所示。

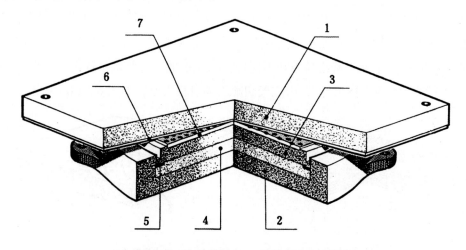

1.上支座板；2.下支座板；3.钢衬板；4.承压橡胶板；
5.紧箍圈；6.不锈钢板；7.聚四氟乙烯板

图6.3　盆式橡胶支座

21世纪初以来，滑动摩擦材料除了采用聚四氟乙烯板外，又研发了改性超高分子量聚乙烯板和改性聚四氟乙烯板。改性超高分子量聚乙烯板是由分子量在5百万以上的超高分子量聚乙烯材料制成，该板材的使用应力可达45~60MPa，摩擦系数与聚四氟乙烯相当，在采用295硅脂润滑条件下，特别适合在高应力、高速度的滑动条件下使用，摩擦与磨耗性能极佳。其在45MPa压应力、15mm/s的滑动速度、往复滑动距离±10mm、累积滑动距离50km条件下，几乎没有磨损。现已广泛应用于桥梁支座上。

改性聚四氟乙烯板是一种由填充聚四氟乙烯制成的滑板材料，在硅脂润滑的条件下的摩擦与磨耗性能与改性超高分子量聚乙烯相当。改性聚四氟乙烯板的主要填充剂是玻璃纤维（含量约15%左右），其在无硅脂润滑的条件下也极为耐磨，在美国的支座市场上大量使用。

　　盆式橡胶支座构造简单、加工方便、体积小、重量轻、功能完善。在同样的载重下，它的体积和重量不足钢支座的1/10。而且其转动和位移的功能比钢支座更加灵活，同时作用于支座的荷载通过面接触传递，有效地降低了支座的结构高度，因此在大跨度连续梁桥上广泛使用。目前成为在我国公、铁路桥梁上使用最为普遍的一种支座，最大使用吨位以达65000kN以上。

柱面与球面钢支座

　　盆式橡胶支座的设计转角一般不大于0.02rad。随着桥梁跨度的不断增大，桥面宽度增大，对支座的转动要求加大。特别是公路桥梁有时支座的设计转角达0.02～0.03rad，个别情况支座设计转角达0.05rad。如上海南浦大桥支座设计转角为0.042rad。因此需要设计能满足更大转角要求的支座，球型钢支座就是这样的一种支座。

球型钢支座

　　图6.4为球型钢支座的构造示意图。其与盆式橡胶支座的区别在于：用一块球冠钢板代替置于钢盆中的橡胶，通过球冠钢板的球面与镶嵌在下支座板凹槽内的滑板（聚四氟乙烯板或超高分子量聚乙烯板）的滑动，来满足支座的转动要求，通过球冠钢板的平面部分的凹槽能镶嵌的滑板，与上支座板上的不锈钢滑动面的相对滑动，来满足

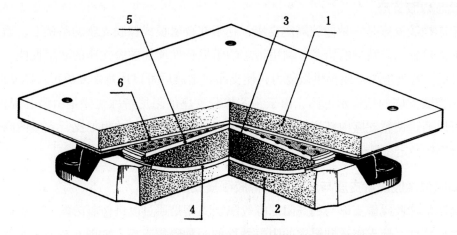

1. 上支座板；2. 下支座板；3. 球冠钢衬板；4. 球面聚四氟乙烯板；
5. 平面聚四氟乙烯板；6. 不锈钢板

图6.4　球型钢支座

支座的位移要求。支座的球面可以采用镀铬后抛光或包覆镜面不锈钢板制成。球型钢支座的转动力矩仅与球冠钢板的曲率半径相关，与支座转角大小无关。而盆式橡胶支座的转动力矩与支座转角相关，转角越大，转动力矩越大。因此球型钢支座更加适用于大吨位和大转角的大跨度桥梁。我国目前设计使用的最大吨位的球型钢支座，为京沪高铁南京大胜关长江大桥用的 180000kN 支座。

柱面钢支座

柱面钢支座是球型钢支座的一个特例，只需将球冠钢板改用柱面钢板替代。柱面钢支座只能适应支座的单向转动。在同一支点上设置两个（或多个）柱面钢支座时，必须保证多个支座的同轴度。也就是说多个柱面钢支座的转动轴必须重合，否则支座的转动就会相互约束，造成支座滑板的过度磨损。

减、隔震支座与装置

以上所述的各种支座的功能是满足桥梁结构的传力、转动和位移的需要。我国是一个多地震的国家，地震对桥梁结构造成严重的危害和人员伤亡，能否通过桥梁支座减小地震对桥梁结构的损伤？通过设置在桥梁上、下部结构之间支座的缓冲消能装置，降低地震对桥梁结构物的损害程度，是当前桥梁支座研究发展的重要课题。目前国内、外的研究表明，通过加大支座的变形能力和增加支座材料的阻尼，可以有效的实现桥梁支座的减、隔震功能。常用的减、隔震支座和装置有：铅芯橡胶支座、高阻尼橡胶隔震支座、超高阻尼橡胶隔震支座、摩擦摆式隔震支座、弹塑性钢减震支座、以及阻尼器和速度锁定器等等。

铅芯橡胶支座

铅芯橡胶支座是一种橡胶隔震支座，它是在普通板式橡胶支座的基础上，通过在支座内部设置一定数量的铅芯，利用铅芯的阻尼特性增加橡胶支座的阻尼性能，并利用橡胶的弹性性能为支座提供恢复力，使支座在地震后可以逐步恢复原位。图 6.5（a）为铅芯橡胶支座的结构示意图。由于铅芯橡胶支座的阻尼特性主要是由铅芯提供的，因此可以通过调整支座内部铅芯的含量，很容易得到所需要的阻尼比，支座的阻尼特性相对比较稳定。目前，该支座已经在国内公路桥梁上逐步推广运用。

高阻尼橡胶隔震支座与超高阻尼橡胶隔震支座

高阻尼橡胶隔震支座与超高阻尼橡胶隔震支座是通过改进橡胶的配方，来提高橡胶的阻尼特性，使支座达到要求的阻尼特性的一种隔震支座，如图 6.5（b）所示。通常是在橡胶配方中掺入特种树脂和碳黑来提高橡胶的阻尼。根据阻尼比的不同，支座可以区分为高阻尼橡胶隔震支座与超高阻尼橡胶隔震支座，欧洲各国通常按阻尼比

15% 来区分，我国以阻尼比 18% 来区分。由于高阻尼橡胶隔震支座与超高阻尼橡胶隔震支座是由橡胶本身提供阻尼，因此橡胶的配方和硫化工艺的稳定性，对支座的质量起到至关重要的作用。目前高阻尼橡胶隔震支座与超高阻尼橡胶隔震支座也在国内公路桥梁上逐步推广运用，今后应着重加强产品的质量检验控制，研究温度和橡胶老化对支座阻尼特性的影响。

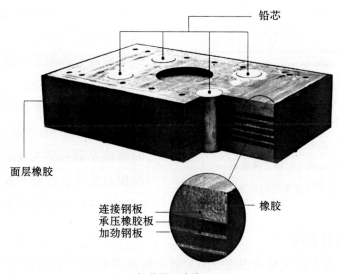

（a）铅芯橡胶支座

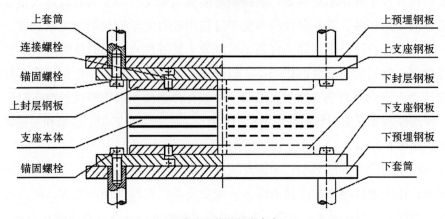

（b）高阻尼橡胶隔震支座

图 6.5　铅芯橡胶支座和高阻尼橡胶隔震支座

摩擦摆式隔震支座

摩擦摆式隔震支座是 1985 年由美国地震保护体系公司在球型钢支座基础上研制而成，其本质是一种摩擦阻尼支座，它依靠两个曲面的摩擦来实现支座的隔震功能。支座的下支座板是一个较大半径的凹球面，地震时支座中心部分的摆动球面板，沿下支座板的凹球面发生摆动位移，利用一个简单的钟摆机理延长下部结构的自振周期，以

减小地震力的作用。同时在地震时，摆动球面板沿下支座板摆动时，球面板的标高发生变化，使上部结构抬高，通过势能作功，达到消耗地震能的目的。此外支座摆动过程中滑板的摩擦也提供了一定的摩擦阻尼。支座的摆动球面板在地震后，将通过上部结构的自重可以在一定程度上自动复位。支座可以在任何方向滑动，其尺寸主要由最大设计地震位移控制。图 6.6 为摩擦摆式隔震支座的构造图。摩擦摆式隔震支座今后的

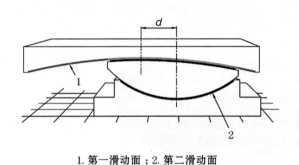

1. 第一滑动面；2. 第二滑动面

图 6.6　摩擦摆式隔震支座的构造示意图

发展方向，主要是研究具有不同摩擦系数和稳定摩擦系数的滑板材料，以得到所需要的阻尼特性的摩擦摆式隔震支座。例如，德国正在研究在环境温度、设计应力条件下平均摩擦系数分别为 0.5%、5% 和 9%，而快速滑动时摩擦系数相应为 4%、9% 和 11% 的滑板。美国在研究一种称之为氟黄金（fluorogold）的滑板材料。

弹塑性钢减震支座

弹塑性钢减震支座又称为钢滞变阻尼器或软钢阻尼器。在 20 世纪 70 年代由新西兰学者研究开发了软钢阻尼装置。软钢阻尼装置主要是利用金属材料进入塑性状态后具有良好的滞回特性，并在塑性滞回变形过程中吸收大量能量的原理制造的一种减震装置。具有形状设计自由、加工容易、维修成本低等优点，同时软钢阻尼装置具有阻尼特性稳定、阻尼比受温度的影响小、阻尼比高等特性。将弹塑性钢组装在普通的盆式橡胶活动支座或球型钢支座上，组成一种带有弹塑性钢阻尼特性的摩擦阻尼式减震装置。弹塑性钢减震支座根据采用钢板的形状，可以分为：E 型、C 型和短钢臂型等多种类型。如图 6.7（a）、（b）和（c）所示。

金属的应力应变曲线表明，金属在屈服后进入塑性变形状态，应该考虑在不同应变范围内，作为塑性循环的金属的应力—应变关系。在塑性循环期间，应力将随应变范围扩大而增大，但屈服水平下降。在给定的应变范围内，在反复荷载作用下，荷载 - 位移曲线只有中等程度的变化，阻尼量也只有中等程度的减小，直至屈服量接近其低循环疲劳寿命的终期。因此，阻尼器设计时应能限制地震时的循环应变范围，并确保其有能力抵御若干次地震和至少一次极限地震。一个设计良好的阻尼器，要求在地震时弹塑性钢的最大额定应变范围为 ±3%，极限地震时的额定应变范围为 ±5%。

弹塑性钢阻尼元件应采用一种具有屈服后滞回变形能力强且稳定的钢材，新西兰采用 BS4360/43A 的钢材，国内一般采用塑性较好、屈服点较低的钢材，常采用 Q235 或 Q345 类钢材替代。

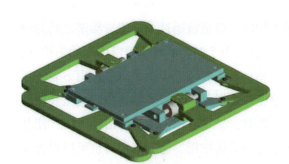

多向阻尼装置

（a）E型钢减震支座

C型钢

（b）C型钢减震支座

（c）短钢臂减震装置

图6.7 弹塑性钢减震支座

阻尼器与速度锁定器

阻尼器与速度锁定器不属于桥梁支座，但它常常和桥梁支座一起使用，用作桥梁的减、隔震措施，如图6.8所示。

阻尼器是在一个专用的油缸内，注入有机硅为基础的粘性液体，作为传力介质，通过油缸壁与活塞之间的间隙（或在活塞上设置导流孔），组成的一种连接装置。当结构受到外荷载（如风、地震等）冲击时，活塞在液压缸内作往复运动，阻尼介质在液压缸2个分隔的腔体内迅速流动，阻尼介质的分子间、介质与活塞杆、介质与液压缸体间产生剧烈的摩擦，介质在通过活塞孔时产生巨大的节流阻尼，这些作用产生的合力形成阻尼力，把传递给活塞的机械能转化为热能（散发），从而吸收能量，减少地震时桥梁上部结构的位移量。常用的阻尼介质有液压油、黏滞性硅油和磁流变液等，制成相应的阻尼器分别称之为油阻尼器、粘滞性阻尼器和磁流变阻尼器。

影响阻尼力的因素有：活塞有效面积、阻尼孔面积、阻尼孔长度、活塞运动速度、温度、阻尼材料粘度、激振频率和位移变化幅值等。

　　速度锁定器与粘滞性阻尼器的构造基本相同，阻尼液通过油缸壁与活塞之间的间隙(或在活塞上设置导流孔)流动时产生摩擦阻尼,由于温度或其他缓慢作用的位移下,装置可以在很小的阻力下发生位移，而在制动、地震和风力等快速荷载作用下装置锁定，形成一种刚性的临时固定连接装置。速度锁定器可以与普通盆式橡胶支座和球型钢支座的活动支座配合使用，以便在地震发生时，锁定摩擦滑动式的活动支座，使其与固定支座共同承受地震水平力，达到水平力分散的作用。速度锁定器也可以设置在桥梁的活动墩和梁体的连接处，用于加固地震区的桥梁，使桥梁的固定墩和滑动墩共同承受地震力。

　　速度锁定器的主要性能要求如下 :

　　• 对于低速运动（ $v < v_1$, $v_1 \cong 0.1\text{mm/s}$ ），如温度效应，混凝土收缩徐变，位移是自由的。

　　• 对于高速运动（ $v > v_2$, $v_2 \cong 1\text{mm/s}$ ），如地震或制动，位移是受约束，可视为刚性连接。

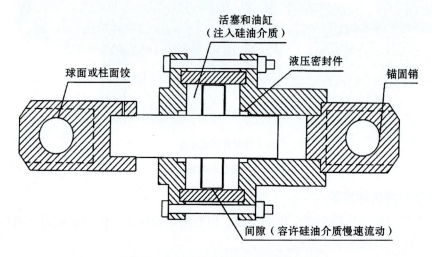

图 6.8　阻尼器和速度锁定器的结构示意图

桥梁伸缩装置的功能与种类

　　桥梁伸缩装置是桥面的重要组成部分，它设置在两联梁体的接缝处，以满足桥梁的伸缩位移需要。同时伸缩装置应能保证桥上车辆的安全通过，并应满足桥面接缝处的防水要求，提高桥梁的耐久性。

桥梁伸缩装置的功能

　　桥梁伸缩装置的基本性能要求应包括：承载能力、位移能力、良好的走行性能、抗疲劳能力和抗地震能力、防水能力和抗滑能力，以及自洁性能等等。

　　桥梁伸缩装置的承载能力应保证其在恒载、车辆活载和伸缩位移过程中不发生部

件的损害。伸缩装置的位移能力应能适应温度伸缩、混凝土及预应力混凝土桥梁的收缩和徐变、桥梁活载挠曲伸长等位移需要。伸缩装置的走行性能要求伸缩装置在车轮荷载作用下，不发生过大的变形差和台阶差，以保证车辆的平稳通行。同时伸缩装置还应具有良好的抗疲劳能力和防水、防滑性能。

桥梁伸缩装置的种类

桥梁伸缩装置的种类包括：埋入式伸缩装置、柔性填充式伸缩装置、型钢单缝式伸缩装置、板式橡胶伸缩装置、梳齿板伸缩装置、支承式伸缩装置和模数式伸缩装置等几种。目前在国内公路桥梁上大量使用的伸缩装置以型钢单缝式伸缩装置、梳齿板伸缩装置和模数式伸缩装置为主，而埋入式伸缩装置和板式橡胶伸缩装置目前已经很少使用。

1. 型钢单缝式伸缩装置

型钢单缝式伸缩装置由边梁（型钢）、树脂或弹性体制成的唇边状防水胶条组成，型钢可以采用钢材或铝合金型材，缝两侧的边梁型钢可以直接埋置在刚性混凝土路面中，也可以采用柔性材料填充，伸缩缝的防水胶条不承受车辆荷载。该伸缩装置的设计位移量为80mm，是目前公路桥梁上使用最广泛的一种伸缩装置。如图6.9所示。

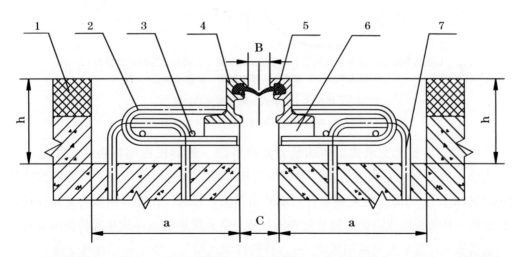

1.桥面铺装层；2.锚环；3.水平加强钢筋；4.E型异型钢；5.防水密封胶条；6.锚板；7.预埋钢筋

图6.9　型钢单缝伸缩装置

2. 梳齿板式伸缩装置

梳齿板式伸缩装置有悬臂式和跨座式两种，如图6.10（a）和（b）所示。

悬臂式梳齿板伸缩装置由悬臂对称或不对称的元件（像梳子或锯齿形的板）组成，它锚固在桥面的一侧，并跨过桥面上的缝隙，梳齿板元件与桥面齐平。悬臂式梳齿板伸缩装置的伸缩位移量通常在320mm以下。

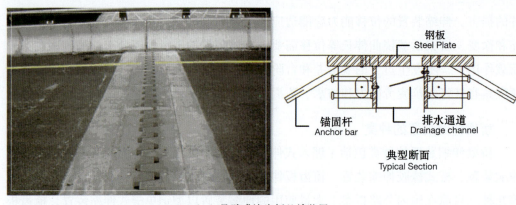

（a）悬臂式梳齿板伸缩装置

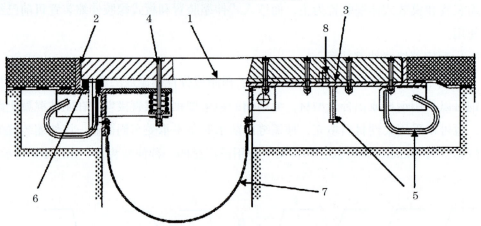

1. 活动钢板 ；2. 固定支点基板 ；3. 活动支点基板 ；4. 滑动钢板的锁紧螺栓 ；

5. 锚固体系 ；6. 支点 ；7. 排水胶带 ；8. 滑动支点

（b）跨座式（支承式）梳齿板伸缩装置

图 6.10 跨座式梳型板伸缩装置构造示意图

跨座式梳齿板（支承式）伸缩装置是将桥面一侧的梳齿型钢板跨过伸缩缝部位，支承在另一侧的路面上滑动，形成简支板体系，因此能适应较大的伸缩位移量（240~1200mm），为防止梳齿钢板在梁端转角作用下翘起，在梳齿钢板与梁体连接处设有转轴，其齿板的锚固构造细节处理的好坏，将直接影响该伸缩装置的使用寿命。

梳齿板式伸缩装置可以制造成 1m 一件的拼装式结构，便于在损害时变换。

3. 模数式伸缩装置

模数式伸缩装置由一个充分防水的部件（在行车方向）和位移受控制的钢梁，支承在可移动的下部结构上跨过结构的缝隙，钢梁与行车面齐平。该伸缩装置由支承体系、位移控制体系和防水橡胶条组成。该伸缩装置的伸缩位移量是以 80mm 为模数递增，直至 2400mm 以上。在我国高速公路桥梁上广泛应用，最大伸缩位移量达到 2080mm（润扬长江大桥），也是目前国内、外的公路桥梁上使用最广泛的一种桥梁伸缩装置。

　　模数式伸缩装置由中梁、边梁、支承梁、位移控制箱、承压支座、压紧支座、位移控制元件和防水橡胶条等组成。按其支承的形式可区分为：格梁式〔图 6.11（a）〕、直梁式〔图 6.11（b）〕和转轴式〔斜梁式，图 6.11（c）〕三种。按其位移控制体系可区分为压缩聚氨酯弹簧、剪切橡胶弹簧、机械连杆和转轴式（斜向支承式）等几种。

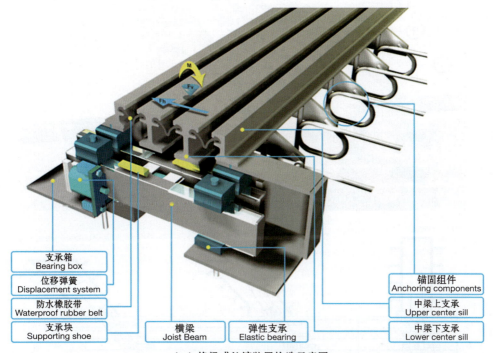

支承箱 Bearing box	锚固组件 Anchoring components
位移弹簧 Displacement system	中梁上支承 Upper center sill
防水橡胶带 Waterproof rubber belt	中梁下支承 Lower center sill
支承块 Supporting shoe	横梁 Joist Beam	弹性支承 Elastic bearing

（a）格梁式伸缩装置构造示意图

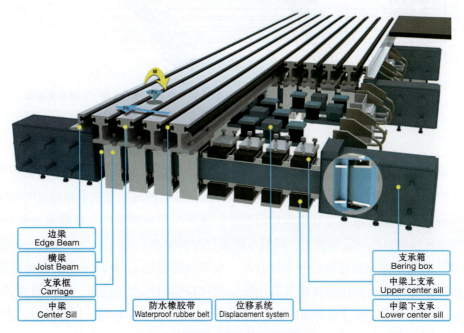

边梁 Edge Beam	支承箱 Bering box
横梁 Joist Beam	中梁上支承 Upper center sill
支承框 Carriage	中梁下支承 Lower center sill
中梁 Center Sill	防水橡胶带 Waterproof rubber belt	位移系统 Displacement system

（b）直梁式伸缩装置构造示意图

（图 6.11）

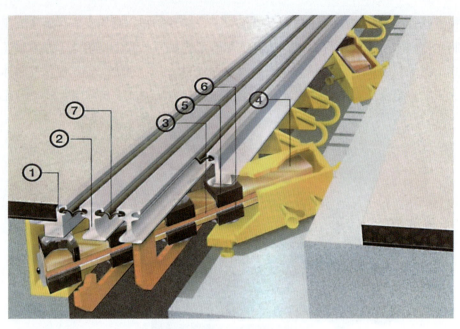

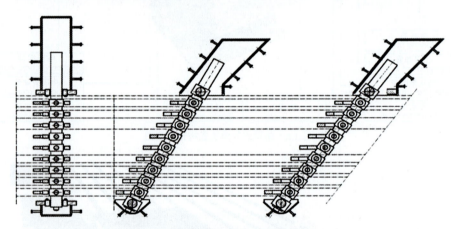

1. 边梁；2. 中梁；3. 支承梁；4. 位移控制箱；5. 压紧支座；6. 承压支座；7. 防水橡胶条

（c）转轴式伸缩装置构造示意图

图 6.11　模数式伸缩装置示意图

　　桥梁伸缩装置的发展是如何提高伸缩装置的抗震性能，以适应地震区桥梁的需要，并改进伸缩装置的降噪性能。尤其对城市桥梁而言，降低伸缩装置在车辆通过时的噪音，减小噪音污染，更好地符合环境保护的要求，是今后的发展方向。目前有一种柔性填充式伸缩装置可以在一定程度上，降低车辆通过时的噪声。

　　柔性填充式伸缩装置由特种柔性材料（如聚氨酯橡胶），在现场浇筑在伸缩缝处，在柔性填充材料的内部用金属板及其他稳定部件跨越过桥面的缝隙。柔性填充式伸缩装置可适应的伸缩位移分别为 40、60、80 和 100mm。由于在桥面上没有缝隙，有利于降低车辆通过时的噪声。图 6.12 为柔性填充式伸缩装置示意图。

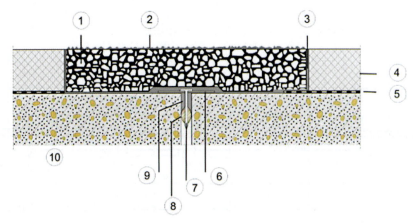

1.伸缩缝填充物（胶粘剂，骨料）；2.表面复面层；3.涂沥青；4.桥面铺装；
5.桥面防水层；6.钢板；7.钢板定位；8.填缝；9.密封料；10.桥面板

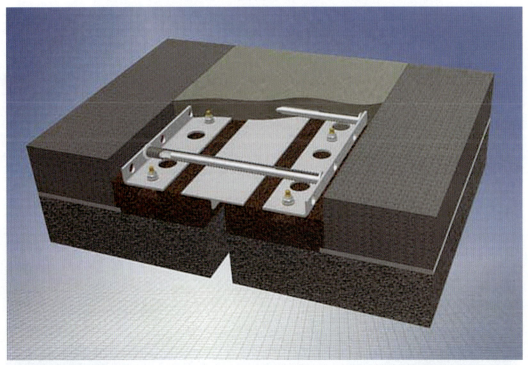

图6.12　柔性填充式伸缩装置示意图

铁路桥梁伸缩装置

铁路桥上的钢轨在荷载和温度变化的影响下，会同桥梁一起伸长和缩短，桥梁上部结构的连续长度越长，钢轨的伸缩距离也越大，列车通过接头处所产生的冲击力也越大，甚至会影响行车安全。因此当桥梁的连续长度大于100m时，应在梁端伸缩处设置钢轨伸缩调节器，以保证钢轨在伸缩时，车轮能连续地在钢轨上通过。

钢轨伸缩调节器由弯轨和尖轨组成，尖轨外侧沿弯轨滑动，保证钢轨伸缩时两根钢轨的内侧处于同一直线上，以便车轮安全通过。尖轨与弯轨用弹簧抵紧，使钢轨伸

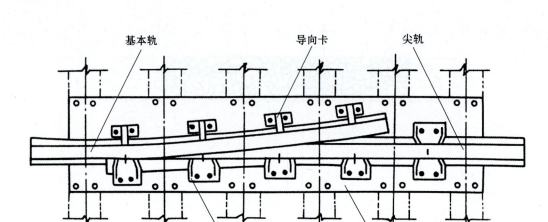

（a）结构图

（b）实物图

图 6.13　钢轨伸缩调节器

缩时尖轨始终紧贴在弯轨上，在尖轨的轨尖处不出现间隙。图6.13为钢轨伸缩调节器的示意图和实物图。

对于伸缩量较大的钢轨伸缩调节器，应在桥梁的端部设置相应的梁端伸缩装置，作为钢轨伸缩调节器的辅助伸缩部分。梁端伸缩装置由滑动钢枕、固定钢枕、滑动钢枕的承托结构（支承梁、位移控制箱）、滑动钢枕下吊架、承压支座、压紧支座、固定钢枕下的轨下垫板、位移控制连杆和侧向钢导轨等组成。图6.14为梁端伸缩装置示意图。

梁端伸缩装置应满足以下功能要求：

1.梁端伸缩装置的构造应能满足两侧梁体顺桥向、横桥向、竖向的位移和转动的需要；

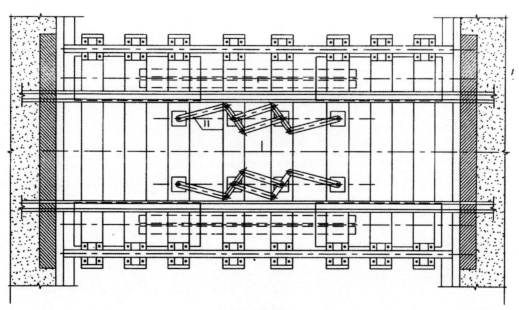

（a）平面图

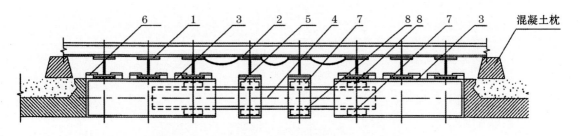

1.固定钢枕；2.活动钢枕；3.位移控制箱；4.支承梁；
5.吊架；6.枕下垫板；7.承压支座；8.压紧支座

（b）立面图

图6.14　梁端伸缩装置

2. 梁端伸缩装置应按铁路线路分线设置，单线伸缩装置的允许横向位移宜为 ±1.0 mm；

3. 梁端伸缩装置的梁端水平和垂直折角应考虑行车的舒适度和安全性的要求，一般情况下垂直折角不大于 1.5‰ ~2‰，水平折角不大于 1‰ ~1.5‰；

4. 梁端伸缩装置张开时，滑动轨枕之间的最大中心距不得超过 650 mm，伸缩装置合龙时，滑动轨枕之间的最小中心距不宜小于 50 mm；

5. 梁端伸缩装置的伸缩阻力不宜大于 20kN；

6. 梁端伸缩装置位移时，应保证各滑动轨枕之间的相互间距均匀变化，各滑动轨枕中心距的最大偏差不宜超过 ±25 mm；

7. 梁端伸缩装置在使用过程中应具备良好的防水性能。

第 3 部分

不同材料的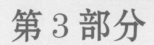

7

钢筋混凝土与预应力混凝土桥

撰文：张　琳　中国铁道科学研究院资深研究员、铁道建筑研究所前所长
　　　牛　斌　中国铁道科学研究院研究员、铁道建筑研究所桥梁研究室主任

钢筋混凝土与预应力混凝土桥

从石桥到钢筋混凝土桥

天然石料是人类最早用来造桥的材料之一种。它的特点是具有很强的抗压能力，但却不能承受太多的拉力，也就是说，它很难被压坏，却易于被折断。古代的能工巧匠们巧妙地利用了石料的这种特点，建造出无数多姿多彩形若长虹的拱桥。其中如隋代的赵州桥竟能一跨 37m（参见图 1.6），1990 年建成的湖南凤凰县乌巢河石拱桥竟能一跨 120m，一度保持了 10 年的世界纪录。2000 年我国又在山西晋城建成了一座跨越丹河的石拱桥，跨度更达 146m，创造了又一石拱桥的世界纪录（参见图 11.4）。这是因为构成拱桥的块石都是相互挤压的，即使桥上负载万钧，也能巍然屹立。当然，古代也以石板作梁而建桥，这种石板桥既不可能跨度太大，也难以负载过重，显示了以石造桥的局限性。

1824 年，英国人约瑟夫·阿斯普丁（Joseph Aspdin）首先取得波特兰水泥的专利权，为发展现代意义的混凝土奠定了基础。事实上，在此以前就已经出现了罗马水泥和在石灰中掺入废陶瓷、煅烧黏土而成的早期混凝土。以水泥、石子、砂和水拌制的湿混凝土可以灌注入不同的模型硬结而成为各式各样的块件。这比制造天然石料块件就有了极大的便利条件。混凝土虽然有和天然石料类似的强于受压而弱于受拉的特点，但它的为石料所不具备的可塑性却给了人们以取其长而避其短的可能。人们可以在混凝土块件中因弯折或其他原因而受拉的部位事先置入耐拉材料，使混凝土和所包含的耐拉材料共同工作而各尽所能。这样就极大地拓宽了混凝土的适用范围和功能。使用最多的耐拉材料就是钢筋。这种混凝土和钢筋的结合体就叫做钢筋混凝土。自从钢筋混凝土于 1867 年诞生至今一百多年来，混凝土和钢筋作为基本材料都在不断发展，但组合而成钢筋混凝土的基本原理并未改变。由于人们通过长期探索和实践对钢筋和混凝土共同工作的机理的认识不断深化，钢筋混凝土的用途日益广泛，逐渐成为社会生活中不可缺少的一种物质条件。有了钢筋混凝土，才有可能建造跨越能力很大的桥梁，而且可以根据不同要求使其型式多种多样。早在 1905 年，比利时就出现了单跨 55m 的钢筋混凝土桥。1930 年，法国的弗莱西奈（E.Freyssinet）建造了跨度 178m 的钢筋混凝土拱桥。

钢筋混凝土于 20 世纪初传入我国。它最初用于房屋建筑，例如原中东铁路局大楼（今哈尔滨铁路局办公楼）的楼板，就是现地灌注的钢筋混凝土板。至于用在桥梁上，

则是 20 年代的事。1921 年建成了河南洛阳的天津桥，由 21 孔简支 T 型梁组成，每孔跨度 9.2m，全长 206m；同年还在天津杨村建成了跨度 20m 的三跨系杆拱桥，二者均属我国最早的钢筋混凝土桥梁。30 年代，日本在其侵占的我国东北地区修建铁路时，采用了为数不多的小跨度钢筋混凝土桥梁。直到 50 年代，随着我国交通建设事业的迅速发展，钢筋混凝土在各类桥梁工程中才得以大规模应用。我国铁路和公路桥梁中的钢筋混凝土简支梁式结构最大跨度均达到 20m，普通钢筋混凝土拱式结构的最大跨度也均已达到 150m。跨越长江的万县劲性骨架混凝土拱桥则创造了跨度达 420m 的世界纪录。

　　一般说来，钢筋混凝土桥梁断面可分为实心板、空心板、T 形梁、工字形梁、箱形梁等不同形式（图 7.1）。也可以用各种钢筋混凝土块件组成桁架式、拱式以及其他型式的桥梁（图 7.2）。

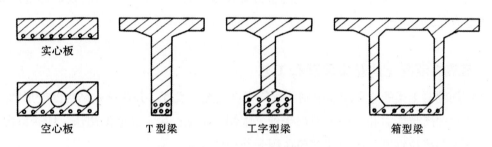

图 7.1　钢筋混凝土梁断面型式

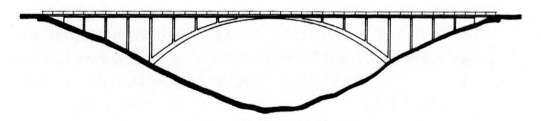

图 7.2　钢筋混凝土拱桥

　　钢筋混凝土受弯或受拉构件有一个难以克服的缺点，这就是开裂。大家都知道，钢筋在受拉时，可以有相当大的变形而伸长，只要拉应力不超过屈服强度，卸除拉力后，当即恢复原状。而混凝土在受拉时，能够伸长的量是极小的，拉力稍大便会发生脆性断裂。可以想象，钢和混凝土结合而受拉力作用时，由于两者之间粘结牢固，起初还能协同工作，共同承受拉力。拉力逐步增大时，钢筋仍能应付自如，继续工作，而其周围的混凝土则不堪引伸，纷纷断裂，退出共同工作，把所承担的拉力转交给钢筋。此时，全部拉力均由钢筋单独承受，混凝土则除了保护钢筋外，别无其他作用。图 7.3 表示钢筋混凝土梁随弯折的情况，梁因荷载逐渐加大而弯曲到一定程度时，下缘

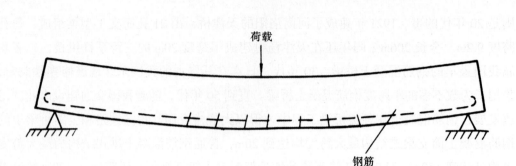

荷载

钢筋

图 7.3　钢筋混凝土梁受弯变形示意图

混凝土开裂，产生了裂缝。钢筋混凝土梁的初始开裂是正常现象，并不影响承载能力。如裂缝宽度过大，则可能有水、水汽或其他有害物质进入梁内，侵蚀钢筋，久而久之，导致钢筋失效，使梁体破坏。裂缝的容许宽度视结构物的重要性和所处的环境而异，一般定为 0.2~0.3mm。

预应力混凝土的基本原理和工艺

钢筋混凝土梁的这种缺点限制了钢筋强度的充分发挥，并使梁式结构的变形加大，从而使它的跨越能力和适用范围都受到了限制。于是产生了这样的想法：能否以混凝土为支承而张拉钢筋，从而使钢筋在预先受拉的同时，使混凝土预先受压，以抵消外荷载所产生的拉应力，延缓或避免出现裂纹，从根本上改善钢筋混凝土受弯构件的性能。这就是预应力混凝土的基本原理。

事实上，预应力原理的运用古已有之，人们熟悉的木桶外加铁箍就是利用铁箍中的拉力对桶板施加预压应力，使其相互挤紧，密不漏水。木制车轮的外缘铁轮箍是在加热至将近赤红时强行套上的，冷却后因收缩而对木轮辐形成强大的预应力，成为牢固的整体（图 7.4）。

1886 年和 1888 年，美国人杰克逊（P.H.Jackson）和德国人多林（C.E.W.Dohring）先后获得了在楼板上预加应力的专利。但是当时使用的钢筋强度不高，即使拉到最大限度，也只能在混凝土中建立有限的预压应力。而这些有限的预压应力又因为混凝土本身的收缩、徐变和钢筋的松弛而几乎消失殆尽。以后虽然有人作了种种努力，但都由于技术或经济

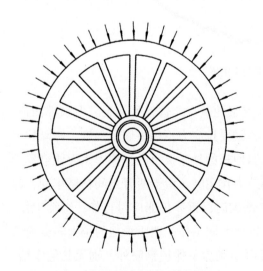

图 7.4　轮箍对木轮辐施加预压应力

上的原因未能得到推广应用。

　　直到 1928 年法国的弗莱西奈（E.Freyssinet）将高强度钢丝用于预应力混凝土，使在混凝土中建立永存的预压应力成为可能，这才奠定了现代预应力混凝土的实用基础。11 年后，他又发明了能够把具有极大拉力的高强度钢丝牢牢地锚固在混凝土构件两端的锥形锚具和专门张拉和锚固钢丝的双作用千斤顶，为预应力混凝土的推广应用创造了条件。在此之前，德国人霍耶（E.Hoyer）还首先实现了依靠钢和混凝土间的直接粘结而建立预应力的生产性工艺方案。于是，预应力混凝土技术有了以下两种不同的工艺。

　　先张法工艺　在相距数十米或更长的两个固定台座之间，将预应力钢筋拉紧（图7.5），依次安装所需构件的模型板，灌注混凝土，待结硬并达到规定强度后，放松及切断预应力钢筋。钢筋通过与混凝土的粘结而使混凝土受压。这种工艺可以一次制造一个或多个构件，例如预应力轨枕。

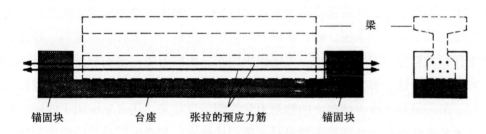

图 7.5　先张法示意图

　　后张法工艺　先灌注混凝土，结硬后在混凝土中预留的管道内穿入预应力钢筋，再从构件一端或两端张拉和锚固钢筋（图7.6）。最后向管道内的空隙压注水泥浆。后张法工艺用途最为广泛，凡是在施工工地灌注的大型预应力混凝土结构，都是用后张法施工的。

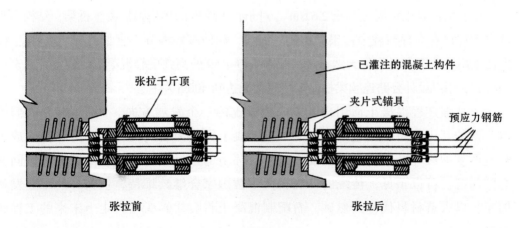

图 7.6　后张法示意图

经过几代人的努力，预应力混凝土已经发展成为当今世界的一个重要行业。凡是建筑、交通、工厂、矿山、水工、港工等一切工程都离不开它。随着预应力技术和材料的不断进步，其发展前景当更加辉煌。

预应力混凝土的基本材料

与钢筋混凝土一样，构成预应力混凝土的基本材料都是钢材和混凝土，但它们对材料性能的要求却截然不同。

高强度和高性能混凝土

建桥用的混凝土强度要高，一般应不低于 400 级（C40，即标准强度为 40N/mm²），通常采用 500 级（C50）或 600 级（C60）以上的高强度混凝土，收缩量要小，而且要易于灌注施工。为了提高强度，拌和时就要少用水；而为了易于灌注施工，拌和时又须多用水。多用了水就会使强度降低而收缩量加大。解决这对矛盾的方法是在配制混凝土时使用除了水泥、石子、砂、水以外的第五种材料，一般称作外加剂。外加剂有多种多样，可粗分为三大类：第一类能减少用水又能同时提高湿混凝土的和易性，即易于灌注的流动性；第二类则能控制混凝土的凝固过程，使之提高早期强度或延缓凝固时间；第三类则可改善混凝土的物理力学性能。近年来，还开发应用了能同时减少水泥用量和改善混凝土性能的多种材料。例如从硅铁厂和热电厂排放的粉尘中分别回收硅粉和优质粉煤灰，性能优异。特别是硅粉已经成为配制 C80 及以上的高强度混凝土不可缺少的掺加料。使用这类掺加料，变废为宝，对减少环境污染，节约能源有重大意义。

近十多年来，包括桥梁在内的预应力混凝土结构的耐久性问题日益受到关注，因而产生了对高性能混凝土的要求。高性能混凝土是在高强度混凝土的基础上发展而来的。耐久性保证结构物的寿命要求，工作性则保证结构物质量的均匀性。

密实的高强度混凝土约重 2.6 t/m³。对于长大跨度的预应力混凝土桥梁，结构本身的自重往往在全部荷载中占很大比例。因此，如何减轻混凝土重量就有了重要意义。办法是用人造粗集料代替天然石子，配制 C40~C50 的高强度轻混凝土，使重量减至约 1.9 t/m³，用以设计公路连续梁桥，以使跨度能达到 400m 左右。

由高强度轻混凝土而引出了未来混凝土的一个发展方向。100 多年来人们习以为常的开山取石，掘地采砂，为配制混凝土提供原材料的做法，对环境造成了日益严重的破坏。如何减少混凝土工程对环境的影响正在成为国际工程界共同关心的问题。可以预见，传统的方法在大多数国家会继续维持，但在一些工业发达国家，以人造材料代替天然砂、石配制混凝土将会崭露头角，走上未来的工程建设舞台。

高强度预应力钢筋

预应力混凝土结构同时使用两种钢材，即预应力钢筋和普通钢筋。普通钢筋与钢筋混凝土结构使用者相同，这里只谈预应力钢筋。

前面曾经提到，预应力混凝土的基本原理就是利用钢材中很高的拉力对其周围的混凝土造成预压应力。而钢材中的拉力由于混凝土的收缩、弹性压缩、徐变（即混凝土承受压力后持续数年的塑性变形）、钢材本身的松弛以及其他原因损失了一小部分，其余的大部分拉力应是永存的，这样才能在混凝土中造成相应的永存压应力。所以预应力钢筋必须用特殊的具有高强度和具有一定物理及化学性能要求的钢材做成。钢材按形状分为三类。

1. 高强度钢丝

常用的有直径为 3、5、7、9 mm 的光面钢丝，也可以按要求生产 9mm 以下的其他直径或表面有刻痕的钢丝。在预应力混凝土桥梁中，高强度钢丝视锚具规格而成束设置，每束数根或数十根。钢丝强度一般为 1460~1760MPa，也就是说，约为普通钢筋强度的 4 倍。

2. 钢绞线

由 7 根高强度网丝绞成，中心 1 根是直的，直径稍大，外围 6 根按一定角度围绕中心钢丝绞制。常用的钢绞线有两种：一种由 7 根直径 4mm 的钢丝绞成，标称直径 12.7mm；另一种由直径 5mm 的钢丝绞成，标称直径 15.2mm。钢绞线强度视原材料及制造工艺而异，约为 1720~1860MPa。

3. 热轧低合金钢筋

钢筋截面多为圆形，常用直径为 8~32mm，强度一般为 900~1200MPa。经过热处理的小直径钢筋强度可达 1500MPa。钢筋表面轧成形式不同的螺纹，为的是提高与混凝土的粘着力。

高强度非金属材料

用非金属高强度材料取代高强度钢材作为预应力筋的研究试验工作正在一些国家进行。如合成树脂粘合玻璃纤维筋、碳纤维筋和用其他高分子材料制成的预应力筋等。这些材料的特点是具有与钢材不相上下的强度而且永不锈蚀。碳纤维筋强度甚至比高强度钢丝还高一倍之多。用非金属高强度预应力筋建造的试验性桥梁已有数座交付运营。目前存在的问题是材料价格昂贵，工艺复杂，锚具难做，短期内还看不出在预应力混凝土桥梁上有取代钢材的前景。

如何施加预应力

施加预应力的主要设备是锚夹具、管道（对后张法）、台座（对先张法）和张拉千斤顶。

预应力锚夹具

　　锚夹具是预应力混凝土中至关重要的设备。用于先张法，它必须把拉力很大的预应力钢筋牢牢地固定在台座上；用于后张法，则以结构本身的混凝土为支承，牢牢地夹住预应力钢筋，永不松动。

　　锚夹具的型式视不同的预应力钢筋而定。轧制粗钢筋采用特制的螺母作锚具；精轧螺旋钢筋本身的螺纹可以直接拧上螺母；一般螺纹钢筋则须在端部焊接一段螺丝杆，再拧上螺母作为锚具。预应力混凝土桥梁上使用的预应力钢筋则多为成束的钢丝或钢绞线。最早用来锚固钢丝束的锚具是法国人弗莱西奈发明的锥形锚具（图 7.7）。它可以锚固 24 根直径 5mm 的高强度钢丝，曾经风行全世界。应用相同的原理，我国于 60 年代开发了一种环销式锚具，最多可以锚固直径 5mm 的钢丝 56 根。另有一种将钢丝端头墩粗而成的墩头锚，也可以锚固多根钢丝而性能可靠。锥形锚具以其锚固能力小，性能往往不够稳定而逐渐被淘汰，代之而起的是一种夹片式锚具（图 7.8）。每个夹片式锚具能锚固 1 根钢绞线或 7 根钢丝。将多个夹片式锚具集合而成的锚具称为群锚。群锚能锚固 3~31 根甚至更多的钢绞线，总拉力可达 6000kN 以上。制造精良的群锚锚具有良好的锚固性能，是当前建造各类预应力混凝土桥梁时所广泛应用的器材。

图 7.7　锥形锚具

图 7.8　夹片式锚具

　　后张预应力混凝土桥梁的锚具是支承在结构自身的混凝土体上的。当预应力钢筋的拉力很大时，锚具虽然能牢牢地将钢筋夹住，但支承锚具的混凝土则有被压溃之虞。因此，在锚具与混凝土之间要设置钢板，以分散压力。钢板下面的混凝土内还要埋设足够的钢筋箍，用以加固混凝土。

　　在某些情况下，为了保持桥梁结构的连续性，要在已经锚固好的预应力钢筋一端连接另一根预应力钢筋，这时就需要一种由夹片式锚具组成的连接器（图 7.9）。

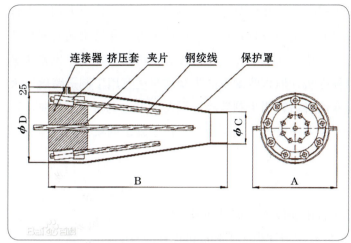

图 7.9　圆型锚具连接器

管道和台座

在后张预应力混凝土桥梁中，需要按照设计位置预留供穿过预应力钢筋的管道。管道成孔常用的方法是在灌注混凝土时埋入特制的橡胶棒，待混凝土初凝后将橡胶棒拔出成为管道。更常用的方法是埋入铁皮制的波纹管。最新开发的塑料管对预应力钢筋能提供有效的锈蚀防护，已开始在一些国家应用。成孔工艺必须严格，不能发生位移变形，更不能漏入水泥浆，导致预应力钢筋位置不准确，或因管道堵塞无法穿入。

由管道、预应力钢筋、锚具，有时还有连接器组成一个预应力单元，是后张预应力技术的主要构成部分。

张拉和注浆

后张法施加预应力有两个主要工序：张拉预应力钢筋和管道注浆。

1. 张　拉

张拉预应力钢筋的过程就是对混凝土预施压应力的过程。张拉工具是一种特制的液压千斤顶。不同的预应力钢筋必须用不同型式的液压千斤顶。桥梁施工用的千斤顶，其张拉能力小至 200kN，即能张拉一根钢绞线；大到 5000kN 以上，能同时张拉一束钢绞线。张拉工作要严格按照规定的程序进行。在张拉和锚固过程中不能发生超过规定数量的滑动和断筋等异常情况。而且在张拉和锚固结束后，必须保证预应力钢筋的实际拉力符合设计要求。

2. 注　浆

张拉工序结束后，要及早向管道内压注水泥浆，目的是使预应力钢筋和周围混凝土连成一体，并保护预应力钢筋永远免遭锈蚀。管道注浆以后，还需对外露的锚具用混凝土封闭，这样就完成了预应力混凝土梁体施工的最后一道工序。

用先张法制造预应力混凝土梁时，先在台座上张拉单根或成组的预应力钢筋，再安装模型板和灌注混凝土，等混凝土达到设计强度后，放松拉力，并沿梁端逐根切断预应力钢筋，即告完成，省去了成孔和注浆工序，工艺较后张法简单多了。先张法又可分为直线配束和折线配束两种方法，但直线配束的先张法只适宜用于制造跨度不大于20m的桥梁，折线配束的先张法可适宜用于制造跨度不大于32m的桥梁。先张法用得最多的是预应力混凝土轨枕。较大跨度的预制梁或在桥位上施工的梁，则一律要用后张法。

预应力损失

后张法预应力自千斤顶开始将钢筋放松、锚具同时发挥作用之时起，先张法自放松钢筋之时起，预应力钢筋中的原有拉力即由于下列原因而逐渐减少：

——混凝土被压缩，钢筋随之同样缩短；

——混凝土在压力作用下除了立即发生的弹性压缩外，还有持续数年的塑性压缩，叫做徐变；

——混凝土本身干缩，体积减少，叫做收缩；尽管混凝土在承受预压应力时已经硬结，但其干缩过程并未结束，要持续相当长的时间；

——预应力钢筋松弛，即用高拉力绷紧的预应力钢筋，天长日久，会有所回松；

——后张法的预应力钢筋在张拉和锚固过程中，钢筋和管道间的摩擦、钢筋和锚具之间的摩擦以及钢筋相对于锚具的内缩等，都会导致钢筋应力的减少。

由于上述原因造成的钢筋应力减少现象要在后张法完成张拉或先张法放松钢筋后2~3年才能基本结束。此时的应力减少量就是应力损失。扣除全部应力损失后钢筋中的实存拉应力和相应的混凝土压应力才是有效的预应力。

掌握准确的应力损失值，亦即掌握准确的有效预应力值，是预应力技术的关键。它有赖于良好的设计和严格的施工质量管理。如果实际应力损失大于预计值，即有效预应力低于设计要求，桥梁将会不安全。反之有时也同样会产生不利后果。

预应力技术的新发展

体外预应力技术

以上所说的后张预应力混凝土梁，无论其跨度大小和结构型式如何，预应力钢筋都是埋在梁体混凝土内的。人们不禁要问，压注在管道内的水泥浆能否保证密实？在高拉力作用下的预应力钢筋能否在长年累月之后发生锈蚀？而一旦发生锈蚀，势必造成极其严重的后果。事实上，国外已经发生过预应力钢筋锈蚀断裂而导致桥梁毁坏的事故。时至今日，虽然工程质量检验手段日新月异，但对管道注浆质量仍然缺乏有效的检验方法。出于对后张预应力混凝土桥梁安全的担心，体外预应力就成了日益受到

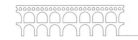

重视的新技术。顾名思义，体外预应力就是把预应力钢筋改放在混凝土梁体之外。这样就可以直接检查预应力钢筋的状况。一旦发现问题，能及时予以更换。确保桥梁安全。体外预应力技术还有一个重要用途——对承载能力不足的桥梁进行加固。不言而喻，体外预应力钢筋需要严格的防锈措施。而当今的防锈技术已能够做到对体外钢筋的可靠保护。

部分预应力混凝土技术

传统的普通钢筋混凝土梁没有预应力，也可以说预应力度为 0。而传统的预应力混凝土梁，在最大荷载作用下，混凝土中的预应力并不完全消失，或者充其量也只是刚刚消失而不出现拉力，通常称之为全预应力混凝土，其预应力度为 1。介于以上两种情况之间的就是部分预应力混凝土。用部分预应力混凝土建造的桥梁，在经常运行的荷载作用下，混凝土中的预压应力并不一定消失。但在设计的最大荷载作用下，混凝土中的预压应力则将暂时完全消失并会出现一定程度的拉应力。这个拉应力不至于将混凝土拉裂，或者虽能够拉紧，但裂缝宽度控制在容许限度之内。部分预应力混凝土的优点是既能节省价格昂贵的预应力钢材，还能减少全预应力混凝土梁常有的上拱现象，并有利于提高梁的韧性。

无粘结预应力混凝土技术

压注水泥浆的后张预应力混凝土是把预应力钢筋与其周围的混凝土粘结成整体的。也有一种不粘结的预应力方式，就是先将预应力筋涂防锈油脂，再以塑料包裹作为保护层，按设计位置灌注入混凝土中。由于预应力钢筋与混凝土之间无粘结力，张拉工作可以照样进行，从而对混凝土施加预应力。这种预应力混凝土就叫做无粘结预应力混凝土。它省去了管道和注浆，施工工艺简单，但必须做好预应力筋连同锚具在内的整体防水防潮措施。由于预应力钢筋和周围混凝土隔离，相对于有粘结预应力混凝土梁，无粘结预应力钢筋的跨中活载应力幅较小、梁端锚头承受的活载应力幅较大，预应力筋协同受力的程度较低、对锚具的疲劳性能要求较高。因此，这种技术在铁路和公路桥梁上均较少采用。

自动张拉技术

预应力自动张拉技术的问世能够在保证施工质量的前提下，节约人力成本、保障施工安全、保证测试数据的有效性以及实现作业的信息化和标准化，尤其适用于预制简支梁的预应力张拉控制。

预应力自动张拉技术采用高精度压力传感器直接测量张拉力，采用数显位移传感器测量伸长值，采用高性能液压系统作为加载动力系统，采用工业可编程控制器（PLC）采集测量数据并控制系统的运行，同时借助计算机管理系统进行张拉数据的管理，共

同实现梁体预应力束的自动化张拉。自动化张拉系统可同时控制 2 台千斤顶同步工作实现双向平衡张拉，通过计算机预设张拉工艺参数，一键操作实现张拉、静停和锚固全过程的自动化控制，实时采集张拉力、伸长值等数据曲线及诊断、报警，针对张拉结果数据进行存储、输出以及网络传输，形成信息化管理系统。目前的技术水平可达到预应力张拉力实测值与设计值的偏差在 1.0% 以内，实测伸长值与设计值的偏差在 6.0% 以内。

预应力混凝土桥梁

　　既然预应力混凝土能充分发挥钢和混凝土各自的优势，因而其强度和对不同受力状态的适应性当然远非普通钢筋混凝土可比。用以建造中、小桥，能够轻巧而美观，用以建造大桥，更非普通钢筋混凝土所能企及。只要认识到预应力混凝土的基本性能，有了预应力混凝土的基本材料，掌握了各种施工方法，便可造出形形色色的桥梁来。城市中多姿多彩的立交桥梁和人行桥梁，公路和铁路上随处可见的简支梁桥，越过急流深谷的连续梁桥和刚构桥、桁架式桥、拱桥、飞越大江而体态轻盈的斜拉桥和悬索桥，小者数米，大者数百米，既为车辆行人提供通途，还是令人赏心悦目、美不胜收的艺术杰作。时至今日，预应力混凝土桥梁已与人类现代生活密不可分。与钢桥比较，它建成后无须进行繁重的维修养护，行车时不产生影响环境的噪声，只要设计、施工得当，能逾百年而葆青春。就桥梁美学而言，预应力混凝土桥可以具有各种造型，更能以其美妙身姿而与周围山川、风景相得益彰。因此，百余年来习用的钢桥正在更大的范围内为预应力混凝土桥所取代。如今，欧洲新建铁路及公路桥梁除非特殊情况已基本不再使用钢桥。我国公路及城市桥梁除特大跨度或特殊情况外，几乎全部为预应力混凝土桥。铁路桥梁也以预应力混凝土简支梁或预应力混凝土特殊桥梁结构为主。近二十年以来，我国预应力混凝土桥梁建设事业得到迅猛发展，各项纪录一直不断被突破。

　　1995 年建成的攀枝花桥的主跨为 168m，为建成的最大跨度单线铁路预应力混凝土连续刚构桥。兰渝铁路重庆朝阳嘉陵江大桥主跨为 176m，是我国在建的单线铁路最大跨度预应力混凝土连续刚构桥。2003 年建成的渝怀铁路重庆武隆黄草乌江大桥主桥桥跨布置为（96+168+96）m，是我国建成的最大跨度双线铁路预应力混凝土连续刚构桥。1997 年建成的广东虎门辅航道桥，主桥桥跨布置为（150+270+150）m，是我国建成的当时最大跨度预应力混凝土连续刚构桥，九年后，即 2006 年我国又在重庆石板坡建成了一座跨越长江的预应力混凝土连续刚构桥，其最大孔跨度更达 330m，再次创造了又一同类桥梁的世界纪录（参见第 3 篇图 3.23（e）及第 9 篇图 9.16）。

　　2007 年建成的宜万铁路宜昌长江大桥，主桥桥跨布置为（130+2×275+130）m，是我国建成的最大跨度铁路预应力混凝土连续刚构与钢管混凝土拱组合桥。2010 年建成的京沪高速铁路镇江京杭大运河特大桥主桥桥跨布置为（90+180+90）m，桥面采用

双线无砟轨道体系，设计时速350km，是我国建成的跨度最大的铁路预应力混凝土连续梁与下承式钢管混凝土拱组合桥。2000年建成的荆州长江荆沙大桥，北汉通航孔主桥桥跨布置为（200+500+200）m，采用双塔双索面飘浮体系，是我国建成的跨度最大的预应力混凝土斜拉桥。

铁路预应力混凝土桥梁的类型通常包括客货共线普通铁路梁、高速铁路或客运专线铁路梁以及重载铁路梁，后者包括既有线改造梁与新建线梁。

客货共线普通铁路梁

在老式铁路双片式T梁的基础上，我国新型双片式T梁的设计得到了进一步优化（图7.10和图7.11）。以通桥（2005）2101系列的32m简支梁为例，相对于专桥2059系列的老式标准梁，其桥面板由预留接缝、相互分离构造改为接缝现浇整体联结构造，同时桥面排水构造的设置更加合理。修改后的结构设计一方面增大了桥梁的整体刚度以更加有效地抵抗外荷载变形，另一方面有利于桥面排水功能的发挥，从而更好地保护桥梁结构免受水害。

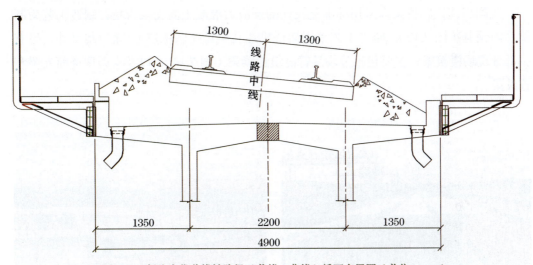

图7.10　新建客货共线铁路梁（单线、曲线）桥面布置图（单位：mm）

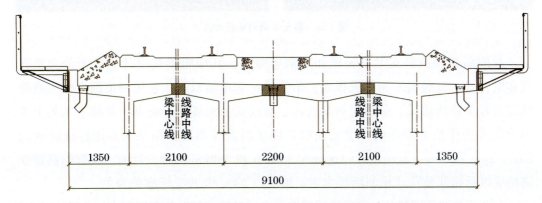

图7.11　新建客货共线铁路梁（双线、直线）桥面布置图（单位：mm）

高速铁路梁

高速铁路一般是指新建线路运行时速达到 250~350km 的客运铁路，或者经改造后运行时速达到 200km 以上的既有线铁路。

2002 年竣工、2003 年投入运营的秦沈客运专线是我国研究、设计和施工的第一条铁路客运专线，全线长 404km，其中桥梁长度占全线长的 14.7%，设计时速 200km，基础设施预留 250km/h 的开行条件。随后，2008 年京津城际铁路开通，2009 年武广客运专线开通，2010 年郑西客运专线开通，2011 年京沪高铁建成通车，中国的高速铁路进入了蓬勃发展的黄金期。以世界上一次建成线路最长、标准最高的京沪高速铁路为例，其初期运营时速 300km，设计时速 350km，线路全长 1318km，其中桥梁长度占全线长的 80.4%，桥梁以预应力混凝土整孔简支箱梁为主要梁型，全线简支梁桥总长度为 956km，占桥梁总长的 90.2%，最常用的 32m 跨度双线整孔简支梁共计 27973 孔。由此可见，出于保证线路运行安全与平稳的考虑，高速铁路的基础设施多以预应力混凝土桥梁结构为主，从某种程度上可以说是预应力混凝土桥梁结构成就了中国的高速铁路。

我国高速铁路桥梁以采用标准化设计的预应力混凝土简支梁为主，制造工艺为制梁厂内预制（图 7.12），施工工艺采用架桥机逐孔架设（图 7.13）。除预制梁外，另有少部分现场浇筑梁，主要包括节段悬臂浇筑连续梁（图 7.14），以及支架现浇简支梁和连续梁。

图 7.12　简支 T 梁的梁场预制

我国高速铁路简支梁有箱梁和 T 梁等型式，其中箱梁在设计构造上分为整孔式和组合式、直腹板式和斜腹板式、单箱单室和单箱双室，在使用范围上分为有砟轨道式和无砟轨道式、单线式和双线式、直线式和曲线式等类型，在施工工艺上分为预应力先张法和后张法、梁场预制和现场浇筑等类型，箱梁的常用标准跨度为 20m、24m 和 32m，常用设计时速分为 250km 和 350km 两种。目前，我国的高速铁路桥梁以后张法整孔式预制箱梁为主，跨度以 24m 和 32m 标准梁为主。

与普通铁路不同的是，高速铁路或客运专线整孔式箱梁的截面较大，自重也较大，

图 7.13 整孔预制箱梁的现场架设

图 7.14 悬臂浇筑施工中的连续梁桥节段

看起来似乎比较笨重，甚至不太经济。实际上，高速铁路梁的设计特点有其特殊考虑。高速铁路或者客运专线铁路的特点是高速便捷和运载旅客，运营安全是头等大事，乘坐舒适是基本要求，因此对运行线路的平顺性和稳定性要求很高。动力学研究成果表明：列车在高速行驶状态下，尤其是速度达到 300km/h 以后，车辆激振频率与梁体结构比较接近导致梁体振幅明显加大。因此，在设计上必须相应地提高梁体的自振频率以避免共振和减小变形，设计规范中对高速铁路桥梁的梁体基频、挠跨比和梁端转角等指标均有明确要求，例如客运专线 24m 箱梁的基频为 6~9Hz，32m 箱梁的基频为 4~5Hz。可见，高速铁路梁的设计原则是刚度控制，"笨重"的外形既是其显著的特征又是安全与舒适的保障。有关高速铁路桥梁，在本书第 18 篇有专门深入的介绍，此处不再赘述。

重载铁路梁

普通客货共线铁路线的设计活载一般为中—活载，货运列车设计轴重一般为 21~25t。以设计图号为通桥（2005）2101 的 32m 简支 T 梁为例，该梁型属于后张法预应力混凝土结构，混凝土设计强度等级为 C55，每孔单线梁重 279t，每孔双线梁重

538t，腹板中心处梁高 2.523m。

相比客货共线铁路，新建晋中南重载铁路的活载设计标准更高、列车轴重更大，梁体混凝土的设计强度更高、自重更大、截面高度也更高，这样才能保证重载线路桥梁结构具有更高的承载力和抵抗变形能力。以晋中南新建重载铁路线为例，其设计活载为 ZH（2005）活载标准，其中 Z=1.2，重载货运列车设计轴重 30t。线上桥梁结构主要采用设计图号为专桥（2010）2103 的 32m 简支 T 梁，该桥型属于后张法预应力混凝土结构，混凝土设计强度等级为 C60，每孔单线梁重 291t，每孔双线梁重 568t，腹板中心处梁高 2.623m。

新建重载铁路的投入较大，建设周期较长。相对而言，既有铁路线的重载强化改造是一种高效又经济的选择方案。

既有铁路线开行重载列车后，列车的轴重将大幅提升，对桥梁结构的荷载作用将会接近甚至是超过原设计标准，若不对桥梁进行加固改造将直接威胁结构安全与运营

（a）横向联结加固构造

（b）体外预应力钢束

图 7.15　体外预应力钢束加固梁体

（a）预应力混凝土 T 梁加固

（b）钢筋混凝土板梁加固

图 7.16　体外预应力碳纤维板加固梁体

安全。桥梁的重载改造需要解决哪些关键技术问题呢？承载力的储备是影响桥梁安全的关键因素，因此需要首先解决防止或限制 16m 及以上跨度预应力混凝土梁开裂的问题。同时，为保证列车行驶中的平稳性和安全性，需要解决刚度较弱的低高度梁竖向变形过大的问题和双片式并置 T 梁、单线中高型桥墩横向振幅超限的问题。另外，对于中等跨度以上的桥梁，每通过一列车便使梁体产生一次应力循环；而对于小跨度桥梁，车长为 12m~15m 的单节列车每通过一节就会使梁体产生一次应力循环。可以说，小跨度桥梁对列车轴重的提高最为敏感，产生的疲劳损伤也会急剧增加。因此，需要解决小跨度钢筋混凝土梁受力钢筋疲劳破坏的问题。

　　桥梁的重载加固改造可以采取哪些措施呢？采用粘贴钢板、增设体外预应力钢束或预应力高强纤维板等方法可以进一步提高预应力梁的抗裂性能等级，也可有效降低普通钢筋混凝土梁体内受力钢筋的应力幅，从而提高钢筋的疲劳寿命。以 32m 预应力混凝土简支 T 梁为例，对双片式并置 T 梁进行横向加固〔图 7.15（a）〕后，采用单束规格为 7—7 ϕ 5 的无粘结平行钢绞线作为加固材料，在每片 T 梁内侧布置 1 束体外束并施加预应力进行加固〔图 7.15（b）〕，梁体的抗裂性能可提高 15%，或者说梁体可承受 1.15 倍原荷载水平的荷载而不会开裂。以 20m 预应力混凝土简支 T 梁为例，每片 T 梁采用 5 条截面为 50mm×3mm 的碳纤维板作为加固材料，施加预应力进行加固〔图 7.16（a）〕，梁体的抗裂性能可提高 22%。以 12m 钢筋混凝土简支板梁为例，采用 5 条截面

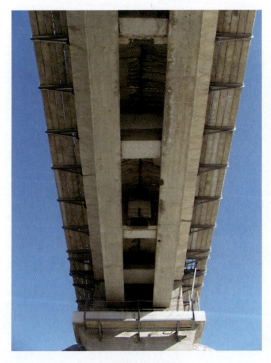

（a）并置梁加强横联　　　　　　　　　　（b）邻线桥墩增设横联

图 7.17　大秦铁路线桥梁横向加固

为 50mm×3mm 的碳纤维板作为加固材料，施加预应力进行加固〔图 7.15（b）〕，单片板梁受力钢筋的恒载应力可降低 30MPa，钢筋的活载应力可降低 15MPa。

　　通过增设辅助受力结构或增强截面顶、底板等方法可有效提高梁体的抵抗变形能力。对桥梁结构的横向联结进行加强，提高双片式并置梁的整体性，可以提高梁体的横向自振频率和减小横向振幅。对振幅较大的单线中高桥墩进行外包加固或将邻线桥墩进行连结可加强其横向刚度。以 32m 简支梁为例，对原梁的 9 个横隔板进行加强后，梁体的横向一阶自振频率可由 3.1Hz 提升至 3.7Hz，扭转一阶自振频率可由 6.2Hz 提升至 7.1Hz，同时竖向一阶自振频率几乎不变。

　　和钢铁的应用一样，预应力混凝土的应用规模和技术水平在一定程度上也能说明一个国家的经济发展情况。我国公路、铁路和城市建设方兴未艾，摆在预应力混凝土桥梁面前的，将是广阔的、光辉灿烂的发展前景。

8

钢 桥

撰文：潘际炎　中国铁道科学研究院资深研究员、铁道建筑研究所桥梁研究室前主任
　　　　南昌大学教授
　　　张玉玲　中国铁道科学研究院研究员、铁道建筑研究所桥梁研究室前副主任

- 钢桥的主要特点和应用范围
- 钢桥所用材料
- 钢桥的连接
- 钢桥制造
- 钢桥的结构型式
- 国内外钢桥的发展情况
- 我国钢桥发展的三个里程碑和一个新纪元
- 钢桥今后展望

钢　桥

钢桥的主要特点和应用范围

凡是桥跨结构用钢制成的，不论其墩台是用什么材料造的，习惯上均称之为钢桥。钢材是一种抗拉、拉压和抗剪强度均高的匀质材料，而重量则相对来讲还是轻的（通常用重量强度比 $W/[\sigma]$ 来表示两种材料在结构意义上的相对轻重），所以钢桥具有很大的跨越能力。当所要建的桥跨度特别大，荷载特别重，采用别的材料来造桥将遇到困难时，一般常采用钢桥。

钢桥的构件最适合用工业化方法来制造，便于运输，工地的安装速度也快。因此，钢桥的施工期限较短。

钢桥在受到破坏后，易于修复和更换。

钢材可以重新回炉，反复利用，是可持续发展的工程结构材料。

钢桥的主要缺点是易于腐蚀，需要经常检查和按期油漆。铁路钢桥行车时噪声比较大。

钢桥所用材料

钢桥所用钢的种类有碳素钢、低合金高强度钢和低合金超高强度钢。根据钢材的形状分工字钢、角钢、槽钢、钢板。现代钢桥用材最多的是钢板。用来制造钢桥的钢又称结构钢。

用钢材制造成钢桥，要经过许多机械加工工艺和焊接工艺。制成的钢桥要承受很大的静力荷载与冲击荷载。因此被选作造桥的钢材，既要能适应制造工艺要求，又要能满足使用要求。

我国常用桥梁钢的强度水平和国外基本一样，均为 340~500 MPa。高强度钢在动荷载较大的钢桥中使用受到一定的限制，日本研究较多，我国和英、美、德在钢桥中很少使用。我国桥梁钢的力学性能要求标准和国外也是一样的，但实物质量水平尚不及国外。国外钢的产品实物质量水平高出于标准量一般比我国的多。

为了满足钢桥的制造和使用需要，对用来造桥的钢的化学成分和力学性能都有严格规定。

钢的化学成分是指钢中含合金元素的多少。合金元素有碳、锰、硅及有害杂质硫、磷。强度较高的钢还有微量元素铬、镍、钒、铌、氮等。

钢的主要力学性能指标有**强度、延伸率、断面收缩率、冲击韧性**和**冷弯指标**。

钢的强度表示钢对塑性变形和破坏的抵抗能力。强度是通过拉力试件来确定的。受拉试件单位面积所受的力为**应力**（σ），单位长度的伸长为**应变**（ε）。钢的强度有三个指标，如图 8.1 所示。第一个指标是**弹性极限** σ_e。在低于弹性极限的范围内加载拉伸试件，卸载后没有**残余变形**，加载过程中出现的应变很小。第二个指标是**屈服强度**（或屈服点）σ_s。当外力作用下应力在弹性极限与屈服点之间时，试件开始出现**塑性变形**，卸载后有残余变形。当应力达到屈服点，应力即使不再增加，应变却会拓大到一定程度。第三个指标是**极限强度** σ_b。当应力达到 σ_b，钢试件就会被拉断。

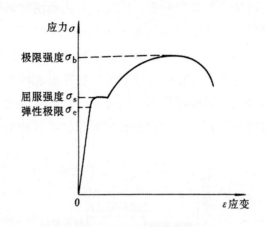

图 8.1 拉伸应力应变曲线

桥梁在使用时，不仅要求在荷载作用下不会破坏，而且不允许产生过大的变形。钢的弹性极限及屈服点越高，表示钢对变形的抵抗能力越大，在不发生塑性变形的条件下能承受的应力越大。

钢的塑性变形能力包括伸长率、断面收缩率、冷弯。伸长率是钢试件被极限拉力拉断后，一定标距的伸长和原始标距的百分比。断面收缩率是试件在极限拉力下拉断后，缩颈处横截面积的最大缩减量与原始横截面积的百分比。伸长率和断面收缩率，是钢对结构的安全性指标。因为桥梁结构中在有**局部应力集中**或有**焊接残余应力**处，其值可能超过屈服点。伸长率高、断面收缩率高的钢材就可以通过塑性变形使应力重新分布，避免引起结构的局部破坏而导致结构的失效。冷弯是检查钢材承受规定弯曲程度的弯曲变形性能,并能显示钢板中是否有缺陷。冷弯性能好的材料,有利于制造。它是一项工艺指标,也是一项质量指标,但主要还是质量指标,可以考验钢板中有没有夹碴或分层。

在选用造桥钢材时除注意强度之外，要特别重视它的**韧性**。韧性会影响钢桥的**抗疲劳性**和**抗脆断性**。

钢的抵抗疲劳破坏性对于桥梁十分重要。钢桥承受的动荷载是随时间变化重复循环作用的荷载。这种荷载的大小虽低于结构的名义承载能力，但由于结构中有微小的缺陷或应力集中，易产生塑性变形，从而萌生裂纹。随着外力循环次数的增加，微小的裂纹会逐渐扩展，最后导致钢桥的断裂。这种现象称为**疲劳**。结构出现眼睛可以看见的裂纹前能承受荷载循环作用的次数，工程上称为结构或材料的**疲劳寿命**。影响钢桥疲劳寿命的因素很多，材料的质量和韧性是很重要的因素。

钢抵抗脆性断裂的性能对于桥梁同样非常重要。钢桥构件在静力或加载次数不多的动荷载作用下发生突然断裂，断裂前构件变形很小，裂缝开展速度很快。这种断裂称为脆性断裂。钢材的脆性断裂也与其韧性有密切关系。钢材的韧性是指钢材破坏前所吸收的能量。韧性不好的钢材，在低温或快速加载等不利的条件下，容易使钢材发生脆性断裂。因此，常用**低温冲击韧性**来判断钢材的脆性断裂倾向。冲击韧性值的大小是通过冲击试验求得的。将冲击韧性值与冲击试验时的温度画在纵、横坐标图上（图8.2），可以发现钢材在低于某一特定温度后的冲击韧性值急剧下降。这个温度就是脆性转变温度。脆性温度转变时的冲击值是桥梁用钢的低温冲击要求标准值。钢材随使用年限延长，会发生**老化**，表现为钢材变脆、韧性下降。要试验钢材的这种行为，并非真实地等待年限的增长，而是进行模拟老化试验。这种试验称之为**时效冲击试验**。其要求标准与低温冲击要求标准相同。

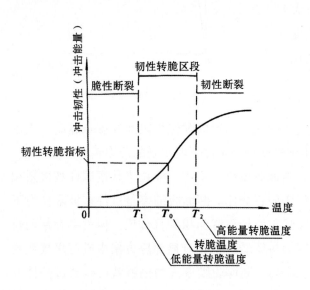

图 8.2　冲击值与温度关系曲线

钢桥所用的钢材，还必须可焊性好。**可焊性**是材料通过一定的工艺条件进行焊接而能形成优质连接接头的性能。优质接头的评估标准是其各项力学性能指标不低于母材。如果这种工艺条件是普通的、简便的、大批量生产容易控制的，就称这种钢材有良好的可焊性。反之，工艺条件是特殊的、复杂的、大批量生产难以控制的。则称这种材料的可焊性差。

焊接接头分为两部分：一是焊缝金属；二是在焊缝周围钢材受热影响的区域。影响焊缝金属性能的因素主要包括钢材、焊丝、焊条等填充金属的化学成分，焊条涂料和焊剂的化学成分以及有关的工艺参数，如电流、电压大小、焊接速度等。影响焊缝周边金属**热影响区**力学性能的因素，主要是钢材的成分和力学性能以及温度冷却的快慢等。

我国经过五十多年的研究和使用，桥梁用钢系列按屈服点已形成四级。屈服点 240MPa 一级的有三号钢（A3）、十六桥（16q），即根据国标分级目前所采用的 Q235q；340MPa 一级的有十六锰桥（16Mnq）、十四锰铌桥（14MnNhq），即为 Q345q、Q370q；420 MPa 一级的原来有十五锰钒氮桥（15MnVNq – A，15MnVNq – B，15MnVNq –C），目前已经过更新冶炼工艺用 Q420q 代替；500MPa 一级的即为

Q500q。四个等级的钢牌号均根据韧性分别后缀有 A、B、C、D、E，其中 E 的等级最高。它们的化学成分及物理性能见表 8.1 和表 8.2。厚 32mm 及以下的 Q345qD，厚 50mm 及以下的 Q370qE，厚 60mm 及以下的 Q420qE、Q500qE 可用于受压、受拉或受疲劳控制的焊接部件。根据国内的情况，用这四个等级的钢建造桥梁，可以满足应用要求。今后还可以在这四个等级中研究补充一些不同牌号的钢种。

表 8.1 桥梁钢化学成分（%）

钢号	质量等级	C	Si	Mn	P	S	Als
					不大于		
Q235q	D	≤ 0.17	≤ 0.30	0.50 ~ 0.80	0.025	0.025	≥ 0.015
Q345q	D	≤ 0.18	≤ 0.55	1.10 ~ 1.60	0.025	0.020	≥ 0.015
Q345q	E	≤ 0.17	≤ 0.50	1.20 ~ 1.60	0.020	0.010	≥ 0.015
Q370q	D	≤ 0.17	≤ 0.50	1.20 ~ 1.60	0.025	0.020	≥ 0.015
Q370q	E	≤ 0.17	≤ 0.50	1.20 ~ 1.60	0.010	0.010	≥ 0.015
Q420q	D	≤ 0.17	≤ 0.55	1.30 ~ 1.70	0.025	0.020	≥ 0.015
Q420q	E	≤ 0.17	≤ 0.55	1.30 ~ 1.70	0.020	0.010	≥ 0.015
Q500q	D	≤ 0.17	≤ 0.55	1.30 ~ 1.70	0.025	0.015	≥ 0.015
Q500q	E	≤ 0.17	≤ 0.55	1.30 ~ 1.70	0.020	0.010	≥ 0.015

表 8.2 桥梁钢力学性能

牌号	质量等级	厚度（mm）	屈服点 σ_S（MPa）	抗拉强度 σ_b（MPa）	伸长率 δ_5（%）	V 型冲击功（纵向）		时效（J）	180 度弯曲试验钢材厚度（mm）	
						温度（℃）	J		≤ 16	>16
			不 小 于							
Q235q	D	≤ 35	235	400	26	−20	34	34	$d=1.5t$ 不裂，t 为板厚	$d=2.5t$ 不裂
Q345q	D	≤ 35	345	490	21	−20	47	47		
	E	≤ 40	345	490	21	−40				
Q370	D	≤ 40	370	510	21	−20	47	47	$d=2t$ 不裂	$d=3t$ 不裂
	E	≤ 50	360	510	21	−40				
		>50~60	355	510	20					
Q420q	D	≤ 40	420	540	19	−20	47	47		
	E	≤ 60	420	540	19	−40				
Q500q	D	≤ 40	500	630	18	−20	60	60		
	E	≤ 60	500	630	18	−40	60	60		

注：（1）厚大于 24mm 的 Q370q 钢为正火钢；（2）Q420q 和 Q500q 为 TMCP 控温控轧钢。

　　造桥材料除用钢之外，19 世纪有很多国家还试图用铝和玻璃钢作建桥材料。1950~1973 年加拿大、美国、德国、挪威分别建成铝合金桥很多座。我国也建造有玻璃钢人行道桥多座。用铝合金和玻璃钢造桥，优点是重量轻，具有耐腐蚀性，但材料的弹性模量 $\left(E=\dfrac{\sigma}{\varepsilon}\right)$ 和强度低，造价偏贵。

钢桥的连接

　　钢桥是由各种杆件或部件组合而成的。而这些杆件和部件又都是由钢板及各种型钢组成的。所以钢桥连接既包括将型钢、钢板组合成杆件与部件，也包括将部件及杆件连接成钢桥整体。钢桥所用的连接有**铆接**、**焊接**、**栓接**三种。铆接开始使用得早。在使用铆接前，还曾经用过**枢接**，即在桁架的每一个节点处，只用一个大直径的螺栓或销子，贯穿于所有交汇杆件的端部，在节点处形成一个铰。枢接的缺点是销子和销孔要求嵌配精密，制造加工很费事，且当销孔因反复磨耗而扩大后，在动荷载作用下，桥梁的变形大、振动大。所以钢桥的枢接很快被铆接所代替。

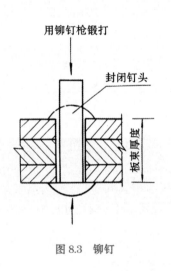

图 8.3　铆钉

　　铆接在钢桥连接中使用时间很长。常用铆钉直径为 22 及 24mm。铆接是将半成品铆钉加热到 1050℃ ~1150℃，塞入钉孔，利用铆钉枪将钉身镦粗填满钉孔，并将另一端打成钉头（图 8.3），或在工厂将铆钉加热至 650℃ ~750℃，用铆钉机铆合。这种连接传力是可靠的，但这种工艺既要钻孔又要铆合，很费时间，费材料，对操作工人的技术要求严。不仅如此，工人在操作中消耗体力大，工作环境不好，噪声大。

　　第二次世界大战中，欧洲许多钢桥遭到破坏，战后为恢复被破坏的钢桥，钢梁制造引进了焊接技术。焊接结构因截面无钉孔损失，比铆接结构省料，加工快，且可改善工人工作环境。但焊接在野外高空作业时受到一定限制。为此，20 世纪 50 年代又引进了**高强度螺栓连接**，高强度螺栓在世界上最早出现是在 1938 年。1951 年美国旧金山金门桥加固时，首次正式使用高强度螺栓代替铆钉，后来各国都应用在新桥建造里。

　　我国在 20 世纪 50 年代就开始了焊接和高强度螺栓连接在钢桥中的应用研究。1965 年正式在铁路钢桥中推广使用，并逐步形成了目前大量使用的栓焊钢桥。所谓栓焊钢桥是指工厂连接采用焊接，工地连接采用高强度螺栓。**栓焊连接**是最好的连接方式，也是我国钢桥已经发展成熟的一种连接方式，已被广泛应用于钢桥的工厂制造与工地拼装。现将焊接与栓接两种连接介绍如下。

　　焊接是用一定的设备通过电能将被焊钢材和焊接材料熔化，形成一条**焊缝**把两个零件连接在一起。焊接材料有**焊丝**、**焊条**、**熔剂**。不同的钢材要选用不同的焊接材料。

焊接时所采用的电流、电压的大小，焊接速度的快慢，也随焊接钢材的不同而不一样。焊缝的力学性能均要求不低于母材。钢桥上应用的焊缝主要有两种，即熔透的**对接焊缝**和不熔透的**角焊缝**，如图 8.4 所示。焊接方法有**自动焊**、**半自动焊**和**手工焊**。在钢桥的工厂焊接工作中，95% 是自动焊，所以焊缝质量比较好保证。

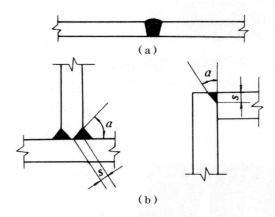

（a）熔透对接焊；（b）不熔透角焊

图 8.4　焊缝接头

　　栓接是将已在工厂焊接好的杆件与部件运送到工地后，用高强度螺栓拼装连接成钢桥整体。我国使用的是摩擦式高强度螺栓连接，如图 8.5 所示。其杆件或构件内力 N 是通过钢板表面的摩擦力来传递的。钢板表面的摩擦力则是由于高强度螺栓拧紧后对钢板束施加了强大的夹

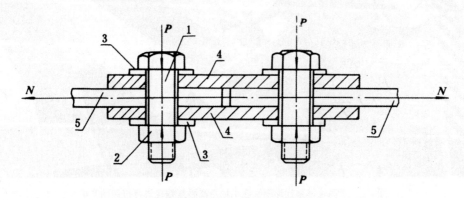

1.高强度螺栓；2.高强度螺母；3.高强度垫圈；4.拼接板；5.杆件

图 8.5　高强度螺栓连接示意图

紧力 P 产生的。只有当外力 N 超过了抵抗滑动的摩擦力之后，板层才会产生相对滑动。抵抗滑动的摩擦力是夹紧力 P 与钢板表面摩擦系数的乘积。钢板表面的摩擦系数一般取 0.45。高强度螺栓、螺母、垫圈的型式、尺寸及技术条件在国家标准中有详细规定。直径规格有 M12，M16，M20，M22，M24，M27，M30。在钢桥中常用的为 M22，M24，M27。芜湖长江公路铁路大桥使用了 M30。高强度螺栓根据其不同的制造材料分为两级，即 10.9 级及 8.8 级。螺母及垫圈也随螺栓的级别不同采用不同的级别。10.9 级螺栓强度高，在桥梁中都使用这一等级的螺栓。10.9 级高强度螺栓的设计预紧力见表 8.3。

表 8.3　高强度螺栓预紧力 P（kN）

规　　格	M22	M24	M27	M30
设计预紧力	200	230	300	370

高强度螺栓安装的方法很多，常用的是扭矩法拧紧工艺，即利用安装时施加在螺母上的扭矩控制螺栓的预紧力。制造好的高强度螺栓，有一项工艺技术指标是扭矩系数。根据扭矩系数、螺栓直径和设计的预紧力就可以计算出施拧时所要施加的扭矩大小。图 8.6 所示为某高速铁路桥梁高强度螺栓拼装焊接杆件实况。

图 8.6　某高速铁路栓焊钢桥在工地用高强度螺栓进行拼装的实况

钢桥制造

钢厂将钢料随同质量保证书一道送到桥梁厂。钢料进厂后进行化学成分及力学性能复验和焊接工艺试验。合格的钢料按规定的工艺流程进行钢梁生产。工艺流程如图 8.7 所示。

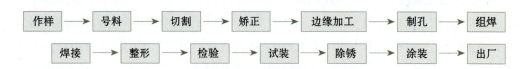

作样 → 号料 → 切割 → 矫正 → 边缘加工 → 制孔 → 组焊

焊接 → 整形 → 检验 → 试装 → 除锈 → 涂装 → 出厂

图 8.7　钢梁生产工艺流程

作样　根据施工图及工艺规定把桥梁的每一个零件或部件在放样间作成与实物相同的样板，或与实物长短一样的样杆、样条。

号料　在材料场根据放样间作成的样板、样杆、样条确定选用的材料，并在选用的材料上准确地划好割切线，用钢印打好编号。

切割　根据要求的精度，将号好的料分别用精密切割、手工氧切或剪切制成整备的零件。

矫正　将切割好的零件，滚压整平，加工矫正。

边缘加工　根据要求对零件的边缘进行刨或铣。精密切割的边缘视制造要求也可以不用刨边、铣边。边缘加工的目的是为了保证焊接质量与外观整齐、美观。

制孔　根据图纸规定的栓（钉）孔位置，用覆盖式样板或立体式机器样板进行制孔。样板上按一定的位置嵌配有钻孔套。钻孔套是用硬金属做成的中空圆柱体。中空的位置就是钻孔位置。一块覆盖式样板有许多钻孔套，用它可以在平面上钻成一组钉孔群。加工样板时钻孔套相互间距离精确度很高，能保证通过钻孔套钻成的钉孔相互的位置误差很小（图 8.8）。如果一个构件上有几组栓（钉）孔群要钻孔（构件上的栓孔群可能位于一个平面，也可能位于不同平面），则在制孔时，为了保证栓（钉）孔群与群之间距离准确，就要用到立体机器样板。立体机器样板种类很多。其原理是根据构件的外形，设计一个能将构件固定的结构，并在设计的结构上安装上所需要的若干块覆盖式钻孔样板。钻孔时，构件可以是固定的，即构件固定在立体式钻孔样板内以后，构件不动进行钻孔；也可以是转动式的，即将构件固定在立体式钻孔样板内以后，将其转动至钻机的钻孔位置后钻孔。图 8.9 是 H 型杆件转动式钻孔立体机器样板。

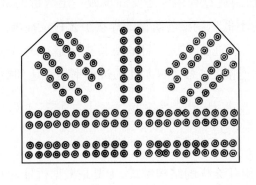 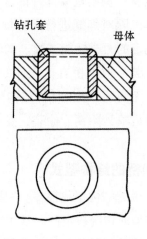

图 8.8　覆盖式样板

组焊　将整备好的零、部件放入组装胎型中，用点焊组装成型。组装胎型是使零、部件按设计位置组合成构件的一种专用成型胎架。

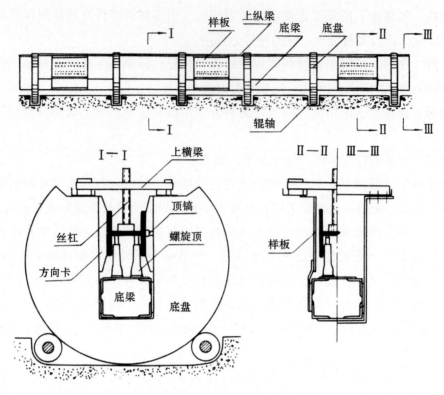

图 8.9　H 型构件用的转动式钻孔立体机器样板

焊接　按规定的焊接方法和工艺施焊。

整形　部件焊好后会有变形，称之为焊接残余变形。根据变形的情况可用机械冷矫或用火焰热矫，将部件矫正至符合规定标准。

检验　桥梁重要部件的焊缝都要经超声波和 X 光检查，发现有缺陷的焊缝要返修重焊。除对焊缝进行无损探伤外，在制造过程中，还要同步做一定数量的试验件进行规定的力学性能试验。试验结果应不低于制梁前所做的焊接工艺评定标准。

试装　取全桥有代表性的结构在工厂进行试拼。目的是检查制造中有无错误，组装有无问题，以及杆件或构件之间在连接处，栓（钉）孔的过孔率是否达到要求。

最后喷沙除锈、涂装、发往工地。

钢桥的结构型式

钢桥的结构型式很多。一座钢桥采用什么样的结构型式，主要是根据桥址的水文、地形和地质情况决定的。常用型式如图 8.10 所示 。

最简单的是简支梁（a），在桥梁的两端各有一组支点。跨度小的用简支钢板梁，跨度大的用简支钢桁梁。

在地质条件较好的地区造桥，可以用连续梁（b），除在桥梁的两端有一组支点

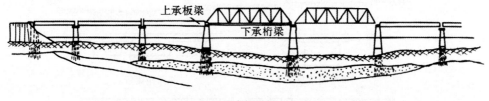

（a）简支钢梁桥

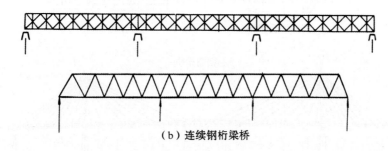

（b）连续钢桁梁桥

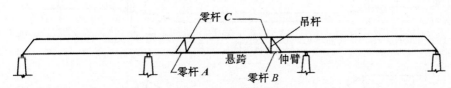

（c）悬臂梁桥

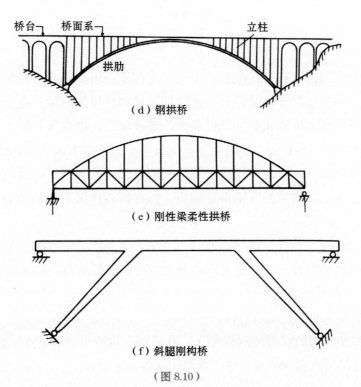

（d）钢拱桥

（e）刚性梁柔性拱桥

（f）斜腿刚构桥

（图 8.10）

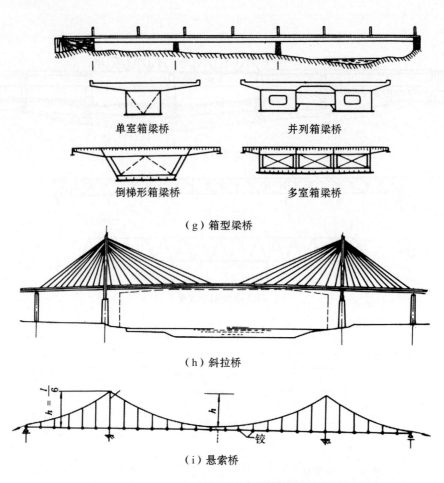

（g）箱型梁桥

单室箱梁桥　　　　并列箱梁桥

倒梯形箱梁桥　　　　多室箱梁桥

（h）斜拉桥

（i）悬索桥

图 8.10　常用的钢桥结构类型

之外，在梁的中部还设有一组或几组支点。中部设一组支点者为两跨连续梁，设两组支点者为三跨连续梁。连续梁也分连续钢板梁和连续钢桁梁。连续钢桁梁使用得较多。连续梁的跨度可以比简支梁做得大，遭破坏后，损失不及简支梁大，修复也比较容易。连续梁不允许各个支点有不均匀沉陷，因此要求地质条件要好。

三跨连续梁在中跨内设两个铰就形成悬臂梁（c）。悬臂梁对地质条件的要求比连续梁宽些，支点沉陷对悬臂梁桥影响小。但在荷载作用下设铰处会出现折角，路面不平。

在高山、峡谷中建桥，如两岸地形、地质条件允许，常修建钢拱桥（d）。钢拱桥两端支点有水平推力，因此也要求地质条件要好。除有推力的拱桥外，尚有刚性梁柔性拱（e）和系杆拱〔刚性拱柔性梁，参见图 3.19（c）〕。这种拱没有水平推力，对地质条件的要求和简支梁桥一样。

和推力拱桥相似的有斜腿刚构桥（f）。在斜腿刚构桥斜腿的支点上也有水平推力。其对地质条件的要求和钢拱桥一样（参见图 4.28~图 4.32）。

箱型钢梁（g）是抗扭能力强且能节约材料的一种结构，现代用得比较多。箱型梁可以单独使用，做成简支钢箱梁桥或连续钢箱梁桥，也可以和其他结构联合使用〔参见图 3.15 和图 9.6（b）〕。

近年来发展得很快的有斜拉桥（h）和悬索桥（i）。这两种桥式的地区适应性较广，跨越能力较大，但公路上用的较多，铁路上相对用的较少。

在钢桥的受压区用剪力传递器使钢板梁或钢箱梁和钢筋混凝土桥面板结合起来作为主梁，以充分利用混凝土长于受压，钢能受拉的特点，使桥面板成为承重结构的一部分，充分利用材料（参见图 9.7）。这种结构称为结合梁。

国内外钢桥的发展情况

我国建桥技术发展的很早。据记载，我国在 15 世纪就会以铁造桥了。在我国的西南有世界最早用铁链建成的铁链桥。但现代的钢桥建造技术还是受西方的影响多，是由西方引进的。

西方钢桥技术开始于英国。1779 年英国建筑师普里查德与炼铁专家达比合作，以铸铁代替石料和木材建成世界第一座铸铁拱桥。1840 年美国惠普尔用铸铁和随铸铁之后生产出的锻铁建成了全铁桁梁桥。1856 年以后炼钢方法进步很快。1861 年西门子和马丁推广用平炉炼钢，乃开始用钢造桥。1874~1883 年美国首先用结构钢建成了依芝、布鲁克林和格拉斯哥三座大桥，使人们对结构钢有了认识。从此钢桥随钢铁冶炼、轧制技术的进步迅速向前发展。

20 世纪结束了悬臂桁架梁桥占据长大跨度桥梁冠军的时代，确立了悬索桥和斜拉桥的领先地位。20 世纪 30 年代，相继建成的美国华盛顿桥和旧金山金门大桥，使悬索桥的跨度超过了 1000m。20 世纪末竣工的日本明石海峡大桥，它的跨度达到了1991m，稳居当今世界桥梁跨度之首。

与悬索桥相比，在 20 世纪上半期斜拉桥的发展相对缓慢，1975 年法国建成的圣·纳泽尔桥，首次突破了 400m 大关，成为当时世界上跨度最大的钢斜拉桥。1999年日本建成上世纪世界跨度最大的斜拉桥多多罗大桥（主跨 890m）。随后日本大跨桥梁的建设渐渐进入低潮，欧美国家近年来建设的大跨钢桥数量也十分有限。

我国建国前在城市道路和公路上建造的钢桥非常少，在铁路上建造了一些，但所建的钢桥跨度都很小。我国第一座现代铁路钢桥是唐山至青各庄的蓟运河桥，由英国人设计，比利时人施工。该桥于 1888 年建成，至今已 126 年，仍在使用，但上部钢梁现已全部更新。建国前建成最长的桥是京广线郑州黄河老桥，全长 3015m，共 102 孔，50 孔为 31.5m 的半穿式钢桁梁，21 孔为 21.5m 上承式钢板梁，是由比利时人 1906 年承建的。跨度最大的桥是津浦线泺口黄河桥，是悬臂钢桁梁桥，跨度为

164.7m，由法国人在 1902 年建成。我国自行设计、施工钢桥是从詹天佑修京张铁路开始的，共建钢桥 121 座，计 1591 延长米，最大跨度为 33.5m 桁梁，绝大部分是跨度 6.1 m 的工字形型钢梁桥。由本国技术人员自行设计、监制，具有代表性的近代大型钢桥还是浙赣线钱塘江公路铁路两用大桥。这座桥是由我国桥梁专家茅以升领导，在 1937 年建成的。正桥钢梁总长 1072 m，上层为公路，下层为铁路，由 16×65.8m 简支钢桁梁组成。建国前分布在不同线路上的桥梁，标准都不一致，采用不同国家的规范进行设计、制造和施工，大多质量差，承载能力低。1949 年建国后，对这些旧桥进行了全面鉴定和加固改造。现在其承载能力均达到了国家规定的标准。

我国现代钢桥技术，主要是从 1949 年以后本着自力更生，奋发图强的精神发展起来的。由于国情的关系，首先得到发展的是铁路桥梁，公路桥梁直到改革开放后才开始快速发展。但到了 20 世纪 90 年代以后，随着中国经济的腾飞与交通的发展，我国桥梁建设进入了鼎盛时期。在短短的 10 余年间建成了润扬长江大桥、江阴长江大桥、香港青马大桥 3 座主梁跨度超过 1000m 的大跨度悬索桥。表 8.4 和表 8.5 列出了目前世界已建的跨度前 10 名的斜拉桥和悬索桥。

世界范围内，最大跨斜拉桥前 10 位中，中国占了 6 位。最大跨悬索桥前 10 位中，中国占了 5 位。通过 60 多年的建桥实践，在我国已形成了一支有数十万人的建桥队伍和具有现代化装备的钢桥制造工厂，还建立了拥有一批水平较高专家、学者的桥梁科学研究机构。现在，中国不但有雄厚的建桥技术力量，而且具有先进的科研试验手段，已经成为了名副其实的桥梁大国。

表 8.4　全世界斜拉桥跨度前 10 名

序号	桥梁名称	主跨（m）	国家	主梁特点	建成年份
1	俄罗斯岛大桥	1104	俄罗斯	主跨为钢箱梁，边跨为 PC 连续梁	2012
2	苏通长江公路大桥	1088	中国	7 跨连续钢箱梁	2008
3	香港昂船州大桥	1018	中国	9 跨连续梁（其中钢箱梁 1117.5m）	2009
4	鄂东长江公路大桥	926	中国	主跨钢箱梁，边跨预应力混凝土箱梁	2010
5	多多罗大桥	890	日本	3 跨连续混合加劲梁	1999
6	诺曼底大桥	856	法国	3 跨连续混合加劲梁	1995
7	九江长江公路大桥	818	中国	双塔混合梁	2013
8	荆岳长江公路大桥	816	中国	6 跨连续混合梁	2010
9	仁川大桥	800	韩国	流线型扁平钢箱梁	2009
10	厦漳大桥北汊桥	780	中国	5 跨连续箱梁	2013

表 8.5　全世界悬索桥跨度前 10 名

序号	桥梁名称	主跨（m）	国家	主梁特点	建成年份
1	明石海峡大桥	1991	日本	3 跨连续钢桁梁	1998
2	舟山西堠门大桥	1650	中国	3 跨连续钢箱梁	2009
3	大贝尔特 （Great Belt）桥	1624	丹麦	3 跨连续钢桁梁	1998
4	李舜臣大桥	1545	韩国	中央开槽双幅箱梁	2012
5	润扬长江大桥南汊桥	1490	中国	单跨双索面钢箱	2005
6	南京长江第四大桥	1418	中国	3 跨连续钢箱梁	2012
7	亨伯（Humber）大桥	1410	英国	3 跨连续钢箱梁	1981
8	江阴长江公路大桥	1385	中国	单跨扁平全焊箱梁	1999
9	香港青马大桥	1377	中国	双层公铁两用（含轻轨铁路）	1997
10	哈当厄 （Hardanger）大桥	1310	挪威	3 跨连续钢箱梁	2013

我国钢桥发展的三个里程碑和一个新纪元

中华人民共和国成立后，由于钢铁供应不足，只有铁路大型桥梁才使用钢材建桥。公路桥活荷载小，除少数特殊情况外，一般都采用混凝土或预应力混凝土桥。这一情况一直延续到改革开放后的 20 世纪 80 年代。所以至今铁路钢桥的发展基本可以反映我国钢桥的发展情况。

建国初期，我国所建钢桥用的材料都是进口碳钢，结构是铆接的，采用的工艺也很简陋，大都采用手工操作，用人工量测组装，划线钻眼，对号入座，组装后扩孔。后来渐渐才有了国产三号低碳钢（A3）和 16 桥钢（16q），σ_s =240 MPa。20 世纪 50 年代用低碳钢建造的具有代表性的桥梁是武汉长江大桥，系借用前苏联的进口材料和技术指导。包括前期研究工作在内至 1957 年用了六年多的时间迅速建成，首次在长江上实现了"一桥飞架南北，天堑变通途"。这是我国钢桥史上的第一个里程碑，武汉长江大桥正桥钢梁全长 1156m 桥跨结构为 128m 铆接连续钢桁梁（图 8.11）。

在建造武汉长江大桥时，引进了前苏联的经验，采用覆盖式样板和立体式机器样板。这比解放初期采用的人工量测，划线钻孔，技术上进步多了。这样生产的杆件能

（a）连接武昌—汉阳—汉口三区的形势图

（b）结构细节夜景图

图 8.11 武汉长江公铁两用大桥

保证工地的精确安装，而且不同位置的相同杆件可以互换。这一设备对我国钢梁制造的工厂化和标准化起了很大的作用，大大加快了我国建国初期的钢梁制造速度。但这种设备也带来了缺点：新建桥梁往往为迁就已有样板而限制了新结构型式的发展。否则每建一座新型桥梁，就要生产一套新的覆盖式样板和立体机器样板，既花费很多投资，又积压了许多样板。近年来已逐步采用先进的程序控制钻床取代这种设备。

60 年代为了连通京沪线，修建南京长江大桥代替南京轮渡，原计划制梁的材料为由前苏联进口的低合金钢。由于前苏联对我国停止供应钢料，鞍钢于 1962 年研制成功十六锰桥（l6Mnq）低合金钢，σ_s =340 MPa。除小部分还用前苏联的低合金钢外，其余全部用国产钢代替了原定进口钢。当时这些钢被称为"争气钢"。南京长江大桥正桥钢梁全长 1576 m，结构为 160m 铆接连续钢桁梁。这座桥是完全依靠自己的技术力量和国产材料建成的长江大桥（图 8.12）。这座长江大桥的建成标志着我国的建桥技术进入到了一个独立自主的新水平。所以南京长江大桥的建成是我国钢桥史上的第二个里程碑。

60 年代中期，为加快成昆铁路的修建，铁道部和国家科委成立由设计、施工、制造、科研单位与高校在山海关桥梁厂组成的铁路栓焊钢梁新技术攻关组，系统地研究、

图 8.12　南京长江公铁两用大桥

图 8.13　成昆线迎水村栓焊刚性梁柔性拱桥

图 8.14　成昆线桐模甸大桥

发展了栓焊钢桥新技术。1965~1970 年一举建成了 13 种不同结构型式的栓焊钢桥 44 座（见图 8.13 和图 8.14），达到了当时的国际先进水平，为加快成昆铁路建设起了重要作用。更有历史意义的是从此结束了我国使用近 100 年的铆接钢桥历史，为我国钢桥技术发展开创了新纪元，为我国广泛采用栓焊钢桥奠定了基础、铺平了道路。栓焊钢桥是铆接钢桥向栓焊钢桥与全焊钢桥并举过渡的中间阶段。栓焊钢桥根据其受力的特点、运输及起吊能力的大小分成许多部件，单个部件在工厂焊接成后，运送到桥梁工地，用一定的架桥方法安装成完整的钢桥, 安装时用高强度螺栓连接。根据受力和结构的大小，可采用不同直径的高强度螺栓。栓焊钢桥可比铆接钢桥节约钢材约 12%~15%。并可加快建桥速度，改善工人劳动条件和结构传力状态。

　　钢桥由铆接结构改为栓焊结构后，原来造桥采用的材料十六锰桥梁钢（16Mnq）在品质上和规格上已不敷应用。这种钢的板厚效应很大，强度、韧性随板厚的增大降低得很快。用 16Mnq 钢建造栓焊钢桥，最大跨度只可能达到 112m。为此，铁道部和冶金部自 1967 年开始研究论证开发十五锰钒氮桥钢（15MnVNq），其屈服点为 420MPa 比16Mnq 钢高 。对 15MnVNq 钢的研制，前后经历了二十多年。通过大量的焊接及力学性能试验和白河试验桥的工程实践，优化生产出了 15MnVNq-C 桥梁钢。这种钢的板厚效

图 8.15　九江长江公铁两用大桥

应小，可以用到 56mm，焊接性好，不仅如此，韧性也好。1993 年用这种钢建成了九江长江公路铁路两用大桥。九江长江大桥的跨度、桥长和工程量都比武汉长江大桥和南京长江大桥大。该桥正桥钢梁全长 1806m，主跨是 216 m 的刚性桁梁柔性拱，结构雄伟壮观，桥形秀丽，细部结构轻巧刚劲。从此，我国用国产优质高强度、高韧性钢建造特大跨度栓焊桥梁，在材料、工艺、理论方面都没有问题了，从而彻底完成了铆接钢桥向栓焊钢桥的过渡。这是我国钢桥史上的第三个里程碑（图 8.15）。

　　在上述发展基础上不断创造了很多新型结构。有代表性的如 1976 年建成的汉江铁路斜腿刚构桥，跨度 176m，采用薄壁箱梁结构，腹板厚 10mm，高 4400mm 其跨度在世界同类结构中居领先地位。2000 年建成的芜湖长江公路铁路两用大桥，桥式为矮塔斜拉、板桁结合、整体节点栓焊钢桥，由（120m+2×144m）+ 2（3×144m）三联连续钢桁梁、（180m+312m+180m）斜拉桥、2×120m 一联连续梁组成，该桥材料通过加入微量的铌，降低了碳含量，进一步开发了十四锰铌桥梁钢，即 Q370qE，提高了综合性能，使厚板焊接整体节点新技术得以实现。该桥是 20 世纪铁路桥梁建设的标志性工程（图8.16）。

　　随后，我国钢桥建设进入新的纪元，2005 年建成宜万线万州长江大桥（168.7+360+

图 8.16　芜湖长江公铁两用大桥

图 8.17   武汉天兴洲公铁两用长江大桥

图 8.18   南京大胜关长江大桥

168.7）m，为单线铁路连续拱桥；2009 年，建成武汉天兴洲公铁两用长江大桥，大桥主桥采用（98+196+504+196+98）m 的双塔三索面斜拉桥（图 8.17），通行 4 线铁路、6 车道公路，其中客运专线设计车速为 250km/h，它是斜拉桥在铁路大跨度桥梁

的成功应用和发展。同年南京大胜关长江大桥建成，大桥主桥为（109.5+192+336+336+192+109.5）m 的六跨连续钢桁拱桥（图 8.18）。通行 6 线铁路，其中京沪高铁设计车速为 300km/h，它是世界上设计速度最快、跨度最大的钢桁拱桥。2010 年，郑州黄

图 8.19 铜陵长江公铁两用大桥

图 8.20 长江西陵峡公路悬索桥

河大桥建成，该桥主跨 168m。2013 年，合福铁路铜陵长江公铁两用大桥合龙（图 8.19），将铁路斜拉桥的跨度提高至 630m。高速铁路建设使中国大型桥梁在新结构、新技术、新材料、新工艺等方面均达到世界领先水平，开创世界铁路史在如此大跨度桥梁上开行高速列车的先河。

　　改革开放后，公路钢桥在钢斜拉桥及悬索桥方面的发展、进步很快。1987 年建成的东营黄河公路斜拉钢桥，跨度 288 m；1993 年建成的杨浦公路斜拉桥，主梁为钢及混凝土结合梁，跨度 602 m；1996 年建成长江西陵峡公路悬索桥，是为修建三峡水利枢纽工程服务的，主梁为全焊的钢箱结构，箱体共 72 个节段，用工地焊接，跨度为 900 m（图 8.20）。1999 年建成江阴长江公路悬索桥，主跨 1385 m（参见图 13.18）。2010 年建成西堠门长江公路悬索桥，主跨 1650 m。采用了分体式钢箱结构（参见图 13.24）。

钢桥今后展望

　　我国现代钢桥技术和国外相比，起步虽然晚了 150 多年，但建国后近半个世纪，吸收、总结了许多国外建桥经验，发展进步很快。当前钢桥的设计理论、国产材料、制造及安装工艺、科研手段都已基本达到了国际先进水平。我国铁路、公路跨越大江、大河、高山、深谷很多，要建的桥很多，现在的进步只是一个开始。根据客观需要和已具备的人力、物力，我国钢桥今后还将会有更大的发展。可以预期钢桥用料和建成的钢桥成品的实物质量水平将比现在会有大幅度提高；我国铁路钢桥的跨度已实现 300~600m。钢桁梁与斜拉索组合的南通长江大桥，同时通行铁路与公路，已实现跨度达 1092m〔参见图 3.23（f）〕。公路钢桥跨度已实现 1000~1600m；结构将会从栓焊逐步向栓焊与全焊并举过渡；铁路钢桥结构型式将会向适应高速重载铁路的组合结构、造型美观多样化的中小跨度结构、大跨度悬索桥以及斜拉桥不断深入。

第 4 部分

各种形式的桥梁

梁式桥
——一种使用最广泛的桥梁型式

撰文：程庆国　中国科学院院士　中国铁道科学研究院资深研究员、前院长

胡所亭　中国铁道科学研究院副研究员、铁道建筑研究所所长助理

- 桥梁家族中的老大哥
- 梁式桥的结构特点及其使用的广泛性
- 梁式桥结构体系的演变——简支梁、连续梁和悬臂梁
- 梁型——板梁、桁梁和箱梁
- 结合梁桥、组合梁桥和混合梁桥
- 梁式桥的设计标准化和制造安装工业化
- 国内外几座代表性梁式桥简介
- 国内外一些有代表性的梁式桥资料汇编

梁式桥——一种使用最广泛的桥梁型式

桥梁家族中的老大哥

梁式桥是桥梁大家族中最古老，也是最基本的成员，不但历史悠久，使用广泛，数量众多，而且在其他许多桥型的结构组成部分中都少不了梁——或者由梁演化出来（如拱桥，可以说是弯曲的梁桥），或者以梁作为结构的重要组成部分（如悬索桥和斜拉桥，可以说是由悬吊起来的梁组成）。所以在桥梁家族中，"老大哥"的称号对梁桥来说是当之无愧的。

梁式桥起源于远古石器时代，和人类文明可以说是同时产生的。我们的祖先受树干倾倒，横卧溪流，可以渡人的启示，开始用最原始的石器工具砍伐树木，由独木而骈木（几枝树干并列紧系在一起），跨越河面，赖以渡涉，这就是最早的木梁桥。西安半坡村遗址（距今约6000年前）为新石器时代氏族聚落。聚落周围挖有深宽各约5~6m的防护水濠，可以想象其上必架有出入所经的木梁桥（图9.1）。

竹、木梁桥材料强度低、变形大、跨度小、易腐朽。随着生产工具的进步，特别是铁器的出现，同时也受天然石梁（如浙江天台石梁飞瀑）的启示，人们开始开采石料，加工成梁，用以代替木梁，坚固耐久，跨度可由几米增加至十几米。

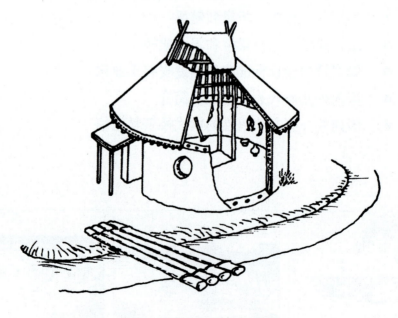

图9.1　西安半坡村遗址想象图

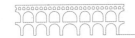

近代高强钢材和水泥的出现，使钢梁桥、钢筋混凝土梁桥和预应力混凝土梁桥得到迅速发展，跨度由几十米扩大到几百米。结构型式也随着材料和技术的进步而不断演进，由简支梁发展到悬臂梁和连续梁；由实腹板梁发展到桁梁和箱梁；由单一材料和单一结构体系的梁桥发展到结合梁、组合梁和混合梁，千姿百态，推陈出新，形成了梁式桥自己的一个庞大的分支体系。

梁式桥的结构特点及其使用的广泛性

梁式桥是以梁作为主要承重结构的桥梁，其受力特性主要为受弯（图9.2）。在竖向荷载作用下，梁端支点处只产生竖向反力，不产生水平反力。梁一般安放平直，所以古代相对于拱桥和索桥而言，又称之为平桥。

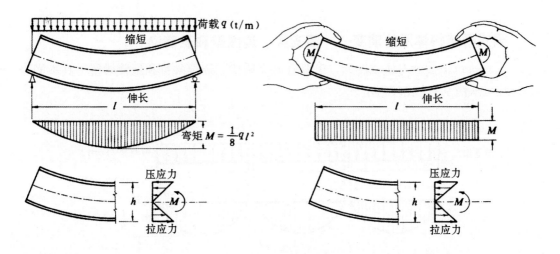

图 9.2　梁桥受弯示意图

梁受外荷载作用后，在各横截面上产生弯矩，其大小随截面而异。以图9.3（a）所示简支梁为例，当受均布荷载 q（t/m）时，弯矩 M 由端支点处的零值逐步增大到跨中为 $ql^2/8$ 的最大值，呈抛物线形变化。梁作为受弯构件，当受荷载向下弯曲时，截面上部（中性轴以上）受压缩短，而下部受拉伸长（图9.2）。最大的压应力和拉应力（应力即单位面积上的力）分别处于截面的上下边缘，到中性轴处则趋于零。在工程计算中应使梁截面上的最大应力不超过材料的容许应力。所以，一座梁桥的承载、跨越能力在很大程度上决定于梁体抵抗弯矩的能力，而梁的抗弯能力决定于材料的强度、截面尺寸和形状，特别是梁的高度。

梁式桥由于结构平直单纯，施工简便，自古以来应用十分广泛。我国古代福建素有"闽中桥梁甲天下"之美称。据《古今图书集成》所引泉、漳两州《府志》，两地共有桥271座，多为石梁桥。

在现代桥梁中，梁式桥因其造价低廉、适应性强，数量上占很大比重，或高跨深谷、或横越大江、或布置于园林胜境，九曲凌波，或高架于都市通衢，绵延起伏。我国公路、铁路和市政中小跨度桥梁多以梁式桥为主，如高速铁路桥梁中 90% 以上均为跨度 32m 的预应力混凝土箱梁桥。梁桥的梁身还可以做成斜桥、坡桥和弯桥，以适应桥位中轴线布置上的特殊需要。

浮桥实际上也是一种梁桥，不过是把支承设在船上，而不设在固定的桥墩上。《诗·大雅·大明》："亲迎于渭，造舟为梁"，可见浮桥早在 3100 多年前周文王时代就已在我国出现。以后历代在黄河和长江上都曾修建过规模宏大的浮桥。如东汉时公孙述在今湖北宜都与宜昌间架设的长江浮桥和西晋杜预在今河南孟津架设的河阳浮桥，后者曾持续使用 800 多年。现在世界各国仍普遍研究发展便于拆装和运送的军用浮桥和便桥。

梁式桥结构体系的演变——简支梁、连续梁和悬臂梁

梁式桥按结构静力体系区分，主要有简支梁桥、连续梁桥和悬臂梁桥。其不同受力特性可从图 9.3 上比较得出。

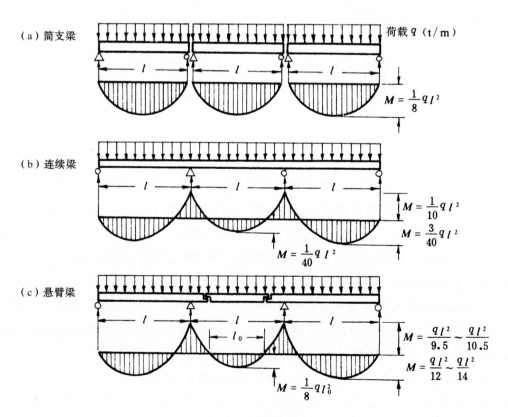

图 9.3　梁式桥弯矩比较

简支梁桥以孔为单元，两端设支座（一端固定，一端活动）。当跨度为 l，均布荷载为 q 时，跨中产生的最大弯矩为 $ql^2/8$，而接近支座的梁段承受弯矩很小〔图 9.3（a）〕。当采用等截面梁时，这一结构特性将造成材料浪费，且无助于跨中卸载（即不能像后面提到的连续梁那样，利用支点反向弯矩的作用抵消一部分跨中的正向弯矩），跨度愈大，浪费也愈大，所以简支梁一般只适用于中小跨度。简支梁的优点是结构简单，架设简便，可降低造价，缩短工期。又因简支梁是外静定结构，支承不均匀沉降不影响梁部内力的分布。但相邻两跨之间存在异向转角，线路在竖向形成折角，影响行车平顺，故现代公路桥常在简支梁施工完成后设法将桥面做成连续的，以改善桥面行车条件。

为了扩大跨度，梁式桥逐渐向连续梁和悬臂梁演进。连续梁桥〔图 9.3（b）〕以若干孔梁为一联，在中间支点上连续通过，是外超静定结构，即结构内部所受力的分布状况要受外部支承条件，即支点位置升降变化的影响。连续梁对基础不均匀沉降虽较敏感，但支点附近存在与跨中弯矩相反方向的负弯矩，对跨中截面起卸载作用。以图 9.3（b）为例，中跨跨中和边跨跨中弯矩分别降低到相当于同跨度简支梁跨中弯矩的 20% 和 60%，全梁弯矩分布比较均匀，梁的挠度也较小，可以节约大量材料，提高结构刚度。连续梁在支点处是连续的，路面无折角，有利于现代高速行车。连续梁在大跨度钢桥和预应力混凝土桥中应用十分广泛。

悬臂梁桥是在连续梁桥的零弯矩点〔即 $l_0 = (0.2 \sim 0.3)\, l$〕处设置可以自由转动的铰而形成的静定结构，其内力具有简支梁的不受基础不均匀沉降影响的优点，故适用于地质不良地区，而仍具有支点负弯矩卸载的作用。当悬臂梁的跨度与荷载均和简支梁相同时〔图 9.3（c）〕，梁的最大正弯矩仅为 $ql^2/12 \sim ql^2/14$，比简支的 $ql^2/8$ 小得多，这对自重占很大比重的大跨度桥梁无疑是有利的。

梁型——板梁、桁梁和箱梁

按主要承重结构的截面型式，梁式桥可区分为实腹梁桥和桁梁桥两大类，实腹梁又可分为板梁和箱梁等形式。

板梁作为受弯构件，其截面选择主要决定于弯矩，而在均布荷载条件下弯矩大致与跨度的平方成正比。当梁受弯时，如前所述，离中性轴线愈远的边缘受力愈大。故而设计中尽量把材料集中到上、下边缘，以充分发挥其潜力；往往把中小跨度预应力混凝土梁截面做成 T 型、把钢板梁截面做成"工"字型。当板梁桥的跨度增大时，梁高相应增高，而竖直腹板大部分面积上所受应力相对很小，材料得不到充分利用（图9.4）。为节省这部分发挥不了作用的材料，实腹梁逐步演变为空腹梁，再进而形成杆件系统组成的桁梁，如图 9.5 所示。桁梁的所有杆件均受轴向力，或受压（如上弦杆），或受拉（如下弦杆），或视活载位置不同有时受拉，有时受压（如腹杆）。材料强度能

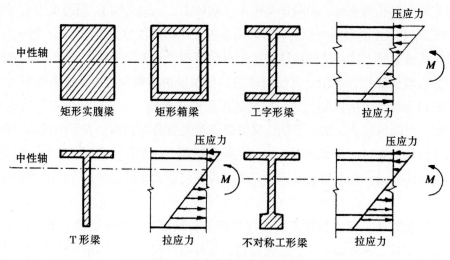

图 9.4　梁内弯曲正应力分布图

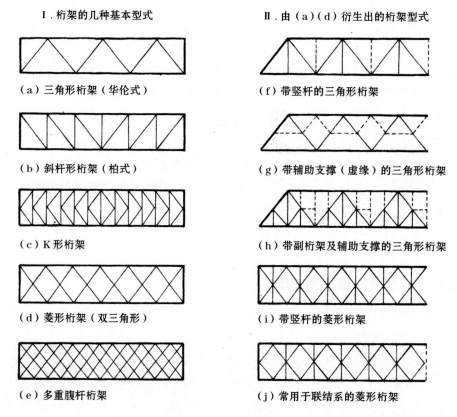

图 9.5　桁梁结构型式示例

得到充分利用，经济合理，跨越能力得以大大增加。桁梁最早虽脱胎于木结构，但特别适用于材质均匀，抗拉和抗压性能均好的高强钢材。19 世纪中叶以后，随着结构分析理论的建立和完善，钢桁梁得到迅速发展，出现了各种型式的桁梁结构，使桥梁技术从结构到制造工艺实现了一次新的巨大飞跃。

　　梁式桥另一发展方向则是半个多世纪来迅速发展起来的箱型截面梁（简称箱梁），如图 9.6 所示。当跨度增大、梁高增高时，把梁的横截面作成闭口的单室或多室箱型，可大大增加梁的整体刚度，特别是抗扭刚度。箱型结构在现代混凝土桥和钢桥中都得到极为广泛的应用，在跨度达几百米、上千米的斜拉桥和悬索桥的加劲梁中也普遍采用。我国高速铁路桥梁建设中广泛采用了预应力混凝土箱梁结构。

　　无论是板梁、箱梁、还是桁梁，在结构体系上都可以做成简支的、悬臂的或连续的，从而可以演变出多姿多态的各种桥梁型式，为结构工程师充分发挥创造性提供了广阔的天地。

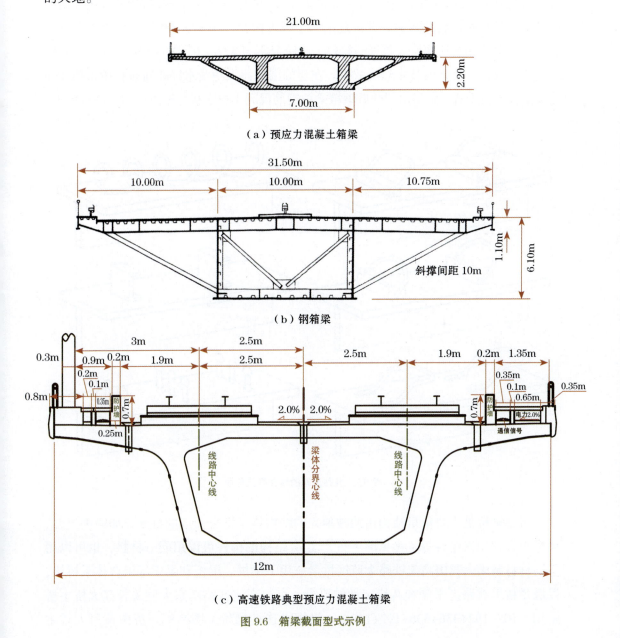

图 9.6　箱梁截面型式示例

结合梁桥、组合梁桥和混合梁桥

结合梁桥是利用钢筋混凝土桥面板和钢梁结合而成整体的桥梁。其优点是可使置于主梁上的桥面板作为主梁的一部分共同受力，充分发挥混凝土承压能力强的特点，从而减小钢梁上翼缘（板梁）或上弦杆（桁梁）的钢材截面积，达到节省钢材、提高梁体刚度的目的。为保证两种不同材料制成的桥面板（钢筋混凝土）和主梁（钢）之间的共同作用，必须在其接触面上设置可靠的联结装置，用以阻止两者之间因层间剪力产生的水平错动。这种联结装置称为抗剪器，其作用和木结构中的榫相似。图 9.7 所示为几种不同型式的抗剪器。结合梁兴起于 20 世纪 40 年代，我国自 50 年代开始即研究推广于铁路和公路桥梁，并且还编制了标准设计。20 世纪 90 年代建成的上海黄浦江上的南浦和杨浦两座大跨度斜拉桥（主跨分别为 423m 和 602m）的主梁全部采用结合梁，取得了良好的技术经济效果。在建的港珠澳大桥浅水区非通航孔桥采用 85m 连续结合梁桥型式，主梁由"开口钢箱梁 + 钢筋混凝土桥面板"通过剪力钉联结而成。

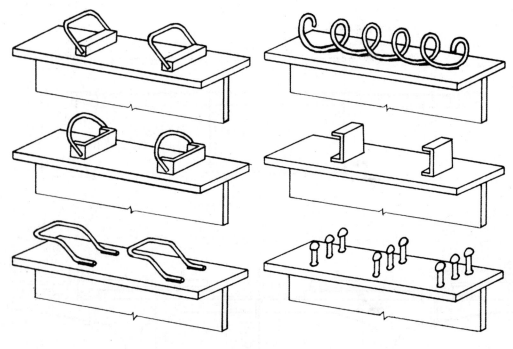

图 9.7　各种型式的结合梁抗剪器

组合梁桥是主要承重结构由两种独立的结构体系组合而成的桥梁，如梁拱组合、梁桁组合和梁索组合等（参见图 3.26）。组合结构的构件可以用同一材料，也可以用不同材料制成。我国高速铁路大跨度桥梁应用了梁拱、梁桁和梁索等组合体系桥梁，以满足桥上线路高平顺和高稳定性的要求。京沪高速铁路南京大胜关长江大桥主桥采用（108+192+336+336+192+108）m 钢桁拱连续梁桥（图 9.8），济南黄河大桥主

图 9.8 京沪高速铁路南京大胜关长江大桥（梁拱组合）

图 9.9 兰新第二双线西宁跨兰西高速特大桥（梁桁组合）

桥采用（112+3×168+112）m 刚性梁柔性拱体系钢桥，镇江京沪运河特大桥采用
（90+180+90）m 预应力混凝土连续梁拱桥。兰新第二双线西宁跨兰西高速特大桥采
用一联由预应力混凝土梁和加劲钢桁梁组合（80+168+80）m 连续梁桁组合结构（图
9.9）。以武汉天兴洲公铁两用长江大桥为代表的高速铁路大跨度桥梁属于梁索组合
体系的钢梁桥（图 9.10）。组合梁桥兼有两种结构体系的优点，性能优越，是值得进
一步探索的桥梁型式。

图 9.10　武汉天兴洲公铁两用长江大桥（梁索组合）

　　混合梁桥是在主梁长度方向上采用钢梁和混凝土梁通过结合段连接成整体的桥梁。钢梁一般位于主跨而混凝土梁位于边跨（或伸入主跨一部分），充分利用钢梁自重轻、刚度大的特点以及边跨混凝土梁的压重作用，从而达到增加结构跨越能力、改善结构体系受力性能的目的。混合梁桥源于 20 世纪 70 年代的西德，先后在欧洲、日本得到应用，90 年代才开始逐渐进入我国。目前，混合梁在斜拉桥、自锚式悬索桥、连续梁桥等桥型中均有应用。斜拉桥有法国诺曼底大桥（主跨 856 m，建于 1995 年，图 9.11）、日本多多罗桥（主跨 890 m，建于 1999 年）、中国香港昂船洲桥（主跨 1018 m，建于 2009 年）等。自锚式悬索桥有广东佛山平胜大桥（主跨 350 m，建于 2006 年）。连续梁（刚构）桥有日本新川桥（主跨 118 m 的连续梁，建于 2000 年）、重庆石板坡长江大桥复线桥（主跨 330 m 的连续刚构桥，建于 2006 年，图 9.16）等。

图 9.11　法国诺曼底大桥（混合梁，主跨跨中 624 m 为钢箱梁）

梁式桥的设计标准化和制造安装工业化

利用同一套标准设计图纸修建大量结构相同的桥梁，可以大大减少设计工作量，有利于成套装备实现批量生产和工业化制造，从而显著提高工效，降低造价，保证工程质量，是桥梁工程现代化的一个重要发展方向。梁式桥，特别是中小跨度梁式桥，结构简明，数量众多，适合于设计标准化，也是梁式桥的一个突出优点。

我国大力提倡设计标准化和制造安装工业化。铁路桥梁经国家批准的标准跨度为 4~160m。跨度小于或等于 32m 的钢筋混凝土与预应力混凝土上承梁式桥和跨度40m 的钢板梁结合梁桥都在工厂整片（或整孔）制造，可利用铁路架设机架设；跨度大于 48m 的多为钢桁梁，杆件和节点板可在工厂按标准化和模数化原则用同一套样板精确制造，从而保证工地迅速拼装和杆件的互换。铁路建设中常用跨度简支梁主要采用标准设计、梁场（厂）预制、运输、整片（孔）架设等一系列工业化施工方法，工程进度大大加快，技术经济效果十分显著，也已成为铁路上应用最广的标准桥梁结构。图 9.12 所示为高速铁路箱梁预制、运输和架设的情形。

图 9.12　高速铁路箱梁预制、运输和架设的情形

公路桥梁亦普遍采用标准设计。由于公路桥桥面较宽，所以将桥上部结构多按多片预制，再进行安装。跨度 8m 以下采用矩形板梁，跨度 10~20m 采用钢筋混凝土 T 型梁，跨度 25~40m 采用后张法预应力混凝土 T 型梁。杭州湾大桥的跨度 70m 预应力混凝土箱梁采用整孔预制、运输和吊装，是梁式桥制造安装工业化的典型代表。该桥全长 35.7km，海上引桥上部结构全部采用跨度 70m 先简支后连续的预应力混凝土箱梁，共 540 片，单片梁自重达 2200t。箱梁首先在预制场的预制台座上一次浇注整体成型；通过整体横向滑动和纵向移动操作，完成从预制台座到临时存梁台座、再到出海码头的陆上运输过程；采用吊运一体船实现箱梁的海上运输及整孔架设，再通过墩顶纵横移设备实现精确定位。

国外也十分重视设计标准化和制造与安装的工业化，常争取以最少的构件品种修建长大桥梁以取得最大经济效益。一个突出的例子是美国庞恰特雷恩湖 II 号大桥，全长 38.4km，只用了三种标准结构：即空心桩、墩顶横梁和跨度 25.6m 预应力混凝土简支梁。全部构件在桥头预制，浮运吊装，一共 1526 跨，架梁速度达到每天 8~10 跨，半年即告竣工。

国内外几座代表性梁式桥简介

梁式桥数量众多，结构型式也千变万化，现只能简要介绍几座有代表性的桥梁。

福斯湾（Firth of Forth）铁路悬臂桁梁桥，1883~1890 年建于英国爱丁堡，为早期应用现代结构理论建成的跨度空前（主跨 521m）的宏伟钢桥。该桥全长 1620m，支承处桁高 110m，6 个悬臂各长 206m，刚度和承载能力均满足双线铁路要求，是反映当时桥梁技术世界水平的一座里程碑（图 9.13）。它保持了梁桥最大跨度纪录达 28 年之久。1918 年建成的加拿大魁北克桥把这一跨度记录提高到了 549m（参见图 3.23 和图 3.24）。

南京长江大桥是我国第一座完全依靠本国技术力量和器材建成的跨越长江天险的公路铁路两用宏伟大桥，全长 6772m，正桥 10 孔，由 1 孔跨度 128m 的简支钢桁梁和 3 联（3 孔为一联）9 孔跨度 160m 的连续钢桁梁组成。桥址地质复杂，基础工程采用了重型沉井、钢板桩围堰、大直径管桩、浮式钢沉井加管桩、浮式钢筋混凝土沉井等多种新技术。全桥于 1968 年建成（图 9.14）。

京沪高速铁路丹阳至昆山段铁路特大桥，全长 164.851km，为世界最长桥梁。具有工程量大、特殊结构多、跨越道路河流多、地质条件复杂（跨越软土地区、沉降漏斗区）等技术特点。全桥设计以梁高 3.05m 的简支箱梁为主，共 4955 孔（图 9.15）。该桥跨越阳澄湖区总长 5900m，采用双排桩筑坝围堰施工方案，最大程度减少对环境的污染。

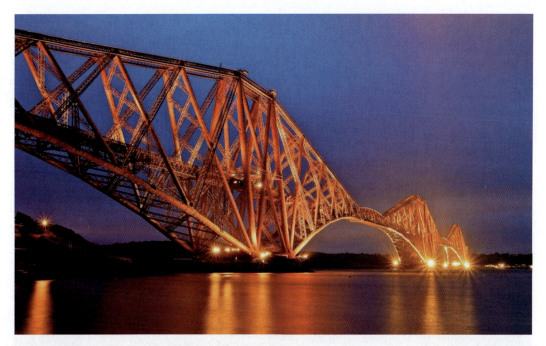

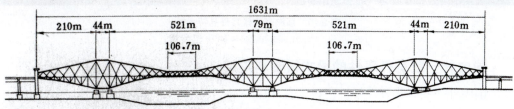

图 9.13　福斯湾大桥照片及图式

图 9.14　1968 年建成的南京长江大桥

图 9.15　京沪高速铁路丹昆特大桥

国内外一些有代表性的梁式桥资料汇编

国内外一些有代表性梁桥资料见表 9.1。

重庆石板坡长江大桥复线桥是目前世界上跨度最大的预应力混凝土连续刚构桥，该桥全长 1103.5m，跨度布置为 87.75m+4×138m+330m+133.75m，主跨跨中钢箱梁长 103m，两端钢混结合段长 5m，其余部分均采用常规混凝土（图 9.16）。钢箱梁在武汉制作完成，而后被设计成两头临时封闭的驳船形式（国内首次），从武汉通过三峡大坝被拖到重庆，再用起重机提升就位。

图 9.16　重庆石板坡长江大桥复线桥

表 9.1　国内外一些有代表性梁桥资料汇编（按建成先后排列）

序号	桥名	桥型	地点	建成年份	材料	荷载	全长（m）
1	布列塔尼亚桥	箱型连续梁	英国威尔士	1850	熟铁板铆接	铁路	460
2	福斯湾大桥	悬臂桁梁	英国	1890	钢	铁路	1630
3	魁北克大桥	悬臂桁梁	加拿大	1918	高强镍钢	铁路	987
4	杭州钱塘江大桥	简支桁梁	浙江杭州	1937	铬合金钢	铁路公路	1453
5	武汉长江大桥	连续桁梁	湖北武汉	1957	A3q 钢	中—24 级 汽—18 级	1670
6	南京长江大桥	连续桁梁	江苏南京	1968	16Mnq 钢	中—24 级 汽—18 级	6772
7	三堆子 金沙江大桥	简支桁梁	四川渡口	1969	16Mnq 钢	中—24 级	390.4
8	孙水河五号桥	铰接悬臂梁	四川喜德	1970	预应力混凝土	中—26 级	164.19
9	北镇黄河公路大桥	连续桁梁	山东滨州	1972	A3q 钢	汽超—20	1390.6
10	巴比延大桥	连续桁梁	科威特	1982	预应力混凝土	—	2503
11	飞云江大桥	简支梁	浙江瑞安	1988	预应力混凝土	汽超—20	1721
12	开封黄河公路大桥	简支梁	河南开封	1989	预应力混凝土	汽超—20 挂—120	4475
13	六库怒江大桥	连续梁	云南六库	1991	预应力混凝土	汽超—20	324
14	钱塘江二桥	连续梁	浙江杭州	1991	预应力混凝土	中荷载 汽超—20	2861.4
15	孙口黄河大桥	连续桁梁	山东台前	1996	钢	中荷载	4334
16	南昆线八渡 南盘江大桥	V 型支撑 连续梁	广西田林	1996	预应力混凝土	中荷载	512
17	东山高速岷江 特大桥主桥	连续梁	四川东山	2013	预应力混凝土	公路—1 级	3269.8
18	重庆石板坡长江大桥复线桥	连续刚构	重庆	2006	预应力混凝土＋钢	城—A 级	1103.5
19	西成客运专线 汉中汉江特大桥	简支梁	陕西汉中	在建	预应力混凝土	ZK 活载	4924.1

（续表 9.1）

序 号	桥 名	跨度布置（m）	宽度及车道数	基础类型	附注
1	布列塔尼亚桥	70+140×2+70	双线铁路（二梁并行）		列车在箱梁内通过
2	福斯湾大桥	210+521×2+210	双线铁路		
3	魁北克大桥	157+549+157	双车道公路双线铁路		世界跨度最大的钢桁梁
4	杭州钱塘江大桥	16×65.84+2×14.63	单线铁路双车道公路	气压沉箱	国内自行修建的第一座公路铁路两用大桥
5	武汉长江大桥	3联3×128	双线铁路4车道公路	管柱基础	长江第一桥
6	南京长江大桥	128+3联3×160	双线铁路4车道公路	沉井及管柱基础	深水基础
7	三堆子金沙江大桥	192	桁宽10m单线铁路	明挖基础	国内跨度最大的简支钢桁梁
8	孙水河五号桥	32.3+64.6+32.3	单线铁路	采用岩锚	跨度最大的铰接悬臂梁
9	北镇黄河公路大桥	4×112	9m双车道	钻孔桩，直径1.5m	钻孔深107m
10	巴比延大桥	6×40.6主跨53.8	4车道公路		混凝土桁梁
11	飞云江大桥	18×51+5×62+14×53	宽13m	预应力混凝土打入桩	
12	开封黄河公路大桥	108×50	宽18.5m	钻孔桩	部分预应力群锚体系，桥面连续450m
13	六库怒江大桥	85+154+85	宽10m	钻孔桩	
14	钱塘江二桥	45+65+14×80+65+45	11m（双线铁路）20m（4车道公路）	钻孔桩	国内最长预应力混凝土连续梁（18跨一联）
15	孙口黄河大桥	4联4×108	双线铁路	沉井	首次采用整体焊接节点构造
16	南昆线八渡南盘江大桥	54+90+90+54	单线铁路	明挖基础	部分预应力混凝土
17	东山高速岷江特大桥主桥	100.4+3×180+100.4	27.5m（双向4车道）	钻孔桩	国内跨度最大预应力混凝土连续梁
18	重庆石板坡长江大桥复线桥	87.75+4×138+330+133.75	19m（4车道公路）	以人工挖孔桩为主	世界跨度最大预应力混凝土连续刚构
19	西成客运专线汉中汉江特大桥	12×64	12.1m（双线铁路）	钻孔桩	国内客专单孔最重（2600t）、跨度最大的节段拼装双线简支箱梁

10

刚 构 桥
——一种独特的桥梁型式

撰文：戴公连　中南大学土木工程学院桥梁工程系主任、教授

- 什么是刚构桥
- 刚构桥基本形式及适用条件
- 刚构桥的受力特点
- 刚构桥墩柱形式及墩梁间节点构造
- 大跨度预应力混凝土公路刚构桥实例
- 大跨度预应力混凝土铁路刚构桥实例
- 大跨度刚构桥建设的挑战和展望

刚构桥——一种独特的桥梁型式

什么是刚构桥

刚构桥又称刚架桥，英文是 Rigid Frame Bridge，德语是 Steifrahmenbrücke，如第 3 篇所述，它是一种将直接承受荷载的梁体与支撑梁体的桥墩或桥台连接为一体的桥梁结构形式。根据结构外形的不同，可分为门式刚构桥、大跨度连续刚构桥、斜腿刚构桥、组合体系刚构桥等。结构外形如图 10.1 所示。

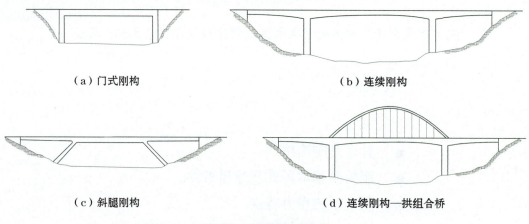

（a）门式刚构　　　　　　　　　　　　　（b）连续刚构

（c）斜腿刚构　　　　　　　　　　　（d）连续刚构—拱组合桥

图 10.1　刚构桥基本形式

首先我们看竖直桥墩或桥台的刚构桥，这种桥梁外形和梁桥区别不大，但刚构桥不同于梁桥，因为梁桥的梁体与支撑墩台之间设置了支座，根据预先设计的功能需要，通过支座把桥梁上部的荷载产生的力传给桥墩，上部结构在梁端有 6 个力素，分别是纵向、横向水平力，竖向力，同时还有纵向、横向及竖向力矩，支座形式不同，传给桥墩的力也不同，如单向活动支座只传递竖向力和一个不动方向的水平力，双向活动支座仅仅传递竖向力，固定支座可以传递竖向力，及纵向、横向水平力，支座一般不传递弯矩。刚构桥是墩柱和梁体固结在一起，梁体上的荷载传递给桥墩时，不仅有三个方向的力，还有三个方向的力矩，由此带来的结果是，刚构桥梁体和墩柱的受力和梁桥的梁体有很大不同。

其次我们再看斜腿的刚构桥，它很像拱桥，但又不同于拱桥，拱桥一般有拱结构和桥面系共同完成桥梁的功能，拱上结构组成桥面系，通过立柱将上部结构的荷载传至拱上，主拱是主要受力结构，主拱以受压为主，弯矩其次，主拱轴线一般为曲线。

斜腿刚构桥梁体直接承受外部荷载，通过墩柱和梁体的固结节点，将荷载产生的力素传给斜腿墩柱，主梁结构受弯而斜腿结构受压，斜腿一般为直线。图10.2是西班牙的阿尔文托萨（Albentosa）桥，该桥拱肋采用耐候钢建造，从外形上看和斜腿刚构极为相似。

　　采用刚构桥的目的是，一方面，一些小跨度的门式刚构可以采用较小的梁高获得较大的桥下净空，节省支座的安装；大跨度预应力混凝土刚构桥中，避免了大吨位支座的采用，节省建造和养护费用，也可以使施工费用节省；斜腿刚构桥则发挥了拱桥和梁桥的优点，施工方法多样，形式也很优美。

图10.2　西班牙的阿尔文托萨桥

　　因此，刚构桥兼具梁桥和拱桥的特点，根据结构形式不同，有的接近梁桥，如大跨度预应力混凝土连续刚构桥或T构桥，有的更接近拱桥，如斜腿刚构桥。刚构桥既适用于小跨度的地道桥、跨线桥，也适用于跨越山谷或河流的大跨度的桥梁，它的跨度比同样梁高的梁桥大，大跨度预应力混凝土刚构桥的跨度已达到330m（图10.34）。

刚构桥基本形式及适用条件

　　刚构桥的结构形式和结构体系多种多样，选择刚构的目的通常是为了满足小的建筑高度或增加结构的跨度。根据结构外形可分为门式刚构桥、T型刚构桥、连续刚构桥、斜腿刚构桥、V型刚构桥。

刚构桥的常见施工方法有：顶进法、悬臂浇筑法、悬臂拼装法、支架现浇法、竖向转体法、平面转体法。其中顶进法特别适合闭口刚架在下穿既有线路时采用，悬臂浇筑法和悬臂拼装法是 T 型刚构及大跨度连续刚构桥经常采用的施工方法，转体施工法最常用在斜腿刚构的施工中。

门式刚构桥

门形刚架桥（Portal Frame Bridge），特别适用于跨度较小的下穿式结构和小的河流或涵洞，如下穿铁路的刚架桥，公路互通立交中的小型跨线桥等。

门形刚构桥的静力体系可分为静力三铰刚架、二铰刚架、一铰刚架、固端刚架和闭口刚架五种形式，如图 10.3 所示。

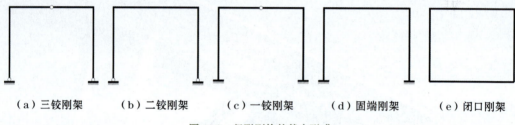

（a）三铰刚架　　　　（b）二铰刚架　　　　（c）一铰刚架　　　　（d）固端刚架　　　　（e）闭口刚架

图 10.3　门形刚构的基本形式

三铰刚架因为在刚架跨中和竖墙或立柱底部设置了铰，是一种静力静定结构，温度变化、收缩徐变及基础沉降不会引起结构内力的变化。

二铰刚架在立柱或胸墙底部设置了铰，一铰刚架是在刚架跨中设置铰，它们的共同作用是减小温度变化、收缩徐变及基础沉降对基础结构的影响。二铰刚架分为带或不带底部拉杆，又分为带或不带边跨悬臂等不同的结构形式。固结刚架就是立柱或胸墙与基础固结，也可以分为带边跨悬臂或不带边跨悬臂。

图 10.4　一座城市道路下穿既有铁路的地道桥

闭口刚架是公路或城市道路下穿既有铁路的最常用结构形式，因为在既有铁路下方，不能进行基础施工，特别适用于较差的地基上。特别是下穿既有道路时，门形闭口刚架可以采用顶进法施工，尤其在下穿既有铁路或高速公路时是不二选择。它一方面避免了基础的施工，另一方面可以保证施工过程中不需中断既有道路的通行，这种桥梁结构又称地道桥（图 10.4）。

T 型刚构桥

预应力混凝土 T 型刚构桥是指在相邻两孔跨中的铰与铰之间的梁与桥墩构成 T 字形。它是随着悬臂施工法的发明而发展出的一种结构形式。施工时主梁自桥墩向两侧平衡悬伸，不需搭临时支架。悬伸出去的梁承受负弯矩作用，依靠施工时逐段施加预应力，结构自身才能支持。因此，悬臂施工法是桥梁技术的重大革新，是建造大跨度预应力混凝土桥的经济有效方法。

悬臂施工法有悬臂灌注与悬臂拼装两种，根据具体情况选用。悬臂灌注时，梁的尺寸与标高易于控制，整体性好，但要等混凝土凝固达到设计强度后才能张拉预应力钢筋，故施工时间较长，混凝土收缩徐变较大。悬臂拼装是在工厂或工地预制拼装节段，运至桥位安装，张拉预应力钢筋，质量较好，施工期短，但运输与施工设备较多。

德国 1953 年建成世界上第一座预应力混凝土 T 型刚构桥，主跨为 114.20m，桥面宽 20.4m，由双箱组成。预应力采用迪维达格（Dywidag)粗钢筋体系。1974 年日本建成了滨名桥，主跨为 240m。

我国在 1959 年设计了广西柳州柳江大桥（图 10.5），采用预应力混凝土 T 型刚构桥方案，1967 年建成。它是我国第一座大跨度预应力混凝土 T 型刚构桥，主跨 124m，总

图 10.5　广西柳州柳江大桥

长为 408m。主梁由双箱组成，根部高 8.5m，跨中高 2.0m，中央设 25m 长的挂梁。施工采用悬臂灌注法。该桥为我国建造预应力混凝土大跨度桥奠定了基础。1980 年建成的重庆长江大桥主跨为 174m，是我国最大跨度的预应力混凝土 T 型刚构桥（图 10.6）。

世界上跨度最大的预应力混凝土 T 型刚构桥是 1978 年建成的南美巴拉圭亚松森（Asuncion）桥，跨度 270m，是一座多跨桥梁。

图 10.6　1980 年建成的重庆长江大桥

T 型刚构桥在施工阶段与运营阶段的受力情况基本相同，可以充分发挥材料的性能，因而跨度得以增大。主梁多数是箱型，与桥墩固结。主梁在跨中设铰，以传递运营阶段的剪力和扭矩；也可在主梁跨中加设挂梁，连接两侧悬臂（图 10.7）。铰不易制造与安装，年久容易变形和损坏，且跨中有较大挠度，妨害行车。挂梁也结构复杂，日久路面出现折线，于行车不利。近几年来国内外 T 型刚构桥已建造得较少。

但非常有趣的是，近年来在高速铁路桥梁建设中为了适应地形的需要，出现了一些单 T 型刚构桥，也就是说只有两跨的刚构桥，只有一个与梁体固结的高架桥墩，两

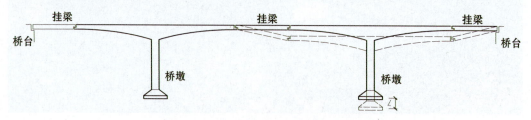

图 10.7　T 型刚构桥的基本图式、变形模式

个边跨梁端直接支撑在桥台上，形成标准的 T 构桥梁，虽然受力不一定很合理，但可以满足一些特殊地形和地质条件，这种桥梁在实际工程中得到应用。如日本的吾妻川桥和中国的高速铁路桥梁不少桥梁采用了这种桥梁形式（图 10.8）。

图 10.8　中国高速铁路中的 T 构桥梁

预应力混凝土连续刚构桥

大跨度预应力混凝土连续刚构桥的跨越能力可以达到 350m，在 150m 至 350m 跨度范围内具有较好的经济性，在桥梁实际工程中广泛应用。

根据墩柱形式的不同，可分为大跨度刚构桥和大跨度双肢薄壁刚构桥；当墩柱高度较高，墩柱刚度对结构受力，特别是主梁温度应力及墩低弯矩不起控制作用时，我们可以采用和连续梁一样的墩柱形式，将梁体和墩柱固结，获得较好的竖向刚度和水平刚度。如南昆铁路清水河大桥（图 10.9），该桥主跨 120m，采用箱型断面桥墩和主梁固结，桥梁墩柱高度达到 120m。

当桥梁墩柱高度受到限制或在比较低矮地区修建桥梁时，墩柱刚度既要满足竖向支撑的安全度，又要尽量降低水平方向的刚度，减小温度、收缩、徐变等对主梁内力的影响。桥墩的设计在此类桥梁中非常重要，如何在满足竖向支撑的同时，尽量减小墩柱的水平刚度，在桥墩的选型上，只有纤细的双肢薄壁墩才能满足上述要求。在纵向上，桥梁的静力体系可以看成一个"浮动"的刚架，在施工阶段，桥墩有足够的刚度，不需要采用临时措施；在运营阶段，容许受到控制的纵向位移，减小温度变化带来的主梁和墩柱内力；满足结构体系稳定性要求。

　　根据跨度和跨数的不同，可以分为三跨连续刚构和多跨连续刚构桥。三跨刚构桥是最为常用的形式，其受力特点和主梁构造和大跨度连续梁类似，但刚构桥由于采用了分离的双肢薄壁墩柱，墩顶处梁内的弯矩比同跨度连续梁小，尽管如此，墩顶处主梁弯矩和墩柱的稳定性控制仍然是大跨度刚构桥的最大挑战。图 10.10 为澳大利亚门道桥（Gateway Bridge），主跨为 260m，这座非常有代表性刚构桥，建造于 20 世纪 80 年代，是当时世界上跨度最大的混凝土悬臂梁桥，不仅结构尺寸有所突破而且构造细节相当简单。

图 10.9　南昆铁路清水河大桥

图 10.10　澳大利亚门道桥（Gateway Bridge）

斜腿刚构桥

斜腿刚构桥源于古老木桥的斜腿或伸臂，其独特的外观，合理的结构受力特性，在小跨度和中等跨度桥梁中比拱桥更为优越。在恒载作用下，斜腿的轴线和斜腿内的压力线重合，从而消除柱顶处主梁的挠度，同时在主梁内产生和连续梁一样的弯矩，是一种经济的，外观优美的结构形式。

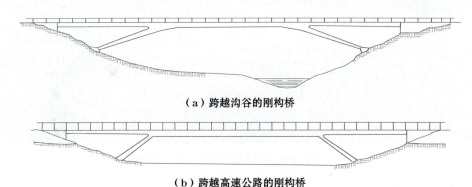

（a）跨越沟谷的刚构桥

（b）跨越高速公路的刚构桥

图 10.11　斜腿刚构桥立面布置

跨越陡峭河岸和深邃狭谷时，采用斜腿刚构桥是经济合理的方案。斜腿刚构桥的受力状况与拱桥更为相近。其梁与腿中的弯矩比门式刚构桥要小，但支承反力却有所增加。由于桥墩置于岸坡上，有较大斜角，在主梁跨度相同的条件下，斜腿刚构桥的桥梁跨度比门式刚构桥要大得多。图 10.12 和图 10.13 为国外两座跨越河岸的斜腿刚构，它们造型轻巧美观，给人以视觉享受。

图 10.12　苏格兰的梯恩河（River Tyne）桥

图 10.13　库拉索岛上的威廉斯泰德（Willemstad）桥

　　我国在高速公路上建有多座斜腿刚构桥，不仅造型轻巧美观，施工亦较拱桥简单。跨线斜腿刚构中最著名的要数德国的克希汉姆（Kirchheim）桥（图 10.14），该桥被英国《桥梁设计与工程杂志》评选为 20 世纪最美的 15 座桥梁之一，也是 15 座桥梁中唯一的一座刚构桥，该桥建于 1993 年，主跨 35m，桥宽 6m。梁体的流线型外形和弯矩图相似，采用混合的桥型，桥面板以下为斜腿刚架，结构简单、明快，给人以一种力度感。法国 1974 年建成的勃恩霍姆（Bonhomme）桥（图 10.15），是世界跨度最大的公路预应力混凝土斜腿刚构桥。两支承铰的间距为 186.25m，桥高 23m。主梁为单箱，中央梁高 2.5m，斜腿顶部梁高 7.0m，斜腿长 25.82m，也是箱型截面，基础设有支承铰。斜腿采用临时支架灌注混凝土，箱梁则采用平衡悬臂法灌注混凝土。

图 10.14　德国的克希汉姆（Kirchheim）跨线桥

图 10.15 法国的勃恩霍姆（Bonhomme）斜腿刚构桥

在铁路方面，早在 1981 年就在邯长铁路上跨越浊漳河修建了跨度 82m 的我国第一座铁路预应力混凝土斜腿刚构桥。紧接其后，在 1982 年建成的陕西安康汉江桥，则是我国第一座铁路钢斜腿刚构桥，跨度达 176m，在目前世界上同类铁路桥中，居于首位（图 10.16）。

图 10.16 陕西安康汉江桥

2008 年建成的石太客运专线铁路孤山特大桥采用 42.5m+60m+42.5m 的两座单线、无砟轨道预应力混凝土斜腿刚构桥，在近年来我国建设的铁路斜腿刚构中最具代表性（图 10.17）。

图 10.17　石太客运专线铁路孤山特大桥

V 型墩刚构桥

V 型刚构桥也是一种连续刚构桥，所不同的是将桥墩做成 V 型。它具有连续刚构桥和斜腿刚构桥的受力特性和共有的优点。这种桥型在计算上与连续梁桥比较，跨度加长了，而梁高却可降低，与连续刚构桥比较，跨中和支点弯矩较小，在结构上更显轻巧美观。V 型斜撑的夹角一般大于 40°。主梁截面多采用箱型，以使预应力索的布置较易，且整体刚度较大。桥墩较高时，V 型两腿交点以下部分可连接一段竖墩，则成 Y 型钢构。其工作性能与 V 型刚构相同。

1988 年建成的广西桂林漓江桥，为 3 跨连续的预应力混凝土 V 型刚构桥，主跨 95m。该桥位于漓江风景区，外形美观，别具一格（图 10.18）。1981 年建成的台湾台北市忠孝桥（图 10.19），正桥长 1145m，宽 31m，为预应力混凝土 V 型刚构桥。该桥跨度为 80m，而梁高只有 2.6m，外型轻巧。

南昆铁路板其 2 号桥是一座采用 V 型墩支撑的连续梁桥，其 V 构和主梁固结，减小了主梁跨度，降低了支座顶部的弯矩（图 10.20）。

图 10.18 广西桂林漓江桥

图 10.19 台北市忠孝桥

图 10.20 南昆铁路板其 2 号 V 型墩桥

刚构桥的受力特点

如前所述，从外形看，门形刚构、大跨度预应力混凝土刚构桥和梁桥十分相似；而斜腿刚构和拱桥有几分相似。形式的形似性也反映了结构受力的特征。确实，门形刚构或大跨度预应力混凝土刚构，和梁桥的不同主要体现在墩柱和主梁的连接关系，梁桥是通过支座连接主梁和墩柱，梁柱的关系为铰接；刚构墩柱与主梁之间不设支座，梁柱的关系为刚接，而且结构的内力分布和变形和梁柱之间的刚度之比有关，刚构桥和梁桥相比，其受力特点体现在墩柱对梁体的约束作用，墩柱中产生的负弯矩减少了梁跨内的正弯矩，从而获得较为纤细梁形。墩柱的刚度、墩柱的布置形式、刚构的约束条件等对梁体内的内力分布特别是弯矩分布影响很大。为了清楚理解刚构桥的受力特点，我们以门形刚构和斜腿刚构为例，通过结构受力和变形的比较，来说明刚构桥的受力特点。

首先比较分析门形刚构和简支梁的受力特点。因为简支梁为静定结构，其内力和支座反力根据内力平衡条件就可以求出，内力和反力的大小仅仅和外荷载有关。温度变化、温度梯度、支座不均匀沉降不会引起结构内力，但会引起结构的变形。

刚架结构就不同了，它是一种超静定结构，其内力要通过结构静力平衡条件和结构变形条件联合才能得出。温度变化、温度梯度、基础不均匀沉降都会引起结构内力的变化和结构变形，而且结构内力不仅和结构承受的外部荷载有关，和结构的刚度也有关。图 10.21、图 10.22 为在均布荷载作用下门式刚构桥和简支梁受力的比较。

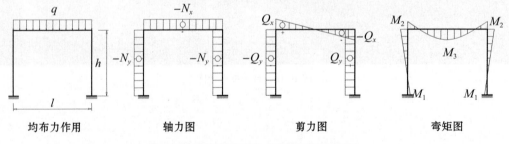

|均布力作用|轴力图|剪力图|弯矩图|

图 10.21　刚架结构在均布荷载作用下的内力

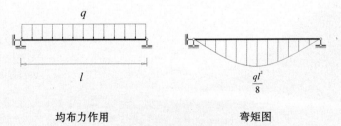

|均布力作用|弯矩图|

图 10.22　简支梁在均布荷载作用下的受力

对于简支梁而言，结构在外部均布荷载 q 作用下：

跨中弯矩 $M = \dfrac{ql^2}{8}$，支座反力 $R = \dfrac{ql}{2}$；

门式刚构在外部均布荷载 q 作用下（取 $h=l$，$I_柱=I_梁$）：

跨中弯矩 $M_3 = \dfrac{5ql^2}{72}$，主梁轴力 $N_x = \dfrac{ql}{12}$，支座反力 $R = \dfrac{ql}{2}$；

通过上述算例可总结如下：梁，主要承受弯矩和剪力；刚架，不仅承受弯矩和剪力，还承受轴向力，而且由于轴向力的作用，使得梁体内的弯矩有所减小，所以在外荷载作用下可以采用较小的梁高。另一方面，因为刚架桥是超静定结构，温度、基础沉降等均引起结构内力的变化，所以结构的设计必须考虑这一特点，采取相应措施，比如合理采用主梁和墩柱的刚度，确定基础条件和结构的适应情况，采用不同约束条件的刚构体系等。

其次我们比较斜腿刚构和拱桥的受力特点。拱桥为受压结构体系，若拱结构的拱轴线选择适当，结构可以主要承受压力，弯矩和剪力均很小，图 10.23 为拱桥的压力线，图 10.24 为斜腿刚构桥的压力线，由此可以看出，两者有一定的相似性，拱桥的压力线为曲线，拱轴也为曲线，而刚构桥的斜腿为直线，压力线也是直线，二者在基础部位均有竖向反力和水平反力，所以斜腿刚构桥和拱桥受力基本相似。V 型墩刚构桥是斜腿刚构桥的一种形式，采用 V 型墩既可以减小主梁的支撑跨度，降低梁内的弯矩，又可以利用边跨的 V 型支腿平衡中间支腿的水平力。

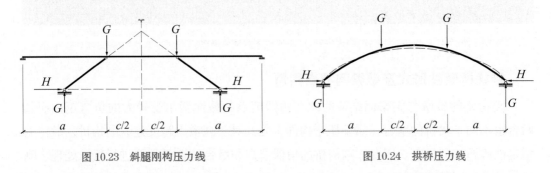

图 10.23　斜腿刚构压力线　　　　　　　　　图 10.24　拱桥压力线

我们再来分析一下大跨度刚构桥，对于前节所提到的大跨度刚构桥，也是一种很有特色的桥梁结构形式。大跨度刚构桥的桥墩和主梁相连，在施工过程中和成桥以后，不设置墩梁之间的支座，使桥墩和主梁形成一个完整的体系，是放大了的门式带悬臂的刚构桥，当跨度增加以后，温度变化时桥梁两部的伸缩收到墩柱的约束，不能够像连续梁那样自由变形，因此，将在梁中产生轴力，而在墩柱中产生剪力和弯矩，大小直接和结构墩柱的刚度有关。

若墩柱刚度较高时，墩柱的线刚度较小，梁的伸缩变形可以通过墩柱的变形得到部分释放，结构中的弯矩和轴力还可以控制在适当范围，若墩柱高度不高，墩柱的线刚度较大，梁的伸缩变形不能有效释放，必然在梁和墩柱中产生很大的轴力和弯矩，为了克服这一问题，采取结构措施降低墩柱的纵向线刚度，就可以达到减小两种轴力和墩柱中弯矩的目的，这就是双肢薄壁墩连续刚构桥。因此，目前国内多数连续刚构桥如广东虎门大桥辅航道桥（图 10.25）就是采用这种桥墩。一般意义上讲，太矮的墩柱不适宜做成大跨度刚构桥，墩柱与跨度的比例一般为墩高 h 大于 $l/10$。

图 10.25　广东虎门大桥辅航道桥

刚构桥墩柱形式及墩梁间节点构造

刚构桥的桥墩与主梁固结，因此在角隅节点的截面要承受较大的负弯矩，而其墩台也不同于梁桥的墩台，属于压弯构件，尤其对于高墩大跨度连续刚构桥，墩柱的稳定性问题十分显著。因此，刚构桥的角隅节点和墩台构造都需要进行特殊处理。刚构桥的墩柱因其形式的不同可分为门式、斜腿式、V 型、单柱式和双肢薄壁式，如图 10.26 所示。

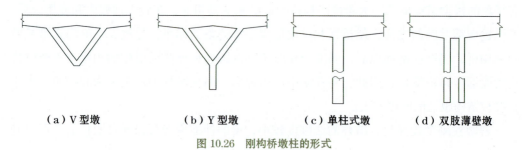

（a）V 型墩　　　　（b）Y 型墩　　　　（c）单柱式墩　　　　（d）双肢薄壁墩

图 10.26　刚构桥墩柱的形式

　　除几种基本的墩柱形式外,国内外的一些刚构桥还采用奇特的墩柱造型,如人型墩、A型墩等。图10.27(a)为葡萄牙波尔图一座刚构桥桥墩,该桥墩属于单柱式墩,线条流畅,造型优美,图10.27(b)、(c)为渝利铁路上两座大跨度刚构桥的人型墩、A型墩,这两种墩造型相似,均能够有效提高超高墩桥梁的横向刚度,且同时比传统墩型节约大量材料。

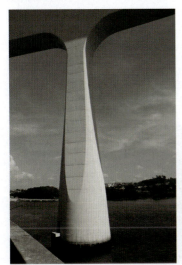　　　　

　　　（a）单柱式墩　　　　　　　　　　（b）人型墩　　　　　　　　　　（c）A型墩

图 10.27　几种奇特的墩柱形式

　　刚构桥的台身与主梁连接处截面承受较大的负弯矩,因此节点内缘的混凝土会产生很高的压应力,而节点外缘的拉应力虽然由钢筋来承担,但此处的主拉应力常常也会使台身与主梁连接部位产生劈裂的裂缝,如图10.28(a)所示。因此工程设计中必须在此处设置防劈裂钢筋予以特别加强,如图10.28(b)所示。

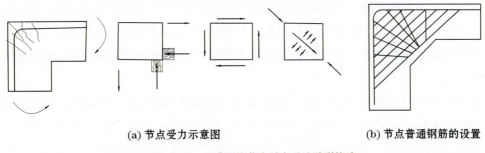

　　　　　　(a) 节点受力示意图　　　　　　　　　　(b) 节点普通钢筋的设置

图 10.28　门式刚构节点受力及防劈裂构造

　　当主梁为箱型截面时,在直角点位置需要加设横隔板构造,常见的横隔板形式如图 10.29 所示。

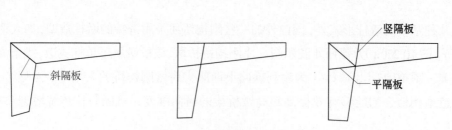

图 10.29　箱型截面直角点横隔板形式

对于斜腿刚构，主梁的恒重和车辆荷载都是通过主梁与斜腿相交处的横隔板，再经过斜腿传至地基上。这样的单隔板或呈三角形的隔板将使此处梁截面产生较大的负弯矩峰值，使得此截面的预应力钢筋十分密集，在构造布置上也比较复杂，如图 10.30 所示。

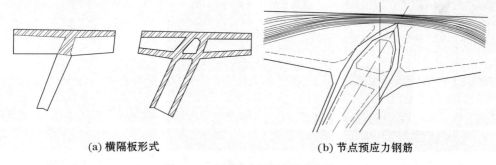

(a) 横隔板形式　　　　　　　　　　(b) 节点预应力钢筋

图 10.30　斜腿与主梁相交节点构造

大跨度预应力混凝土公路刚构桥实例

预应力混凝土连续刚构桥采用主梁与桥墩固结，不设支座，数跨相连，跨中不设铰或挂梁，行车舒适。因此具有 T 型刚构桥和连续梁桥的优点。悬臂施工法与 T 型刚构桥相同，但在跨中要灌注合龙段，张拉预应力束，使之连成整体，和连续梁相同。

预应力混凝土连续刚构桥特别适用于大跨度、高桥墩的情况。高桥墩一般采用柔性薄壁墩，作用如同摆柱，利用它的柔性以适应各种外力所引起的纵向位移，特别是减小温度变化在墩柱中产生的弯矩。此外，桥墩柔性大，对梁的嵌固作用小，梁的受力情况就接近于连续梁桥。柔性墩必须考虑主梁纵向变形与转动和墩身偏心受压时的稳定性。

20 世纪 70 年代前后，混凝土连续刚构桥首先在瑞士得到应用，1969 年，修建了希尔高架桥（Chillon Viaduct），桥长 2210m，跨度为 92~104m 不等，接着 1975 年建成了主跨 144m 的菲尔斯劳（Felsenau）桥，1979 年建成了主跨 100m 的费基尔（Fegire）桥。

进入 80 年代，连续刚构桥在世界范围内得到广泛应用，1982 年，美国建成休斯敦 (Houston) 运河桥，其主跨对称分布为（114+229+114）m。澳大利亚门道桥 (Gateway) 全长 1627m，主桥采用（145+260+145）m 的连续刚构体系，于 1986 年正式通车，主

跨 260 m 成为当时世界上已建成的跨度最大的预应力连续刚构桥，并保持世界第一长达十二年之久（参见图 10.10）。

　　1998 年，挪威先后建成了两座主跨为 301m 的斯托尔马桥（Stolma Bridge）和主跨为 298m 的拉夫森德桥（Raftsundet Bridge），其中斯托尔马桥跨中采用轻质高强混凝土将连续刚构桥的最大跨度突破了 300m，为世界所瞩目，如图 10.31 所示。

图 10.31　斯托尔马桥（Stolma Bridge）

　　中国的大跨度刚构桥代表是广东省番禺的洛溪大桥，该桥建于 1988 年，是我国第一座预应力混凝土连续刚构桥。正桥 4 跨相连，全长 480m，主跨长 180m。梁由单箱组成，高 3.0~10.0m。桥墩为双肢薄壁柔性墩，高 29m。全桥长 1916m，甚为壮观，如图 10.32 所示。

图 10.32　广东番禺洛溪桥

此后，连续刚构桥中比较有影响的有 1995 年黄石长江大桥，其主跨为（162.5+3×245 +162.5）m，如图 10.33 所示；1997 年，主跨 270m 的连续刚构桥虎门大桥辅航道桥建成通车，刷新了当时我国连续刚构桥的最大跨度。

图 10.33　湖北黄石长江大桥

2006 年，重庆石板坡长江大桥复线桥建成，跨中的 108m 采用钢箱梁取代混凝土梁，使主跨达到 330m，成为世界上跨度最大的预应力混凝土连续刚构桥，如图 10.34 所示。表 10.1 给出了国内外公路上已建成的预应力混凝土连续刚构桥（前 10 名）。

图 10.34　重庆石板坡长江大桥复线桥

表 10.1 公路预应力混凝土连续刚构桥排名

排名	桥名	桥址	国家	建成年份	主跨（m）
1	石板坡长江大桥复线桥	重庆	中国	2006	330
2	Stolma 桥	Austevoll	挪威	1998	301
3	Raftsundet 桥	Lofoten	挪威	1998	298
4	Sundoy 桥	Mosjoen	挪威	2003	298
5	虎门大桥辅航道桥	广东虎门	中国	1997	270
6	苏通大桥辅航道桥	江苏南通—常熟	中国	2008	268
7	红河大桥	云南元江	中国	2003	265
8	门道桥	布里斯班	澳大利亚	1986	260
9	Varodd 桥	Kristiansand	挪威	1993	260
10	下白石大桥	福建福宁	中国	2003	260

大跨度预应力混凝土铁路刚构桥实例

铁路桥梁活荷载重，受动力荷载作用，特别是高速铁路桥梁，对结构的平顺性要求很高，建造上难度比公路桥要大一些。

葡萄牙于 1991 年修建的波尔图铁路桥主跨跨度为（125+250+250）m，是目前世界上跨度最大的无砟桥面刚构桥。

我国也建有多座铁路预应力混凝土连续刚构桥。前文所述的南昆铁路清水河桥是一座很有代表性的桥梁。跨越金沙江的荷花池铁路桥，位于四川省攀枝花市，主跨 168m，于 1995 年建成，曾经是国内跨度最大的铁路预应力混凝土连续刚构桥（图 10.35）。

图 10.35 四川攀枝花荷花池铁路桥

2000 年以后我国又修建了许多大跨度铁路预应力混凝土连续刚构桥，其中建成于 2008 年的襄渝铁路二线牛角坪特大桥，最大墩高 98m，主跨 192m，如图 10.36 所示。

图 10.36　襄渝铁路增第二线牛角坪特大桥

随着我国高速铁路的快速发展，大跨度预应力混凝土连续刚构桥在高速铁路也得到广泛应用，2008 年建成的武广客运专线流溪河特大桥跨西华海水道主桥采用（94+168+94）m 连续刚构（图 10.37），是我国设计的第一座 350km/h 高速铁路最大跨

图 10.37　武广客运专线流溪河特大桥

度连续刚构。同年修建的另外一座大跨度连续刚构温福铁路田螺大桥，主跨跨度也达到 160m（图 10.38）。2009 年建成的广深港客运专线沙湾水道特大桥（图 10.39），为（112+168+168+104）m 连续刚构，联长达到 553.6m，是当时时速 350km 无砟轨道最大跨度，设计采用双薄壁桥墩，中间墩为减小对通航及防洪的影响，采用圆形桥墩。表 10.2 给出了国内外铁路上已建的预应力混凝土连续刚构桥（前 10 名）。

图 10.38　温福铁路田螺大桥

图 10.39　广深港客运专线沙湾水道特大桥

表 10.2　铁路预应力混凝土连续刚构桥排名

排名	桥名	桥址	国家	建成年份	主跨（m）
1	波尔图铁路桥	波尔图	葡萄牙	1991	250
2	襄渝铁路增第二线牛角坪特大桥	陕西汉中	中国	2008	192
3	广珠城际铁路容桂水道特大桥	广东顺德	中国	2010	185
4	兰渝铁路朝阳嘉陵江大桥	重庆	中国	2012	176
5	攀枝花金沙江大桥（荷花池铁路桥）	四川攀枝花	中国	1995	168
6	武广客运专线流溪河特大桥	广东广州	中国	2008	168
7	广深港客运专线沙湾水道特大桥	广东广州	中国	2009	168
8	遂渝铁路新北碚嘉陵江特大桥	重庆	中国	2006	168
9	兰渝铁路增第二线桐子林嘉陵江特大桥	重庆	中国	2011	168
10	温福铁路田螺大桥	福建宁德	中国	2008	160

大跨度刚构桥建设的挑战和展望

　　目前，连续刚构桥的主跨度越来越大，桥墩越来越高，但我们也应该看到，在连续刚构桥蓬勃发展的同时也出现了一些问题和不足。主要有跨度的增大使梁体支座顶部弯矩增大，跨度的进一步增加，必须克服支点过大的弯矩效应；桥墩高度的增加导致墩柱结构稳定性问题更加突出；墩柱的增高和跨度的导致的变形特别是温度变形对高速行车的影响。

　　连续刚构桥大都用于跨度为 100~250m 的范围内；而由于混凝土自重过大的原因，其跨度在 300m 左右的连续刚构桥则屈指可数。继续增大跨度则会投入更多的资金，与其他桥型相比会丧失其经济优势，得不偿失。通过减轻主梁自重减小支点弯矩是增加跨度的有效措施之一，采用轻质高强混凝土是一种有效的方法，挪威的两座跨度在 300m 左右的连续刚构桥，跨中 182m 采用了 LC60 混凝土的连续刚构桥（图 10.40）；与之类似的如主跨 330m，跨中采用 108m 钢箱梁的重庆石板坡连续刚构桥（图 10.41）。此外，将传统的混凝土腹板改为波纹钢腹板是正在大力研究发展的思路之一，其主要优点在于不仅可以减轻上部结构自重降低经济指标，同时能够较好地避免腹板开裂提

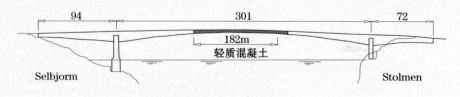

图 10.40　斯托尔玛（Stolma）桥立面布置（单位：m）

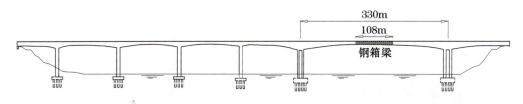

图 10.41　石板坡长江大桥立面布置（单位：m）

高其耐久性，有利于简化施工缩短工期，如日本本谷桥等。同时体外预应力作为预应力设计的新思路，具有传统体内预应力不具备的可维护性好，耐久度高等优点，而如何将其与连续刚构桥进行合理融合也是未来的发展方向之一。

随着跨度和连续长度增大，连续刚构桥更多地与其他桥型相结合而形成了各种组合体系，如刚构—连续梁组合体系，连续刚构钢管混凝土拱组合体系，连续刚构斜拉桥组合体系等。这些新型体系不仅可以充分发挥各自的优点，还能较好地改善连续刚构的变形，很好的适应了高速铁路高平顺的要求，在高铁桥梁中得到广泛应用，也是刚构桥未来的发展方向。

太中银铁路吴堡黄河特大桥（70+4×120+70）m 采用预应力混凝土刚构连续梁组合体系，中间三个桥墩和主梁固结，其余两侧桥墩均设置支座，如图 10.42 所示。大西客运专线晋陕黄河特大桥主桥采用 15 联（2×108）m 预应力混凝土 T 型刚构钢桁架加

图 10.42　太中银铁路吴堡黄河特大桥

图 10.43　大西客运专线晋陕黄河特大桥

图 10.44　宜昌长江铁路大桥

劲组合结构跨越黄河主河槽，通过在混凝土梁上安装加劲钢桁梁使梁体截面进一步优化，显著改善了活载作用下的梁端转角，减轻了上部结构的自重，如图 10.43 所示。连续刚构与钢管混凝土拱组合结构的宜昌长江铁路大桥，利用拱肋将二期恒载和活载传递至桥墩，减少了跨中梁段的弯矩幅值，降低了主梁的截面尺寸增加了全桥刚度，使其跨度达到了 275m 之大，如图 10.44 所示。广珠城际小榄水道特大桥（100+220+100）m，将预应力混凝土 V 型连续刚构和钢管混凝土拱桥两种体系结合在在一起，充分发挥两种体系的优点，使结构具有良好的结构刚度、列车走行性、抗风抗震抗疲劳性能，成为国内同类型最大跨度桥梁，如图 10.45 所示。广珠城际西江特大桥，将连续刚构桥与独塔斜拉桥相结合，改善了连续刚构桥受力状况和长期变形，如图 10.46 所示。

图 10.45　广珠城际小榄水道特大桥

图 10.46　广珠城际西江特大桥

参考文献

[1] 万明坤等 . 桥梁漫笔 . 北京：中国铁道出版社，1997.

[2] 莱昂哈特 . 桥梁建筑艺术与造型 . 北京：人民交通出版社，1988 .

[3] 铁道部工程设计鉴定中心等 . 中国铁路大桥资料选编 . 2011.

[4] Christian Menn. Prestressed concrete bridges. 1990.

[5] 戴公连，宋旭明 . 漫话桥梁 . 北京：中国铁道出版社，2009 .

11

拱 式 桥
——一种既古老又年轻的桥梁型式

撰文：顾安邦　重庆交通大学教授、重庆交通学院前副院长

- 一种既古老又年轻的桥梁型式
- 拱桥的类型
- 石拱桥
- 双曲拱桥
- 箱型截面钢筋混凝土拱桥
- 钢筋混凝土肋拱桥
- 钢筋混凝土桁架拱桥
- 钢筋混凝土刚架拱桥
- 钢管混凝土拱桥
- 劲性骨架混凝土拱桥
- 施工工艺的进步
- 钢拱桥
- 国内外大跨度拱桥一览表

拱式桥——一种既古老又年轻的桥梁型式

一种既古老又年轻的桥梁型式

　　说拱桥是一种既古老又年轻的桥梁型式是非常名符其实的。古代人类在拱桥的修建方面就已经达到了很高的造诣。保留至今的古代桥梁多半是拱桥。伴随着科学技术的进步，拱桥作为五大桥型之一，至今仍然充满旺盛的活力。如果说古代拱桥的千姿百态，风姿绰约，主要表现在拱轴曲线造型上的变化，那么当代拱桥式样的绚丽多姿，繁花似锦，更表现在结构型式与构筑方法的丰富多彩上。虽然在已经达到的跨度方面，拱桥不及悬索桥与斜拉桥，但作为通行现代交通工具的桥梁型式之一，当选择大跨度桥梁的桥型时，在目前比较常遇到的 200 ～ 600m 跨度范围内，拱桥仍然是悬索桥与斜拉桥的竞争对手。而在中、小跨度领域，则只要是有民间工匠的地方，就有条件修建拱桥。因此古往今来，拱桥一直遍布世界各国大小城镇和乡村僻野。在世界各地人们所见到的数不清的大小拱桥中，有的历史印记斑斓，有的民族与地方乡土特色浓重，有的充满现代气息。特别在中国，公路桥梁中 60% 为拱桥，以赵州桥等（参见第 1 篇及第 2 篇）为代表的古代拱桥在世界上更享有很高的评价。中国拱桥历史之久，式样之多，数量之大，形态之美与发展之快，均为当今世界所瞩目。

拱桥的类型

　　拱桥是一种弧形承重结构。多数学者认为，人类学会建造拱桥最初得益于自然界大量存在的天然拱的启发和鼓舞。我国黔东南黎平县境内就有世界上跨度最大的天然拱，跨度长达 138m，顶面宽达 128m，比美国号称世界第一的雷恩博天然拱桥还要长出 34.2m，宽出更达 118m。

　　拱桥在荷载作用下，支点处要产生水平推力（参见图 3.19）。正是这个水平推力，使拱内产生轴向压力，并大大减少了跨中弯矩，从而使它的主拱截面材料强度得到充分发挥，跨越能力增大。根据理论推算，钢拱桥的极限跨度可达 1200m 左右，混凝土拱桥的极限跨度可达 500m 左右。亦正是这个推力，使得修建拱桥时需要较大的墩、台和良好的地基。

　　拱桥型式多样，构造各异。按所使用的建筑材料可分为：圬工（砖、石、混凝土）拱桥、钢筋混凝土拱桥、木拱桥及钢拱桥。按拱上建筑的型式可分为实腹式拱桥（图 11.1）和空腹式拱桥（图 11.2）。前者构造简单、自重大，适用于中、小跨度；后者结构合理，

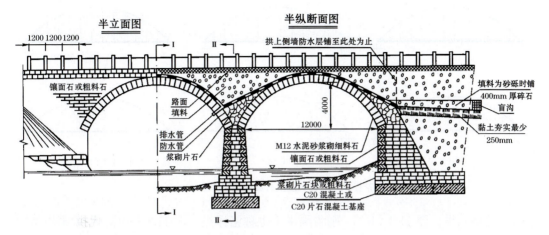

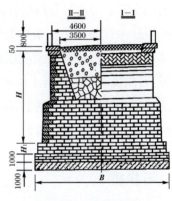

图 11.1　实腹式拱桥

自重轻，利于泄洪，是大、中跨度拱桥的常用型式。按主拱轴线的线型可分为圆弧拱、抛物线拱及悬链线拱等。悬链线拱桥在荷载作用下，主拱内弯矩最小，是常用的线形。按桥面位置可分为上承式拱桥、下承式拱桥和中承式拱桥。后两种适用于地形平坦、桥面标高受到限制时。将主拱拱脚用系杆连接或与行车道系组合共同受力，可形成系杆拱。此时支座即不再承受推力。系杆拱可以做成刚拱柔性系杆〔图 11.3（a）〕、刚梁柔拱

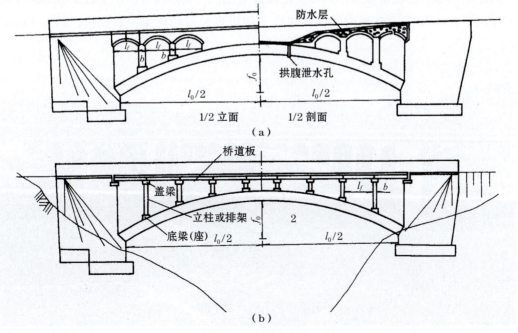

图 11.2　空腹式拱桥

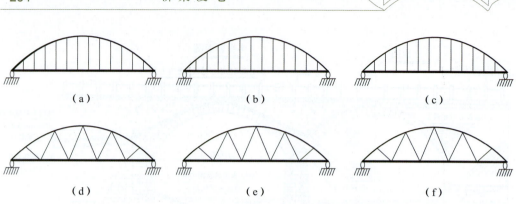

图 11.3　系杆拱（a，d）及拱与梁的组合体系（b，c，e，f）

〔亦称兰格尔拱，图 11.3（b）〕、刚梁刚拱〔也称洛泽拱，图 11.3（c）〕。刚梁柔拱与刚梁刚拱实际上是由梁与拱组合而成的一种组合体系桥梁（参见第 3 篇）。以上三种拱如用斜吊杆来代替竖吊杆则称为尼尔森拱〔图 11.3（d），（e），（f）〕。这种无推力拱常用于地基较差或桥面标高受到限制的场合。我国工程界习惯于将拱桥按材料及结构型式分为：石拱桥（包括混凝土拱桥）、双曲拱桥、钢筋混凝土箱型拱桥、钢筋混凝土肋拱桥、钢筋混凝土桁架拱桥、钢筋混凝土刚架拱桥、钢管混凝土拱桥、劲性骨架混凝土拱桥、钢拱桥等，现分别介绍如下。

石拱桥

石拱桥取材以石料为主。我国资源丰富，建造石拱桥是我国宝贵的民族传统。其特点是就地取材，造价低廉，但需要搭设拱架施工。我国始终保持了石拱桥的跨度世界纪录。1990 年我国在湖南凤凰县建成了创世界纪录的鸟巢河石拱桥，跨度 120m。

图 11.4　当代世界上跨度最大的山西晋城跨度 146m 的丹河石拱桥

2000 年，我国又在山西晋城建成了当今世界上跨度最大的丹河石砌拱桥，跨度达 146m（图 11.4）。

石拱桥传统的修建方法是必须搭设拱架施工。无论是木的或钢的拱架，不但费工、费料，在没有条件搭设拱架或地形不允许搭设拱架时，就限制了石拱桥的修建。因此，如何少用和不用拱架就成了发展石拱桥的关键。20 世纪 60 年代曾出现过悬砌石拱桥，即先在很窄的拱架上修建中间的基本拱肋，然后再利用已砌好的基本拱肋为支架，在其两侧用悬砌石块砌成全拱圈。

双曲拱桥

双曲拱桥是中国首创的一种新型拱桥，其主拱圈在纵向（顺桥方向）和横向（垂直水流方向）均呈曲线形，故称"双曲"拱桥（图 11.5）。这样做不仅减少了拱圈用料还增大了主拱的截面抵抗力矩，更重要的是它的拱圈是由拱肋、拱波、拱板、横隔板

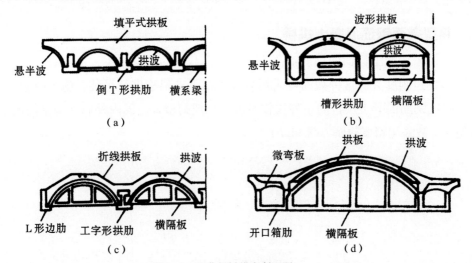

图 11.5　双曲拱桥横向断面图

等小型构件预制装配而成。这样做的最大好处是施工安装时"化整为零"，而承受荷载时则又"集零为整"。也即可以减少用或不用拱架，只要将预制拱肋安装好以后，预制拱肋就变成预制拱波和现浇盖板的支架了。因此，双曲拱桥的施工速度很快，为中国拱桥结构型式与安装方法的发展提出了一个新思路，对桥梁事业的发展起了较好的推动作用。双曲拱桥特别适合于施工装备条件差的小城镇和农村，它最初在 1960 年代发源于江苏无锡，很快一度风靡全国。但是，将拱圈"化整为零"难免会带来在承重上起关键作用的拱圈整体性差并容易开裂的缺点，特别是活荷载较大的铁路双曲拱桥。在建成的数百座双曲拱桥中，大部分拱圈产生开裂，变形，现在已很少采用这种结构形式。全长 1532m 由 8 孔 76m 和 9 孔 50 双曲拱组成的长沙湘江大桥是修建最为成功迄今没有出现裂缝的大跨度多孔双曲拱桥（图 11.6）。

图 11.6　全长 1532m，跨度为 76m 与 50m 的长沙湘江大桥

箱型截面钢筋混凝土拱桥

　　主拱采用箱型截面的钢筋混凝土拱桥，其截面的挖空率大，用料省及受力合理，抗弯和抗扭刚度大。这种截面可采用分段预制无支架法进行吊装，施工时稳定性好，是大跨度钢筋混凝土拱桥的一种比较经济、合理的型式。国内外修建的钢筋混凝土拱桥绝大多数采用箱型截面（图 11.7）。

图 11.7　箱型截面钢筋混凝土拱桥

1979 年建成的四川马鸣溪金沙江大桥是我国用缆索吊机吊装施工的特大跨度箱型截面钢筋混凝土拱桥，跨度 150m。该桥拱圈箱高 2m，箱宽 7.6m，矢跨比 1/7（图 11.8）；全拱圈在横向分为 5 个箱室，纵向分为 5 个预制节段。缆索吊机将预制节段吊装就位后，再在横向组合成整体箱。最大吊装重达 70t，创下当时国内缆索吊装的吊重纪录。

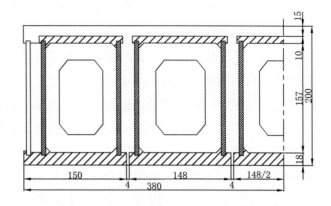

图 11.8　跨度 150m 的四川马鸣溪金沙江大桥

建于 1979 年的前南斯拉夫克尔克桥（Krk Bridge），是中国万县长江大桥建成以前世界上跨度最大的钢筋混凝土拱桥，主拱采用箱型截面。该桥架于亚得里亚海上，主跨 390m，通行汽车，桥面行车道宽 10.37m，并且有多根输油管和输水管道通过。主拱圈截面为一个高 6.5m，宽 13m 的三室箱（图 11.9）。克尔克桥采用预制节段拼装。首先进行中室箱的组装。先将厚 15cm 的顶、底板和腹板按 5m 长一节分别预制。然后借助缆索吊机和设在箱中可移动的钢构架，将各构件拼装成箱。各构件的接头及 5m 长的预制节段与节段间的接头用钢筋套环连接，进行现浇混凝土。拱上立柱用滑升模

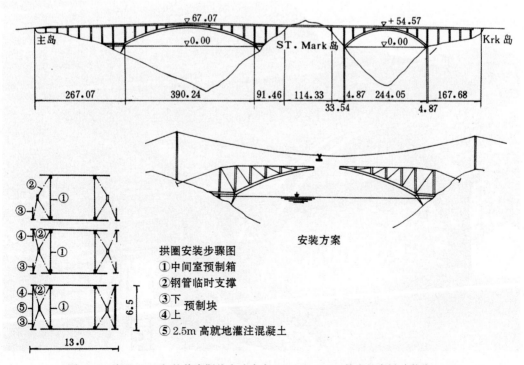

图 11.9　建于 1979 年的前南斯拉夫跨度为 390m 与 244m 的克尔克桥（单位：m）

板就地灌注。拱圈拼装到下一个立柱部位时，即加设受拉的临时斜索和临时钢索上弦，与拱圈、立柱组成临时桁架，以增加施工时拱的刚度。临时钢索上弦则锚固于台后岩盘中。如此不断地向河中悬臂延伸。在中室箱体合龙后，即可松去临时钢索，调整拱圈内力。以后即利用合龙后的中室箱作拱架，组装边室箱的预制节段，直至完成全拱三个箱室的拼装。在中室箱体的拱顶处设置 48 个 300t 千斤顶，在两个边室箱各设 16 个 300t 千斤顶，用以调整拱圈内力。这种构思新颖的施工方法有如下特点：（1）能用小型吊装设备，建造特大跨度的拱桥，390m 的主跨只用了 2 台 10t 的缆索吊机；（2）拱圈采用分室、分节、分块的方式预制拼装，是非常大胆而先进的设计；（3）将四副起重能力 10t 的可移动钢构架，设置在主拱圈的箱室内进行预制构件的拼装，是一种很新颖的构思。

钢筋混凝土肋拱桥

钢筋混凝土肋拱桥的主拱圈由两条或多条分离式的钢筋混凝土拱肋组成。这种拱体重量较轻，恒载内力小，能充分利用主拱材料的强度和适应各种地形，是大跨度拱桥常用的一种型式。

丰沙线北京永定河 7 号桥的主跨为一孔跨度 150m 的中承式钢筋混凝土肋拱桥，也是我国跨度最大的铁路钢筋混凝土拱桥（图 11.10）。该桥全长 217.98m，跨度

图 11.10　我国丰沙线跨度 150m 的永定河 7 号桥

150m，拱矢高 40m。主拱圈为两片箱型截面的拱肋，中心距 7.5m。拱轴线采用二次抛物线。吊杆采用预应力混凝土构件。施工时先架设钢拱架，然后再在拱架上由下而上分层施工，先安装完毕拱肋底板，再安装腹板，最后安装顶板。这样做是可以让先安装完毕的部分与钢拱架共同受力，以减少钢拱架的受力和降低用钢量。

广西邕宁邕江大桥为跨度 312m 的中承式钢筋混凝土肋拱桥，也是世界上这种拱桥桥型中跨度最大者（图 11.11）。

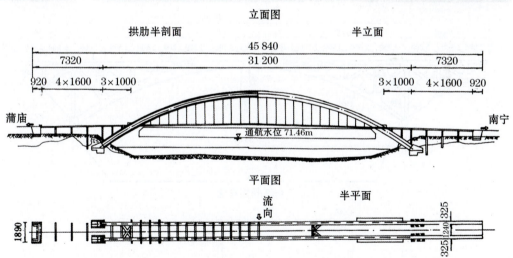

图 11.11　跨度 312m 的广西邕宁邕江大桥——世界上跨度最大的钢筋混凝土肋拱桥

钢筋混凝土桁架拱桥

钢筋混凝土桁架拱桥是在软土地基上为了减轻拱桥自重、利用拱上建筑与主拱圈共同作用的原理，逐步发展起来的一种钢筋混凝土拱桥，特别适用于中、小跨度桥梁。桁架拱在钢拱桥中早已有之。我国 1937 年建成的钱塘江一桥的引桥就是带有系杆（埋于地下）的钢桁架拱。桁架中因为有一部分杆件受拉，过去由于钢筋混凝土构件不能受拉，所以桁架拱只限于应用在钢桥上了。当采用了预应力措施解决了混凝土受拉杆件的设计问题，再配合使用特别适合于桁架的悬臂拼装方法，就形成了我国 1971 年在浙江余江杭里仁桥上首创的跨度 50m 的预应力桁架拱桥。建成于 1995 年的贵州江界河大桥（图 11.12），主跨 330m，是我国已建的一系列桁架拱桥中跨度最大者。

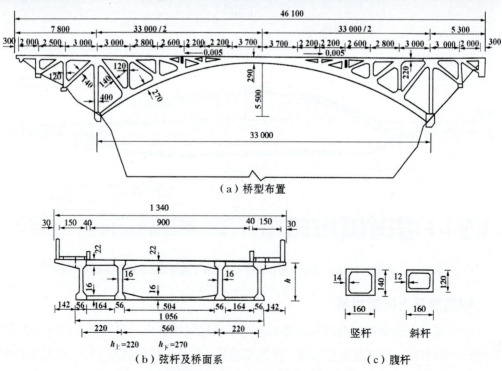

图 11.12　1995 年建成的跨度 330m 的贵州江界河大桥—中国跨度最大的钢筋混凝土桁架拱桥（单位：cm）

钢筋混凝土刚架拱桥

钢筋混凝土刚架拱桥是我国20世纪70年代发展起来的一种新型钢筋混凝土拱桥。其特点是从拱上建筑着眼,利用斜撑将桥面位于拱的1/4跨度处的最不利荷载传至拱脚,以改善主拱的受力。钢筋混凝土刚架拱桥特别适用于中小跨度。广东清远北江大桥是我国1985年建成的规模最大的钢筋混凝土刚架拱桥(图11.13),该桥全长1058.04 m,由3×45m＋8×70m＋4×45m共15孔刚架拱组成。1993年建成的江西德兴乐安江太白桥更将钢筋混凝土刚架拱桥的跨度提高到130m,该桥左右半拱各在岸上做成,用转体法在江心合龙。

图11.13　1985年建成的广东清远北江大桥——中国最长的钢筋混凝土刚架拱桥

钢管混凝土拱桥

20世纪90年代初我国开始开发采用钢管混凝土拱桥。所谓钢管混凝土,就是在薄壁钢管内填充混凝土,使两者共同工作的一种组合受压材料。其核心混凝土受到钢管的约束处于三向受压状态,从而具有比普通混凝土大得多的承载能力和抗变形能力。而薄的钢管壁受到核心混凝土的约束,其稳定性也大为增强。在国外(日本)亦有用钢箱来代替钢管构成钢箱混凝土拱肋的。钢管混凝土拱桥的主拱拱肋一般做成由上下两根钢管组成的哑铃型截面,或者由上、下各两根钢管加上其间的腹杆组成的桁架型拱肋。修建时,先制作和安装重量很轻的钢管拱,然后用混凝土泵充填管内混凝土,形成拱肋全截面。钢管同时发挥施工时的拱架,灌注混凝土用的模板和建成后参与管心混凝土共同受力的三种作用,因此施工十分方便,用材少,跨越能力大。钢管混凝土拱桥较好的解决了修建桥梁所要求的用料省，安装重量轻，施工简便，承重能力大的诸多矛盾，因此是大跨度拱桥的一种比较理想的型式。我国 1990 年在四川旺苍建成了跨度 115m 的国内第一座钢管混凝土拱桥（图 11.14）。以后这种桥型的建设得到很快的发展，已建和在建的钢管混凝土拱桥已达 250 多座，主跨 460m 的重庆巫山长

图 11.14　四川旺苍东河大桥——中国第一座钢管混凝土拱桥

图 11.15　重庆巫山长江大桥——主跨 460m 的中承式钢管混凝土拱桥

图 11.16　四川波司登合江长江大桥——世界跨度最大的钢管混凝土拱桥

江大桥（图 11.15）和主跨 518m 的四川波司登合江长江大桥（图 11.16）是世界上跨度最大的两座钢管混凝土拱桥。这种桥型有可能使拱桥的最大跨度达到斜拉桥。

劲性骨架混凝土拱桥

近年来，国内出现了多座特大跨度的劲性骨架混凝土拱桥。所谓劲性骨架混凝土拱桥就是先安装拱形劲性钢桁架作为拱圈的施工支架（骨架），然后在各片竖、横骨架外包以混凝土，形成拱圈整个空心截面。建成后骨架又成为拱圈结构的组成部分。取其施工方法命名，称为劲性骨架法。它是传统的拱架法的演变和发展，在日本又称米兰法，国人亦称为埋置式拱架法。若取其结构工作原理，则称为钢骨钢筋混凝土或劲性钢筋混凝土（SRC）结构。劲性骨架法本是一种修建特大跨度拱桥的老方法。西班牙 1942 年修建的跨度 210m 的埃斯拉（Esla）桥和日本 70 年代修建的跨度 240m 的字佐川桥和跨度 235m 的别府桥，都是采用的型钢劲性骨架法。这种将施工方法和结构相结合的拱桥型式之所以能再次焕发青春，是因为找到了受力合理的，既高强又经济的骨架材料——钢管混凝土作为骨架。国内有代表的拱桥是广西邕宁邕江大桥和跨度为世界混凝土拱桥之最的、跨度 420m 一孔跨过长江的重庆市万县长江大桥（图 11.17）。

（a）跨度 420m 的万县长江大桥

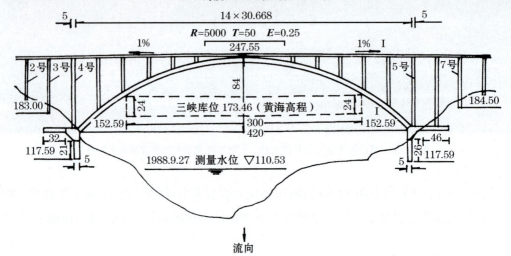

（b）桥孔布置图（单位：m）

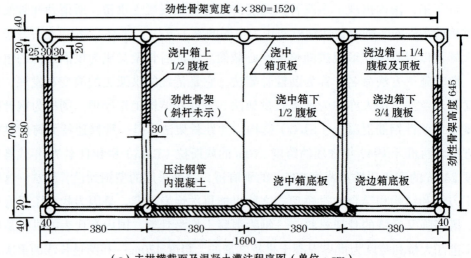

（c）主拱横截面及混凝土灌注程序图（单位：cm）

图 11.17　世界混凝土拱桥之最——跨度 420m 的重庆市万县长江大桥

万县长江大桥位于重庆市万县，是国道线上 1997 年新建的一座跨越长江的特大公路桥。桥梁全长 856m，主孔净跨度 420m，矢跨比为 1/5。拱圈为等截面悬链线箱型拱。截面为单箱三室矩形，尺寸（高 × 宽）为 7m×16m，顶、底板各厚 40cm，腹板厚 30cm。拱上结构部分的桥道梁为跨度 30m 的预应力混凝土 T 梁，立柱为空心薄壁箱型结构。拱圈先用钢管混凝土杆件做成拱形桁架，作为劲性骨架用，再现浇 C60 混凝土外包骨架形成。拱桁在横桥方向共有 5 片。拱桁上、下弦用直径 400mm，厚 16mm 的钢管做成，腹杆及联结系采用角钢组合杆件。整个骨架在工厂制作成长 13m，高 6.8m，宽 15.6m 的拼装节段共 36 段，每段重 60t。安装时将节段用船由工厂运抵桥下，用缆索吊机起吊，用普通钢丝绳作临时扣索，用直径 5mm 高强钢丝束作正式扣索。每次吊第 1、2 节节段时先设临时扣，吊第 3 节节段时再设正式扣，同时取消临时扣，如此循环，直至合龙。再以泵压法向钢管内灌注 C60 混凝土，形成钢管混凝土拱桁劲性骨架结构。然后以钢管混凝土骨架为依托，采用先中室箱，后边室箱，纵向分环，各环分段，多工作面对称同步灌注拱箱混凝土，并分环合龙。各环混凝土要间隔一定龄期，以使前环混凝土达到一定强度，参与骨架联合作用，共同承受后环混凝土的重量。万县长江大桥与国内外大跨度混凝土拱桥相比，其突出特点有：跨度最大，居世界第一；钢管混凝土劲性骨架应用创新水平；骨架 36 个节段用缆索吊装，安装难度大等，均属国内外罕见。大桥于 1997 年建成通车，在我国桥梁建设史上又添上了光辉的一页。应用钢管混凝土劲性骨架技术正在修建的北盘江特大跨劲性骨架混凝土拱桥，其跨度达 465m。

施工工艺的进步

拱桥的发展是与高强轻质材料的应用，结构分析方法和施工工艺的发展密切相关的。其中施工工艺的发展更为关键。多年来，国内外桥梁工作者在拱桥结构的轻型化，施工技术的改进和创新方面，作出了不懈的努力，取得了可喜的成绩。施工技术由原来在满布式支架上施工发展到无支架缆索吊装、悬臂施工法，直到下面将要介绍的劲性骨架施工法、转体施工法，等等。

1989 年建成通车的重庆市涪陵乌江大桥，是一座世界少见的用转体施工法建成的特大跨度钢筋混凝土拱桥（图 11.18）。该桥桥址为一 V 形河谷，水深流急，故用一跨 200m 的钢筋混凝土箱型拱桥跨越乌江，桥高 84m。拱上结构为 13 孔 15.8m 的钢筋混凝土简支板，支承于双柱式柔性排架上。桥台基础置于岩石上。主拱圈为 3 室箱，全宽 9m，由厚 20cm 的混凝土顶、底板及腹板组成。该桥采用转体施工。先在两岸上、下游支架上各组成 3m 宽的边箱，形成半个拱圈，转体合龙后，再吊装中箱的顶底板形成三室箱全截面。如图 11.19 所示，拱箱转体过程为：第一步，先张拉尾锚索给拱箱以预压力；第二部，在拱顶张拉扣索，使拱箱与拱架脱离；第三步，利用风缆索使

图 11.18　跨度 200m 的重庆涪陵乌江大桥

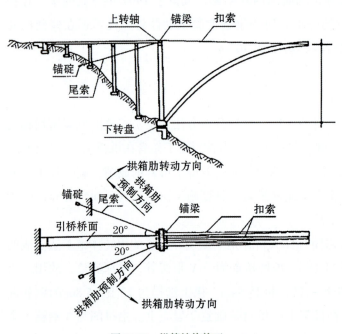

图 11.19　拱箱转体施工

拱箱转体合龙。整个施工过程经过缜密思考，既大胆又细致，既快速又安全可靠。

近年来，日本更是将拱桥的几种施工方法加以组合，形成了一些独特的施工方法；例如将悬臂扣挂和劲性骨架组合，以及将悬臂桁架和劲性骨架组合等。前者在主拱圈两边用悬臂扣挂，中段用劲性骨架与已灌注混凝土的边段铰接，合龙成拱，然后自铰接处向拱顶分段灌注混凝土，最后封铰成拱。日本用此法建成了跨度 204m 的宇佐川桥（图 11.20），还用悬臂桁架加劲性骨架组合法，建成了跨度 235m 的别府桥（图 11.21）。

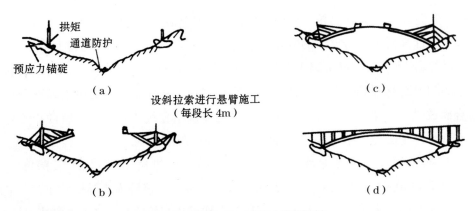

图 11.20 跨度 204m 的日本宇佐川桥

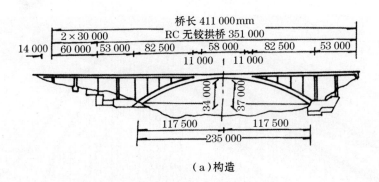

（a）构造

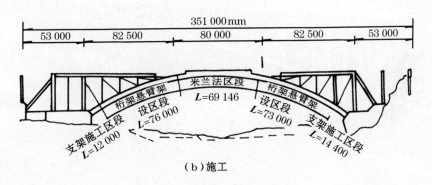

（b）施工

图 11.21 跨度 235m 的日本别府桥

钢拱桥

在安装和跨越能力方面，钢拱桥要优于钢筋混凝土拱桥。我国在 20 世纪 90 年代后期发展为世界最大产钢国以前，钢材相对不多，在桥梁上的应用受到一定限制，特别是在公路上，钢拱桥也修建的较少。跨度最大的钢拱桥是四川攀枝花市的 3002 号和 3003 号桥，跨度均为 181m。

近年来，随着我国钢材产量的增加，品种的增多和质量的不断提高，我国的钢拱桥得到快速发展，陆续建成了上海卢浦大桥（主跨 550m）、广州新光大桥（主跨

428m）、重庆菜园坝长江大桥（主跨420m）、重庆朝天门长江大桥（主跨552m）、南京大胜关长江大桥（六跨连续钢桁梁中承式铁路拱桥）等结构新颖的特大跨度钢拱桥。目前，世界最大跨度（360m以上）的十座钢拱桥中，有5座在中国。国内建成的钢拱桥多数为组合结构拱桥，即它是拱、梁、刚构多种结构体系以及混凝土和钢等几种材料组合而成拱式桥梁。它能充分发挥桥梁结构体系组合优势和各种材料性能的充分利用，而取得改善受力、增大跨度、经济、环保和美观的效果。

重庆朝天门长江大桥是座中承式连续钢桁系杆拱桥（图11.22），跨度布置为190m+552m+190m（图11.23）是目前世界最大跨拱桥，该桥为双层桥面布置，上层为城市主干道双向六车道，全宽36.5m，下层为双线城市轻轨交通，本桥主要技术特点有：

图11.22　重庆朝天门长江大桥全景

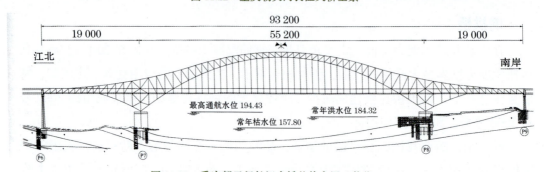

图11.23　重庆朝天门长江大桥总体布置（单位：cm）

（1）主桁结构中支点采用支座，使得大桥结构具有三跨连续梁的受力特点；（2）成功研制并采用了世界上最大吨位（145000kN）抗震支座；（3）采用钢结构系杆和预应力系杆相组合的方式使系杆与主桁之间连接简单，受力明确；（4）采用架梁吊机、斜拉扣挂施工技术，并结合抬高梁体标高，实现先拱后梁合龙。

上海卢浦大桥是一座超大跨度的中承式钢箱系杆拱桥（图11.24），主跨550m，两个边跨各为100m。主拱拱肋矢跨比1/5.5，拱高100m。拱肋为双肋提篮式钢箱截面，箱宽5m，箱高从跨中6m增加到拱脚的9m，桥面以上两片拱肋由25道"一"字形风撑连接，桥面以下有八道K撑连接。主梁（行车道梁）采用正交异性桥面板全焊钢箱梁，主梁通过吊杆或立柱支承于拱肋上，主梁高3m，宽40m，中间设6车道。主拱的水平

图11.24　上海卢浦大桥全景

推力由设置在主梁两侧钢箱内的32根大吨位超长水平拉索（760m）承担。该桥是世界已建成的最大跨度拱桥之一，特别是在软地基上修建的特大跨钢箱系杆拱桥，为世界之最。大桥结构新颖、美观、技术含量高。

重庆菜园坝长江大桥（图11.25）是一座公轨两用的特大桥梁，主桥采用预应力混凝土"Y"型刚构、钢桁梁与钢箱系杆拱组合结构，其跨度布置为：88m+102m+420m+102m+88m。主拱肋采用封闭式钢箱，箱宽2.4m，箱高4m；行车道主梁为钢桁架，梁高11.2m，钢桁梁采用正交异性钢桥面板；预应力混凝土"Y"型刚构由空心薄壁结构

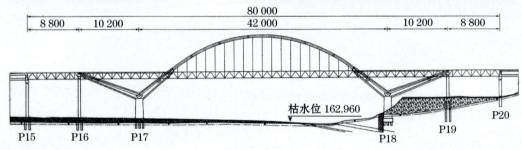

图 11.25　重庆菜园坝长江大桥（单位：cm）

的前后悬臂和横梁组成，设置中跨系杆索将拱、刚构、桁梁联接为一整体，并在边墩处设竖直系杆来进行主体结构的内力调整。该桥是一座钢拱、预应力混凝土刚构和钢桁梁完美组合的拱桥，由于体系的合理组合，减少了结构的用钢和投资，造型别致美观。

　　欧美各发达国家在钢筋混凝土和预应力混凝土出现以前，钢铁工业已有较大规模，因此国外修建钢拱桥已经有很长的历史。最早的当推 1777~1779 年英国在伯明翰附近修建的跨度 31m 的铸铁拱桥（参见图 27.1）。以后随着炼钢技术的发展以及铁路的出现，在 19 世纪下半叶，20 世纪初欧洲修建了不少跨度超过 100m 的钢拱桥。在预应力混凝土出现以前，钢拱桥是大跨度桥梁的主要型式，以后跨度不断扩大。20 世纪 30 年代美国纽约跨度 503.6m 的齐尔文科钢拱桥与澳大利亚跨度 503m 的悉尼港钢拱桥使钢拱桥的跨度突破了 500m〔参见图 3.23（b）〕，并把这一纪录保持了近半个世纪。直到 1977 年美国在西弗吉尼亚州修建了一座跨越新河谷（New River Gorge）的公路钢

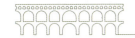

桁架拱桥（图 11.26）才打破了这一记录。该桥跨度为 518.2m，桥面宽 22m，在水面以上高 268m，目前是世界上跨度最大的钢拱桥之一。对于这么大的跨度来说，桁架拱是较合适的结构型式。从远处看，桥梁巨大的跨度与纤细的结构形成强烈对比，惊心动魄，叹为观止，令人不得不钦佩掌握现代先进工程技术的桥梁工程师的杰作。该桥拱上立柱间距就达 42.5m，因此选择桁梁作为支承行车道的拱上承重结构，并可减少位于峡谷时的受风面积，外观又显得更为苗条。

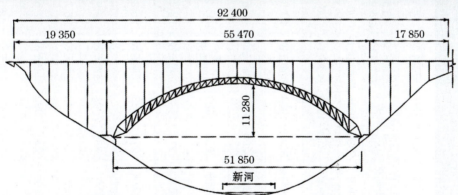

图 11.26　跨度 518m 的美国新河谷 (New River Gorge) 钢拱桥（单位：cm）

国内外大跨度拱桥一览表

表 11.1　所列为世界大跨度钢筋混凝土拱桥（$L \geqslant 250$m）。

表 11.2　所列为世界大跨度钢拱桥（$L \geqslant 300$m）。

表 11.3　所列为我国大跨度钢管混凝土拱桥（$L \geqslant 250$m）。

表 11.1　世界大跨度钢筋混凝土拱桥（$l \geqslant 250\text{m}$）

序号	桥名	国家	跨度(m)	建成年份	结构	矢跨比	拱轴线	拱圈截面	拱圈高度(m) 拱顶	拱圈高度(m) 拱脚	拱宽(m)	桥宽(m)	施工方法	备注
1	重庆万县长江大桥	中国	420	1997	空腹无铰	1/5	悬链线	三室箱	7	7	16	20	劲性骨架	劲性骨架有钢管混凝土
2	KRK 大桥	克罗地亚	390 / 244	1979	空腹无铰 / 空腹无铰	1/6.5 / 1/5.2		三室箱 / 三室箱	6.5 / 4	6.5 / 4	13 / 8	11.4 / 11.4	悬臂桁架拼装 / 悬臂桁架拼装	分室分段分块拼装，建成后两次拱顶用千斤顶调整拱轴
3	贵州江界河河桥	中国	330	1995	桁式组合拱	1/6	抛物线	三室箱	2.9	2.7	10.56	13.4	悬臂桁架	
4	广西邕宁邕江大桥	中国	312	1998	中承无铰	1/6	悬链线	两单室箱	5	5	2×3	18.9	劲性骨架	劲性骨架有钢管混凝土
5	Gladesville 桥	澳大利亚	304.8	1964	空腹无铰	1/7.5		四箱肋	4.26	7	24.2	25.66	拱装、拱架二次横移	四分点设千斤，调整拱圈应力
6	Amezade 桥	巴西	290	1964	空腹无铰	1/5.5		三室箱	3.25	4.8	拱顶 11 拱脚 13	13.5	钢拱架、浇筑	
7	Infant Henrique 桥	葡萄牙	280	2003	上承、刚梁柔拱	1/11.2		板	1.5	1.5	10~20		悬臂桁架	梁高 4.5m，跨中 70m 形成 6m 高箱
8	Bloukrans 桥	南非	272	1983	空腹无铰	1/4.4		三室箱	3.66	5.5	11	15.85	悬臂扣挂、浇筑	
9	Arrabida 桥	葡萄牙	270	1963	空腹无铰	1/5.2		两个三室箱肋	3	4	2×8	26.5	钢拱桥	建成后一直作长期观测
10	富士川桥	日本	265	2005	空腹无铰	1/6.5		三室箱	5	3	15.5	18.5	多段扣挂、塔设河中、悬浇	组合桥面板
11	Sand 桥	瑞典	264	1943	空腹无铰	1/6.7		三室箱	2.66	4.5	9.5	12	木拱桥	
12	Rance 河桥	法国	261	1990	空腹无铰	1/7.5		单室箱	4.2	4.2	拱顶 7.5 拱脚 12	15	悬臂自锚用顶推法堆骨架拼装	拱上建筑用顶推法堆骨架，再浇混凝土
13	高松大桥	日本	260	2000	空腹无铰	1/8							悬臂桁架与劲性骨架组合	
14	天翔大桥	日本	260	2000	空腹无铰								悬臂桁架与劲性骨架组合	

表 11.2　世界大跨度钢拱桥（$l \geqslant 300m$）

序号	桥名	国家	建成年份	桥型	跨度（m）	矢跨比	拱圈高度（m）拱顶	拱圈高度（m）拱脚	桥宽（m）	备注
1	重庆朝天门长江大桥	中国	2008	连续钢桁系杆拱	190+552+190	1/4.3	14	73.13	36.5	世界最大跨拱，双层，下层行轨道交通
2	上海卢浦大桥	中国	2003	中承式，刚箱提篮系杆拱	100+550+110	1/5.5	6	9	41	
3	New River Gorge 桥	美国	1977	上承二铰钢桁拱	518.1	1/4	5.49		16.5	
4	Bayonne 桥	美国	1931	中承二铰钢桁拱	504				16.2	
5	悉尼港桥	澳大利亚	1932	中承钢桁拱	503		18	57	48.8	
6	宁波东外环甬江大桥	中国	2009	中承双肢钢箱拱	100+450+100	1/5	上肢3下肢3.8	上肢3下肢6	45.8	
7	广州新光大桥	中国	2006	连续刚架钢桁拱	177+428+177	1/4	7.5	12	37.2	三孔拱
8	重庆菜园坝长江大桥	中国	2007	中承刚构、钢桁拱，连续钢箱系杆拱	88+102+420+102+88	1/5.7	4	4	30.5	下层行驶轻轨
9	重庆大宁河大桥	中国	2008	上承钢桁拱	400	1/5	10	10	24.5	
10	Femont 桥	美国	1973	中承，系杆拱，箱肋系杆拱	382.6				20.73	
11	Port Mann 桥	加拿大	1964	系杆拱	366				19.5	
12	宜万铁路重庆万州长江大桥	中国	2005	连续钢桁系杆拱	168+360+168		8	36		
13	Thatcher 桥	巴拿马	1962	中承	344				14.6	
14	京沪高速铁路南京大胜关长江大桥	中国	2009	连续钢桁拱	2×336	1/4	12	53	41.6	
15	Lavio Lotte 桥	加拿大	1967		335					
16	Zdakow 桥	捷克	1967	二铰拱	330				13	
17	Birchenough 桥	津巴布韦	1935		329					
18	Glen Canyon 桥	美国	1959		315				14.6	
19	木津川新桥	日本	1993	中承，Nielson体系，提篮	305	1/5.35			11.25	
20	Lewiston Queenston 桥	美、加	1962		305				14.6	
21	佛山东平大桥	中国	2006	中承，双肢拱	260	1/4.55	3	4.5	48.6	平、竖转转体施工

表 11.3　我国大跨度钢管混凝土拱桥（ $l \geqslant 250\text{m}$ ）

序号	桥名	跨度（m）	建成年份	结构	矢跨比	拱轴线	拱截面
1	巫山长江大桥	460	2004	中承无铰，桁肋	1/3.8	悬链线，$m=1.55$	每肋 4 管
2	湖北支井河大桥	430	2007	上承无铰	1/5.5	悬链线	双肋，每肋 4 管
3	湖南湘潭湘江四桥	120+400+120	2007	飞鸟式斜拉拱	1/5.19		每肋 6 管
4	湖南益阳茅草街大桥	368	2006	中承系杆，桁肋	1/5	悬链线，$m=1.543$	每肋 4 管
5	广州丫髻沙大桥	360	2000	中承系杆，桁肋	1/4.5	悬链线，$m=2$	每肋 6 管
6	南宁永和大桥	338	2004	中承无铰，桁肋	1/4.2	4 次抛物线	每肋 4 管
7	湖北沪蓉高速小河大桥	338	2008	空腹无铰	1/5	悬链线，$m=1.543$	每肋 6 管
8	安徽太平湖大桥	336		中承无铰，提篮	1/4.94	悬链线，$m=1.55$	两横哑铃，每肋 4 管
9	浙江淳安南浦大桥	308	2002	中承无铰，桁肋	1/5.5	悬链线，$m=1.167$	每肋 4 管
10	浙江舟山新城大桥	300+300	2005	下承系杆，异性拱			
11	重庆奉节梅溪河大桥	288	2001	上承无铰	1/5	悬链线，$m=1.5$	上下各 4 管
12	武汉晴川桥	280	2001	下承系杆，桁肋	1/5	悬链线，$m=1.5$	每肋 4 管
13	广东东莞水道大桥	50+280+50	2005	中承系杆	1/5	悬链线，$m=1.5$	每肋 4 管
14	宜昌长江铁路大桥	2×275		刚梁柔拱	1/5	2 次抛物线	每肋 4 管
15	广西三岸邕江大桥	270	1998	中承桁肋	1/5	悬链线，$m=1.167$	每肋 4 管
16	浙江象山县三门口北门大桥	270	2006	中承	1/5	悬链线，$m=1.543$	每肋 4 管
17	浙江象山县三门口中门大桥	270	2006	中承	1/5	悬链线，$m=1.543$	每肋 4 管
18	四川宜宾金沙江戎州大桥	260	2004	中承无铰	1/4.5	悬链线，$m=1.4$	每肋 4 管
19	湖北秭归青甘河大桥	256	2002	中承无铰，桁肋	1/4.945	3 次样条曲线	每肋 4 管
20	杭新景高速千岛湖 1 号大桥	252		空腹无铰	1/6.5	悬链线，$m=1.756$	每肋 4 管

（续表 11.3）

序号	桥名	拱高（m）	管径 × 壁厚（mm）	拱宽（m）	桥宽（m）	施工方法	备注
1	巫山长江大桥	顶 7 脚 14	φ1220 × (22~25)	2 × 4.14	19	22 段吊装	管内 C60 混凝土
2	湖北支井河大桥	顶 6.5 脚 13	φ1200 × (24~35)	2 × 5.2	24.5	30 段吊装	
3	湖南湘潭湘江四桥		φ850 × (20~28)		27		
4	湖南益阳茅草街大桥	顶 4 脚 8	φ1000 × (18~28)	2 × 3.2	16	11 段吊装	80m+368m +80m，钢横梁
5	广州丫髻沙大桥	顶 4 脚 6.04	φ750 × (18~20)	2 × 2.7	32.4	竖转、平转	76m+360m +76m
6	南宁永和大桥	顶 6.78	φ1220 × (16~25)		35	吊装	
7	湖北沪蓉高速小河大桥	顶 4.9 脚 7.9	φ1000 × (26~32)		24.5	26 段吊装	管内 C60 混凝土
8	安徽太平湖大桥	7.28~ 11.28	φ1280 × (20~24)	2 × 3.0	30.8	缆索吊装	提篮拱倾角 10°
9	浙江淳安南浦大桥	6.05	上 φ850 × 12 下 φ850 × (12~20)	2 × 3.4	16	吊装	
10	浙江舟山新城大桥	5.85~ 23.125	φ850 × 12		24.5		
11	重庆奉节梅溪河大桥	顶 5.0 脚 8.0	φ920 × 14	13.2	17.5	15 段吊装	C60 混凝土
12	武汉晴川桥	5.5	φ1000 × 14	2 × 2.4	32.5	吊装	
13	广东东莞水道大桥	5.5	φ1000 × (16~18)	2 × 2.5	26.1	15 段吊装	
14	宜昌长江铁路大桥	顶 3 脚 4	φ750 × (16~24)	2 × 2.45	15.5	竖转	
15	广西三岸邕江大桥	5.6	φ1020 × (12~14)	2 × 2.4	32.8	11 段吊装	拱脚附近，部分钢管拱圈外包混凝土
16	浙江象山县三门口北门大桥	5.3	φ800		12.5	吊装	提篮拱倾角 8°
17	浙江象山县三门口中门大桥	5.3	φ800		12.5	吊装	提篮拱倾角 8°
18	四川宜宾金沙江戎州大桥		φ1020 × 16		22.5	吊装	
19	湖北秭归青甘河大桥	顶 3.402 脚 5.842	φ1000 × 14	2 × 2.4	11.6	吊装	
20	杭新景高速千岛湖 1 号大桥	5.0	φ1000 × (14~16)	2.5	2 × 10.25	吊装	

斜拉桥

——一种 20 世纪 50 年代蓬勃兴起的桥梁型式

撰文：肖汝诚　同济大学教授、大跨度桥梁研究室主任
　　　　　　中国土木工程学会桥梁及结构分会常务副理事长
　　　　程　进　同济大学研究员
　　　　姚玲森　同济大学教授

- 斜拉桥的发展概况
- 斜拉桥的结构体系和受力特性
- 斜拉桥的构造
- 斜拉桥的典型实例介绍
- 结束语
- 国内外一些有代表性的斜拉桥资料汇编

斜拉桥——一种20世纪50年代蓬勃兴起的桥梁型式

斜拉桥的发展概况

斜拉桥又名斜张桥，是由塔、梁、索和基础共同受力的结构。因其跨越能力大、受力明确、力学性能好，在过去半个多世纪里取得了快速发展。

古代斜拉桥雏形

古代人们习惯在桥梁下部增加斜撑或通过设置圆拱来扩大桥梁单跨跨度，鲜有采用上部拉索支承主梁的例子。主要原因是当时很难找到具有良好抗拉性能的材料，而抗压性能出众的材料比比皆是。但在东南亚的一些地区，发现过用藤条和竹子架设的人行桥（图12.1），其巧妙之处在于借以自然的粗大树干为"索塔"，韧性良好的藤条为"拉索"。这种外形的人行桥可视为斜拉桥的雏形。

图 12.1　爪哇的竹斜拉桥

图 12.2　德国尼姆堡桥

近代斜拉桥

近代斜拉桥的构思可以追溯到17世纪，意大利人浮士德·费尔南德斯（Faustus Verantius）提出了一种由斜向眼杆悬吊木桥面的桥梁，但没有得到发展。后来，欧美国家尝试修建以木、铸铁或铁丝等材料作为拉索的斜拉桥。如18世纪，德国人伊马努尔（Immanuel）采用木塔架和木斜杆建成了跨度为32m的斜拉桥；1817年，英国建成了一座跨度34m的人行木制斜拉桥，拉索采用铁丝制成；1821年，法国建筑师帕叶特（Poyet）推荐用锻铁杆件将梁吊到相当高的索塔上，并建议采用扇形布置的拉索（辐射型），所有拉索都锚固于索塔顶部。然而，该时期所有的尝试都没有本质上的突破。

19世纪初，两座斜拉桥的坍塌事故给该桥型的发展带来了致命打击。1818年，苏格兰的德莱堡（Dryburgh Abbey）附近一座跨越特威德河（Tweed River）长约79m的人行斜拉桥，因风的作用导致斜链在节点处发生折断而垮塌；1824年，德国跨越萨尔河（Saale River）长约78m的尼姆堡（Niemburg Bridge）桥（图12.2）由于过载而倒塌，

造成 50 人丧生。

以拿维尔（Navier）和罗布林（Roebling）为代表的工程师对斜拉桥事故进行了研究，在肯定缆索受拉承重比以压弯受力为特征的梁式桥具有明显优势、斜拉桥比悬索桥更具刚度的同时，却更倾向于采用传统的悬索桥或者以斜拉索加劲提高结构刚度的悬索桥。这种结构在传统悬索桥基础上增设斜拉索以提高结构刚度，如 1855 年建成的尼亚加拉瀑布桥（Niagara Falls Bridge）和 1883 年建成的纽约布鲁克林大桥（Brooklyn Bridge）（图 12.3）等。

图 12.3　纽约布鲁克林大桥

1938 年，德国工程师迪辛格尔（Dischinger）在设计汉堡易北河铁路桥时，认为悬索桥过于柔性，难以适应铁路荷载，又重新想起了斜拉桥，明确指出斜拉索应采用高强钢材，且必须将索力调整到指定值。1949 年，迪辛格尔首次完整地阐述了这种斜拉为主桥梁的优越性及斜拉索的力学特征，提出了仅主跨中部由悬索系统支承、而两侧部分由从塔柱顶辐射散开的斜拉索支承的新构思，称为迪辛格尔体系，如图 12.4 所示。该体系虽未被当时实际桥梁工程所采纳，却为现代斜拉桥的发展奠定了理论基础。

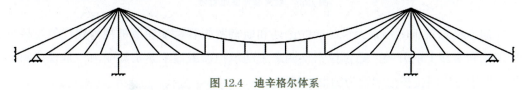

图 12.4　迪辛格尔体系

17~20 世纪上半叶为斜拉桥的探索时期，其发展缓慢的客观原因是：

（1）建桥材料上，拉索多以木材、圆铁、各种铁链条为主，材料强度较低。

（2）理论上对斜拉桥结构认识不足，一方面缺乏对斜拉桥成桥索力重要性的认识，

另一方面也不具备对斜拉桥进行受力分析的能力。

（3）构造处置欠妥当，出现由局部破坏引起的重大事故。

这期间，工程界开始注重拉索的材料以及构造、布置形式的研究，并对斜拉桥进行了理论上的分析总结，为现代斜拉桥的出现及发展奠定了基础。

现代斜拉桥

20 世纪 50 年代后，欧洲（德、法）纷纷开始兴起了斜拉桥的建设热潮，60、70年代后相继在日、美、中等世界范围内迅速推广，并呈现出不同的艺术或技术上的革新。斜拉桥建设实践不断地证实并突破着人类的认知和预言，成为最受工程界和研究者们关注的桥型。"斜拉桥的复兴"和"预应力技术"以及"各向异性钢桥面"共同被称为"战后桥梁发展中的三项最伟大成就"。现代斜拉桥的发展可以分成四个阶段。

1. 稀索体系斜拉桥的发展（1956~1966 年）

1956 年，由迪辛格尔设计的主跨 183m 瑞典斯特罗姆森（Strömsund）桥（图 12.5）建成，拉开了现代斜拉桥发展的序幕。该桥为双塔三跨，采用门式索塔，两对高强钢丝拉索完全按纯扇形从塔顶放射散开布置，梁上索距 35m 左右，斜拉索锚具隐藏在板梁以内。主梁为钢板梁，中间用横梁连接，梁高 3.25m，塔高 28m。在斯特罗姆森桥架设中第一次系统地进行了与施工有关的计算，索力计算贯穿整个架设过程，因此保证全部拉索在该桥运营阶段能充分发挥作用。

图 12.5　瑞典斯特罗姆森桥

迪辛格尔关于斜拉索力学性能的论述和斯特罗姆森桥的建成被视为现代斜拉桥分析理论和实践上的开端。通过拉索预调来主动承担荷载而不是被动受力，是现代斜拉桥区别于近代斜拉桥力学行为的根本特征。

1957 年建成的泰俄多—霍依斯桥（Theodor-Heuss Bridge）（图 12.6）在拉索和索塔的设计中引进了新的元素。平行斜拉索在不同高度与索塔联结形成竖琴式外形，独柱状索塔与主梁和横梁固结，竖琴式拉索相互平行。

图 12.6　德国泰俄多—霍依斯桥

1961 年建成的主跨 302m 德国科隆塞弗林桥（Severin Bridge）（图 12.7），首次采用"A"形索塔结合斜索面和主梁飘浮体系，也是首座非对称、独塔双跨斜拉桥。

图 12.7　德国科隆塞弗林桥

1962 年建成的委内瑞拉马拉开波湖桥（Maracaibo Lake Bridge）（图 12.8）是世界第一座现代预应力混凝土斜拉桥，由意大利结构专家理查德·莫兰第（Riccardo Morandi）设计。全桥长 8687m，宽 17.4m，5 个通航孔的跨度均为 235m，是早期斜拉桥的典型代表。

1956~1966 年是稀索体系斜拉桥的发展阶段，斯特罗姆森桥、泰俄多—霍依斯桥和马拉开波湖桥等是稀索体系斜拉桥的代表作。这些桥的特点是：多数为钢主梁，仅少数几座为预应力混凝土梁；拉索索距较大，在钢梁上一般为 30~65m，在预应力混凝土梁上一般为 15~30m；稀索体系要求较大的主梁刚度和额外的施工架设辅助设备；拉索数量少，导致主梁无索区长、梁体高，受力仍以弯曲为主；单根索力大，梁上锚固区的应力集中问题突出，构造复杂，此外还会带来换索困难等问题。采用稀索体系，一方面反映当时对斜拉桥的认识和设计意图仅是用少量的拉索来代替梁式桥的中间支墩；另一方面则是受到所能求解的超静定结构赘余数的限制。

图 12.8　委内瑞拉马拉开波湖桥

2. 密索体系斜拉桥的兴起（1967~1979 年）

20 世纪 60 年代末以后，几乎所有斜拉桥均开始采用密索体系。密索体系斜拉桥可降低梁高、减轻上部结构和基础工程量，使锚固点的集中力减小，避免了主梁结构在

图 12.9　菲德烈·艾伯特桥

锚固区的局部加强，使应力分布均匀、结构更加轻巧，且由于索距小，易于主梁的悬臂施工、方便成桥后换索。

1967 年，H·洪伯格（H.Homberg）首先在工程上采用较小索距的概念，在德国波恩建成了菲德烈·艾伯特桥（Friedrich Ebert Bridge）（图 12.9）。该桥主跨 280m，桥宽 36m，双塔单索面，塔的两侧各设置了 20 根斜拉索，开创了密索体系的先河。但该桥是单索面结构，为了保证足够的抗扭刚度，采用了梁高较大的钢箱梁，密索体系对梁的连续支承以减小主梁尺寸的这一优点并未凸显。

芬斯特瓦尔德（Finsterwalder）在 1972 年建成的法兰克福黑森州美茵（Höchst Main）河第二桥（图 12.10）上首次将密索体系与混凝土梁相结合，该桥为独塔结构，主跨 148m，桥宽 31m，梁上索距 6.3m，梁高 2.6m。从此混凝土梁密索体系斜拉桥逐渐得到发展，类似马拉开波湖桥的稀索刚性混凝土主梁体系被淘汰。

图 12.10　黑森州美茵河第二桥

斜拉索材料和构造的进步也是斜拉桥的重要条件。在欧洲早期斜拉桥上使用的斜拉索多是钢丝互扣绞成的缆绳，抗疲劳性能及抗腐蚀能力差。1972 年德国跨越莱茵河曼海姆—路德维希港桥（Mainheim–Ludwighafen Bridge）首次使用平行钢丝索股。由于使用方便、抗疲劳性能及抗腐蚀能力强等优点，平行钢丝索和平行钢绞线索成为斜拉桥日后发展的两大主流拉索类型。此外，该桥主梁中跨采用钢材，边跨则用混凝土材料，梁体重量的不同解决了边中跨比不合理的矛盾，杜绝了边墩出现支座负反力的可能。主梁由钢和混凝土在顺桥向混合使用的思路在日后的斜拉桥中亦被大量采用。

1977 年，法国工程师 J·穆勒（J.Muller）设计的布鲁东桥（Brotonne Bridge）（图 12.11），为密索体系单索面混凝土斜拉桥，主梁采用箱形截面以保证抗扭需要。该桥塔梁固结、塔墩分离，塔身纤细。上部结构的自重和活载反力均由支座传给桥墩，首次采用千吨级拉索和万吨级的盆式橡胶支座。

图 12.11   法国布鲁东桥

图 12.12   美国帕斯科·肯尼维克桥

1978 年建成的主跨 299m 美国帕斯科·肯尼维克桥（Pasco Kennewick Bridge）（图
12.12），由德国拉普（LAP）公司设计。首创了双三角边箱主梁及预制节段悬臂拼装
施工工艺，采用辐射式拉索形式。该桥是美国第一座使用直径为 7mm（0.25 英寸）的
ASTM A421 预应力钢丝和莱昂哈特（Leonhardt）首创的 HiAm 锚具的斜拉桥。组成拉索
的钢丝束包在 HDPE 管中，注入水泥浆来防腐。

图 12.13　甘特桥

1979 年,德国建成了莱昂哈特设计的杜塞尔多夫—弗莱埃(Düsseldorf Flehe)桥(图 12.34),主跨 368m,是第一座采用混合桥面对接的独搭斜拉桥。

3. 形式多样斜拉桥结构体系的发展(1980~1999 年)

建于 1980 年的瑞士甘特桥(Ganter Bridge),其混凝土箱形梁由预应力混凝土斜拉板"悬挂"在非常矮的塔上,这种板可以看成是一种刚性的斜拉索,也称板拉桥,如图 12.13 所示。板拉桥与反拱形梁桥虽然在外形上相似,但其力学意义已出现质的变化。

1984 年建成的西班牙卢纳桥(Luna Bridge)(图 12.14)采用了混凝土主梁和部分地锚的形式,以 440m 的主跨刷新了当时的斜拉桥跨度纪录。部分地锚斜拉桥适合地质条件较好的建桥环境,跨中主梁在恒载作用下承受拉应力,能缓解跨度增大导致塔根处主梁轴力过大的问题。

图 12.14　西班牙卢纳桥

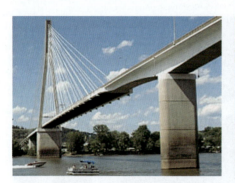

图 12.15　美国东亨廷顿桥

图 12.16　无背索斜拉桥——西班牙阿拉米诺桥

1985 年建成的主跨 274.3m 美国东亨廷顿桥（East Huntington Bridge）（图 12.15），首创了斜拉—连续梁组合体系及梁板式主梁形式，而梁板式主梁亦在后来的双索面斜拉桥中广泛使用。此后，还演变出斜拉—连续刚构、斜拉—T 构等组合体系。

1986 年建成的主跨 465m 加拿大安纳西斯桥（Annacis Bridge）（图 12.35），主跨跨度为当时世界之最，主梁由两个 I 形钢梁及钢筋混凝土桥面板组成，是组合梁斜拉桥建造技术走向成熟的标志。

1991 年建成的主跨 530m 挪威斯卡松德桥（Skarnsundet Bridge）采用三角形混凝土箱梁，以混凝土主梁刷新了斜拉桥的跨度记录，至今仍保持世界单跨最大跨度混凝土斜拉桥的地位。

图 12.17　香港汀九桥

1992 年西班牙建成了阿拉米诺桥（Alamillo Bridge）（图 12.16），长 200m 的钢梁由竖琴式斜拉索支承，斜拉索单侧锚固在混凝土斜索塔上，形成无背索斜拉桥。

1993 年建成的主跨 602m 中国上海杨浦大桥，两侧边孔 243m，时为世界最大跨度组合梁斜拉桥，边跨设置辅助墩，主桥桥面总宽 30.35m。该桥索塔墩固结，上部结构为纵向飘浮体系，横向设置限位和抗震装置。

1995 年法国建成了主跨 856m 的混合梁斜拉桥——诺曼底大桥（Normandy Bridge）（图 12.36），该桥大幅度推进了斜拉桥的跨度。

1997 年瑞士建成了桑尼伯格桥（Sunniberg Bridge）（图 12.37），该桥不仅力学、经济性能俱佳，而且外形优美，与周围景观相得益彰，该桥被评为 20 世纪最美桥梁之一。

1997 年香港建成了汀九桥（图 12.17），为首座多塔斜拉桥。为提高索塔刚度，该桥采用高强钢索和混凝土塔柱的组合形式，不仅节约材料，而且自重较轻，基础工程量较小。桥塔采用单支柱形式，而不是典型的 A 或 H 字的形状，因单支柱桥塔稳定性较低，所以设计师在桥塔上多加了一对横梁，再用拉索把桥塔顶部及下面部分连起来，以加强其稳定性。

1998 年建成的主跨 490m 瑞典厄勒海峡大桥（Öresund Bridge）是当时世界最大跨度的公铁两用斜拉桥，采用了 9000t 巨型浮吊整孔架设技术。

1999 年日本建成了当时世界最大跨度的斜拉桥——主跨 890m 的多多罗桥。

我国于 2000 年建成的芜湖长江大桥（图 12.18）为双层桥面的部分斜拉桥。该桥主跨 312m，为双层桥面的公铁两用桥，钢桁梁梁高 14m，连续梁尚不能满足结构受力和竖向刚度要求，通过低塔、斜拉索对梁体的加劲，使得公铁同时加载下的中跨挠跨比控制在 1/550 以内。

图 12.18　芜湖长江大桥

4. 多跨斜拉桥和超千米斜拉桥发展时期（2000~2013 年）

2004 年建成的希腊里翁—安蒂里翁桥（Rion-Antirion Bridge）（图 12.38），跨度布置为 286m ＋ 3×560m ＋ 286m，全长 2252m，创新性地采用了在特定条件下允许基础

与地基之间有滑动的"加筋土隔震基础"（图 12.39）。

2004 年底，法国米洛大桥（Millau Bridge）（204m+6×342m+204m，全长 2460m）建成，是目前世界上最高和最长的斜拉桥，采用了主梁与索塔拼装后一起顶推的施工工艺（图 12.40、图 12.41）。

2008 年，主跨 1088m 的苏通大桥（图 12.42）建成通车，使得斜拉桥的跨度突破了千米级大关。

2009 年，主跨 1018m 的香港昂船洲大桥建成，首次采用钢和混凝土混合形式的索塔。

2012 年，目前世界上最大跨度的斜拉桥——主跨 1104m 的俄罗斯海参崴大桥（Russky Island Bridge）（图 12.19）建成。

2014 年开工，计划 2019 年建成的沪通高速铁路南通长江大桥，主跨 1092m，4 线铁路加 6 线公路（参见本书外文封面及图 3.23）。

图 12.19　俄罗斯海参崴大桥

在一些大跨度桥梁的方案设计中，出现了斜拉—悬吊组合体系的尝试（图 12.20）。如 1997 年英国 Flint-Neil 公司在印度尼西亚巴厘（Bali）海峡大桥中提出了类似的方案。

近几十年来，斜拉桥的发展得益于三方面：硬件方面，高强度材料和连接构造的研发、改进和生产；软件方面，有限单元法和计算机技术的发展，使得分析高次超静定结构的整体和局部受力成为可能；最后，设计、施工技术的创新发展，是斜拉桥发展的源动力。

图 12.20　斜拉—悬吊组合体系

在斜拉桥的发展过程中还呈现出三个趋势：

（1）梁的高跨比呈减小的趋势并向轻型化发展。随着密索体系的采用和跨度的增大，斜拉桥结构逐渐演变，主梁已由稀索时以受弯为主的压弯构件，演变为密索时以受压为主的压弯构件。结构的整体刚度主要由体系刚度提供，主梁或索塔的构件刚度对整体刚度贡献不大。早期主梁高跨比 h/L 一般为 1/50~1/70，现在则一般在 1/100~1/300 之间，甚至更低。如诺曼底大桥主跨 856m，梁高 3.05m，高跨比为 1/285，多多罗桥（Tatara Bridge）主跨 890m，梁高 2.7m，高跨比为 1/330。

（2）跨度超大化。现代斜拉桥诞生初期，工程界普遍认为 250~500m 是该桥型的适用跨度。随着社会要求的不断提高和计算理论、施工方法、工程材料等的日益进步，

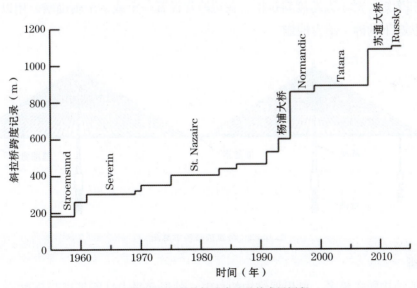

图 12.21　斜拉桥跨度记录的发展历程

斜拉桥的跨度早已超出了上述范围。图 12.21 记录了斜拉桥跨度的发展历程。从中我们不难看到，从 1956 年主跨 183m 的瑞典斯特罗姆森桥问世，到 2012 年主跨 1104m 的俄罗斯海参崴桥建成通车，只用了短短半个世纪的时间。

现在，斜拉桥已跨入了千米级桥梁的行列，成为悬索桥强有力的竞争对手。近 30 年来，围绕一些越江跨海工程，通过大量理论研究和实际设计工作，专家们提出了很多关于特大跨度斜拉桥的建设设想，以解决深水基础的难题。如德国专家 F. 莱昂哈特（F.Leonhardt）曾提出 1800m 跨度的设想、丹麦大贝尔特斜拉桥（Great Belt Bridge）方案（主跨 1204m，COWI A/s）、日本本四联络桥 1400m 主跨斜拉桥方案等。

（3）结构形式多样化。近代斜拉桥经历了从稀索体系到密索体系的发展过程，独塔、双塔和多塔斜拉桥相继出现。塔、梁、墩之间的连接方式多样。除了传统斜拉桥，还出现了全地锚、部分地锚斜拉桥、斜拉桥和其他桥型合作的组合体系、部分斜拉桥等创新体系。

斜拉桥的结构体系和受力特性

组　成

斜拉桥主要由五部分组成——斜拉索、主梁、索塔、墩台和基础，有时在边跨还设置辅助墩，如图 12.22 所示。主梁是斜拉桥的主要受力构件之一，直接承受自重和车辆荷载，并将主要荷载通过斜拉索传递到索塔，表现为压弯受力状态。索塔也是斜拉桥的主要受力构件，除自重引起的轴力外，还要承受斜拉索传递来的轴向和水平分力，因此索塔同时承受巨大的轴力和较大的弯矩，属于压弯构件。主墩承受斜拉桥绝大部分荷载，并传给基础。上部结构的所有荷载由基础传至地基，基础一般承受较大的竖向力和弯矩。对于大跨度斜拉桥，在边跨常设置一个或多个辅助墩，用以改善成桥和施工状态下的静、动力性能。

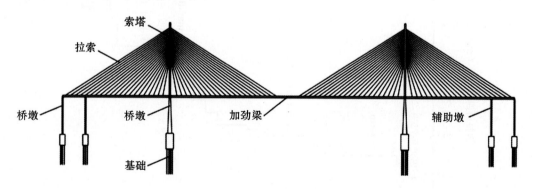

图 12.22　斜拉桥结构示意图

分　类

斜拉桥结构样式繁多，可根据结构的材料、外形和受力性能等进行分类。

图 12.23 索塔顺桥向变化形式

图 12.24 索塔横桥向变化形式

从结构的材料出发，根据索塔的材料，可分为钢塔、钢筋混凝土塔与钢—混凝土组合塔等；根据主梁的材料，可分为混凝土梁、钢梁、组合梁与混合梁等；根据斜拉索的材料，可分为封闭式钢丝索、平行钢丝索、平行钢绞线索等。

从结构的外形出发，根据索塔在顺桥向的数量，可分为独塔、双塔和多塔斜拉桥（图 12.23）；根据索塔在横桥向的数量，可分为独柱、双柱、多柱斜拉桥（图 12.24）。根据拉索在空间的布置形式，可分为单索面、双索面、多索面和空间索面斜拉桥；根据拉索在索面内的布置形式，可分为辐射形、竖琴形和扇形索面斜拉桥。

从结构的受力性能出发，可根据外部约束、内部连接方式和刚度分配分为不同的体系。

斜拉桥可按照外部约束的不同进行分类。根据边跨斜拉索锚固形式的不同，可分为地锚、自锚和部分地锚斜拉桥；根据设置辅助墩的数量，可分为无辅助墩和有辅助墩斜拉桥。

常规斜拉桥内部连接方式的不同主要体现在塔、墩、梁的连接方式上，即主梁与索塔及各个桥墩之间在竖、纵、横三个方向的连接方式。内部连接方式的改变对于斜拉桥的结构受力特性是有影响的。双塔体系主梁连接方式的不同主要体现在塔、墩、

梁连接方式上。如图 12.25 所示，斜拉桥可按照塔、墩、梁的不同连接方式分为四种基本体系：塔墩固结、塔梁分离体系（根据主梁在索塔处有无竖向支承又可分为飘浮和支承两种体系）；塔墩分离、塔梁固结体系（固结体系）；塔、墩、梁固结体系（刚构体系）。漂浮体系就是整根主梁除两端设置支座外，都由拉索吊起而在纵向可稍作浮动，相当于跨内具有弹性吊点的梁〔图 12.25（a）〕。支承体系就是主梁在中间塔墩上也设置支座，相当于跨内有弹性吊点的三跨连续梁〔图 12.25（b）〕。固结体系就是主梁与中间塔柱的根部完全固结，相当于配置体外预应力索的连续梁〔图 12.25（c）〕。刚构体系也称塔、梁、墩固结体系，主梁与塔柱和桥墩完全固结，相当于配置体外预应力索的连续刚构〔图 12.25（d）〕。

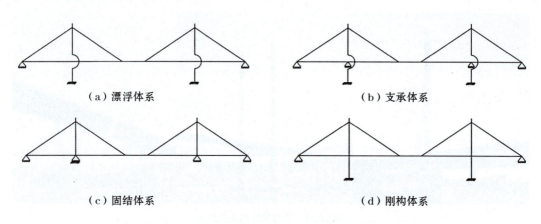

（a）漂浮体系　　　　　　　　　　　　　（b）支承体系

（c）固结体系　　　　　　　　　　　　　（d）刚构体系

图 12.25　斜拉桥塔、墩、梁的 4 种基本连接方式

基本受力特性

一般情况下，斜拉桥的传力路径为：荷载→主梁→拉索→索塔→墩台→基础，拉索与塔、梁之间构成了三角形结构来承受荷载，如图 12.26 所示。无论是施工阶段还是

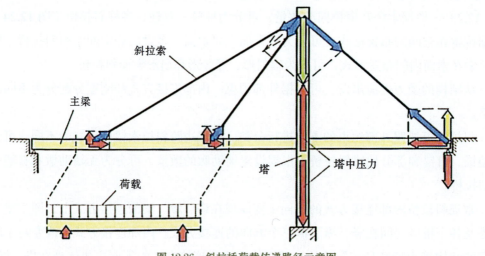

斜拉索

主梁

塔

塔中压力

荷载

图 12.26　斜拉桥荷载传递路径示意图

成桥运营阶段，通过拉索的索力调整，可改变结构的受力状态。

主梁与和它连在一起的桥面系，直接承受活载作用，是斜拉桥主要承重构件之一，具有以下特点：

（1）主梁受拉索支承，像弹性支承连续梁那样工作。由于拉索的可调性、柔软性和单向性，对主梁的支承作用在恒载下最有效，活载次之，风荷载最差。图 12.27 是连续梁桥和斜拉桥的恒载弯矩比较图，从中可以看出，由于拉索的张拉作用，主梁恒载弯矩很小。

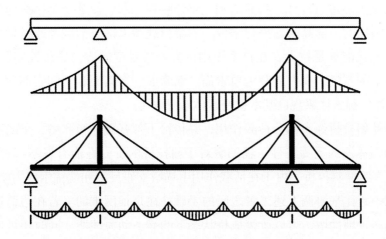

图 12.27　连续梁桥和斜拉桥恒载弯矩比较图

（2）梁高小。主梁的弯矩小，因此主梁无需像连续梁那样，通过加大梁高来抵抗外力。斜拉桥的主梁梁高，一般由抗风、横向受力、拉索间距和轴向受压稳定性确定。

（3）拉索的水平分力由主梁的轴力平衡。图 12.28 是自锚斜拉桥的轴力图，由于斜拉索水平分力的作用，越靠近索塔，主梁轴力越大，拉索在混凝土主梁中提供了免费的预应力。但随着跨度的增大，梁体内强大的轴向压力成为控制设计的因素，阻碍了斜拉桥跨度进一步增大。

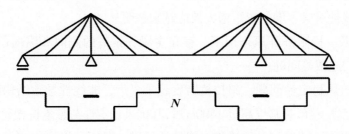

图 12.28　自锚式斜拉桥轴力图

（4）斜拉索的索力可以进行人为调整，以优化恒载内力，消除混凝土收缩徐变产生的部分附加内力，使结构受力合理。

　　索塔主要承受轴压力，即斜索的竖向分力，同时还要承受因车辆活载、温度变化等因素导致两侧拉索不平衡水平分力所引起的弯矩作用。索塔是受压为主的压弯构件，上部结构的荷载通过拉索传到索塔，再传递给墩台及下部基础。此外，温度变化、日照温差、支座沉降、风荷载、地震力、混凝土收缩徐变等都会对索塔的受力产生影响。塔与梁、墩既可固结，也可相互分离，其受力特点有所不同。对于单索面的独塔结构，特别应保证塔柱的抗风稳定性。必须指出，斜拉桥高耸的塔柱型式对全桥的景观是至关重要的，这就需要工程师与建筑师的通力合作与精心比选而确定。

　　斜拉索是主要传力构件，将索塔和主梁连接在一起，使整个结构成为以自身对称稳定来维持平衡的内部高次超静定结构。主梁恒载和大部分活载都通过斜拉索传递到索塔。斜拉索只能承受拉力，在自重作用下会产生垂度效应，非线性问题比较突出。斜拉索在梁上的布置，横向上分为单索面、双索面、多索面和空间索面，在纵向，早期斜拉桥采用的稀索体系现已基本被密索体系所取代。

　　主墩承受斜拉桥绝大部分荷载作用，并传给下部基础。墩和塔、梁的不同结合方式直接影响到体系的受力特性。辅助墩对于斜拉桥的受力性能有着不可忽视的作用，尤其是对于大跨度斜拉桥，由于在活载作用下锚墩支座反力和端锚索应力幅变化较大，单靠调整边中跨比来协调上述二者之间的矛盾往往是很困难的。若在边跨适当位置处设置一个或多个辅助墩，可以改善成桥状态下的静、动力性能，同时还可使边跨提前合龙，提高最不利悬臂施工状态的风致稳定性，降低施工风险。

　　斜拉桥的跨越能力不是无限的，以下几个方面限制了跨度进一步的发展：

　　（1）斜拉索自重引起的垂度效应。随着跨度的增大，拉索水平投影长度增加，自重增大，垂度效应逐渐明显，导致斜拉索等效刚度快速降低，从而引起主梁挠度和应力的增大。

　　（2）主梁轴向压力。随着跨度的增大，斜拉索水平分力对主梁形成的轴向压力逐渐积累，在近塔处轴向力达到最大，可能导致梁体屈曲或强度问题。

　　（3）结构非线性问题。随着斜拉桥跨度的增大，长索的垂度和强大的轴力将软化结构刚度，非线性对梁、塔的弯矩增大效应越来越明显。

　　（4）风荷载。极限静阵风作用下，存在主梁、索塔的侧向和纵向位移以及主梁、索塔的角点应力超限等问题。

　　（5）结构抗风稳定性问题。斜拉桥跨度超千米后，非线性导致结构刚度下降，从而使其抗风稳定性下降；当跨度超过 1400m 后，其抗风稳定性与悬索桥相比已不具优势。

　　（6）经济性能。随着跨度的增加，斜拉桥的塔、梁用材指标快速上升，当双塔斜拉桥的主跨跨度超过 1200m 后，其单位桥面造价与有地锚的其他缆索桥梁相比已成竞争态势。

斜拉桥的构造

组成斜拉桥的主要构件有斜拉索、塔柱、主梁、墩台和基础。斜拉索组成和布置、塔柱型式以及主梁的截面形式是多种多样的，下面将简要介绍几种构造类型。

斜拉索

斜拉索是斜拉桥的主要承重部分，用抗拉强度高、弹性模量大且抗疲劳性能好的钢材来制造。斜拉索的造价约占全桥造价的 25%~30%。我国常用平行高强钢丝束、平行钢绞线束、低合金钢筋束等做成斜拉索〔图 12.29（a），（b），（c）〕。受强大拉力的斜拉索长期处在大气中会受到有害物质侵袭而锈蚀，因此斜拉索防护的好坏，直接影响到桥梁的使用寿命。目前使用最广泛的防护措施是用热挤法使钢丝束包上一层 PE 外套和使用环氧保护的平行钢绞线拉索。如何选用性能好、造价低、操作简便的防护措施，仍是斜拉索制作的关键问题。

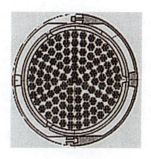

（a）钢筋束　　　　　　　（b）钢丝束　　　　　　　（c）钢绞线束

图 12.29　斜拉索的横截面

如前所述，斜拉索在桥的立面上的布置，形式繁多。每种索形在构造上和力学上有其各自的特点，而且在外形美观上也各具特色。桥梁工程师要针对具体建桥场合选择能使两者完美统一的索面布置。

塔柱形式

从材料上，斜拉桥索塔可以分为钢筋混凝土塔、钢塔和钢—混凝土混合塔等。从桥梁行车方向的立面来看，塔柱主要有独柱型、A 型和倒 Y 型三种，如图 12.30 所示。从桥梁行车方面看，根据结构布置要求以及美观上的考虑，塔柱的形式丰富多姿，可做成如图 12.30 所示的独柱型、双柱型、门型、H 型、A 型、宝石型和倒 Y 型等。斜拉

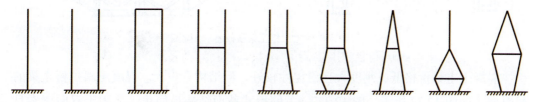

图 12.30　塔柱在行车方向的立面视图

桥塔形是根据拉索布置、景观、桥宽、跨度、承台尺寸等多种因素择优选取的。根据用钢量的研究分析,对一般双塔斜拉桥,桥面以上的塔高与主梁跨度之比以在 0.16~0.22 范围内为宜。

主 梁

斜拉桥的主梁主要按截面形式和所用材料来分类。

主梁从截面形式上,可以分成板式梁、实体梁、箱梁等,可根据桥宽、索面布置形式、结构的抗风要求和梁的材料等综合确定。超大跨度公路斜拉桥更多采用流线形扁平钢箱梁截面,两侧带有风嘴或导流板,公铁两用斜拉桥则更多采用钢桁梁。为了提高主梁的侧向受力和抗风性能,有时还采用中央开槽的方式形成分离式钢箱梁截面,主跨 1018m 的香港昂船洲大桥即为此种截面形式。

主梁从材料上,一般分为钢梁、混凝土梁、钢混组合梁和混合梁。

钢主梁重量轻、抗拉强度高且施工方便,但价格昂贵,桥面铺装易损,正交异性板桥面还可能出现疲劳问题。图 12.31 择要示出钢斜拉桥的主梁截面形式。图 12.31(a)是一般采用两根工字型钢主梁和横梁所组成的梁格结构。图 12.31(b)为斜拉索锚固在连接于主梁外侧的悬臂锚梁上的构造。图 12.31(c)和(d)分别为布置倾斜双索面的双箱型主梁和单箱室结构。图 12.31(e)和(f)为配置单索面的主梁截面,在此情况下主梁要承受偏载下很大的扭矩作用,故一般常用高跨比较大的封闭箱型截面。

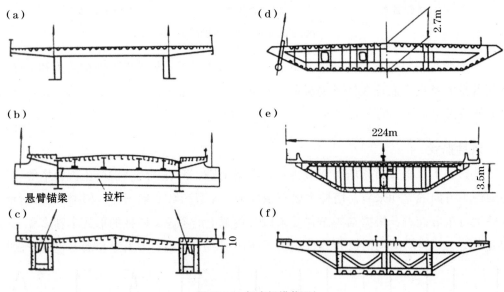

图 12.31　钢主梁横截面

　　混凝土主梁价格低、刚度大且稳定性较好,但结构自重大。混凝土斜拉桥主梁的截面型式如图 12.32 所示。图 12.32(a)的板式截面结构最简单,适用于双面密索且

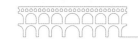

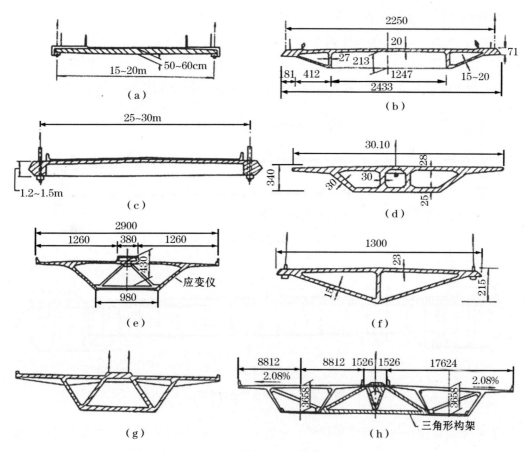

图 12.32　混凝土主梁截面

宽度不大的桥。对于较宽的双索面桥，常采用抗风性能良好的半封闭式箱型截面〔图 12.32（b）〕。图 12.32（c）是将边主梁对准斜索面分离设置，其特点是悬臂法分段拼装或灌注主梁后再安装桥面肋板，施工较为方便。图 12.32（d）所示为适用于单索面布置需要抗扭刚度大的单箱多室截面，中间两道腹板形成窄室，斜拉索就有效地锚固在窄室顶部的短横肋上。图 12.32（e）的单室箱型截面时单索面混凝土斜拉桥较为典型的实例，箱室内在锚索处和在索间距一半处均设置一对预应力加劲斜杆，借以将索力有效地传至整个截面。与其他截面相比，这种结构每平方米桥面的混凝土用量最少。图 12.32（f）为主跨达 530m 的新颖双室箱梁截面。图 12.32（g）表示两个索面靠近桥中央而两侧伸出较长的悬臂肋板（达 7m）的横截面型式，中央带宽 2.5m，用作人行道，全桥宽达 30m。图 12.32（h）为利用三角形构架将总宽达 38.3m 和主跨为 192m 的两个箱梁连接在一起，并在桥中央锚固单面索的大胆设计。

　　组合梁的概念最早由莱昂哈特于 1980 年提出，其理念是用混凝土桥面板代替钢梁上缘受压的正交异性钢板。组合梁的优点是桥面板本身造价低，又能有利地分担拉索的水平分力，对于桥面养护、行车甚至减少噪声都有好处，但自重比钢主梁大。加拿

大安纳西斯大桥、上海南浦、杨浦大桥均为此类。一般认为，组合梁斜拉桥合理跨度可达800m。图12.33所示为几座钢主梁带钢筋混凝土桥面板的组合梁结构。图12.33（a）和（b）类似于图12.31的（a）和（c），不同的是桥面不用正交异性板，而直接在间距为3~5m的纵横钢梁格上灌注或安装厚度为0.18~0.25m的钢筋混凝土桥面板。

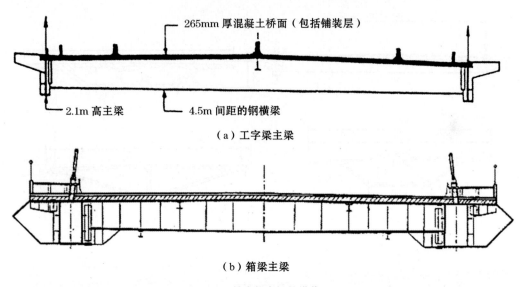

（a）工字梁主梁

（b）箱梁主梁

图12.33　结合梁主梁的横截面

混合梁斜拉桥一般中跨采用钢梁、边跨采用较重的混凝土梁，最早在德国格尼桥（Knie Bridge, 1969年）上成功应用。法国诺曼底桥、日本多多罗桥、香港昂船洲桥、湖北荆岳长江大桥、江西九江二桥等均为此类。这种桥型适用于特大跨度且边跨较小的斜拉桥，以改善其力学与经济性能。

斜拉桥的典型实例介绍

为了进一步了解斜拉桥的设计构思、不同结构的应用以及施工方法等，下面仅举几座较为典型的斜拉桥实例作简要分析说明。

德国杜塞尔多夫—弗莱埃桥（注：也有人按英语发音，译作"弗莱赫桥"）　1979年，德国莱昂哈特设计的横跨莱茵河上的杜塞尔多夫—弗莱埃桥（图12.34），主跨为368m+180m，是一座边孔采用预应力混凝土梁，主孔用钢梁的独塔混合斜拉桥。这种混合梁的特点是在中央主跨采用自重轻的钢梁（也有采用高强轻质混凝土的），边跨则采用厚重的混凝土梁，从而利用两种材料的重量差来有效地防止边墩出现负反力。结合段设在桥塔断面处，悬拼的长度超过350m，说明在1979年已达到修建双塔740m主跨的水平。主塔为钢筋混凝土结构，索塔地面以上高度超过150m。斜拉索为单索面，并采用首次HiAm冷铸镦头锚的平行钢丝索，具有很好的抗疲劳性能。杜塞尔多夫—

弗莱埃桥采用不对称的独塔斜拉桥结构形式，适合修建于河流弯道处且具有不对称河床断面的地方，具有经济性好、施工工期短等优点。此桥的建成对欧洲其他国家产生了一定的影响。在这一时期，以欧洲为中心，先后又建成了为数不少的不同跨度的混合梁斜拉桥。

图 12.34　德国杜塞尔多夫—弗莱埃桥

加拿大安纳西斯桥　1986 年加拿大在安纳西斯建成了世界上第一座跨度超过 450m 的组合梁斜拉桥——安纳西斯桥（图 12.35），该桥跨度布置为 182.75m+465m+182.75m，为当时世界跨度最大的斜拉桥。该桥主梁采用钢主梁和钢横梁组成的纵横梁和混凝土桥面板组合的工字梁结合而形成组合梁体系，拉索及防腐装置为镀锌钢丝加 PE 护套并采用双塔双索面扇形布置，主塔为 H 形，它为组合梁斜拉桥的建设起到示范性的指导作用。桥下净空 56.4m，航道宽 330m。主塔位于原有航道上，有被船舶冲撞的危险，故用吹砂法为主塔修筑护堤，并在护堤的航道侧铺砌片石。

图 12.35　加拿大安纳西斯桥

法国诺曼底大桥　　1994 年底法国跨越塞纳河建成的诺曼底大桥，是一座混合梁斜拉桥，主跨 856m，时为世界上跨度最大的斜拉桥（图 12.36），此桥全长 2141m。两边跨的混凝土主梁越过主塔各深入主跨 116m，与跨中长 624m 的钢箱梁连接而形成"混合梁结构"。横梁处，混凝土主梁与主塔形成刚性固结，以减小风效应并增加安装时的稳定性。边孔的斜拉索锚固在较重的混凝土主梁上，并与诸多的中间桥墩相联系，这样不但大大增大了中跨的竖向刚度，而且能有效地加大主孔的跨度。主梁采用两侧附有风嘴的流线形扁平箱梁，与空间索面相配合，既减小风荷载又具备较高的抗扭刚度。

图 12.36　法国诺曼底大桥

瑞士桑尼伯格桥　　位于瑞士的桑尼伯格桥（图 12.37）结构型式为五跨连续双索面曲线梁矮塔斜拉桥，建成于 1998 年。桥宽为 12.378m，桥梁总长为 526m，跨度布置为 59m+128m+140m+134m+65m，最大跨度为 140m。桥高约 50~65m，桥塔最高距河谷约 77m，平曲线半径 503m。倒云梯形的混凝土主塔最大高度 77m，上半部树枝般外张，使斜拉索以不同角度极好地适应了曲线梁的力学特性。全桥造型别致，完全从当地天然条件出发，不仅丝毫没有破坏自然环境，而且仿佛春天植树一般，使桥梁建筑完全融入了蓝天白云青山绿水之中。

　　这座多跨矮塔曲线斜拉桥是世界首座同类型桥梁，其桥梁构件受力情况与普通的斜拉桥不同，矮桥塔与较平缓的钢索使得主梁承受着较大的轴力，而桥面板使主梁屈曲稳定成为主要问题，因此在设计中给予了特别的关注。由于平面线形的关系，

图 12.37　瑞士桑尼伯格桥

全桥桥面板整体浇筑为一体，并在桥台处取消了伸缩缝，形成一个平面拱形结构。另一个结构特点就是墩、塔、梁三者固结形成刚性约束，进而导致上、下部结构弯矩重分配。桥墩及桥塔为变截面槽形断面，与横梁横向加劲连接，减少自由长度，增加稳定性。

桑尼伯格桥于 2001 年在马耳他召开的国际桥梁及结构工程协会（IABSE）年会上获得该年度杰出结构奖。因该桥位于生态敏感的风景区中，能设计出如此卓越、创新、美观的桥梁，并且能在较短的工期内完工而获奖。

希腊里翁—安蒂里翁大桥　里翁—安蒂里翁（图 12.38）大桥位于希腊西部的巴特雷市，横跨 2500m 宽的科林斯海湾水域，是希腊西部新干线和欧洲运输网的一部分。里翁—安蒂里翁大桥于 1998 年 7 月 19 日开工建设，2004 年 8 月 8 日建成通车。大桥建在地壳运动的强地震带，而且地质条件差，水深、通航要求高等不利条件给建桥带来了很大的困难。大桥为双向 4 车道高速公路多跨斜拉桥，由于抗震要求，主桥采用五跨全漂浮体系的连续结构，跨度布置为 286m+3×560m+286m，全长 2252m，两岸的引桥长分别为 392m 和 239m。

里翁—安蒂里翁大桥建设条件复杂，主要表现在水深、软土层厚、地震烈度高等方面。特殊的建设条件给桥梁设计、施工带来了巨大的困难，控制设计的主要条件是地震作用，设计时采取了隔震措施。

图 12.38　希腊里翁—安蒂里翁大桥

由于海床 20m 深范围的土层力学性能不好，为提高土的性能，用长 25~30m 直径 2m 的钢管以 7~8m 的间距进行土体加固，每墩下约有 250 根钢管桩。为允许特殊作用下基础与地基之间的滑动，在钢管上铺设厚 50cm 的反滤沙层，其上铺设厚 2m、直径 10~80m 的鹅卵石层，最上面铺设厚 50cm 的碎石层。墩及基础示意如图 12.39 所示。

图 12.39　墩及基础示意图

法国米洛高架桥　于 2004 年 12 月 4 日建成通车的米洛高架桥（图 12.40）是法国南部通往西班牙马德里的 A75 公路改线中跨越塔恩河谷的大桥。河谷深 300 余米，线路要求 2.5km 长的新桥将是一座在 3% 坡道上的曲线桥。山谷中的最大阵风风速达 250km/h（约 70m/s）。

该桥采用多跨连续单索面斜拉桥，每跨 342m，共设七个桥墩，其中 2 号桥墩高达 245m，加上桥面以上高 90m 的桥塔，总高达 343m。为减少风荷载，桥面采用流线形带风嘴的断面，并设置 3m 高的风障以改善桥面行车环境。

单索面的桥塔采用纵向 A 字形，相应地，高桥墩在 165m 以上也设 Y 形分叉，形成薄壁墩和塔柱相对接，这样既保证了塔顶的刚度，又减少了温度影响，同时也富有美感。

图 12.40 法国米洛高架桥

图 12.41 法国米洛高架桥顶推施工图

桥梁施工采用顶推法施工（图 12.41）。首先顶推钢箱梁，每节长 171m，用 3~5 天时间就位。为了减少顶推距离，各跨中均架设一套配有顶推设备的钢管桁架临时支架。合龙后，未安装的索塔被拖车运送到桥面的相应桥墩的正上方。在桥墩上方张拉临时支护塔，将索塔倾斜向上反转，安装到桥墩的正上方。这是一套全新的工法，需要精确的施工控制技术才能保证全长 2.5km 弯坡桥的正确成形。这也是第一座用顶推法施工的跨谷斜拉桥。

中国苏通大桥　苏通大桥（图 12.42）位于江苏省东部的南通市和苏州（常熟）市之间，主桥为主跨 1088m 的双塔双索面钢箱梁斜拉桥，于 2008 年建成通车。结构所受静风、温度等静力作用很大，如采用飘浮体系则梁端水平位移可达 +2.15 ~ -2.21m，塔顶水平位移可达 +2.21 ~ -2.26m。而且，结构难以依靠构件自身的强度、弹性变形甚至局部塑性来消耗强大的地震、风致振动等动力反应能量。

为克服上述缺陷，改善结构静、动力内力和位移反应，减小伸缩缝、支座等装置的位移量和动力磨损，该桥采用了横桥向限位、顺桥向阻尼和限位约束的半漂浮体系。在索塔与主梁之间仅设置横向抗风支座和纵向具有限位功能的粘滞阻尼器，不设竖向支座。粘滞阻尼器对脉动风、刹车和地震引起的动荷载具有阻尼耗能作用，不约束温

图 12.42　苏通大桥

度和活载引起的缓慢位移。当静风、温度和汽车引起的塔梁相对纵向位移在阻尼器设计行程以内时，不约束主梁运动。主梁与过渡墩及辅助墩之间设置纵向滑动支座，并限制横向相对位移。由于大桥整体结构和拉索构件较柔，在环境激励下斜拉索极易发生涡激振动、风雨激振以及参数振动和线性内部共振。因此采取了在索面上设置凹坑的措施（图 12.43）来改善斜拉索风雨激振影响，增设体外阻尼器来提高拉索阻尼，抑制拉索振动，并预留辅助索安装的综合减振方案。

图 12.43　苏通大桥带凹坑的抗风雨振斜拉索

结束语

　　斜拉桥是半个多世纪以来最富于想象力和构思内涵最丰富而引人注目的桥型，它具有广泛的适应性。一般来说，对于跨度从 200~1200m 左右的桥梁，斜拉桥在技术上和经济上都具有相当优越的竞争能力。进入 21 世纪以来，随着跨海工程建设的兴起，相比于悬索桥的建设要考虑到深水锚碇的经济性问题，超大跨度斜拉桥在跨海工程中依然有很强的生命力，但同时也面临新的挑战，比如超大跨度与多塔斜拉桥的各种技术问题、深水基础的修建问题及斜拉桥与其他桥型的竞争等。随着轻质、高强材料（如 CFRP 拉索）的发展，斜拉桥必将面临新一轮的革命，其中有许多关于材料、体系、设计理论、施工技术等方面的问题在等待着桥梁工程师们去探索、去发现、去解决。让我们迎接各方面的挑战，为斜拉桥的发展做出创新的贡献。

国内外一些有代表性的斜拉桥资料汇编

表 12.1　世界大跨度钢梁（混合梁）斜拉桥（$L \geqslant 400m$）

序号	桥名	国家	建成年份	体系，断面	跨度（m）	梁高（m）	梁宽（m）	塔高（m）	备注
1	海参崴大桥	俄罗斯	2012		60+72+3×84+1104+3×84+72+60		29.5	320.9	世界最大跨度斜拉桥
2	苏通长江大桥	中国	2008	漂浮，钢箱	2 100+300+1088+300+2 100	4	40.6	300.4	
3	香港昂船洲大桥	中国	2009	混合梁，主跨分离双箱	3 70+80+1018+80+3 70	3.93	53.3	298	世界最大跨度混合梁斜拉桥
4	鄂东长江大桥	中国	2010	混合梁，边箱，半漂浮	3 67.5+72.5+926+72.5+3 67.5	3.8	38	242.5	主跨钢箱901m
5	多多罗大桥	日本	1999	混合梁，箱形	270+890+320	2.7	30.6	180.6	钢箱312m
6	诺曼底大桥	法国	1995	混合梁，箱形	9 43.5+96+856+96+10 43.5	3.05	22.3		主跨钢箱624m
7	荆岳长江大桥	中国	2010	单侧混合梁，半漂浮，边箱	100+298+816+80+2 75	3.8	38.5	265.5	主跨钢箱790m
8	仁川桥	韩国	2009		80+260+800+260+80		33.4	225.5	
9	上海长江大桥	中国	2009	漂浮，分离双箱	92+258+730+258+92	4	51.5	209.3	
10	上海闵浦大桥	中国	2010	钢桁	4 63+708+4 63	9	43.6	210	双层交通
11	南京长江三桥	中国	2005	半漂浮，钢箱	63+257+648+257+63	3.2	37.2	218.1	钢塔，塔柱人字
12	南京长江二桥	中国	2001	半漂浮，钢箱	58.5+246.5+628+246.5+58.5	3.5	38.2	195.4	
13	舟山金塘二桥	中国	2010	半漂浮，钢箱	77+218+620+218+77	3	30.1	204.1	
14	白沙洲长江大桥	中国	2000	漂浮，混合梁，边箱	50+180+618+180+50	3	30.2	174.8	钢箱904m

（续表 12.1）

序号	桥名	国家	建成年份	体系，断面	跨度（m）	梁高（m）	梁宽（m）	塔高（m）	备 注
15	明港中央大桥	日本	1996	七室箱	290+590+290	3.5	37.5	137.8	
16	舟山桃天门大桥	中国	2003	半漂浮，混合梁，箱形	248+50+580+50+248	2.8	27.6	151	主跨钢箱546.4m
17	汕头礐石大桥	中国	1999	混合梁，边箱，半漂浮	2 47+100+518+100+247	3	30.35	144	钢箱714m
18	鹤见航路桥	日本	1995	五室箱，	255+510+255	4	38	131	单索面
19	安庆长江大桥	中国	2004	半漂浮，钢箱	50+215+510+215+50	3	30	184.8	
20	天兴洲长江大桥	中国	2008	半漂浮，钢桁，三索面	98+196+504+196+98	15.2	30	190	双层公铁两用，铁路4线
21	生口桥	日本	1991	混合梁，半漂浮	150+490+150	2.7	24.1	93.5	
22	Öresund 桥	丹麦、瑞典	2000	桁架	141+160+490+160+141	20.1	30.5	138.3	
23	东神户大桥	日本	1994	桁架	200+485+200	9	17	109.3	
24	湛江海湾大桥	中国	2006	混合梁，半漂浮，三室箱	60+120+480+120+60	3	30.4	155.1	
25	横滨港横断桥	日本	1989	桁架	200+460+200	12	33.6	126	
26	军山长江大桥	中国	2001	半漂浮，钢箱	48+204+460+204+48	3	38.8	127.1	
27	Chao Phya 桥	泰国	1987	三室箱	46.8+57.6+61.2+450+61.2+57.6+46.8	4	33	78.3	
28	杭州湾大桥	中国	2008	半漂浮，钢箱	70+160+448+160+70	3.5	37.1	181.3	
29	柜石岛桥	日本	1988	钢桁	185+420+185	13.9	29		
30	岩黑岛桥	日本	1988	钢桁	185+420+185	13.9	29		
31	名港东大桥	日本	1997	钢箱	145+410+145	3.5	37.3	89.2	
32	西伯利亚Ob 河桥	俄罗斯	2000	独塔，钢箱	31+148+408	3.6	15.2	141	
33	伏尔加河大桥	俄罗斯	1998	独塔，钢箱	220+407+407+220	13	25	215	双层，公铁两用
34	润杨大桥北汊桥	中国	2005	半漂浮，钢箱	175.4+406+175.4	3	37.4	146	
35	名港西大桥	日本	1985	三室箱	175+405+175	2.78	14.5	89.3	
36	Saint Nazaire 桥	法国	1975	钢箱	158+404+175	3.2	14.8	68	
37	苏伊士运河桥	埃及	1973	钢箱	404	2.44	22	153	

表 12.2　世界大跨度混凝土梁斜拉桥（$L \geq 400\text{m}$）

序号	桥名	国家	建成年份	体系，断面	跨度（m）	梁高（m）	梁宽（m）	塔高（m）	备　注
1	Skarnsundet 桥	挪威	1992	倒三角形双室箱	3×27+109+530+109+3×27	2.15	13	101.5	
2	荆州长江大桥	中国	2002	漂浮，肋板式	200+500+200	2.4	26.5	150.2	
3	鄂黄长江大桥	中国	2002	漂浮，肋板式	55+200+480+200+55	2.4	27.7	172.3	
4	忠县长江大桥	中国	2008	漂浮，肋板式	205+460+205	2.7	26.32	247.5	
5	奉节长江大桥	中国	2006	半漂浮，肋板式	30.4+202.6+460+174.7+25.3	2.35	20.5	211.6	
6	宜宾长江大桥	中国	2008	半漂浮，分离双箱	184+460+184	3.3	25		
7	长寿长江大桥	中国	2008	肋板式	207+460+207	2.7	23.4		
8	大佛寺长江大桥	中国	2001	漂浮，肋板式	198+450+198	2.7	30.6	206.7	
9	涪陵石板沟大桥	中国	2007	漂浮，肋板式	200+450+200	2.7	23		
10	重庆长江二桥	中国	1996	漂浮，肋板式	53+169+444+169+53	2.5	24	166.5	
11	Luna 桥	西班牙		地锚式，三室箱	66.74+440+66.74	2.5	22.5	90.48	边孔各有长 35m 地锚，主跨中设剪力铰
12	新百城桥	越南		单室箱	41+81+129.5+435+129.5+87	3.5	25.3		
13	铜陵长江大桥	中国	1995	半漂浮，肋板式	80+90+190+432+190+90+80	2.23	23	151	
14	Helgeland 桥	挪威	1991	半漂浮，肋板式	177.5+425+177.5	1.2	11.95	91.37	
15	里斯本第二 Tagus 桥	葡萄牙	1998	肋板式	204.5+420+204.5	2.6	31.28	150	
16	巴拿马运河世纪桥	巴拿马		单室箱	66+200+420+200+66	4.5	35		单索面
17	郧阳汉江大桥	中国	1994	地锚式，三室箱	43+414+43	2	15.6	108.5	边孔各有长 43m 地锚，主跨中设可伸缩装置
18	Wadi Leban 桥	沙特		三室箱	179+405+179	5	35.8	90	单索面
19	武汉长江二桥	中国	1995	漂浮，梁边箱	180+400+180	3	29.2		
20	Elorn 河桥	法国	1994	单室箱	48+152+400+152+48	3.47	23.1	83	

表 12.3　世界大跨度组合梁（混合梁）斜拉桥（$L \geqslant 400$m）

序号	桥名	国家	建成年份	体系，断面	跨度（m）	梁高（m）	梁宽（m）	塔高（m）	备注
1	青州闽江大桥	中国	2002	工字梁	250+605+250	3	29	175.5	
2	杨浦大桥	中国	1993	边钢箱	40+99+144+602+144+99+40	3	32.5	215	
3	徐浦大桥	中国	1997	混合梁，边钢箱	40+3×39+45+590+45+3×39+40	3	35.95	212.5	
4	Rion–Antirion 桥	希腊	2004	半漂浮	286+3×560+286	2.82	27.2		4 塔
5	Golden Jubilee 桥	泰国		混合梁	524				
6	Bukhang 桥	韩国			205+480+205				
7	香港汀九桥	中国	1998	半漂浮	127+448+475	1.78	2×18.77	196.2	4 索面，3 塔
8	釜山—巨济岛通道	韩国	2010		475	2.25			
9	西海大桥	韩国	1998		200+470+200	3	32	182.3	
10	宁波甬江大桥	中国		半漂浮，边钢箱	54+166+468+166+54	2.57	22.1	141.5	双幅，双联塔
11	Annacis 桥	加拿大	1986	工字梁	50+182.75+465+182.75+50	2.32	32	98.8	
12	Hooghly II 桥	印度	1993	工字梁	183+457+183	3.23	35.1		
13	Severn 二桥	英国	1996		49.06+2×98.12+456+2×98.12+49.06	3.14	34.6	141.2	
14	伊丽莎白女王二世桥	英国	1991		181+450+181	2	19	84	
15	江津观音岩长江大桥	中国	2008	半漂浮，工字梁	186+436+186	3.2	36.2	172.8	
16	汲水门大桥	中国	1997		2×80+430+2×80	7.46	35.2	133	双层，公铁两用
17	南浦大桥	中国	1991	混合梁，钢框架	76.5+94.5+423+94.5+76.5	2.2	30.35	149.5	
18	东海大桥	中国	2005	漂浮，工字梁	73+132+420+132+73	4	33	150	
19	Uddevalla 桥	瑞典	2000	钢格构	179+414+179	1.7	23.3		
20	Rande 桥	西班牙	1977	漂浮	147.42+400.14+147.42	2.4	23.46	75.58	

13

悬索桥
——一种最适合于大跨度的桥梁型式

撰文：沈锐利　西南交通大学教授
　　　钱冬生　西南交通大学资深教授
　　　强士中　西南交通大学教授、土木工程学院前院长

- 古代悬索桥
- 现代悬索桥的开端
- 悬索桥的主要承重构件
- 悬索桥的其他特殊构件
- 重力刚度概念及悬索桥特别适合于大跨的原因
- 悬索桥施工过程
- 各国大跨悬索桥概述
- 悬索桥的展望
- 国内外有代表性的悬索桥资料汇编

悬索桥——一种最适合于大跨度的桥梁型式

悬索桥也叫吊桥,其行车和行人的桥道梁(通常叫加劲梁)是悬挂在它的大缆之下。早在 1931 年,美国就修建了一座跨度超过 1000 m 的悬索桥。根据维基百科,到 2013 年,世界上已建成 31 座跨度超 1000 m 的桥,其中 28 座是悬索桥,见表 13.1。

古代悬索桥

起源于山区用来跨越峡谷的溜索。溜索只是单根索子,一头高,一头低,人可以坐在溜索器内,让溜索器沿着索子,从一岸溜至对岸。然后发展为索桥。特点在于其索子是平行排列的几根,在索子上铺桥面板,两侧再用索子做栏杆,人和牲畜便可从桥面上过河。最早是竹索桥。随后则有藤网桥(参见图 1.1)和铁索桥(参见图 1.10)。

再发展就是悬索桥,特点在于其所有的索子是分成两等份,各自形成一根大缆,置在桥的左右两侧;再从大缆垂下吊索,并将桥面系统(桥面以及支承桥面的梁)扣系在各吊索之下。这样,桥面的几何线型就可以按行车的需要来安排,不受缆索曲线的限制了。

现代悬索桥的开端

从 19 世纪下半叶开始,美国的纽约市飞速发展。这个市三面环水,需要用大跨桥梁沟通两岸。1883 年,在其东河之上修建了世界闻名的布鲁克林悬索桥,主跨 486 m(图 13.1)。其设计主要是凭经验。在大缆之外还增加了若干斜索(像斜拉桥那样)。该桥不仅能承受电车和汽车等活载,还经得起巨风袭击,至今仍在使用。1909 年,在东河之上又修建了曼哈顿悬索桥。在其内力分析中,第一次采用了考虑几何非线性的"挠度理论"(指在内力分析之中,将大缆因受载伸长所致的挠度变化考虑进去)。该桥的主跨是 448 m。

1931 年,完成了跨越哈得孙河的华盛顿悬索桥的一期工程,跨度达 1067 m(图 13.2)。

在其一期工程完工时,只需其上层桥面通车就行。经过检算,知道在恒载已是 417 kN/m 的条件下,车辆活载所占比重甚小,暂时不修建其加劲桁梁,其所致的挠度也能满足行车需要,于是,就这样办理了。我们把这种现象叫做大缆的"重力刚度"。到 1962 年,该桥的二期工程完成,加劲桁梁这才加了上去。可是,该桥在其没有加劲

图 13.1　美国纽约市布鲁克林悬索桥

图 13.2　美国纽约市华盛顿悬索桥

梁的 31 年期间，在抗风方面也从未出现过问题。可以认为：该桥标志着现代大跨悬索桥在观点上的成熟。这就为其在 20 世纪的发展奠定了基础。

悬索桥的主要承重构件

悬索桥包括大缆、塔和锚碇（见图 3.20），这是它的主要承重构件。

大缆　现今大跨悬索桥的大缆，都是用高强、冷拔、镀锌钢丝组成。将钢丝用冷拔工艺制造，可以使其强度增加。钢丝镀锌可以防锈。钢丝直径大都在 5 mm 左右。视缆力大小，每根大缆可以包含几千乃至几万根钢丝。这些钢丝应分成几十乃至一百多股，每股内的丝数大致相等。这是为了将大缆的力分散到各丝股，以利其锚固。为了保护钢丝，并使大缆的形状明确，必须将大缆的钢丝压紧，使其呈圆形截面，再在其外缠以钢丝。

塔　它们给大缆提供支承。从压缩工期并使质量可靠出发，以往大多采用钢结构。而现在，因为混凝土质量提高，施工方法得到改进，且价格较低，故混凝土桥塔已广泛使用。

锚碇　是用于固定住大缆的端头，防止大缆走动的巨大构件。在其前端上方，需设散索鞍，将各丝股分散开来。随后，让各丝股端头分别连接于下段埋在混凝土之中的各锚固件（钢锚杆、预应力锚固件等）。再让钢锚杆或锚固件通过锚梁或锚头的连接件将丝股的力传给锚块混凝土。凭着锚块混凝土的重量，可以抵抗大缆的竖向（向上）分力。凭着锚碇底面同地基的摩擦力，可以抵抗大缆的水平分力。过去，锚碇的外形大都和桥台相似。现在则常按承载力的需要来决定其构造。图 13.3 为丹麦大贝尔特桥所用的锚碇。在通过散索鞍之后，大缆力变成两个分力：一是作用在前斜墙的压力；一是斜度变陡的丝股力（该力将通过锚固件传给混凝土）。在锚碇后部，引桥的桥墩置在其上，这有助于抵抗大缆的竖向分力。

立面图

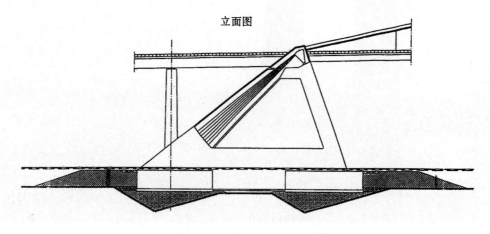

图 13.3　丹麦大贝尔特桥（又译作大海带桥）锚碇

悬索桥的其他特殊构件

加劲梁

用加劲（stiffening）来称呼这里的梁，是因为在跨度较小、大缆系统在竖向活荷载之下的柔性明显的情况下，需要靠这种梁来增加桥的刚性。对于大跨悬索桥，当大缆所承担的自重相对于活荷载为甚大时，前面所讲的重力刚度发挥作用，这种梁就变得可有可无了（如前所述，美国华盛顿大桥在 1931~1962 年便是没有这种梁的）。不过，即使没有加劲梁，还得有桥面、纵梁（直接支承桥面的梁）、横梁（支承纵梁，将纵梁的荷载传到吊索）、平纵联（抵抗横向风力者），其工程数量也不少，而且，其受风面积大，在风力之下会不会损毁也应考虑。客观上，设置加劲梁，其所增加费用有限，但可以增加牢固性，可称"惠而不费"，一般也设置了。

现今的加劲梁有两种主要型式：桁架梁和扁平钢箱梁。

桁架梁起始于美国。开始时是全铆钢结构，随后则将工地铆接改为高强度螺栓。如果需要双层桥面，采用桁架梁就较为合理。日本的悬索桥仍然大都采用加劲桁架梁，在上弦平面的桥面行驶汽车，在下弦平面则行驶新干线（日本客运高速铁路线的称呼）。

扁平钢箱梁开始于 1966 年的英国。适用于单层桥面，现已得到推广。图 13.4 表示其横截面。其箱梁顶板之下，焊有 U 形的纵向加劲肋。纵肋是支承在间距为 4.6 m 的横隔板之上，这就叫正交异性板。也就是说，若将这一构造看作是一块板，则其表达抗弯性能的截面惯性矩，在纵向应按纵肋和其相连的顶板推算，在横向，则仅能按顶板推算，两者的值不等，这就叫异性，而这两者的方向又是正交。用正交异性板为计算模型进行荷载所产生弯矩、扭矩的推算，这是较为简捷的。这样，箱梁顶板就能直接承受活荷载（顶板之上仅需铺装 38~70 mm 厚的沥青），不需要另设纵梁和横梁。总起来讲，这可以比桁架梁节省不少钢材。

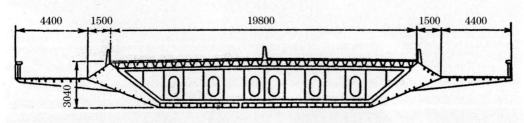

图 13.4　英国塞文桥扁平钢箱梁（单位：mm）

鞍　座

鞍座是位于大缆和塔顶之间。其功能是支承大缆，并让大缆在这里有一转折角。在活荷载仅作用于一跨情况下，为使大缆在两侧的水平分力能够平衡，鞍座就应在纵向发生位移。

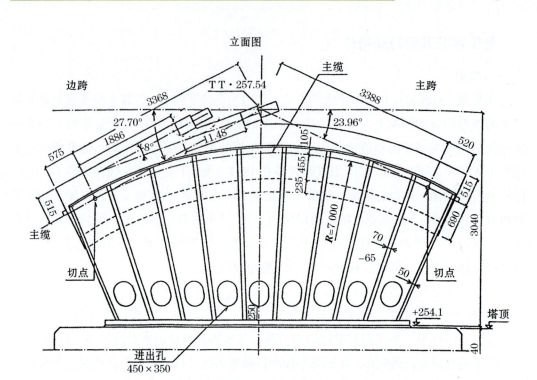

图 13.5 　丹麦大贝尔特桥鞍座（除高程和角度外，单位：mm）

图 13.6 　耳板销轴式连接吊索

对于现代大跨悬索桥讲，为了避免镀锌钢丝在滑动中磨耗，大缆对鞍座不应发生相对滑动。鞍座相对于塔顶也不应发生滑动。这是因为塔身较高，凭塔身的弹性弯曲就能提供鞍座所需的纵向位移。为与大缆对鞍座不发生滑动相配合，通行的做法是将丝股内的钢丝在鞍内那一段的排列改为矩形，这样，鞍顶的丝股槽就应做成台阶状。过去，鞍座全用铸钢制造，当其尺寸较大时，可以将其在纵向（顺桥向）分成几块（二至三块），在吊上塔顶后再用螺栓相连。而现在，大都只是让其顶部采用铸钢（它包含丝股槽路），身部则采用钢板。铸钢件与钢板则可以采用不熔透的对接焊相连。图 13.5 表示丹麦大贝尔特桥鞍座所采用的构造。

吊索的上、下端连接

目前，吊索主要采用钢丝绳或平行钢丝吊索。在上端，要用索夹夹紧大缆。索夹是分成两半（可左右或上下分），用高强度螺栓相连，凭螺栓的预拉力使索夹夹紧大缆，使不致沿缆下滑。钢丝绳吊索是让吊索骑跨在索夹之外。吊索的两端下垂，并将端部制成锚头（锚头又叫套筒）。锚头可通过垫圈以承压方式顶住加劲梁，也可以在锚头下端设置叉形耳板，与加劲梁上的耳板采用销轴来连接。对于桁架梁，承压式吊索锚头是顶住上弦节点；对于扁平钢箱梁，承压式吊索锚头则是顶住其横梁的加劲肋下端。而耳板销轴式的吊索则是与加劲梁（桁架与箱梁）外伸的耳板相连。图 13.6 是常用的耳板销轴式连接，而图 13.7 则表示美国较常使用的一种构造（钢丝缆吊索及其端头套筒）。

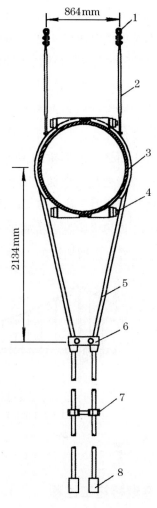

1. 直径 25.4 mm 扶手绳；
2. 直径 25.4 mm 扶手绳支撑；3. 索夹；
4. 索夹螺杆；5. 直径 55.6 mm 吊索；
6. 吊索夹具；7. 分隔器；8. 锻钢套筒

图 13.7 耳板销轴式连接吊索

平行钢丝吊索是采用平行钢丝制作，其钢丝弹性模量更高，截面的抗弯刚度也比钢丝绳吊索大。这类吊索的上端与索夹的连接是采用叉形耳板销轴连接，下端与加劲梁则可以采用承压式或耳板销轴式。

重力刚度概念及悬索桥特别适合于大跨的原因

大缆的几何形状是由其在外力之下的平衡条件决定的。外力包括恒载和活载。如

果恒载相当大，则其由恒载所决定的几何形状就不会因较小的活载上桥而有多大的改变。而桥面的线形是（通过吊索）由大缆决定的。在大缆几何形状不因活载上桥而有多大改变的情况下，桥面的线形也就没有多大改变。于是，对于活载讲，桥就有了刚度，这叫重力刚度（因为恒载所提供的是重力）。古代悬索桥的跨度小，重量较轻，谈不上什么重力刚度，就表现为柔。大跨悬索桥恒载大，重力刚度很明显，那就不算柔，这是其特点和优点。今用图 13.8 表明其概念。

　　如上所述，悬索桥的主要承重构件是：大缆、塔和锚碇。随着跨度的增加，这三者的承载能力都需增加。而从技术上讲，加大大缆和塔的截面，加大锚碇的尺寸，借以提高其承载力，并无多大困难。可以认为：尽管悬索桥的跨度纪录已逼近 2000 m（参见表 13.1 世界大跨悬索桥简表，明石海峡大桥为 1991 m），但其潜力并未用足，若有需要，还可以让跨度再增加许多（参见第 27 篇）。

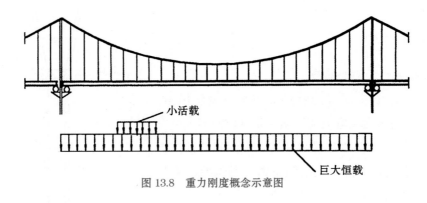

图 13.8　重力刚度概念示意图

悬索桥施工过程

　　图 13.9（a）表示主缆系统的施工步骤，图 13.9（b）和（c）表示加劲梁的两种架设顺序。

　　先是将两塔、两锚建成，为架缆做好准备。

　　架缆之前，先是在锚和塔、塔和塔、塔和锚之间架设猫道（因其坡度陡，宽度窄，似乎只适于猫的通行，称为猫道，这是工人在空中的立足点）。若大缆的丝股在空中制造，那就需要在两塔塔顶之上，从锚碇到锚碇，布置送丝装置，让送丝轮不停地带着卷筒上的钢丝从一岸到达另一岸，直到形成丝股，并将其两端都扣接于锚杆。若大缆的丝股是预制的，那就先在空中布置一拽拉系统，再让丝股从猫道上拽过，并将其两端分别连接于锚杆。丝股的几何形状则需逐根校核准确，并使其相同。在丝股完全到位后，用紧缆机将每根大缆的钢丝挤压成圆形，对各丝股的原形状则不予保留。再用扁平钢（临时）沿大缆扎紧，使大缆成形，对其长度和形状就可以测量并校核了。随后，将索夹和吊索安装于大缆。将能沿大缆走行的提升机安装在大缆之上。再将已组焊完成的各个梁段用泊船浮运到桥位。然后用提升机提升各梁段，并将梁段连接于吊索下端。

梁段之间，可以临时连接。因为梁段重量是恒载的主要部分，而缆的形状则是由全部恒载决定的，在较多的梁段到位之后，大缆的形状将趋近于其设计位置，梁段之间的接缝趋向闭合。这时，就可以将梁段之间的工地焊逐步完成了。

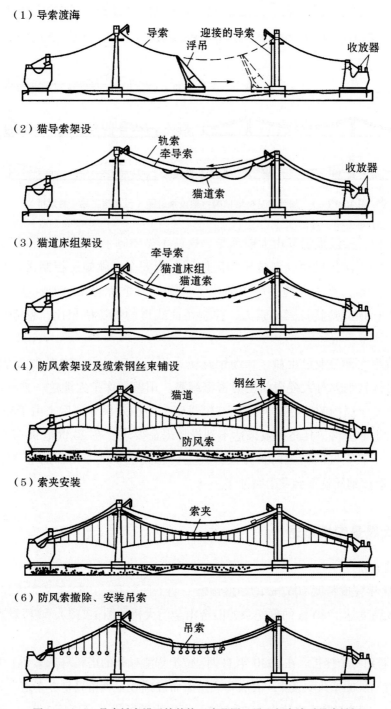

图 13.9（a）　悬索桥主缆系统的施工步骤图（孟凡超主编《悬索桥》）

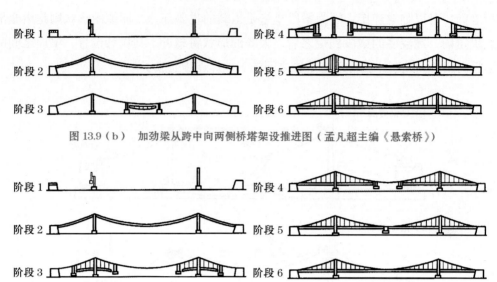

图 13.9（b）　加劲梁从跨中向两侧桥塔架设推进图（孟凡超主编《悬索桥》）

阶段 1　　阶段 4
阶段 2　　阶段 5
阶段 3　　阶段 6

图 13.9（c）　加劲梁从桥塔向跨中架设推进图（孟凡超主编《悬索桥》）

在施工中，梁段重量都由大缆承受。这就不需要脚手架，而将梁段悬吊于大缆，这又比悬臂施工法（梁桥、斜拉桥均需使用）为安全。就施工控制讲，只需将大缆丝股长度、吊索长度、大缆在塔顶的位置控制好，全桥的几何形状就得到了保证。与需要用千斤顶调整斜拉索的索力、控制桥面线形的斜拉桥相比，悬索桥的施工要简便得多。

在恒载绝大部分业已上桥、大缆钢丝应力相当大时，再在大缆表面涂防锈材料，边涂边用镀锌软钢丝对大缆表面用力密密缠裹。用缠丝保护大缆这一方法已用了 100 多年，早期缠丝层内的防锈涂料采用红铅丹膏，防护效果好，后来由于环保的要求，改用合成的化学涂料，其防护效果达不到设计寿命要求。在 20 世纪 90 年代，发展了向主缆内通干燥空气的新型防护方式，其主要思路是使主缆内部的空气湿度保持在 40% 以下，镀锌钢丝就不会发生腐蚀了。

各国大跨悬索桥概述

美国悬索桥

在 1931 年完成跨度 1067 m 的华盛顿桥一期工程之后，1962 年又完成其二期工程。1937 年建成跨度达 1280 m 的创纪录的旧金山金门大桥（图 13.10）。该桥景观靓丽，闻名于世。

不久，遇到一个挫折。在 1940 年 11 月，位于华盛顿州的塔科马悬索桥（主跨 853 m）在风速仅 19 m/s 的持久吹袭下，因加劲梁扭振而被摧毁。该桥只是 2 车道，其加劲梁的宽度为 11 m，宽度与跨度之比为 1∶77。加劲梁采用钢板梁，梁高只 2.4 m，梁高与跨度

图 13.10　美国旧金山金门悬索桥

图 13.11　美国华盛顿州塔科马新桥（旧桥参见图 17.3 与图 24.1）

图 13.12　美国纽约韦拉扎诺桥

之比只有 1 : 350。 钢板梁和混凝土桥面都不透风，在横向风的吹袭下，钢板梁形成一个钝边，它迫使气流分成上下两股，在加劲梁之上和之下，各自以漩涡形式通过。漩涡产生压力和吸力，上下不平衡，这就使梁受到不断变化的扭矩，因此而产生扭转振动。由于钢板梁和混凝土桥面总的抗扭刚度很弱，它就破坏了（参见图 24.1）。而在梁段扭振的冲击力作用下，有好多根吊索也断了。重建的塔科马新桥见图 13.11。

　　经过研究，美国人开始认识到：如果让加劲梁和桥面都透风（即让梁用桁架式，对桥面则在可以开孔处开孔），可以减少作用的扭矩；如果加强加劲梁的抗扭刚性和强度，可以抑制变形和防止损坏。就这样，美国在 1950 年重建了塔科马桥（图 13.11 左侧的桥为 1950 年重建桥，右侧为 2007 年修建的第 2 桥——东行线），跨度不变。在 1964 年，在纽约市的南边，建成了韦拉扎诺桥（图 13.12），其 1298m 的跨度以及因 12 条行车道都用钢筋混凝土构造所形成的巨大恒载，又一次创造了悬索桥世界纪录（不仅跨度最大，恒载及汽车通过量也最大）。

　　1964 年以后，美国国内修建的悬索桥不多，但其建桥技术则用于葡萄牙，在 1966 年完成了跨度达 1013m 的 4 月 25 日大桥的一期工程。该桥设计为上层公路、下层双线铁路，在一期工程中只是给铁路留出位置，在结构方面仅按公路考虑。在 20 世纪的最

后几年，该桥的二期工程提上日程。在提高结构承载力方面费了很大的劲，到 21 世纪初才竣工。

英国悬索桥

在 20 世纪 50 年代，公路交通空前发展。英国在 1964 年和 1966 年分别建成了主跨 1006 m 的福斯桥和主跨 988 m 的塞文桥（图 13.13）。1981 年初建成了主跨 1410 m 的恒比尔桥（图 13.14），又一次创新了跨度纪录，并使这一纪录一直保持到 1997 年。此外，在 1973 年和 1988 年，英国技术人员还帮助土耳其在博斯普鲁斯海峡完成了两座悬索桥。一方面，财力不富裕，必须精打细算；另一方面，焊接、风洞试验、钢结构制造技术的发展则有力地支持着创新。在风洞试验中，英国人发现：让加劲梁采用扁平钢箱梁，两侧呈尖嘴状，让气流被尖嘴分成上下两股，各自沿着箱梁光滑的顶板和底板流过去，那就不产生漩涡，对加劲梁不产生扭矩，又降低了风压力。所提出的扁平钢箱梁的横截面如图 13.4 所示。在钢梁的分段制造之中，可以将顶板和底板分成同型号的板件分别预制，而后组装并焊成梁段，则每吨制造费就不会高于钢桁梁。就总造价讲，采用扁平箱梁要比采用钢桁架梁节省很多。英国 1966 年的塞文桥首先采用了它，其桥面为 4 车道。到博斯普鲁斯海峡第二桥，桥面用到 8 车道。按照经验，即使让扁箱梁高度对跨度之比为 1:350，在风的袭击下也没有危险。

图 13.13　英国塞文桥

图 13.14　英国恒比尔桥

图 13.15　日本明石海峡桥

日本的悬索桥

在 20 世纪 70 年代，日本已成为经济大国。因为是岛国，为将其本州和九州两岛连接起来，1973 年建成了主跨 712 m 的关门大桥。为将其本州和四国岛连接起来，制定了 3 条跨海联络线，并在那时，就开始付诸实施。受 70 年代石油冲击〔注：石油输出国组织欧佩克（OPEC）在这时提高了油价，对发达国家造成了很大冲击〕的影响，工程进度曾经放慢。到 1985 年，在这三条联络线上建成了主跨 876 m 的大鸣门桥。在 1988 年，建成主跨 1100 m 的南备赞桥和主跨 990 m 的北备赞桥。日本悬索桥的特色，一则在于加劲梁大都用桁架梁，较多地采用双层桥面；再则在于其大缆大都采用预制丝股，每股的丝数大都采用 127 根。

在本四联络线上，主跨达 1991 m 的明石海峡大桥（图 13.15），是 20 世纪的跨度纪录。该桥的活荷载只是汽车荷载，行车道是 6 条。

我国悬索桥

受到需要和可能的限制，我国的现代悬索桥起步较晚。

1992~1995 年，建成汕头海湾大桥（图 13.16），其分跨是 154 m+452 m+154 m。该桥采用预应力混凝土箱型梁为加劲梁。

1992~1996 年，在湖北宜昌西陵峡建成了跨度 900 m 的悬索桥。这桥是为长江三峡工程服务的，它位于三峡大坝之下。该处的航道将在大坝的建设过程中几度改变，采用 900m 大跨就可跨过这些航道。其加劲梁为扁箱钢结构。该桥能通行毛重 54 t 的施工用车。

图 13.16　汕头海湾大桥

图 13.17　虎门珠江大桥

　　1992~1997 年，在广州修建了虎门大桥（图 13.17），用悬索桥跨越珠江主航道，跨度 888 m，桥下净空 60 m。珠江从北向南，其入海段汊流众多，使珠江东西两岸的陆路交通受到阻碍。随着经济腾飞，珠江东西两岸间的交通量剧增。仅修建广（州）深（圳）、广（州）珠（海）两条高速公路，若不在虎门修桥，则东西往来的汽车均需绕道广州。在虎门修桥，让广深、广珠两路在中间有一联络线，那就可以使东西向的汽车节省行车里程 100 多公里，其经济效益非常显著。还需指出：虎门位于鸦片战争主战场。而鸦片战争则标志着我国遭受列强宰割的开始，香港由此被英国强占。经过我国人民长期不懈的斗争，香港在 1997 年 7 月 1 日回归。而这座虎门大桥则凭借我们自己的力量赶在 1997 年 6 月 9 日建成通车。就祖国伟大的复兴事业讲，这只是小事一桩，但它却代表了我国桥梁工作者欢迎香港回归祖国的满腔热情。

　　1994 年开工，1999 年建成的江苏省江阴长江大桥（图 13.18），南端位于江阴西山，北端位于靖江县软土区域，一跨跨过长江，跨度 1385m。桥下净空 50m，可以通过 5 万吨级巴拿马型散装货船。北岸锚碇使用沉井基础，长 69m，宽 51m，下沉 58m。沉井工程数量之大堪称世界之最。此桥跨度居世界当时的第 4 位。

　　1992~1997 年，在香港建成了青马大桥，位于青衣岛与马湾岛之间，是通往香港新机场联络线上的一个重点工程（图 13.19）。该桥主跨 1377 m，跨越深水航道，桥下

图 13.18　江阴长江大桥

图 13.19　香港青马大桥

净空 70 m。马湾塔建在浅水中，从塔到岸，加劲梁跨度为 355.5 m。加劲梁由桁架梁 4 片组成。上层桥面为公路 6 车道，下层则分为 3 道：中道为双线机场铁路，左右两道则为汽车道（供紧急情况或使用）。桁架梁全高为 7.64 m。在左右桁架之外，设置尖形风嘴导流，以免气流产生漩涡。

在进入 21 世纪前，我国还修建了一些跨度虽然小一些，但具有一定特色的悬索桥。1998~2000 年建成的厦门海沧大桥（图 13.20），其跨度布置为 230 m+648 m+230 m。采用扁平钢箱加劲梁，三跨连续且是漂浮体系（即连续加劲梁在桥塔处不设置竖向支座）。该桥的桥塔采用曲线外形，美学效果较好；1999 年开工，2001 年建成的重庆鹅公岩长江大桥也是一座三跨悬吊的城市桥梁，其跨度布置是 200 m+600 m+200 m。

进入 21 世纪，在短短 13 年（2001~2013 年），建成和在建的跨度超过 800 m 的悬索桥有 22 座（表 13.2）。

关于我国已建悬索桥的特色，兹综述如下：

在结构体系方面，多数悬索桥是用单跨悬吊，见表 13.2。其优点是经济性好，同时也可提高悬索桥的刚度，其缺点则是美学效果稍差。在 2000~2005 年所建成的、位于江苏省镇江和扬州之间的润扬长江大桥（图 13.21），跨度 1490 m，是目前世界上跨度最大的单跨悬吊悬索桥。三跨悬吊的悬索桥多是城市桥梁，如厦门海沧大桥、重庆

图 13.20　厦门海沧大桥（海沧大桥建设丛书摄影专辑）

图 13.21　润扬长江大桥（润扬长江大桥建设，第九册，摄影专辑）

鹅公岩长江大桥、南京长江第四大桥等。为缩小主跨跨度，在有条件的桥位，设计三塔、甚至多塔悬索桥当是一个适用的方案。但三塔或多塔悬索桥的中间桥塔的抗弯刚度不容易处理，若让其抗弯刚度过大，则桥塔的剪力过大，主缆在塔顶鞍座中可能滑移，但若抗弯刚度过小，又会使桥在活载下的变形过大。在泰州长江大桥（图 13.22）和马

图 13.22　泰州长江大桥

图 13.23　舟山西堠门大桥

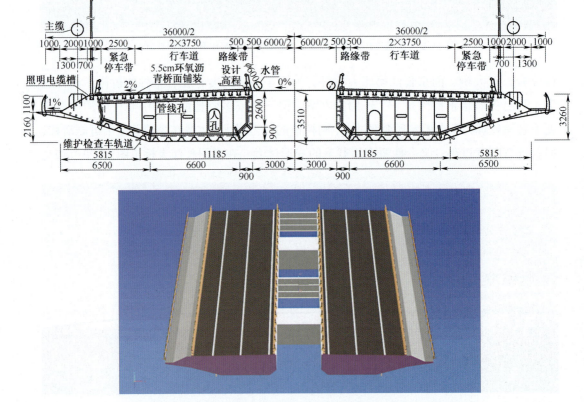

图 13.24　舟山西堠门大桥采用的分离式钢箱梁（单位：mm）

鞍山长江大桥的设计中，设计人员解决了这一难题。办法就是让中间塔在其上部采用合理尺寸的钢结构。这两座桥的主跨都是 1080 m，他们是全世界跨度超 1000 m 的、仅有的 2 座三塔悬索桥。

在加劲梁方面，多数桥采用单一的扁平钢箱梁或钢桁架，但舟山西堠门大桥由于跨度超过 1600 m，为满足其扁平钢箱梁的抗风需要，首次采用了分离式流线型钢箱梁（图 13.23 及图 13.24），把单箱分为双箱，并将两箱用横梁和横隔板联系起来，在桥轴线位置形成透空空间，这大幅度提高其颤振临界风速。

对于跨度较小的悬索桥，通过抗风试验等研究，并为能解决正交异性钢桥面板铺装的耐久性问题，采用了钢梁与混凝土桥面板相结合的构造（在桥的横截面上，可以是开口构造），颇为成功，见徐恭义所著的《板式加劲梁悬索桥》（西南交通大学出版社，2010）。

我国悬索桥的大缆几乎都是用预制平行丝股法（PPWS 法），丝股一般是在工厂预制。

我国悬索桥的加劲梁架设，在有水上运输条件的桥位，一般采用缆载吊机（将起吊梁段用的吊机横跨在大缆之上）法架设。在山区，中小跨度悬索桥则采用缆索吊法，但在贵州坝陵河大桥，又采用了桥面吊机的架设法。而在湖南矮寨大桥建设中，发明了一种"轨索滑移法"（图 13.25）。该法是利用悬索桥的桥塔、主缆和吊索三者作为梁段的承重结构及传力结构；仅需在吊索下吊点位置设置几根两端有约束和有初张力的小直径钢丝绳，作为运输加劲梁梁段的轨道。由于有约束力及初张力，这些小直径钢

图 13.25　湖南矮寨桥发明的轨索滑移法运送架设加劲梁

丝绳就可以安全、可靠地解决重达几百吨的梁段的纵向运输问题了。此法可大幅减少加劲梁施工时的高空作业，可以认为它是我国对世界悬索桥建设方面的一个贡献。

从 1992 到 2013 年，经过 21 年的发展，我国现代悬索桥的数量和建桥技术有了长足的发展，在跨度方面有 5 座桥排在世界前 10 位。

悬索桥的展望

学者们根据材料强度推算大缆的跨越能力，认为悬索桥跨度达到 5000 m 乃至更大是没有问题的。但是，大跨桥必然招风。工程界自从 1940 年塔科马桥事件以来，由于一向小心翼翼，使大跨桥的风振现象得到了控制。目前，既有悬索桥的跨度已逼近 2000 m。对于跨度超过 2000 m 的范围，还需要研究。在欧非之间，跨越直布罗陀海峡的悬索桥则还处于方案阶段，其跨度是在 5000 m 左右（以上两桥参见第 27 篇）。

在我国及其他众多的发展中国家，公路网尚在形成之中，其亟需兴建且经济效益十分显著的大跨桥颇多，其中就将有不少悬索桥。桥梁工程应该为经济建设服务。我国的桥梁工作者首先要将目光注视到这一方面。只需在逐个解决具体问题之中，不断提高业务水平，必能跻身世界桥梁而了无愧色。

国内外有代表性的悬索桥资料汇编

表 13.1　各国跨度超过 1000 m 的大跨度悬索桥（按跨度排列）

序号	名　称	地　点	主跨长度(m)	开通年份	备　注
1	明石海峡大桥	日本，神户－淡路岛	1991	1998	目前世界上主跨最长的悬索桥
2	西堠门大桥	中国，浙江舟山，册子岛－金塘岛	1650	2009	世界主跨最大的钢箱加劲梁悬索桥，两跨悬吊
3	大贝尔特桥	丹麦，西兰岛－斯普奥岛	1624	1998	欧洲主跨最长的悬索桥
4	李舜臣大桥	韩国，全罗南道光阳－丽水	1545	2012	
5	润扬长江大桥	中国，江苏镇江－扬州	1490	2005	世界最大单跨悬吊悬索桥
6	南京长江第四大桥	中国，江苏南京	1418	2012	
7	恒比尔桥	英国，英格兰赫尔－恒比尔河畔巴顿	1410	1981	1981~1998 年期间是世界最大主跨，但其行车道只有 4 条
8	江阴长江大桥	中国，江苏江阴－靖江	1385	1999	单跨悬吊
9	青马大桥	香港，青衣岛－马湾	1377	1997	世界上主跨最长的公路铁路两用悬索桥，两跨悬吊
10	哈当厄大桥	挪威，于伦斯旺－于尔维克	1310	2013	单跨悬吊
11	韦拉札诺海峡大桥	美国，纽约史泰登岛－布鲁克林	1298	1964	1964~1981 年期间是世界最大主跨，有 12 条行车道
12	金门大桥	美国，旧金山－马林县	1280	1937	1937~1964 年期间是世界最大主跨，有行车道 6 条
13	阳逻长江大桥	中国，湖北武汉	1280	2007	单跨悬吊
14	高地海岸大桥	瑞典，海讷桑德－克拉姆福什	1210	1997	
15	矮寨大桥	中国，湖南吉首	1176	2012	单跨悬吊
16	麦基纳克大桥	美国，麦基诺城－圣伊尼亚斯	1158	1957	
17	黄埔大桥	中国，广东广州	1108	2008	单跨悬吊
18	南备赞濑户大桥	日本，香川县坂出－三子岛	1100	1989	公铁两用
19	法提赫·苏丹·穆罕默德大桥	土耳其，伊斯坦布尔	1090	1988	又称：第二博斯普鲁斯大桥
20	坝陵河大桥	中国，贵州关岭	1088	2009	单跨悬吊
21	泰州长江大桥	中国，江苏泰州－扬中	1080	2012	主桥为三塔两跨：2×1080m
22	马鞍山长江大桥左汊桥	中国，安徽马鞍山	1080	2013	主桥为三塔两跨：2×1080m
23	博斯普鲁斯大桥	土耳其，伊斯坦布尔	1074	1973	又称：第一博斯普鲁斯大桥
24	乔治·华盛顿大桥	美国，新泽西利堡－纽约曼哈顿	1067	1931	1931~1937 年期间是世界最大主跨
25	来岛海峡第三大桥	日本，爱媛县马岛－今治	1030	1999	
26	来岛海峡第二大桥	日本，爱媛县武志岛－马岛	1020	1999	
27	4 月 25 日大桥	葡萄牙，里斯本－阿尔马达	1013	1966	原名：萨拉查大桥
28	福斯公路大桥	英国，苏格兰爱丁堡－法夫	1006	1964	

表 13.2　我国建成和在建的跨度超过 800 m 的大跨度悬索桥

序号	名　称	主跨跨度（m）	完成年份	特　征
1	舟山西堠门大桥	1650	2009	两跨悬吊，分体式钢箱梁悬索桥
2	润扬长江公路大桥	1490	2005	单跨悬吊，扁平钢箱加劲梁悬索桥
3	南京长江第四大桥	1418	2012	三跨悬吊，扁平钢箱加劲梁悬索桥
4	江阴长江公路大桥	1385	1999	单跨悬吊，扁平钢箱加劲梁悬索桥
5	香港青马大桥	1377	1997	两跨悬吊，多跨连续钢桁架加劲梁，公铁两用
6	武汉阳逻长江公路大桥	1280	2007	单跨悬吊，扁平钢箱加劲梁悬索桥
7	湖南湘西矮寨大桥	1176	2011	单跨悬吊，塔梁分离钢桁加劲梁悬索桥
8	广州珠江黄浦大桥	1108	2008	单跨悬吊，扁平钢箱加劲梁悬索桥
9	贵州坝陵河大桥	1088	2010	单跨悬吊，钢桁架加劲梁悬索桥
10	泰州长江公路大桥	1080	2012	三塔两跨，扁平钢箱加劲梁悬索桥
11	马鞍山长江公路大桥	1080	2013	三塔两跨，扁平钢箱加劲梁悬索桥
12	湖北宜昌长江大桥	960	2001	单跨悬吊，扁平钢箱加劲梁悬索桥
13	湖北西陵长江大桥	900	1996	单跨悬吊，扁平钢箱加劲梁悬索桥
14	湖北四渡河大桥	900	2010	单跨悬吊，钢桁架加劲梁悬索桥
15	珠江虎门大桥	888	1997	单跨悬吊，扁平钢箱加劲梁悬索桥
16	湖南张花高速澧水大桥	856	2013	单跨悬吊，钢桁加劲梁悬索桥
17	宜宾南溪长江大桥	820	2013	单跨悬吊，扁平钢箱加劲梁悬索桥
18	广东虎门二桥坭州水道桥	1688	在建	两跨悬吊，扁平钢箱加劲梁悬索桥
19	湖南洞庭湖二桥	1480	在建	两跨悬吊、钢桁架与正交异性钢桥面板结合加劲梁悬索桥
20	广东虎门二桥大沙水道桥	1200	在建	单跨悬吊，扁平钢箱加劲梁悬索桥
21	云南龙江大桥	1196	在建	单跨悬吊，扁平钢箱加劲梁悬索桥
22	贵瓮高速清水河大桥	1130	在建	单跨悬吊，钢桁架加劲梁悬索桥
23	万州附马长江大桥	1050	在建	单跨悬吊，扁平钢箱加劲梁悬索桥
24	重庆寸滩长江大桥	880	在建	单跨悬吊，扁平钢箱加劲梁悬索桥
25	武汉鹦鹉洲长江大桥	850	在建	三塔四跨悬吊、钢混结合加劲梁悬索桥
26	宜昌庙嘴长江大桥	838	在建	单跨悬吊、钢混结合梁加劲梁悬索桥

参考文献

吉姆辛（丹）. 大贝尔特海峡：东桥 [M]. 成都：西南交通大学出版社，2008.

第5部分

各种用途的桥梁

14

城市立交桥

撰文：罗保恒　北京市市政工程设计研究总院有限公司前所副总工程师
　　　　　　　教授级高级工程师
　　　　和坤玲　北京市市政工程设计研究总院有限公司专业总工程师
　　　　　　　教授级高级工程师
　　　　秦永刚　北京市市政工程设计研究总院有限公司高级工程师

- 城市桥梁的定义及分类
- 城市桥梁的特点
- 立交桥
- 高架桥
- 人行天桥

城市立交桥

城市桥梁的定义及分类

　　城市道路是城市居民生活和生产运输不可缺少的市政基础设施，对城市交通起着重要的骨架作用。当城市道路需要跨越江河、道路、铁路时，就需修建桥梁。

　　城市桥梁是指在城市范围内修建的跨越江河、道路、铁路的桥梁。按其功能可分为：立交桥、高架桥、跨河桥、人行天桥和城市轨道桥。

城市桥梁的特点

　　城市桥梁建设遵循"安全、实用、经济、美观"的原则，受城市道路网布局、用地条件、地上地下管线、环境景观、施工工期等的限制，具有以下特点：

　　● 桥梁弯、坡、斜异形结构多。桥梁受到城市总体道路网规划及用地条件等因素限制，桥位基本确定，造成城市桥梁弯、坡、斜等异形结构较多。

　　● 桥梁跨度及下部结构形式多。城市地下空间被构筑物和管线占用，桥梁跨度布局增加了难度，为避开地下管线等的影响，桥梁下部结构也大量采用异形结构。

　　● 桥梁造型及景观要求高。城市桥梁建成后，往往要很好地融入周围的环境，成为城市建筑的一部分，因此对桥梁结构的景观要求很高。

　　● 桥梁综合考虑因素多。城市桥梁处于人口密集区，对抗震、防水、排水、环保、消防以及公共设施的综合考虑要求更加突出。

　　● 桥梁结构选型装配化。城市中由于受周围环境及现行交通条件的限制，多采用施工简单、工期短的预制安装桥梁为主，使对城市交通的影响降到最低。

　　● 桥梁管理养护要求高。城市桥梁建成后，常受到周边及地下构筑物施工影响，给桥梁的安全使用带来风险。因此对桥梁运营管理及养护提出了更高要求。

立交桥

立交的起源与发展

　　随着国民经济建设的迅猛发展，我国城市人口的骤增，各种车辆大幅度增加。机动车、非机动车、行人之间的相互干扰日趋严重，平面交叉的路口造成车辆堵塞和拥挤，常规的平交路口交通方式已不适应。为解决交通拥挤、车速下降和事故增多等问题，各大城市相继修建快速路，对原有的平交路口采用立体交叉（以下简称立交），即修建

匝道和立交桥，用空间分隔的方法消除道路平面交叉车流的冲突，使原平交路口的车流在不同的高程上跨越，从空间上分开，各行其道，互不干扰，从而提高车速和路口通行能力。城市交通开始从平面走向立体，城市立交已成为现代化城市的重要标志。

　　国外立交发展较早的是美国。1921 年在布朗克斯河风景区干路上建成第一座设有匝道的不完全互通式立交。1928 年，在新泽西州首次建成苜蓿叶形完全互通式立交。从此城市交通由平面向立体发展。德国、瑞典、加拿大等国相继大量修建立交。近年国内外为确保各方向机动车高速行驶，多建定向形立交，如美国洛杉矶市的五层定向形立交（图 14.1），日本大阪府内本街的四层定向形立交（图 14.2）。

图 14.1　美国洛杉矶市的五层定向形立交

　　我国最早的立交，系广州市 1964 年建成的大北环形立交。北京市 1966 年于京密引水滨河路建成的三座部分互通式立交，虽形式简单，却给北京带来向立交发展的新趋势。1970 年以来开始修建第一条快速二环路。1974 年第一座互通式苜蓿叶形——复兴门立交建成。针对城市交通非机动车多的特点，1977 年在建国门首次建成了一座机动车与非机动车分行的三层苜蓿叶形立交，消除了混行立交中的冲突点，是解决城市交通的一次创举。

图 14.2　日本大阪府内本街的四层定向形立交

　　我国城市立交的发展是伴随着快速路系统的建设而发展起来的，而我国城市快速路的雏形来源于城市环路的建设。在快速路系统的建设中，立交的设计理念也在不断的创新和发展。从简单的两条路分行的分离式立交、到可以实现相交道路之间转向的菱形立交、苜蓿叶形立交，再到所有转向各行其道的定向式立交的相继建成。对于立交的功能和分类有了进一步的认识，立交形式不断地推陈出新。这些功能齐备、造型现代、千姿百态的立交，就像一颗颗闪亮的珍珠，串成了一条条美丽的环路。

　　我国大城市交通向多层次、多平面发展，缓解了市区的交通压力，取得了较大的社会经济效益。对改善城市环境与改善人民生活发挥了巨大作用。

立交的作用

　　立交的作用是使两条相交道路的交通流在空间分开，互不干扰，各自保持原有的行车速度通过交叉路口，从而保证了交通的畅通，提高了道路交叉路口的通行能力以及不同流向交通行驶的安全性。

立交的类型

　　立交的种类和形式很多，划分的方法主要有三种。按立交互通程度分为：全互通式、部分互通式和分离式立交；按现行城市道路规范分为：枢纽立交、一般立交、分离式

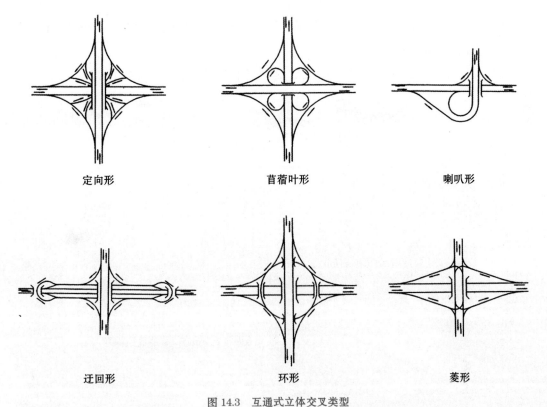

定向形   苜蓿叶形   喇叭形

迂回形   环形   菱形

图 14.3 互通式立体交叉类型

立交三类；按立交形式分为：定向形、定向加苜蓿叶形、喇叭形、迂回形、苜蓿叶形、环形、菱形等（图 14.3）。

●定向形：各方向均设专用车道，车辆行驶路线短，可建成三、四层，占地大、立交桥多、费用高。

●定向加苜蓿叶形：定向和苜蓿叶立交的组合形式，有的匝道采用定向形、有的匝道采用苜蓿叶形。

●苜蓿叶形：形式美观，左行车辆需下穿或上跨立交桥，匝道为环形，该形式立交绕行长，占地大。

●喇叭形：车辆行驶便利，占地小，适用于三岔路口。

●迂回形：是延长左转车辆行驶路线的一种形式，左转车辆需远引迂回绕行，占地小，适用于道路宽度受到限制或拆迁困难的路口。

●环形：由平面环形交叉发展而来，直行道与环形道交叉，可确保直行主干道车辆通畅，占地小，适用于主干道交通量大的多岔路口。但环形交通通行能力有限。在相交道路双向交通量都很大时，可建三层或四层式，即上下层为直行道，中间为环形道。

●菱形：由四条匝道呈菱形状连接在相交道路上的立交，其特点为结构简单，占地面积少，造价低。两条相交道路直行交通全分离的为三层式，只有主要道路直行交通分离的为两层式。

枢纽型立交通常采用定向形和定向加苜蓿叶形；一般立交通常采用苜蓿叶形、喇叭形、迂回形、环形和菱形。

北京是国内发展城市立交最早城市，其环路上有代表性的立交如下：

图 14.4　北京西二环路的复兴门立交

西二环路的复兴门立交是国内第一座长条苜蓿形互通式立交（图 14.4）；

东二环的建国门立交是国内第一座机动车与非机动车分行的三层苜蓿叶形立交（图 14.5）；

西二环路的天宁寺立交是和西便门立交功能互补的变形苜蓿叶加定向的机动车与非机动车（简称"机非"）分行四层大型立交枢纽（图 14.6）；

西三环的莲花池立交是国内首次设置集散车道的二层变形苜蓿叶形立交（图 14.7）；

东四环路的四惠立交，是枢纽型立交，实现了主辅分离、机非分行、转向分道的功能，主线转向车道全定向无交织，提高了通行能力和服务水平（图 14.8）；

北四环路的学院路立交是国内第一座机非分行的三层菱形立交（图 14.9）。

图 14.5　北京东二环路的建国门立交

图 14.6　北京西二环路的天宁寺立交

图 14.7　北京西三环路的莲花池立交

图 14.8　北京东四环的四惠立交

图 14.9　北京北四环路的学院路立交

立交的组成

立交的组成从道路功能上来说有主线、匝道、加减速车道、出入口等，复杂一些的立交还有辅路、非机动车道、人行道等。从设施的构造来说，分为路段、桥梁、引道三部分组成。通常一座立交都是由多条道路、多座桥梁和多条引道组成的。（图14.10）

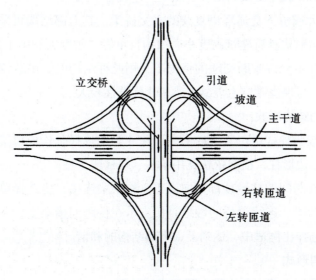

图 14.10　苜蓿叶形立体交叉

● **主线**：立交内供相交道路直线车辆行驶的道路。

● **匝道**：为连接立交内不同高程的道路或相平行的道路而设置的行车道，匝道根据连接的形式可分为环形、右转外接形、斜向左转直接形或半直接形。

● **路段**：立交内高程与地面基本持平的道路。

● **引道**：立交内路段与桥梁相接的高于或低于地面的道路。

● **立交桥**：立交内跨越道路、河道、铁路等的构筑物。根据其所在道路中的位置可分为主线桥、匝道桥。

立交桥梁的结构形式

立交桥梁的结构形式与一般桥梁完全相同，包括上部结构、下部结构及基础三大部分。

桥梁布孔、桥宽与桥下净空要有足够余量，满足车辆通行标准。桥梁上下部结构要协调匀称，并尽可能减少上部结构建筑高度和下部结构墩柱根数，增加桥下空间通透性，为桥下行车提供良好视距。

立交桥在整个立交工程中投资所占比例较高，桥梁应选用经济合理方案，尽量做到系列化、标准化，即方便构件预制、安装，又利于维护。

● **上部结构的结构形式**

立交桥梁一般跨度不大，板式桥、梁式桥是立交桥的常用结构型式，板式桥构造简单，便于预制、安装，工程费用低，建筑高度小，外形线条简洁，易于与立交桥周围环境协调。随着跨度增加，桥梁结构可采用梁式结构。视立交桥跨越孔数的增多或跨度的增大，可选择建筑高度小的 T 形、工字形截面的预应力混凝土连续梁或刚构。当跨度再增大时，应选用变截面预应力混凝土连续箱形梁。

对于跨度较大或桥下交通环境复杂的立交桥梁，其上部结构可采用钢—混凝土组合梁结构，该结构形式具有建筑高度小、结构自重轻、刚度大和施工吊装简便的优点。尤其在施工时，在不允许中断交通的情况下，用此种结构时，吊装钢梁仅需在拼装处设简单临时支架，与现浇预应力混凝土梁相比优越性较大。

● **下部结构的结构形式**

下部结构一般为柱式墩。其墩柱形式、尺寸等的选择是构成桥梁的重要环节，多选圆形、矩形或多边形柱，横向依桥宽用单柱、双柱或多柱。

多跨简支梁在跨间的柱墩顶部横向以盖（帽）梁连接，多选择单柱 T 形盖梁或双柱预应力混凝土盖梁。连续梁桥的墩柱直接支承在桥跨间横梁下，不设盖梁，应使墩柱尺寸与形式的选择比例适中，达到上、下部结构的和谐。

● **基础的结构形式**

桥梁基础多采用钢筋混凝土扩大基础或桩基础。

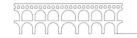

曲线桥（弯桥）与异形桥

随着立交功能完善的需要，立交形式和结构越来越复杂，在立交桥中出现占有一定比例的曲线桥（弯桥）和异形桥。

● 平面曲线桥（弯桥）

平面轴线为曲线的桥梁称为曲线桥，亦称弯桥。有单跨弯桥与多跨连续弯桥。

曲线桥（弯桥）受力特点与直桥有所不同。主梁除承受与直梁相同的弯矩和剪力外，还承受由于曲率影响产生的扭矩，因此主梁多采用具有抗扭刚度大的箱形截面梁。

曲线桥（弯桥）受道路地形或地下管线限制，部分中墩采用独柱支承，进一步增加了桥梁扭转效应。调整中墩支承点的空间位置或梁体预应力束形，可以有效减少主梁恒载产生的扭转效应，并使主梁两端反力分布均匀合理。

曲线桥（弯桥）中墩采用独柱支承时，需特别注意梁体的扭转稳定性，必要时应采用空间计算程序进行整体稳定性计算。在桥梁中墩采取墩梁固接或增加主梁扭转限位、在边墩采用拉压装置等措施，可以防止桥梁发生侧向倾覆。

1986 年青岛铁港立交桥首先修建了预应力混凝土连续弯箱梁。1989 年北京首次于东便门立交建成三座跨河独柱支承的预应力混凝土连续弯桥。目前此种桥型在城市立交中得到了广泛应用。

● 异形桥

平面为无固定形状的桥梁，称异形桥。

异形桥多建在干道与匝道连接处，平面呈"十"字、"T"字或"叉口"等形状。为满足桥下净空和降低建筑高度的需要，并适应多变的道路线形，采用无纵、横梁的点支承异形板桥。由于墩柱要直接支承于行车道板上，在集中力作用下，板受冲切力，故柱顶的板需要有足够的强度抵抗冲切力。

北京、天津等地在立交桥中均已成功地应用此种结构，取得满意的结果。如广渠门、广安门和新兴等立交桥。

立交桥选介

我国各大城市自 80 年代起，立交发展迅速，现选择部分有特色的立交作简要介绍。

● 北京四元桥

北京四元桥（图 14.11）位于东四环路、首都机场高速路、京顺路三条道路相交处，系机动车与非机动车分行的四层定向形互通式立交。首层于匝道的周围设辅路、非机动车和人行道系统；第二层为东西向的机场路、京顺路；第三层为南北向的四环路，第四层为三条定向匝道。除三条主路外，还有 12 条匝道，8 条辅路，占地 50 公顷。共有桥梁 26 座，是国内工程规模较大的立交桥之一。

主桥为预应力混凝土连续箱梁，桥宽 38~47.2m。匝道桥上部结构为预应力混凝土连续弯箱梁。最长的桥全长 619m。下部结构系单支承钢管混凝土独柱墩。整座立交气势宏伟，交通功能完善，桥梁平、立面舒展大方，于 1993 年 9 月建成。

图 14.11   北京四元桥

● **北京国贸桥**

北京国贸桥（图 14.12）位于东三环路与建国路相交处，为苜蓿叶形加下环形的三层互通式立交，分三期建设。下层为机动车与非机动车混行的灯控平交路口，中层为建国路机动车直行车道，建于 1986 年，桥长 360m；上层为东三环主路，桥长 1700m，建于 1993 年；中层与上层之间设置四条苜蓿叶形匝道，全部为高架结构，建于 2000 年。国贸桥为国内首次采用预应力钢混组合连续梁结构，配以大量异形预应力混凝土连续梁结构和钢筋混凝土异形板。

● **北京东直门北桥**

北京东直门北桥（图 14.13）位于二环路东北角与机场高速联络线相交处，为 T 形交叉口，机场高速联络线起止于此。四条定向形匝道与二环路相接，解决了两条道路的交通衔接，匝道环绕在护城河周边，保留了既有的绿化和景观，成为一座城市的立交公园，并在匝道桥上设置了隔声屏。桥梁设计了目前北京最大跨度、最小平曲线半径的钢混凝土组合梁，跨度组合 55m+75m+49m，半径 90m。匝道桥跨二环路位置桩基础采用全护筒跟进成孔及后压浆桩技术，避免基础施工对地铁结构产生影响。为解决弯桥边墩脱空，采用抗拉支座设计。

图 14.12 北京国贸桥

图 14.13 北京东直门北桥

- **北京肖家河桥**

北京肖家河桥（图 14.14）位于圆明园遗址公园西北角，为五环路重要的交通枢纽，立交采用无交织式的苜蓿叶形互通式立交。由于受圆明园遗址保护的要求，立交匝道既不能侵占公园边界，也不能高于公园围墙。立交选型充分利用地形特征，将五环路下穿圆明园西路，各转向匝道均布置在圆明园西路东、西两侧清河河道之上。这种布设方式较好地处理了与圆明园公园的平面和竖向关系，在实现交通功能的同时，完整保护了圆明园遗址公园这一重要历史文物。立交桥梁由圆明园西路主辅路桥和六条匝道桥组成。桥梁上部结构采用现浇预应力混凝土连续梁，下部结构中墩采用单、双钢筋混凝土墩柱，接承台及钻孔桩基础，分联处设置盖梁，桥台采用 U 型桥台或肋板式桥台。

图 14.14　北京肖家河桥

- **北京宛平桥**

北京宛平桥（图 14.15）位于宛平城、芦沟晓月南侧，是五环路与京石高速公路实现快速交通转换的重要交通枢纽。立交形式为苜蓿叶加定向匝道全互通立交，五环路下穿京石路。立交西侧的两个象限受永定河河道控制无法设置匝道，因此将两条右转匝道分别并入两条左转匝道，然后再跨越五环路，形成正常进入方式，避免了匝道布设占用永定河河道，影响行洪。

　　该立交桥由京周公路桥、五条匝道桥、京石高速和通道桥组成。京周公路桥上部结构采用预应力混凝土简支梁，下部结构中墩采用钻孔桩上接墩柱和盖梁，桥台为重力式。匝道桥上部结构均采用单箱单室和双室的现浇预应力混凝土连续梁及钢—混凝土组合连续箱梁，下部结构中墩采用单墩和双墩柱承台，钻孔桩，边墩为肋板式桥台。京石高速桥上部结构采用单箱单室的现浇预应力混凝土连续梁，下部结构一侧边墩为Y形墩柱承台，钻孔柱，另侧边墩采用重力式桥台，钻孔灌注桩。通道桥采用现浇钢筋混凝土框架结构。

图 14.15　北京宛平桥

● **上海延安路—南北高架路立交桥**

　　上海市延安路—南北高架路立交桥（图 14.16）位于成都路、延安路交叉口，该立交不仅是连接这两条城市干道的交通枢纽，而且是上海市高架路系统"申"字形骨架的中心点。因此，该立交是市区高架路系统中最重要的交通枢纽工程之一，对全市路网系统的安全、畅通、运行起到极其重要的作用。立交采用五层全定向形互通式立交，第一层为地面道路；第二层为东西向延安高架路主线；第三层为南北高架路转向延安高架路的左、右转匝道；第四层为延安高架路转向南北高架路的左、右转匝道；第五层为南北高架路。人行天桥在第二层延安高架路的下方，并利用高架桥箱梁的高度，减少了高架桥的净高和立交总体的高度。考虑到中央部位层次多，墩柱集中，为使地面行车不受墩柱的阻碍和影响行车视距，在中央设置了一根独柱墩，承托起 2 条直行和4条左转的车道，以减少墩柱，使整个立交结构紧凑，确保地面行车的顺畅。设计时对该墩柱的承载力和抗震性能进行了充分论证，确保其安全可靠。建成后其造型有"一柱擎天"的感觉，气势宏伟，景观效果很好。

图14.16   上海延安路—南北高架路立交桥（上海市政院提供）

- **上海中环路—真北路立交桥**

上海真北路立交桥（图14.17）是上海市中环线工程中的一个重要节点，位于中环西段真北路、武宁路—曹安路交叉口。现状真北路立交于1995年建成通车，是一座四层环形互通式立交，随着京沪高速公路上海段的拓宽及中环线工程的建成，该立交现状无法满足路网调整和交通发展要求，必须对现状立交实施改造。改造以保留现状立交为出发点，即保留原有转盘立交为地面道路系统立交，新建八条匝道和中环路高架为快速路系统立交。真北路立交桥上部结构采用空心板梁和T形梁，大跨度选用钢—混凝土叠合梁；匝道桥为连续梁和简支梁；下部结构为Y形圆墩，桩基均采用钻孔灌注桩。

- **上海中环路—共和新路立交桥**

上海中环路—共和新路立交桥（图14.18）位于中环汶水路高架与共和新路高架相交处，该立交由7条定向和1条苜蓿叶匝道组成的三层半枢纽型全互通立交，沟通了快速路网中的南北高架，是迄今上海市中心城区已建成的功能最全、规模最大的立交桥之一。共和新路立交的主桥和匝道桥均采用连续梁结构，下部结构整幅式为双圆柱墩，分幅式采用"Y"形柱墩。全线均采用钻孔灌注桩基础。

图 14.17　上海中环路—真北路立交桥改造前后对比（上海市政院提供）

图 14.18　上海中环路—共和新路立交桥（上海市政院提供）

● **上海中环路—五角场立交桥**

上海中环路—五角场立交桥（图 14.19）位于中环路与邯郸路相交处，为中环路高架桥与地面环岛组成的分离式立交。保留五角场环岛交通，桥梁结构配以彩蛋造型，体现杨浦科技孵化寓意。五角场立交桥，上部结构选用连续梁。下部结构桥墩整幅式为双圆柱，分幅式为"Y"形柱墩，全线均采用钻孔灌注桩基础。

图 14.19　上海中环路—五角场立交桥（上海市政院提供）

高架桥

高架桥的作用

城市发展后，随着快速路的建设，除了立交桥外，其所连接的高架桥作为充分利用城市空间一个非常重要的办法，在各大城市流行开来。北京、上海、广州等发达地区首先建立了许多高架桥，以缓解交通压力；为了进一步节约城市空间，建设高架桥进一步提高交通能力。

高架桥是一种建设在陆地上的连续桥梁，可供道路或铁路经过。高架桥适用于用地受限制的市区，可充分利用城市昂贵的土地资源，尤其适用于地下水位高，地下设有大量公用管线设施以及横向道路密集，交通较为繁忙的地区。此外为避免和其他线路平面交叉、节省用地或减少路基沉陷也可采用高架桥。

广州市区 1987 年为缓解市中心车辆拥堵，修建了长 5.3km 的人民路高架桥，是我国城市修建的第一条高架桥。上海市为疏解市中心的交通，建成了长 7.1km 的成都路高架桥，为我国城市的另一条高架桥。

高架桥的桥梁结构

城市高架桥的设计要求，除了和一般桥梁相同外，尚须注意选择最小的建筑高度，以减少桥长和引道的长度，降低工程造价。其轮廓，尤其是墩台要设计得轻巧并和周围环境相协调。墩台位置和基础形式须配合城市地下管线的布置，尽可能地减少拆迁工作量。

桥梁上部结构多采用简支梁或连续梁。简支梁选用装配式梁板结构，适用于跨度较小时，为保证桥面行车平顺，经常做成桥面连续。跨度较大时，通常采用连续梁结构。

高架桥的桥墩常选用柱式结构，其截面有矩形、圆形、椭圆形或多边形。桥墩布置应与桥下道路相匹配，并综合考虑桥下的空间利用。为减少桥墩占用空间，使桥下道路布设更为方便，高架桥桥梁下部结构可采用内收式双柱盖梁或大跨度门式盖梁，见图 14.20。

图 14.20　内收式双柱盖梁及大跨度门式盖梁（上海市政院提供）

车行道两侧要设置可靠的防护装置，以防车辆越界撞击造成事故。桥上照明须不妨碍邻近居民，在噪声敏感区，应设置隔音屏障，以降低噪声影响。桥上排水宜引至城市排水系统，寒冷地区的桥梁应采取有效措施减少除冰盐对桥梁耐久性的影响。

高架桥结构与周边环境的协调

高架桥的结构还需考虑与周边环境的协调。北京市展西路为西二环—白颐路之间南北向一条城市主干路，紧邻北京展览馆，上跨北京市动物园，高架桥全长 2.2km。跨越动物园的展西路高架桥（图 14.21）桥梁上部结构采用钢—混凝土组合梁结构，外观优美，施工快速方便。下部结构针对动物园等复杂条件，合理地进行跨度布置和结构设计，减少对此地段的干扰影响。为防止高架桥行车噪声对桥下动物产生惊扰，道路通过动物园地段设置了新型的双层全封闭的隔声屏，并与桥梁结合组成椭圆形横断面，内外造型美观，并与周围环境协调。

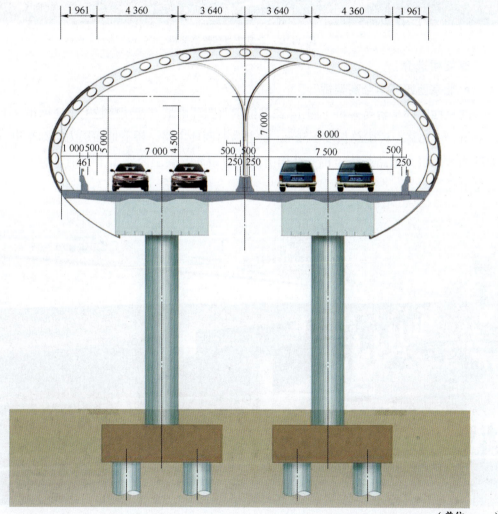

（单位：mm）

（图 14.21）

图 14.21　北京市展西路高架桥

高架桥选介

● 北京西四环丰台高架桥

北京西四环丰台高架桥（图 14.22）位于西四环南端，连续跨越七里庄南街、七里庄北街、丰北路，桥梁总长度 1.5km，桥上为西四环主路，桥下地面层为机动车道，桥梁两侧地面层为辅路系统。桥梁结构由预应力钢筋混凝土简支 T 梁和钢混凝土组合简支梁组成。

图 14.22　北京西四环丰台高架桥

- **北京首都机场 T3 航站区高架桥**

北京首都机场 T3 航站区高架桥（图 14.23）位于 T3 航站区楼前道路交通系统出发层，整个构形为"灯泡形"，像张开的双臂欢迎四面八方的客人。桥梁全长 4.95km，宽度标准段为 15m，楼前出发平台宽为 50.5m。为使桥梁的外观更加美观，桥梁上部结构均采用大悬臂斜腹板的预应力混凝土箱梁结构，桥梁的跨度均在 30m 左右，最大跨度不超过 40m，其中出发层楼前平台采用八孔连续多箱室预应力混凝土箱梁结构，全长 280m，采用分段浇筑混凝土、分段张拉预应力钢束的施工工艺。在离港桥上通过牛腿形式设有六座人行桥与航站楼离港层相接。下部墩柱采用圆形墩，在分联处设置盖梁。

图 14.23　北京首都机场 T3 航站区高架桥

- **广州内环路高架桥**

广州内环路高架桥（图 14.24）位于广州市中心的环形快速路，全长 26.7km，其中高架桥全长 20.26km，大部分路段是双向六车道。全线共设有 74 个出入口，并有七条放射线与环城高速相连接。由于其环绕交通拥挤、人口密集、商业活动繁华的城市中心区域，因此内环路是广州极其重要的交通干线。桥梁上部结构采用了预应力钢混凝土叠合梁、预应力或普通钢筋混凝土连续梁、预制预应力小箱梁和空心板等，下部结构采用独柱墩和门架墩，基础为钻孔灌注桩基础。

- **上海延安路高架桥**

20 世纪 90 年代中，上海高架路建设是申城重振雄风，跻身世界一流都市前曲，继

图 14.24　广州内环路高架桥

内环线建成并通车以后，贯穿市区的成都路高架桥和延安路高架桥（图 14.25）先后建成通车，形成贯穿上海市东西南北中的"田"字格局，彻底改变市区交通拥挤堵塞，完成了上海高架最终的上出天、下出地"申"字形的大格局。桥梁上部结构采用预制空心板梁、钢混凝土组合梁、预应力 T 梁、预应力混凝土连续箱形，主要结点上采用钢箱梁，下部结构为矩形墩柱和圆形墩柱，基础采用钻孔灌注桩及预应力高强度混凝土管桩。

● **上海共和新路高架桥**

上海共和新路高架桥（图 14.26）是南北向交通干道，是连接内环与外环的通道。整个工程由共和新路高架道路工程和地铁一号线北延伸一期工程两部分组成，高架桥段上层是双向六车道的高架道路、中层是地铁一号线北延伸段、

图 14.25　上海延安路高架桥（上海市政院提供）

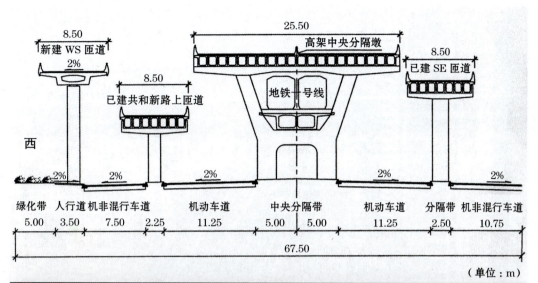

（单位：m）

图 14.26　上海共和新路高架桥（上海市政院提供）

下层是机动车和非机动车道，三者合为一体，总长 5.45km，于 2002 年建成。桥梁下部结构采用 H 形墩柱，上层支撑共和新路机动车道的钢筋混凝土 T 形梁，中层支撑地铁一号线的钢筋混凝土箱梁，形成了地铁头上飞、汽车天上行、车流地下过的景象。

● **上海中环线（浦西段）高架桥**

上海中环线是中心城区内、外环线之间的一条环形快速路，路线全长约 70km，其中的中环浦西段高架桥全长 27.3km。

图 14.27　上海中环路浦西段高架桥（上海市政院提供）

浦西段高架桥（图 14.27）结构有整幅式和分幅式两种布置形式，横断面（图 14.28、图 14.29）采用高架桥与地面道路的布置形式。

为了体现中环高架"美丽、含蓄、和谐"的景观要求，将中环景观元素定义为"圆"，高架桥采用圆弧形箱梁结构，运用圆环与曲线的景观元素，组合成圆形的结构造型。该造型突破现有高架桥造型单一的格局，使高大的桥体趋于柔和，易与周边的环境相协调，减少了桥下的压抑感；同时，将桥梁的护栏、灯杆和声屏障等物件按统一的圆环曲线组合，形成了整体的环形效果，提高了该桥型的景观性，使高架桥的造型具有中环线的特色和标志性。

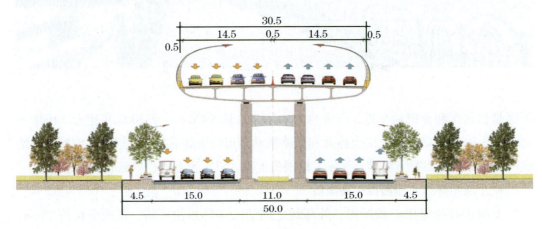

图 14.28　上海中环路浦西段整幅式高架桥横断面（单位：m）

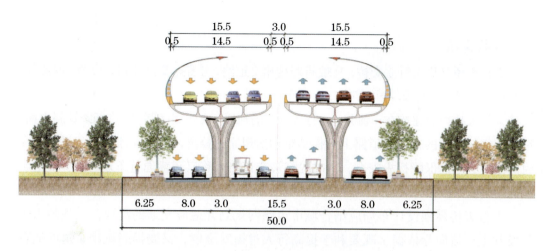

图 14.29　上海中环路浦西段分幅式高架桥横断面（单位：m）

　　整幅式下部结构采用双圆柱，圆柱在柱顶外倾，较柔和的曲线与圆弧形箱梁相匹配，使桥下各个视点均有较好的效果。分幅式下部结构采用以圆形为主的结构形式，合并圆柱而成圆形"Y"立柱结构（图 14.30），使整个中环线结构形成以"圆"为主题的外形。

图 14.30　上海中环路浦西段弧形连续箱梁及圆立柱墩（上海市政院提供）

人行天桥

人行天桥又称人行立交桥，一般指跨越相交道路、铁路、交叉路口、广场、河流等，方便行人通过的立体交叉构筑物。

人行天桥一般建造在车流量大、行人密集的地段，或者交叉路口、广场及铁路上面，可以使穿越道路的行人和道路上的机动车辆实现完全分离，避免车流和人流平面相交时的冲突，从而保障行人安全，同时提高被交道路或路口车辆通行车速，减少交通事故的发生。

人行天桥规划设计布局应结合城市道路网规划并适应交通的需要，以规划人流量及其主要流向为依据；既要利于提高行人过街安全度，又要提高机动车道的通行能力；天桥选型应根据城市道路规划，结合管线、市政设施、周围环境、投资以及养护条件等因素进行方案比较后确定；天桥的设置应与公共车辆站点结合，还应有相应的交通管理措施，可与商场、文体场馆、地铁车站等大型人流集散点直接连通以发挥疏导人流的功能；天桥结构不仅应满足运输、安装和使用过程中强度、刚度和稳定性的要求，还应满足人行舒适度的要求。

在现代化城市中，人行天桥通过建筑造型、景观设计等与周边建筑融为一体，往往成为地标性设施或城市的象征。天桥的建筑艺术应与周围建筑景观协调，按适用、经济、美观相结合的原则确定装饰标准，主体结构的造型要简洁、明快、通透。

人行天桥构造与布置

人行天桥总平面应符合规划要求，结合环境特征、交通状况、人流集散方向等因素进行设计。结构的高度、宽度和跨度有良好的三维比例使天桥造型轻巧美观。

● 立面布置　人行天桥桥跨和主桥墩柱布置应根据道路横断面形式、结构造型和施工条件等因素综合考虑。

● 平面布置　在平面布置上，人行天桥遵循"简约、对称"原则，根据城市规划的要求，同时结合周边环境、交通状况和人流集散方向等因素确定。

在连接各大商场与办公楼之间时，人行天桥多采用"一"字形布置；在跨越道路时，一般采用"一"字形、"["字形、"工"字形、"C"字形等。在跨越路口时，根据所跨越路口的形式（十字交叉口、三叉路口、复合交叉口等），天桥平面布置（表14.1）还有"U"字形、"Y"字形、"X"字形、"口"字形、圆形、八边形和"工"字形等形式。

● 结构选型　天桥结构选择应对工程性质、环境特征、结构功能、建筑造型、施工条件及工程投资等因素进行综合分析。天桥主体可以采用钢筋混凝土、预应力混凝土、钢结构。

表 14.1　人行天桥平面布置形式一览表

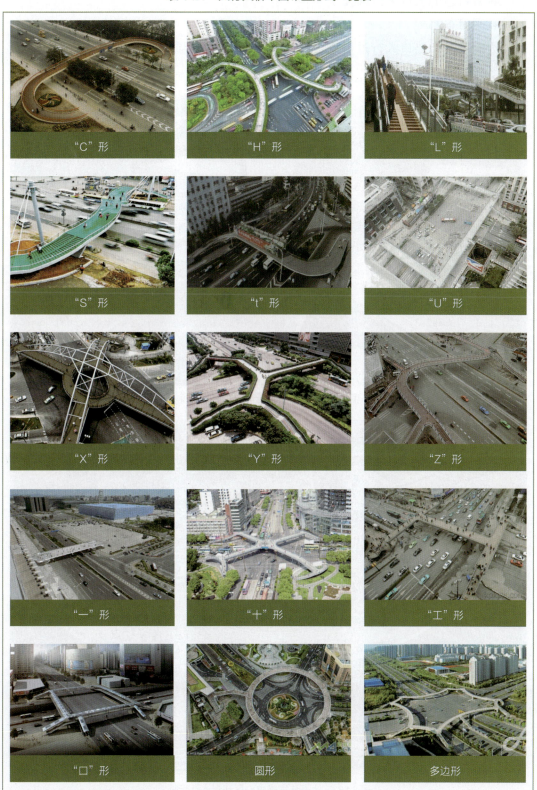

注："C"形图片由邵忠民提供

具有特色的人行天桥选介

● **平面布置**

为满足复杂路口人行过街需求，可采用"口"字形或环形的平面布置形式（图
14.31、图 14.32）。

图 14.31　北京中关村"口"字形天桥

图 14.32　上海陆家嘴中心区环形人行天桥

- **建筑造型**

人行天桥由于受到多重因素制约，尤其是要求和地理环境、周边建筑协调时，需要设计者在建筑外形上进行独具匠心的考虑。在承担人行交通功能的同时，此类人行天桥强调景观功能，通过建筑外形、装饰材料等，使天桥的景观与周围建筑协调一致、浑然一体。

北京奥林匹克公园北辰西路天桥（图 14.33）位于奥运中心区，其平面为"如意"造型，造型美观华丽，充分体现了民族特色。

图 14.33　北京奥林匹克公园北辰西路"如意"天桥

- **新型材料**

人行天桥主体结构通常采用混凝土、钢结构或组合材料。从实际出发，人行天桥应积极采用新材料、新结构、新工艺和新技术。北京西单人行天桥（图 14.34）采用高强度全铝合金材料，主桥长 84m，宽 8m。充分利用其高强、轻质、不锈、抗盐水酸

图 14.34　北京西单铝合金天桥

雨等腐蚀的优点，同时可重复使用或回收再利用。

● **结构型式**

人行天桥常规多采用梁式结构，当受地形和地物限制，出于城市景观等因素的考虑，一些城市人行天桥采用了悬吊桥、悬索桥和斜拉桥的结构型式，此类特殊结构大多造价昂贵，并非人行过街天桥的主流，见图 14.35。

图 14.35　厦门单索面空间曲线钢塔斜拉人行天桥

● **无障碍设施**

部分天桥设置了 1:12 残疾人坡道,在地形受限的地方设置了自动扶梯和自动升降机，方便行人、老年人通行，更方便残疾人使用，如北京市北辰东路人行天桥（图 14.36）。

图 14.36　北京北辰东路人行天桥（罗保恒 摄）

● 立体换乘

人行天桥在满足行人过街要求的同时，还可与公交和地铁站点的设置结合，缩短乘客行走距离，方便各种出行公交之间的换乘。北京四惠交通枢纽通过枢纽二层的天桥（图 14.37）及连廊实现地铁、长途、公交等换乘距离缩短。

图 14.37　北京四惠交通枢纽人行天桥与连廊

● 绿化与景观

人行天桥的绿化设计不但可以起到区域间隔热和隔音、净化空气等效果，还可以有效改善城市居民生活环境、美化生活空间、增加城市特色。如广州海四路人行天桥（图 14.38）。

● 跨越河道

人行天桥不仅可以跨越道路，也可以跨越河流。如北

图 14.38　广州海四路人行天桥

京亮马河人行天桥（图 14.39），位于北京东郊 CBD 地区，为沟通亮马河两岸的商务人员和行人需要。在凯宾斯基饭店南，修建过河天桥，其结构为单跨钢桁架拱式桥。其造型与周围建筑群浑然融合一体。

图 14.39　北京亮马河人行天桥（罗保恒　摄）

● **国外特色天桥选介**

美国芝加哥 BP 人行天桥（图 14.40）为满足残障人士需要，天桥一端连接大型露天音乐会场，跨越了哥伦布大道和最下层公共停车场。利用曲线形巧妙的避开了行车道、停车场进出口的干扰，与周边的城市建筑群形成了和谐的匹配。

图 14.40　美国芝加哥 BP 人行天桥

葡萄牙阿威罗环形人行天桥（Aveiro Circular Pedestrian Bridge）（图 14.41）位于葡萄牙西北部阿威罗区首府阿威罗，它是一座圆形金属人行天桥。该桥巧妙地运用圆的切点将三岸连接起来，并用一倾斜的钢制桅杆悬吊斜拉索将周长 26m、宽 2m 的圆形托盘拉住，大大增加了天桥的稳定性。

图 14.41　葡萄牙阿威罗环形人行天桥

卢森堡埃施人行天桥（Passerelle Esch-sur-Alzette）（图 14.42）位于第二大城市埃斯苏阿兹特，长度 150m，它以简约的设计理念，跨越铁路交通建立了城市中心与绿色空间（Galgenberg 公园）的直接连接。

图 14.42　卢森堡埃施人行天桥

亨德森波浪桥（图 14.43）是新加坡最高的人行天桥，造型别致，桥身犹如波浪，有四个波峰和三个波谷，给行人提供了观景的新高度，其波浪状的设计给人以视觉上的冲击力，动感十足。它衔接了花柏山公园和直落布兰雅山公园。

图 14.43　新加坡亨德森波浪桥（Henderson Waves Bridge）

15

城市跨河桥及轨道交通桥

撰文：罗　玲　北京市市政工程设计研究总院有限公司前总工程师
　　　　　　　中国工程设计大师、教授级高级工程师
　　　韩一民　北京市市政工程设计研究总院有限公司前副所长
　　　　　　　高级工程师
　　　杨　勇　北京市市政工程设计研究总院有限公司高级工程师

- 跨河桥
- 城市轨道交通桥梁
- 中、小桥梁结构标准化

城市跨河桥及轨道交通桥

跨河桥

天然的河流是原始城市诞生的基础，也历来是城市赖以生存的环境，蕴藏着城市丰富的历史和文化，也是现代城市体现其独特风貌和优美景观的重要载体。

跨河桥是城市河道的一个重要组成部分。跨河桥，顾名思义，架于河上、沟通两岸。城市里的跨河桥除了担负着运输交通的重要作用，本身就是一个重要建筑，一道亮丽风景，甚至成为城市的地标。因此，城市里的跨河桥既满足交通功能，又具有审美价值，是当前的一种发展趋势。

近年来，随着城市可持续发展意识的增强、绿色生态环保理念的加深，城市里的跨河桥除了强调结构上的安全、合理及交通功能的实现，更重要的强调其他的一些功能，如跨河桥的景观功能：造型优美的跨河桥本身就是一处景观，同时与河道、周边环境能融为一体将组成多维的城市景观；跨河桥的文化功能：不同年代的城市跨河桥反映了不同时代的桥梁建筑水平，许多跨河桥背后的历史典故彰显着它浓郁的历史文化气息；跨河桥的地标功能：跨河桥的景观和文化功能使得桥梁获得更高的知名度和认同感，往往被作为城市的地标，代表着一个城市。

从桥梁美学的角度来讲，优美的桥梁是在力学规律和美学法则的支配下通过精心设计和精心施工而成，是人文学科、工程技术和艺术三位一体的产物。然而，城市河道上的跨河桥往往不止一座，而且桥梁与桥梁之间的距离又很近，所以城市河道上的跨河桥并不仅仅是一个单体桥梁的美学，纵观国内外一些享誉盛名的城市河道上跨河桥群，都具有以下特点：

1. 每座单体桥梁自身都是协调、美观的，同时考虑与河道、周边环境的景观和谐与统一；

2. 河道上的跨河桥群是一个有机的整体，既有各自的特色，又有相互的联系；

3. 不同的建设年代有不同的建筑风格，但都代表了这个城市的发展和文化。

国内外城市里的跨河桥有很多成功的案例，国外如法国巴黎的塞纳河，捷克布拉格的伏尔塔瓦河，匈牙利布达佩斯的多瑙河，英国伦敦的泰晤士河，这些著名的景观河道上独具风格的桥梁景观以和谐的韵律、丰富的文化，展示出城市特有的魅力。

法国巴黎市区塞纳河上的三十几座的桥，沿着塞纳河依次排开，年代不同，建筑规模和风格也大相径庭，既有古老的石桥，又有钢拱桥和钢桁架拱桥。桥的建造风格

或古典、凝重，或现代、简约。亚历山大三世桥（Pont Alexandre Ⅲ）（图15.1），是塞纳河上最具象征意义的桥梁，桥梁为钢桁结构，此桥以俄国沙皇尼古拉二世父亲的名字命名，站在桥上可以欣赏塞纳河的风光。

图 15.1　巴黎塞纳河的亚历山大三世桥

艺术大桥（Passerelle des Arts）（图15.2），这座拿破仑一世下令修建的桥梁，连接着法兰西研究院和卢浮宫的中央广场，专门供行人通行，是塞纳河上最早建造的一座金属桥梁。艺术大桥因"爱情锁"闻名于世，人们把刻有自己名字或誓言的锁挂在大桥的栏杆上，再将钥匙抛进塞纳河内，寓意着誓言或爱情的永恒。

图 15.2　巴黎塞纳河的艺术大桥（曲怡偲 摄）

塞纳河畔的桥梁(图 15.3)折射出的一种无与伦比的巴黎风格——古典、优雅、时尚、浪漫。这些桥记录着巴黎的历史,积淀着巴黎特有的人文精神。

图 15.3　巴黎塞纳河的桥(罗保恒 摄)

捷克布拉格的伏尔塔瓦河(图 15.4)将布拉格一分为二,一侧是老城,布满各个时代的华丽建筑,一侧是山丘,上面是布拉格城堡。伏尔塔瓦河上有大大小小 10 余座桥。

建于 1357 年的查理大桥(Charles Bridge)是伏尔塔瓦河上最著名的桥(图 15.5),成为布拉格的象征,这座是仿罗马式的桥,全长 505m,是中欧最长的桥。伏尔塔瓦河上的桥不仅在总体桥型上达到了"多样统一","和而不同",而且每座桥梁的造型和风格又充分考虑了与两岸建筑的协调,桥梁及整个布拉格城市均为世界文化遗产。

图 15.4　布拉格伏尔塔瓦河的桥（罗保恒　摄）

图 15.5　布拉格伏尔塔瓦河的查理大桥（罗保恒　摄）

　　匈牙利首都布达佩斯多瑙河上几座风格各异的大桥，既是布达佩斯的标志，更是布达佩斯之魂。

　　塞切尼链子桥（Szechenyi lanchid）（图 15.6），布达佩斯首屈一指的名桥，是匈牙利著名雕刻家亚诺什的作品，是 19 世纪中叶世界上跨度最大的铁索桥，体现了欧洲 19 世纪厚重的建筑特点，这座桥梁成了布达佩斯的名胜和标志。

图 15.6　布达佩斯多瑙河的链子桥（罗保恒 摄）

伊丽莎白桥（Elizabeth Bridge）（图 15.7）反映了匈牙利 20 世纪 60 年代的风格，单跨度 290m，是当时世界上跨度最大的桥梁。

图 15.7　布达佩斯多瑙河的伊丽莎白桥、自由桥（Szabadság híd）（罗保恒 摄）

玛格丽特桥（Margit híd）（图 15.8）在 19 世纪下半叶由法国工程师恩斯特·古安设计而建成，紧邻著名的玛格丽特岛（因 13 世纪中叶贝拉四世国王的公主得名，原是皇家公园，目前是布达佩斯最美丽的公园之一）。

图 15.8　布达佩斯多瑙河的玛格丽特桥（罗保恒 摄）

伦敦泰晤士河上知名度最高的桥就是伦敦塔桥（Tower Bridge）（图 15.9），被视为伦敦乃至全英国的象征，有"伦敦正门"之称。伦敦塔桥造型独特，结构和谐，气势雄伟，两座方形主塔仿佛两顶王冠，巍峨耸立，当中为机械启动桥面，可自动折起，能通过万吨船舶，塔桥将伦敦南北区连接成整体。

图 15.9　伦敦泰晤士河的塔桥

　　国内的跨河桥中，以天津海河上的桥为例，从天津三岔口耳闸处的永乐桥，顺流而下到海河与外环线交汇处共有 20 座桥，这些桥梁实现了功能性和景观性的和谐统一，可谓"一桥一景"，形成了独具天津特色的海河"桥文化"。如欧陆风格的北安桥、大光明桥，时尚风格的进步桥、大沽桥、金阜桥，中西合璧的狮子林桥以及具有老天津标志的金汤桥。

　　金汤桥（图 15.10）始建于 1906 年，是国内唯一仅存的平转式开启钢桁架结构桥，桥梁跨度布置为 33.82m（固定跨）+19.82m+19.75m（两跨转动跨）。遵循"修旧如旧、恢复功能"的原则，该桥于 2004 年进行改造，跨度调整为 37.465m（固定跨）+27.18m+26.525m（两跨转动跨），恢复了已经失传 30 多年的热铆工艺，对其进行了整修，保持了原貌，恢复了开启功能，增加手动开启和电动开启功能。

图 15.10　天津海河的金汤桥（天津城建设计院提供）

天津海河解放桥（图 15.11）原名万国桥，建于 1927 年，当时由美国舒尔茨开启桥公司设计，采用代表当时世界先进水平的钢桁架双叶式竖向开启技术，也是现今国内仅存的双叶竖转式开启桥。该桥全长 96.254m，主跨为 49.939m，桥面宽 12.20m，钢结构主桁左右各有 2.75m 的人行道，桥梁下部基础中墩采用沉箱基础，桥台采用扩大基础且基底设置密布松木桩基。该桥于 2006 年进行整修，本着"修旧如旧"的原则，对原桥进行了结构补强，恢复了手动和电动两套开启系统。

图 15.11　天津海河的解放桥（天津城建设计院提供）

天津海河大沽桥（图 15.12）建于 2005 年，桥梁全长 154m，主跨 106m，为敞开式四索面下承式钢结构拱桥。该桥由两个不对称的拱圈构成，大拱圈拱高 39m 面向东方，象征着太阳，小拱圈拱高 19m 面向西方，象征着月亮，预示着天津美好的未来与日月同辉。

图 15.12　天津海河的大沽桥（天津城建设计院提供）

北京地区虽然河系较少，但由于首都政治文化中心的突出功能和浓厚的历史文化背景，历来注重跨河桥的景观工程，近年随着桥梁技术和设计理念的不断发展与更新，北京地区涌现出许多形式多样、寓意丰富的跨河桥梁。

北京昌平区南环大桥（图 15.13）修建于 2008 年，主桥为双塔双索面自锚式悬索桥，桥长 316m，主跨 175m，主塔高 66.9m。南环大桥设计新颖独特，悬索和全钢结构桥体轻盈、通透，与东沙河湿地生态恢复工程及龙山、蟒山等人文、自然景观相呼应。南

环大桥首创的两主塔间和无上横梁的设计，使大桥整体有一种开放、升腾的气势，预示昌平区社会经济的蓬勃发展，绚丽的夜景照明设计更是光耀水天，使得南环大桥成为北京的一个旅游景点和昌平地区标志性建筑。

图 15.13　北京昌平区南环大桥

北京通州区潮白河邓家窑跨河桥（图 15.14）修建于 2009 年，桥梁主跨为 158m，采用中承式拱桥与简支梁桥协作体系，桥体结构主要以"水"的姿态作为设计主题，将协作进取的精神、生态的理念乃至通州所特有的水运文化特色，融合汇聚于桥体之上，使温榆河大桥真正成为能体现通州商务区精神的核心地标性建筑。

图 15.14　北京通州潮白河邓家窑跨河桥

　　北京通州区潞苑北大街温榆河大桥（图15.15）修建于2012年，主桥采用有背索、双索面独塔斜拉桥，墩、塔、梁固结体系，主桥跨度为100m，主塔用倒"Y"形桥塔，塔高75m，为配合景观效果，下塔柱顺桥向倾角约77°，拉索采用扇形索面布置，主塔与拉索呈"琴弦"造型，造型优美、寓意深远。

图15.15　北京通州潞苑北大街温榆河大桥

　　北京未来科技城温榆河桥（图15.16）为三跨连续梁拱组合桥，建成于2013年，主桥最大跨度为180m，主墩顺桥向采用V墩形式，桥梁拱采用异形拱，不但体现了不同于以往常规曲线拱桥的独特曲线美，并且其简洁而柔美的曲线也充分展现了科技城新区"未来、科技"之感。

图15.16　北京昌平未来科技城温榆河桥

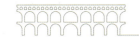

　　上海苏州河连接太湖与上海，河上的桥多数都有百年的历史，从苏州河上的桥的兴建、改建、扩建就能见证出上海面貌的变迁和发展。

　　外白渡桥（图15.17）1908年1月20日落成通车。由于其丰富的历史和独特的设计，外白渡桥成为上海的标志之一，1994年2月15日，上海市人民政府将外白渡桥列为优秀历史保护建筑之一。该桥上部结构为下承式简支铆接钢桁架，下部结构为木桩基础钢筋混凝土桥台和混凝土空心薄板桥墩。2008年，桥梁上部结构整体拆送到上海船厂大修，对所有铆钉及钢桁架逐一检测，更换受损部件。桥墩原木桩基改为混凝土桩基。外白渡桥在2009年3月完成大修后恢复原位。

图 15.17　上海苏州河的外白渡桥

　　四川路桥（图15.18）连接四川北路和四川中路，为三孔钢筋混凝土桥，1923年建成，桥北是同时期建造的上海邮政总局大楼，邮政大楼是苏州河的标志性建筑之一，现为上海邮政博物馆。

图 15.18　上海苏州河的四川路桥

　　浙江路桥（图 15.19）是苏州河上除外白渡桥之外的另一座钢桁架结构百年老桥，1906 年开始建设，为鱼腹式钢桁梁，因旁有垃圾码头，俗称垃圾桥。浙江路桥梭形钢桁梁的粗犷结构和河岸的柳条、花草形成了一种和谐而奇妙的景观。

图 15.19　上海苏州河的浙江路桥

　　广州珠江上的桥梁也是全国闻名，如海珠桥（图 15.20），初建于 1933 年，是广州市第一座跨江桥梁，海珠桥以它的历史和独特风格点缀和象征着广州，并以"珠海丹心"的名义入选了 1963 年的羊城八景。

图 15.20　广州珠江的海珠桥

　　珠江上的海印大桥（图 15.21）建于 1988 年，是因桥北端的羊城三石之一的海印石而得名。大桥为双塔单索面斜拉桥，全长 125m，塔高 57.4m，由 186 根钢索拉固，塔顶像两只"羊角"，寓意羊城。海印大桥像一艘双桅船在旭日初升时扬帆远征，夏夜像两把巨大的竖琴伴随着潺潺流水奏响悠扬动听的乐章。

图 15.21　广州珠江的海印大桥

　　珠江上的解放桥（图 15.22）建于 1998 年，是广州第一座三跨下承式钢管混凝土系杆拱桥，主桥为三跨连续无风撑下承式钢管混凝土系杆拱结构，三个拱圈恰似三条连续的"彩虹"跨江而过，具有结构力学和装饰美学双重属性。

图 15.22　广州珠江的解放桥

　　由以上的国内外的成功案例看出，要使同一河道上的桥梁与环境协调，就是要使桥梁与环境形成一种和谐的秩序关系。而这种秩序是由规划、桥梁和环境共同构成，从规划角度出发，是桥梁功能与路网和区域功能的协调匹配；从桥梁自身系列角度考虑协调，桥梁结构形态要在整条河道的总体上取得协调；从环境景观匹配的角度，桥梁的尺度、风格、照明要与周围环境的协调。

　　综上，城市跨河桥的设计需要有整体规划的思想，切不可就单体桥梁独立而论，其次，对于每一座桥，不可将桥梁与河道及周边环境割裂开来，它本身即是与众不同的单体，也是河道上整个桥群的一个组成部分。跨河桥的设计规划要体现城市精神风貌、延续城市发展文脉、遵循区域功能规划、贯彻景观规划思想，做到桥型系列总体协调、

单体结构协调与环境的协调相结合，做到桥梁的功能性、艺术性和生态性相结合，只有这样，才能使桥梁在功能上是实用的、结构上是合理的、视觉上是美观的、环境上是协调的、文脉上是连续的，才能实现其历史、美学、生态以及实用的多重价值。

表 15.1　国外部分早期初建的跨河桥统计表（按建成年代排序）

序号	桥梁名称	所在地点	建造时间	结构
1	查理大桥	布拉格 伏尔塔瓦河	1357 年	石拱桥
2	新桥	巴黎 塞纳河	1607 年初建 2007 年改建	石拱桥
3	艺术桥	巴黎 塞纳河	1804 年初建 1984 年改建	金属人行拱桥
4	耶拿桥	巴黎 塞纳河	1814 年初建 1937 年改建	拱桥
5	滑铁卢桥	伦敦 泰晤士河	1817 年始建 1942 年重建	原为九孔石拱桥 现为钢筋混凝土结构
6	伦敦桥	伦敦 泰晤士河	1831 年	箱形梁桥
7	链子桥	布达佩斯 多瑙河	1845 年初建 1949 年重建	悬索桥
8	阿尔玛桥	巴黎 塞纳河	1856 初建 1974 年重建	拱桥
9	兑换桥	巴黎 塞纳河	1860 年	拱桥
10	玛格丽特桥	布达佩斯 多瑙河	1876 年	拱桥
11	比哈坎穆桥	巴黎 塞纳河	1878 年初建 1902 年重建	公路铁路桥
12	塔桥	伦敦 泰晤士河	1886 年	吊桥
13	自由桥	布达佩斯 多瑙河	1896 年	钢桁架拱桥
14	亚力山大三世桥	巴黎 塞纳河	1900 年	钢拱桥
15	伊丽莎白桥	布达佩斯 多瑙河	1903 年	斜拉桥

表 15.2　国内部分跨河桥统计表（按建成年代排序）

序号	桥梁名称	所在地点	建造时间	结构
1	金汤桥	天津 海河	1906 年初建 2004 年改建	扭转式开启桥
2	外白渡桥	上海 苏州河	1908 年	钢桁架桥
3	四川路桥	上海 苏州河	1923 年	钢筋混凝土桥
4	浙江路桥	上海 苏州河	1906 年	鱼腹式钢桁架

（续表 15.2）

序号	桥梁名称	所在地点	建造时间	结构
5	金刚桥	天津 海河	1996 年	双层钢铁拱桥
6	解放桥	天津 海河	1927 年	开启式钢桥
7	海珠桥	广州 珠江	1933 年初建 1950 年重建	下承式简支钢桁架桥
8	北安桥	天津 海河	1973 年	钢筋混凝土桥
9	狮子林桥	天津 海河	1974 年	钢筋混凝土桥
10	大光明桥	天津 海河	1983 年	钢筋混凝土桥
11	海印大桥	广州 珠江	1988 年	双塔式斜拉桥
12	解放桥	广州 珠江	1998 年	钢管拱桥
13	大沽桥	天津 海河	2005 年	钢铁拱桥
14	直沽桥	天津 海河	2006 年	钢铁拱桥
15	金阜桥	天津 海河	2007 年	三维网支撑结构桥梁
16	玉带河桥	北京 北运河	2007 年	矮塔斜拉桥
17	永乐桥	天津 海河	2008 年	摩天轮
18	进步桥	天津 海河	2008 年	自锚式桁吊组合钢结构桥
19	赤峰桥	天津 海河	2008 年	斜塔双索面"吊篮"斜拉桥
20	金汇桥	天津 海河	2008 年	塔式斜拉桥
21	国泰桥	天津 海河	2008 年	钢铁拱桥
22	富民桥	天津 海河	2008 年	自锚式悬索桥
23	三好桥	沈阳 浑河	2008 年	钢箱拱塔斜拉桥
24	南环大桥	北京 东沙河	2008 年	自锚式悬索桥
25	邓家窑桥	北京 温榆河	2009 年	中承式拱
26	温榆河大桥	北京 温榆河	2012 年	双索面斜拉桥
27	未来科技城温榆河桥	北京 温榆河	2013 年	梁拱组合桥

城市轨道交通桥梁

城市轨道交通发展现状

城市轨道交通是指在不同形式固定轨道上运行的城市公共客运系统的统称，其中包括地铁、轻轨和市域快速轨道交通等。

1863 年 1 月 10 日，用明挖法施工的世界上第一条地铁在伦敦建成通车，列车采用蒸汽机车牵引，线路全长约 6.4km。1890 年 12 月，伦敦首次用盾构法施工，建成又一条线路，线路全长约 5.2km。虽然城市轨道交通诞生已有一百多年，但大规模修建城市轨道交通则是在第二次世界大战结束后。据统计，到 2011 年末全世界有 195 个城市建成了地下铁道，线路总长度超过了 11000km。

国外主要城市轨道交通最初运营年代及 2011 年末运营里程统计见表 15.3。

表 15.3　国外主要城市轨道交通最初运营年代及 2011 年末运营里程

序号	城　市	轨道交通最初运营年代	运营里程（km）
1	伦　敦	1863	402
2	芝加哥	1892	166
3	巴　黎	1900	212
4	柏　林	1902	147
5	纽　约	1904	368
6	汉　堡	1912	105
7	马德里	1919	286
8	巴塞罗那	1924	119
9	东　京	1927	305
10	大　阪	1933	138
11	莫斯科	1935	326
12	斯德哥尔摩	1950	106
13	圣彼得堡	1955	114
14	墨西哥城	1969	180
15	旧金山	1972	167
16	首　尔	1974	327
17	圣地亚哥	1975	102
18	华盛顿	1976	190
19	釜　山	1985	132
20	新加坡	1987	151
21	新德里	2002	198

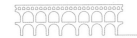

　　中国第一条现代化城市轨道交通线路是 1969 年 10 月 1 日建成通车的北京地铁 1
号线。经过 40 多年的发展，中国城市轨道交通不断创新，已从单一的地铁发展为城市
轻轨、市郊铁路乃至城际铁路的多样化、立体化交通系统，从蒸汽牵引发展为电气化
牵引。

　　截止 2014 年末，我国城市轨道交通运营的城市有北京、上海、广州、长春、大连、
天津、武汉、深圳、重庆、南京、成都、沈阳、佛山、西安、苏州、昆明、杭州、哈
尔滨、郑州、长沙、宁波、无锡共 22 个城市。国内主要城市轨道交通最初运营年代及
2014 年末运营里程统计见表 15.4。

表 15.4　中国城市轨道交通最初运营年代及 2014 年末运营里程

序号	城　市	轨道交通最初运营年代	运营里程（km）
1	北　京	1969	604
2	上　海	1995	643
3	广　州	1999	239
4	长　春	2002	56
5	大　连	2003	127
6	天　津	2004	147
7	武　汉	2004	96
8	深　圳	2004	179
9	重　庆	2005	202
10	南　京	2005	176
11	成　都	2010	155
12	沈　阳	2010	114
13	佛　山	2010	21
14	西　安	2011	52
15	苏　州	2012	76
16	昆　明	2012	60
17	杭　州	2012	66
18	哈尔滨	2013	17
19	郑　州	2013	26
20	长　沙	2014	22
21	宁　波	2014	21
22	无　锡	2014	56

城市轨道交通制式

　　城市轨道交通根据所承担的客流量以及沿线的条件选择车辆制式，常见的制式包
括地铁、轻轨、独轨、现代有轨电车、磁浮交通及市域快轨。

　　地铁是在城市中修建的快速、大运量、用电力牵引的轨道交通。列车在全封闭的

线路上运行，位于中心城区的线路基本设在地下隧道内，中心城区以外的线路一般设在高架桥或地面上。地铁车辆分为 A、B 型车，A 型车宽 3m，最大载客量正常状况下为 310 人 / 辆，B 型车宽 2.8m，最大载客量正常状况下为 240 人 / 辆，车辆编组 6~8 辆。

北京地铁 5 号线（图 15.23）是北京市规划轨道交通线网中一条重要的南北干线，工程于 2002 年 12 月动工修建，2007 年 10 月通车，线路全长 27.6km

图 15.23　北京地铁 5 号线

轻轨是一种中运量的城市轨道交通系统，从有轨电车演变而来，但其设备系统、车辆、行车组织和运营管理等较有轨电车有很大的不同。轻轨的敷设方式与地铁相同，都有地面、地下与高架线路。轻轨和地铁主要差别在轻轨车辆的长度、宽度及编组都比地铁车辆小且轴重轻。

上海轨道交通轻轨 5 号线（图 15.24）是我国第一条高架轻轨线，于 2003 年 11 月建成通车，全长 17.2km。

独轨又称单轨交通，是车辆在一根轨道上运行的轨道交通系统，通常区分为跨座式和悬挂式两种：跨座式是指车辆跨坐在轨道梁上行驶；悬挂式是指车辆悬挂在轨道梁下方行驶，其重心处于轨道梁的下方。这种独特的方式与地铁、轻轨相比，桥梁相对轻巧，线路可采用更小的曲线半径和更大的坡度，另外在车辆运行产生的振动和噪声也小。

重庆轨道交通 3 号线为单轨交通（图 15.25），工程包括一期（20.20km）、3 号

图 15.24 上海轻轨 5 号线（上海隧道院提供）

线南延伸线（16.53km），总长
36.73km。分别于 2011 年 9 月和
2012 年年底建成通车。工程采用
的跨座式单轨交通系统型式，是
国内轨道交通系统的示范工程。

有轨电车是一种以地面敷设
为主的轨道交通系统，可采用专
用路权，也可与其他道路交通车
辆混行，每节车辆由不同数量的
模块组成，客流量大时，可以两
节车辆联挂。有轨电车虽然属于
低运量的城市轨道交通系统，但运输能力比常规的道路公共交通要大很多。

图 15.25 重庆轨道交通 3 号线（上海隧道院提供）

磁浮制式不同于一般轮轨粘着式铁路，车辆没有传统意义上的轮对，是通过电磁
感应作用，使车辆悬浮在轨道上行驶。磁浮制式有高速和中、低速之分，目前用于运
营的线路还很少。

市域快轨又称通勤铁路，具有列车运营速度高的特点，在近郊区平均速度为
40~50km/h，在较远郊区平均速度为 100km/h，功能定位是为中心城区与郊区城镇及各
城镇之间的中长距离居民之间提供快速、舒适、安全准时的轨道交通运输服务。目前
我国已开始新建客运专用的市域快轨，市域快轨以地面和高架线为主，站距大，速度快，
与相交的地铁或轻轨线路换乘方便。

截至 2014 年末，我国共开通城市轨道交通运营里程 3155km。其中，地铁 2438km，占 77.2%；轻轨 239km，占 7.6%；单轨 87km，占 2.8%；现代有轨电车 134km，占 4.2%；磁浮交通 30km，占 1.0%；市域快轨 227km，占 7.2%。见表 15.5。

表 15.5　2014 年末我国城市轨道交通各制式运营里程　　　　　单位：km

序号	城市	地铁	轻轨	单轨	现代有轨电车	磁浮交通	市域快轨
1	北 京	527					77
2	上 海	548			9	30	56
3	广 州	239					
4	长 春		48		8		
5	大 连		104		23		
6	天 津	87	52		8		
7	武 汉	61	35				
8	深 圳	179					
9	重 庆	115		87			
10	南 京	168			8		
11	成 都	61					94
12	沈 阳	54			60		
13	佛 山	21					
14	西 安	52					
15	苏 州	58			18		
16	昆 明	60					
17	杭 州	66					
18	哈尔滨	17					
19	郑 州	26					
20	长 沙	22					
21	宁 波	21					
22	无 锡	56					

城市轨道交通桥梁概况

城市轨道交通的高架桥结构形式因其造价低、建设周期短，而成为城市周边交通发展的主要构成部分。

我国大陆第一条高架城市轨道交通线是上海城市轻轨明珠线一期工程，2000 年 10 月建成通车，至今运行良好。目前我国部分城市轨道交通桥梁详见表 15.6。

城市轨道交通桥梁结构特点

城市轨道交通桥梁应满足列车安全运行和乘客乘坐舒适的要求，结构除满足规定的强度外，应有足够的竖向刚度、横向刚度，并保证结构的整体性和稳定性。结构一般采用等跨简支梁式结构，其施工方便，对现况交通影响较小。

表 15.6 国内部分城市轨道交通线路桥梁表

序号	项目名称	制式	线路长度 （km）	高架线长度 （km）	区间标准梁形式
1	上海城市轨道交通明珠一期	轻轨	24.97	24.97	30m 简支箱梁
2	北京地铁八通线	地铁	18.964	11.054	25m 工字形简支梁
3	北京地铁 5 号线	地铁	27.7	12.82	3×30m 连续箱梁
4	上海莘闵线	轻轨	17.2	16.7	30m 简支箱梁
5	南京地铁一期工程	地铁	16.99	6	3×25m 连续箱梁
6	重庆轨道交通"较新线"	单轨	14.5	14.5	22m 简支I型梁
7	大连快轨三号线	轻轨	49.7	21.5	25m 连续箱梁，组合箱梁
8	天津地铁一号线	地铁	26.188	8.743	3×25m 连续箱梁
9	天津市滨海快轨线	轻轨	42.6	42.6	4×25m 连续箱梁
10	上海磁浮线	磁浮	33	33	25m 简支异形梁

　　桥梁结构墩位布置应符合城市规划要求。桥梁结构考虑整体道床板、无缝长钢轨的轨道结构与桥跨相互约束而产生的纵向力。桥梁结构应满足供电、通信、信号、轨道、给排水、隔声屏障等有关工种工艺设计及埋件设置等要求。桥梁结构采取必要的构造措施满足防水、防迷流、防雷接地、防腐等要求。

高架桥立面布置

　　桥梁立面布置的内容包括：体系的选择，桥长及分跨布置，桥下净空及梁高的选择等。

　　根据城市轨道交通的特点以及整体道床和无缝线路的要求，城市轨道交通桥梁结构一般采用简支梁（图 15.26）或连续梁（图 15.27）。简支梁的特点是结构简单，受力

图 15.26 简支梁

图 15.27　连续梁

明确，易于标准化施工，施工速度快，适用于中小跨度，标准区段桥梁一般采用简支梁体系。根据目前国内各城市轨道交通桥梁架桥机的架设能力，桥梁的合理架设跨度在 20~30m 之间。跨交叉路口或其他特殊条件时，多采用连续梁桥，以降低材料用量，减小伸缩缝数量，改善行车条件，提高桥梁的可靠性和耐久性。

对于城市轨道交通这种长距离的高架桥，从景观上考虑，应尽量采用等跨等高度梁。桥梁跨度的选择，应结合沿线的既有道路和规划道路、工程地质条件，从景观、经济和施工标准化等方面综合考虑确定。

当标准梁跨越涵洞、路口时，需采用较大跨度，施工如采用现浇结构，将会对现况交通产生较大影响，如采用预制混凝土主梁，主梁自重过大，将给运输架设带来困难，通常可采用简支钢—混凝土组合梁结构（图 15.28），既可以减少主梁自重，方便运输，同时对交通影响最小。简支钢—混凝土组合梁跨度可采用 35m、40m、45m 标准跨度。

图 15.28　简支钢—混凝土组合梁

高架桥断面形式选择

高架桥梁横断面设计即为主梁结构设计，对于高架桥标准区间的主梁结构设计，应从受力、经济、施工及美观等方面综合考虑。一方面要求结构安全、经济美观，满足桥下交通要求等；另一方面要结合工程及场地特点，采用经济成熟的施工方法与结构形式；同时，还需满足无砟、长枕式整体道床及长钢轨结构对高架桥梁结构的特殊要求。高架桥上部结构应优先采用预应力混凝土结构。目前，比较适合城市轨道交通高架桥梁的结构有预应力混凝土 T 形梁结构、预应力混凝土箱梁结构、下承式槽形梁结构等形式（图 15.29）。

箱梁截面

槽形截面

图 15.29　箱梁截面和槽形截面

在建筑高度受限的场合，预应力混凝土槽形梁是一种可以优先选用的方案。城市轨道交通槽形梁有其自身优点：腹板阻隔轮轨噪声，同时起到隔声屏障作用，建筑高度较低，便于形成节能坡，主体结构替代栏杆等附属结构，工期短。重庆 1 号线沙大段（图 15.30）、南京 1 号线东延线（图 15.31）均采用此种断面形式。

图 15.30　重庆 1 号线沙大段（北京城建院提供）

图 15.31　南京 1 号线东延线（北京城建院提供）

墩型选择

桥梁的下部结构除应有足够的强度、刚度、稳定性和满足城市轨道交通荷载的特殊要求，即水平刚度要求外，外部造型也很重要。合理的造型能使上、下部结构协调一致，轻巧美观。桥墩的线条必须简洁，太多的复杂线条会使人的视觉效果凌乱，从而产生厌烦的心理；另一方面，桥墩又要很好地表达其自身的力线，使人们有一种自然、稳健、踏实的感觉，同时与上部结构的建筑风格也要取得较好的协调。

下部宜采用轻型桥墩，常用的墩型有：T形、H形、V形、华表形等（图15.32）。

T形墩柱

H形墩柱

V形墩柱

华表形墩柱

图 15.32　下部结构墩柱形式

城市轨道交通桥梁选介

● 北京地铁 15 号线

北京地铁 15 号线（图 15.33）一期工程线路全长约 38.3km，其中高架线 13.7km。线路高架桥梁位于京顺路、京密路、顺于路的绿化带内，节约土地，与周边景观协调。

15 号线高架车站（图 15.34）设计平面采用鱼腹形导式站台，轨道位于站台外侧，使乘客换乘方便，环境更舒适，车站体量规模最小，车站造型紧密结合车站功能。站桥结构分离、受力合理。将车站结构和轨道桥梁结构分离，仅在构造上相连接，有效减小了轨道所带来的震动对车站的影响。

图 15.33　北京地铁 15 号线

图 15.34　北京地铁 15 号线高架站区

- **上海闵浦二桥**

　　上海闵浦二桥（图 15.35）是沪杭公路高架道路和上海地铁 5 号线南延伸段及地面道路组成的三位一体综合交通工程。其中上层公路于 2010 年 5 月建成通车，高架全长 4.8km（其中轨道交通与公路叠合段长度为 3.2km）。桥墩采用干字形桥墩，上层为双向四车道公路，中间为轨道交通 5 号线南延伸，地面为双向四车道公路。工程为国内首座采用"干"字形桥墩的公轨一体化工程，节约了土地资源，降低了工程投资，弱化了墩柱林立、拥挤的感觉，该方案道路断面布置灵活、紧凑，墩形轻巧、形式简洁、外形美观。

图 15.35　　上海闵浦二桥（上海隧道院提供）

- **上海轨道交通 8 号线**

　　上海轨道交通 8 号线（图 15.36）二期工程线路全长 14.22km，高架线长 5.98km。于 2009 年 7 月建成通车。高架桥梁上部结构为简支 U 形梁，标准跨度 30m，下部采用 T 形独柱墩。首次在国内全线高架段采用 U 形梁。

- **上海磁浮列车高架桥**

　　上海磁浮列车高架桥（图 15.37）西起上海地铁 2 号线龙阳站，东到浦东国际机场，线路全长 30km，设计最高运行速度为 431km/h，单线运行时间为 7min20s。2006 年 4 月正式运营，是世界上第一条投入商业运行的高速磁浮铁路。上部结构采用精密加工的钢或钢筋混凝土工字梁，下部结构采用钢筋混凝土 T 形墩。

图 15.36　上海轨道交通 8 号线（上海隧道院提供）

图 15.37　上海磁浮列车高架桥

城市轨道交通发展

　　现今的轨道交通建设通常具备两个基本功能：一是交通需求的功能——主要解决城市交通的拥挤；二是引导城市发展的功能——主要是引导城市布局结构的调整与优化。轨道交通建设在解决城市交通问题的同时，也带动城市区域开发、整合城市断裂

的商业带，形成交通和城市开发一体化。

我国城市轨道交通建设将持续快速发展，据统计，全国不同类型的城市轨道交通运营里程到 2020 年将达到约 14000km，远景总规模将达到 30000km。轨道交通制式也呈多样化发展趋势。

优先发展以轨道交通为骨干的城市公共交通来解决城市交通问题，已成为世界各国的共识。21 世纪将是发展中国家城市轨道交通成网的世纪。随着城市轨道交通的发展，对城市轨道交通功能的认识上，将由解决城市交通拥堵的基础性功能转变为引导城市结构优化、建设生态城市的先导功能。随着世界人口的增长和经济发展，地下空间的开发利用将是历史发展的必然趋势，城市轨道交通桥梁将会得到空前的发展。

中、小桥梁结构标准化

我国桥梁大规模建设中，中、小跨度桥梁工程建设尤为普遍与实用，为节省投资、方便施工、缩短工期，这些桥梁结构多进行标准化设计。在城市桥梁中高架桥和轨道桥使用桥梁标准化结构尤其普遍。城市桥梁中除高架桥和轨道桥之外由于受条件限制因素较多，标准化结构桥梁在城市桥梁中所占比例不大。如城市立交桥线形复杂难以使用预制梁，受现况道路线形、地下管线及构筑物、桥下净空和高程要求、城市环境美观、占地拆迁等各个方面的限制因素，难以把同一桥梁复制于城市任意处，因此城市桥梁设计常采用标准化设计程序，因地制宜进行设计。

城市桥梁中的标准化设计还包括一些桥梁附属结构，如防撞护栏、栏杆、地袱（即护栏基础，是桥梁防撞墙的一种行业名称）、桥面铺装、排水管口、桥头搭板、抗震设施及伸缩缝等，这些桥梁附属结构一般都针对各个城市不同的风格进行了标准化设计。

我国交通部从 20 世纪 50 年代开始编制和使用桥梁结构标准图，随着桥梁建设领域的新技术、新材料、新设备、新工艺的不断涌现，技术标准和设计规范的不断更新，桥梁结构标准图也在不断的更新，进行修编和重编。城市桥梁标准化设计主要是在现有公路桥梁标准图基础上或者参考类似桥梁进行一定的优化改进，以适应城市桥梁各种变化因素。

中、小桥桥梁跨度标准

标准化跨度，是以两桥墩中线之间桥中心线长度或桥墩中线与桥台台背前缘线之间桥中心线长度为准。跨度 6~40m 的桥梁推荐采用的标准跨度，目前常用的具体模数有：6m、8m、10m、13m、16m、20m、25m、30m、35m、40m。

梁（板）式桥上部结构通常选用型式

目前我国常用标准化上部结构形式主要为板梁（实心板和空心板）、T 梁、小箱梁。其中板梁适用于跨度 6m、8m、10m、13m、16m、20m。其中 6~10m 为钢筋混凝土结构，

10~20m 为预应力混凝土结构,其板宽分为 1m 和 1.25m 两种标准。空心板自重轻、造价低、工艺成熟、安装方便,适用于小跨度桥梁。

装配式预应力混凝土 T 梁是桥梁中量大、面广的常用桥型,预制、脱模、吊装均比较方便。它构造简单、受力明确、经济性好,可采用简支桥面连续或先简支后结构连续体系,能适应一定的弯、坡、斜桥,因而在城市桥梁中得到广泛的应用。

T 梁标准图中预制梁宽为方便标准化施工尽可能相同,不同的梁距通过湿接缝宽度调整。预制梁宽度通常为 1.2~1.7m,湿接缝宽度在 0.4~0.7m 之间。T 梁标准跨度主要有 20m、25m、30m、35m、40m。

小箱梁常用标准跨度主要有 20m、25m、30m、35m、40m,和 T 梁常用跨度类似。小箱梁受力性能好,整体性强,抗扭刚度大,相同跨度时梁高较 T 梁小。对于跨度较大,对桥下净空、美观有一定的要求的时候一般选用小箱梁。

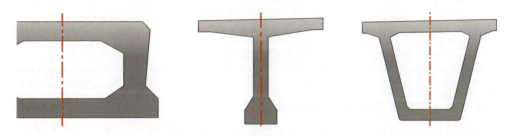

图 15.38　上部结构截面形式示意图（空心板、T 梁和小箱梁）

以上三种桥梁上部结构截面形式（图 15.38）基本涵盖了 90% 以上常规桥梁结构形式。针对工程建设中经常会出现斜桥的情况,标准图分为斜交角 0°、15°、30° 三种,实际使用过程中常常根据实际情况进行角度调整。

表 15.7　常用标准化桥梁结构表

断面形式	跨度（m）	结构形式	材料	梁高（m）	平面角度
实心板	6	简支	普通钢筋混凝土	0.32	
空心板	8	简支	普通钢筋混凝土	0.42	0°，15°，30°（根据实际情况可以灵活设置）
	10	简支	普通钢筋混凝土	0.5	
	10	简支	预应力钢筋混凝土	0.6	
	13	简支	预应力钢筋混凝土	0.7	
	16	简支、连续	预应力钢筋混凝土	0.8	
	20	简支、连续	预应力钢筋混凝土	0.95	

（续表 15.7）

断面形式	跨度（m）	结构形式	材料	梁高（m）	平面角度
T梁	20	简支、连续	预应力钢筋混凝土	1.5	
	25	简支、连续	预应力钢筋混凝土	1.7	
	30	简支、连续	预应力钢筋混凝土	2	
	35	简支、连续	预应力钢筋混凝土	2.3	
	40	简支、连续	预应力钢筋混凝土	2.5	0°，15°，30° （根据实际情况可以灵活设置）
小箱梁	20	先简支后连续	预应力钢筋混凝土	1.2	
	25	先简支后连续	预应力钢筋混凝土	1.4	
	30	先简支后连续	预应力钢筋混凝土	1.6	
	35	先简支后连续	预应力钢筋混凝土	1.8	
	40	先简支后连续	预应力钢筋混凝土	2.0	

梁（板）式桥下部结构通常选用型式

下部结构形式常用有方形墩柱与圆形墩柱，当截面抗弯、抗压能力基本相同时，圆形桥墩截面尺寸比方形大。但是相同条件下，矩形截面抗剪箍筋可设多肢，因此其抗剪能力更强。当桩柱一体化设计时，圆形截面桩柱钢筋连接顺畅，而矩形截面与桩基圆形截面相连需设过渡段。两种截面各具优势，在不同条件可分别采用。

采用空心板、T梁、小箱梁上部结构形式的桥梁，其下部结构一般为盖梁接墩柱形式，根据桥宽不同，桥梁分幅不同，盖梁常为双柱盖梁、三柱盖梁、甚至四柱盖梁等。双柱盖梁、三柱盖梁典型断面见图 15.39。

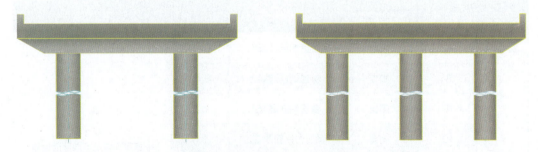

图 15.39　下部结构一般构造示意图（双柱盖梁和三柱盖梁）

由于桥宽、地质情况变化等条件限制下部结构的标准化设计相比起上部结构则变化更多、更具因地制宜性，因此目前下部结构标准化设计的应用要弱于上部结构，设计人员也常采用一些软件进行标准化自动出图。

16

跨 谷 桥

撰文：李亚东　西南交通大学教授、土木工程学院桥梁工程系主任

跨 谷 桥

概　述

　　按所跨越的对象，桥梁可划分为跨河桥、跨谷桥、跨海桥、跨线桥等。桥梁的设计和施工，应充分考虑其所跨越对象的特点。

　　跨谷桥，是指跨越山区谷地的桥梁。

　　我国的基本地貌类型多样，包括山地、高原、丘陵、盆地、平原等。习惯上所说的山区，包括山地、比较崎岖的高原和丘陵，这三者的面积之和占到国土总面积的 2/3以上。山地由山岭和山谷（河谷和沟谷）组成，丘陵则由高地和洼地组成。由此可见，谷地与山区存在着密不可分的关系。

　　我国中西部山区的自然特点是：地形条件险峻，地质结构复杂，气候条件多变，生态环境脆弱。因此，在山区铁路和公路（包括桥梁）的设计和施工中，需要克服自然环境恶劣、建设条件艰苦、养护维修不便等困难，还需要同时考虑生态环境建设和保护。

　　在山区建造高速铁路或高速公路，由于线路（或路线）设计的要求，通常难以通过展线爬升或下降的方式来避开高山深谷，因此，遇深谷则需架桥，遇高山则需挖隧，这导致山区线路的桥隧比（桥梁和隧道的里程之和与线路总里程之比）很大。例如，沪蓉西高速公路（现属 G50 沪渝高速组成部分）全长 320km，共穿越 14 座高山，跨越 13 道峡谷，桥隧比达 60%。成贵高铁全长约 632.6km，桥隧比高达 81.5%。对山区的干线铁路，桥隧比也同样很高。兰成铁路长约 458km，桥隧比达 86.05%；兰渝铁路全长 820km，桥隧比在 70% 左右。桥隧比越大，需要修建的跨谷桥和隧道就越多，工程难度就越大。

　　为满足线路设计要求，且为避免修建过长的隧道，需要合理抬高线路高程。这样，大多数跨谷桥就成为"高桥"。与平原地区的桥梁相比，山区跨谷桥的普遍外观特征是：对一跨跨越山区险峻峡谷的桥，桥面高度（从桥面至谷底地面或水面的落差）大；对多跨跨越深沟宽谷的桥，桥墩高度大。尽管桥梁主跨的大小一直是体现桥梁技术水平的一个重要指标，但在艰险山区建造跨谷桥，同样是对设计和施工的强力挑战。那些跨越险峻峡谷或深沟宽谷的高桥，也给人们带来轻盈飘逸、神奇壮观的审美感受。

　　我国在 2013 年发布的《国家公路网规划（2013 年~2030 年）》中，无论对普通国道还是高速公路的规划调整，都优先考虑了西部地区。在建的沪昆高铁、成贵高铁等，也拉开了在艰险山区建造高速铁路的帷幕。可以预见，国家公路网与铁路网在西部地区还将进一步扩张,为今后中国—东南亚、南亚陆路大通道的发展奠定坚实基础。因此,在我国西部山区,还需要修建更多的跨谷桥。

山区谷地及其类型

从地貌学上说,谷地就是两侧正地形夹峙的狭长的负地形。谷地的形成与流水作用有密切关系,也与构造运动和地质构造有关。大体上,谷地分为河谷和沟谷两大类。谷地的共同特点是:地形变化大、地质变化大、水流变化大。

河 谷

所谓河谷,就是由于经常性流水的长期侵蚀作用而在地表形成的线状延伸的凹地。通常,河谷由位于中间的谷底和位于两侧的谷坡组成。谷底较为平坦,包括河床和河漫滩;谷坡较为陡峭,除了强烈下切的山区河谷外,其上常有一级或多级阶地,如图16.1所示。

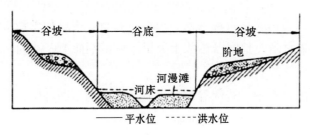

图 16.1 河谷横剖面图

河流的不同地段,河谷发育及其形态有所不同。

在高山地区(河流的上游),河流的坡降大,下蚀作用强烈,往往形成深切峡谷。峡谷内谷坡陡直,谷底全部或大部分为河床占据,多急流险滩。在我国西部山区,这样的峡谷比比皆是,如雅鲁藏布江上的雅鲁藏布大峡谷(峡谷长505km,最大谷深6000m,是地球上最深、最长、海拔最高的河流峡谷),澜沧江上的梅里大峡谷(峡谷长150km,最大谷深4734m),大渡河金口峡谷(长约26km,最大谷深2600m),怒江大峡谷(云南境内的长度超过300km,最大谷深3500m)等。

按照断面形态,山区河谷可分为隘谷、嶂谷和峡谷。隘谷的谷坡陡峭或近于垂直,河谷的谷缘部分宽度与谷底几乎一致,河谷极窄,谷底全部为河床占据。嶂谷由隘谷发育而成,两壁陡峭但谷底较隘谷为宽,常有基岩侵蚀面或砾石浅滩露出水面。峡谷由隘谷及嶂谷发育而成,峡谷的横剖面呈明显的"V"字形,谷坡陡峭,谷坡上可能有阶梯状陡坡,谷底会出现岩滩及雏形河漫滩。这类峡谷,称为V形谷。另外,在原有山谷的基础上,若经山谷冰川侵蚀雕刻作用,谷地被加深加宽,谷壁变陡,谷底变平。当冰川退缩融化后,就形成横剖面为"U"字形的山谷地貌,称为U形谷。

在低山和丘陵地区（河流的中游），河流侧向侵蚀加强，并形成河曲。河曲的摆动发育出河漫滩和阶地，使河谷加宽，河漫滩扩大，形成了河漫滩河谷或宽谷。河漫滩河谷由 V 形河谷发展而成，河谷的横剖面为谷底较宽、较平坦的 V 形、U 形或槽型，河床宽度只占谷底的一小部分。

河流出山进入平原地区后，河床变宽，水流减慢，谷地开阔平坦，为成形河谷。这类河谷不在本文讨论之列。

沟 谷

沟谷是指由于地表间歇性流水侵蚀所成的槽形凹地。在基岩山地，坡地岩土物质的构成可能有所不同，坡度不一，抗蚀能力有异，当坡面流水逐渐集中，侵蚀力量加强，便逐步形成下切较深的沟谷。在干旱、半干旱地区（如黄土高原），植被稀少，土质疏松，沟谷发育迅速，地面沟壑交错。

按照沟谷的发育阶段，可以把沟谷分为切沟（坡地上宽、深尺寸较小的侵蚀沟）、冲沟(山间宽、深尺寸较大的沟槽)和坳沟(宽而浅的干谷)。与跨谷桥有关的主要是冲沟。冲沟的深度、宽度和长度与当地气候、地形、岩石、构造和植被等有关，其深度和宽度可从数十米到数百米，长度可达数十公里。在横剖面上，冲沟一般呈宽底 V 形或深倒梯形。

在冲沟发育的过程中，若沟谷水流得到地下水的不断补给，则由间歇性水流转变为经常性水流，冲沟就逐步演变成河谷。

跨谷桥选型

各种桥型均可用于跨谷桥。合理的桥型,须结合具体桥位处的地形地貌、地质、水文、气象等因素加以确定。

对于山区陡峭的 V 形或 U 形峡谷，因无法在谷中设置高桥墩，需采用一跨结构作为正桥越过。在线路高程处，谷宽（或跨度）大致在 200m 左右者，可选用连续刚构桥、拱桥或斜腿刚构；谷宽（或跨度）大致在 400m 左右者，可选用拱桥或斜拉桥；谷宽（或跨度）大致在 600m 左右者，可选用斜拉桥或悬索桥；谷宽（或跨度）更大者，则多选用悬索桥。

对于较为开阔平坦的河漫滩河谷，若桥面位置较高，河谷较宽，地质和水文条件较为复杂，则比较适于采用高墩大跨的连续结构型式，尽量减少高桥墩。可选用的桥型有多跨连续梁桥，或连续刚构桥，或多塔斜拉桥等。所选桥型的跨度通常在 100~400m 之间，其大小与桥梁用途、结构体系和结构材料有关，也与桥墩高度有关。从我国的工程实践看，无论是对铁路桥还是公路桥，多采用连续刚构桥。

对跨越较为宽、深、陡沟谷的桥梁，桥长多半达数百米到上千米。对此，主桥部

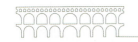
分可采用大跨连续结构，引桥部分则可用简支梁结构。对宽度不大的干沟，当仅需设置一个高墩时，也可因地制宜，采用单 T 构、独塔斜拉桥等结构型式。

绝大部分的山区桥梁为简支梁桥或先简支后连续梁桥。当桥梁以相对较低的高程跨越地形、地质条件较好的河谷，且谷内水流影响不大时，通常采用中小跨度的预制拼装简支梁；当谷内水流影响较大时，可考虑用大跨结构跨越河床，其余部分采用简支梁。另外，当桥梁顺河谷在山麓或山坡上高架延伸时，除跨越沟谷者外，也多采用简支梁结构。简支梁桥的跨度与墩高有密切联系。基于现有的简支梁标准化设计，将墩高与跨度之比控制在 0.6~1.6 之间，总体上可取得较好的经济效益，也基本上可满足美观要求。一般情况下，当墩高超过 80m，就不宜采用简支梁结构。

另外，因进入山区的线位需逐渐抬高，且桥下净空通常不受限制，山区跨谷桥多为纵坡较大的上承式桥。

图 16.2 至图 16.8 为几座跨谷桥的立面布置示意，现结合桥型布置简要介绍如下。

对于跨越宽达千米左右的峡谷，悬索桥通常是最佳选择。图 16.2 所示的矮寨大桥位于湖南吉茶高速公路上。该桥采用钢桁梁悬索桥结构，主跨 1176m，桥面距谷底 336m。该桥两端连接隧道，在设计中充分考虑了地形因素，合理设置塔、梁、锚和桥隧连接部分。首次采用塔、梁完全分离的结构设计方案，减少了对山体的开挖，缩短了钢桁加劲梁长度；利用地形条件使一个桥塔的高度大为降低，节约了建设成本。在加劲梁架设方面，首次采用"轨索滑移法"架设钢桁梁，成功克服了施工条件的限制。

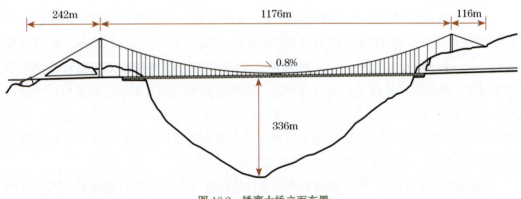

图 16.2　矮寨大桥立面布置

近年来在山区建造的跨谷悬索桥，如四渡河大桥（跨度 900m，桥面高度 496m）、坝陵河大桥（跨度 1088m，桥面高度 370m）、澧水大桥（跨度 856m，桥面高度 330m）、关兴公路北盘江大桥（跨度 388m，桥面高度 366m）等，尽管跨度范围变化较大，其加劲梁多采用便于运输拼装的钢桁梁。

斜拉桥的跨越能力较大，适于跨度较大的跨谷桥。图 16.3 所示的墨西哥的巴鲁阿特（Baluarte）大桥是一座公路混合梁斜拉桥，桥长 1124m，主跨 520m。该桥跨越西马德雷山脉中的一条陡峭峡谷，桥面距谷底高度为 403m。在立面布置上，因无需按照传统的双塔三跨斜拉桥那样确定边跨与中跨之比，故结合地形条件把边跨长度适度压缩。为适应这样的分跨布置，在梁体构造上，边跨采用较重的两条混凝土箱梁，悬臂法施工；在混凝土箱梁之间，横向间隔设置钢横梁；在主跨拉索区范围内，则设置较轻的双主梁式钢梁。为解决钢梁节段的运输，先修建好主塔和边跨，通过边跨桥面运输钢梁，再单悬臂拼装中跨钢梁直至合龙。

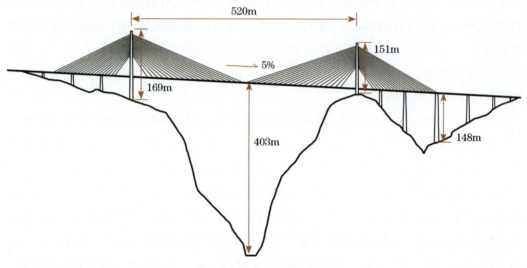

图 16.3　巴鲁阿特大桥立面布置

近年来我国建造的跨越峡谷的斜拉桥，大多采用双塔三跨式混凝土斜拉桥，例如六冲河大桥（主跨 438m，桥面高度 336m），武陵山大桥（主跨 360m，桥面高度 263m），马岭河大桥（主跨 360m，桥面高度 241m）等。这些桥梁采用常规比例的边中跨布置，对称悬臂法施工。赤石大桥是一座跨越宽谷的四塔混凝土斜拉桥，为适应桥位处多溶洞的复杂地质条件，经比选确定 165m+4×380m+165m 的跨度组合，桥长 1470m，桥面高度 183m。该桥采用了新颖的双曲线索塔设计，不仅解决了多塔斜拉桥刚度偏小的问题，也构成了别具一格的桥梁景观。

只要地质条件良好，拱桥和斜腿刚构往往是跨越 V 形沟谷的合理桥型。图 16.4 所示的支井河大桥为位于沪蓉西高速公路上的一座钢管混凝土桁架拱桥。该桥以 430m 的跨度横跨 294m 深的 V 形峡谷，矢跨比为 1/5.5，拱座基础置于稳定完整的弱风化基岩上。为美化造型，采用变高度的拱肋，桁架断面高度从拱脚的 13.0m 减少到拱顶的 6.5m；为减轻恒载，拱上立柱及盖梁均采用加劲钢箱结构；由于桥位处地形复杂，整体运输困难，构件仅能以散件运抵现场，复拼成大节段后再采用缆索吊装、斜拉扣挂的方法施工。所采用的缆索吊装系统跨度达 756m，不设吊塔，缆索直接锚固于山体岩锚上。

几座典型的钢管混凝土跨谷桥包括：贵州水柏铁路北盘江大桥（主跨 235m，桥面

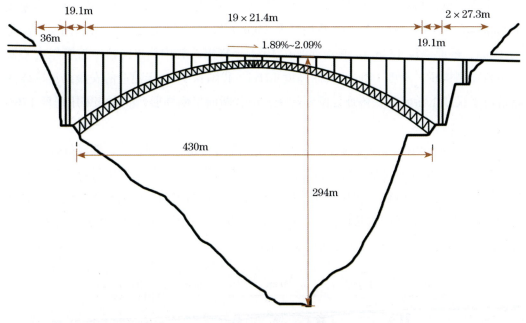

图 16.4　支井河大桥立面布置

高度 275m，转体法施工），猛洞河大桥（主跨 255m，桥面高度 232m，悬臂扣挂施工），
大宁河桥（主跨 400m，桥面高度 219m，悬臂扣挂施工），小河大桥（主跨 338m，桥面高度 208m，悬臂扣挂施工）等。

　　图 16.5 所示为意大利萨勒诺的普拉塔诺（Platano）高架桥。该公路桥建于 1978 年，采用斜腿刚构桥型跨越 220m 深的沟谷。主梁按 81m+140m+81m 分跨，斜腿底铰间距（即跨度）291m。主梁为带斜撑的单箱钢梁，斜腿为倒 V 形双肢箱形构件。架设方法是：先修两端引桥；分两段竖拼斜腿，将主梁边跨与斜腿相连；然后将斜腿转体就位，同时带动边跨就位；最后采用吊机悬臂拼装梁部中跨至合龙。

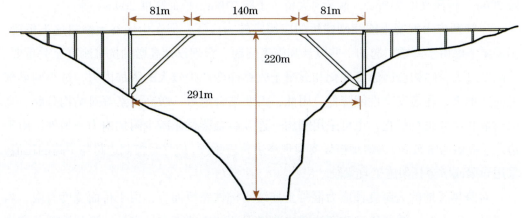

图 16.5　普拉塔诺高架桥立面布置

采用同样的桥型和类似的架设方法，意大利还修建了一些跨谷桥，如 1974 年建成的 Sfalassà 高架桥（跨度 360m，桥面高度 250m）和 1985 年建成的 Piave 河高架桥（跨度 255m，桥面高度 184m）。亚美利亚在 1981 年修建的赫拉兹丹河桥，为桁架式公铁两用斜腿刚构桥，跨度 160m，桥面高度 121m。我国在 1982 年建造的安康汉江单线铁路桥位于汉江上游峡谷，桥址处两岸陡峻，河谷断面呈倒梯形，经比选采用跨度 176m 的钢斜腿刚构桥型。

对于较为平坦的河谷或沟谷，选用与高墩协调的大跨连续结构，能较好地满足设计要求。图 16.6 所示的龙潭河大桥是沪蓉西高速公路上的一座预应力混凝土连续刚构桥。桥址处河谷宽 300m，切深较大，两岸山体坡度较为缓和，桥面至谷底的最大高差为 197m。为此，上部结构选用五跨一联的箱梁构造（分跨 106m+3×200m+106m），下部结构采用构造简单的双肢变截面矩形空心墩。

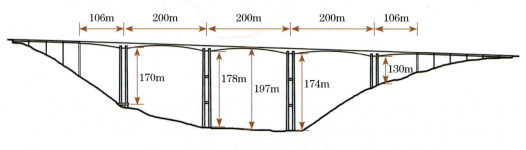

图 16.6　龙潭河大桥立面布置

大跨预应力混凝土连续刚构桥已成为我国山区跨谷桥的常用桥型。近年来修建的连续刚构桥包括：六广河大桥（主跨 240m，桥面高度 297m），七星河大桥（主跨 200m，桥面高度 248m），二郎河大桥（主跨 200m，桥面高度 245m），芙蓉江大桥（主跨 230m，桥面高度 240m），朱昌河大桥（主跨 200m，桥面高度 224m），潽街渡大桥（主跨 220m，桥面高度 220m），魏家洲大桥（主跨 200m，桥面高度 220m），马水河大桥（主跨 200m，桥面高度 219m），猴子河大桥（主跨 210m，桥面高度 209m）等。

尽管预应力混凝土连续刚构桥的应用已较为广泛，但在山区谷地修建这类桥梁，仍需要考虑由于高墩引起的一些设计和施工问题。合理设计高墩的抗推刚度至关重要。若刚度过大，结构会因温度变化和混凝土收缩徐变产生较大的附加内力，过小则梁部纵向变形大，稳定安全性能降低。因此，需要结合地形、墩高因素等对结构分跨、高墩构造和尺寸进行优化，也可采用刚构—连续组合梁桥来减少附加内力。另外，由于边跨过渡墩通常较高，为避免搭设支架现浇边跨直梁段，应尽量控制边跨与中跨的比值，采用导梁或墩旁托架施工直梁段。

对跨越谷地的大跨度预应力混凝土连续刚构铁路桥而言，由于桥面宽度有限，当墩高尺寸很大时，需要通过改变桥墩构造来保证结构的横向稳定性。渝利铁路蔡家沟

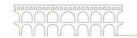

大桥为适应沟谷复杂的地形地质条件，将孔跨布置为 1×24m+2×32m+（44+80+44）m 连续梁 +1×32m+（48+88+48）m 连续刚构 +9×32m+（80+3×144+80）m 刚构—连续组合 +1×32m+（44+3×80+44）m 刚构—连续组合 +8×32m+1×24m，桥长 2057.4m，最大墩高 139m。该桥视结构体系和墩高情况，分别采用横向呈 A 形、人字形（或倒 Y 形）、扫帚形和矩形的各类桥墩。这样的桥墩构造可满足结构受力的要求，但对桥梁外观的整体协调感有所削弱。

对跨度在百米左右的预应力混凝土梁桥或跨度更大的钢梁和结合梁桥，采用等高（或基本等高）的结构型式，往往可获得线条简洁、结构轻盈的美学效果。德国在 1979 年建造的科赫谷（Kochertal）高架桥就是一个典型的例子，见图 16.7。该桥为梁高 6.5m 的混凝土连续梁桥，跨越科赫山谷，全长 1128m，结构分跨为 81m+7×138m+81m；桥墩为竖向收坡的矩形单墩，最大墩高达 178m。主梁由单箱、斜撑和箱梁两侧的悬臂板三部分组成，桥宽达 31m。采用对称悬臂方法施工。

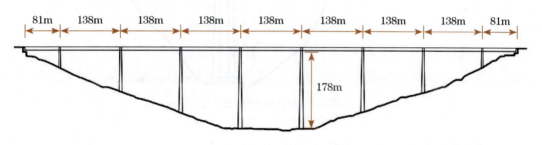

| 81m | 138m | 138m | 138m | 138m | 138m | 138m | 138m | 81m |

178m

图 16.7　科赫谷高架桥立面布置

在欧洲山区，对跨度更大以及不等跨的钢箱连续梁桥，也倾向于采用等高箱梁构造，以便与地形、地质及环境条件匹配。奥地利的欧罗巴大桥，分跨 81m+108m+198m+108m+2×81m，梁高 7.7m；最大墩高 145m，桥面高度 190m，1964 年建成。德国靠近伐廷根（Weitingen）村庄的内卡河桥，分跨 234m+3×134.3m+263m，梁高 6.0m；最大墩高 124m，桥面高度 135m，1977 年建成。该桥由于谷坡上的地质条件差，难以设墩，两个边跨只能采用大跨，并配上由梁底竖向撑杆和封闭式索组成的倒置斜拉体系。克罗地亚的德拉加（Limska Draga）高架桥，分跨 80m+100m+160m+100m+80m，梁高 5.0m；桥面高度 125m，1991 年建成。

对坡度大、谷宽小、无水或少水的沟谷，采用沟心设墩、一墩两跨的设计思路，既可以避免在陡坡上"动土"布置桥墩的困难，又可以起到保护自然环境的作用，同时还可提高施工安全，减少边坡防护，降低诱发地质灾害的机率。图 16.8 所示为晋济高速公路上的仙神河大桥。该桥为预应力混凝土矮塔斜拉桥，主跨布置为 131m+136m；桥墩从仙神河谷底拔地而起，墩高 150m。类似的跨谷桥实例有：雅泸高速的唐家湾大桥和富春大桥，两桥主跨均为 2×114m 的混凝土 T 构；宜万铁路上的马水河大桥，主

跨为 2×116m 的混凝土 T 构，墩高 108m；意大利赛拉（Serra）桥，主跨采用 2×117m 的变截面钢箱连续梁构造。

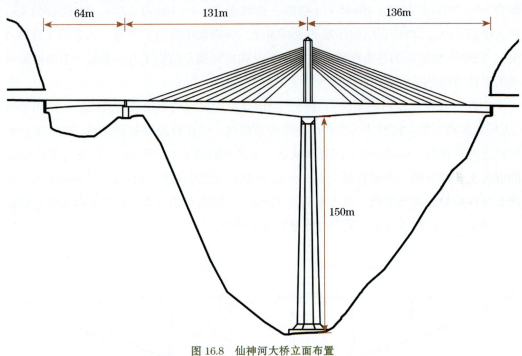

图 16.8　仙神河大桥立面布置

跨谷桥的设计和施工特点

在山区修建跨谷桥，影响设计的主要因素包括：

（1）地形条件险峻。主要表现为地貌复杂，地面高差大，山坡陡，河谷深，山水相间。桥位处多为 V 形或 U 形的峭壁峡谷或地形起伏较大的沟谷，深沟峡谷距桥面的高度可达百米到数百米。

（2）地质结构复杂。主要表现为桥址处可能存在崩塌、滑坡、岩溶、泥石流、断层等不良地质现象。而且，我国西部山区是地震频发区，地震震级高、强度大，由此导致的不良地质问题更为突出。

（3）气候条件多变。主要表现为沿线桥梁所处环境的气候差异大，变化大。例如，在高寒地区，需要考虑低温、冻融、冰雪灾害；在深切峡谷或沟谷，需要考虑风的峡管效应及大功角风场特性；在低山和丘陵地区，需要考虑洪灾及其诱发的滑坡、泥石流等灾害；在干热河谷，需要注意温度、湿度的影响；等等。

（4）生态环境脆弱。山区的自然环境优美，但生态环境相对脆弱。在跨谷桥的设计中，须视地形、地质情况选择合理的桥型，确定分跨和基础类型；在桥梁施工中，须采用满足环保要求的各项施工工艺。

（5）施工条件艰难。主要表现为施工便道坡陡弯急，大件设备和机具运输困难；

施工场地狭小，制造架设条件受限；桥隧交替相连，施工干扰较大。另外，施工用砂、用水等问题也比较突出。

山区跨谷桥的设计和施工，需打破传统的工程建设思维，应以理念创新为先导，树立并实践**以人为本、安全和谐、资源节约、环境友好**的可持续设计新理念。

桥梁设计的基本原则是**安全、实用、经济、美观**，并考虑耐久与环保。在山区跨谷桥的设计中，上述基本原则被赋予了更为丰富的内涵。在"安全"方面，除了要消除或控制施工阶段的各种地质灾害外，主要是针对今后可能发生的地震、洪水、滑坡、泥石流等灾害，明确所设计桥梁的设防要求和技术措施，提高桥梁抵御自然灾害的能力。在"实用"方面，除满足运营要求外，桥型选择及具体构造须与施工条件、施工方法和施工工艺密切配合。在"经济"方面，是指在安全的前提下，确定合理的造价及工期；在有条件的地方，尽可能采用标准化、预制化结构。在"美观"方面，可借助桥型、线条、色彩等来体现桥梁与山区自然环境和特殊人文景观的协调。在"耐久"方面，要考虑山区桥梁长期养护维修的难度，选用适用可靠的材料和构造。在"环保"方面，应严格控制对自然环境的破坏，尽量减少地表扰动、弃石弃土、植被压埋和径流阻隔等对生态环境的不利影响。

国内外著名的跨谷桥实例

四渡河大桥

四渡河大桥是沪蓉西高速公路上的诸多跨谷高桥之一，大桥坐落于鄂西武陵崇山峻岭中的湖北巴东县野三关镇，跨越四渡河峡谷，见图16.9。大桥采用悬索桥桥型，主跨900m，全长1105m；桥面宽24.5m，双向四车道；桥面距谷底496m，是目前世界上桥面高度最高的桥梁，见图16.10。大桥于2004年8月开工，2009年11月15日建成通车。

沪蓉西高速公路处于鄂西高原，全线山高坡陡，地形起伏频繁，修建难度极大。四渡河为清江北岸二级支流，为常年性河流，流量变化大。桥址处位于构造溶蚀峰丛峡谷地貌单元，峡谷深切，两岸地形陡峻，悬崖矗立；河床宽20~30m，宜昌岸的坡度为40°~70°，恩施岸坡度在75°~90°之间。地质上，峡谷两岸岩体裂隙不发育，岩性坚硬，整体稳定性及持力层条件较好。

四渡河峡谷既宽又深，不适于设墩，因此要求采用主跨大的桥型。经综合比较，采用900m单跨双铰钢桁梁悬索桥方案。跨度布置为900m+5×40m。主跨采用跨度为900m的悬索桥，恩施岸的引桥采用5×40m的先简支后连续T梁。两岸索塔均为门架式。恩施岸索塔高118.2m，宜昌岸索塔高113.6m。因宜昌岸桥与公路隧道直接连接，宜昌岸采用隧道式锚碇，恩施岸则为重力式锚碇。两根主缆采用预制平行钢丝索股，矢跨比1∶10，每根主缆由127股、每股127丝镀锌高强度钢丝组成。加劲梁采用三角形（又

称华伦式，参见图 9.5）钢桁梁，桁高 6.5m，桁宽 26.0m。全桥共分 71 个节段组拼安装，节段吊装长度 12.8m，最大吊装重量 91.6t。

　　该桥在施工过程中，借助火箭弹抛掷先导索飞跃峡谷，开创了世界建桥史上的先河。由于山区峡谷两岸跨度大、峡谷深，地势陡峭，先导索牵引一直是深切峡谷特大桥建设的一道难题。火箭弹抛掷法的成本低，速度快，安全可靠，精确度高，可节约资金和工期。采用这种办法的跨谷悬索桥还有湖南澧水大桥（跨度 856m，桥面高度 330m）和云南普立大桥（跨度 628m，桥面高度 340m）。

图 16.9　四渡河大桥

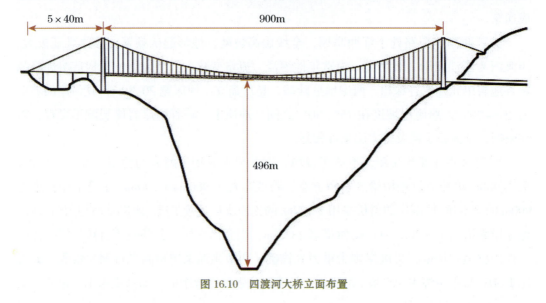

图 16.10　四渡河大桥立面布置

沪昆客运专线北盘江大桥

沪昆客运专线是连接中国西南、中南和华东地区最重要的铁路大动脉。北盘江大桥位于贵州省关岭县和晴隆县之间，在光照水电站下游 1200m 处跨越北盘江，见图 16.11。

图 16.11 北盘江大桥效果图

桥址处的北盘江峡谷深切，河道蜿蜒曲折，谷中常年水流湍急。桥址处属构造剥蚀中山河谷地貌，两岸岸坡地势陡峻，坡度为 37°~62°，局部有陡崖、危石等不良地质情况。结合地形、地质条件，采用上承式钢筋混凝土拱桥一跨越过北盘江峡谷，桥面距离谷底 283m。主拱中心跨度为 445m，引桥及拱上孔跨均采用预应力混凝土梁式结构，布置为：1×32m 简支箱梁 +2×65m T 构 +8×42m 连续梁 +2×65m T 构 +2×37m 连续梁。全长 721.25m。该桥于 2010 年 10 月开工建设，2015 年竣工，建成之后将是世界上跨度最大的铁路钢筋混凝土拱桥。

主桥拱圈立面为悬链线，矢跨比 1/4.45。拱圈构造为单箱三室的等高变宽度箱型截面，内置钢管混凝土劲性骨架。在拱脚边的 65m 水平范围内，拱圈宽度从拱脚的 28m 线性收窄到 18m，其余长度范围内的拱圈宽度均为 18m 等宽。上部结构箱梁采用单箱单室截面，梁顶宽 13.4m，梁底宽 8.0m。引桥墩、交界墩、拱上立柱均采用双柱式矩形刚架墩，交界墩的墩高达 102m，横向二次放坡。拱座采用明挖基础。见图 16.12。

主要施工步骤是：修建拱座和交界墩，布设缆索吊装系统；斜拉扣挂拼装钢管劲性骨架，骨架合龙后浇筑管内混凝土；纵向分段、横向分箱室外包浇筑拱圈混凝土；施工拱上结构和引桥部分。图 16.13 为该桥劲性骨架拼装时的情形。

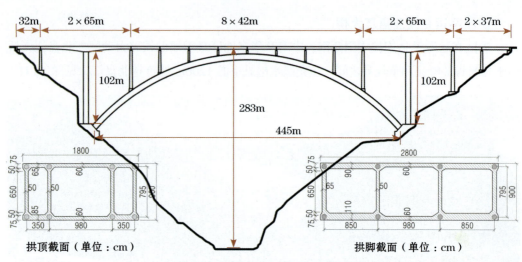

图 16.12　北盘江大桥立面及拱圈截面布置

　　该桥的设计为在我国西部山区深沟峡谷地形修建高标准的特大跨度铁路拱桥，提供了有益借鉴。主要的设计特色表现在：第一，采用拱脚局部线性变宽的拱圈构造，既协调了主拱的受力和横向稳定性要求，也简化了劲性骨架制造安装及混凝土外包的施工难度；第二，拱上布设 T 构，加大上部结构跨度，减少高立柱数量，方便施工，也更简洁美观。

　　与北盘江大桥类同的铁路跨谷桥，是云桂铁路南盘江特大桥。该桥位于云南弥勒市与丘北县交界处，全长 852.43m，主拱跨度达 416m，桥面高度为 270m。

图 16.13　北盘江大桥钢管劲性骨架拼装

米洛高架桥

米洛高架桥是位于法国南部米洛镇附近的一座公路钢斜拉桥，横跨塔恩（Tarn）河谷。该桥 2001 年 10 月开工，2004 年 12 月通车，是世界上桥墩高度第一的桥梁，也是世界上最长的斜拉桥。2006 年该桥荣获国际桥梁与结构工程协会（IABSE）杰出结构奖。

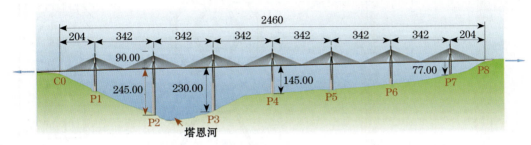

图 16.14　米洛高架桥立面布置（单位：m）

米洛高架桥的立面布置见图 16.14。该桥采用七塔八跨斜拉桥布置，一联长度 2460m，分跨为 204m+6×342m+204m；最高桥墩（P2 墩）达 245m，桥面高度 277m，桩基础承台顶至塔顶的高度为 343m。主梁采用扁平钢箱构造，主要尺寸见图 16.15，箱侧设置有风屏障。拉索采用钢绞线索，单索面扇形布置。

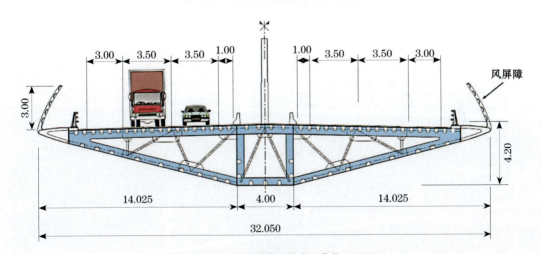

图 16.15　主梁横截面构造（单位：m）

在路线设计中，考虑到保护环境，放弃了以低墩曲线长桥配合隧道的方案。从众多的高桥竞赛方案中，筛选了 15 个方案进行评估并从中确定 5 个方案进行优化。经国际专家组对这 5 个优化方案进行可行性审查，确定最终设计方案。5 个方案中，包括跨度 330m 的桁式结构，跨度 193m 的等高连续梁结构，跨度 602m 的拱与跨度 168m 的梁的组合结构，跨度 340m 的 Y 形墩连续刚构，以及与最终方案非常接近的跨度 342m 的

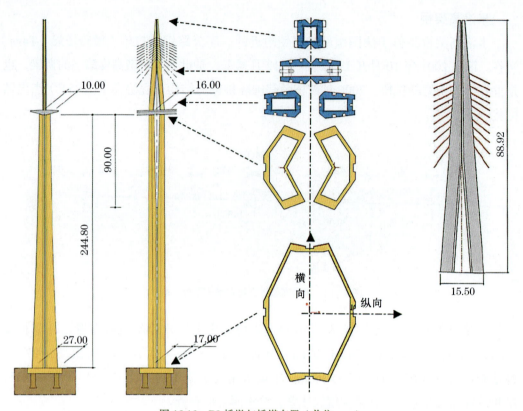

图 16.16　P2 桥墩与桥塔布置（单位：m）

图 16.17　米洛高架桥

多塔斜拉结构。从中可以看出，不论哪种方案，均采用高墩大跨结构来跨越宽谷。

结合技术要求，同时考虑对桥梁进行美学处理，是米洛高架桥的特色。为解决长联在温度作用下的纵向位移，将桥墩上部一段长 90m 的墩身一分为二，增加一定的柔度，减小因梁部转动变形对高墩产生的巨大弯矩。为与桥墩的构造配合，钢桥塔采用倒 Y 形构造，并通过四个球形支座与墩身相连。P2 桥墩与桥塔的构造，见图 16.16。

该桥的建造技术，是各种施工方法的综合。对断面为多边形的空心高墩，采用爬模施工。对梁部钢箱，采用工厂制造、大件运输、桥头工地拼装的方法成型；在各跨间设置临时墩，采用双向顶推法施工；为保护河流，不在河中设置临时墩，将合龙口定在塔恩河两侧的 P2—P3 墩之间。在钢梁顶推合龙后，通过桥面运输钢桥塔，采用转体法就位。最后，逐跨张拉斜拉索。

建成后的米洛高架桥见图 16.17，其美学表现在：墩高跨长，轻盈挺拔；结构简洁，传力明晰；线条流畅，视线通透；塔墩协调，节奏感强；融入环境，相得益彰。

腊八斤大桥

腊八斤大桥是四川雅泸高速公路上的一座特大预应力混凝土连续刚构桥。见图 16.18。雅泸高速全长 240km，全线需翻越两座高山，途经三大水系，穿越 12 条地震断裂带；沿线地形起伏大，气候气象条件复杂，不良地质病害问题突出。

腊八斤大桥跨越荥经县境内的腊八斤沟。沟内岩石风化严重，山体稳定性差，地

图 16.18 腊八斤大桥

质病害多。该桥全长 1106m，主桥跨度组合为：105m+2×200m+105m，最大墩高 182.6m，引桥为多跨简支 T 梁，见图 16.19。该桥墩高跨大，位于高烈度地震区（设计烈度达到 VIII 级）。若采用传统的钢筋混凝土墩型，在很大的水平地震荷载作用下，会引起以下一系列问题：墩底需承受的弯矩大、导致桥墩设计粗壮；为满足桥墩的抗弯要求和延性要求，钢筋布设多而施工困难；桩基数量多，承台尺寸大，山体开挖更广更多。由此，导致下部结构的造价偏高。

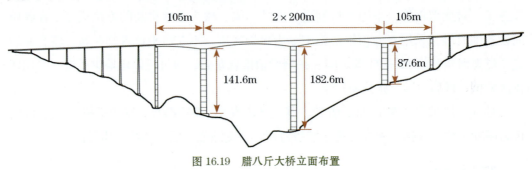

图 16.19　腊八斤大桥立面布置

　　为解决高墩抗震问题，该桥主桥结合新结构、新材料和新工艺，首次采用分幅式钢管混凝土组合高墩构造，以达到减轻下部结构结构重量和减小地震响应、改善桥墩延性、简化施工工艺的目的。

　　钢管混凝土组合高墩的基本构造为：采用 4 根直径 1320mm、壁厚 16mm 的钢管立柱，内灌 C80 自密实微膨胀高强混凝土，管间设置型钢联结系。沿墩高方向，每隔 12m 设置一道预应力混凝土横隔板，藉由钢管混凝土立柱和横隔板组成基本骨架，保证结构的整体稳定和承载要求，见图 16.20（a）。钢管外包 15cm 厚度的 C30 钢筋混凝土，在墩身四周布置 50cm 厚的钢筋混凝土腹板，形成墩柱，见图 16.20（b）。腹板可提供墩身刚度，减小地震作用下的结构位移；在强震作用下，允许腹板开裂耗能，从而保证基本骨架的安全。

　　采用翻模法逐段建造钢管混凝土组合高墩，主要的施工工序为：管节及联结系吊装焊接定位，高抛法浇灌管内混凝土，安装墩柱钢筋和立模，浇筑墩柱混凝土。

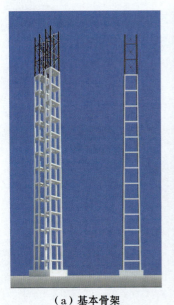

（a）基本骨架　　　　（b）高墩成型

图 16.20　钢管混凝土组合高墩构造示意

结束语

加快建设和完善我国西部山

区公路和铁路综合交通运输体系，提高山区桥梁建设的技术水平，对推动我国西部地区经济可持续发展、加强社会和谐和民族团结，具有非常重要的作用。

　　跨谷桥是山区桥梁的关键组成部分。跨谷桥的设计与施工，需紧密结合我国山区桥址处的地形、地貌、地质、水文、气候、植被等自然环境以及人文环境特点，按照结构安全、功能适用、投资经济、造型美观、构造耐久、建造环保的基本原则进行。

国内外一些有代表性的跨谷桥资料汇编

　　下表给出了世界跨谷高桥排名的基本信息。表16.1是根据跨越峡谷桥梁的桥面高度（桥面至谷底地面或水面的落差）排列的，表16.2是根据跨越宽谷或沟谷桥梁的墩高排列的。由两表中可以看出，70%以上的跨谷高桥建在我国。

表16.1　按桥面高度排列的世界高桥（前20座）

序号	桥名	桥型	桥面高度（m）	主跨（m）	桥长（m）	国家	地点	跨越对象	用途	开通年份
1	都格北盘江大桥	钢桁加劲梁斜拉桥	564	720	1232	中国	贵州水城—云南普立	北盘江大峡谷	高速公路	2016
2	四渡河大桥	钢桁加劲梁悬索桥	496	900	1365	中国	湖北巴东	四渡河峡谷	高速公路	2009
3	巴鲁阿特大桥	双主梁混合式斜拉桥	403	520	1124	墨西哥	杜兰戈州—锡那罗亚州	巴鲁阿特河	公路	2012
4	坝陵河大桥	钢桁加劲梁悬索桥	370	1088	2237	中国	贵州关岭	坝陵河大峡谷	高速公路	2009
5	关兴公路北盘江大桥	预应力混凝土哑铃形板式加劲梁悬索桥	366	388	528	中国	贵州贞丰—关岭	花江大峡谷	高等级公路	2003
6	抵母河大桥	钢桁加劲梁悬索桥	360	538	881.5	中国	贵州水城	抵母河峡谷	高速公路	2015
7	普立大桥	钢桁加劲梁悬索桥	340	628	968	中国	云南宣威	普立大沟	高速公路	2015
8	矮寨大桥	钢桁加劲梁悬索桥	336	1176	1000.5	中国	湖南吉首	德夯大峡谷	高速公路	2012
9	六冲河大桥	肋板式混凝土斜拉桥	336	438	1508	中国	贵州黔西—织金	六冲河峡谷	高速公路	2013
10	澧水大桥	钢桁加劲梁悬索桥	330	856	1194.2	中国	湖南张家界—永顺	澧水河峡谷	高速公路	2013
11	杰纳布河大桥	钢桁架拱桥	322	460	1315	印度	格德拉，查谟—克什米尔邦	杰纳布河	铁路	2016
12	镇胜高速北盘江大桥	钢桁梁悬索桥	318	636	1020	中国	贵州关岭	北盘江大峡谷	高速公路	2009
13	六广河大桥	混凝土连续刚构桥	297	240	564.2	中国	贵州修文	六广河大峡谷	二级公路	2001
14	支井河大桥	钢管混凝土拱桥	294	430	545	中国	湖北巴东	支井河峡谷	高速公路	2009
15	龙江大桥	钢箱加劲梁悬索桥	292	1196	2470.6	中国	云南龙陵	龙川江河谷	高速公路	2015
16	皇家峡谷大桥	木板加劲梁悬索桥	291	286	380	美国	科罗拉多卡农城	皇家峡谷	人行通道	1929

（续表 16.1）

序号	桥名	桥型	桥面高度（m）	主跨（m）	桥长（m）	国家	地点	跨越对象	用途	开通年份
17	沪昆铁路北盘江大桥	钢筋混凝土拱	283	445	721.25	中国	贵州晴隆	北盘江大峡谷	客运专线	2015
18	水柏铁路北盘江大桥	钢管混凝土拱	275	236	468.2	中国	贵州六盘水	北盘江大峡谷	铁路	2002
19	大瑞铁路澜沧江大桥	钢筋混凝土拱	271	342	528.1	中国	云南保山	澜沧江大峡谷	铁路	2016
20	科罗拉多河桥	钢筋混凝土拱	271	323	579	美国	内华达州，博尔德市	科罗拉多河	公路	2010

表 16.2　按桥墩高度排列的世界高桥（前 10 座）

序号	桥名	桥型	桥墩高度（m）	主桥分跨（m）	桥长（m）	国家	地　点	跨越对象	用途	开通年份
1	米洛大桥	七塔钢斜拉桥	245	204+6×342+204	2460	法国	阿韦龙省，米洛	塔恩河	高速公路	2004
2	圣马科斯大桥	混凝土连续刚构桥	208	57+98+2×180+98+57	670	墨西哥	普埃布拉州，拿加沙—阿维拉·卡马乔	圣马科斯河	公路	2013
3	赫章大桥	混凝土连续刚构桥	195	96+2x180+96	1073.5	中国	贵州赫章县	赫章后河	高速公路	2013
4	三水河大桥	混凝土连续刚构桥	183	98+5x185+98	1600	中国	陕西旬邑县	三水河	高速公路	2016
5	腊八斤大桥	混凝土连续刚构桥	182.5	105+2×200+105	1106	中国	四川荥经	腊八斤沟	高速公路	2012
6	赤石大桥	四塔混凝土斜拉桥	179	165+3x380+165	1349	中国	湖南宜章县	青头江河谷	高速公路	2014
7	龙潭河大桥	混凝土连续刚构桥	178	106+3×200+106	1182	中国	湖北长阳土家族自治县	龙潭河	高速公路	2010
8	科赫谷大桥	混凝土连续梁桥	178	81+7×138+81	1128	德国	巴登—符腾堡州，施韦比施哈尔	科赫山谷	高速公路	1979
9	桐梓河大桥	混凝土连续刚构桥	175	108+2×200+108	1131.6	中国	贵州习水县	桐梓河	高速公路	2013
10	漭街渡大桥	混凝土连续刚构桥	168	116+220+116	825.4	中国	云南凤庆县	澜沧江	公路	2009

参考文献

[1] 维基百科 . http://highestbridges.com/wiki/

[2] 张根寿 . 现代地貌学 [M]. 北京：科学出版社，2010.

[3] 李亚东 . 桥梁工程概论（第三版）[M]. 成都：西南交通大学出版社，2014.

[4] Leonardo Fernández Troyano. Bridge Engineering: A Global Perspective. Thomas Telford，2003

[5] 廖朝华，彭元诚 . 湖北沪蓉西桥梁工程的设计实践 [C].《中国公路学会第三届全国公路科技创新高层论坛——湖北优秀论文集》，2006.

[6] 维基百科 . http://fr.wikipedia.org/wiki/Viaduc_de_Millau

[7] 庄卫林 . 雅泸高速公路桥梁的技术特点（内部交流资料），2013.

17

跨海大桥

撰文：李军堂　中铁大桥局集团有限公司教授级高级工程师、局副总工程师
　　　秦顺全　中国工程院院士、中铁大桥勘测设计院集团有限公司董事长
　　　　　　　中铁大桥局集团有限公司科学技术委员会主任

- 跨海桥梁概说
- 非通航孔桥
- 通航孔桥
- 跨海桥梁面临的挑战

跨 海 大 桥

跨海桥梁概说

　　跨海大桥是指横跨海峡、海湾的海上桥梁。在结构形式上，跟江河内陆桥梁是一样的，只是面临更加恶劣的建桥条件：台风、深水、潮汐、巨浪、地震、船撞以及不利的地质条件，有的地区还有冰载等，所以修建跨海桥梁的难度大大高于内陆江河桥梁。直至20世纪30年代，美国才修建了第一座真正的跨海大桥——金门大桥，该桥为主跨1280m的悬索桥，是当时世界上跨度最大的桥梁，此桥横跨旧金山湾湾口，是航海进入美国金门的通道。桥长2000余米，两个主桥墩桥塔高耸入云，塔的顶端用两根直径各为92.7cm、重2.45万t的钢缆相连，钢缆两端伸延到岸上锚碇于岩石中。桥面高出水面60多米。钢铁桥体油漆成橘红色，在著名的旧金山云雾中若隐若现，变幻莫测，十分壮观，见图17.1。

　　我国海岸线漫长，江河入海口及岛屿众多，修建跨海大桥一直以来是国人的梦想。宋朝蔡襄等人于公元1053~1059年修建于福建泉州的洛阳桥，也称万安桥，可以说是我国早期的跨海桥梁。洛阳桥以江心小屿为依托，在两侧乘潮抛石作基础。潮落，在

图 17.1　金门大桥

石上砌纵横直石条的石墩。墩的上下游两头，俱作尖形，以分水势。桥墩间距离不一，视所采用的石梁长度而定，两墩间净孔，在一丈五六尺上下。以船装石梁，乘潮浮运，即所谓"激浪以涨舟"。石基用蛎房来胶固，先在江底抛投大石块，再在其上移植蛎使其繁殖，其生生不息将石块胶结成整体，进而形成坚实的人工地基，这种巧妙利用天时地利的创举在世界上也是罕见的。见图 17.2。

跨海桥梁的修建是国家经济和技术实力的体现，也代表了桥梁设计与施工的顶尖技术。随着国民经济的发展，我国直到 21 世纪初才开始陆续规划研究、设计、建造真正的跨海大桥。

图 17.2　洛阳桥

跨海桥梁具有跨度大、距离长、水较深、施工风险高等特点，短则几千米，长则数十千米，跨度从现有的一千米级发展到规划中的三千米。跟内陆江河桥梁相比，跨海桥梁具有以下特点：

（1）桥梁长度长，建设规模大；

（2）结构处在海洋环境，耐久性要求高；

（3）海上风大、雾大、浪大，潮差大，自然环境恶劣，施工风险较大，施工条件恶劣，有效作业时间短；

（4）桥梁承受荷载复杂：水流、波浪、台风、冰载、地震、船撞……

（5）水深，基础施工难度大。琼海通道水深将达到80m，勃海湾通道水深将近90m；

（6）由于通行海轮，主通航孔一般跨度较大，并有较高的防撞要求；

（7）海上船舶航路固定，桥梁大部分区段处于非通航范围，非通航孔桥往往会成为控制投资和工期的主要因素；

（8）潮差大，滩涂宽广。

基于以上特点，对跨海大桥设计、施工及后期养护提出了更高的技术要求。由于通航孔要通行数万吨到数十万吨的货轮，通航的净高和净宽都会高于内陆桥梁，所以通航孔主桥多采用大跨度或多跨连续的斜拉桥和悬索桥或两者的组合形式，且航道桥

图 17.3　塔科玛桥

一般处于深水区域，主墩基础大多为深水基础型式，修建桥墩的费用高昂，采用大跨度桥梁也可以减少桥墩数量，不失为一种经济的方案，这当然需要做技术经济上的比较。而岸侧或岛侧则一般滩涂宽广，水深相对较浅，并且不通航，所以非通航桥一般较长，多采用梁式桥。桥梁地处海洋环境，海水中盐分对混凝土和钢筋的腐蚀性很强，严重影响桥梁的使用寿命，对耐久性提出了更高要求。跨海桥梁一般的设计年限为 100~150年。此外，跨海桥梁常常面临恶劣的风环境，因此在结构选型和构造设计中必须考虑风致破坏，针对结构颤振和涡激共振采取有效措施，确保结构的抗风稳定性和行车舒适性。美国塔科玛桥，位于华盛顿州西北部，1940 年 7 月建成通车，但同年 11 月由于空气动力失稳而垮桥，桥梁界才开始意识到风致振动对大跨桥梁的影响，见图 17.3。对于在高烈度地震区建设的跨海大桥，需要确保其在全寿命周期有足够的抗震性能。

对于海上施工来说，由于风、浪、潮等海上恶劣环境的影响，海上的有效作业时间短，而海上又有深水和大型船舶、大型浮吊等有利条件，所以跨海桥梁的设计施工推行预制化、大型化和机械化的理念，大量的工作在岸上工厂制作，海上化零为整地组装，以减少海上作业时间，提高工效。

我国第一座真正意义上的跨海桥梁是东海大桥，全长 32.5km，于 2002 年开建，完成于 2005 年，总投资约 140 亿元，见图 17.4（a）。之后陆续建成了杭州湾跨海大桥〔见图 17.4（b）〕、西堠门跨海大桥〔见图 17.4（c）〕、胶州湾跨海大桥、南澳大桥、福州平潭海峡桥、夏漳跨海大桥、宁波象山港大桥等，在建的有港珠澳大桥、平潭海峡公铁两用大桥等，跨海桥梁的建设方兴未艾。

图 17.5 是东海大桥、杭州湾大桥与西堠门大桥的平面位置图。从该图可以看出这三座大桥对以上海为中心的长江三角洲在经济发展上的重大战略意义。

我国跨度最大的跨海桥梁为西堠门大桥，也是我国跨度最大的桥梁，为两跨连续钢箱梁悬索桥，连接册子岛和金塘岛，是舟山大陆连岛工程中技术难度最大的特大跨海桥，大桥长 2588m，主跨 1650m，是世界上最大跨度的钢箱梁悬索桥，跨度纪录在世界上排名第二，见图 17.4（c）。

非通航孔桥

跨海桥梁靠岸侧和靠岛侧一般滩涂宽广，所以非通航孔桥占全桥比重最大，其桥型的合理性对整个工程的工期及造价起着决定性的作用。桥梁方案需要考虑以下几方面的因素：

（1）对水流的影响。过小的跨度将增加水中建筑物数量，对水流的影响较大，同时桥墩数量多，增加造价和施工难度；而过大的跨度会造成上部结构的造价高，对运输架设设备要求高，所以跨度的选择需要根据对环境水文的影响、造价、技术难度等进行综合比选。一般原则是在设备条件允许的情况下选择较大的跨度。

（a）洋山岛深水港大桥；（b）杭州湾大桥；（c）舟山西堠门大桥

图 17.4

杭州湾大桥   东海大桥   洋山岛深水港   西堠门大桥

图 17.5　东海大桥、杭州湾大桥与西堠门大桥平面位置图

（2）施工方法。桥址区往往海域宽阔，风大潮急，运距长，现场进行立模、绑扎钢筋和浇注混凝土作业条件十分恶劣，上、下部一般均以预制构件为主，采用大型施工机械快速施工。

从结构经济性、施工的可靠性、工期保证性、结构耐久性和提高抗风险能力等多方面考虑，上部结构宜采用预制的预应力混凝土箱梁或钢—混凝土组合梁结构，以避免过多的现场拼装，一般预应力混凝土箱梁跨度为 60~70m，钢—混凝土组合简支梁跨度可达 85~110m。

现以 70m 预制混凝土箱梁为例，简要介绍一下从岸上预制施工到海上架设的施工步骤：箱梁预制→箱梁移位→码头取梁→海上运输→抛锚定位及落梁→箱梁精确就位。

图 17.6　预制场平面布置图

图 17.7　栈桥码头前端存梁

（1）箱梁预制

由于箱梁数量很多，一般在岸边或岛屿选取一块场地做预制场。场地要布置在海边，适宜箱梁出海。见图 17.6。

（2）预制箱梁移位至箱梁出海码头处存梁。箱梁预制完成后一般存放在存梁台座上。需要架梁时，沿滑道滑移至出海码头处临时存放，等待起重船取梁。见图 17.7。

（3）码头取梁

在预制场码头水深满足运架梁船吃水要求，并且箱梁上须携带的材料、物资安装完毕后，运架梁船就可进入栈桥码头取梁。见图 17.8。

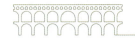

图 17.8　码头取梁

图 17.9　起重船海上运输箱梁

（4）海上运输

当海上风浪较小时可悬吊载梁航行至桥位架梁，当海上风浪较大时需将箱梁落至船体甲板相应支点上运梁。见图 17.9。

（5）箱梁精确就位

起重船落下箱梁后，退出桥位，由墩顶的纵横向调整千斤顶系统对箱梁进行精确定位。见图 17.10。

图 17.10　箱梁精确就位

通航孔桥

海上通行的船舶比内陆江河上通行的船舶吨位要大很多，往往要通行几十万吨的货轮，甚至军事船舶，因此通航净空和净宽都要比内陆江河要大，加之海上深水区水深浪高、地质复杂，修建深水基础的难度大大高于内陆江河，因此通航孔桥一般而言

图 17.11　明石海峡大桥

图 17.12　俄罗斯岛桥

跨度都很大。目前世界上最大跨度的桥梁都是海上桥梁，比如最大跨度的悬索桥为日本明石海峡大桥，主跨度为 1991m，它比上一次破世界纪录的英国恒比尔桥的主跨度增大了 581m，至今仍居世界桥梁跨度之首，见图 17.11。最大跨度的斜拉桥为俄罗斯的俄罗斯岛桥，位于海参崴与俄罗斯岛之间，桥位处海峡最窄宽度为 1460m，航道水深 50m，主跨 1104m，建成于 2012 年，见图 17.12。

　　博斯普鲁斯海峡，是欧亚分界线，也是世界上航运最繁忙的海峡。正在建设的博斯普鲁斯海峡三桥采用斜拉与悬吊的组合体系，设计主跨 1500m，桥宽 59m，是目前世界上最宽的大桥，见图 17.13。

图 17.13　博斯普鲁斯海峡三桥

　　跨海大桥的主通航孔桥由于主跨跨度大，且往往地处深水环境，受风、浪、地震等外部荷载大，因而基础的规模和施工难度都很大，修建深水基础是个巨大的挑战。国外的深水基础早期多采用沉箱或沉井基础，近期则以设置基础为主。设置基础在第 5 篇也已介绍过，首先它也是在岸上或船坞内预制的，这样大大减少了现场的工作量。其次是适应的地基范围也较广，若是岩石地基，可采用水下爆破、挖掘或钻机扫平的

方式进行整平。而对于覆盖层较厚的区域，则可以采用地基加固的方式先进行加固，比如灌浆加固、打入预制桩加固和化学加固等。这样做的另一个好处是现场的地基处理或加固跟岸上的基础预制是并行施工的，充分利用了空间和时间，有利于提高工效。预制的设置基础可浮运至桥位处，锚碇定位后注水下放，也可利用大型浮吊配合下放。我国的跨海桥梁主通航桥采用的基础型式，相比国外桥梁，比较单一，以钻孔桩基础型式为主。

主通航孔桥的上部结构，由于跨度大，多以钢桁梁和钢箱梁为主，安装也多采用大段吊装的方式。

下面以几个桥为例说明下主通航孔的施工。

1. 日本明石海峡大桥

日本明石海峡大桥是一座 3 跨双铰钢桁梁悬索桥，位于本州侧神户市垂水区和淡路岛侧的津名郡淡路町之间的明石海峡上。在宽 4km 的海峡中央部位约 1500m 宽是主要通航路线，桥的主跨度为 1990m，桥下净空 65m。施工过程中，于 1995 年 1 月发生的阪神大地震，将两主塔的间距增大约 1m，使得主跨度为 1991m，桥的总长 3911m。主塔基础采用大型圆筒形钢沉箱设置基础。首先用专制海上设备将基础爆破整平，将预制好的沉箱拖至设计位置，定位下沉至海床面，最后进行基底护坡防护。主墩基础施工见图 17.14。

图 17.14　明石海峡大桥主墩基础施工

图 17.15　钢桁梁架设

上部结构小部分加劲桁梁采用大节段架设方法，而大部分加劲桁梁则采用平面杆系悬拼方法架设。钢桁梁架设见图 17.15。

2. 大贝尔特海峡大桥

连接丹麦梭洛果（Sorogo）和西兰（Zealand）两岛间的高架公路悬索桥，跨度为 535m+1624m+535m，1997 年竣工，加劲梁采用桁架式横隔板的风嘴钢箱梁，箱梁从希纳斯（Sines）（葡萄牙）和塔兰多（Taranto）（意大利）运到桥位。见图 17.16。

图 17.16　大贝尔特海峡大桥

主塔基础采用格形沉箱结构，重约 30000t，锚碇块采用开敞式的哑铃形结构，重约 3600t。主塔基础与锚碇块均在干船坞内预制，拖运至设计位置下沉。锚碇和主塔见图 17.17。

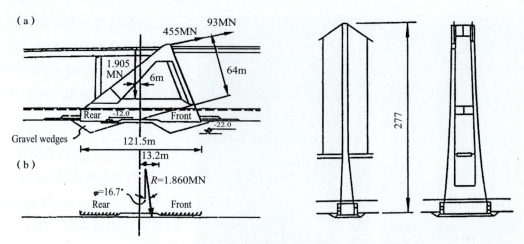

图 17.17　大贝尔特海峡大桥锚碇和主塔

3. 厄勒海峡大桥

连接丹麦哥本哈根（Copenhagen）与瑞典的马尔默（Malmo）的公铁两用厄勒联络线（Öresund Fixed Link），其总长度达 16km。主桥为（141+160+490+160+141）m 的双塔双索面五跨连续钢桁梁斜拉桥，主塔呈 H 形，没有上横梁，主塔在海平面以上的高度达 204m。见图 17.18。

图 17.18　厄勒海峡大桥

此桥设计和施工最明显的特点是高度的预制装配化，这一点可以说是当今大跨度桥梁的技术水平和发展方向。两个主塔基础为带内隔墙的箱格形有底沉箱，平面尺寸 35m×37m，高度 20m，每个沉箱重约 19000t，沉箱的底板、顶板和空心部分的竖壁及加劲肋均为后张法预制的混凝土构件。两个沉箱在干船坞内制造，用两个起吊浮箱配对的特制的浮驳，该浮驳上配两个连结钢桁梁和两个千斤顶，并带有能提升20530t重的钢丝绳。将此浮驳驶入船坞内提升沉箱。浮驳提升沉箱后的吃水深度为6.5m时，即可将沉井从船坞内浮运至桥位，下放至设计位置，使沉井支垫在三个混凝土垫块上，在事先开挖的基坑内，沉井底面和岩面之间的高约1m的缝隙用水下压浆充填。该桥所有的桥墩基础都是预制沉井，它们被安装在埋入海床面以下的哥本哈根石灰

图 17.19　钢梁整体架设

岩上。除主塔基础是用特制的浮驳运输安装外，其他预制沉井均由斯范楞（Svanen）号起重船运输安装。该起重船是为大贝尔特海峡大桥研制的，改造后用于加拿大联邦大桥，然后又用于本桥。经过改造后，最大起重量达到8700t，起重高度也增加到74.5m。全桥只有主塔是现场灌注混凝土的。

　　主梁为钢桁梁，斜腹杆的倾角与斜拉索的倾角相匹配。桁架节间长度定为20 m，桁架高9.4m，所有的构件都为箱形截面，每一结点的角度和所有的联结都焊接成圆弧状。使桥梁的外形更轻盈和通透，也让铁路旅客能更好地观赏海上的风景。主桥钢梁采用大节段吊装，引桥则是整孔架设，见图17.19。

　　4. 里翁—安蒂里翁大桥

　　里翁—安蒂里翁大桥主桥采用四塔五跨斜拉桥方案，跨度组成为（286+3×560

图 17.20　里翁—安蒂里翁大桥

+286）m，全长 2252 m，是世界上最长的斜拉桥，采用了金字塔式的 4 腿柱的塔形。见图 17.20。

由于海床的复杂地质情况和抗震的要求，主桥采用了五跨全漂浮体系的连续结构，基础采用长 25~30m、直径 2m 的钢管以 7~8m 的间距进行土体加固，每墩约有 250 根钢管桩，见图 17.21。主塔墩采用设置基础，由专用船舶进行 65m 以下海床的挖掘、埋设钢管桩、铺设和找平砂砾层等主要的作业。直径 90m 的混凝土沉箱在干船坞浇注到 15m 标高后，再被拖放至旁边的湿船坞，完成锥形结构浇注，然后拖到永久墩位沉入水底。

采用设置基础，船坞预制后，浮运至墩位处继续接高。见图 17.22。

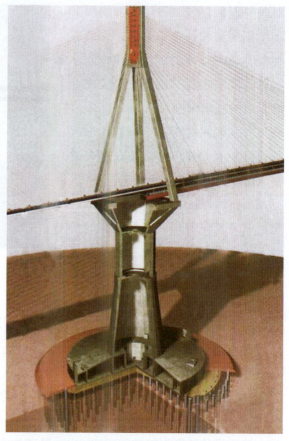

图 17.21 里翁—安蒂里翁大桥基础及主塔

图 17.22 设置基础制造浮运

图 17.23　主塔施工

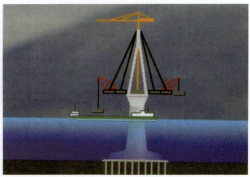

图 17.24　主梁吊装

主塔采用金字塔式的 4 腿柱的塔形，采用液压爬模施工，主腿间主动对撑，见图 17.23。主梁为结合梁，采用节段吊装，见图 17.24。

5. 港珠澳大桥

港珠澳大桥线路起自香港大屿山散石湾，经香港水域，向西穿越珠江口铜鼓航道、伶仃西航道、青州航道、九洲航道，止于珠海 / 澳门口岸人工岛，总长约 35.6km，

图 17.25　港珠澳大桥航道桥

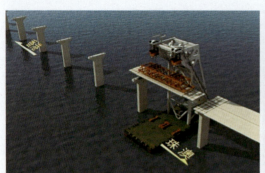

图 17.26　港珠澳大桥非通航孔桥

其中香港段长约 6km，粤港澳三地共同建设的主体工程长约 29.6km；珠海连接线长约 13.9km，香港接线长约 12km，澳门接线通过桥梁接入澳门填海新区。见图 17.25 及图 17.26。

主体工程采用桥隧组合方案，其中隧道约 6.7km，桥梁约 22.9km。隧道两端各设置一个海中人工岛，东人工岛东边缘距粤港分界线约 150m，西人工岛东边缘距伶仃西航道约 1800m，两人工岛最近边缘间距约 5250m。

大桥设计寿命为 120 年，预计于 2016 年完工。大桥建成后，将会是世界上最长的六线行车沉管隧道，以及世界上跨海距离最长的桥隧组合跨海通道。

三地共建段桥梁中有三座航道桥：九洲航道为（85+127.5+268+127.5+85）m 双塔单索面钢—混组合梁斜拉桥；江海直达桥为（110+129+2×258+129+110）m 三塔单索面钢箱斜拉桥；青州航道桥为（110+236+458+236+110）m 双塔双索面钢箱斜拉桥。深水区非通航孔桥跨为 110m 钢箱梁结构，浅水区非通航孔桥跨为 85m 钢—混组合梁结构。

港珠澳大桥桥梁工程坚持工法与结构设计紧密结合，采用"大型化、工厂化、标准化、装配化"的施工方案和工艺。本桥施工环境恶劣、环保和耐久性标准高。非通航孔桥基础为打入钢管复合桩，承台、墩身以及上部结构组合梁和钢箱梁均采用工厂化预制，现场用起重船整体安装工艺。

6. 平潭海峡公铁两用大桥

新建福州至平潭铁路位于福建省中东部沿海，跨海大桥起于长乐市松下镇，从松下港规划的山前作业区与牛头湾作业区之间入海，经人屿岛、长屿岛、小练岛、大练岛，依次跨越元洪航道、鼓屿门水道、大小练岛水道、北东口水道，在苏澳镇上平潭岛，跨海段总长 16.322km。

桥梁采用公路在上、铁路在下的分层布置。元洪航道、鼓屿门水道、大小练岛水道桥分别采用主跨 532m、364m、336m 钢桁梁斜拉桥方案。深水高墩区采用 80m、88m 简支钢桁梁方案；浅水及陆地高墩区采用跨度 48m 箱梁方案；陆地低墩区采用跨度 40m 箱梁方案。见图 17.27。

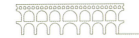

图 17.27 平潭海峡公铁两用大桥

　　本桥最显著的特点是海上风大、浪急，潮差大，自然环境恶劣，施工风险较大，施工条件恶劣，有效作业时间短；尤其是主墩施工时单个围堰结构受到的波浪力达4000多吨，施工困难。主墩基础第一次采用直径4.5m钻孔桩基础，是国内最大直径一次成孔钻孔桩。为减少海上作业时间，引桥80m和88m简支钢桁梁采用在工厂整体制造、运输，现场用大型起重船整孔安装新工艺。主桥斜拉桥钢桁梁采用整节段架设方法。

跨海桥梁面临的挑战

1. 现行标准、规范的适用性

　　我国修建跨海大桥的时间不长，现行设计与施工的标准和规范对海上建筑的适用性还存在着不符或不能直接应用的情况，特别是对海上超大跨桥梁设计加载模式及海上恶劣环境下的施工所隐藏的质量安全等级还不能恰当评定，跨海大桥（公铁两用跨海大桥）的建造依据和评定标准有待进一步完善，需借鉴国内外类似桥梁工程及海港、海洋工程等经验，在综合各相关行业标准、规范的基础上，编制适合于特定跨海大桥项目的专用设计、施工规范。

　　跨海大桥基础波流力的问题：目前仅港工规范有所涉及，所涵盖区域仅限内陆及沿海区域，桥梁设计规范在此方面尚欠缺。外海潮流方向较乱，对海洋波浪、水流对桥梁基础冲击作用的影响分析，无论是计算方法还是工程经验都不够成熟。

2.海上风、浪、冲刷及船撞对结构的影响

海上桥址处对风参数进行测定和分析，以确定合理的风荷载。

波浪（流）力计算，通过数学模型分别计算不同水域、不同基础型式的桥梁基础所受的波浪（流）力大小；根据基础选型设计成果，建立基础的波浪（流）水槽试验模型，验证波浪（流）力计算成果，为桥梁基础设计和结构优化提供科学可靠的理论数据。通过冲刷水槽模型试验，分别研究不同条件下桥墩基础的局部冲刷深度及其形态。研究船撞力及防撞结构，既要保护桥梁又要保护船舶。防撞结构见图17.28。

图17.28　桥墩防撞结构

3.风、车、桥动力响应分析

跨海大桥恶劣的自然条件及结构特点与内河桥梁有巨大差异，通过对桥址区风特性研究，建立无风和有风状态下车、桥动力响应分析（CFD 三维仿真），对不同桥型方案的风—车—桥动力响应进行计算分析和试验，研究出不同海况条件下的可指导主体结构设计的结果。

4.深水基础型式及施工方案

跨海桥基础面临着海水深近 100m 的严峻考验，桩基础由于整体刚度差已不能满足要求，因此，宜选用沉井基础、设置基础和负压筒式等整体刚度较大的基础形式，而这样的基础尺寸大，重量大，带来超大型预制构件的制造、运输、定位、吊装和下沉等一系列难题。

5.上部结构方案与施工研究

跨海大桥超大跨度是其特征，而悬索桥及斜拉桥是首选桥型，其中悬索桥受风的影响非常大。西堠门大桥的主缆施工表明，海上满足目前施工规范规定的施工气候条件的时间非常少，同时主缆索股较少时索股在常遇风下振动比较大。对于长大跨度海上悬索桥的主缆施工，一方面需要改进制作加工方法，提高架设调整速度，另一方面需要研究减振措施，减小常遇风下的振动。对于大跨度悬索桥架设方法将极大地影响施工中的抗风稳定性、结构静动力稳定性和成桥线形与内力。常规悬索桥加劲梁吊装

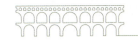

方法为先临时铰接，待大部分或全部吊装完成后再刚接，这种施工方法可能无法采用，需要研究加劲梁新的架设顺序和连接方案，以保证施工安全和成桥质量。

6. 海洋环境下结构耐久性

海洋建筑因所处的特殊环境，造成桥梁工程规模大，投资高，维护困难，耐久性分钢结构及混凝土结构两种，其中钢结构主要表现为腐蚀性。

7. 超远距测量和施工控制

跨海工程所处的海洋环境复杂，且变化较大，加上跨海大桥的长大跨特点，大桥施工测量受到的制约因素多，海上基础定位和跨海长距离高程基准传递的难度大，而需借助和开发先进的测量定位技术。

8. 海上大型配套设备的研究

修建跨海大桥，海上相关配套船舶是跨海大桥施工的前提，目前，需要研发海上施工船舶主要有：100m 水深打桩船、挖泥船、水下抛石整平机、定位系泊放缆船、水下除土装置、大型浮吊等。

9. 海上桥梁的健康监测

海上桥梁的结构耐久性问题非常突出。大桥的健康监测十分必要，也是一项长期的、基础性的工作，任务十分艰巨。

跨海桥梁在设计上需充分考虑恶劣的自然条件，掌握水流、波浪、台风、船撞、地震、冲刷、腐蚀等的规律，满足耐久性、强度、刚度等条件。在施工上则需研究大型化、预制化、机械化、信息化等施工方式，以适应恶劣的施工条件。设计与施工必须充分结合，共同在新结构、新工艺、新材料、新装备上进行突破。

未来世界跨海大桥将朝更大跨度、更大水深发展，对设计和施工也将带来革命性变化，设计和施工方案相辅相成，通过对跨海大桥设计与施工的不断研究，未来世界跨海大桥将会使更多海陆相隔的天堑变成通途。墨西拿海峡大桥是拟议中的连接西西里岛墨西拿市和意大利本土雷焦卡拉布里亚的跨海大桥，跨度将达 3300m。一旦建成将超越日本明石海峡大桥（主跨 1991m），成为世界上跨度最长的跨海大桥。见图 17.29和图 17.30。

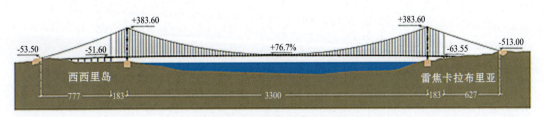

图 17.29　墨西拿海峡大桥（单位：m）

图 17.30　墨西拿海峡大桥效果图

18

高速铁路桥梁

撰文：高宗余　中国工程设计大师
　　　　　　中铁大桥勘测设计院集团有限公司教授级高级工程师
　　　　　　集团公司总工程师

- 高速铁路桥梁概述
- 高速铁路桥梁的建设理念及技术标准
- 高速铁路桥梁实例
- 结束语

高速铁路桥梁

　　自 1825 年第一条铁路出现，人们就不断致力于提高列车的速度，至 2007 年 4 月 3 日，法国铁路实验速度再创 574.8km/h 的世界纪录。2011 年 7 月京沪高速铁路开通运营，中国自主创新研制的 CRH380 系列高速列车在世界规模最大的中国高速铁路网上实现运营，并创造了 486.1km/h 最高运营试验速度。

　　在高速铁路的建设中，桥梁所占的比重远大于修建普通铁路所占的比重，如京津城际和京沪高速线路中桥梁所占比重都超过 80%。更多地采用桥梁形式可以有效控制地基变形、降低工后沉降、少占良田。因此在高速铁路的建设中，桥梁的设计与建造成为关键技术之一。一般而言，高速铁路桥梁界定为列车时速 200km 及以上的新建客运专线、客货共线和区域城际的铁路桥梁。进入 21 世纪，中国高速铁路的建设规模迅速发展，通过广泛借鉴世界高速铁路桥梁先进技术和成功经验，逐步形成了具有中国特色的高速铁路桥梁建设关键技术。

高速铁路桥梁概述

国外高速铁路及桥梁

　　自从 1825 年第一条铁路在英国出现以来，铁路交通就以其安全、准时、高效的特点在全球得到长足的发展。随着社会的发展和科学技术的进步，对铁路运输能力的要求越来越大，列车车速也不断提高。20 世纪 50 年代初，法国首先提出了高速列车的设想，并最早开始试验工作。

　　高速铁路桥梁作为轨道的支撑结构，为保证高速列车通过时的安全性、平稳性和乘车舒适性要求，必须具有高平顺性、高稳定性和高可靠性等特点。目前，日本、法国、德国、意大利、西班牙、比利时、英国、韩国和中国台湾等国家和地区都建成了高速铁路，各线桥梁比例从 1.3%~74.5% 不等。

　　1964 年，日本建成了连接东京与新大阪之间的东海道新干线（图 18.1），成为世界上第一条运营的高速铁路系统。日本是世界上最早建设高速铁路的国家，桥梁比例相对较高。新干线的列车速度达到 270~300km/h，并曾于 1996 年创造过 443km/h 的试验记录。日本东海道新干线除高架桥外，近 50% 的桥梁为钢桥和结合梁桥，以后的几条新干线上钢桥的应用越来越少。出于养护维修方面的考虑，山阳新干线冈山以西开始大量采用板式整体无砟轨道（图 18.2），高架桥和混凝土桥的比例也越来越大，东北新干线混凝土桥占线路总长度的 70%。

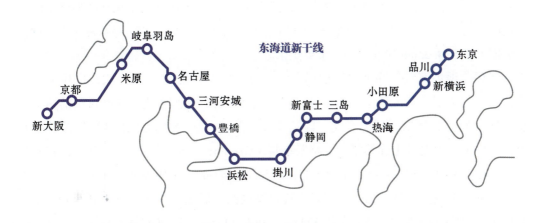

图 18.1　日本东海道新干线

图 18.2　日本板式无砟轨道

　　法国第一条高速铁路——东南线于 1981 年和 1983 年分期投入运营，最高运营速度首次达到 270km/h。在东南线和大西洋线上，所选用的桥梁结构平均跨度为 40m，均采用双线箱形恒高度预应力混凝土连续梁，梁体现场现浇，用顶推法施工。在北方线上，桥梁必须横跨车流量大的高速公路和较大河流，由于土质差，基础结构的施工难度大，必须加大桥梁跨度，减轻梁体重量，在这样的背景条件下，在北方线建造了跨度 50m 左右的结合梁和一孔跨度 93.30m 的下承式钢桁结合梁。1981 年，采用流线型造型的铰接式高速列车 TGV 在法国的巴黎——里昂干线正式投入使用。2007 年 4 月 3 日，TGV 列车创下了 574.8km/h 轮轨式列车世界纪录。

　　法国"地中海线"高速铁路桥梁占线路总长比例不足 5%，其中小跨度桥采用标准设计的刚架桥，其他桥梁均为特殊设计，风格各异，造型美观。这些桥梁的施工方法多样，如悬臂浇筑、转体合龙、浮运架设、节段式体外预应力束悬臂拼装等。其中，采用预应力混凝土连续箱梁的格莱奈特（Grenette）桥（图 18.3），其桥跨布置为（2×41m+47m+6×53m）+53m+（6×53m+47m+2×41m），采用顶推法施工，其右端跨为简支梁，上设温度调节器。采用钢系杆拱结构的（提篮式双拱）的阿德玛（Garde-Adhemar）桥（图 18.4），桥梁全长 324.6m，拱跨 115.4m。阿维尼翁（Avignon Sud）钢系杆拱桥（图 18.5），主跨 124m，采用工地拼装、转体就位施工。

图 18.3　格莱奈特桥

图 18.4　阿德玛桥

图 18.5　阿维尼翁钢系杆拱桥

　　1971 年，德国开始建设汉诺威—维尔茨堡高速铁路并于 1991 年通车，列车运行速度为 280km/h。德国高速铁路新线总长约 870km，铁路干线桥梁的标准跨度是 25m、44m 和 58m。25m 跨度主要用于高架桥，44m 和 58m 跨度则主要用于谷架桥。桥梁结构通常采用预应力混凝土简支箱梁，也常采用连续梁。高速铁路上的大跨度桥梁除连续梁外，还采用 V 形刚构，钢桥则采用钢桁梁或钢箱梁混凝土桥面的结合梁。富尔达谷架桥全长 1628m，采用 37 孔 44m 简支梁等跨布置，移动模架施工（图 18.6）。罗姆

图 18.6　富尔达谷架桥

图 18.7　罗姆巴赫谷架桥 17×58m 简支架

图 18.8　科隆—莱茵 / 美因线泰施特尔桥（484m）

巴赫谷架桥（图 18.7）采用 17×58m 简支架。墩高 95m，为高速铁路最大墩高桥梁，采用 A 型支柱，传递纵向力，移动模架施工。科隆—莱茵 / 美因线泰施特尔桥（484m）采用 11×44m 连续梁，外型与 44m 简支梁一致，采用移动模架施工（图 18.8）。

此外，在西班牙、瑞典、比利时、韩国、意大利等国家也先后建成了高速铁路。

我国高速铁路

20 世纪 90 年代开始，我国铁路发展进入加速阶段。截至 2015 年 7 月，全国铁路营运里程达到 11 万 km，跃居世界第二位，其中高速铁路里程达到 1.8 万 km，已远远超出国务院 2004 年通过的国家中长期铁路网规划中的指标，稳居世界第一位。仅 2014~2015 年，我国就开通了兰新、贵广、南广、锦峨、杭昌、长怀、哈齐、吉珲、海南岛环铁九段高铁。

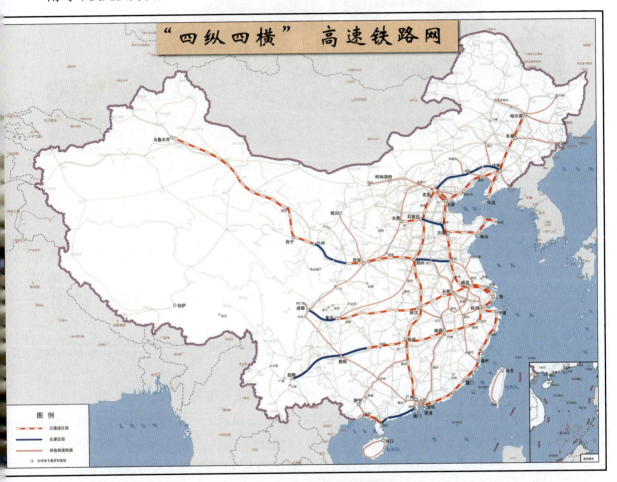

图 18.9 "四纵四横" 高速铁路网

我国铁路发展经历了既有线提速阶段及客运专线建设阶段。2003 年开通的秦沈客运专线，设计运营速度 200km/h，试验列车最高速度达到了 321.5km/h。秦沈客运专线是我国客运专线建设的起点。2004 年，国务院审议通过了国家中长期铁路网规划，规划建设 "四纵四横" 客运专线和三个城际客运系统，计划总长 12000km。"四纵"：北京—上海、北京—武汉—广州—深圳、北京—沈阳—哈尔滨（大连）、上海—杭州—宁波—福州—深圳。"四横"：徐州—郑州—西安—兰州、上海—杭州—长沙—昆明、青岛—石家庄—太原、上海—武汉—重庆—成都（沪汉蓉）。京津城际轨道交通于 2008

（全长 10263.26m。由 405 孔 24m 及 12 孔 20m 双线整孔箱梁组成，架桥机架设）

图 18.10　秦沈客运专线月牙河特大桥

年 7 月北京奥运会前投入运营，使北京到天津的列车运行时间缩短为半个小时，其试验列车速度达到了 394.3km/h。全长 1068.6km 的武广客运专线是世界上第一条运营速度 350km/h 的铁路客运专线，已于 2009 年底建成通车。2011 年 6 月 30 日，京沪高速铁路正式通车运营。京沪高速铁路全长 1318km，是世界上一次建成线路最长、标准最高、速度最快的高速铁路。

我国高速铁路总营业里程达到 1.8 万 km，成为世界上高速铁路投产运营里程最长、在建规模最大的国家。

也许光看这些枯燥的数据并不能让人感觉到实实在在的触动，那么我们可以和国际上的情况做个简单对比：目前世界上已经有中国、西班牙、日本、德国、法国、瑞典、英国、意大利、俄罗斯、土耳其、韩国、比利时、荷兰、瑞士等 16 个国家和地区建成运营高速铁路。据国际铁路联盟统计，至 2013 年 11 月 1 日，世界上除中国以外的其他国家和地区的高铁运营总里程为 11605km，在建规模 4883km，规划中建设里程 12570km。中国一国的高铁里程已经达到了可以完全匹敌其余所有高铁国家的里程总和。

从高铁自身的软硬件实力来做个评判：目前，我国拥有世界上系统技术最全、运营里程最长、运营速度最高的高铁系统，可以承担从工务工程、通信信号、牵引供电、机车客车装备制造以及运营管理等高速铁路领域"一揽子"的工程，同时具备 250km/h、350km/h 等多个高速铁路技术生产平台，可以针对不同国家具体情况提供多样化的合适选择。并且，这背后支撑的还是中国相对较低的人力成本。

同时，中国的高铁技术自主化，核心技术都已完全掌握。

当然，我国投入高铁大规模建设的时间较短，尽管举国同心，培养了大批的专业人员，积累了大量的经验，克服无数难关走到今天这样一个世界翘楚的地位，但在可靠性需时间考验这样一个硬指标前，我们仍然欠缺像欧美发达国家那样的积累和沉淀。但正如我国高铁自欧美技术发展而来，最终实现自身发展和超越一样，中国铁路人一样有信心决心，从零做起，以最大的努力，迎难而上，解决高铁发展路上的任何问题，最终用经得起时间考验的成绩来证明，中国高铁，可靠性依然首屈一指！

我国高速铁路桥梁

随着经济建设的发展，特别是 20 世纪 80 年代以后，桥梁的结构形式、结构跨度、设计理论、施工工艺和机具水平都得到了很大的发展。

参照国外高速铁路建设的经验，秦沈客运专线桥梁采用了箱形截面，从而获得良好的结构刚度。在中、小跨度桥梁建设中，参照日本、西班牙等国采用多片式 T 形截面梁，将桥跨分解成较轻的构件，以便于预制架设，架设后再将其联成整体。参考法国和德国在高速铁路上采用相当数量的连续结合梁和刚构连续梁等情况，在秦沈客运专线设计中，首次在国内铁路上采用了预制双线整孔箱梁、无砟轨道箱梁、四片式 T 梁、连续结合梁、刚构连续梁等一批新结构。

表 18.1 京沪高速铁路大跨度预应力混凝土
连续梁统计

序号	跨度	总联数	总长度（m）
1	（24+40+24）m 连续箱梁	1	89.4
2	（32+40+32）m 连续箱梁	2	211
3	（32+48+32）m 连续箱梁	82	9298.8
4	（40+56+40）m 连续箱梁	67	9212.5
5	（40+64+40）m 连续箱梁	66	9596.4
6	（37+60+37）m 连续箱梁	2	271
7	（44+68+44）m 连续箱梁	1	157.5
8	（40+72+40）m 连续箱梁	25	3837.5
9	（48+80+48）m 连续箱梁	21	3727.5
10	（44+80+44）m 连续箱梁	1	169.5
11	（55+80+55）m 连续箱梁	1	191.5
12	（60+100+60）m 连续箱梁	5	1107.5
13	（71+120+71）m 连续箱梁	2	527
14	（80+128+80）m 连续箱梁	1	289.5
15	（40+2×44+40）m 连续箱梁	1	169.5
16	（37+2×53+37）m 连续箱梁	2	363
17	（40+2×56+40）m 连续箱梁	2	387
18	（45+3×70+45）m 连续箱梁	1	301.5
19	（40+2×72+40）m 连续箱梁	1	225.5
20	（45+3×75+45）m 连续箱梁	1	316.5
21	（48+2×80+48）m 连续箱梁	4	1030
22	（48+3×80+48）m 连续箱梁	1	337.5
23	（48+5×80+48）m 连续箱梁	1	497.5
合计		291	42314.6

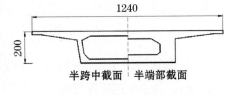

图 18.11   24m 双线箱形截面示意

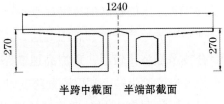

图 18.12   32m 单线并置箱梁截面示意

表18.2　京沪高速铁路拱桥统计

序号	跨度	总联数	总长度（m）
1	（109.5+192+336+336+192+109.5）m 连续钢桁拱	1	1275
2	（112+3×168+112）m 连续钢桁拱	1	730
3	（90+180+90）m 连续梁拱	1	361.5
4	（70+136+70）m 连续梁拱	1	277.5
5	1-112m 提篮拱	6	684
6	1-128m 提篮拱	3	393
7	（32+108+32）m 中承式钢箱系杆拱	1	173.4
8	1-96m 四线下承式简支钢箱拱	2	196
9	1-96m 系杆拱	12	1176
10	1-71.5m 钢箱系杆拱桥	1	74
11	1-44.5m 钢箱系杆拱桥	2	90
合计		31	5430.4

表18.3　京沪高速铁路其他特殊桥梁结构统计

序号	跨度	总联数	总长度（m）
1	（48+80+48）m V 形刚构	1	177.5
2	（25+38+25）m 槽形梁（四线）	1	89
3	（6×32.7+24.7）m 道岔连续梁	1	220.9
4	7×32.7m 道岔连续梁	5	1144.5
5	5-24.9m 钢－混结合空间刚架	1	133.8
6	5-16.5m 型钢混凝土空间刚架	1	85
7	2-（85+85）m 钢桁连续梁	1	170
8	3-12m 地基梁	1	36
合计		12	2056.7

　　京沪高速铁路全长 1318km。正线桥梁 244 座，总长 1060km，桥梁长度占线路比例为 80%，其中常用跨度梁桥总长度为 956km，占桥梁总长的 90%，最常用的跨度 32m 双线整孔简支梁共计 27973 孔。桥上大部分采用无砟轨道，长度为 962km，占桥梁长度的 91%。比例较高的桥梁对京沪高速铁路整体建设起到了至关重要的作用。针对桥址处不同的地质条件和施工方法，选取不同的梁型和跨度，通过对常用跨度桥梁进行综合技术经济比较后，京沪高速铁路桥梁形式以预应力混凝土整孔简支箱梁为主，以小跨度连续梁为辅，常用桥梁跨度以 32m 跨度为主，辅以 24m、20m 配跨，见图 18.11 和图 18.12。京沪高速铁路桥梁的桥型及跨度不完全统计如表 18.1~ 表 18.3 所示。

表 18.4　高速铁路桥梁比例汇总

项目名称	长度 /km		桥梁建设		
	建筑长度	运营长度	座数 / 座	桥梁总长 /km	桥梁比重 /%
京津城际	116.57	120.00	20	101.00	86.64
武广客专	968.46	968.46	690	470.00	48.53
郑西客专	434.41	459.53	118	255.76	58.88
哈大客专	892.41	903.94	162	662.77	74.27
长吉城际	96.34	109.47	30	27.86	28.92
石太客专	189.93	189.93	94	39.61	20.86
胶济四线	263.43	362.30	120	49.77	18.89
合宁客专	131.28	134.50	33	24.21	18.44
合武客专	359.36	359.36	169	118.82	33.06
昌九城际	96.66	131.27	38	33.04	34.18
甬台温铁路	282.38	274.89	133	92.04	32.59
温福铁路	294.88	302.34	83	77.16	26.17
福厦铁路	263.63	272.79	154	80.65	30.59
厦深客专	501.23	514.79	142	187.59	37.43
广深港	102.45	104.40	49	56.80	55.44
广珠城际	141.03	142.23	57	132.56	93.99
海南东环	308.12	308.12	120	102.38	33.23
京沪高速	1318.00	1318.00	244	1060.60	80.47
合计	6761	6976	2456	3573	52.84

　　截至 2008 年 2 月的不完全统计，中国"十一五"规划建设客运专线约 9200km 左右（其中在建项目 13 个，线路长度约 6050km，桥梁长度约 3207km）；城际轨道交通约 2400km 左右（其中在建项目 5 个，线路长度约 750km，桥梁长度约 400km）。中国主要城际高速铁路及客运专线中桥梁的总长及所占比例如表 18.4 所示。

高速铁路桥梁的建设理念及技术标准

高速铁路桥梁的建设理念

（1）确保高速行车下的安全性与舒适性

高速铁路桥梁相对于普通铁路桥梁来说，一个最大的区别就是列车行车速度的提高。一般来说，行车速度越高，桥梁与列车的振动响应越大。因此，相对于普通铁路桥梁，高速铁路桥梁的动力响应问题更加突出。该问题涉及到车桥动力响应、桥梁结构非弹

性变形、稳定频率和路桥刚度过渡、大跨度桥梁低频振动、桥面构造以及高速铁路线型要求等方面。

高速铁路桥梁的动力响应问题是高速铁路桥梁设计中需要解决的一个关键问题。当列车以较高的设计速度通过桥梁时，由于速度效应和轨道不平顺的影响，列车与桥梁将会产生自激振动，轨道不平顺值越大、行车速度越高，自激振动越剧烈。因此，除了应满足普通铁路桥梁设计中对桥梁强度和刚度的要求外，还对桥梁结构的动力特性提出了要求，为了降低自激振动的强度，高速铁路桥梁必须具有足够的刚度和自振频率，在高速铁路桥梁设计中一般选择动力性能好的截面，如箱形截面等。

高速铁路桥梁与列车之间自激振动的主要激励源为轨道不平顺，而桥梁结构非弹性变形对轨道的持续稳定和平顺性影响较大，必须加以控制。跨区间无缝轨道与桥梁之间相互作用影响轨道的平顺性，加上外荷载引起的变形，轨道平顺性将受到较大的影响，从而直接影响高速列车运行的安全性和乘坐的舒适性。因此，在高速铁路桥梁设计工作中，一般对梁轨作用的位移差值、桥墩台的水平刚度、基础的沉降变形、梁体挠度、梁端转角、预应力混凝土梁体的弹性变形及后期的收缩徐变变形进行控制，保证轨道平顺性处在允许的范围内。

高速铁路上长桥较多，且存在大量等跨布置的简支梁，当列车匀速过桥时，固定间距的列车轮对将对桥梁施加周期荷载，若该周期荷载频率与高速铁路桥梁的某一阶频率一致或接近时，将会引起共振。因此对桥梁的自振频率提出了要求，以避免对行车造成不利的影响。同时，高速铁路桥梁梁端与线路的连接处的刚度存在突变，这是因为路基填土相对于桥梁结构具有可压缩性，提供的竖向刚度较桥梁弱，因此，必须重视路桥刚度过渡问题，做好刚度过渡，以减少由于路桥刚度突变对行车安全性和舒适性的影响。

对大跨度高速铁路桥梁，振动周期长，自振频率低，应研究低频率振动对行车安全性和桥梁动力性能的影响。

高速铁路桥梁桥面除布置轨道外，还需要布置电力、电气化、通信、声屏障等设备，因此在进行桥面设计时，应该考虑到通车后高速列车对这些设备可能产生的影响，合理布置桥面。

高速铁路桥梁的桥位选择一般受到铁路线性的控制，为了实现高速运行的目标，需要采用技术措施，合理选择桥位。对于技术复杂的个别特大桥的设计，应充分研究水文、地质、河道、航道及道路设施的通行条件，在此基础上综合比选，选择有利于缩短行车时间、技术经济条件好的方案。

（2）重视环境与景观的协调

高速铁路桥梁建设，应该充分考虑到桥址处的环境因素，对可能影响到桥梁设计的各环境因素作出预判，为不同环境因素下的桥梁设计提供解决方案。

高速铁路桥梁的规划应该重视节约土地，如修建高架桥比修建路基要少占良田、节约土地资源，采用高架桥能更好地适应城市的规划与发展，方便沿线两侧居民的出行。

减少噪声污染。高速列车通过桥梁时，由于轮轨碰撞、列车受电弓与接触网摩擦、列车与空气摩擦以及桥梁结构自身振动都会产生噪声，需采取有效措施，重视减隔振设计，以减少噪声影响。

（3）注重运输功能和综合效益

加快客运专线建设速度，尽早实现客货分线，可以解决路网资源不足、运输能力短缺等问题。加快铁路建设的关键在于缩短高速铁路桥梁设计和施工周期。

优化建设工期。为缩短建设工期，对于个别控制全线工期、技术复杂的特大桥，采取单独立项、先期开工的方式解决工期问题。

设计活载标准

列车是由车体、转向架及轮对组成的悬挂体系，如图18.13和图18.14所示。在高速铁路桥梁设计中，需要将高速运行的列车转化为比较接近实际的荷载模式。

图18.13　CRH动车组实景图

高铁桥梁的竖向荷载设计图式是桥梁设计的基础和最重要的参数之一。活载标准的制定历来为各国所重视。活载标准应满足运输能力的需要，满足机车车辆发展的需要，并保证据此确定的承重结构具有足够的可靠度，能确保运输安全。对高铁桥梁来说，还要考虑较高的旅客乘坐舒适度的要求，如果选定的活载图式标准偏低，则会危及行车安全或影响运输能力，标准过高则会造成浪费，所以，活载设计图式的选定不仅是技术问题，更是一个经济政策的问题，同时也反映了一个国家的技术发展水平和综合国力。

影响设计活载图式的因素很多，不仅与线路上运行的机车车辆本身的参数（如列车类型、轴距、轴重、编组）密切相关，还与运输模式（是单一的客运还是客货混运）、

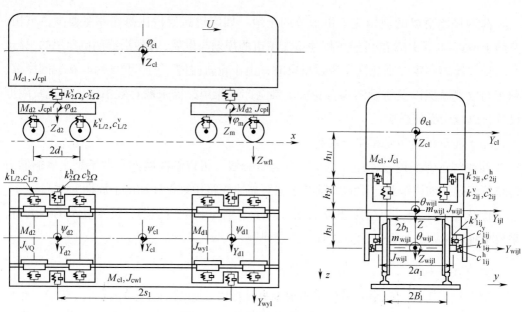

图 18.14　高速列车构造示意图

速度指标、不同结构体系的加载方式等有密切关系。

　　欧洲高速铁路采用 UIC 荷载作为设计活载，如图 18.15 所示考虑到了与其他欧洲铁路网相接，以及将来高速铁路上行走重型车辆的可能，UIC 活载满足货车 80~120 km/h 的重型货车和高速轻型客车 250~300km/h 桥梁设计要求。

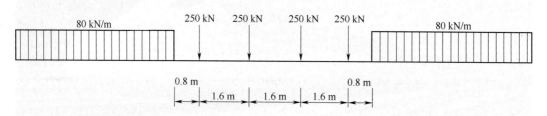

图 18.15　UIC—活载（参见中国铁道出版社 2007 年出版的《德国铁路基础设施设计手册》第 9 篇结构工程）

　　日本采用接近其高速运营列车的 P（N）荷载作为设计活载，P 荷载仅为 UIC 活载的 40%。

　　中国高速铁路采用 ZK 荷载作为设计活载，ZK 活载为普通铁路桥梁设计的中—活载的 70%，为欧洲铁路联盟 UIC 活载的 80%。桥梁荷载按中—活载设计，ZK—活载校核。

桥梁刚度限值标准

　　我国四川、云南、贵州等地，由于高山峡谷众多，交通不便。我们的祖先巧妙地在峡谷两侧高山之间连以树藤或铁索、用竹子或木板做桥面修建吊桥，以方便到市集上出售多余的农产品或购买家中所需，这些简易的桥梁是现代大跨度桥梁的雏形。这些桥梁能够方便人们出行，但是由于结构较柔，行人必须小心翼翼地缓慢通过，否则

可能发生晃动导致坠桥事故发生。古代吊桥之所以走行的舒适度和安全性差，一个主要的原因是桥梁的刚度较差。

现代大跨度桥梁为了满足高速铁路列车快速通过的需求，桥梁结构除了具有足够的强度外，也必须具有足够的刚度，否则就有可能发生振动幅度或振动加速度过大导致乘客不适，甚至危及行车安全。桥梁在温度、风荷载、活载等运营荷载作用时还要有足够的抵抗变形的能力，称为桥梁结构的刚度。

刚度设计是桥梁正常使用状态设计的一项重要内容，其值合理与否不但影响工程造价，而且更重要的是直接关系到工程可行性、行车速度、平稳性和行车安全等。竖向刚度、横向刚度和扭转刚度是重要的桥梁结构刚度参数。

高速铁路桥梁结构特点概括为：梁跨"小"变形、桥墩"大"刚度、基础"微"沉降。

（1）竖向刚度

梁式桥跨结构的竖向刚度，通常是以控制活载作用下的挠度 f 作为限值指标，而这一指标与桥梁跨度 L 相关，桥梁设计中常以挠跨比 f/L 作为桥梁结构的竖向刚度指标。桥梁跨度确定的情况下，列车运行速度越高，挠跨比 f/L 限值越小；运行速度确定的情况下，桥梁跨度越大，挠跨比 f/L 限值越大。见图 18.16。

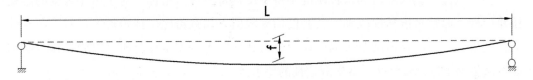

图 18.16　主梁挠度

对于大跨度铁路桥梁，如斜拉桥，由于其变形形状更加复杂，单以挠跨比作为主梁竖向刚度的指标不太合适，而梁端转角、主梁变形曲线曲率半径等指标可以更加直接的表征桥梁结构竖向刚度，见图 18.17。因此，对于大跨度桥梁，需要通过限制梁端转角、主梁变形曲线曲率半径的取值以确保结构具有合理的竖向刚度。

图 18.17　梁端转角

（2）横向刚度

主梁的横向刚度，通常是以控制主梁宽跨比 B/L 或横向位移 δ 作为限值指标，控制静力横向变形的目的是为列车提供平直轨道。如果主梁横向刚度不能满足要求，就有可能造成行车时位移过大，轨道产生方向不平顺，影响行车安全性和乘坐舒适度。

对于大跨度高速铁路桥梁，由于梁端水平折角、主梁横向变形曲线曲率半径等指标可以更加直接的表征桥梁结构刚度。因此，对于大跨度桥梁，需要通过限制梁端水平转角、主梁横向变形曲线曲率半径的取值以确保结构具有合理的横向刚度。

（3）扭转刚度

主梁在活载偏载作用下会发生扭转变形，主梁抵抗这种变形的能力称为扭转刚度。我国现行的高速铁路设计规范规定对于 3m 长度的线路，两根钢轨的竖向相对变形量不得大于 1.5mm。

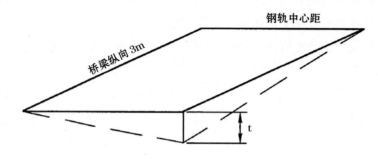

图 18.18　桥面允许扭转变形示意图

竖向刚度、横向刚度和扭转刚度是桥梁结构重要技术指标，对于中小跨度的梁式桥跨结构，通常是依据规范确定其刚度指标限值，如宽跨比、挠跨比等。对于特殊的大跨度桥梁，还需要通过车桥耦合动力分析和列车走行安全性分析，以验证桥梁结构能否满足列车运行安全性、乘坐舒适性的要求。

下部结构刚度与无缝线路轨道力

为了满足列车行车安全性和旅客乘车舒适度的要求，《铁路桥涵设计基本规范》对桥梁下部结构墩（台）顶纵、横向水平刚度提出了控制标准。除此之外，对于铺设无缝线路的桥梁，由于墩（台）顶纵向水平刚度与无缝线路轨道力密切相关，为保证无缝线路钢轨强度、无缝线路稳定性及断缝值，仍需要对墩（台）顶纵向水平刚度提出控制标准。

桥梁结构会因温度变化产生伸缩变形，在列车荷载作用下产生挠曲变形。这两种变形使得桥梁结构的每一个截面都相对于固定支座产生纵向位移。桥跨位移将通过梁轨间的联接力（如扣件阻力）使钢轨承受伸缩力和挠曲力（我们把因温度变化梁的伸缩引起的钢轨纵向附加力称为伸缩力；把列车荷载作用下由于梁的挠曲变形，梁轨间发生相对位移，通过相互间连结装置给钢轨施加的纵向水平力称为挠曲力），另外，桥上无缝线路一旦低温折断，或者列车在桥上制动，钢轨的伸缩变形也会通过梁轨间的约束，使墩台和固定支座受到断轨力和制动力。同时，钢轨又反作用于桥跨结构，并通过桥梁支座将上述力传递到墩台上，使墩台顶产生纵向位移，墩台顶位移引起桥跨

结构平移，使伸缩力和挠曲力产生重分布，从而减小钢轨和墩台承受的纵向力，这一现象对高墩和柔性墩特别显著。上述所有这些都互为因果作用，可归结为梁轨相互作用，见图 18.19。

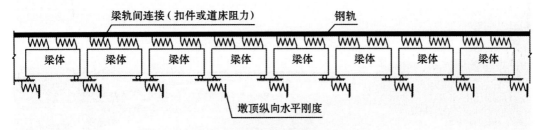

图 18.19　梁轨相互作用示意图

墩（台）顶纵向水平刚度值对无缝线路轨道力有着直接影响，而轨道力大小很大程度上决定着铁路桥梁下部结构工程规模和经济指标，因此既要保证结构的合理经济技术指标，又要保证无缝线路轨道强度、稳定性及断缝值等指标安全可靠，设计者需要在两者之间寻求平衡，优化设计。

目前国内相关规范对于常用跨度简支梁桥墩（台）顶纵向水平刚度限制提出了要求，但是对于困难条件及大跨度特殊桥梁结构，需要以上述目标为出发点，应具体问题具体分析确定。

工后变形

为了保证高速铁路桥梁上方轨道的高平顺性，必须严格控制桥梁墩台基础工后沉降和预应力混凝土梁在轨道铺设后的残余徐变变形。对于地层来说未建桥梁基础之前处于长期稳定的状态，但是当设置桥梁基础后地层应力就会发生明显的变化，需要经过较长的一段时间达到新的稳定平衡状态，所以桥梁墩台修建完成后将会产生一定数量的沉降，这个量值与地质情况、基础类型相关。而梁体残余徐变变形与基础沉降不同，混凝土是胶凝体材料，受力后除弹性变形外还会产生蠕变。比如施加固定压力的混凝土柱，随着时间的推移柱体本身会不断缩短，直至 5~10 年后才会停止缩短，专业术语称之为混凝土的徐变特性。高速铁路大量使用预应力混凝土梁，要求铺轨后梁体因徐变产生的上拱或下挠量不能太大，否则将会影响线路的平顺。高速铁路桥梁设计中对于这两种变形都有严格的控制量，与桥面系类型、运行速度有关，无砟轨道系统的应用对二者提出更高的要求。如无砟轨道系统运行速度 350km/h 的列车，要求基础总沉降不超过 20mm，相邻基础沉降差不超过 5mm，铺轨后梁体徐变不超过 10mm，是一个相当严格的指标。大跨混凝土连续梁为了满足这一指标而采用梁拱体系来降低铺轨后的徐变变形，如京津城际跨北京四环、五环的桥梁皆是如此，如图 18.20 所示。

图 18.20　京津城际铁路跨北京四环线连续梁拱桥

风及地震的影响

高速铁路的线路必须具有高平顺性、高稳定性和高可靠性的特点，而桥梁结构则比路基能较好地适应如此苛刻的要求，由此带来高速铁路桥梁的比例比普通铁路高得多，高速铁路的桥梁高比例，导致地震时高速列车行进在桥上的概率大大提高，大风时高速列车行进在跨江跨河的大跨度桥梁的概率也不小，因此，人们自然想到了在地震、大风等因素作用下，桥梁结构是否满足高速列车的行车安全要求？司乘人员是否舒适？

从工程角度来看，这就是高速铁路桥梁的风振和地震问题。必须认真分析高速铁路桥梁振动（晃动）是如何产生的？振动（晃动）对桥梁结构的安全性尤其是列车的安全性有无影响？设计中如何克服这些振动所产生的问题。

引起高速铁路桥梁的风振和地震问题主要有如下两种：

● 风振问题——结构抗风设计、风车桥动力作用。

● 地震问题——结构抗震设计、震车桥动力作用。

上述两个方面的问题，一个是"振"，另一个是"震"。

先说地震，"震"由"雨＋辰"组成，雨是一种自然现象，辰者，言万物之蠢也（《史记·律书》），表明"震"是一种自然的活动现象，其产生的能量相当的大。故地震是破坏严重的自然灾害，历次的大地震均给人类的生命和财产造成了巨大的损失就可见一斑。

再说风振，"振"由"手+辰"组成，故"振"有"搬动"或"挥动"的意思，表明"振"虽有自然活动现象的因素存在，但更多的是一种人为的活动现象，其产生的能量相对于"震"来说比较小，虽然如此，风振引起的桥梁振动也不容忽视。

高速铁路桥梁大部分是200m以下的中小跨度桥梁，结构自振周期在2s以下，因此，风荷载对桥梁结构的影响是有限的，但地震对桥梁结构的影响不可忽视。

然而，对于跨越江河的跨度超过200m的高速铁路桥梁来说，结构的风振引起的作用却是不容忽视的，同时，大跨高耸结构的地震响应也是十分可观的，必须认真研究，科学论证。

通过近20年的高速铁路大桥的设计、科研和工程实践，我们可以采用各种工程措施确保高速铁路桥梁和车辆：大风"吹不垮"、地震"震不倒"、车辆行人"摇不动"。

（1）高速铁路的震害

谈到高速铁路的震害，人们往往会想起2004年10月23日日本新干线列车在地震时脱轨的一幕：当日，日本新泻发生7级大地震，在首次地震发生时，不幸的事故发生了，一列从东京开往新泻的上越新干线列车"朱鹮325"号正以时速200km/h的高速驶向新泻县内的长冈车站，其第一和第九节车厢脱轨，导致44根车轴中的22根脱落，车窗也被损坏，而轨道被脱轨的列车拧得像素麻花一般。这是40年来新干线首次发生脱轨事故，这充分证明地震对桥上运行列车安全性的影响是不可忽视的。

（2）高速铁路桥梁的抗震设防等级

我国是地震频发的国家，《国家防震减灾规划（2006~2020年）》指出：中国50%的国土面积位于Ⅶ度以上的地震高烈度区域，包括23个省会城市和2/3的百万人口以上的大城市。该规划同时指出，地震是我国今后一段时期面临的主要自然灾害之一，因此，对于高速铁路桥梁，提高其抗震设防等级是确保高速铁路行车安全的重要保证之一。

（3）高速铁路桥梁的抗震设计

高速铁路桥梁按国家行业标准，按照"三阶段设防"和"两阶段设计"的原则进行桥梁的抗震设计。"三阶段设防"即"小震不坏，中震可修，大震不倒"；"两阶段设计"即采用重现期950年的地震动参数作为第一级设防水准进行结构抗震设计，采用重现期3300年的地震动参数作为第二级设防水准进行抗震设计。

通过计算分析，确保桥梁结构在第一设防水准下满足相应的规范要求，桥梁结构具有足够的抗震能力。

在第二设防水准下，主梁的纵向位移响应较大，但通过在墩（塔）梁之间沿顺桥向设置减隔震装置，能够有效的抑制主梁结构在地震作用下的纵向位移量。

（4）高速铁路的风害

俗话说："风吹草动"，这个现象人们普遍地能接受，但一说到"风吹桥动"和"风吹车动"你也许不以为然，那么大的一座桥梁，那么重的一列火车，怎么会产生"风吹桥动"或"风吹车动"的现象呢？事实上，对于高速铁路桥梁来说，风也有"欺软怕硬"的特性，对小跨、低矮、质重的刚性桥梁来说，任由风吹，巍然不动；但对大跨、高塔、质轻的柔性桥梁来说，一经风吹，必有桥动，有时还会导致桥垮。而对于高速铁路列车来说，风表现出"欺快怕慢"的习性，对高速的快车来说，大风时车要减速，更大风时车须停开。

2005年12月25日晚，从日本北部开出的一列特快列车被风暴掀出轨道，导致6节车厢中的5节出轨，其中3节侧翻。导致4人死亡，33人受伤。警方认定，恶劣天气是这起事故的主要原因。据列车司机铃木说，列车当时以100km/h的速度行驶到桥上。而根据出事桥梁旁边公路上的一个风速器记录，25日晚上7点后出现的最大风速为20m/s。

我国幅员辽阔，风环境复杂，大风地区如西北沙漠地区、东南和华南沿海地区，这些大风地区的年均八级以上的大风天气多达180天，兰新铁路自通车至2002年因大风引起的列车脱轨、倾覆事故达30多起，吹翻货车110辆，因大风引起的列车晚点、停运造成的损失更是无法计算。

2007年2月28日凌晨1时55分左右，从乌鲁木齐驶往阿克苏的5806次列车遭遇特大沙尘暴，11节车厢被狂风推翻，此次事故共造成4人死亡，受伤人员至少上百人。

（5）高速铁路大跨度桥梁的风害机理

高速铁路大跨度桥梁有：墩（塔）高、跨大、轻质、柔性、弱阻尼等特点，给设计者制造了诸多"麻烦"，其中风是"麻烦"的制造者之一。

风对桥梁结构的作用机理十分复杂，它受到风本身的自然特性（风环境、地形、地貌）和桥梁结构的动力特性（结构固有频率、振型特性、阻尼特性）以及风与桥梁结构的相互影响等三方面因素的制约。

风荷载是大跨度桥梁结构的重要设计荷载，由风荷载引起的桥梁结构的振动形式是多种多样的，按其发生机理，主梁的抗风问题有：颤振、驰振、抖振、涡激共振；桥塔的抗风问题有：涡激共振、驰振。设计者首先考虑主梁的颤振和驰振，因为这两种振动形式可以给桥梁造成致命的打击。这种振动形式在桥梁抗风设计中称为"自激振动"。所谓"自激振动"就是振动的桥梁从流动的风中吸收能量，该能量又转化为桥梁的进一步振动，新的振动又从流动的风中吸收能量，从而引起桥梁的更大振动，循环往复，直到发生破坏性的危险振动。

"自激振动"对桥梁来说是一种会致命的"急性病"。因此设计者应务必根治此"病"。而涡激共振是一种"限幅振动"，相对于"自激振动"的"急性病"来说则为"慢性病"，它将引起桥梁的"疲劳"问题，但不会马上破坏桥梁，设计者对此"病"也应引起重视。对付桥梁的"急慢性病"可通过风洞试验选择对主梁采取的抗风减振措施。常用的抗

风措施可分为改善结构总体动力特性和改善结构断面的气动性能两大类，前者主要是在结构的合理布置，各构件的合理型式，结构的材料等方面考虑，后者主要是在桥梁截面的气动外形上考虑，从这两个方面着手，借助于桥梁风洞试验，可以说：塔科玛大桥发生自激振动的"急性病"完全不可能再发生。

（6）高速铁路大跨度桥梁的抗风设计

● 主梁的颤振临界风速估算

先计算高速铁路大桥的设计基本风速为 V_{10}，沿海大桥的设计基本风速大多在40m/s 左右，内陆地区与沿海相比，基本风速至少相差 10m/s 以上，若换算成风压，内陆地区的风荷载只有沿海的 35% 左右，因此，在内陆地区建设高速铁路大桥，承受的"风压力"要比沿海地区要"小"得多。

再计算主梁的颤振检验风速 $[V_{cr}]$ 和主梁的颤振临界风速 V_{cr}，当满足 $V_{cr} \geqslant [V_{cr}]$ 时，即可得知，高速铁路桥梁满足相关抗风设计规范的有关规定。

● 主梁涡激共振的计算分析

旋涡产生的主梁的剧烈振动的危险性与斯克拉顿数及周围风场中的大尺度湍流强度的共同作用有关。高强度的大尺度湍流和高的斯克拉顿数均能减小强烈旋涡产生的危险性的振动。斯克拉顿数 S_c 定义如下：

$$S_c = \frac{2\delta_s m_e}{\rho d^2}$$

上式中，δ_s 是结构阻尼的对数衰减率，m_e 为对应模态的等效质量，d 为特征尺寸，ρ 为空气的密度。

根据有关规范，当 $S_c > 15$ 时，横向风振较小，可以不考虑涡激共振。

● 主塔的风振及制振措施

高速铁路大桥的塔较高，塔的侧向刚度，纵向刚度相对较小，独塔自立状态下可能发生的风振现象有：驰振、涡激共振。根据国内外大跨度桥梁的实践经验，对于不同的风振现象均有相应的对策。

结构是否可能发生驰振，主要取决于结构横截面的外形和材料。

高速铁路大桥的主塔一般采用带倒角外形截面，大多数主塔是混凝土桥塔，一般情况下，不具备产生驰振的条件。

对于涡激共振现象，可结合风洞试验对独塔的涡激共振现象加以研究，必要时采取如下的制振措施：

（1）在塔顶处安装 TMD 以提高主塔结构的阻尼比。

（2）在塔顶处张拉临时缆索（施工阶段）。

尽管如此，在初步设计阶段，科研人员还将通过风洞试验对主桥结构的抗风性能进行验证，通过试验得到各种相关参数来优化和精细化高速铁路大桥设计，采取相关工程措施提高主桥结构的抗风性能，确保其桥上的线路有足够的平顺性和稳定性，确保高速列车的运营安全和乘坐舒适。

车桥耦合振动

随着高速铁路桥梁的大量修建及列车速度的显著提高，列车的速度效应和轴距效应、桥梁和车辆之间的耦合振动问题越来越明显。为保证列车高速、舒适、安全行驶，要求高速铁路桥梁必须具有足够大的刚度和良好的整体性，以防止桥梁出现较大挠度和振幅，进而引发列车振动响应过大而导致脱轨事故。

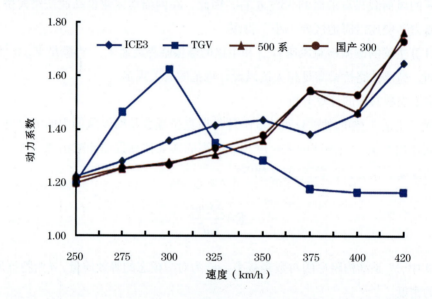

图 18.21　动力系数与行车速度关系

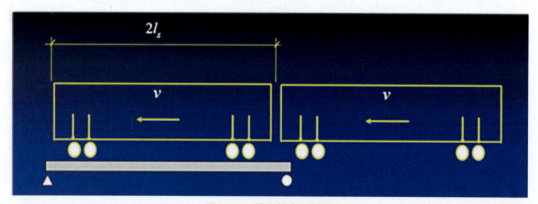

图 18.22　轴距效应示意图

当列车以速度 v 通过单孔或多孔简支梁时，由于其轴重荷载的规律性排列，轴重荷载的动力作用相当于一个频率为 v/l_s 的周期性荷载。以列车通过简支梁为例，其共振速度为：

$$V_{br} = \frac{f_b \cdot (2l_s)}{i} \ (i=1,\ 2,\ 3,\ \cdots)$$

因此，高速铁路桥梁的自振频率应该满足相应的要求，避免与列车的周期性荷载频率接近，以免产生较大的振动。

高速列车由悬挂系统组合而成，各悬挂部件之间以弹簧和阻尼器连接，具有这样构造形式的列车通过桥梁时，即使没有外部荷载（风及地震等外荷载），列车与桥梁之间也会产生振动，通常称为自激振动，这也是车桥耦合振动的一个特点。引起该振动的因素很多，其中一个主要的因素是轨道不平顺。列车与桥梁之间的这种自激振动一般是耦合的，即振动的车辆将改变车轮与钢轨之间的接触几何关系，从而对桥梁产生了动力荷载并引起桥梁的振动，振动的桥梁反过来又会进一步对车辆产生作用，这种相互作用就成为耦合振动，这一耦合振动属于空间随机振动问题，十分复杂。

对高铁桥梁来说，为了降低车辆与桥梁之间的耦合振动，高铁桥梁的横向刚度及竖向刚度需要满足一定的要求。不难想象，如果横向刚度不足，高速列车通过桥梁时，高铁桥梁将产生剧烈的横向振动，直接影响到旅客的乘坐舒适性，严重时甚至会引起高速列车脱轨事故。如果竖向刚度不足，高铁桥梁在列车通过时将产生较大的竖向振动，引起较大的挠度，甚至降低钢轨及桥梁的疲劳强度且容易引起桥梁轨道结构几何变形与受力状态的改变，线路养护维修困难。为了对振动响应进行准确而全面的把握，一般需要开展车桥耦合振动仿真计算专题研究。在车桥耦合振动仿真计算中，一般对桥梁的一些关键动力指标加以限制，这些指标至少应包括桥梁竖向挠度、跨中横向振幅、跨中竖向及横向振动加速度、桥墩顶部横向振幅。同时，为了避免列车在正常运营速度范围内过桥时发生车桥共振，需要桥梁的自振频率满足一定的要求，因为当列车以一定速度过桥时的频率与桥梁某一阶振动频率相同或接近时可能会引发共振，直接严重影响到列车的运行安全。

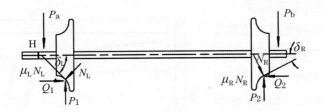

图 18.23　轮轨相互作用示意

高速列车以设计速度通过桥梁时，需要满足安全和平稳两个基本要求。关于列车过桥运行安全性的评价，主要考虑桥上运行车辆的抗脱轨安全性问题。列车过桥时车辆运行的安全性只有在轮轨处于正常接触状态时才能得到保证。由于车辆在桥梁上运行时受力状态的复杂性，在某些不利的组合情况下，可能破坏车辆正常运行的条件，致使车轮爬上钢轨造成脱轨，或者车轮突然抬升跳上钢轨产生脱轨。对于此类脱轨问题一般采用脱轨系数作为评价指标。另一方面，列车在高铁桥梁上运行，一侧或两侧车轮由于轮轨动力作用会发生轮重减载（轮轨垂向力低于静轮重）现象，实践表明，当轮重减载率过大时，也容易引发车辆脱轨，此时一般采用轮重减载率指标来评定车辆运行的安全性。此外，列车在桥梁上高速运行时，如果车轮对钢轨的横向力过大，一方面可能会破坏轨道与梁体的连接，造成桥上轨排的横移失稳；另一方面，可能使钢轨翻转、轨距扩大，破坏正常的轮轨接触状态，也可能引发车辆脱轨事故，因此必须对轮轨横向力加以限制，有必要将轮轨横向力作为评价列车过桥安全性的又一指标。

截至目前，国内外关于机车车辆运行平稳性的评价标准，并没有就列车在一般路基线路上运行和列车在桥梁上运行加以区分。一般来说,列车在桥梁上的振动环境更差,因此采用与一般线路上所采用的评价标准对桥梁设计提出了更高的要求。评价机车车辆运行平稳性一般采用车体振动加速度和平稳性两种指标。车体振动加速度指标主要反映车辆振动的幅度。运行平稳性指标通过考虑振动加速度的幅值、频率以及持续时间等因素，从统计学角度综合反应车辆振动程度，对客车来说可以反应旅客乘车的疲劳程度，又称旅客乘坐舒适度指标。

德国的希派尔林（Sperling）等学者在二战之前就进行了大量的振动对人体生理感觉的试验。被实验人员坐在专门的振动试验台上，在不同方向进行变频率、变振幅的重复试验，根据被试验人员的反映，将其感觉分级记载，在对上千次试验数据统计的基础上，提出了希派尔林平稳性指标，该方法根据不同的乘坐感觉将舒适度分为优秀、良好及合格三个等级。在进行车桥耦合振动专题分析时，首先仿真计算得到车体测量点的振动加速度，然后通过相关公式计算希派尔林指标，并确定舒适度等级。

高速铁路桥梁实例

32m 双线整孔简支箱梁

32m 双线整孔简支箱梁是高速铁路上应用较多的梁跨形式。如京津城际铁路全长 120km，桥梁长度占线路总长的 88%，以 900t 级整孔简支箱梁为主导梁型，其中 32m 简支箱梁 2618 孔，如表 18.5 所示。

其中 32m 双线简支箱梁孔数最多，其横截面如图 18.24 所示。

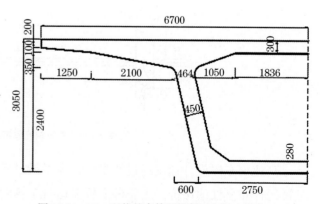

图 18.24　32m 双线简支箱梁横断面布置（单位：m）

表 18.5 京津城际铁路梁跨类型统计

编号	采用式样	孔数或联数	跨度（m）
1	简支箱梁	46	20
2	简支箱梁	239	24
3	简支箱梁	2618	32
4	简支箱梁	21	40
5	简支结合梁	3	20
6	简支箱梁	1	26
7	连续箱梁	19	32+48+32
8	连续箱梁	7	40+64+40
9	连续箱梁	3	48+80+48
10	连续箱梁	6	60+100+60
11	连续箱梁	3	45+70+70+45
12	加劲拱连续箱梁	1	60+128+60
13	连续箱梁	1	80+128+80
14	系杆拱桥	1	71.5

注：简支梁一般采用预制架设，连续梁一般采用现场浇筑。

图 18.25 32m 双线简支箱梁

图 18.26 32m 双线简支箱梁

武广客运专线天兴洲长江大桥

天兴洲长江大桥（图 18.27）是我国客运专线第一座跨越长江的桥梁，旅客列车设计行车速度 200km/h。公铁两用桥，铁路四线，公路六车道，正桥全长 4657m，其中公铁合建段 2844m。在当今世界同类型桥梁中拥有"跨度、速度、荷载、宽度"四项第一。斜拉桥主梁为板桁结合钢桁梁，N 形桁架，三片主桁，三索面斜拉索锚固于主桁上弦节点。首次采用钢正交异性桥面板与钢桁梁共同受力。钢桁梁架设采用 14m 整节段拼装方式，重约 700t。在本桥设计中开展了线路多线荷载加载系数、结构约束体系、焊接结构疲劳裂纹扩展速率、车桥耦合振动、钢结构新构造细节疲劳试验、综合施工组织及配套装备等专题研究。

图 18.27　京广高速武汉天兴洲长江大桥

京沪高铁南京大胜关长江大桥

南京大胜关长江大桥（图 18.28）是京沪高速铁路全线控制性的重点工程，也是沪、汉、蓉快速通道及南京枢纽的重要组成部分。桥梁全长 9.273km，其中长江水域主桥 1.615km。按六线设计，即京沪高速铁路双线、沪汉蓉铁路双线、南京地铁双线，预留南京地铁接线条件。

（a）立面图

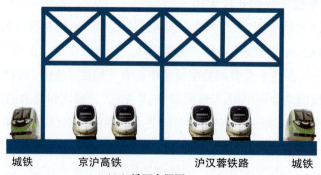

城铁　　京沪高铁　　沪汉蓉铁路　　城铁

（b）桥面布置图

（图 18.28）

（c）施工中的大胜关长江大桥

图 18.28 京沪高铁南京大胜关长江大桥

主桥为（108+192+336+336+192+108）m 的六跨连续钢桁拱桥，覆盖常水位全部水域范围。钢桁梁采用三片主桁，主桁间距为 15m，四线铁路位于主桁内，其中沪汉蓉铁路在上游侧，京沪高速铁路在下游侧，南京地铁布置在两侧主桁外挑臂上。钢桁拱矢跨比为 1/4，拱顶桁高 12m，从拱趾到拱顶总高约 96m；选用 Q420qe 钢材，最大板厚为 68mm，杆件最大质量 116t。连续钢桁梁桁高 16m，节间长 12m。该桥采用形式新颖的三片主桁与整体桥面板相结合的共同受力体系，具有"高速、大跨、重载"的特点。

石武客运专线郑州黄河公铁两用桥

郑州黄河公铁两用桥（图 18.29）是京广铁路客运专线与河南中原黄河公路大桥跨越黄河的共用桥梁。铁路桥梁全长 14.9km，公路桥梁全长 11.6km，其中公铁合建段长 9.17km。

（a）立面图

（图 18.29）

（b）主桁施工

（c）铁路桥面

图 18.29　石武客运专线郑州黄河公铁两用桥

主桥采用上下层布置方式，公路在上层，铁路在下层，分两联布置，总长 1684.35m。第一联采用（120+5×168+120）m 六塔单索面部分斜拉连续钢桁结合梁。第二联采用 5×120m 连续钢桁结合梁。公路桥面为混凝土板，铁路桥面为正交异性整体钢桥面板，道砟槽板与整体桥面采用剪力钉联结。上层公路桥面宽 32.5m，设双向六车道，设计速度 100km/h，下层铁路桥面为双线客运专线，线间距 7m，设计速度 350km/h。

沪通铁路长江大桥

沪通铁路长江大桥（图 18.30）是新建沪通铁路的控制性工程，桥位距上游江阴长江公路大桥约 45km，距下游苏通长江公路大桥约 40km。沪通铁路长江大桥与通苏嘉城际铁路、锡通高速公路共通道建设，为四线铁路六车道公路合建桥梁。沪通铁路为双线 I 级铁路，设计行车速度 200km/h，通苏嘉城际铁路为客运专线，双线布置，设计速度 250km/h。

为满足通航要求。主航道桥推荐桥式方案采用双塔斜拉桥布置，主跨跨度 1092m，主跨两侧各设一个 462m 边跨，作为辅助通航孔，为使斜拉桥结构既满足通航又满足结

构受力和梁端转角要求，辅助通航孔两侧各增加了 140m 的辅助跨，主桥具体孔跨布置为：（142+462+1092+462+142）=2300m。

为了消除辅助墩负反力，边跨侧 252m 范围公路桥面采用带有混凝土桥面板的组合截面，通过增大结构自重，以平衡辅助墩处支座负反力。

图 18.30　沪通高速南通长江大桥

黄冈公铁两用长江大桥

黄冈公铁两用长江大桥（图 18.31）是新建武汉至黄冈城际铁路及黄冈至鄂州高速公路的跨越长江的通道。大桥北岸位于湖北黄冈市，南岸位于湖北鄂州市，为特大型公铁两用桥梁，大桥全长 4.01km，桥面按上、下两层布置，上层为四车道高速公路，

图 18.31　黄冈公铁两用长江大桥

设计时速100 km/h；下层为两线客运专线，列车设计行车速度200km/h 及以上，道碴桥面。主桥为钢筋混凝土主塔钢桁梁斜拉桥，主跨567m，钢桁梁采用倒梯形截面，腹杆倾斜设置，是世界上最大跨度斜主桁公铁两用斜拉桥。

黄冈长江大桥主桥长1215m，布置为（81+243+567+243+81）m 连续钢桁梁斜拉桥；结构体系选用半漂浮体系，塔墩固结、塔梁分离，主塔墩、辅助墩、边墩上、下游均设竖向支座，下游支座横向限位，各墩墩顶设横向抗震挡块；同时在主塔下横梁与主桁下弦杆间设置了大吨位的纵向粘滞阻尼器，全桥共8套。

京沪高铁济南黄河大桥

京沪高铁济南黄河大桥（图18.32）位于济南北店子至老徐庄险工河段内。大桥主桥和部分引桥按搭载京沪高速铁路和太青客运专线四线桥设计，大桥全长5143.4m。主桥采用（113+3×168+113）m 拱加劲连续钢桁梁，两片式主桁。主梁采用带竖杆等高度三角形桁架，主跨采用柔性拱肋加劲。在高速铁路同类桥型中堪称世界第一。

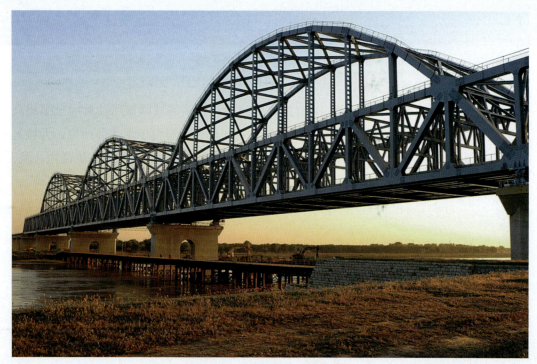

图18.32　京沪高铁济南黄河大桥

安庆铁路长江大桥

安庆长江铁路大桥（图18.33）是南京至安庆铁路和阜阳至景德镇铁路的重要组成部分。大桥全长2996.8m，其中主桥长1363m，采用（101.5+188.5+580+217.5+159.5+116）m 六跨连续钢桁梁斜拉桥布置型式，三片主桁结构，主跨580m 为目前世界铁路桥梁之最；大桥按四线轨道设计，上游侧宁安铁路为两线客运专线，速度目标值200km/h 以上；

图 18.33 安庆铁路长江大桥

下游侧阜景铁路为两线Ⅰ级干线，速度目标值 160 km/h，预留 200 km/h 条件，具有"大跨、高速、重载"的特点。

铜陵公铁两用长江大桥

铜陵公铁两用长江大桥（图 18.34）是合福铁路跨越长江的重要通道。大桥北侧为无为县，南侧为铜陵市。大桥通行合福铁路客运专线双线、庐江至铜陵Ⅰ级铁路双线以及六车道高速公路。大桥全长 6032.804 m，采用（90+240+630+240+90）m 五跨钢桁梁斜拉桥布置型式，主桁采用全焊桁片式设计，铁路桥面系采用正交异性整体钢桥面，公路桥面系采用正交异性钢桥面。铜陵公铁两用长江大桥规模宏大，其中钢桁梁全焊片的设计与施工、正交异性钢箱铁路桥面的采用、高疲劳应力幅钢绞线斜拉索的采用、大型沉井基础的施工和新型阻尼装置的采用均为桥梁设计建设技术上的重大创新。

图 18.34 铜陵公铁两用长江大桥

结束语

纵观铁路桥梁建设历程,不禁想起毛主席的豪迈诗句"一桥飞架南北,天堑变通途",这描绘了桥梁在人们心目中的宏伟形象。而高速铁路的修建更是体验了人民对速度和便利的更高追求,也是党和国家领导人履行"一切为人民服务"这一宗旨的实际体现。

通过借鉴世界发达国家高速铁路建设成功经验,依靠技术创新,我国高速铁路桥梁在设计、施工、科研以及建设管理等方面实现了重大跨越,自主知识产权客运专线桥梁技术标准体系基本形成。神州大地上一座座拔地而起的高速铁路桥梁,标志着我国已经掌握了高速铁路桥梁建设的关键技术,并已走在了世界前列。我国极为复杂的地质条件给高速铁路桥梁建设带来了更多的严峻挑战,铁路桥梁工程师们成功克服了诸多难题。这些都充分说明我国高速铁路相比于世界其他国家的铁路不仅是数量上的取胜,更是技术上的领先。

随着高速铁路桥梁的不断建设,将进一步改变着人们的出行习惯,不断拉近人们的距离。伴随着一座座达到世界先进水平的高速铁路桥梁的建成,中国铁路客运专线网络的形成,中国经济社会又好又快发展将得到更为强劲的速度助力。

参考文献 ————————

[1] 郑健.中国高速铁路桥梁.北京:高等教育出版社,2008.

[2] 李国豪.桥梁结构稳定与振动(修订版).北京:中国铁道出版社,1996.

[3] 翟婉明.车辆-轨道耦合动力学(3版).北京:科学出版社,2007.

[4] 夏禾,张楠.车辆与结构动力相互作用(2版).北京:科学出版社,2005.

[5] 翟婉明,夏禾.列车-轨道-桥梁动力相互作用理论与工程应用.北京:科学出版社,2011.

[6] 夏禾.交通环境振动工程.北京:科学出版社,2010.

[7] 郑健.中国高速铁路桥梁画册 I.北京:人民交通出版社,2012.

[8] 京沪高速铁路南京大胜关长江大桥技术总结.北京:中国铁道出版社,2011.

[9] 中国铁路大桥资料选编,2011.

[10] 胡聿贤.地震工程学 [M].北京:地震出版社,2006 年.

[11] 周福霖.工程结构隔震与控制 [M].北京:地震出版社,1997 年.

[12] 宋一凡.公路桥梁动力学 [M].北京:人民交通出版社,2000.

[13] 陈英俊,于希哲.风荷载计算 [M].北京:中国铁道出版社,1998 年.

[14] 高宗余,李龙安,方秦汉等.钢桁拱桥吊杆风致振动研究 [J].武汉理工大学学报(交通科学与工程版),2007,Vol.31.

[15] 高宗余,李龙安,屈爱平等.汶川大地震对铁路桥梁抗震设计的启示和建议 [J].铁道工程学报,2008 年度 12 月.

[16] 李小军.铁路大跨桥梁新型高墩抗震性能研究 [J].兰州交通大学学报,2009,28(4).

[17] 道路桥耐风设计便览 [S].日本道路协会,1991 年.

[18] JTG/T D60-01-2004,公路桥梁抗风设计规范 [S].

[19] GB 50111-2006,铁路工程抗震设计规范 [S].

[20] JTG/T B02-01-2008,公路桥梁抗震设计细则 [S].

第6部分

桥梁概念设计基础

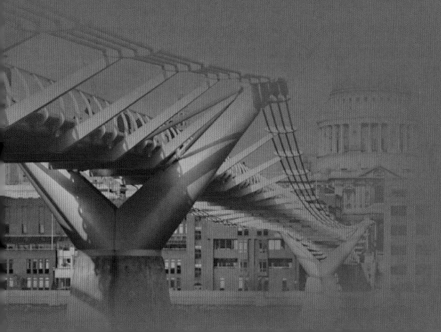

19

大型桥梁的设计理念与过程

撰文：陈　新　中国工程院院士、中国工程设计大师
　　　　　　　中铁大桥局集团有限公司教授级高级工程师
　　　　戴荣尧　中国铁道科学研究院研究员、水工水文研究室前主任
　　　　申天成　中铁大桥勘测设计院集团有限公司教授级高级工程师
　　　　王启愚　中铁大桥局集团有限公司教授级高级工程师、前局副总工程师

- 大型桥梁设计阶段的划分及其与建设程序的关系
- 前期工作——预可行性研究报告与可行性研究报告的编制
- 初步设计
- 施工图设计
- 科研项目
- 桥渡设计

大型桥梁的设计理念与过程

大型桥梁设计阶段的划分及其与建设程序的关系

设计工作是大型桥梁建设的灵魂，是建设过程中的重要一环。桥梁的合理性、适用性、先进性很大程度上取决于设计文件的质量。提高设计文件的质量必须引起建设管理者的重视，也是设计人员的重大责任。

现代大型桥梁工程的设计是一个包括技术、经济及组织工作在内的复杂过程。根据大型桥梁建设长期积累的经验，各个国家逐步形成了一套适合本国管理体制的严格而有效的工作程序。本篇就是介绍我国大型桥梁工程设计工作的进行程序及不同阶段的工作内容。

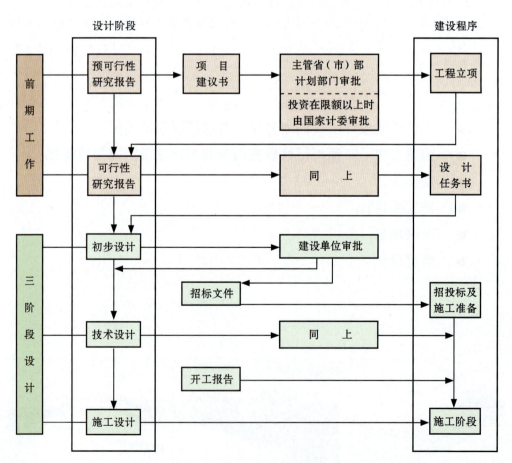

图 19.1　设计阶段与建设程序相关图

　　根据桥梁设计工作需要循序进行、逐步深入的规律，以及与国家基本建设程序相配合，大型桥梁的设计工作是分阶段进行的，分为前期工作及设计阶段。前期工作包括预可行性研究报告和可行性研究报告。设计阶段包括初步设计与施工图设计。各个阶段都有各自需要包含的内容和深度，要达到的目的和要解决的问题。各阶段设计文件完成后的上报和审批都由国家指定的行政部门办理。批准后的文件就是各建设程序进行的依据，也是下一阶段设计文件编制的依据。

　　我国改革开放以来，采用设计招标的方式，但设计阶段的划分及建设程序的要求是不变的。设计招标一般在初步设计阶段进行，也可在初步设计文件审批后进行，前期工作是不宜招标的。

　　现将各设计阶段与建设程序的关系列于图 19.1，并就预可行性研究报告、可行性研究报告、初步设计与施工图设计分别说明如下。

前期工作——预可行性研究报告与可行性研究报告的编制

　　预可行性研究报告与可行性研究报告均属设计的前期工作。两者应包括的内容及目的基本是一致的，只是研究的深度不同。**预可行性研究报告是在工程可行的基础上，着重研究建设上的必要性和经济上的合理性；可行性研究报告则是在预可行性研究报告审批后，在必要性和合理性得到确认的基础上，着重研究工程上的和投资上的可行性**。这两个阶段的研究都是为科学地进行项目决策提供依据，避免盲目性及其带来的严重后果。**前期工作的重点在于论证建桥的必要性、可行性，并确定建桥的地点、规模、标准、环保评估、投资控制等一些宏观问题和重大问题**。显而易见，这个阶段的工作是十分重要的。

　　这两个阶段的文件应包括的内容主要有以下几点。

工程必要性论证

　　工程必要性论证是评估本桥梁建设在国民经济中的作用。桥梁是交通工程的一部分，交通工程包括铁路、公路、城市道路。

　　铁路及公路桥梁一般从属于路网规划。后者是以工农业生产、社会发展及民生的需要在近、远期的运量（铁路）及车流量（公路）为研究对象。因此，桥梁一般本身不作单独的必要性研究。

　　城市桥梁则从属于城市发展规划及与之配套的城市交通规划。由于城市交通的多样性，过江通道往往会有各种要求，如汽车、轻轨、非机动车、行人等。除确定通过桥梁的可能日车流量外，还必须研究论证其他交通方式共桥的必要性。

　　铁路运量指标或公路城市道路的车辆流量指标，不仅是工程必要性的主要指标，也是确定桥梁建设标准的重要指标。

工程可行性论证

本阶段工作重点首先是选择好桥位，同时要确定桥梁的建设规模，解决好桥梁与河道、航运、城市规划以及已有设施（通称"外部条件"）的关系，并对环境保护进行评估。

下面将工程可行性研究中的一些主要问题加以说明。

1. 制定桥梁标准问题

根据路网规划及工程必要性论证中的运量或车流量，首先确定线路性质及等级。

公路要确定是高速公路或是国家几级公路，并确定其允许车速、车道数及桥面车道布置。

根据确定的线路性质及等级，按铁路及公路的相应规范确定荷载标准，对于公路桥还要明确是否有特殊荷载（等级以外的荷载）。

个别地区，由于缺少桥位资源，公路和铁路选择同一个桥位，应在本阶段对公铁合建一桥或分建问题进行论证，以确定其荷载标准。

此外还应确定桥梁限坡及最小曲线半径。

还要委托地震研究机构，进行本地区的地震危险性分析，从而确定桥梁抗震标准。此外还要确定航运标准、航运水位、航道净空、船舶吨位、船撞力以及要求的航道数量及位置等。航运标准影响桥梁的高度和跨度，直接影响桥梁建设规模以及设计时如何满足航运的需要，应慎重对待。因此设计部门必须与航运部门充分协商，得到航道主管部门认可。

2. 自然条件及周围环境问题

为调查自然条件及周围环境而进行的勘测工作称为初测或初勘。为此要收集万分之一地形图，进行纸上定线，在实地桥位两岸设点，用测距仪测得跨河距离加以校正，并进行现场核查。

本阶段的地质工作以现场地质调查和收集资料为主，辅以必要的地质钻孔进行验证。要探明覆盖层的性质、岩面高低、岩性及构造，有无大的地质构造、断层。并从地质角度对各桥位作出初步评价。

要对各桥位周围环境进行调查，包括桥头引线附近有无要交叉的公路、铁路、高压线、电话线；附近有无厂房、民房要拆迁，有无不能拆迁的建筑物，有无文物、古迹；桥梁高度是否在机场航空净空范围以内；附近有无码头、过江电缆、航运锚地等。以上均属要调查清楚的外部条件。对涉及的问题都必须妥善加以处理。

水文工作一般要求提供设计流量，历史最高、最低水位，百年一遇洪水位，常水位情况及流速资料。在提供这些资料时要考虑上游是否有水库及拟建水库的影响。要通过资料或试验，论证河道是否稳定，主槽的摆动范围，以及桥梁建成后本河段上、下游流速减速所形成的淤积，对下游沙洲进退有何影响；对下游分叉河道（有沙洲的

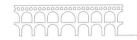

河道分为左、右二支，称为分叉河道）的分流比有何影响，对河道形状可能产生的改变。还要对船舶在桥梁中轴线上、下游的走行轨迹进行测量。这些问题在预可行性研究报告阶段可以只提供分析成果，而在可行性研究报告阶段则必须通过水工模型试验加以论证。

此外还要对一些特殊水文条件进行研究，例如涌潮河段的涌潮问题（如杭州钱塘江第二桥）、沿海地区的潮汐问题等。

本阶段的水文工作十分重要。如发现有地质问题，直到初步设计阶段，桥位尚可适当调整，但若桥渡水文方面存在问题，其影响则不是适当调整桥位可以解决的。在我国近代桥梁史上，很少因结构强度不足造成桥梁倒塌的事故，但由于桥渡水文工作出现失误，致使桥位选择不当或桥梁的长度、高度及基础埋深不够，造成桥梁严重毁坏的事例倒是不少。因此本章最后专设一节讨论桥渡设计问题。

本阶段的气象工作，主要是收集附近气象台站的多年记录资料，进行分析研究，对特殊地区应建风速观测站，作为补充，以确定设计风速。

3. 桥位问题

至少应该选择两个以上的桥位进行比选。遇某些特殊情况时，还需要在大范围内提出多个桥位进行比选。例如钱塘江第二大桥（公路与铁路两用）就曾提出四个桥位互相比较。上下游四个桥位中最远相距达23km（见图19.2）。桥位比较的内容可以包括下面一些因素。

首先是桥位对路网布置是否有利。过去大型桥梁选择桥位时，总是以桥梁为主体，线路走向服从桥梁。这样线路往往要绕行，甚至导致布置上的不合理。现在由于建桥技术的发展进步，要树立什么地方都能修桥的观念，应该把桥位置与路网一起考虑，尽量满足选线的需要。特殊情况下，也有线路服从桥位的，应进行综合比选。

比较造价时，要把各桥位桥梁本身的造价与联络线的造价加在一起进行比较。

桥梁建在城市范围内时，要重视桥梁建设满足城市规划的要求。

还要比较各桥位的航运条件，即航道是否顺直，尤其是桥位上游有无足够长的航道直线段。

在进行自然条件的比较时，要考虑到地质条件对基础工作的设计、施工难度以及工程规模有直接的影响。要考虑是否存在难于处理的自然条件，譬如水特别深，覆盖层软弱层特别厚，基岩软，构造发育、基岩破碎、风化严重、溶岩、岩面高差特别大等不利地层存在。

另一比较因素是外部条件的处理能否落实，不同桥位时的桥梁对周围设施影响程度如何，以及不能拆迁的设施对桥梁的影响程度如何，等等。

对环境保护的评估也是影响桥位选择的重要条件，其政策性和专业性较强，一般应委托专业部门进行。要避免在桥梁建设期及运营期影响社会稳定，本阶段还应进行

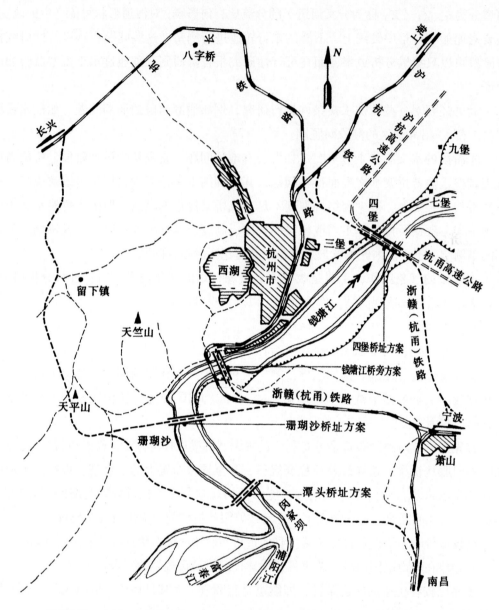

　　　　钱塘江第二大桥四个桥位比较，从上游依次往下为：（1）潭头；（2）珊瑚沙；（3）钱
　　塘江桥（老桥）旁；（4）四堡。四个桥位最远处相距23km。最后选定四堡桥位。
　　此桥位于涌潮河段，施工困难，但对线路运行、城市规划都好。

　　　　　　　图 19.2　杭州钱塘江公路铁路两用第二大桥桥位比较

社会稳定风险评估。

　　经综合比较，根据每个桥位的不同着眼点，选定一个桥位作为推荐桥位。

　　4. 桥式方案问题

　　进行桥式方案比较的目的在于评估方案的可行性。特别是基础工程的可行性。对
于创新性质的方案应进行较深入研究以提高评估的可信度。在编制桥式方案时，根据

水文、地质及航运条件，研究正桥、引桥的长度及跨度。并以各种结构形式及不同材料的上部结构进行同等深度的比较，研究它们的可行性，并要求提供各个方案的工程量。以工程量中偏高，技术先进并且可行的方案作为一个桥位的桥式参选方案。作为桥位比选时重要的因素之一，提供"估算"用的桥式工程量不宜编紧。"估算"得过小，国家列入的计划报资不足，会对国家计划的执行造成不利影响。

　　有些桥梁设计文件在可行性研究报告阶段，甚至在预可行性研究报告阶段就提出推荐桥式方案，这样做并不科学，也无必要。因为本阶段的工作重点不在这里，况且在本阶段内各种影响桥式方案的因素研究尚不深入，桥式方案的比选缺乏可信性。一般是选用一个方案作为投资估算的依据，使其能控制做本工程的投资。

经济可行性论证

1. 造价及回报问题

公路桥梁一般通过收取车辆过桥费取得回报。由于投资大，取得全部回报的时间往往拖得很长。不过考虑回报一般也不能就桥论桥，要看到桥梁建设对全社会的经济发展和社会效益的作用是巨大的。铁路干线上的特大桥的经济、社会效益则更是全国性的。其回报很难由直接投资者收回。这也是为什么一些大桥、特大桥的投资只能是国家或地方政府的行为，个人和社会集团较少感兴趣的原因。

2. 资金来源及偿还问题

对资金来源，预可行性研究报告阶段要有所设想，提出具体方案，可行性研究报告阶段则必须予以落实。通过国外贷款、发行债券、企业及民间集资等渠道筹措资金则必须得到有关部门的批准。

初步设计

由计划部门下达的"设计任务书"是进行初步设计的依据。"设计任务书"要就桥位、建桥标准、建桥规模等控制性要求作出规定。在进行进一步勘测工作时如发现选定的桥位确系地质不良，并将造成设计、施工困难时，可以在选定桥位的上、下游附近不影响桥梁总体布置的范围内通过地质条件的比较，推荐一个新的桥位。下面介绍初步设计阶段的主要工作内容。

进一步开展水文、勘测工作

在初步设计阶段还要通过进一步的水文工作提供基础设计、施工所需要的水文资料，施工期间各月可能的高、低水位和相应的流速（各个墩位处同一时期流速有所不同），以及河床可能的最大冲刷和施工时可能的冲刷等。

　　本阶段的勘测工作称为"定测或初勘"。在初勘中要求建立以桥位中心线为轴线的控制三角网，提供桥址范围内二千分之一地形图。

　　勘探工作一般在桥轴线上的陆地及水上布置必要的钻孔，完成大部分地质勘探工作。必要时还要在桥轴线的上、下游也适当布置一些钻孔，以便能控制住岩层构造情况及其变化。根据钻探取得的资料确定岩性、强度及基岩风化程度，覆盖层的各层厚度、物理、力学指标，以及地下水位情况等。

桥式方案比选

　　桥式方案比选是初步设计阶段的工作重点。要进行多个方案同精度比较。各方案均要求提供桥式布置图。图上必须标明桥跨布置，高程布置，上、下部结构形式及工程数量。对推荐方案，还要提供上、下部结构的结构布置图，以及一些主要的及特殊部位的细节处理图。各类结构都需经过检算并提出可行的施工方案。

　　推荐方案必须是经过比选后得出的，要经得起反复推敲。采用什么桥式和跨度必须建立在科学的基础上，切忌先入为主，搞一窝蜂，赶时髦，或在某种主观意志的支配下，一定要搞个什么桥式或一定要搞个多大跨度。所谓科学性，具体体现在**方案比选时要贯彻"安全、实用、经济、美观"的原则**。这条原则已在桥梁界贯彻了几十年，直到现在还是正确的。要时刻防止如"本书编者前言"中警示的那种反科学的，缺乏全面观点，脱离中国实际，不算经济帐，好大喜功，奢侈浪费，盲目追求规模与速度上的全国第一、世界第一的浮夸作风。**努力修建一座造价低，又能处理好各方面的关系，既安全实用又经济美观的桥梁，把尽可能节省下来的钱，用于修造更多的桥梁，造福人民，应该是建设主管部门和桥梁设计人员共同追求的目标。前者负有更大的责任。**

　　在桥式布置中首先要慎重确定桥梁跨度，特别是主跨的跨度。采用大跨度对通航有利，也可减少费力费时的基础工程量。但是桥长相同时采用大跨度相对小跨度而言造价更高，工期更长（较小的跨度可以采用多点施工，平行作业的措施），故要加以综合比较。

　　桥跨布置必须在掌握充分资料的基础上进行，在通航水域，桥下航道净空必须得到航道主管部门的明确批复。要研究在高、中、低水位时的航道轨迹。通航桥跨要与航道相对应，要能覆盖各种水位时航道可能出现的变化。一般情况下，桥梁跨度应比航道要求的标准宽度稍大，留有一定富余即可，过大则没有必要。但必须充分考虑航迹线与桥轴线的夹角及桥墩基础形状和尺度对航道净空的影响。

　　桥梁跨度的大小也受到自然条件及施工条件的限制。如果基础的设计、施工困难，施工时航运繁忙，则要减少桥墩而加大跨度。例如上海南浦、杨浦大桥水上施工时要受黄浦江上航运繁忙的影响，会互相干扰；长江西陵大桥位于三峡大坝前沿，在大坝施工期间，要历经三次河道改道。这三座桥梁均采用了一跨过江的方案是完全正确的。

　　近年来，我国桥梁上部结构，特别是大、中跨度的桥梁桥型发展很快，并且基本趋于成熟。所以在编制桥式方案时，可供选择的余地比较大。因此，增加了方案比选

的难度，除桥型要与环境相协调之外，必须充分结合桥位自然条件、运营质量、结构的合理性和先进性，桥梁耐久性及后期管理与养护条件、已有交通条件及施工方案、工期及造价作客观全面的分析研究。尤其对复杂气象、水文、地质条件下的大型桥梁应充分研究施工方案的可控性及风险。

基础工程在我国发展相对较为迟缓。钻孔桩在设计、施工、检验技术方面已趋成熟，施工简便，质量可靠，陆地或浅水地段使用比较有利。但在水很深及深厚覆盖层的水文地质条件下，由于钻孔桩现在尚未解决斜桩施工问题，无限度的增加桩数及桩长，不一定是合理的，应与沉井基础或其他形式基础进行结构合理性、施工的可控性及经济性的深入比较。

桥梁设计应尽量采用新技术、新材料、新工艺。在设计工作中发现问题，提出问题，解决问题，研究要透，解决要细，这样才能把我国的桥梁科学技术不断推向前进。

施工组织设计

对推荐桥式方案要编制施工组织设计，应包括以下主要内容：

桥梁施工的总体布局；砂、石料源，材料及施工设备进场的运输方案，施工道路及生产生活用地规划及面积；用水用电的具体方案，场内运输方式及设施；施工水位，上下部结构的施工方案，施工设备清单；施工进度安排及工期。

概　算

根据工程量、施工组织设计以及标准定额编列概算。各个桥式方案都要编列相应的概算，以便进行不同方案工程费用这一项目的比较。

按照规定，初步设计概算不能大于前期工作已批准的"估算"的10%，否则方案应重新编制。

在主管部门审批初步设计文件时如对推荐方案提出必须修改的意见时，则需根据审批意见，另外编制"修改初步设计"报送上级审批。

施工图设计

施工图设计是桥梁设计的最后一道程序，是为施工需要而编制的，必须符合施工实际，充分考虑既有施工条件及施工环境，必须是能够直接按图施工的文件。除结构设计图外，还应包括指导性施工组织设计。

施工图设计阶段要进行补充定测或详勘，在初步设计定测或初勘的基础上进行补充工程地质勘探，使水中墩有一个以上的钻孔，岸上墩的钻孔应视地质情况要有一定密度，使其能满足各墩设计及施工的需要。设计在岩层内的基础应加密钻孔探明基础范围内岩面高差。

施工图设计要严格遵照批准的初步设计文件及审批意见进行。桥梁的总体平立面

及线形、跨度、标高、上下部结构的形式及尺度、材质，技术标准及技术要求等是不允许变更的。如有充分理由需要变更，必须按规定程序报批。

基础埋深若补充定测或详勘中发现新的问题可作必要调整，但其工程量的变更对投资的影响不应超过规定限度。施工图设计允许对结构各部分断面尺寸进行微调，结构细节处理及配筋作改进性变动，但工程量的变动也必须控制在允许的范围之内。

科研项目

桥梁设计的科研项目是为各设计阶段决策及结构设计、施工方案提供技术支持的。一般可分为三类：

1. 涉及桥梁总体方案的重大技术问题，应在科研报告阶段提出并开展试验研究，为初步设计提供依据。

2. 影响桥梁上下部结构的技术问题及重大施工方案的技术问题，应在初步设计阶段提出，并开展试验研究，为施工图设计提供依据。

3. 重大施工工艺问题，也应在初步设计中提出，但试验研究的时机，视情况可提前进行，也可在施工准备阶段进行。

以上介绍的是大型桥梁工程项目的设计程序及其内容。中、小桥梁的设计程序一般没有大型桥梁复杂，视各部门的具体情况而定，但一些精神和原则是一致的。我国实行社会主义市场经济，建设必须考虑它的必要性与可行性，必须严格按建设程序办事，才能避免和减少盲目性。

桥渡设计

什么叫桥渡

我国自古以来，就将"渡"字与江河、桥梁联系在一起，例如有"同船过渡乃五百年一修"、"摆渡"等说法。我国古老的泉州洛阳桥宋代名万安渡桥；漳州江东桥亦名虎渡桥；在神话传说中，有"七夕织女当渡河，使鹊为桥"；"今日云骈渡鹊桥，应非脉脉与迢迢"等等。"渡"者，乃由河之此岸通达彼岸也。以小舟载运行人过河谓之"舟渡"；以轮船载运汽车、火车渡江谓之"轮渡"；以桥载运火车、汽车、行人渡过江河则称之为"桥渡"。

桥渡设计与通常所谓的桥梁设计是内容完全不同的两回事：一方面桥渡设计不涉及桥梁结构力学的计算，而仅着眼于水文学、水力学和河流动力学方面的计算；另一方面，桥渡设计所针对的桥渡建筑物除桥梁本身的长、高、深以外，还包括河滩路堤或漫水路堤以及桥址上下游的导流建筑物和整治工程的设计。

俗话说："通水搭桥。"要在江河上修桥，一般都得在水中设置桥墩以支撑桥梁。

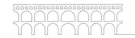

而桥墩的基础则需埋置在河床以下一定的深度。于是桥梁、水流和地质条件就形成相互影响的矛盾统一体。桥渡设计就是研究和解决这一矛盾的一门学科。

桥渡设计的任务首先是要选择一个合理的桥址，然后则要确定桥梁的长度能否满足洪水的宣泄，桥梁的高度能否满足携带漂浮物的洪水通过时所需要的高度或者船舶在桥下通过时所需要的高度，以及为使桥墩或桥台不被洪水冲毁所需要的埋置深度。因此概括而言，桥渡设计就是要确定桥梁的位置，以及它的长度、高度和基础埋置深度。

桥渡洪水灾害的严重性

常言"水火无情"、"洪水猛兽"，实则洪水远胜于猛兽。一头雌虎或雄狮，即或在其兽性大发之际，也冲不出人们建造的关闭它的牢笼，更不可能撼动一座桥梁，危及不到桥梁的安危。但如果桥渡设计不当，一场洪水或与暴雨有关的泥石流就能使桥梁于顷刻之间发生墩倾梁倒的恶性事故，有时会造成行人车辆坠落于河中的悲剧。根据本书第 22 篇所提供的统计资料，在导致桥梁破坏的各种原因中，因洪水造成的破坏要占到 49%，由此可见桥渡设计肩负之重任。

桥渡遭受洪水灾害的事例数不胜数，其严重性可称触目惊心，下面略举数例即可见一斑。

1908 年及 1917 年两次洪水，京汉铁路被洪水冲毁桥梁 20 余座。

1930 年辽西地区遭受空前洪水侵袭，大批桥梁被冲毁，受灾桥梁约 70 座。

1956 年京广铁路滹沱河大桥 6 号、8 号、9 号三墩被洪水冲倒，5 号墩被冲歪。

1958 年京广铁路郑州黄河旧桥被洪水冲毁一墩及两孔钢梁，中断行车 14 天，给南北运输带来惨重损失。

1963 年 6 月宝兰线渭河 5 号桥 3 号墩被洪水冲歪，钢梁冲走，4 辆客车坠入河中。同年 8 月京广铁路北段、石太、石德、津浦等线及各支线被洪水冲毁桥梁 51 座。

1975 年 8 月淮河上游突降特大暴雨，板桥、田岗、石漫滩三座大中型水库相继溃坝，洪水直冲京广铁路，使小商桥至确山间 102km 长的线路遭受严重破坏。但由于大范围的线路被冲毁使洪水分流，从而大大减轻了对桥梁的灾害。即便如此，仍有一座桥梁及 39 处桥头锥体护坡被冲毁。

1981 年 8 月嘉陵江上游突降暴雨，使跨越嘉陵江的数座铁路大桥遭受洪水严重破坏。其中嘉陵江 3 号桥的桥台倾斜，2 号墩为洪水剪断，桥梁落水；4 号桥的桥台被冲倒，第 4 孔梁坠落江中冲至下游 200m 处；5 号桥和 6 号桥的桥台锥体护坡被冲毁；7 号桥和 9 号桥的桥台被冲倒，两桥的第一孔梁均坠落江中；11 号桥的 2 号、3 号、4 号墩均被拦腰冲断，共 4 孔钢梁落水。

上述洪水灾害尚未包括泥石流对桥渡造成的灾害。此外，目前全国各条铁路的桥

渡建筑物中，尚有数以千计的桥墩或桥台处于可能为洪水冲毁的临界状态。这些桥梁在铁路系统属于基础埋深不足的浅基桥梁。为这些浅基桥梁修建防护工程，每年需投入数以亿元计的防洪经费。此类防护工程本身也往往累遭洪水冲毁。

综上所述，可见洪水对桥渡建筑物安全的威胁是十分严重的。桥渡设计的难度及重要性亦不言而喻。

桥位选择

在桥渡设计中，桥位选择所占的重要位置是不言而喻的。可以说桥位选择是桥渡设计中一锤定音的大事。在当前科技发达的情况下，除了极为罕见的特殊条件如横跨大海、大洋以外，应该说在任何地方任何条件下都是能修桥的。但是要将桥位设置得正确合理、安全、经济，则绝非易事。所谓正确与合理就是要与铁路或公路的线路和路网协调，要符合城市规划和航运要求；安全与经济则是一切工程建设所必须遵循的准则。在桥渡设计中对桥位的选择，就是要侧重研究河流水文及地质条件对桥梁安全及造价的影响。

根据我国长期以来在桥梁建设方面积累的经验，当选择桥位时，从河流水文的角度出发应注意以下的问题：

桥位应尽可能选在河流顺直，主流稳定，河槽较深，流量较为集中的河段上，桥轴线应尽量与水流方向正交。

对于不稳定的河汊，两条河流的交汇处，急弯卡口，易结冰容易发生冰塞的河段，一般不宜选作桥位。

在弯曲河流上选择桥位，要考虑河流弯道下移对桥梁的影响。

在分汊河流上，要研究沙洲洲头及两条汊河可能发生的演变。

在山区河流上，因其水深流急，宜尽可能选在能一跨而过或设置桥墩较少之处。

在河流出山口而形成的冲积扇地区，应选在冲积扇的上游狭窄地段或下游收缩的河段上，以防止河道变动较大而危及桥梁安全。

在城市或重要工矿区，宜选在其上游，以避免桥前产生的壅水，增加该地区的防洪负担。

在平原弯曲型河段上，要对主河槽的摆动范围作出预估，在其摆动范围内都要布设桥孔。

在山前区河流上，如洪水泛滥宽度很大、河流支汊较多时，可考虑布置成一河多桥，桥与桥之间以河滩路堤相连；如果河道演变较为复杂，应充分摸清其演变的规律，然后布置各桥的孔径和位置。千万要注意，在这种情况下，河流各支汊的水流在通过一河多桥时，是不遵循"大猫进大洞，小猫进小洞"的规则的，要严防大河汊的水流窜入小河汊的严重后果。一河多桥的设计方案应持慎重、科学态度。

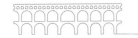

桥梁的长度、高度和深度

一座跨越江河的桥梁究竟应修多长？支撑桥梁的桥墩应修多高？桥墩与桥台的基础应埋在河床以下多深？这些都主要决定于桥梁所跨越河流的水文和地质条件。一般说来，河流越大、地质条件越差，桥梁就要修得越长、越高、越深；反之，就可修得短、矮、浅。

人类在由"自由王国"通向"必然王国"的漫长历程中，认识和经验是通过无数失败的沉痛教训中积累起来的，桥梁建设也不可能例外。我国在西南地区的铁路建设中，曾总结出一条重要的经验，就是"遇水搭桥，宁宽勿窄"。之所以说它是一条重要的经验，是因为它是基于大量桥梁在设计时出于想节省一点投资的初衷而修得太短，以致被洪水冲毁而总结出的一条教训。如 1958 年设计和施工的某桥，建桥不久，就被洪水冲毁桥头附近的路堤，且水位超过梁底，桥墩基础被冲空。可见该桥的长、高、深都不够，而事后不得不采取"扩孔、戴帽、穿靴、加套"的补救措施。扩孔就是将桥头附近被冲空的路堤改成桥孔，使桥梁加长；戴帽就是在桥墩上端加高一截以增加桥高，形同戴帽；穿靴就是在桥墩基础周围扩建更深的基础而类似穿靴；桥墩加高、加深后，又为了防止墩身强度不够而采取加箍加粗的措施，即所谓加套。当然像这样的桥例是非常少见的，但它却很典型地全面反映了洪水对桥梁的致命影响。

应该指出："宁宽勿窄"是让人们对洪水灾害应该有充分的警惕，但却是带有一点"矫枉过正"的提法，应该予以全面正确的理解和认识。如果由此而引伸为凡河有多宽，桥就修多长，则近乎荒谬了。特别是中国北方很多河流均属漫滩型河流，流量很不稳定。洪水来时的河宽可以是常年水位时河宽的几倍，甚至十几倍，究竟以什么时候的水面作为河宽，很难简单说清。果真"河有多宽，桥修多长"，哪还有什么桥长设计可言。所以，"遇水搭桥，不宽不窄"才是桥渡设计科技人员毕生追求的目标，也是桥渡设计水平的真实反映。这方面我国有无数成功的工程实例。如东北地区通让铁路大赍嫩江桥，河宽 8km，设计的桥长只有 1.24km，1966 年建成后，30 余年来已经经历了多次较大洪水的考验，大桥安然无恙。

桥梁的高度主要取决于设计洪水的最高水位，并要容许河流中的漂浮物在桥下顺利通过。在通航河流上，还要考虑船舶所要求的高度。特别是在近海的河口附近建桥，应考虑海船进入大河所需的高度。如稍有不慎就会形成"一桥挡河，万轮莫入"的被动局面。此外，河流两岸的地面和河堤的高度，也是确定桥高的因素。

跨河桥梁基础的深度主要决定于河床的地质条件。河床的土层一方面要能承受桥梁通过桥墩传递下来的各种重量，另一方面还要抗御因修建桥渡建筑物挤压河道，流速提高，改变了水流原来的状况而增加的冲刷。一般说来，如河床为沙质土壤，在相同的水流冲刷下，土壤的颗粒越粗，冲刷越小，颗粒愈细，则冲刷愈大。如果河床为

粘性土壤，则冲刷情况与其含水量和物理化学组成有关。含水愈小，由物理化学组成所形成的粘滞力愈大，其抗冲刷能力愈强，冲刷愈小，反之则冲刷较大。即使岩石河床，也有被水流冲刷的问题。它与岩石的成分、结构状态和风化程度等因素有关。其中最为重要的是风化程度。因为风化越严重，其承载能力和抗冲刷能力也越弱。极而言之，岩石风化的极端状态也就是如同散沙，其抗冲刷能力也就与沙质河床无异了。

　　工程地质是决定桥梁基础设计安全性的重要因素，它不仅直接影响桥梁基础的承载能力，也直接影响冲刷深度的确定，进而影响基础的埋置深度。就桥渡设计而言，地质工作必须提供从河床面开始到一定深度范围内各土层的准确界面高程及物理力学指标。对沙层要求对不同颗粒的直径进行筛分和级配分析；对粘土要求提供物理力学指标；对岩石要确定岩性、强度及风化状况，为各土层的抗冲刷能力计算提供可靠依据。

　　由于水中基础的埋置深度对工程投资及工期的影响较大，在桥梁设计的可行性研究阶段，地质工作必须在水域中根据地层变化情况布置足够的地质钻孔，且应尽可能布置在主要墩位上，为各水中墩冲刷计算提供足够的地质资料。在初步设计阶段水中墩则应每墩布置地质钻孔，为水中墩冲刷计算提供更加详细可靠的地质资料。

设计流量和设计水位

　　设计流量和设计水位是指所设计的桥梁孔径必须保证能安全通过的某一级洪水频率的流量和水位。如果我们说某条河流在某个断面处"50年一遇的流量和水位分别为 2000m²/s 和 30m"，意思是说"流量大于等于 2000m²/s 和水位大于等于 30m 的洪水的出现频率为 1/50 或 2% 或称为 50 年一遇"。桥梁孔径是指扣除桥墩所占宽度后设计水位时桥下净过水断面的宽度。我国Ⅰ、Ⅱ级铁路的大桥和特大桥的设计洪水频率为 1/100。高速公路和一级公路特大桥的设计洪水频率为 1/300，大、中桥为 1/100。通常也称为百年一遇或三百年一遇洪水。设计洪水频率是一种技术标准，它是根据国家的技术经济政策制订的。

　　什么是百年或三百年一遇的洪水？尽管百年或三百年一遇的流量和水位是桥渡设计中最基本的水文资料，但却往往也是最不易为人们所理解和接受的数据。因此有人称之为"瞎子算命"或是一种"玄学"类的产物。这种理解自然是一种偏见或误解。

　　频率的概念中包含有随机性和偶然性，而随机性中寓含有潜在的自然规律，偶然性中寓含有必然性的规律；将一粒六面体的骰子掷下去时，它可能出现 1、2、3、4、5、6 中的任一数字，它是随机的，偶然的。如果将其掷一千次、一万次或更多次时，就会发现它再现 1~6 中任一数字的机会都接近 1/6。另一方面，某任一数字出现的机会虽是1/6，但它可能在第一次或第六次时出现，它也可能在掷六次中一次也不出现或出现不止一次。同理，百年洪水并非在第一百年时才出现，它可能在明年或后年出现，它也可能在一百年中不出现或一百年中出现不止一次。然而按照统计学的观点，如果统计

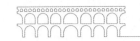

的资料足够多时，例如一千年、一万年、十万年，百年洪水出现的机会就越接近 1/100
（即平均一百年出现一次）。如此阐述似乎是有些"玄"，但它确定是科学的，符合自然
规律的，人们必须如此来认识、理解和应用。桥渡设计者或管理者必须立足于将百年
洪水视为近期可能发生的洪水，而绝不能寄幻想于它可能在数十年后甚至第一百年才
会发生，否则会导致被动局面，悲剧和灾难必将临头。

人类的文明史不过五六千年，事实上不可能存在超过千年的洪水记录。即使有此
记录，河床也早已不会是当初的形态了。至于一定发生频率的洪水是如何推算出来的，
是水文学中一个专门的涉及概率理论的数学课题，此处就不再介绍了。

此外，桥渡设计中还有一个通航水位问题。在通航河流上，需根据设计最高通航
水位来确定梁底高程。所谓设计最高通航水位是指航运部门根据航运的要求，针对不
同的航道等级（Ⅰ~Ⅶ级）所规定的洪水重现期一般为 20~5 年一遇的洪水所对应的水位。
它远低于百年一遇的设计水位。把最高通航水位规定得比设计水位低是由于设计水位
出现的机会较小，即使出现，在一年中也就是几天，十几天，对航行造成的影响有限。
但是把通航水位规定得比设计水位低却可降低桥梁的设计标高，从而节省投资。至于
通航要求的宽度，有些桥渡是根据航运部门按保证率频率法规定的设计最低通航水位
来确定的。

桥渡设计中的冲刷问题

桥渡冲刷是决定桥墩基础埋置深度的关键因素。对桥渡冲刷现象认识不清，判断
不明，计算不准，其后果或导致基础埋置过深，增加不必要的投资，或导致基础埋置过浅，
给桥梁安全遗留隐患。纵观古今中外桥梁灾害事故，几乎都是由于对冲刷估计不足所致。
桥墩基础埋置太浅，一通大洪水到来桥梁就成空中楼阁，瞬时水至梁落，宛如海市蜃
楼之遇大风，风吹而景败。京广线旧黄河大桥是旧中国最长的铁路桥梁，全长 3015m，
由比利时公司 1903~1905 年承担设计施工。设计时基础埋置过浅，每年不得不在桥墩
基础周围抛入大量片石，防止基础因冲刷而掏空，但仍然出现了 1958 年被洪水冲毁的
重大事故，使京广大动脉中断 14 天，带来巨大损失，震动朝野，最后不得不提早下决
心在其旁另建新桥，取而代之。

桥渡冲刷包括桥渡河床的一般冲刷和桥墩周围的局部冲刷两部分。

桥渡一般冲刷是指河中修建了桥墩和河滩路堤后，水流受到压束，流速增大，冲
走桥下河床中的流沙，从而在桥下形成的对整个河床的普遍冲刷。它也是我国自古以
来就有的"束水攻沙"科学认识在桥下的体现。近数十年来，国内外桥渡设计科技人
员又以输沙平衡的概念发展了桥渡冲刷的理论。所谓输沙平衡就是在一定的水流流速
条件下，其携带泥沙的数量为一定值，如果水流从桥址上游挟带来的泥沙少于桥下水
流所能带走的泥沙，在桥下就会有一部分泥沙带走，于是就发生冲刷；反之，桥下则

会出现泥沙淤积。当上游的来沙量与桥下带走的沙量相等时，桥下河床即处于输沙平衡状态。此时桥下虽仍有泥沙运动，但桥下却不发生一般冲刷。

再看什么是桥墩局部冲刷。在河流上修建桥墩后，即形成人们常说的所谓"中流砥柱"现象。之所以用"中流砥柱"形容一种顽强的抵抗力量，是因为有强大的河中水流力量的存在。桥墩阻水，就要受到水流的冲击和淘刷。水流冲击桥墩时，一部分

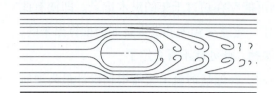

图 19.3　桥墩周围水流示意图

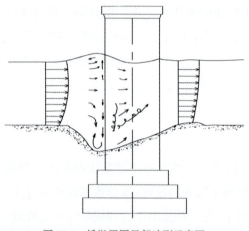

图 19.4　桥墩周围局部冲刷示意图

水流沿桥墩两侧绕墩而过（图 19.3）。一部分水流在墩前顺墩垂直向上，与水平方向的水流在水面附近组成逆时针方向的漩涡；在桥墩通过面形成冲击涌高。另一部分水流在墩前顺墩垂直向下，与水平方向的水流在河底附近组成顺时针方向的漩涡，使水流首先在墩前产生冲刷，而且很快发展至桥墩两侧，此即为桥墩的局部冲刷（图 19.4）。由于地心引力的影响，水流底部顺时针漩涡的强度远远大于水面附近逆时针漩涡的强度，因此其冲刷能力较强。对于大型沉井基础，桥墩局部冲刷深度可达 20 余米。在洪水时期的强大水流同时作用下，其力量可以将沉重的桥墩搬走，甚至冲得无影无踪。在水流平稳的条件下，桥墩局部冲刷在墩前形成半圆锥形的坑（墩周冲刷最深），所以水流冲毁桥墩首先是使其向上游倾斜。我国古代有"河中石狮，寻之于上游"的精辟论断，说明古人就已充分认识到局部冲刷的特点，论证河中的石狮必然随着局部冲刷坑的发展而逐步向上游滚动。

一般冲刷深度与桥梁对河道过水断面的压缩程度、桥位流速及地质有关；局部冲刷深度与流速、地质及墩形、尺度有关。目前国内外学者已分别就一般冲刷及局部冲刷研究制订了各类不同的计算公式。当前各家公式都是将此两项冲刷分别计算，然后将两者相加以确定桥墩基础埋深。但从水流冲刷现象而言，两者是同时综合发生的。因此如何合理地确定两者的组合问题，尚是今后要进一步努力探索之课题。

桥渡设计中的冲刷深度计算，还应包括基础施工期的冲刷计算（简称"施工冲刷"）。在施工过程中，主体结构（如沉井）及施工结构（如套箱围堰）所处河床也要发生冲刷，而基础施工是一个由浅到深的过程，且经历时间较长，各种不同的水位及流速，河床均会发生不同程度的冲刷，当基础施工过程中嵌入河床还较浅时，就可能出现严重的

安全问题。因此桥渡设计中应提供施工期的冲刷深度值，为施工工期安排及防冲措施预案提供依据，确保基础在施工期的安全。

桥渡模型试验

如前所述，桥渡设计洪水频率标准是采用百年或三百年一遇的流量的水位，以确定桥梁的长、高、深。通常在天然情况下并未出现过这种条件，这些数据只是推算值，有时误差较大。为了能直观地观察和研究这种属于远期预报的各种现象，往往要采用水工模型试验的方法来进行研究。简而言之，就是通过相似理论，将桥址附近河段的地形、河床、水流条件按不同的比例缩小，做成一个类似沙盘的模型。视不同的研究对象和问题，模型的长度可达数十米或数百米，然后将设计的桥墩建筑物也按一定比例缩小放在模型上。通过模拟不同的水流条件进行试验。

桥渡模型试验，根据河流特征及跨河桥跨布置，其研究的课题，一般有以下几类：

1. 将桥梁模型放在不同的桥位，以研究合理桥位。

2. 放置不同的桥跨模型，研究不同桥长、桥跨对泄洪的影响及桥前壅水高度对上游防洪堤的影响；研究不同型式及尺度的导流工程、防洪工程对保障桥梁安全及地区防洪的效果。

3. 对洪水泛滥宽度很大、河流支汊较多的桥位，进行河势演变的试验，以确定采用一河多桥方案的可行性及桥梁总体布局方案。

图 19.5　桥渡水工模型试验

图 19.6　桥墩局部冲刷试验

4. 对复杂通航河道，进行船舶通过桥孔的试验，以确定合理的桥跨尺度及桥墩位置。

5. 放置不同形状及尺度的桥墩模型，研究验证冲刷深度。

数十年来，我国已有近百座大型铁路和公路桥梁，通过桥渡水工模型试验研究解决了桥渡设计和施工中的疑难和关键问题（图 19.5 及图 19.6）。其中包括桥位选择、桥长与孔跨布置、桥梁对航运的影响、桥下冲刷与基础埋深、桥渡建筑物壅水对上游城市的影响（图 19.7），以及各类导流或防护措施的工程效果等等。在此期间，除卓有成效地解决了一系列长江、黄河等大江大河的桥渡设计问题以外，还成功地解决了一些在国内外都甚为棘手的难题，如大型水库突然溃坝形成的洪水波的传递过程的模拟及其对桥梁和线路安全的影响（图

图 19.7　桥渡建筑物壅水试验

图 19.8 溃坝试验

图 19.9 钱塘江大桥涌潮压力及桥墩局部冲刷水工模型试验

19.8）；流量和流向都随时间而变的潮汐水流对桥墩的冲刷；举世闻名的钱塘江涌潮的模拟及其对桥墩的冲击压力和冲刷（图 19.9）；大型沉井基础施工吸泥下沉的冲刷过程和冲刷深度等等。

　　鉴于桥渡设计的重要性和对我国桥渡模型试验研究取得的成就的肯定和信赖，我国交通及水利部门已明文规定，凡在长江、黄河等七大江河上修建桥梁时，必须事先进行桥渡水工模型试验研究。此项规定既保障了桥梁建设的安全和经济合理，也必将进一步促进我国桥渡模型试验研究工作的发展和水平的提高。

20

桥 梁 美 学

撰文：李亚东　西南交通大学教授、土木工程学院桥梁工程系主任
　　　唐寰澄　中铁大桥局集团有限公司资深教授级高级工程师

- 概述
- 什么是美
- 美的属性
- 桥梁美的基本法则
- 桥梁美的评选
- 结束语

桥 梁 美 学

概　述

　　桥梁具有实用功能，也具有审美需求。桥梁不仅仅是满足跨越通行这一实用功能要求的工程结构物，还常作为建筑实体长久地存在于社会生活之中。那些工程宏大、雄伟壮观的大桥，往往成为一座城市的标志性建筑；那些造型别致、建筑精良的中小桥，则是人们日常生活中不可或缺的通道和景观。

　　"桥梁"是陆地交通中供车辆和行人等跨越障碍的工程建筑物，是土木工程的一个分支；"美学"是一门研究美、美感及美的创造的学科，是哲学的一个分支。"桥梁美学"是以桥梁为对象，以美学原理为基础，研究桥梁建筑在设计、评价时应依据的理论和法则的学科。桥梁美学是一门交叉学科，是桥梁科技和美学的结合。

　　桥梁经历了数千年的发展历程。在这个过程中，人们一直在创造和欣赏桥梁美。早在古罗马时代，建筑大师维特鲁威（Vitruvius）在其所著的《建筑十书》中就提出了"实用、坚固、美观"三位一体的建筑观点。当时的建造者把技术与建筑融于一身，既管建筑艺术又管建造施工。这种状况一直持续到18世纪下半叶。第一次工业革命改变了整个物质生产领域的面貌，形成了各种学科门类以及相应的专业体系，出现了专业工程师。当时的桥梁工程师注重于新材料、新结构和新工艺，对建筑艺术已无力兼顾；而建筑师则坚持艺术的纯粹性，难以与工程技术融为一体。社会的明细分工，使工程技术与建筑艺术出现了脱节。进入20世纪后，随着科技进步与社会发展，随着建筑美学的发展，人们在物质生活水平提高的同时，也需要更完美的建筑结构（包括桥梁）以满足精神层面的需求。工程技术与建筑艺术的再次结合，逐步成为大势所趋。

　　在美学发展中，技术美学作为一门独立的现代美学应用学科，诞生于20世纪中期。技术美学是现代科学技术进步催生的美学分支，是美学参与工业产品（广义上也包括桥梁产品）实践活动的体现。它促进了技术活动的艺术化、审美化，直接体现了美学的"效用"。在桥梁工程领域，1978年国际桥梁及结构工程协会（IABSE）创建了"结构工程美学"特别小组，向全世界工程师提倡注重桥梁美学。从20世纪80年代起，国内外一些学者陆续出版了一批与桥梁美学相关的著作，德国的著名桥梁专家弗里茨·莱昂哈特（Fritz Leonhardt）的《桥梁建筑艺术与造型》一书是其中的代表。近20年来，越来越多的建筑师、艺术家、工业设计师介入到桥梁工程设计领域。

　　桥梁发展到21世纪，它不仅是跨越承载的工程结构，而且是开放公共的大众建筑，

造型多样的人工景观，沟通交流的社会通道。随着我国经济建设的飞速发展，人们的物质文化生活水平都有了很大的提高，人们的审美意识和审美情趣都日趋成熟。因此，社会对桥梁建筑艺术（一种实用与审美相结合的桥梁空间造型艺术，一种创造桥梁美的技艺）的发展与实践，提出了越来越高的要求。

桥梁美学所牵涉的知识面很广，本篇只简要介绍与"桥梁美学"相关的一些基本内容。

什么是美

中外学者对"美"所下的定义极多，有些过于抽象玄虚，哲学味道太重；有些狭窄偏执，好像瞎子摸象。因年代不一，对象有异，还不大可能对"美"做出描述简单且定义完整的解释。下面选择一些精彩、实用的说法，来对"美"字得出一个综合的概念。

字书上看，"美"字从"羊"从"大"。狭义地理解是，羊长大了可以取其皮食其肉，均为美事；广义地理解是指一切劳动在收获时可以得到的喜悦为美。因此，有艺术是源于劳动创造的推论，心理学家也泛论"美"或"美感"是引起人们心情愉悦的事物。

从行为意识、道德品质的角度来谈美，有人认为美就是善，或善就是美。同时亦认为真实的就美，虚假的则可恶。于是统一为"真、善、美"。例如，孟子说："充实之谓美"。普罗丁说："真实就是美"，事实上这三者是有联系的三个方面。真的和善的事物，不一定就是美的。

从哲学的角度来谈美，首先牵涉到的是认识论。认识有两个阶段，即所谓感性认识阶段和理性认识阶段。德国哲学家、美学家亚历山大·鲍姆嘉登（Alexander Baumgarten）认为"美就是感性认识的完善"。归于这一类的美的定义，往往集中于审美客体的表现形式，譬如说"美取决于比例"，"美就是形式的和谐"等等。然而亦有完全归于理性方面的主张，认为美是灵感和理性放射出来的东西，所以亦要通过灵感和理性来审美。

从客体的功能角度谈美，古希腊思想家苏格拉底（Socrates）认为有用就美，有害就丑。美国建筑师路易斯·沙利文（Louis Sullivan）认为形式追随功能，功能合理就是美。北宋哲学家张载在其著作《正蒙》中讲："充内形外谓之美"。

对美的说法，众说纷纭，读者也不必孜孜于美的片言只字定义。英国思想家弗朗西斯·培根（Francis Bacon）在《论美》中提及："美是不能制订规范的，创造它的常常是机遇，而不是公式"。只要对世界上公认的美的事物经过接触、创作、鉴赏，提高认识后，自然会"迁想妙得"，得到比较深刻的理解。对桥梁审美，亦是如此。

基于技术美学的基本思想，桥梁美主要体现在功能美、造型美、与环境协调美三个方面。

　　桥梁首先也是最重要的是满足功能需求，但功能并不等于功能美。只有功能的目的达到后，功能美的目的才能实现。所谓"功能美"，就是使用者在使用过程中产生的美感，例如，桥梁人性化设计带来的愉悦感，方便快捷过桥产生的满足感，桥梁坚固耐用带来的安全感等。

　　在注重桥梁功能实现的同时，还要重视桥梁的造型美。从力学角度看，桥型包括梁桥、拱桥、悬索桥、斜拉桥和一些组合体系，桥梁选型的范围有限。因此，在桥梁选型基本确定之后，还需要借助建筑美学基本法则，对初步成型的桥梁整体或局部进行形状变换或调整，这就是桥梁造型。造型美与否是最为直观可感的，桥梁的空间形态以及线条、质感、色彩等，都是构成造型美的要素。

　　桥梁建筑与周边的自然环境和社会环境一起，构成桥位处的整体景观。桥梁设计需要考虑环境因素，建成的桥梁也影响着环境。因此，桥梁建筑本身应具有功能美和造型美，还要与周边环境相协调。

美的属性
美的统一性

　　美的最重要的属性是美的三个统一性。

　　一是感性与理性的统一。不管是唯物主义者还是唯心主义者，科学家还是宗教人士，工程师还是建筑师，人类都是从耳、目、口、鼻、身五个主要感官来接受声、色、味、嗅、触五种感觉，并在头脑中加以综合，形成意识，产生出相应的判断和反应。感觉是感性的，形成意识以后就是理性的。人的一切认识都会从感性上升到理性，达到感性与理性的统一。

　　二是客观与主观的统一。感性的东西受之于客观的存在。理性的东西，产生于对客观世界的正确反映。对美的认识，也只能来自于客观世界和来自于在接受了正确反映客观世界的训练后所培养出来的主、客观的统一。因为承认主观是来自客观的物质存在，所以是唯物的。中国哲学上的"天（自然）、人合一"思想正是如此。所谓"天、人和谐"便是人和自然界的协调与统一。

　　三是形式与内容的统一。事物由外部表现的形式和内部构成的内容所组成。内容表现为形式，形式反映出内容。没有无形式的内容，也没有无内容的形式。所以形式与内容应该是统一的。可是，形式与内容有时会脱离，或不统一。正与主观有时会脱离客观、理性认识有时会偏离感性认识一样。这是因为形式是比较自由的，因其自由，处理不当，就会把人们引向谬误。

　　创作桥梁建筑时，有些设计者容易借助"形象思维"开展"形式联想"，把自认为一种美的形式，生硬地用来表现一种内容。比较普遍的问题是：在桥梁建筑造型时，没有综合考虑桥梁的功能需求和环境适应性。例如，从水上的桥墩联想到船只，于是把桥墩设计得像帆船形式，没有顾及所设计的桥梁是跨线桥还是跨河桥；再比如，把

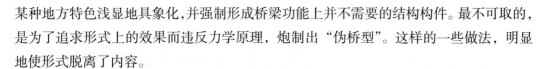

某种地方特色浅显地具象化,并强制形成桥梁功能上并不需要的结构构件。最不可取的,是为了追求形式上的效果而违反力学原理,炮制出"伪桥型"。这样的一些做法,明显地使形式脱离了内容。

美的三个统一性揭示了在桥梁审美和创造桥梁美的过程中需要遵循的基本原则。对桥梁审美而言,感性来自于桥梁的内在功能体现、外观表现形式以及桥梁与周边环境的协调性,是客观的存在;理性来自于对桥梁美的本质的思考,其取决于审美者的文化修养和专业素养,是主观的认识。对桥梁建筑艺术而言,在特定的环境下,形式(桥梁的外观表现)与内容(桥梁的内在功能)是否统一,取决于桥梁设计者的专业积累和创新能力,也包括直觉、灵感、学识、个性、风格等。

美的相对性

美有其相对性。

表现在时间上的美的相对性,就是各个历史阶段所产生的不同的时代精神和审美标准。由于各个历史时期的生产力水平不同,由此产生的社会制度、文化水平、人们的思想观念与精神面貌不同,从而引起创造美和审美的差异。

桥梁在各个发展阶段都留下了不同的历史烙印。譬如,梁桥、拱桥和索桥自古就有,但各个时代的美学表现却不一样。古代早期只能用天然材料(主要是石料)建桥,结构简单,古朴无华。到中世纪,人们开始在桥上建造与军事、宗教、旅游、商业等相关的建筑,形成那个时代的功能要求和审美特色。在近代,随着生产力的发展,建桥材料和技术有了一定的进步,桥梁结构形式及其装饰也变得复杂起来。在现代,材料和技术突飞猛进,桥梁的跨越和承载能力越来越大,桥梁的美学设计思想又趋向于结构简洁,较少装饰;造型协调,表现跨越。

在同一时代,不同的地区和民族,由于社会和文化的差异,其审美观点也随之有异。同一地区和民族,审美观点又与人们的社会地位、教育程度、职业、性别和年龄有关系。每个人的处境、美学修养不同,也引起审美标准的变化。同一个人,随着其处境、情绪的不同,审美观点也会起变化。

另外,还可以用哲学观点来说明美的相对性。美是相对于丑而言,与丑相比较才显出美。两者相辅相成,互相渗透,相互转化;美中有丑,丑中有美。没有十全十美的事物,因此说美是相对的。以拱桥的发展和演变为例。在20世纪60年代,我国建造了为数极多的混凝土双曲拱桥;到70年代,开始时髦混凝土刚架拱桥;在80年代,开始大量修建分片分段吊装施工的混凝土箱拱桥;到90年代,钢管混凝土拱桥逐步成为主角;近年来,则开始尝试悬臂浇筑施工的钢筋混凝土拱桥。在拱桥桥型及建造技术的发展演变过程中,尽管技术因素起到主导作用,但不可否认的是,对一种美的桥型的争相效仿,风靡一时,就可能让这种桥型逐步走上被认为不美而被弃的道路。中

国哲学上称之为"物极必反"，黑格尔则称之为"否定"。以新代旧，永远如此。另一方面，因为旧的东西好久不接触，稍予变换一下重新出现，就又会受人关注和喜爱。典型的例子就是自锚式悬索桥。这种桥型起源于19世纪中后期，在20世纪上半叶，德国、美国修建了一些，后因建造麻烦、费用偏高而逐步弃用。在沉寂了约半个世纪后，到20世纪末，这种桥型在跨度300m左右的城市桥梁中重新得到青睐，再现了一次"物极必反"。

美的社会性

　　尽管美有其相对性，但这并不是说美是绝对相对的，没有一个标准。如果没有一定的标准，那就没有什么桥梁美学可言了。必须看到，在时代的相对变化之中，存在相对稳定的时期。在一定时期内，存在着较一致的、能为社会公众普遍接受的审美标准。这种时代的、大众的、心理的共性，就是桥梁美学社会性的表现。

　　另一方面，桥梁建筑作为公共建筑，具有开放性(不封闭)与公平性(无歧视)的特点。这一特点决定了桥梁在社会生活中的重要地位，也激发出社会大众持续关注和欣赏桥梁美的热情。从这个意义上讲，桥梁的公共属性影响着桥梁审美的社会性。

　　历史上著名的桥梁，都是以鲜明的外观形象、厚重的人文底蕴和强烈的艺术感染力，反映出当年的创新精神和挑战自然的时代特征，记录着人类文明的发展历程。那些经历过时间洗礼和历史考验的桥梁，其美学价值和文物价值已得到世界的普遍公认，成

图20.1　赵州桥，中国，公元605~618年隋代大业年间李春所建，刘宁 摄

图 20.2 福斯桥,英国,1890

为多少代人都能接受的美的桥梁建筑。例如,中国的赵州桥(图 20.1),英国的福斯桥(图 20.2),瑞士的萨尔基那桥(图 20.3),美国的布鲁克林大桥(图 20.4)和金门大桥(图 20.5),澳大利亚的悉尼港大桥(图 20.6)等。

图 20.3 萨尔基那桥,瑞士,1930 年

图 20.4   布鲁克林大桥，美国，1883 年

图 20.5　金门大桥，美国，1937 年

图 20.6　悉尼港大桥，澳大利亚，1932 年

图 20.7　卢浦大桥，中国，2003 年

图 20.8　西堠门大桥，中国，2007 年

图 20.9　天兴洲大桥，中国，2009 年

图 20.10　诺曼底大桥，法国，1995 年

　　当代的桥梁建筑，则以其创新的科技内涵、非凡的跨越能力和承载能力、精妙的空间造型技艺，表现出浓烈的时代美感。这样的桥梁比比皆是，例如中国的卢浦大桥（图20.7）、西堠门大桥（图20.8）和天兴洲大桥（图20.9），法国的诺曼底大桥（图20.10）和米洛大桥（图20.11），日本的多多罗大桥（图20.12），丹麦的大贝尔特东桥（图20.13）等。

图 20.11　米洛大桥，法国，2004 年

图 20.12　多多罗大桥，日本，1999 年，李洛扬 摄

图 20.13　大贝尔特桥，丹麦，1998 年

桥梁美的基本法则

　　桥梁是造福人类的建筑，是属于"善"一类的事物，但"善"的并不一定就是美的。桥梁要求真实可靠，不能弄虚作假，但完全服从科学和经济法则造的桥也不一定美。桥梁要求造型新颖，但并不是所有造型别致的桥就美。桥梁的美自有其美的基本法则。

　　然而，美要不要遵守一定的法则，艺术家、建筑师和工程师可能有不同的态度。有的人认为根本不需要法则，因为艺术是灵感的产物，没有一定的法则可循。有的人认为必须要有法则，因为"不以六律，不能正五音"，"不以规矩，不能成方圆"。有的人认为虽然应该有法则，但死抱法则就创造不出优美的作品，结果只会是法则的机械运用。

　　我们认为：桥梁设计者一定要懂得一定数量的、带有普遍性的法则，但不可指望靠这些法则的简单应用就可创造出一座美丽的桥梁。设计师在熟悉法则的前提下，还需在实际应用中融会贯通，神而化之。美学法则不同于数学公式，其本身包含着极大的灵活性。

　　桥梁美的基本法则，主要包括：多样和统一，协调与和谐，比例，对称和韵律。下面结合一些桥梁实例，对这些法则分别简单介绍。

多样和统一

多样统一是形式美的一种高级形态，也是创造形式美的最高要求。从本质上讲，和谐的多样统一规律与一切事物的发展规律相一致。只有从寓于统一性的变化中、从寓于多样性的一致中，才能见到美。只多样而不统一，就会杂乱无章；只统一而无多样，就会单调呆板。

对桥梁而言，美学要求在多样性中求统一，要求桥梁成为有机联系的统一体，也就是"异中有同"。一座桥梁由各部分组成，不应使各组成部分呈现出离散、混乱、毫无秩序、没有互相呼应的状态。委内瑞拉马拉开波斜拉桥（图 20.14）在跨度长短搭配、桥墩高矮搭配以及墩、塔造型搭配上，作了既多样又统一的处理，让人印象深刻。我国古代的赵州桥（图 20.1），其主拱与拱上的大小腹拱相互呼应，也是"异中有同"的经典实例。

图 20.14 马拉开波桥，委内瑞拉，1962 年

美学上还要求统一中求多样，即"同中有异"。譬如，对桥梁中的桥墩、栏杆、灯柱等要求划一构造的部分，如果在适当的部位予以变化，则往往可以取得较好的美学效果。我国古代卢沟桥栏杆柱头上的 485 个石狮子，其间距、大小、轮廓、情态是统一的，但造型却千姿百态，多种多样，趣味无穷。

多样性的变化是没有限制的，统一性的手段亦层出不穷。这是一条普遍的法则。

协调与和谐

"和谐"一词来自于音乐，但同样适用于造型艺术，并在宏观上适用于整个人类与自然，适用于社会生活的各个方面。中外学者都认为美就是和谐。

协调是一种处理手段，和谐则是追求的效果和目的。美学要求把众多的"异（多样）"的部分协调起来，使之达到"和"，即和谐。

桥梁美学中的协调处理分为两类：桥梁的本身协调（即个体协调）和桥梁与环境的协调（即公共协调）。

（1）本身协调

亚里士多德说："和谐的概念是建立在有机整体的概念之上的"。桥梁各部分的安排既能表现出大小、比例和秩序，又能形成融贯的整体，由此才能体现出和谐。

最简单的协调是要求桥梁造型整齐而有秩序。在这一基础上，再使之表现出参差错落，富有韵律的变化。

具体的协调方式大致可从"形式协调"、"体量协调"和"功能协调"三个方面表现出来。

"形式协调"就是要求桥梁各组成部分的构造形式不产生变化上的混乱和造型上的不相称，从而引起纷繁、杂乱与突兀的感觉。

"体量协调"是指不要使各部分的体量大小引起十分悬殊的感觉。例如正桥与引桥之间、上部结构和下部结构之间，最好不要倚重倚轻，引起过于强烈的对比（图20.15）。虽然，强烈的对比也是一种艺术手法，但相形于和谐的造型，应该说是要逊色得多。

（a）英国早期的链式悬索桥（上轻下重）　　　（b）国内采用双柱式桥墩的连拱桥（上重下轻）

图 20.15　体量协调

"功能协调"是指各部分形式能正确反映其实际功能。不要采用前述的那种不着边际的"形式联想"，或过分突出那些非结构必需的建筑部分。

本身协调是最重要的协调。桥梁美主要是靠主体形成的技术美感来体现，而不是靠不必要的装饰。这样说并不是一概排斥装饰，恰当的装饰（如色彩、景观照明等）也有助于表现桥梁的美。

　　历史上，由于当时社会的需求，桥梁曾被赋予不同的附加功能，如政治（如南京长江大桥桥头堡的三面红旗）、军事（图20.16）、宗教（图20.17）、旅游（图20.18）、商业（图20.18及图20.19）、纪念（图20.20）等。只要在不妨碍基本功能的条件下，采用适于表现附加功能的形式并融化协调在桥梁造型上，自然形成风格与特色。这种当时社会所提出的附加功能要求，到了后世往往成为反映一个历史时代的标志。在这类桥梁中，美丽成功的作品还是不少的。

图 20.16　突出军事功能的瓦伦悌桥，法国，1350 年

图 20.17　桥上建有教堂的阿维尼翁断桥，法国，1185 年

图 20.18　具备商业和旅游功能的里亚托桥，意大利威尼斯，1591 年

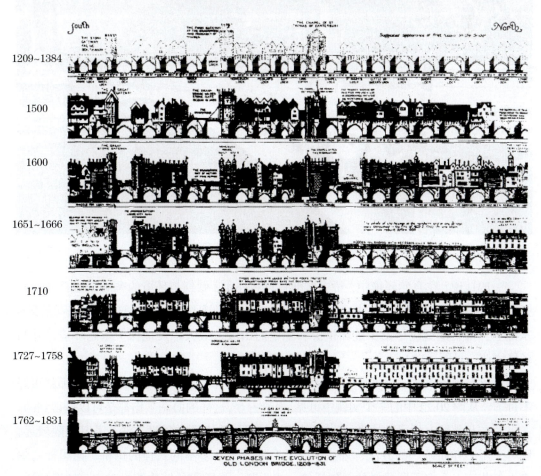

图 20.19　商业繁华的伦敦老桥（已拆），英国，1209~1831 年

（2）环境协调

环境协调是指桥梁与周边的自然环境、城镇环境、邻近建筑物及附近其他桥梁的相互协调关系。

一个建筑物需不需要和周围环境协调，有不同看法。有人认为，若是重要的建筑物，可以突出于环境之中，无需受制于周边环境的约束。然而不论桥梁重要与否，均考虑桥梁与环境的协调，是更为理想的做法。

图 20.20　装饰奢华的亚历山大三世桥，法国巴黎，1900 年

一般地说，在自然环境中，桥梁造型宜自然朴实，做到与环境的秀丽、粗犷、幽静、开朗、舒畅等情趣相结合。在山区，在环境选线、景观选线、地质选线及地形选线的基础上，桥梁造型应尽量少破坏植被和稳定的山坡，最大限度地保护生态环境，并与环境协调。见图 20.21。

桥梁与附近重要的、不易变化的城镇建筑环境，若能在风格上取得统一，那就再好不过了。从图 20.22 中的三个实例中可见，不论古今，这样的协调工作都是可以做得到的。

桥与相邻既有桥梁的协调，视相邻桥梁间的距离，有两种处理方法。若其间隔较远，则可采用多样而统一的方法，如法国巴黎塞纳河上众多不同式样的拱桥，德国杜塞尔多夫莱茵河上众多不同式样的斜拉桥等，成为某一类桥梁的博物馆。对相距较近的桥，

（a）加拿大卡皮拉诺人行索桥

（b）中国京珠国道山区高架桥

（c）雅泸高速干海子大桥（庄卫林 摄）

图 20.21　桥梁与自然环境的协调

如采用不同的桥型，必然会引起视觉混乱；若采用相同的桥型，反而能以复调的韵律引起关注。图 20.23 所示是四个中外成功的实例，可见"同"有时是必要的，并且亦是协调手段之一。

建筑物与已建成桥梁相协调成功的例子，可举著名的澳大利亚悉尼歌剧院和在其之前建成的悉尼港钢拱桥（图 20.6 和图 20.24）。

（a）英国控威悬索桥（1826年）与爱德华堡（1289年）

（b）意大利罗马天使桥（134年）与天使堡（139年）

（c）英国伦敦千禧桥（2000年）与圣保罗大教堂（604~1710年）

图 20.22　桥与建筑

（a）澳大利亚门道桥，1986 年

（b）美国塔科玛桥，1950 年

（c）中国湖州三桥，1320~1840 年

（d）日本名港西大桥，1985 年

图 20.23　邻近桥梁

图 20.24　悉尼歌剧院与悉尼钢拱桥夜景

比　例

西方有许多学者认为建筑及桥梁的和谐在于"数",于是便有了对"比例"的要求。合乎比例或优美的比例是美的基本法则之一。

数学上,一个数与另一个数的比,如桥梁中的长与宽之比,主跨与边跨之比,拱跨与矢高之比,严格地说是"比率"而不是"比例"。建筑与桥梁美学中的比例,是指以一定的比率在建筑中富于韵律地重复出现。

黄金比是最能引起人的美感的比例。若把一条线段分割为长 a、b 的两段,使其中一段 a 与全长(a+b)之比等于另一段 b 与这段 a 之比,即 b:a=a:(a+b),其比值就约为 1:0.618 或 1.618:1,即长段为全段的 0.618。黄金比被公认为是视觉上"最完美"的分割,是最具有审美意义的比例数字。这个比例的作用,不仅仅体现在诸如建筑、绘画、雕塑、音乐等艺术领域,而且在管理、工程、生活等方面也有着不可忽视的作用。

对桥梁而言,三维空间和谐的分割是取得良好美学效果的关键因素。在大跨度桥梁的设计中,尤其如此。图 20.25 所示的是 1998 年建成的位于葡萄牙里斯本的瓦斯科·达伽马跨海大桥的主桥,其主塔的塔高与塔顶至桥面高度之间、拉索锚固区高度与塔顶至桥面高度之间,均有良好的黄金分割比。

这一条法则的实例散见于本书诸多美丽的桥梁中。

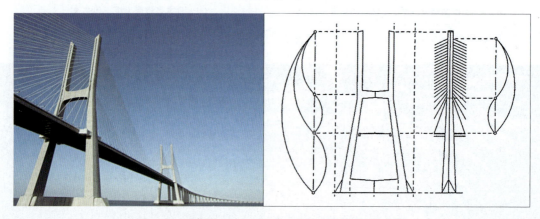

图 20.25　瓦斯科·达伽马跨海大桥及主塔的黄金比分析

对　称

怎样使比率在桥梁中有秩序和富于韵律地出现呢?具体的一类方法是"对称"。"对称"分为"镜面对称"、"平移对称"、"旋转对称"和"体量对称"等。

"镜面对称"如照镜子或水面投影一样,在一根对称轴(或对称面)的左右相对称。这是大家最熟悉的对称,亦是艺术处理最普遍的手段。镜面对称代表着端庄、安定和正统的概念。

"平移对称"又称"滑移对称"或"重合对称"。平移对称是一种形式上的相随关系。

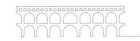

几乎所有的多孔、等跨、平坡桥梁都包含平移对称。图 20.11 中的米洛大桥和图 20.14 中的马拉开波大桥，都是"平移对称"的实例。

"旋转对称"是绕一根垂直于地面的轴而旋转重合的对称。在现代跨线桥匝道和立交桥的布置中，经常采用旋转对称的手法（参见第 14 篇）。这样的对称可获得活泼、有趣的造型，但需要提及的是：随着城市交通的发展，立交桥的布置方式主要取决于道路和交通环境，布置上更为自由灵活。

"体量对称"是指在形式上并不对称，但在体量上却是总体对称的。亦可称作"体量平衡"。平衡是工程要素，也是带来美感的基本因素之一。当建筑物不平衡时，便会产生危险和不安全的感觉。体量上平衡而形式上不对称是现代建筑常用的手法，桥梁实例亦较多，在现代独塔斜拉桥中常可见到。

因为美学不是精确的数学，上述各种对称可以是完整的或不完整的，即基本上属于上述几种对称方式，却不完全符合。些许不完整是允许的，有时还是显示造型变化、活泼、追求动感所必需的。

韵　律

韵律是艺术的精髓，是美的最高标准，亦是最难用文字说明和表达的，然而却是在各种艺术表现中确实存在且不可或缺的。对此，需要在实际生活中对各种艺术感受加以融会贯通，理解参悟。

表现韵律最明显的莫过于音乐，其中最主要的因素是节奏和旋律。音乐中的节奏起源于生活中的节奏。比较简单的节奏不过是长短、高低音的简单重复，比较复杂的节奏已经是个小旋律。旋律是一种揉合着感情的音乐语言，其以复杂的变化来表达人类对阴晴、寒暑、荣枯、难易、兴亡、治乱、离合、悲欢的心声，展现复杂而多彩的自然和社会。中外许多超越国界的音乐名曲，无不充满着由不同优美旋律形成的无穷变化，展现出音乐大师们的高尚人格、细腻感情和宽广胸怀，引起了不同时代、不同民族的人们的强烈共鸣。歌德说"建筑是凝固的音乐"，便是指两者在韵律上是相通的。音乐是时间里的韵律，而建筑是空间里的韵律。

莱昂哈特说："美可以在变化与相似之间，复杂性与有次序之间展示而得到加强"。这也就是说，通过事物的相对面中呈现的节奏和旋律，可以感受韵律带来的美感。在桥梁建筑中，相对面主要包括刚柔、虚实、阴阳、动静、向背、开阖、张弛、起伏等，旋律的表现方式可以是连续、渐变、突变、交错、重复等。

若一定要给桥梁建筑的韵律下一个定义，似乎可以这样来表达："桥梁建筑的韵律是指美学中诸相对面范畴间的关系，在整体中作有规律的变化或重复，以带来的动人美感"。

在一座桥梁中，韵律的表现手法多种多样，主要有连续韵律、渐变韵律、起伏韵律、交错韵律等。连续韵律带来的是简洁统一、连续流畅的美感（图 20.26）。当连续要素按一定的规律或秩序进行些微变化，可增加建筑的生动性和情趣性，呈现出渐变韵律。典型的例子就是北京颐和园内的十七孔桥（图 20.27）。当建筑的强弱、大小、高低、凹凸、曲直等有规则的变化，或按一定规律增减，或更加突出某一要素，就可形成起伏韵律。这种韵律的表现手法经常在跨海长桥中得到应用（图 20.28）。当运用有规律的交错，穿插等手法，会构成虚与实、强与弱、明与暗相间的交错韵律（图 20.29）。

图 20.26　连续韵律，美国威尔逊桥

图 20.27　渐变韵律，中国颐和园十七孔桥

图 20.28　起伏韵律，中国东海大桥

图 20.29　交错韵律，法国维希和桥

桥梁美的评选

20 世纪最美的桥梁

　　1999 年，英国《桥梁设计与工程杂志》（Bridge Design and Engineering）杂志向世界 30 位著名的桥梁工程师、建筑师和学者，征集对 20 世纪最美的桥梁的意见。共有 15 座桥梁入选，这些桥梁建于 1930~1998 年之间，分布在欧洲（10 座）、亚洲（3 座）、美洲（1 座）和澳洲（1 座）。按照桥型划分，有斜拉桥（含矮塔斜拉桥）7 座，拱桥 3 座，悬索桥 3 座，梁桥 2 座。见表 20.1。

表 20.1　20 世纪最美的桥梁评选

序号	桥名	桥型	国家	建成年份	设计师
1	萨尔基那桥	拱桥	瑞士	1930	Robert Maillar
2	金门大桥	悬索桥	美国	1937	O.Ammann
3	布鲁东纳桥	斜拉桥	法国	1977	J.Muller
4	基希海姆跨线桥	斜腿刚架	德国	1993	J.Schlaich
5	奥利机场跨线桥	连续梁桥	法国	1958	E. Freyssinet
6	博斯普鲁斯一桥	悬索桥	土耳其	1974	F.Fox
7	桑尼博格桥	矮塔斜拉桥	瑞士	1998	Christian Menn
8	诺曼底桥	斜拉桥	法国	1995	Michel Virlogeux
9	多多罗桥	斜拉桥	日本	1999	
10	塞弗林桥	斜拉桥	德国	1961	G.Lohmer
11	汀九桥	斜拉桥	中国香港	1998	J.Schlaich
12	悉尼港大桥	拱桥	澳大利亚	1932	Ralph Freeman
13	甘特桥	矮塔斜拉桥	瑞士	1980	Christian Menn
14	费马恩海峡桥	拱桥	德国	1963	
15	大贝尔特东桥	悬索桥	丹麦	1998	

国际桥梁及结构工程协会（IABSE）颁发的卓越结构奖（桥梁）

IABSE（International Association for Bridge and Structural Engineering）的杰出结构大奖创建于 1998 年，是 IABSE 颁发的最高荣誉之一。该奖从 2000 年开始，每年评选颁发一次，用于奖励近几年内世界上最为卓越、最有创意、最为激励人心的桥梁和结构工程。除考虑结构创新和技术进步因素外，结构美观、可持续发展和环境保护也是重要的评选因素。对桥梁，近 10 余年来的评选结果见表 20.2。

表 20.2 IABSE 的杰出结构大奖（桥梁）

年份	获奖或入围桥名	桥型	国家	建成年份
2000	空缺	/	/	/
2001	桑尼博格桥	矮塔斜拉桥	瑞士	1998
2002	美秀美术馆桥	斜拉组合体系	日本	2002
2003	Bras de la Plaine 桥	悬臂梁桥	法属留尼汪岛	2001
2004	密尔沃基艺术馆人行桥	斜拉桥	美国	2001
2005	盖茨黑德世纪桥	开启人行拱桥	英国	2001
2006	米洛高架桥	斜拉桥	法国	2004
2006	里约—安蒂里奥桥	斜拉桥	希腊	2004
2007	空缺	/	/	/
2008	卢浦大桥	拱桥	中国	2003
2009	三国桥	人行拱桥	德法边界	2007
2010	入围：苏通大桥	斜拉桥	中国	2008
2011	入围：昂船洲大桥	斜拉桥	中国香港	2009
2011	入围：福楼拜开启桥	梁桥	法国	2008
2012	入围：西堠门桥	悬索桥	中国	2009
2013	入围：李舜臣桥	悬索桥	韩国	2012

中国十佳桥梁

2003 年，中国土木工程学会桥梁及结构工程分会发起了首届"中国十佳桥梁"评选活动。经无记名投票，确定了 30 座入围桥梁。2004 年，第十六届全国桥梁学术会议与会代表在入围桥梁中投票评选，并经评审委员会审定，确定了中国十佳桥梁。见表

20.3。尽管十佳桥梁的评选是基于对桥梁的总体评价，但毋庸置疑，桥梁的美观与否是评选中不可或缺的一个因素。

表20.3　中国十佳桥梁评选

序号	桥名	桥型	地区	建成年份
1	万州长江大桥	拱桥	重庆	1997
2	广州丫髻沙大桥	拱桥	广东	2000
3	卢浦大桥	拱桥	上海	2003
4	杨浦大桥	斜拉桥	上海	1993
5	岳阳洞庭湖大桥	斜拉桥	湖南	2000
6	南京长江二桥	斜拉桥	江苏	2001
7	青马大桥	悬索桥	香港	1997
8	江阴长江大桥	悬索桥	江苏	1999
9	南京长江大桥	连续梁桥	江苏	1968
10	番禺洛溪大桥	连续刚构	广东	1988

结束语

优秀的桥梁建筑，是把桥梁的力学品质与桥梁的美学表现相结合。桥梁设计师在考虑桥梁结构的安全性、适用性、耐久性和经济性的同时，还需考虑桥梁建筑艺术的应用，以提高桥梁的美学价值，满足人们的审美需求。

当代桥梁建筑的美学特征，主要表现为简洁明快、较少装饰；连续流畅、表现跨越；体现科技、适应环境。

参考文献

[1] 唐寰澄. 桥梁美的哲学 [M]. 北京：中国铁道出版社，2000.

[2] 樊凡. 桥梁美学 [M]. 北京：人民交通出版社，1987.

[3] 李亚东. 桥梁工程概论（第三版）[M]. 成都：西南交通大学出版社，2014.

[4] 和丕壮. 桥梁美学 [M]. 北京：人民交通出版社，1999.

[5] http://www.iabse.org/IABSE/IABSE_Association/Awards/Outstanding_Structure/

21

桥梁的可持续性与评价方法

撰文：王元丰　北京交通大学土木工程学院教授
　　　武文杰　北京交通大学土木工程学院博士生
　　　解会兵　北京交通大学土木工程学院博士生

- 可持续发展和工程可持续
- 桥梁的可持续性
- 桥梁可持续性的基本评价方法
- 桥梁可持续性的综合评价方法
- 结束语

桥梁的可持续性与评价方法

可持续发展和工程可持续

从工业革命开始，社会的生产力得到了极大的提高，人类创造了辉煌的现代工业文明。但与此同时，片面追求经济增长的发展模式，也使地球资源和生态环境受到很大影响。

作为支撑人类发展的土木工程，其建造和使用也消耗了大量的资源和能源、对生态和环境产生了重要影响，土木工程领域的可持续发展，已成为其发展的重大挑战。一些学者和研究机构均已对土木工程领域的可持续发展做出过阐述：

联合国环境署（UNEP）认为土木工程可持续是"将环境、社会经济和文化因素考虑在内，以实现可持续发展的途径。具体而言，它涉及到工程建设设计和管理、原料和工程性能、能源和资源消耗等多个问题"。

土木工程瑞士荷尔西姆（Holcim）可持续基金推行"三重底线"理论主张：要实现长期可持续发展，首先必须达到**经济发展、环境保护和社会责任**三个方面的平衡发展。

1994 年召开的第一届可持续工程和绿色建筑（Sustainable Construction, Green Building）国际会议上，查理·凯伯特（Charles Kibert）教授提出了"工程建设可持续"的六个主要原则：资源消耗最小化；资源再利用最大化；使用可再生、再循环的资源；保护自然环境；创造无毒害的环境；在创造的建设环境中追求质量。

随着上述土木工程可持续概念的提出，土木工程领域的学者开始研究分析工程与环境、社会和经济的关系，对于土木工程可持续的概念已经形成了一些共识。

首先，土木工程领域的可持续作为一种积极的工程建设思维，是可持续发展思想在工程界的体现，所以土木工程领域的可持续同样要解决人与自然的关系、当前与未来的关系、经济发展与环境保护的关系。土木工程可持续的目标与人类社会可持续发展的目标是一致的，同样要求减少能源和资源的消耗、提高使用效率，减少生态损失和环境污染、保护自然，让经济和社会的发展与环境承载能力相适应、相匹配，并有利于人的健康。用工程可持续的思想来审视，土木工程的可持续发展不再是土木工程结构本身的可持续发展，工程可持续作为土木工程的发展目标更需要从技术、经济和社会等因素全面思考，只有将环境、经济与社会系统的发展结合起来整体看待，土木工程可持续才具有实际意义。

其次，工程可持续思想应贯穿土木工程项目全过程，即从土木工程项目的规划选址、

设计施工、运营维护、加固改造直至拆除的整个生命周期。保证工程可持续性就要求在土木工程项目整个生命周期中，以技术、环境、经济、社会协调发展的可持续思维来指导项目建设和运营，在土木工程发展国民经济、提高人们生活水平的同时，更好的解决能源资源利用问题，减少生态环境破坏，降低社会成本。

图 21.1 给出了土木工程项目整个生命周期内环境影响和成本影响可能性变化的示意图。从图中可以看出，要保证项目生命周期内环境影响和成本目标实现最优化，就应对决策阶段及设计阶段特别重视。因为一旦项目完成设计，环境影响和成本的影响空间已经变小。

一般来讲，决策阶段对土木工程项目环境影响和成本的影响可能性大约为 30%~40%，设计阶段的影响可能性大约为 20%~30%，实施阶段的影响可能性为 15%~25%，运营维护阶段的影响可能性为 10%~20%。对于全寿命期内各个阶段土木工程项目的环境影响与成本来说，项目运营维护阶段分别占到全寿命周期累积总成本与环境影响的 50% 左右。因此在进行项目决策与设计时需要着重对项目运营阶段维修养护策略进行优化，以降低全寿命期内累计成本与环境影响，在不影响工程项目安全及功能的前提下实现可持续的目标。

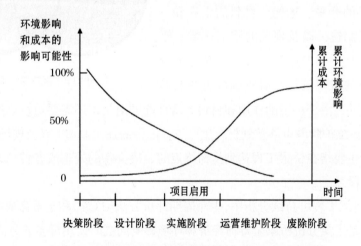

图 21.1　不同阶段工程环境影响和成本影响可能性示意图

桥梁的可持续性

中华人民共和国成立以来，尤其是改革开放后，我国桥梁建设以令世人惊叹的规模和速度迅猛发展。如今，在我国的江河湖海和高速公路上，不同类型、不同跨度的桥梁千姿百态，异彩纷呈，展示着我国桥梁建设的巨大成绩。截至 2012 年末，全国单是公路桥梁总数已达 71.34 万座、总长达 36627.8km；其中，特大桥梁 2688 座、总长达 4688.6km，大桥 61735 座、总长达 15181.6km。

桥梁在修建过程中需要消耗大量的能源和自然资源，特别是修建在生态环境薄弱地

域或水域的桥梁，更容易对当地的生态环境造成负面影响。传统的桥梁工程较少考虑桥梁建造过程对周围生态环境的影响和资源能源的消耗，仅仅从技术和成本控制出发来进行设计或维护方案的比选，在施工过程中也多是关注工期、成本和质量三者之间的关系。但在桥梁的使用中人们发现，由于桥梁具有较长的设计使用年限，其终身养护维修费用往往比最初的建造费用还要高。由此可见，传统的桥梁设计、施工和维护的理念难以符合桥梁工程科学发展的要求，为了提高桥梁的可持续性，有必要将传统的强调技术经济的桥梁设计施工理念拓展到桥梁的整个生命周期，在确保安全的前提下将现有方法中的技术经济性指标拓展为更全面的可持续性指标。

桥梁可持续性包括三方面的内容：经济可持续、环境可持续和社会可持续，达到可持续目的在于实现经济、社会和环境三者之间的协调发展。其中，尤以经济和环境可持续性最为关键，如图 21.2 所示。

在桥梁的整个生命周期内，经济投入和环境影响的主要阶段可分为使用前阶段、使用阶段和最后的拆除处置阶段。其中使用前阶段包括原材料的开采、运输、材料的生产和构配件的加工制造，以及现场的施工安装；使用阶段主要包括桥梁的运营和维护，在这个阶段，由于跨越的时间较长，需要进行定期的养

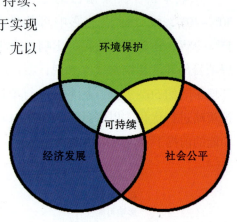

图 21.2　可持续示意图

护和维修，此外，由于环境的作用和材料本身性能的退化，还需要对桥梁进行不定期的维护。因此，在维护阶段也涉及到材料生产和构配件的加工制造，以及现场的施工安装；拆除处置阶段主要指在桥梁工程达到生命终点时，废弃物的处理或者转化为再生资源或再生产品的阶段。

目前，在桥梁工程可持续分析中，生命周期评价方法（LCA）和全寿命成本分析（LCC）这两种方法，是定量分析桥梁全寿命经济和环境影响问题时使用最多的方法。

桥梁可持续性的基本评价方法

1. 桥梁工程的全寿命成本分析（LCC）

传统的工程结构和基础设施经济性分析，主要是计算项目的投入（费用）与产出（效益），通过各种经济指标的分析比较，对工程的经济性与财务可行性做出判断。但在实际的建设中，由于建设与运营管理相分离等原因，几乎所有的建设单位提出的设计施工方案通常考虑的建设费用都是建设期间发生的所有成本，并不包括运营期的维护费用及使用者成本。

随着人们对工程建设与管理的理解的加深，传统的仅考虑工程建设阶段的成本费用已不能满足随着工程使用寿命的延长，要考虑运营期间的管理维修与养护成本费用增加和结构的可修、可检的需求。在对以往认识缺陷进行反思的同时，有学者提出全寿命期成本（Life Cycle Cost, LCC）的概念。在时间跨度上来讲，全寿命周期成本分析覆盖了工程的整个寿命期，可以全面地考虑各个阶段的成本，权衡建设期成本和未来各阶段成本、系统效率和全寿命周期成本，按照全寿命周期成本最小化的原则，进行工程的规划设计和实施。同时，全寿命周期成本分析的思想可以兼顾环境保护，实现工程良好的社会效益，从而实现工程的可持续发展。

美国是世界上最早提出并进行桥梁生命周期成本分析研究的国家，美国国家公路合作研究项目第 483 号报告《桥梁生命周期成本》的发布标志着美国进入了桥梁生命周期成本分析的全面实施阶段。而更多的发达国家是从 20 世纪 90 年代初对生命周期成本在桥梁上的应用进行关注，并从管理科学和工程应用的角度，推出了各自的桥梁生命周期成本分析系统。通过综合考虑桥梁安全、耐久、适用、经济、美学、人文、生态等各方面的性能、功能要求，使得桥梁工程生命周期成本分析对实现桥梁的可持续发展起到帮助作用。经过 20 年的发展，桥梁生命周期成本的研究取得了一定的进展。

桥梁的生命周期成本分析，是从一种整体性和长远性相结合的角度来核算桥梁工程涉及的各项费用，从而可以综合考虑桥梁的建造、维护策略和方案。设计人员和管理养护人员，均可以更长远的考虑桥梁的性能与成本的关系，不论是在生命周期前期采取提高建造初始的安全性和耐久性，还是加强生命周期中期运营阶段的各项维护措施，使用生命周期成本分析，都可以更合理的考虑经济效益，避免了桥梁生命周期管

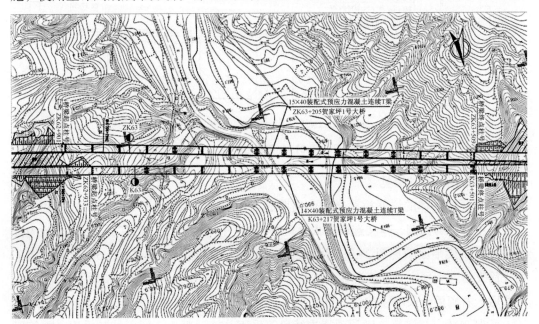

图 21.3　桥位平面图

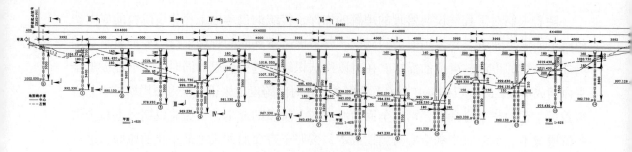

图 21.4 桥梁结构侧面布置图

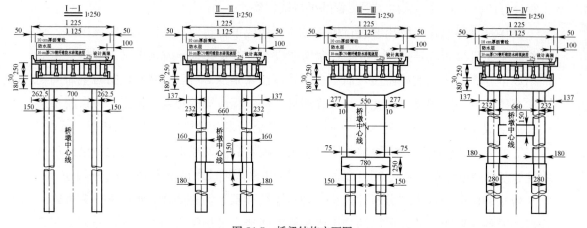

图 21.5 桥梁结构立面图

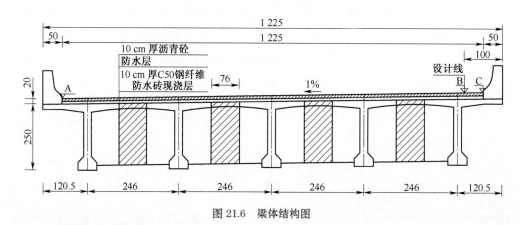

图 21.6 梁体结构图

理中的"短视"和"错觉"。

为了更为具体的说明桥梁全生命周期成本中建设施工成本、运营维护成本和拆除回收成本所占的比例,本文选取某大桥进行分析。该桥梁全长 568.00m,设计荷载为公路 I 级。桥梁平面图见图 21.3,桥梁侧面、立面布置见图 21.4、图 21.5。上部结构采用先简支后连续预应力钢筋混凝土连续 T 梁,如图 21.6 所示。下部结构桥墩采用矩形墩、柱式墩,右幅桥台采用柱式台、肋板台,左幅桥台采用柱式台,基础采用灌注桩基础。

预制 T 梁、横隔梁、墩顶现浇连续段等采用 C50 混凝土;桥面铺装采用 C50 钢纤

维防水混凝土；盖梁、墩身等采用 C35 混凝土；基桩、承台等采用 C30 混凝土。普通钢筋为 HPB235 和 HRB335 钢筋；预应力钢绞线采用低松弛高强度钢绞线，钢板为 Q235B 钢板。

通过计算可知该桥的生命周期折现成本为 1.4 亿元，其中建设期成本 6400 余万元，只占 43%，运营期成本 7800 余万元，占比达到 53%，如图 21.7 所示。

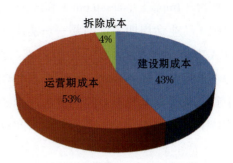

图 21.7　某桥梁全生命周期成本构成

LCC 分析表明，这座桥梁运营成本大于其初始建设成本，但其他某些桥梁则没有出现运营成本远远大于其初始建设成本的情况，原因主要在于后者在设计时进行了耐久性设计和必要的易于检测、便于维护及便于更换的构造措施设计，而其他某些桥梁则忽略了此项。可见，桥梁生命周期的初始阶段考虑建设施工成本，并加入全生命周期的视角，适当加大有利于安全性、耐久性的资金投入，可以在更长的运营期内有效减少管理养护和维修成本，达到总成本降低的效果。因此需要在桥梁决策设计阶段对桥梁全寿命期内运营管养进行综合考虑，从而达到经济可持续的目标。

2. 桥梁工程的生命周期环境影响评价（LCA）

随着桥梁建设的不断进展，横跨江河湖海甚至峡谷的桥梁对环境产生的影响越来越受到关注。更加合理的分析、评价、解决桥梁全生命周期内的环境影响，是实现社会经济、环境可持续的重要措施。桥梁的环境影响内涵和外延，随着工程的发展和环境科技的进步，得到越来越多的关注，但桥梁的环境影响如何定量评价，用什么方法更有效更能达到评价者的目的，仍在发展之中。

生命周期环境影响评价的思想萌芽最早出现于 20 世纪 60 年代，有关对原材料和能源资源限制的考虑，引起了寻找一条累积起来考虑能源利用、环境影响和规划未来资源供给和使用方向的行动。生命周期评价方法（Life Cycle Assessment，LCA）于 1969 年被美国中西部资源研究所首先应用在对不同饮料容器的资源消耗和环境排放的评价研究中。1990 年 8 月，国际环境毒理学和化学学会（SETAC）主持召开了首次有关生命周期评价的国际研讨会，确定使用"生命周期评价（LCA）"这个概念。

SETAC 指出："LCA 是一个评价与产品、工艺或行动相关的环境负荷的客观过程，它通过识别、量化能源与材料的使用量以及环境排放量，来评价这些能源与材料使用和环境排放的影响，并评估和实施影响环境改善的机会。该评价涉及产品、工艺或活动的整个生命周期，包括原材料提取和加工，生产、运输和分配，使用、再使用和维护，再循环以及最终处置"。并将生命周期评价的基本内容归纳为 4 个有机联系的部分：定义目标与确定范围（Goal and Scope Definition）；清单分析（Inventory Analysis）；影

响评价（Impact Assessment）和改善评价（Improvement Assessment）。1993 年 SETAC 出版了"生命周期评价纲要——实用指南"，为 LCA 提供了一个基本技术框架，成为 LCA 方法论研究起步的一个里程碑。经过 40 多年的发展，生命周期评价方法已被作为一种重要的环境管理工具纳入了 ISO14000 环境管理标准并成为 ISO14000 系列标准中其他各类环境管理工具的方法基础，也成为国际上环境管理和产品设计的一个重要支持工具。图 21.8 给出了 SETAC 和 ISO 的生命周期评价技术框架。

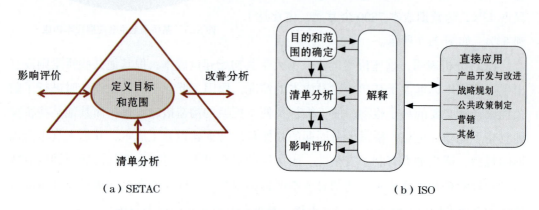

（a）SETAC　　　　　　　　　　　　（b）ISO

图 21.8　生命周期评价技术框架

LCA 的评价对象包括了完整的生命周期过程 (from cradle to grave)——从原料的生产经过一系列过程直至最后的废弃处理。LCA 作为一种产品的环境影响评价与环境决策支持工具，是在近 20 年才被引入到土木工程领域，相关理论和应用的发展研究都还不完善。国外对桥梁生命周期评价的研究，在 1998 年开始有文献发表。我国将 LCA 理念引入到土木工程领域仅短短几年，在桥梁方面时间更短，不论是在研究深度或研究广度上均需要大力提高。

以前文中提到的钢筋混凝土连续梁桥为例，该桥梁生命周期不同阶段内的 3 种影响类型（人类健康损伤、生态系统破坏、资源能源消耗）的比较如图 21.9 所示。从图中看出：对于生态系统破坏和人类健康损伤两类影响运营阶段所占比重最大，分别约占 89% 和 64%。这主要是由于运营阶段将消耗大量能源，而生产与消耗这些能源同时排放温室气体与固体颗粒物，对气候变化和人类呼吸系统会造成损伤；对资源能源消耗而言，在各阶段均有影响，其中建筑材料生产阶段最多，占比达到 49%。这主要是由于该阶段为建设主体，消耗资源较多。

桥梁环境影响评价，可以对桥梁生命周期各个阶段产生积极作用。以上文提到的钢混连续梁桥为例，通过对此桥进行全寿命环境影响评估计算，可知该桥建设施工的材料资源与能源消耗在原材料生产、施工和拆除等阶段均很大；由于运营阶段对电力、柴油和煤的消耗，桥梁对生态系统负面影响集中在这一阶段，而不同维护、加固方法产生的硫氧化物和氮氧化物造成酸化和富营养化，从而导致物种多样性的损失；施工

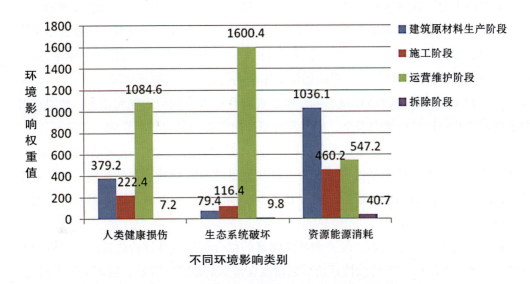

图 21.9 某桥梁生命周期不同阶段环境影响指标对比

和拆除阶段 3 个环境影响类型贡献比例比较相似，是因为这两个阶段均主要考虑施工机械的能耗带来的环境影响；拆除阶段由于使用资源能源较少，且回收钢材会带来环境正效应，不计算土地占用，所以在各个阶段环境影响中占比很小。

对这些问题的认识，会促使在不同阶段对桥梁采用具有针对性的措施，以降低对环境的负面作用，并使得桥梁更好的体现服务功能。例如在桥梁生命周期之始，采用绿色建材（例如再生骨料混凝土和高性能混凝土）减少矿石资源的消耗；加强运输管理，科学选择运输路线，或就地取材缩短运输距离。维护期内合理选择加固方法，对成本和环境影响进行优化，甚至在维修加固阶段尽量不封闭交通或采用半封闭半开放的方案，也可以减少由于车辆绕行产生的环境影响。在桥梁寿命终结时，也可以通过增大拆除阶段材料的回收比例，尽量少产生固体废弃物，并回收可用资源。

桥梁可持续性的综合评价方法

由于桥梁工程的设计建造面临着安全、环保、经济等多个目标，针对不同的目标，桥梁的设计与建造方式有着多种最优的方案。如何从多个目标之间寻求一种平衡，综合考虑现有社会发展水平、环境承载能力、技术生产条件得到合理可行的桥梁规划设计建造方案是桥梁可持续性综合评价需要解决的问题。

围绕研究和规范工程的可持续发展目标，许多国家开发出了各自的桥梁可持续性综合评价体系。虽然名称上不太一致，如环境友好、绿色或生态等，但其内涵都带有可持续性特征。这些评价体系的制定和推广应用，对各个国家在工程建设中倡导可持续发展概念，引导设计者、建造者注重绿色和可持续发展起到了非常重要的作用。它们的主要特点是：在评价内容上几乎都包括了场地环境、能源利用、水资源利用、材料与资源、环境对人的影响等 5 大内容；在框架设计上有设计指南型、评分表格型以及二者结合型；在权重（即经过折算后，可用统一指标进行比较的数据）体系方面，有的采用无权重或者线性权重，更新的评价体系则包含了多级权重系统。

由于桥梁运营维护阶段环境影响及维护成本在全寿命期中占较大比重，桥梁运营期维修策略的制订对桥梁的安全、成本及环境影响等方面都有较大影响。而且近年来，中国国内大批桥梁进入了维修养护期，缺陷和病害开始显现，需要对桥梁进行维修加固，但是桥梁加固需要消耗大量的资源能源，排放大量的有害物质，污染环境，所以对桥梁建设的可持续发展问题的研究，需要在成本、性能外，考虑由于加固维修产生的环境影响。

对于桥梁进行考虑技术、经济和环境因素的综合可持续性评价的目的是为桥梁的维修和养护服务。综合可持续性评价可以镶嵌在桥梁的维修、养护、管理决策中进行。桥梁维修、养护、管理策略的多目标优化过程可以结合生命周期环境评价（LCA）方法与 LCC 方法建立桥梁生命周期环境影响及成本分析模型，分析不同维护策略下的桥梁环境影响与 LCC 的变化，以及预防维护对于减小桥梁 LCA 和 LCC 的作用，进行环境

图 21.10　增大截面加固法

图 21.11　粘贴钢板加固法

图 21.12　粘贴碳纤维复合材料加固法

图 21.13　体外预应力加固法

影响—成本多目标下结构维护方案的优化比选，有利于得到最优的桥梁维护策略。

桥梁的加固方法在第 7 篇中有较详细的介绍。针对上文中的钢混连续梁桥中某单跨梁，本文采用常用的四种加固方法对其进行抗弯加固以提高其抗弯承载能力，四种加固方法分别为：增大截面加固法、粘贴钢板加固法、粘贴纤维增强复合材料加固法和体外预应力加固法（图 21.10~ 图 21.13），计算在达到同等抗弯承载能力水平时不同加固方法的环境影响和加固成本（分析结果见图 21.14、图 21.15），可以为综合技术、经济和环境因素，进行加固方案的选择提供支持。

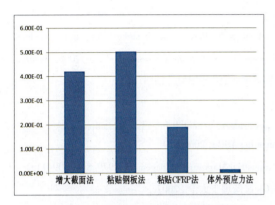

图 21.14　四种加固方案的环境影响对比

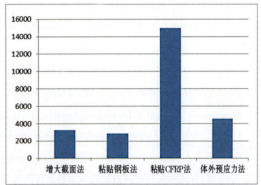

图 21.15　四种加固方案的成本对比

通过计算不同加固方法的环境影响，表明粘贴钢板法对总的环境影响、人类健康和生态质量的影响都是最大，而增大截面法对资源能源损伤最大，而使用体外预应力法加固是对总环境影响最小的方案。综合考虑不同的加固方案的成本，决策者可以选出最为合适的方案。如成本优先时，可以选择采用粘贴钢板加固方法；环境优先时，可以采用施加体外预应力的加固方法；如加固时间有特别要求时，可以使用粘贴纤维增强复合材料加固法。

在实际桥梁工程中，每项工程个案有所不同，得到的结果不尽相同，但计算的目的在于评价，更多是比较不同设计、维修方案、策略的优劣，只要在统一的标准下进行比较，就会得到合理的结论。

结束语

桥梁工程的可持续发展，需要统筹兼顾，综合考虑桥梁工程全寿命期内的安全适用性、环境影响及建设管养成本，三者均不可或缺。在桥梁的规划设计决策过程中以及桥梁可持续的研究过程中都不能只是着眼于单一因素的最优化来实施，而需要结合国民经济发展及环境承载能力等，考虑各种影响因素之间的平衡。本篇通过对桥梁全寿命期内的成本及环境影响进行分析，介绍的对桥梁全寿命不同阶段进行环境影响和

成本定量化分析的方法，可以广泛的应用于各类桥梁全寿命期可持续评价过程中。可持续发展是我国政府重大施政方针之一，深信桥梁的可持续性将会在我国今后的桥梁建设中越来越受到重视和付诸实施。

参考文献

[1] Biermann F. World environment organization [M]. Blackwell Publishing Ltd, 2012.

[2] The Holcim Foundation. Vision and strategy [EB/OL].2012.
http://www.holcim.com/investor-relations/shareholder-information/agm2013/holcim-in-china/the-holcim-foundation.html

[3] Kibert C J. Green buildings: an overview of progress [J]. Journal of Land Use and Environmental Law, 2003, 19: 491.

[4] 中华人民共和国交通部 . 2012 年公路水路交通行业发展统计公报 [EB/OL].2013.
http://www.jttj.gov.cn/shownews.asp?id=1756

[5] Frangopol D M, Liu M. Life-cycle cost analysis for highways bridges: accomplishments and challenges[C]. Proceedings of 2004 Structures Congress. Nashville, Tennessee: ASCE, 2004:1–9.

[6] Brown R J. A new marketing tool: Life-cycle costing [J]. Industrial Marketing Management, 1979, 8(2): 109–113.

[7] 张丹 . 既有桥梁全寿命期内加固方案的经济性研究 [D]. 武汉理工大学 , 2007.

[8] Ellis H, Jiang M, Corotis R B. Inspection, maintenance, and repair with partial observability [J]. Journal of Infrastructure Systems, 1995, 1(2): 92–99.

[9] Chang S E, Shinozuka M. Life-cycle cost analysis with natural hazard risk [J]. Journal of Infrastructure Systems, 1996, 2(3): 118–126.

[10] Life Cycle Assessment (LCA): A Guide to Approaches, Experiences and Information Sources [M]. European Environment Agency, 1998.

[11] SETAC-Europe. Report of the SETAC-Europe working Group [M]. Brussels:SETAC –Europe,1993.

[12] Horvath A, Hendrickson C. Steel versus steel-reinforced concrete bridges: Environmental assessment [J]. Journal of Infrastructure Systems, 1998, 4(3): 111–117.

[13] Steele et al. The application of life cycle assessment technique in the investigation of brick arch highway bridges[C]. Proceedings of the Conference for the Engineering Doctorate in Environmental Technology, 2002.

[14] ItohY, KitagawaT. Using CO2 emission quantities in bridge life cycle analysis[J]. Engineering Structures, 2003, (25): 565–577.

[15] Collings D. An environmental comparison of bridge forms[C]. Proceedings of the Institution of Civil Engineers, Bridge Engineering I59, Issue BE4, 2006:163–168.

[16] Kendall A, Keoleian G A, Helfand G E. Integrated life-cycle assessment and life-cycle cost analysis model for concrete bridge deck applications[J]. Journal of Infrastructure Systems, 2008, 14(3): 214–222.

[17] Gervásio H, da Silva L S. Comparative life-cycle analysis of steel-concrete composite bridges [J]. Structure and Infrastructure Engineering, 2008, 4(4): 251–269.

[18] Andy Wong.Embodied energy and CO2 – a case study of an infrastructure project in HK [J]. The Hong Kong Institution of Engineers Transactions, 2010, 17(4):79–87.

第 7 部分

桥梁的*科学问题与未来发展*

22

桥梁设计中的物理、力学问题

撰文：陈英俊　北京交通大学资深教授

- 桥梁设计从经验上升到理论
- 桥梁的作用力
- 材料的物理、力学性能
- 对安全性的认识
- 对安全性认识的深化
- 力学与力学规律
- 研究对象、问题性质、分析方法、数学手段
- 未来的展望

桥梁设计中的物理、力学问题

桥梁设计从经验上升到理论

所谓桥梁设计，其工作范围应包括从可行性论证、结构规划、结构型式选择、结构分析和确定截面乃至施工组织和概预算及上篇提到的可持续性的全过程。本篇主要介绍桥梁结构设计，即桥梁结构的力学分析、杆件配置与截面设计中的物理及力学问题。从工作的程序上看，它是规划与施工的中间阶段。

原始的桥梁是人类从倒伏于溪沟上的树木等得到启发而学会架设的。经过长期的经验积累，从古代遗留下来的一些名桥可以看出，在有力学理论以前，人们已经掌握了一定水平的基于经验的桥梁设计方法。19世纪初，桥梁设计方法有了重大进展，开始从经验上升到理论。1826年法国纳维（C.L.M.H.Navier）发表了将力学应用在结构设计上的论文。在漫长的岁月里，人们从失败的教训中逐步认识到安全性在桥梁工程中的重要意义，也促进了力学理论的发展。

让我们来看一组近代桥梁（包括钢桥和混凝土桥）的统计数字。史密斯（D.W.Smith，见 Proc.ICE No.60，1976）分析过桥梁事故143例，其中使用2年以上的桥梁113例，占79%。究其事故原因，归纳为:（1）架设阶段的事故12例，占8.4%，由于设计上的原因5例，其中钢桥主要是屈曲造成的破坏。所谓屈曲就是长柱受轴向压力时或薄板受平面内的压力时，荷载增加到一定程度时突然失去平衡状态的现象。（2）材料强度的原因22例，占15%，其中19例是脆性破坏。脆性破坏是相对延性破坏而言，即几乎没有出现塑性变形的突然破坏。因此钢桥设计时宜选用低温延性好的钢种，减少焊接部分的缺陷，在构造上避免出现应力集中（缺口、锐角的隅角部分等）。（3）疲劳引起的破坏4例，钢材锈蚀引起的4例；风引起的4例（均在架成后两年半以内），各占2.8%。（4）地震引起的11例，占7.7%。（5）荷载超过设计荷载及偶然事故引起的14例，占9.8%。（6）洪水等使基础移动造成的70例，占49%。（7）其他2例。为了理解导致以上各种破坏的原因，我们首先介绍桥梁的作用力和材料的物理、力学性能入手。

桥梁的作用力

桥梁要承受各种作用力，通常统称为荷载。荷载使桥梁发生变形和内力。荷载有种种分类方法。简单地说，桥梁本身和桥上的附属部分如道砟、人行道、栏杆、灯柱等，

叫做死荷载或恒载；行人、汽车、列车等的重量叫做活载；还有自然界的力，如风力、地震力等荷载。此外还有桥梁设计上的许多特殊荷载。桥梁是通过各种支承固定在地面上的，所以在荷载作用下就要在支承处产生反力，以维持桥梁结构的平衡。汽车、列车、地震等使桥梁产生振动或受到冲击作用的荷载总称为动力荷载。死荷载等凡是不产生振动或冲击作用的则称为静力荷载。为了设计计算上方便，对动力荷载，例如列车荷载，也是先将其作为可移动的静力荷载来计算它所产生的效应（如内力），然后再用所谓冲击系数来计算其动力作用。桥梁要有能同时受几种荷载组合作用的功能。所以有人说桥梁是人类用以对各种外力（包括自然界的力）的挑战所进行英勇斗争的象征。

材料的物理、力学性能

现代桥梁所用的材料，主要是结构钢、混凝土、钢筋，其次是砖、石。在盛产木材的地区也用木材造桥，但木桥的跨度不可能很大且易于腐朽，故常只适于用作临时性的桥梁。本文以钢桥、钢筋混凝土桥及预应力混凝土桥为主要研究对象，介绍桥梁设计中的一些物理、力学问题。

设计桥梁就会涉及材料的物理、力学性能。现在就其主要方面说明如下：

弹性，塑性与脆性

这里主要是讲材料的宏观性能。表示材料力学性能的各种参量与材料的化学成分、晶粒大小、所受外力特性（静力、动力等）、温度影响、加工方式等一系列内外因素有关。各种工程材料的力学性能是按照有关标准所规定的方法和程序，用相应试验设备和仪器测出的。

图 22.1 表示低碳钢钢材试件静力拉伸试验的应力—应变图。试件一般制成截面为圆形或矩形的棒体。拉力除以试件的原截面积叫做**应力**，以 σ 表示。试件的伸长量除以试件的标距长度叫做**应变**，以 ε 表示。从低碳钢的应力—应变曲线可以看出，当应力小时，应力与应变成线性比例关系。在这阶段材料变形是弹性的，即卸去荷载后变形仍能完全消除，如图中的 $0a$ 段。相当于 a 点的应力称为**比例极限**。这时应力与应变的比例系数称为**弹性模量**，用 E 表示，也称杨氏模量（因系英国 T·Young 氏首先定义的）。$\sigma = E \cdot \varepsilon$ 就是著名的虎克定律。结构钢的 E 值约为 205GPa。由实验得知，当应力略微超过 a 点这一比例极限时，虽然 E 值开始有变

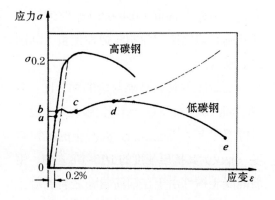

图 22.1　钢材拉伸时的应力—应变曲线

化，但材料仍可保持弹性。这个界限称为**弹性极限**。它与 a 点很接近，工程上常不予区分。过 a 点以后，应力与应变不成比例，直至到达 b 点后，应力不增加而应变继续增加，即钢材开始塑性变形（塑性流）。bc 段称为屈服阶段。这时的材料强度称为**屈服强度**。实际上比例极限与弹性极限较屈服点也只低 10% 左右，并且都不易测准。所以在工程应用上一般常用屈服强度来代替它们作为计算标准。如果是高强度钢材、高强度钢丝和钢筋等高碳钢，在其拉伸时的应力—应变曲线上则无屈服阶段，通常规定残余应变为 0.2% 时的应力值为相当屈服极限（图 22.1）。

再看低碳钢的应力—应变曲线。过 d 点后，试件变形开始集中在某一局部，其横截面显著收缩，变形迅速增加，应力下降，最后在 e 点被拉断。图中实线所示的应力—应变图，都是按试件的原截面积求出应力，如该时刻按断面缩小后的横截面积求真应力，则如图中虚线所示。在 d 点处的最大拉应力称为钢材的**抗拉强度**，与屈服强度同为钢材的重要指标。设试件的原标距为 l，将拉断的试件拼合起来量出拉断后的标距长 l_1，则其延伸率为 $\delta = \dfrac{l_1 - l}{l} \times 100\%$。$\delta$ 值越大，表现材料的塑性性能越好，也就是富于延性。这种材料即使构件有局部的应力集中，出现局部应力高峰，也可通过屈服阶段截面应力的重新分配，在局部损伤处即使出现应力高峰也不致马上引起整个构件的破坏（参见图 22.3）。这也是对某种结构可以期待其能有剩余承载力的理由。此外，由于材料的延性，经构件断裂破坏前会出现很大的变形。作为一种破坏前的征兆，这对于使用有很大好处。对各种规格的结构钢，都有最小延伸率的明确规定。

无明显塑性变形的材料称为脆性材料，如铸铁等。脆性材料的抗压强度比抗拉强度高得多。由于混凝土同钢筋有很好的粘结性，而且他们的温度膨胀系数基本一致。因此，利用钢筋的抗拉与塑性性能，制成钢筋混凝土结构是非常合理的。

关于混凝土的抗压强度，工程上常用规定的棱柱体试件进行测定。与图 22.1 不同，其压缩应力—应变曲线是一条曲线，没有比例极限，只在应力很小的情况下有类似弹性的性质。设最大压应力，即抗压强度为 σ_c，工程上常取（0.4~0.5）σ_c 时的应力与其应变的比值作为割线弹性模量，如图 22.2 所示。

混凝土的材料性能与它的配合比、养护、期龄等都有关系，情况比较复杂。设计时应遵照有关规范执行。混凝土的抗拉强度一般仅为其抗压强度的 1/13~1/8 左右。钢筋混凝土构件由于在钢筋屈服之前混凝土已发生裂纹，其应力应变关系就更为复杂。

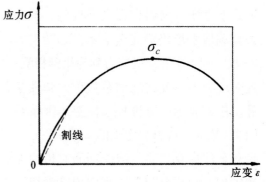

图 22.2　混凝土材料受压时的应力—应变关系曲线

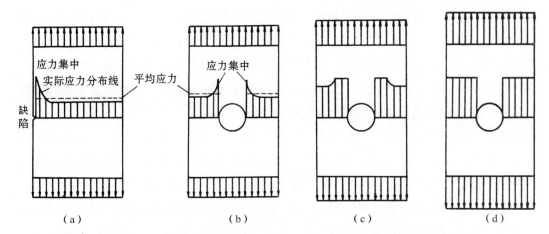

（a）构件表面或内部有缺陷时（弹性阶段）；（b）构件截面上有孔眼时（弹性阶段）；
（c）构件截面上有孔眼时（弹—塑性阶段）；（d）构件截面上有孔眼时（塑性阶段）

图 22.3　构件截面突变处的应力集中现象

图 22.3（a）、（b）表示受拉钢构件截面实变处的应力集中现象。所谓应力集中现象就是在外力作用下，构件在截面变化处将发生较平均应力大得多的局部最大应力；图 22.3（a）表示构件表面有缺陷时的情况。图 22.3（b）表示截面有孔眼时（如螺栓孔，铆钉孔等）的情况。对弹塑性体，在断裂前可有较大的伸长，随着荷载的增加，其压力的重分配则如图 22.3（c）及（d）所示，达到塑性状态后构件发生很大变形而失去承载能力时，应力经过重新分布而均匀化了。此外如图 22.3（a）所示，截面有锐角的急剧变化时，应力集中是很显著的，再加上材料内部如有缺陷，就有可能出现裂纹，此时就有可能发生脆性破坏。

韧性、徐变、应力松弛、疲劳与劣化

在冲击、振动荷载的作用下，材料在变形过程中能吸收能量的性质称为**韧性**。它和抗冲击强度有密切关系，所以称为**冲击韧性**，并以冲击破坏时单位断裂面上吸收的能量作为指标。

徐变又称为蠕变，系指材料在恒定外力作用下，其变形随时间的延续而缓慢增加的现象。由于徐变，材料在某瞬时的应力状态，一般不仅与该瞬时的变形有关，而且与该瞬时以前的变形过程有关。

在维持恒定变形的材料中，总的变形值保持不变。而由于徐变变形渐增，弹性变形相应渐减，材料内的应力会随时间的增长而减小，这种现象称为**应力松弛**。

徐变与应力松弛都是材料的**老化过程**。混凝土结构的设计有时需要考虑到干燥收缩、温度变化、徐变等影响，并使其不发生过宽的裂纹，这时就要用到老化系数、徐变系数等概念。若考虑随机作用，或同时考虑材料性质的随机性，徐变与收缩模型的不确定性以及环境湿度与温度的随机变动，问题就变得更为复杂。

桥梁在使用过程中要承受无数次车辆荷载的反复作用，称为循环荷载。在复杂的循环加载情况下，即使其应力低于静力极限强度，在构件某点处也能发生局部的永久性损伤而使得材料强度大大降低。这种损伤的递增过程称为材料的**疲劳**。通常截面在某一大小的应力作用下只要应力循环幅度保持在某一限值以下，就可承受无限次的循环。图 22.4 表示钢材应力循环幅度 S 与循环次数 N 的关系。桥梁是以 2×10^6 次应力循环为设计标准来制订其容许的应力循环幅度 S 的。2×10^6 次的概念是假如桥上每天通过 24 对列车（即反复"加载"48 次），则 114 年后达到 2×10^6 次。材料所能承受的这种最大的动态应力称为**疲劳强度**，也称**疲劳极限**。其大小与材料性质、应力循环类型、应力集中程度等许多因素有关。对于一座钢桁梁桥的某一根杆件来说，材料性质与应力循环类型（即车辆经过一次时杆件应力最大值的变化）已定，其疲劳极限就决定于截面的应力集中情况。因此在设计时应避免对疲劳极限不利的应力集中现象。在工程应用上常将一定材料、一定应力循环类型与一定应力集中程度的试件的试验结果整理成图线。图 22.4 纵坐标表示应力 S，横坐标表示应力循环次数 N（常用对数尺），称为 S—N 线图。伴有塑性变形的高应力时，循环次数在数千次以下也能发生疲劳破坏，称为**低周疲劳**。当桥梁每天的加载次数远远大于 48 次时，会影响其疲劳强度。

确定疲劳极限的压力范围是个复杂的问题。例如图 22.3（b）所示有孔眼的构件，就比无孔时的疲劳极很要低。在疲劳设计上常对各种不同类型应力集中程度的非焊接接头及焊接接头，分别定出其疲劳极限的强度等级，据以设计。此外，钢筋混凝土结构在疲劳设计时有其不同的特点。本文对桥梁疲劳设计及疲劳寿命的评估等问题不再作介绍。

除上述使强度降低的老化现象以及疲劳损伤等因素以外，屹立于地球上的桥梁还要经年承受温度、湿度、雨、雪、风、人群、车辆，以及偶然来袭的地震等的作用，即使桥梁没有损坏，也会使材料内部产生所谓疲劳损伤。由各种原因造成的材料的强度不足统称为劣化。

除强度以外，还要求桥梁的弹性变形也不能太大，就是要有一定的刚度。**刚度**的力学定义是**使物体产生单位变形所需的外力值**。也即使物体产生单位变形所需的外力越大，表示这个物体的刚度越大。在工程上常用控制桥梁的最大挠度的方法来保持其具有一定的刚度。强度或刚度不足的结构称为**劣化结构**。桥梁劣化过度,就将不堪重负,不符使用要求，桥梁科技工作者就须给桥梁进行养护、加固，以延长其寿命。

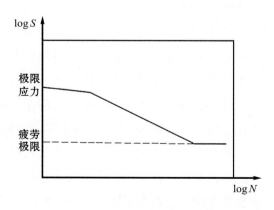

图 22.4　钢材应力 S 与应力循环次数 N 的关系图

对安全性的认识

桥梁设计要满足安全、实用、经济、美观的要求。如上所述，如已知材料的力学性能，就应在设计要求的基准期内，在各种外力及其组合的作用下使桥梁能安全使用。19 世纪下半叶，力学理论业已发展，确定构件及其连接的抵抗能力（简称抗力）的试验方法也已开始。这就有条件提出一种可以保证安全的设计规范。所用的方法叫做**容许应力法**。以钢桥为例，将钢材的屈服强度（取规范规定的保证值）除以安全系数得容许应力，用 $[\sigma]$ 表示，根据 $[\sigma]$ 即可推算出各种抗力的容许值。**安全系数**的大小则是根据经验判断的，一种材料，其质量（即上面提到的各种力学指标）愈稳定，则安全系数可以取得愈小。钢材一般取 1.7；混凝土取 3~3.5；木材则可高达 10。安全系数的大小还与外部作用的确定性、设计计算的准确性以及实际受力的荷重程度等因素性质有关，下面还会论及。用**理论力学**（研究力学一般理论的学科）和**结构力学**（研究运用力学的一般原理计算结构在外力作用下的内力及变形的学科）的方法计算荷载引起的内力，称为内力分析。再用**材料力学**（研究材料的力学性质及构件的应力与变形的学科）的方法，按弹性假定计算出截面的最大应力 σ。截面安全的条件是：最大应力 σ 不应大于容许应力 $[\sigma]$。在设计中叫做截面验算。在规范中还规定了验算时如何对荷载取值，以及在不同荷载组合情况下的容许应力如何取值。还有一些对构造要求方面的规定。此外，对挠度、桥面转折角等变形、桥梁振动、混凝土裂纹宽度等的限值也都有规定。总之，满足设计规范的要求才能保证安全性和可使用性，才能交付运营。

为简单起见，以上是以低碳结构钢为例，说明容许应力设计法的概念。高强度钢的材料特性（参见本书第 8 篇），混凝土与高强钢丝的材料特性（参见本书第 7 篇）都有不同的特点，因而其设计规范也有不同的规定。如受压混凝土常以棱柱体试件灌注后 28 天的抗压强度为设计基准强度，其安全系数则取 3~3.5 左右。

为什么在早期制定设计规范时，安全系数是凭经验带有一定主观性规定出来的？这是因为在结构设计中的荷载作用及结构强度（抗力）都存在许多不确定的因素。设计荷载是把实际荷载加以模型化（即理想化），例如车辆荷载的动力效应是用冲击系数形式来表示的（参见第 25 篇）；风和地震作用也都只能用近似的方法计算（参见第 23 篇及第 24 篇）；荷载组合时各种荷载最大值的发生概率也很难确定；材料强度又与其制造方法、品质管理等有关系；在实验室内的材料试验结果与在实际结构中材料的作用行为也是不一致的；内力分析方法也有许多假定和近似；结构破坏或丧失机能的社会经济影响也该考虑等等。如果将结构即将开始跨入不安全和不适用的状态称为极限状态，对各种极限状态都一一进行深入的研究，并订出防范措施，那就能满足安全、实用、经济、美观中的前 3 项要求了。这就是后来的所谓**极限状态设计法**。

对安全性认识的深化

随着科学技术的进步，对材料的强度以及不规律的随机荷载都可用概率的方法研究其统计特性及一些参数（不规则的随机变量）的变异性。1947 年美国弗劳登哈尔（A.M.Freudenthal）发表了结构安全性的论文，到了 20 世纪 60 年代已经奠定了**结构可靠度设计法**的基础。设结构抗力为 R，荷载效应为 S（荷载引起的内力、变形等），极限状态方程为 $R-S=0$，则 $R<S$ 的概率称为构件的**失效概率** P_f；$R>S$ 的概率称为构件的**可靠度** P_r，$P_r=1-P_f=1-\varphi(-\beta)=\varphi(\beta)$。这里引入的是 β 是一个无因次系数，称为**可靠指标**。它的重要意义与按容许应力法设计时的安全系数相当。各国都在制定目标可靠指标作为设计的依据，其值约有 2~5 之间。

结构的极限状态可分为下列几类：

（1）承载能力极限状态；

（2）疲劳极限状态；

（3）正常使用极限状态；

（4）偶然作用的次生灾害的极限状态。

早在 20 世纪 50 年代，前苏联就提出了极限状态的概念。我国也已在钢筋混凝土建筑结构设计中应用。至于桥梁结构按可靠度理论的极限状态设计，则目前尚处在规范制订阶段。在目前的抗力与荷载系数设计法中是将各种极限状态分别研究，加深认识，并制订出各多极限状态的分项系数，也就是相当于把单一的庞统的、模糊的安全系数加以分解。这当然是一大进步，它是对安全性认识的一种深化。

在设计时所遇到的诸多不确定因素中，有的可作为随机变量处理，有的则不能。有些本来是随机变量，现实中有时因统计资料不足，在其概率分布的推定上也存在不确定性，有时不得不采用近似的方法或采用将主观的不确定因素加以分离。容许应力设计法已有 100 多年的历史，过去的经验不容忽视。目前对目标可靠指标的制定常采用规范校准方法，但既然与容许应力法是两种不同的概念，在制订各单项指标时就不应简单地套改，而应选择一些典型工程作仔细的对比研究。

力学与力学规律

桥梁包括上部结构、墩、台和基础等部分（见本书第 3 篇），所以在桥梁设计中的物理、力学问题，除上面提到的**理论力学**、**材料力学**和**结构力学**以外，还要用到**弹、塑性力学，断裂力学**与**疲劳理论**，以及**土力学**和**岩石力学**乃至**流体力学**、**空气动力学**等。塑性力学与弹性力学的区别在于前者考虑物体内产生的永久变形，如再考虑永久变形随时间的变化，则属于**流变学**的范畴。为发挥材料强度的潜力，利用材料的塑性性质，在残余应力的计算等方面，都需要应用塑性力学理论。此外，在土、混凝土、橡胶支

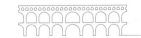

座等问题中还需要化学方面的知识。弹性力学研究物体在外力和其他作用下产生的内力和变形，它是材料力学、结构力学、塑性力学等学科的基础。这些学科又都存在互相交叉，例如**弹塑性断裂力学**在研究变形体中裂纹的扩展规律、焊接结构的缺陷评定以及结构**低周疲劳**和**蠕变断裂**等方面都有重要的作用。还有，风的作用是**气体力学**问题，它属于流体力学的范畴。而风和水对桥梁的作用机理则属于流体—固体的耦合问题。地震波对桥梁上、下部结构的作用则需要**地震学**的知识。以上这些力学的研究对象都包括静力与动力问题。在实验与测试方面，还有**实验力学**。由此看来，桥梁设计中的力学问题真可谓繁花似锦，多姿多彩，名目繁多。桥梁建设的发展在促进现代多门力学发展方面，起了很大的作用。力学科学的发展又反过来推动了桥梁科学技术的发展。

20 世纪后半期，随着电子计算机的发达，逐渐形成了一门交叉学科，即**计算力学**。计算力学又分为**基础计算力学**及**工程计算力学**。后者适用于工程力学的多个分支，它的支柱是离散化技术，模拟方法，数学分析和计算机软件。其任务是研究结构分析的计算机程序方法、结构优化方法和结构分析图象显示等等，在实验方面也可以进行计算机仿真实验。离散化技术的一个典型例子就是**有限元方法**，即把一个连续近似地用有限个在节点处相连接的单元组成的组合体来代替，从而把一元的连续体分析问题转化为多元的单元分析及对单元组合的分析问题。

力学规律是一切物体必须服从的一种基本规律。力学原理是工程力学各分支的基础。力学原理可分为**变分原理**和**非变分原理**两类。一个最基本的例子是我们在物理学中学过的机械能守恒定律。机械能守恒的力学系统称为保守系统。重力、弹性力等都是保守力。摩擦力、流体粘滞力等则是非保守力。这里不对许多力学原理作进一步的介绍。值得注意的是，在工程应用上有时对力学原理存在一些混淆甚至误会。例如对桩基础的计算，早期曾提出一种弹性基础梁的计算模型，即把桩与地基之间关系看作是机械弹簧的连接关系，地震力就通过弹簧作用在桩上并传到被桩支承的结构上。这样就等于忽略了结构运动对地基的影响而把它作为一个保守系统了。实际上地基是连续质量的系统，结构运动时有能量的耗散问题，也即地基与基础的动力相互作用本应是非保守系统问题。为避免这些矛盾，有人建议用非线性三维有限元方法求解结构—基础—地基的动力相互作用问题。

研究对象、问题性质、分析方法、数学手段

以上粗略介绍了工程力学各分支学科在桥梁设计中的应用。随着科学技术的进步，对某一研究对象和问题的性质，可以有多种分析方法，使用的数学手段也越来越多。试用图 22.5 来表示，下面举例简要说明之。

图 22.5 将 Ⅰ 研究对象，Ⅱ 问题性质，Ⅲ 分析方法及Ⅳ 数学手段用 4 个栏目分别表示在 4 条轴线上。在各个轴上罗列了目前在结构分析中常遇到的一些内容。通常根据 Ⅰ、

Ⅱ、Ⅲ、Ⅳ中的任意一至二项而选择了其他三或二项。

　　例 A　用力矩分配法作连续梁的静力分析　它是结构力学中的一个比较简单的问题，可用计算尺（计算器）及算盘等简单计算工具迅速算出。在图 22.5 的四个坐标轴上可以表示为Ⅰ5×Ⅱ1×Ⅲ6×Ⅳ1，可在图中由 A 点用实线表示其关系。就是说本题的研究对象原属于Ⅰ5 的超静定平面问题；问题性质属Ⅱ1 弹性行为；所用分析方法可以

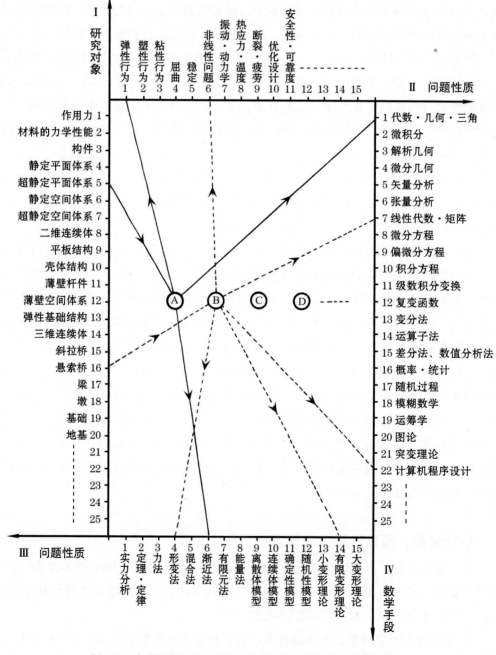

图 22.5　力学问题中研究对象、问题性质、分析方法、数学手段

是Ⅲ6渐近法；另需应用Ⅳ1的代数、几何、三角一些初等数学手段即可。此题也可以用矩阵法及简单的计算机程序来加以解决，即坐标轴Ⅳ上的7及22。

例 B　悬索桥的计算　悬索桥是目前跨越能力最大的一种桥梁型式（见本书第13篇）。悬索桥理论，在初期使用的是所谓弹性理论，即结构力学的小变形理论。它只适用于刚度较大的中小跨度悬索桥。后来才提出挠度理论。根据变形后的位置建立平衡微分方程。两院院士李国豪教授早在1940年在德国达姆斯达特（Darmstadt）大学期间发表了产生很大影响的《悬索桥按二阶理论的实用分析方法》著名论文，奠定了悬索桥计算的理论基础。该理论实即一种考虑了几何非线性问题的有限变形理论。现在则可以利用计算机比较方便地进行计算了。在图22.5中用6根虚线连向Ⅰ16、Ⅱ6、Ⅲ4及Ⅲ14、Ⅳ7及Ⅳ22，分别表示研究对象、问题性质、分析方法及所有数学手段。如果是跨度超过1500m的超大跨度悬索桥，则还要用到分析方法Ⅲ15的大变形理论。

例 C　地基—基础动力相互作用问题　如果用非线性三维有限元方法分析，则研究对象为Ⅰ14、Ⅰ19，问题性质是Ⅱ6及Ⅱ7，分析方法是Ⅲ7，数学手段是Ⅳ7及Ⅳ22。读者可利用图22.5试思考之。

图22.5的目的是用一种形象的方法启发我们要思路开阔。从工程学的角度来说，要根据研究对象和问题性质，选择合适的分析方法与数学手段。从应用力学的角度来说，将力学的原理和方法辅以适当的数学手段，可以应用于解决许多工程问题。再从应用数学的角度来说，数学方法与计算手段的进步也大大促进了工程科学的发展。科学的发展需要受过多种学科的严格教育和训练以及具有丰富实践经验的人才。

未来的展望

桥梁设计理论正处在一个伟大的变革时代。电子计算机及电子仪器的发展，新的建筑材料的研制，实验测试技术及施工方法的进步，再加上一些跨学科新理论与新方法的相互渗透，将促进桥梁设计理论得到进一步的发展。

有些不能用数值精确计算的问题，但可以理解其对结构有利或有害，就要考虑概念设计。概念设计是相对于数值设计提出的，例如通过结构布局或高度要求等，以达到设计目的。

由于可靠性理论的应用，桥梁设计正在向概率极限状态设计法过渡。各门力学也都在研究随机问题并发展成随机力学。对结构随机振动，除能按日本学者伊藤（清）型随机微分方程求解的问题以外，主要靠随机过程数字模拟等解法，这时许多参数也需要足够的概率统计数据，有时也不得不研究各种近似方法。还有有限元与随机有限元方法的软件开发问题等等。

我国高速铁路的发展举世瞩目。对在大跨度桥上行驶高速列车的问题有：波动传播问题、应用智能光纤的振动控制问题、健康监测及新型传感器的研制问题等，这些

问题都已经提到议事日程。

　　除数学、力学问题以外，在可靠度指标中还应考虑社会经济效益因素。对安全度的评价也已不再单纯依赖经验来主观评定了。桥梁工程应是科学（应用科学）与艺术（技艺）和社会学（可持续发展）的结合，以达到安全、实用、经济、美观四个要素的不断充实和创新。

　　本篇主要介绍数学、力学在桥梁设计中的应用，但必须重视工程实践，设计规范的改革也应是连续渐近的。最后，工程技术人员的创造性，处理千变万化的实践中所遇到的多种问题的艺术、技巧及其宝贵实践经验是永远不应忽视的。

参考文献

陈英俊，甘幼琛，于希哲等 . 结构随机振动 [M]. 北京：人民交通出版社，1993.

23

桥梁抗震

撰文：李建中　同济大学教授、土木工程学院副院长
　　　范立础　同济大学资深教授、中国工程院院士

- 桥梁震害
- 地震特性和分布
- 地震震级与烈度
- 桥梁抗震设计
- 桥梁结构减、隔震技术和抗震措施
- 地震模拟振动台试验
- 结束语

桥梁抗震

桥梁震害

我国是世界上多地震国家之一。远在3000多年前,我国就有关于地震的记载,《诗经·小雅》就有描述:"烨烨震电,不宁不令,百川沸腾,以冢崒崩,高峰为谷,深谷为陵"。那时人类尚处原始阶段,无甚人工设施破坏,记载的是地震引起的地表变化。此后史书及地方志上常有地震引起人工设施的震害记载。至明、清两代,关于地震的记载和地震灾害的描述就更为详尽。以桥梁工程为例,1300余年前隋代著名工匠李春所建的赵州桥位于多地震地区,虽经历史上多次地震,依然完好无损。近在1966年邢台地震(里氏7.2级),震中距桥位不到40 km。赵州桥又一次经受了地震的考验。那时,仅在河宽不大的内河上建桥,且大都是木桥与石桥,地震中虽有破坏,也较易修复。

1976年7月28日凌晨3时42分,我国唐山市发生了7.8级地震,震源就在唐山市地下11 km处,震中烈度达11度。唐山市遭到一场毁灭性的地震灾害,全市顷刻间变为一堆废墟。大量桥梁被毁坏(图23.1),交通中断,救灾困难,导致更严重的次生灾害,增加了人员伤亡和经济损失。地震中大约有24万人死亡,另有16万人受重伤,约7000个家庭无一人幸存。唐山市大地震以本世纪中人类遭受的最惨重的自然灾害而载入史册,其灾情比同样震惊世界的1906年美国旧金山大地震和1923年日本关东大地震更为惨重。

图23.1 唐山地震中滦河大桥被震垮

　　2008 年 5 月 12 日，我国四川汶川发生了里氏 8.0 级特大地震，这次大地震是新中国成立以来破坏性最强、波及范围最广、救灾难度最大的一次特大自然灾害，地震中大约有 8 万人死亡。汶川地震及其引发的滑坡、崩塌等次生灾害，致使灾区交通基础设施损毁惨重、损失巨大（图 23.2）。汶川地震导致四川、甘肃、陕西 3 省内的 9 条高速公里约 102km 路段、27 条国省干线公路约 2611km 路段和 31412km 农村公路的路基路面、桥梁、隧道等不同程度受损，其中高速公路和国省干线公路受损桥梁 1109 座共 8.2 万延米，隧道 52 座共 4.7 万延米，四川境内国道 213 线映秀至草坡段约 20km 和省道 303 线映秀至耿达段约 22km，路基几乎全部被崩塌山体掩埋，省道 302 线北川至茂线多处被堰塞湖淹没。"5·1 2"汶川地震受损公路总里程为 31412km，直接经济损失 612 亿。

图 23.2　汶川地震中山体崩塌、滑坡造成的桥梁损毁

　　在 20 世纪 60 年代以来，现代化大城市发展迅速。随着人口密集和经济高速发展，城市防灾问题更为突出，其中最重要的一环是交通网络上的枢纽工程——桥梁。近 40 年来，发生在 1971 年的美国圣费尔南多（San Fernando）地震（里氏 6.6 级）、1989 年的美国洛马·普里埃塔（Loma Prieta）地震（里氏 7.0 级）、1994 年的美国诺斯雷奇（Northridge）地震（里氏 7.6 级）和 1995 年的日本神户地震（里氏 7.2 级），导致现代化大城市旧金山、洛杉矶、大阪神户地区均遭受到不同程度的破坏。以桥梁震害为例，大量城市高速道路和高速铁路高架桥、立交桥工程断墩倒梁、倾侧坍毁。神户地震时，

图 23.3　神户地震中倒塌的高架桥

市内四座大跨度桥梁也遭受严重损坏，如桥梁倒塌（图 23.3），支座拉脱，塔墩、锚台过大位移，钢拱桥风撑屈曲破坏等等，致使交通几乎全部中断，经济运转受阻，加重了经济损失。以上例举的四次地震导致城市经济总损失，以当时美元价值计算分别为 10 亿，70 亿，200 亿，1000 亿元。

地震特性和分布

　　全世界的地震主要发生在大陆和岛屿的边缘上（图 23.4）。那里是组成地壳的许多单独的板块交界区，由于板块缓慢地运动，使相互间挤压产生地应力。当地壳中心应变能积累到一定程度后就会在比较薄弱的地方发生断裂、错动或滑移。此时，应变能

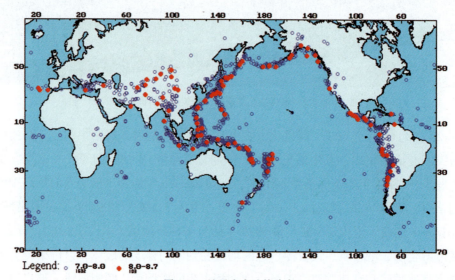

图 23.4　地震在全球的分布

转化为波动能，以地震波的形式向地表传播，引起地面的强烈振动，这就是地震。

比较集中的两个地震区域是：（1）环太平洋地震带，它是太平洋板块和周围其他板块的交界区，包括日本、印尼和南北美洲的面海岸。世界上80%的地震都发生在这一带。（2）欧亚地震带（或称地中海喜马拉雅地震带），位于欧亚大陆板块和非洲及印度洋板块的交界区。这一地震带在我国西藏分成二叉，向北至长江流域，向南沿缅甸、泰国、马来西亚至印度尼西亚和环太平洋带相接。

中国位于两大地震带的交接区。根据地震记录和地质构造情况（大断层），中国大致可分为六个地震活动区：（1）台湾及附近海洋区域；（2）喜玛拉雅山区；（3）天山地区；（4）由宁夏、甘肃、四川到云南的我国西部的南北地震带区域；（5）由辽宁、河北到陕西的华北地震带区域；（6）包括福州和潮汕一带的东南沿海地震活动区。因此，我国存在发生频繁而强烈地震的内因与外在条件。

地震震级与烈度

地震是一种自然现象，至今尚不可能科学地定量、定时和定点预测。全世界每年发生的地震约500万次左右，能被人们察觉到的地震约占总数的1%，而造成灾害的强烈地震则为数更少了。

科学家采用震级（Magnitude）来表征地震强弱的量度，它与地震所释放的能量有关。释放能量越大，地震震级也越大。地震震级分为九级，震级每相差1.0级，能量相差大约32倍；每相差2.0级，能量相差约1000倍。至今所记录到的最高震级为8.9级。

同样震级大小的地震，造成的破坏不一定相同；同一次地震，在不同的地方造成的破坏也不一样。为了衡量地震的破坏程度，科学家又"制作"了另一把"尺子"——地震烈度。地震烈度与震级、震源深度、震中距（是指地面上任意一点到震中的直线距离），以及震区的土质条件等有关。

一般来讲，一次地震发生后，震中区的破坏最重，烈度最高，这个烈度称为震中烈度。从震中向四周扩展，地震烈度逐渐减小。所以，一次地震只有一个震级，但它所造成的破坏，在不同的地区是不同的。也就是说，一次地震，可以划分出好几个烈度不同的地区。这与一颗炸弹爆后，近处与远处破坏程度不同道理一样。炸弹的炸药量，好比是震级；炸弹对不同地点的破坏程度，好比是烈度。

目前大多数国家都把烈度划分为12度，1~5度是无感到有感地震，7度以上为破坏性地震，11度以上为毁灭性地震。

桥梁抗震设计

在何地、何时，多大震级、多大强度的地震即将发生，发生的地震将持续多长时间等，至今都难以定量预测。那么在地震区建造的工程设施如何考虑地震作用来设计结构物

的抗御地震的能力？过高的抗震设防标准是用过大的当前经济投资，换取高的抗震效果；而过底的设防标准，则是用较低的抗震安全性，减小当前的经济投资，但增加了未来更大的损伤。

经过本世纪近 90 年的努力，人类对地震灾害现象机理的认识在不断提高，同时对结构物抗震设计原则、抗震设计理论和方法进行了长期的研究。国内外面对每一次大地震灾害的惨重教训，不断改进结构物的抗震设计理论和方法。早在 1900 年提出的静力法，即将结构物各个部分都看作与地面地震振动具有相同的振动，把惯性力（地面运动加速度与结构物重量的乘积）看作是作用在结构上的静力进行结构的抗震设计。当人类观察到粗重的结构（如挡土墙、桥台）和较柔性的结构（如高墩）在地震中破坏现象不一样，美国学者遂在本世纪 30 年代提出了"反应谱"理论。"反应谱"理论既考虑了地震地面运动的特性，也考虑了结构物在地面运动作用下的振动的动力特性。在 40 年代，由于人类设计了强震记录仪，将其配置在地震区内，获得了大量地震记录，更由于电子计算机的发展，提出了结构物动态时程分析法，即把地震波加速度时程记录作为输入数据，应用计算机对结构物作动力反应的时程分析。

近 30 年来，地震灾害预测与评估、地震危险性分析取得了很大的进展。它从地震作用随机性出发，研究一个国家，一个地区，甚至一个建设场地在今后一定时期内可能发生不同强烈程度的地震作用和可能导致的不同程度工程破坏及经济损失的发生概率，为制定更科学合理的工程设防标准提供了理论基础。各国都对于结构的传统抗震设计、分析方法进行了全面的重新认识，并且开展了一系列深入研究，提出了基于性能的抗震设计方法。基于性能的抗震设计实际上是一总体设计思想，主要指结构在受到不同水平地震（不同概率地震）作用下的性能达到一组预期的性能目标。如"小震不坏，中震可修，大震不倒"。

"小震不坏"是强度保证，使结构在多发的小震作用下处于弹性工作阶段，以避免结构因累积损伤面影响使用功能。

"中震可修"是容许结构有轻度的并且不在结构要害部位的损坏，震后可修复使用，是强度与变形双重检验的保证。这是让结构物进入弹塑性工作阶段而不毁坏的经济合理的对策。

"大震不倒"是充分利用结构延性和变形能力。在承受罕遇大震情况下，结构虽出现了损伤破坏，但仍不丧失平衡，以保护人的生命安全，提供逃生的机会。

桥梁的震害主要为支座破坏后落梁、下部结构（桩基、墩柱）的断裂和损伤。尤其是"头重脚轻"的城市高架桥、立交桥和大桥的引桥，更要注意下部结构的抗震设计，要保证薄弱部位的延性和变形能力。地震时，桥梁支座的破坏亦相当严重，支座破坏后可能导致落梁破坏。在抗震设计中，一定要保证桥梁结构的整体稳定性，要提高结构抗震能力。

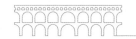

桥梁结构减、隔震技术和抗震措施

对于地震作用，传统的结构设计采用的对策是"抗震"，即主要考虑如何为结构提供抵抗地震作用的能力。一般来说，通过正确的"抗震"设计可以保证结构的安全，防止结构的倒塌，而结构构件的损伤是不可避免的。但是，在有些情况下，要靠结构自身抵抗地震作用非常困难，要付出很大的代价，因此必须寻求更为有效的减震技术。

目前，国内外主要是利用减、隔震装置来延长结构周期、增加结构阻尼，耗散地震能量，达到减震效果。

早在1906年，德国人申请了美国专利，其发明就是在建筑基底放一刚性底板，并用硬材料制成的球体支承着，这样可达到隔震的目的。1908年意大利墨西拿—里基俄（Messina-Reggio）地区发生大地震，死亡人数达16万，主要是由房屋倒塌造成的。为了给地震区重建提供可靠的设计方法，由工程师和大学教授组成了一个委员会，经过研究建议用砂层或滚子将建筑物与基础分离开来；1909年，英格兰的一个医生申请了英国专利，建议在建筑底部用一层沙或滑石将建筑与基础隔离开来。虽然20世纪60年代以前有个许多隔震的设想，但隔震技术广泛应用于实际工程是20世纪70年代以后。

自20世纪70年代以来，减、隔震技术在世界范围内引起广泛关注，在理论研究和工程应用中取得了巨大进展。经过近30年的研究，发展了叠层橡胶支座、铅芯橡胶支座、高阻尼橡胶支座、摆式支座等减、隔震支座等多种减、隔震支座，开发了具有粘滞、粘弹、金属屈服和摩擦特性的减震、耗能装置（参见第6篇第5节）。这些减、隔震支座和耗能装置已被广泛应用到建筑和桥梁结构中，取得了较好的效果。如美国的旧金山—新奥克兰海湾桥（San Franciso-New Oakland Bay Bridge）是一座主跨为385m独塔自锚式悬索桥，其主塔由4根立柱组成，立柱间采用剪切耗能装置连接，地震作用下剪切耗能装置发生弹塑性变形来耗散地震能量，减小主塔地震反应，地震后对于已发生损伤的剪切耗能装置则可以很容易地更换。我国苏通长江大桥等许多大跨度斜拉桥在桥塔处采用粘滞阻尼器与梁体连接，以控制地震作用下梁体位移。

为了防止或减轻桥梁震害，根据历次震害经验，对结构物抗震性能改善和加强的措施称为结构抗震措施。如设置足够长的墩、梁搭接长度、设置混凝土挡块等防落梁装置以防止地震作用下落梁破坏；加强结构塑性铰区域、结点区域等薄弱部位的钢筋构造措施，以提高和保证结构的延性；加强结构各部的整体联结措施等。

地震模拟振动台试验

地震模拟振动试验台由液压系统、控制系统和数据采集系统组成，可以模拟真实的地震后的地面运动，是目前研究结构抗震最有力的工具。

唐山地震后，我国于1983年7月在同济大学建成了能试验15t的双向地震模拟振动台，20 世纪 90 年代对这一振动台进行了多次改造，双向振动台升级至三向六自由度；模型重量由 15t 升级至 25t。2013 年，同济大学又建成了由 4 个振动台组成多功能振动台组。四个台子可以在一个 70m 的地沟内移动，若干台合成一大型线型振动台台组，最大台面尺寸 60m×6m。多功能振动台组可以进行多维、多点激励输入，承载能力达 2000kN，为国际上最大台面的振动台系统。多功能振动台组的建立为桥梁抗震的研究提供了有力的基础，图 23.5 为泰州长江大桥振动台模型试验。

图 23.5　泰州长江大桥振动台模型试验

结束语

地震等自然震灾害是不可避免的，但人类的聪明才智是无穷的。保护环境和减轻灾害是现代人类当前所面临的两大使命。　目前大多数国家的工程结构抗震设计规程都已采用基于性能的抗震设计原则。鉴于近几年的地震灾害的教训，地震危险性分析、结构地震易损性分析等方面研究越来越引起各国的关注。在桥梁抗震设计中，对土——结构共同作用、结构的局部与整体延性、砂土液化效应与防止措施、特殊桥梁抗震设计方法和减、隔震措施等方面展开了广泛深入的研究与讨论。美国、日本对桥梁结构修复技术的研究极为重视，是近年来的研究热点。

编者注：2015 年 7 月 6 日同济大学携手美、日、意三国在同济大学共建《地震工程国际合作联合实验室》，联合中、外研究力量开展各项抗震防灾的前沿研究。研究方向为包括长大桥梁、长大隧道、深水基础的抗震防灾在内的多项土木与建筑工程的抗震防灾。

24

桥 梁 抗 风

撰文：林志兴　同济大学研究员、土木工程防灾国家重点实验室前副主任

- 桥梁风害
- 风的特性及其对桥梁的作用
- 桥梁抗风设计
- 桥梁物理风洞试验
- 桥梁数值风洞"试验"
- 桥梁风致振动的控制

桥 梁 抗 风

桥梁风害

能够支撑自身以万吨计的桥面重量并能同时通过万吨之重车辆的大桥，还要担心被风吹垮吗？1940 年 11 月 7 日上午，位于美国华盛顿州刚刚建成四个月，跨度 853 m，居于当时世界第三位的塔科马海峡（Tacoma Narrows）悬索桥，在八级大风（风速 19m/s）作用下经过剧烈的扭曲振荡后被风吹毁，半跨桥面坠落水中。这一过程恰好被正在该桥拍摄电影外景的摄影师完整地记录了下来，成为后来桥梁抗风研究极其珍贵的资料（图 24.1）。其实，近代桥梁的风毁事故还可以追溯到 19 世纪后半叶。1879 年，架设在

图 24.1　塔科马桥风毁从开始到破坏时的情形（可以看到当时桥上的车辆）

英国苏格兰泰（Tay）河上的桁架桥泰桥，其中 13 孔跨度 75m 的连续桁架连同正在桥上行驶的火车被风吹落河中，造成列车上 75 人死亡，仅一人生还的惨剧。这期间的桥梁风毁事故至少可举出十座以上，其中以悬索桥居多。在塔科马桥风毁前，人们把桥梁的风毁归因于对静力风荷载估计不足而导致强度或变形破坏。然而作了充分静力抗

风设计的塔科马桥在较低风速下被风吹毁，则使全世界的桥梁工程师们为之震惊。他们以此为契机，和空气动力学家一道，进行了至今已长达半个多世纪的桥梁抗风研究。

20世纪的后50年至今，虽然没有再发生像塔科马桥那样的风毁事故，但是简易人行吊桥的风毁（日本，1963年），架设中的桁架桥的风毁（日本木曾川桥，1962年），施工中独立桥塔因风振而产生的塔柱接头部位的损伤（1964年建成的英国福斯桥），下承式拱桥及朗格尔桁架的吊杆因涡激共振产生的疲劳损伤，斜拉桥的缆索振动及损坏等，却时有报道。因此，桥梁风害至今仍然是桥梁工程师们十分关注的问题。

我国是受台风侵袭较严重的国家（图24.2）。近些年来，随着大跨度桥梁的大量建设，桥梁的风害也时有出现。例如广东南海九江公路斜拉桥施工中吊机被大风吹倒，砸坏主梁，江西九江长江公路铁路两用钢拱桥吊杆的涡激共振，上海杨浦斜拉桥缆索的涡振和雨振使索套损坏，舟山连岛工程悬索桥西堠门大桥加劲梁的高阶涡激共振等。桥梁的风害问题必须引起桥梁工程师的足够重视。

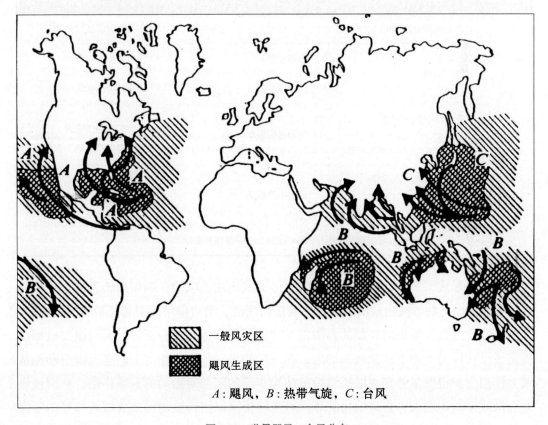

图24.2　世界飓风、台风分布

风的特性及其对桥梁的作用

风，简言之就是包围地球的大气边界层内的空气流动。由于受到大气压差的气压

梯度力、地球自转引起的偏转力、与地球表面之间的摩擦力等作用，风的速度和方向是随时间和地点不断变化的。为了研究的方便，常把一定时间长度（称作时距）内的风速分解为两部分，即不随时间变化的平均风速和围绕平均风速不断变化的脉动风速。我国气象部门把平坦开阔地区地面以上 10 m 高度处测得的 10 min 平均风速作为度量风力大小的基准，并且将其划分为 0~12 共 13 个级别。台风为 12 级风（风速 $v \geqslant 32.6\text{m/s}$ ）。现在，也有时将大于 32.6m/s 的风速进行 12 级以上的再细分。

　　经过半个多世纪的研究，现在已经基本弄清了风对桥梁的作用及其破坏机理。由于自然风中的紊流成分的不同特征，以及桥梁的结构型式和断面形状的不同，风对桥梁的作用也表现出多种不同的形式。概括起来，风对桥梁的作用可分为静力的和动力的两类（见表 24.1）。静力作用主要引起桥梁的强度、变形破坏和静力失稳，静力失稳

表 24.1　风对桥梁的作用形式及破坏特点

分　类	现　　象			破坏特点
静力作用	静力风荷载产生的内力和变形			强度破坏或过大变形
	静力失稳	扭转发散		扭转变形破坏
		横向屈曲		横向失稳破坏
动力作用	抖振（紊流风响应）	有限振幅振动		结构或构件疲劳 人感不适，行车不安全
	自激振动	涡激共振	发散振动	结构毁灭性破坏
		驰振	单自由度振动	
		扭转颤振		
		弯扭耦合颤振	二（或多）自由度耦合振动	

可以有两种形式。一种是以主梁的扭转变形形式出现的失稳，叫做扭转发散；一种是以主梁的横向弯曲形式出现的失稳，叫做横向屈曲。动力作用则引起桥梁的风致振动，其中最危险的是导致动力失稳的自激型发散振动——颤振和驰振。所谓自激发散振动就是桥梁在风力作用下被激起振动后，在一定的振动频率和相位下，它可以不断地从风力作用中获得能量补充，以抵消桥梁结构本身的阻尼对振动的衰减作用，从而使振动的振幅不断地增大，直至结构破坏。通常将桥梁以扭转振动形式或扭转与竖向弯曲振动相耦合（即两种或两种以上振动形式同时发生，耦连在一起）形式的破坏性发散振动称作颤振，而把桥梁像骏马奔驰那样上下舞动的竖向弯曲形式的破坏性发散振动称作驰振。涡激共振是气流绕过桥梁时产生周期性的旋涡脱落而激发起桥梁的有限振幅的规则振动。所谓旋涡脱落就是气流绕过钝体时发生流动分离，而在钝体的前缘或

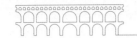

后缘有规律地产生旋涡并随之离开物体而破碎的过程。虽然这种振动不是破坏性的，但它发生时的风速低，容易使结构产生疲劳或使行车人感到不适。抖振则是风速中无规律随机变化的脉动成分激励起桥梁不规则的有限振幅振动。它也会使结构产生疲劳，还可能使结构产生较大的惯性力，而使结构的内力增大。除此之外，风还会对桥上的辅助设施产生不利作用。例如使钢制栏杆产生噪声、灯柱摇动和灯具损坏等。另外，沿海的台风还可能引起海啸，使桥梁及建筑物受到间接的破坏。

桥梁抗风设计

二次世界大战后，以悬索桥和现代斜拉桥为代表的大跨度柔性桥梁得到了迅速发展。这种结构的特点之一是对风十分敏感。为了桥梁施工和使用的安全，进行桥梁抗风设计是十分必要的。桥梁抗风设计的目的主要有以下三点：

（1）在桥梁的使用期限内，对于可能出现的最大风荷载，不会发生强度、变形破坏和静力失稳；

（2）桥梁发生自激发散振动（颤振或弛振）的临界风速必须大于桥位处桥梁所处高度上可能出现的最大风速，以确保不会发生动力失稳破坏；

（3）将桥梁可能产生的非破坏性振动（涡激共振和抖振）的振幅减小到可以接受的程度，以防止结构的疲劳损伤，避免人感不适，保证行车安全。

桥梁抗风设计大体可分为两个阶段。第一阶段为结构初步设计阶段。这一阶段有关风荷载的工作内容包括对桥位处风速资料的收集、风观测，确定设计风速、设计风荷载、桥位处风的特性参数等。我国桥梁抗风设计规范规定，以桥梁所在地区的平坦开阔地面以上 10 m 高度处、10 min 平均、100 年重现期的年最大风速作为桥梁抗风设计的参考风速，称作基本风速，并据此绘成全国基本风压分布图。在此基础上考虑桥址处的地形地貌情况、桥梁的架设高度、桥跨长度、自然风的特征等因素，确定桥梁的设计风荷载和自激振动检验风速。有关结构设计的内容包括提出抗风设计对结构设计的各项要求，作为确定桥梁结构体系、各构件的材料、形状、尺寸等的参考。其中最重要的是结构体系的抗风性能考虑和结构断面形状的气动选型。第二阶段为结构设计的抗风性能检验阶段，包括静力抗风性能和动力抗风性能检验两部分。静力抗风检验包括根据规范或通过风洞试验，确定结构断面的静力气动力系数，算出作用在桥梁各个部分的静力风荷载，进而计算在静风荷载作用下的结构内力、变形，检验结构的静力稳定性（扭转发散和横向屈曲）。动力抗风检验包括桥梁建成后运营状态和施工架设过程的颤振特性、涡激共振特性、抖振特性检验。采用风洞试验或半试验半理论的方法给出桥梁的颤振临界风速、颤振形态，涡激共振的发生风速和振幅估计，抖振振幅及其产生的惯性力附加内力。其中最重要的是要求桥梁的颤振临界风速必须高于桥位处桥梁设计使用期限内可能出现的最大风速，并具有一定的安全度。当检验结果

表明桥梁设计方案不能满足抗风要求时，则需要修改设计或采用其他振动控制及减振措施。

桥梁物理风洞试验

　　由于桥梁（主梁、桥塔、缆索、墩柱等）的断面形状一般都不具有像飞机机翼那样的流线性，加上自然风特性的复杂性，直到目前为止，人们还不能用纯数学的方法精确描述风绕过桥梁时对桥梁的作用。塔科马桥风毁后，空气动力学家试图用试验的方法找出该桥的风毁原因。1950 年，美国华盛顿州立大学的法夸尔森教授在低速航空风洞中进行了该桥的全桥气动弹性模型风洞试验，获得了与实桥风毁极为相似的结果，从而开创了利用风洞试验研究桥梁空气动力学问题的先河。

　　所谓风洞，实际上是一个按一定要求使之产生一定气流的管道。风洞的种类很多，一般可依照不同的用途，由其供试验用区域（称作试验段）的截面积和风速大小加以划分。用于进行桥梁空气动力学研究的风洞，在早期都是利用低速航空风洞，目前已逐步发展到几乎全部为专门用于结构风工程研究的大气边界层风洞所取代。不同于低速航空风洞，大气边界层风洞具有数倍于航空风洞、并可以模拟大气边界层内自然风特性的较长的试验段。试验段的截面积可从几平方米到一百余平方米。其试验风速可以从很低的风速（一般为 1~2m/s）起始到每秒数十米为止。日本在 20 世纪 90 年代初，为了当时世界最大跨度悬索桥明石海峡大桥和最大跨度斜拉桥多多罗大桥的抗风设计研究，建造了世界最大试验段尺寸（宽 41m，高 4m，长 30m）的大气边界层风洞，但现已废弃；我国西南交通大学的试验段宽 22.5m、高 3.6m 和同济大学的试验段宽 15m、高 2m 的风洞是目前使用中的二个最大边界层风洞。图 24.3 是一个常用的大气边界层风洞的轮廓图。

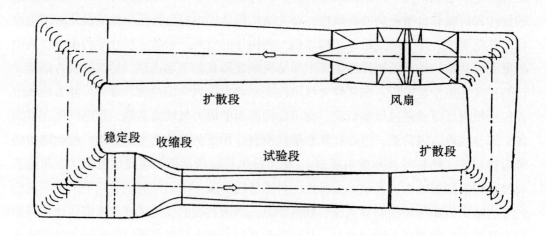

图 24.3　大气边界层风洞的轮廓图

除了把整个桥梁按照力学相似关系要求做成弹性模型置入风洞中进行气动试验的方法外，空气动力学家还仿照飞机机翼的研究方法，提出了作用在桥梁断面上的气动力的近似数学表达式，和与之相应的弹簧悬挂桥梁二元刚体节段模型风洞试验方法。这种试验方法是把桥梁主梁的一个刚性节段用八个弹簧悬挂于风洞中进行吹风试验。弹簧常数和间距由相似条件确定。这种试验既可以直接给出桥梁颤振临界风速的二维近似试验结果，也可以通过测定作用在桥梁断面上的非定常（即随时间变化的）气动力，用半试验半理论的方法求得桥梁的颤振临界风速。这种方法由于模型制作容易、费用小、时间省等优点而得到了广泛应用。还有一种介于完全气弹模型和弹簧悬挂二元刚体节段模型之间的"拉条模型"方法，但很少应用。

此外，桥梁风洞试验还有静力三分力试验，即把桥梁刚性节段模型固定于风洞中，通过测力天平测定作用在桥梁断面上的阻力、升力和扭转力矩，以及观察空气绕过桥梁断面产生旋涡及其脱落情况的流迹显示试验，这种试验通常在烟风洞或水洞（水槽）中进行。图 24.4 ~ 图 24.6 给出了桥梁风洞试验的几幅照片。

图 24.4　全桥气弹模型风洞试验

进行桥梁风洞试验的一个重要因素是满足试验所要求的相似条件，包括模型的几何相似、结构力学相似、空气动力学相似以及风与结构相互作用的相似等。但在一般风洞中，完全满足所有相似条件是极其困难或不可能的。实际风洞试验中，常常忽略或放弃一些次要因素，给出较为近似的试验结果。在现在和今后相当长的一段时间内，风洞试验在桥梁抗风研究中仍然占有十分重要的地位，因此，空气动力学者和桥梁工程师们仍将为改进和提高桥梁风洞试验方法与技术做出不懈的努力。

图 24.5　节段模型风洞试验

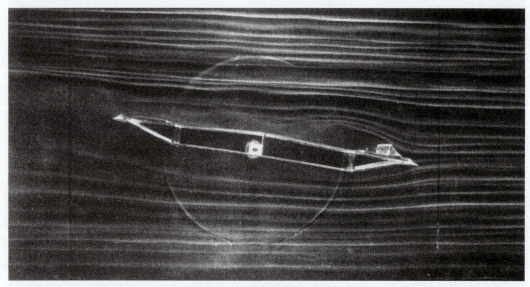

图 24.6　水槽流迹显示试验

桥梁数值风洞"试验"

　　目前，桥梁抗风研究在很大程度上仍依赖于物理的风洞试验手段，人们一直期望能逐步发展到通过理论和计算的方法解答风对桥梁的复杂作用。虽然数学家和物理学家深信，任何低速的流体与气体力学问题，都可以通过求解流体力学纳维—司托克斯

方程（简称 N—S 方程）来对它们进行解释和预测，但这些方程提出近两个世纪来，人们对其的了解仍然极为有限。N—S 方程是一组二阶非线性偏微分方程，方程组的特性随流体本身以及与被绕流物体的相互作用而改变，现有的数学理论很难应用于 N—S 方程的解析求解，甚至连最基本的解的存在性和唯一性求证都很困难，要想从理论上揭开隐藏在 N—S 方程中的奥秘还有很长一段路要走。基于此，一种以近似数值计算逼近理论精确解的计算流体动力学（Compu- tational Fluid Dynamics，简称 CFD）方法就成为解决实际工程流动问题以及研究湍流特性的一个重要手段，随着计算机技术和计算数学方法的迅速发展，使得 CFD 方法应用于桥梁抗风研究成为可能。

如前所述，N—S 方程可以描述所有低速流动现象，直接数值求解 N—S 方程（即 DNS）理论上可以再现湍流流动，得到相对准确的计算结果。描述湍流运动流体与固体之间摩擦作用的重要参数被称作雷诺数，其大小与流体运动速度和被绕流物体特征尺度成正比。已经证明，对于层流和较低雷诺数下的湍流，DNS 是很好的研究工具。但对于桥梁这样大尺度结构要准确模拟高雷诺数的湍流运动，现有的计算机内存空间和计算速度能力还是十分困难。所以，当前主要是将比网格尺度大的湍流运动通过 N—S 方程计算出来，而把小尺度涡对大涡运动的影响通过建立亚格子尺度应力模型来模拟，即采用所谓的大涡模拟（LES）的方法。

目前，主桥结构断面的静力三分力系数，小振幅下流固耦合效应等已能较准确地模拟（图 24.7）。而颤振、涡振、抖振和驰振等都是桥梁和周围气流相互作用的流固耦合效应现象，这类气动弹性问题仍是 CFD 研究的难点和重点。

CFD 作为一种数值模拟方法，与理论分析和物理试验是相辅相成的。CFD 的数值分析结果是流动区域内的离散解而非解析解，这是数值方法与理论分析方法的一个重要区别。与物理试验相比，CFD 能用较少的花费得到流场细节，可在较广泛的流动参数范围内较快地给出流场的定量结果，而不受实验中固有的约束条件（如洞壁干扰、支架干扰、模型比例等）的影响。目前，在多方案比选的初步设计阶段，可采用数值方法进行相对比较和筛选。再用物理风洞试验方法对选定的方案进行最终的验证。

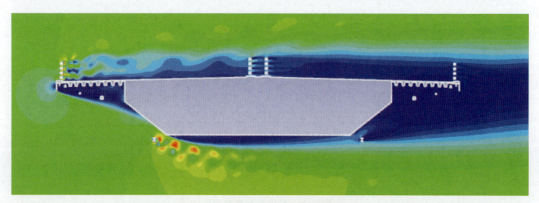

图 24.7　某斜拉桥主梁断面绕流流场

桥梁风致振动的控制

桥梁抗风研究的一个重要任务就是针对经过检验或验算不能满足抗风要求的设计方案，提出有效的抗风措施或修改设计，使其满足抗风要求。由于风致振动现象有好几种，因此在振动控制上也应该采取不同的对策：

（1）使振动完全不发生；

（2）把发生振动的起始风速提高；

（3）减少振动的振幅至可以接受的程度。

例如对于颤振或驰振，就应该绝对避免其发生，或者将其临界风速提高到高于桥梁在设计使用期内桥位处可能出现的最大风速。而对于涡激共振，有时是很难避免的，就应该设法提高其发生的临界风速，并使其振动的振幅尽量减小。对于抖振(阵风响应)则应该尽可能地减小其振幅。与风对桥梁的作用相对应，桥梁抗风措施也可分为静力抗风措施和动力抗风措施。图 24.8 所示为桥梁的常用抗风措施。

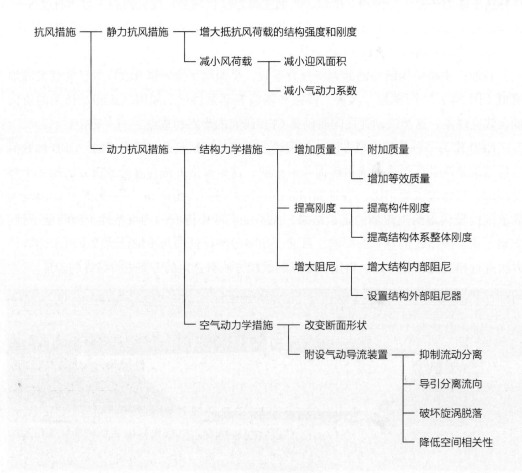

图 24.8　桥梁的抗风措施

抑制桥梁风致振动的措施，大致上可以分为两类：

（1）改善桥梁结构的空气动力学特性；

（2）改善桥梁结构的振动特性。

改善空气动力学特性就是改善结构受风力作用的状况，例如选择抗风稳定性能良好的桥梁断面形状，就可以提高颤振临界风速。其道理就如同飞机的机翼要选择流线型断面一样。由于结构的形状对风的作用非常敏感，采取这种方法常可收到事半功倍的效果。但有时虽然使颤振临界风速提高了，却可能在低风速下发生较大振幅的涡激共振。因此，在选择空气动力性能良好的断面形状的同时，有时还要附加某种气动减振装置，达到抑制或减弱涡激共振的目的。图 24.9 给出了几种基本的主梁气动减振措施的例子。由于采取这种措施的成本低，施工方便，又可不改变原有的结构设计，故常受到桥梁设计师们的欢迎。还有一种改善主梁空气动力特性的方法是在桥面或底板

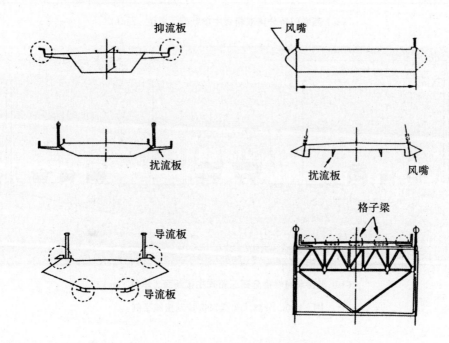

图 24.9 桥梁主梁的一般风振控制措施

中心设置一定高度的挡风板，称作"稳定版"；再就是在桥面上下开孔，使其上下"透风"，减小桥面上下的压差，香港青马大桥就采用了这种方法。为改善桥梁结构的振动特性，可以采用增加重量，提高刚度和增加阻尼三种方法。重量太轻的桥梁容易产生大振幅的风致振动，但增加重量却会使恒载增大，使结构的固有振动频率降低而容易引起振动。采用这一措施时需要两方面兼顾。现代悬索桥和斜拉桥大多采用箱型梁来提高主梁的抗扭刚度。大跨度的斜拉桥还常采用 A 字型或倒 Y 型桥塔的斜索面方式提高结构的整体抗扭刚度。图 24.10 则是将气动措施与提高结构整体抗扭刚度两者相结合的两

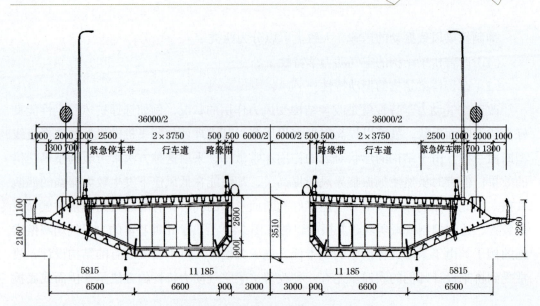

（a）西堠门桥分离双箱式主梁断面（单位：mm）

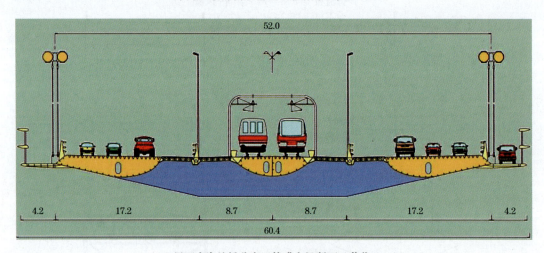

（b）墨西拿海峡桥分离三箱式主梁断面（单位：m）

图 24.10　分离式箱梁风振控制措施举例

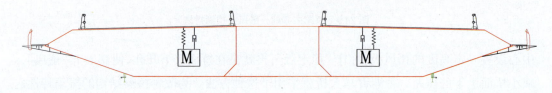

图 24.11　箱梁内多点悬挂式 MTMD 示意图

个实例。当结构本身所采取的措施仍不能满足结构的抗风设计要求时，人们又想出了附加结构阻尼装置的办法。这类方法中又可以分为被动式、半主动式及主动式阻尼装置。半主动式和主动式装置需提供外部能源，构造和工作原理较复杂，维护管理较困难，

目前极少采用。被动式振动控制装置因其装置简单,工作稳定,维护容易而被较多采用。这类装置由弹簧、质量、阻尼器三部分组成。常用的阻尼器有调制质量阻尼器（简称TMD）和调制液体阻尼器（简称TLD），后者主要用于建筑结构减振，TMD用于主梁减振时，常分散布置，称为MTMD，根据TMD的弹簧元件采用拉伸式或压缩式，做成悬挂式或支撑式TMD，应用时要针对具体的结构动力特性和控制目的进行专门设计（图24.11）。

综上所述，经过半个多世纪的努力，桥梁设计师们已完全消除了对桥梁风振的恐惧感和神秘感。已经建成的目前世界上最大跨度的斜拉桥——我国苏通长江公路大桥（主跨1088m），最大跨度的悬索桥——日本明石海峡大桥（主跨1991m）都是抗风设计的成功杰作。拟议中的意大利主跨3300m的墨西拿海峡大桥更是桥梁抗风研究最新成果的集中展示。

我国从20世纪70年代末开始进行桥梁抗风研究。虽起步较晚，但借助于大跨度斜拉桥、悬索桥的蓬勃兴建，通过结合上海南浦大桥、杨浦大桥、虎门珠江大桥、江阴长江大桥等抗风设计的起步学习研究，历经近百座大跨桥梁的抗风试验与研究，现在在理论与试验研究方面已全面接近或达到世界先进水平，正集中力量努力攻克桥梁抗风研究的三个世界难题：高雷诺数下风致作用的正确描述，强（台）风及山区风荷载特性的准确表达，以及桥梁风致振动响应的精细化分析。有理由相信，随着我国21世纪更大跨度的跨海、连岛桥梁的兴建，必将带动我国的桥梁抗风研究与设计达到更高的水平。

25

桥梁结构试验

撰文：刘鹏辉　中国铁道科学研究院铁道建筑研究所副研究员

- 几起典型的桥梁共振引起的事故
- 桥梁结构试验的目的和要解决的问题
- 桥梁结构试验测试技术
- 桥梁结构静载试验
- 桥梁结构动载试验
- 振动信号的时域和频域分析
- 功绩显赫的应变测量传感器
- 桥梁动力系数
- 桥梁结构试验的发展趋势

桥梁结构试验

科学实验是根据一定的目的，运用仪器、设备等物质手段，在人为控制的条件下模拟自然现象以进行研究的方法。科学实验以实验者、实验手段和试验对象为三项基本要素，其特点是可以简化或强化以及再现科学研究现象。在科学技术的发展过程中，科学试验起着非常重要的作用。从结构计算理论的演变历史来看，一种结构理论体系的建立和发展都和大量的科学试验相关联。结构的试验研究对于推动和发展结构计算理论，解决生产实践中的疑难问题起到了重要的作用。

几起典型的桥梁共振引起的事故

19 世纪中叶，由于人们没有认识到持续的共振对桥梁的危害，在法国昂热（Angers）市一座 102m 长的铁索桥上有一对士兵经过。当士兵在军官"一、二、三、四"的口令下踏着整齐的步伐通过时，突然一声巨响，该桥倒塌于瞬间。这次事故使 226 人丧生，究其原因是因为大队士兵由于步伐周期性作用力的频率恰巧与大桥的固有振动频率相吻合，结果发生了共振现象。

1994 年 10 月 21 日清晨，韩国首都汉城市全长 1160m 跨越汉江的圣水大桥，15 年如一日地迎接着上班高峰时南来北往的车辆。7 时 45 分，其跨度 120m 的一孔跨中 48m 长的铰接挂梁突然开脱，继而南端亦告断裂，10 多辆汽车随着挂梁坠入江中，致使 48 人遇难。韩国土木工程师协会的事故调查表明：工字形竖杆板厚 18mm 的翼缘对接焊缝在焊接前未按设计要求削成 X 形焊接坡口，亦未倒角而直接对焊；桥梁坍塌后，还发现竖杆断裂面上有大面积的锈迹，证明裂缝早已形成，未开坡口的对接焊缝，必然难以焊透，从而在焊缝缺陷处产生高度的应力集中，在动荷载作用下，最终导致疲劳断裂。

在 20 与 21 世纪之交的时刻，英国伦敦泰晤士河架起了一条耀眼的"银带"——千禧桥（图 25.1），该桥没有任何刚性的大梁架在桥墩之间，而只有 8 根两端固定在岸上的钢索挂在两墩之间。每组四根钢索，分别托在"Y"字形的两臂上。两组索之间由多根轻金属横梁连接着，横梁上搭上金属板，便连成了一根纤细的"银带桥"。就这样构成了它简明轻巧的结构、纤细流畅的造型和鲜活飘逸的美感。比起泰晤士河上其他桥梁上那些巨大、凝重的石头、水泥或钢铁桥墩来，这"银带"只有离两岸不远的一对"Y"字型空心金属桥墩支撑着，它像一个人张开双臂在欢迎往来的游客。2000 年 6 月 10 日是大桥投入使用的第一天，慈善机构组织了一次步行募捐儿童基金的活动。那

天共有 9 万多人参加了这个活动，桥上任何时候都超过了 2000 人，大桥出现了严重的横向摇晃，伦敦市民戏称之为"摇晃桥（Wobby Bridge）"。此事在英国引起了轩然大波，舆论一片哗然，就这样，一座寄予厚望、造价高达 1820 万英镑的桥梁经过两天严重的摇晃后第三天就被迫关闭了。一开始，有些人自然而然想到共振问题，但是千禧桥的横向摇晃不像军队过桥步伐一致引起的共振，而是由于当行人很多时，人们会不自觉地用同一频率行走，被称为集体同步现象。后来经过四个月的加固设计和施工，安装了减震器。这些减震器隐藏于桥体结构中，几乎难以察觉。经过现场试验测试结果表明，动力响应较以前下降了 40 倍，桥梁未有共振现象产生。千禧桥于 2002 年 2 月 22 日重新开放，并获得了一致好评。

图 25.1　英国伦敦千禧桥

　　这些惊心动魄的灾难事件告知人们，加强对桥梁的状态检测，及时发现隐患，及时予以整治是多么重要！

桥梁结构试验的目的和要解决的问题

　　桥梁结构试验是对桥梁结构物进行直接测试的一项科学试验。其任务一是对既有的旧桥和遭受损伤的桥梁，通过实桥的荷载试验，了解其实际工作状态，确定其实际承载能力和安全运营条件；二是对新建成的新型或复杂的桥梁结构，通过各种荷载的系统试验，实测其受力状态及动力特征，以验证结构设计理论的正确性以及制造和施工质量是否符合要求，对结构物作出科学的技术结论，并为发展桥梁结构理论积累科学资料。

　　随着我国桥梁建设步伐的加快，跨运河、大河及公路等大型桥梁逐渐增多，桥梁工程不仅规模巨大，而且技术难度高。对桥梁工程进行客观、准确、及时的检测，是保证在建桥梁工程质量的重要技术手段，有时甚至是施工必不可少的步骤之一，同时也是了解成桥（特别是病害桥）健康状况、静动力特性，查清病害程度与原因的重要手段，对掌握桥梁的技术状况，确定桥梁的使用条件，提出桥梁通车后的养护措施，有效地保证桥梁结构物的使用安全与耐久性，防止病害桥的产生，提高社会经济效益都起到了重要作用。因此桥梁结构检测不仅积累了有价值的原始技术资料，而且为工程验收评定、养护管理决策提供重要依据。我国桥梁结构试验任务的确定主要包含以下几个方面：

（1）对缺乏设计和竣工资料，无法按理论计算其承载能力的桥梁（见图25.2）；对结构薄弱、受力复杂、严重受损或振动剧烈，仅通过理论计算难以确定其承载能力的桥梁，如京沪高速铁路南京大胜关长江大桥正交异性钢桥面板结构细节应力测试（图25.3）；对严重病害桥梁查出病害原因，掌握变化规律。

图 25.2　某老龄桥的结构试验

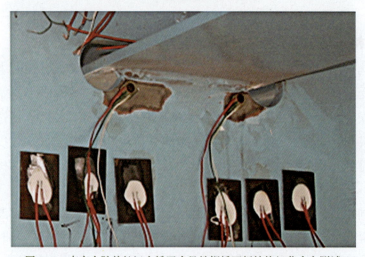

图 25.3　南京大胜关长江大桥正交异性钢桥面板结构细节应力测试

（2）对改建或重大加固后的桥梁进行桥梁结构试验，检验其设计预期效果。采用新材料、新工艺、新结构型式或新计算方法、新计算理论桥梁的试验，为改进设计参数或发展桥梁计算理论积累科学依据（图 25.4、图 25.5、图 25.6）。

图 25.4　雁荡山特大桥 2-90m 叠合拱

图 25.5　小榄水道特大桥（100m+220m+100m）V 形刚构—拱组合桥

图 25.6　（126m+196m+126m）下承式变高度连续钢桁梁现场图

（3）对数量较多的桥梁或特大桥梁竣工通车前验收试验，检验其设计计算的正确性和桥梁整体的静力、动力性能是否达到设计要求。我国高速铁路桥梁的联调联试和动态检测就属于此类。高速铁路联调联试就是采用高速检测列车等测试设备，在铁路开通运营前对沿线轨道、桥梁、路基、接触网、通信、信号等各项设备逐项进行测试。并依据测试结果对发现的缺陷进行调整，直至各个系统以及整体系统满足符合高速运行及动态验收要求的过程。高速铁路桥梁联调联试主要选择主型梁（32m 预应力混凝土双线箱梁），首次使用或改变使用条件的标准设计梁，采用新型结构、特殊结构、大跨度桥梁，采用铺设新型或特殊轨道结构的桥梁，施工过程出现重大缺陷或静态验收中异常的桥梁，建设、运营单位特别要求的桥梁进行检测。高速铁路桥梁联调联试要对梁体的竖向和横向参数进行限制规定，竖向参数包括梁体竖向挠度、梁端竖向转角、梁体自振频率、梁体加速度和动力系数，横向参数包括梁体横向振幅、桥墩横向振幅和无砟轨道相邻梁端两侧的钢轨支点横向相对位移等。高速铁路联调联试的现场情景见图 25.7、图 25.8、图 25.9。

图 25.7　高速铁路主型梁的联调联试

图 25.8　高速铁路钢桁梁的联调联试

图 25.9 高速铁路济南黄河桥的联调联试

桥梁结构试验测试技术

一座桥梁要进行的系统结构试验主要包括静载试验和动载振动试验。图 25.10 为桥梁结构试验的基本测试框图。

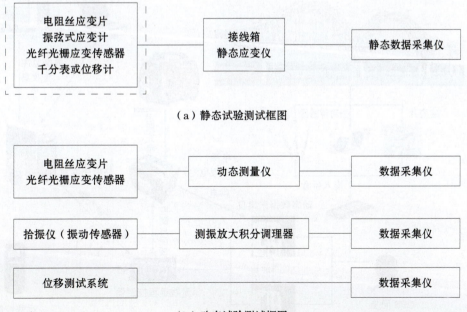

（a）静态试验测试框图

（b）动态试验测试框图

图 25.10 桥梁结构试验基本测试框图

我国铁路桥梁多为连续布置的长大桥梁，在跨越山谷、河流、铁路、道路时多采用大跨度桥梁。桥梁试验现场环境条件复杂，对测试系统的干扰因素较多，因此传统的集中、拉线式的检测模式已不能满足我国桥梁结构试验的需要。模块化、自动化、无线网络化、实时化是高速铁路桥梁运营性能测试技术的主要特点和发展方向。目前桥梁结构测试系统包括 6 个部分：传感系统、数据采集系统、远程控制系统、无线传输系统、供电系统、数据后处理系统，见图 25.11。基于模块化、自动化、无线网络化、实时化桥梁结构试验动载试验流程见图 25.12。

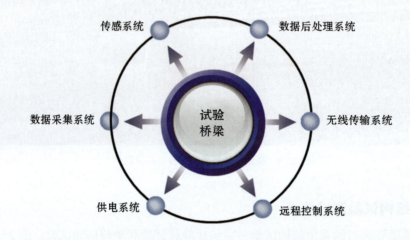

图 25.11　现代桥梁结构试验测试系统组成

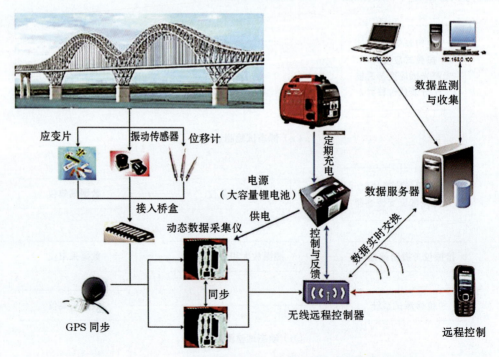

图 25.12　模块化、自动化、无线网络化、实时化桥梁结构试验动载试验

传感系统是整个桥梁测试系统的核心部分。桥梁动态测试主要采用振动传感器、应变传感器、位移传感器等。传感器选型需要考虑灵敏度、响应特性、线性范围、稳定性、精确度、安装方式等多方面的问题。传感器的性能在满足精度、量程、灵敏度、频响特性、使用温度范围等的基础上，应具有更高的可靠性和稳定性，还应考虑特殊环境下（高温、多雨、雷电等）的工作性能。

数据采集应采用分布式布置，还应具有数据初步处理功能，可进行实时的数据处理，并对处理结果进行判断，可以发出预警信息。因此，在某种意义上，数据采集设备已融入了计算机的某些功能，能够单独进行预设定的测试任务，并通过组网结点连入整体网络，将数据传输到后端控制中心。数据采集应具有 GPS 同步功能，以满足不同测点之间的数据同步。

图 25.13　桥梁结构试验的传感器和采集系统

供电系统是整个测试系统的基础和保证，应根据数据采集系统对供电方式的要求进行选择，而电压的稳定与否直接决定系统能否正常工作。供电方式分为直流和交流两种。传统供电形式有：发电机、民用电、铅酸蓄电池。但传统供电形式弊端较多，耗费人力物力，条件允许时，应优先选用锂电池作为电源。此外，便携式的太阳能、风能等新型供电方式也是未来的发展方向。

远程控制系统作为监控环节必不可少。在桥梁动态测试系统中，可考虑选用控制器来解决远程控制的问题。该控制器在手机信号覆盖的区域均可使用，通过控制器给测试系统供电和断电。一台控制器可被多人遥控指挥，操作方便，且可随时查询设备工作状况，配合数据采集系统的自动采集功能，实现无人值守的智能化采集。

无线传输系统可实现测试数据的远程实时传输，克服有线传输的局限性，对现场动态测试情况可实现随时随地掌控。传输系统见图 25.14 所示。

数据后处理系统的核心是数据处理分析软件。数据处理与分析软件应具备以下特

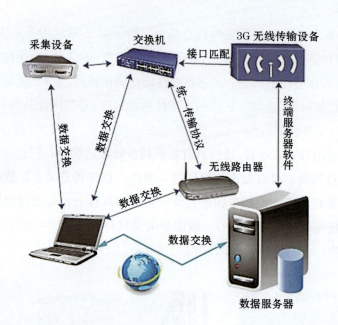

图 25.14　桥梁结构试验的无线传输系统

点：能方便地定位到所需的测试数据通道，显示采集到的数据信息及波形，并进行数据的重新播放以及时域频域分析、自功率谱和互功率谱分析，且数据处理软件应具有批量智能化与自动化处理功能。

　　我国对桥梁竖向挠度的检测大多仍采用接触式测量方式，存在安装、传输、基线不稳定等问题，所以基于倾角法测量、CCD 图像、激光多普勒、雷达等非接触式的挠度测试手段会在桥梁检测中使用更加广泛。图 25.15~图 25.18 是的实桥试验情景的照片。

图 25.15　基于干涉技术的雷达测试桥梁挠度

图 25.16　悬丝法测试挠度

图 25.17　激光多普勒法测试挠度

图 25.18　CCD 图像法测试桥梁挠度

桥梁结构静载试验

桥梁静载试验是用已知重量的机车、车辆或载重汽车停在使桥梁受力最大的位置，实测桥梁结构构件的应变、桥梁的挠度及支座位移等。将实测值与理论计算值进行对比，得到一比值，称为结构校验系数 K。由于进行理论计算时作了某些简化性的假设以及计算时未考虑进去的结构不同部分共同作用等原因，这个 K 值对不同型式的桥梁以及同一座桥梁的不同构件是不一样的，但应该总是小于 1，也就是说，实测值不能大于计算值。通过分析 K 值，对既有桥梁可以判断有无重要裂损或联接松动，对新建桥梁可以判断其设计理论的正确性。我国《铁路桥梁检定规范》给出了各种混凝土桥和墩台的结构校验系数通常值。

大准线黄河特大桥主跨为 96m+132m+96m 三跨连续、无竖杆刚性桁梁柔性拱式钢桥（图 25.19），施工架设时间是 1992 年 7 月至 1992 年 12 月。按照《铁路技术管理规程》"对于技术复杂及重要的桥梁，每十年至少进行一次检定"的要求，在 1993 年、2002 年、2011 年对大准线黄河桥进行过静载试验。用 DF8B 机车和 C80 重车（25t 轴重）对中跨、

图 25.19　大准黄河特大桥静载试验

边跨、中跨半跨进行加载。测试杆件的选取原则为：在各加载轮位下受力较大的杆件，靠近中间支座、受力比较复杂的杆件，拱脚处、L/4 处 3 处杆件，要按左、右边跨对称布置测点，及在上、下游主梁同时布置测点，以检测两片主梁受力的均匀性。测试结果结构校验系数数据规律和大小基本一致，说明黄河特大桥钢桁梁现在的静力技术状态与成桥时相比变化较小，黄河特大桥经过 20 年的运营，桥梁整体性能和技术状况与成桥时相比变化较小。

桥梁结构动载试验

　　桥梁结构在承受车辆动力荷载作用下产生振动。桥梁在动力荷载作用下的受力分析是桥梁结构分析的一项重要任务。桥梁的振动问题影响因素复杂，仅靠理论分析还不能满足工程应用的需要，需用理论分析与实验测试相结合的方法解决。桥梁动载试验就成为解决该问题必不可少的手段。桥梁结构的动载试验内容是研究桥梁结构的自振特性和车辆动力荷载与桥梁结构的联合振动特性，其测试数据是判断桥梁结构运营状况和承载特性的重要指标。铁路桥梁在车辆的随机激励下出现的振动是多种多样的，有竖向，有横向，有扭转，还经常出现在竖、横、扭三种振动的叠合振动情况下工作。随着我国高速铁路和重载铁路的发展，桥梁振动普遍受到桥梁研究人员的关注。

　　由移动荷载引起的车桥系统竖向振动的因素有：移动荷载列效应、车轮扁疤、钢轨凹陷、轨道不平顺。产生横向振动的激励主要有三个：车辆蛇行运动（图 25.20）、轨道横向不平顺、列车上桥前的横向振动。蛇行运动产生的机理是，车辆沿直线轨道

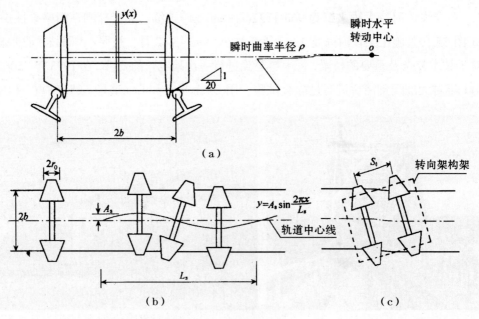

（a）

（b）　　　　　　　　　　　　　　　　（c）

图 25.20　列车蛇行运动

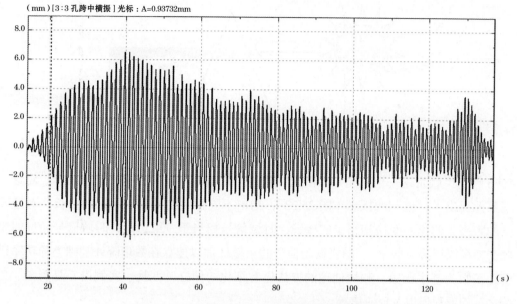

图 25.21　某重载铁路 32m 梁体横向振幅波形图

运行时，由于车轮踏面的锥度，以及轮缘与钢轨侧面之间有间隙，致使轮对中心与钢轨中心间有一定的偏差（对于车辆，最小为 13mm，最大为 17mm）；再则车辆的锥形踏面，使左右轮在运动时的滚动半径不同。如轮对中心向左股钢轨偏移，则左轮滚动直径增大，右轮滚动直径减小，轮对就向右转向；之后轮对中心向右股偏移，使右轮滚动直径增大，左轮滚动直径减小，导致轮对再向左转向，由此就引起轮轨间的反复蛇行运动。当蛇行运动自振频率与桥梁的横向固有自振频率相吻合时，会激励起逐渐放大的横向振动。以某重载铁路 32m 梁为例，最高墩高为 33.38m，桩基础，其在 C80 重车速度 34.6km/h 时跨中横向振幅达到了 6.54mm（见图 25.21），该桥梁的梁体横向振动过大主要是车辆蛇行运动频率与桥墩的横向自振频率接近，导致桥墩横向振动过大引起的。

振动信号的时域和频域分析

振动信号的频域和时域分析是从两个不同的角度来研究动态信号。人们直接感受和记录得到的往往是被测物体某些位置上的振动大小随时间变化的过程，它是被研究对象的综合振动反应，这个过程通常被称为振动时程信号，它在图形中所描述振动大小随时间变化的曲线称为振动波形。振动信号的时域处理是对振动波形的分析，也即从记录的时程信号中提取各种有用的信息或将记录的时程信号转换成所需要的形式。振动信号通过不同时域处理方法，可以确定实测波形的最大幅值和时间历程。对于随机振动信号，还需进行数理统计方面的分析，诸如信号幅值的概率分布、概率密度等信息以及平均值、均方值、均方根值和方差等。振动信号的频谱分析是建立在傅立叶变换基础上的时频域变换处理，所得到的结果是以频率为变量的函数，称为谱函数。

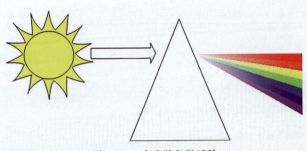

图 25.22　白光的色散试验

1666 年初牛顿发现一束白光（太阳光）通过三棱镜后可分解为不同颜色的光。对这一现象他提出了"谱"的概念（图 25.22），指出不同颜色的光具有不同的波长，对应不同的频率。傅里叶变换相当于三棱镜，时域信号相当于一束白光，时域信号通过傅里叶变换可以得到"频谱"。随机振动信号的频域处理以建立在数理统计基础上的功率谱密度函数为基本函数。频域处理的方法还有细化的傅立叶变换、实倒谱、复倒谱、三分之一倍频程谱以及反应谱等。

　　一般来说，时域表示信号较为形象和直观，频域表示信号则更为简练，剖析问题更加深刻和方便。

　　梁体自振频率是反映桥梁动力特性的基本参数，桥梁自振特性可以采用脉动法（大地微振动法）和自振衰减法进行识别，脉动法原理是结构在环境扰动作用下，例如地脉动（微弱地震）、弱风荷载、海浪河水冲击、都市振动等因素影响下产生的连续不断的微小振动，虽然引起结构振动的振幅微小（通常为几 μm 到几十 μm）而不规则，但脉动响应所包含的频率成份相当丰富（0~200Hz）。要求观测环境在一定范围内无任何交通和人群荷载等特定规则振源。脉动可作为平稳随机振动，故结构在它影响下也将产生随机振动。借用随机信号数据处理技术，在一般的自然环境条件下，利用环境激励，量测结构物的响应，分析确定结构物的固有动力特性（自振频率、振型和阻尼比），是一种有效而简便的方法。这样可以不用任何激振设备，又不受结构形式和大小的限制。但结构自振频率大于 15Hz 时很难识别，例如跨度较小、刚度较大的桥梁。分析时脉动可作为各态历经的平稳随机振动过程，并认为脉动源的频谱是较平坦的，可以把它近

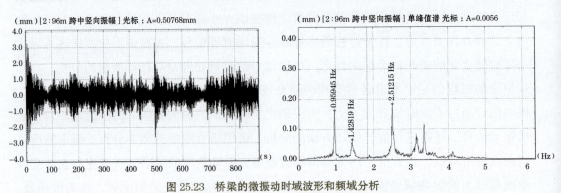

图 25.23　桥梁的微振动时域波形和频域分析

图 25.24　主桥 1 阶振型图

（(mm)²）[1&4] 幅值　光标：Nc=196, f=0.952148Hz, H=0.59918

（°）[1&4] 相位　光标：Nc=196, f=0.952148Hz, ph=1.5893

图 25.25　中跨中、中跨 3L/4 横向互功率谱

似为有限宽带白噪声。脉动法应选择场地环境最安静时刻进行，持续时间一般不短于 30min，困难时不得少于 15min，至少进行 2 次测试。用环境微振动法记录时域随机信号后，通过傅立叶变换可将动态信号从时域变换到频域。对于大跨度测试断面多，可分断面记录，但每次应保证有一个参考点不动。图 25.23、图 25.24、图 25.25 为桥梁微振动试验的时域波形图和频谱分析图。

功绩显赫的应变测量传感器

构件的应变是在荷载作用下构件所产生的变形与荷载作用前构件的原有尺寸之比，在结构试验中是以每变化百万分之一为单位来计量的，叫做微应变。微应变是如此的小，它是怎样被精确地测量出来的呢？

1. 电阻应变片

1938 年电阻丝应变片问世，它是由一根直径仅 0.025mm 的极细的镍铬金属丝构成的。金属丝成薄片形，具有很高的电阻率，绕成栅状，是具有一定电阻值的传感元件，将应变片粘贴在被测的杆件上，它将随着杆件的受力一起发生形变。当杆件受拉时，应变片的电阻丝跟随着被拉长，因而电阻增大。在拉长的过程中，它的截面变细，电阻又增大。如果这根杆件受压，那么应变片的电阻丝就跟着被压缩，因而电阻减小。在压缩的过程中，它的截面变粗，电阻又减少。将这个应变片组成为一个惠斯登电桥（可分为全桥、半桥和 1/4 桥，见图 25.26），就可获得一个正比于杆件应变的电压信号。将这个信号通过导线接入电阻应变仪加以放大。通过指示仪表，人们就可获得被测出的应变值。当然，这项电测技术从粘贴应变片开始，一系列的防潮、焊接、布线、接地

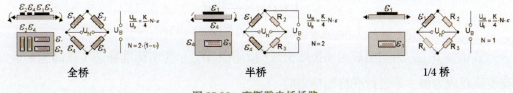

全桥　　　　　　　　　半桥　　　　　　　　　1/4 桥

图 25.26　惠斯登电桥桥路

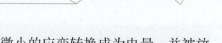

等工序，要遵守严格的操作工艺，才能保证将这个微小的应变转换成为电量，并被放大成为 100 万倍的电信号后，最终不失真而正确地反映试验结构所测处的微小变形。

2. 振弦式应变计

与电阻丝应变片相同，振弦式应变计的测量也需要经过一系列准确的安装工序，才能确保其结果的精确。与电阻丝应变片不同，振弦式应变计的测量标距相对较大。振弦式应变计由前后端座、不锈钢护管、信号传输电缆、振弦及激振电磁线圈组成。当被测结构物内部的应力发生变化时，应变计感受其变形，变形通过前、后端座传递给振弦，转变成振弦应力的变化，从而改变振弦的振动频率。电磁线圈激振振弦并测量其振动频率，频率信号经电缆传输至读数装置，即可测出被测结构物的应变量。同时可同步测出埋设点的温度值。其优点是稳定性好，但这种应变计不能很好地适应动应变的测量。

3. 光纤光栅应变传感器

19 世纪 70 年代制作出第一根光纤光栅，经过 40 年的发展光纤光栅得到了广泛应用。光纤传感技术与电子传感技术的本质区别在于：它用光作为信息的载体，用光纤作为传递信息的介质。它利用光的反射及透射原理，当外界环境发生改变，如温度、应变等变化时，经过光纤光栅的光波长就会发生改变。通过光谱分析仪检测其光波长的变化，就可以间接得到外界环境参数的变化。光纤光栅具有抗电磁干扰、耐高温、耐腐蚀、便于操作与控制等特点。

桥梁动力系数

当列车以一定速度通过桥梁时，桥梁产生振动，使桥梁结构的动挠度、动应力比相同的静荷载作用时的挠度和应力大，这种由于桥梁振动引起的挠度和应力增大的影响，通常就以动力系数来衡量。

在桥梁结构动载试验中，动力系数的评价一般从动挠度波形和动应力波形上读取动力系数评价，从动挠度获取的动力系数反映结构的整体动力系数，从应力波形获得的动力系数为该应力点具体构件的动力系数，反映局部杆件或构件的动力系数。

动力系数的测试和读取方法一般有两种：

1. 准静态标定或按控制截面弯矩最不利轮位静态加载时：

$$1+\mu=\frac{\delta_{\text{dmax}}}{\delta_{\text{smax}}}$$

式中：δ_{dmax} 为实测最大动挠度值或应力值；δ_{smax} 为实测准静态（或静态）最大挠度值或应力值。未进行准静态标定时：

2. 未进行准静态标定时：

$$1 + \mu = \frac{\delta_{\mathrm{dmax}}}{\delta_{\mathrm{smax}}}$$

式中：δ_{dmax} 为实测最大动挠度值或应力值；δ_{smax} 为挠度或应力波形的中心轨迹线的最大值。

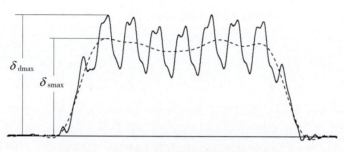

图 25.27　动挠度或动应变波形计算动力系数

从本质上讲，桥梁结构的动力系数是与桥梁结构的动力特性、车辆动力特性以及桥面平整度等因素有关。动力系数综合反映了动力荷载对桥梁结构的动力作用。根据以往的试验研究成果，构成桥梁动力影响的因素主要有：列车以一定速度过桥时引起桥跨振动；轮对对钢轨接头时的冲击作用；车轮扁疤、钢轨凹陷引起的动力响应；桥上轨道竖向和横向不平顺引起桥梁振动；桥头线路不平整引起车辆在进桥前振动等。由于上述因素的综合影响，设计者往往在桥梁结构设计中将车辆荷载对桥梁结构产生的动力作用以动力系数考虑，即在静力基础上，考虑一个荷载放大系数，亦即桥梁设计时以活载静重乘上动力系数来反映这种影响。

桥梁结构试验的发展趋势

桥梁结构试验这门涉及材料力学、结构力学、电子学、振动及信号处理等多学科的试验技术。由于我国高速铁路和重载铁路发展的需要，随着模拟仿真计算技术的不断深入，先进的传感器技术、测试设备、数据传输、存储设备的发展以及自动化程度的提高，桥梁结构试验在跨越大江、大河、海湾和海峡的桥梁和采用新技术、新材料、新工艺等的桥梁的需要也越来越显示出其令人振奋的前景。基于桥梁结构试验技术的健康监测与状态评估必然朝着智能化诊断的方向发展。随着大量的桥梁结构试验的数据和经验的积累，能够更快、更精确地得出判断桥梁状态评估结果。桥梁结构试验必将通过科学技术的进步、不断创新，发展出更多的先进测试手段。

26

桥梁管理与养护

撰文：张　恺　北京市市政工程设计研究总院有限公司研究院副院长
　　　　　　教授级高级工程师
　　　张连普　北京市市政工程设计研究总院有限公司教授级高级工程师
　　　金　晶　北京市市政工程设计研究总院有限公司工程师

桥梁管理与养护

桥梁的寿命周期

桥梁的寿命周期分为建设期和运营期。建设期主要包含规划决策、设计和施工等建造阶段。建造完成后，桥梁在运营期中会受到不利环境，如有害物质的侵蚀，遭受车辆、风、地震、疲劳、人为事故等外来作用，加上结构自身的自然老化，桥梁在寿命周期内必然会发生结构状态的退化，结构功能状态逐年降低。在桥梁出现严重病害之前，对桥梁进行维修养护并使结构功能状态恢复到原设计状态，甚至通过结构加固，将结构功能状态提高至更高点，随着养护成本的提高及桥梁寿命的限制，结构的功能状态下降，最终达到桥梁的生命周期（图 26.1）。

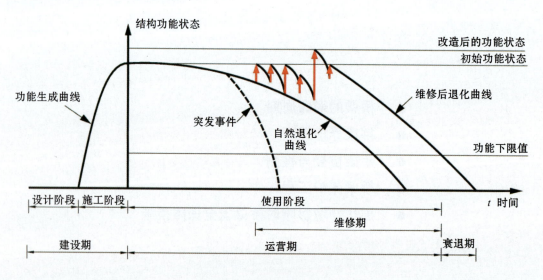

图 26.1　桥梁的生命周期图

建设期的设计、施工关系到桥梁竣工时的质量，是先天的因素。运营期管理养护水平的好坏直接关系到桥梁的安全和耐久，养护维修可以使桥梁在很长一段时间保持原结构功能状态，提高桥梁寿命周期。

一些桥梁的技术缺陷主要是由于养护维修不恰当或养护维修跟不上而引起的。在役桥梁管理维护不当或力度不够，轻则会造成桥梁退化速度加快，重则发生突发事件，给国家财产和人民生命安全带来巨大损失，造成不良社会影响。

桥梁养护管理

随着交通运输事业的发展，交通运输量的增加，对桥梁的安全性提出了更高的要求。为保证道路的畅通无阻，必须加强对已建成使用的桥梁及构造物进行检查、养护和维修，使其经常处于良好的技术状态以保证正常运营，确保其使用寿命，以满足交通运输发展的需要。

桥梁养护是属于保护性的，预防性养护应是桥梁养护管理的重要宗旨。养护贯穿于桥梁的整个使用周期，日常养护能够及时发现桥梁的潜在病害，并根据情况积极的采取措施以减缓病害发展，延长桥梁使用寿命，提高桥梁使用状况。

桥梁养护管理的技术工作按照相关规定实行桥梁养护工程师制度，桥梁养护管理实行"统一领导，分级管理"。桥梁主管部门根据"责权一致，责任清晰"的原则，根据辖区的机构设置情况，明确桥梁养护管理的管养单位和监管单位，并合理确定各自的工作职责。桥梁养护工程师和有关技术人员应按照现行规范的要求和规定，及时、全面掌握桥梁技术状况，保障桥梁安全运营。

桥梁养护管理的目的

确保桥梁及其附属设施处于良好的技术状态，保证其使用的舒适性和安全性。

桥梁养护管理的基本内容

桥梁养护管理主要包括**基本信息管理、检测评估管理和养护维修管理**。

基本信息管理要求收集、存储桥梁建设及使用期的各种决策设计、施工及竣工文件，相关信息记录尽可能完整。这些信息对于掌握桥梁的历史、现状极其重要，是第一手资料。

检测评估管理是桥梁管理的重要一环，其工作通常由具有一定经验或资质的桥梁工程技术人员，根据相关规范要求，对桥梁进行结构状态及性能参数的检测，并通过计算分析，综合评定桥梁的技术状态，为桥梁养护、维修、加固提供依据。

养护维修管理主要指为改善桥梁的技术状态而对桥梁采取工程措施，按照损坏程度和工程规模大小可分养护、维修、加固及重建。

桥梁养护管理的特点

·**地域性、季节性**　根据季节不同、桥梁所处地理位置不同，桥梁养护具有不同的特点，例如我国北方的桥梁在冬季下雪天会使用融雪剂，针对这样特殊季节特殊地理位置的桥梁其养护管理具有不同的特点。

·**预防性**　桥梁养护采取"预防为主，防治结合"的原则，以桥面养护为中心，以承重部件为重点，加强全面养护，预防性养护是成本效益最佳的养护手段。

·**科学性**　养护管理新模式、新途径，提升养护管理水平；构建科学高效的管理

体制平台，以解决桥梁养护管理发展中的深层次矛盾；养护运行机制改革，消除影响生产力发展的体制性障碍；建立健全规范的管理制度和措施，建立一个长期有效的桥梁管理机制，建立检查、维修日常制度，健全桥梁的巡视与检测制度。所采用的材料、设备与工艺，应符合相关规范要求。

·机械化　管好、用好现有的养护机具设备，并积极引进、改造、研制养护机械，逐步实现养护机械装备标准化、系列化，以保障养护工作质量，提高养护生产效率，降低劳动强度，改善劳动环境。

桥梁管理系统（Bridge Management System, 简称 BMS）

桥梁管理系统是包含桥梁基本数据、桥梁检测、技术状态评估、养护维修历史、桥梁重大事件记录等信息的计算机管理系统。

为提高桥梁寿命周期，除了设计合理、施工得当、维护及时外，还需要加强桥梁建设管理的力度。桥梁养护管理系统是一门综合管理技术，主要基于桥梁结构工程、病害机理、检测技术和数据采集技术，运用计算机的数据处理功能、决策评价方法和管理科学工程，对桥梁进行信息记录、评价分析、投资决策和预测。BMS 系统能够全面记录、储存和处理各类桥梁数据资源，可以直观了解桥梁的过去、现在和未来的状况，从而合理地对桥梁进行养护规划，提高工作效率。

国外桥梁管理系统主要是伴随着第二次世界大战后世界各国的公路运输网络的发展而兴起的。早期的桥梁管理系统只是用简单的电子数据库代替纸质文件。随着计算机技术的飞速发展，桥梁管理系统除了可以保存统计桥梁的基本数据外，还逐渐增加了结构退化分析、评估预测、经济分析等方面的内容，为桥梁管理者提供了必要的支持。

美国广泛使用的桥梁管理系统主要包括 POINT 系统和 BRIDGIT 系统。POINT 系统具有桥梁数据存储、状态评估、退化预测、费用效益分析以及优化决策等功能。欧洲的桥梁管理系统主要有法国的 Edouard、英国的 NATS、挪威的 Brutus、丹麦的 DANBRO 等。亚洲的桥梁管理系统主要有日本的道路公团桥梁管理系统和韩国的 SHBMS。

国内的桥梁管理系统研究开始于 20 世纪 80 年代，交通部公路科学研究院、上海市政工程管理局、北京市交通委路政局等单位先后开发了各自的桥梁管理系统，提高了我国桥梁管理的技术水平。

桥梁管理系统实例简介①

中国公路桥梁管理系统 (CBMS) 是一项从数据分类、数据采集、检测设备应用、数据录入存储处理、状态评价、提出决策意见和进行投资分配方案决策等一套综合管理技术。CBMS 基于桥梁结构工程、病害机理、检测技术和数据采集技术，运用计算机技术数据处理功能、评价决策方法和管理学理论，对现有桥梁进行状况登记、评价分析、

---

① 中国公路桥梁管理系统（CBMS）简介引自交通运输部公路科学研究院网站介绍。

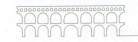

投资决策和状态预测。CBMS 系统设计结构见图 26.2。

交通运输部于 1986 年开始着手桥梁管理系统的研究，由交通运输部公路科学研究所、北京市公路局承担该系统的开发及其评价方法的研究；1989 年至 1991 年由交通运输部公路科学研究所承担公路桥梁省 (市) 级桥梁管理系统的开发；1993 年交通运输部立项推广桥梁管理系统，并成立 CBMS 课题组，同年 CBMS 列入交通运输部"八五"通达计划和国家经贸委、国家科委重点新技术推广项目，在全国各省市自治区组织推广实施。

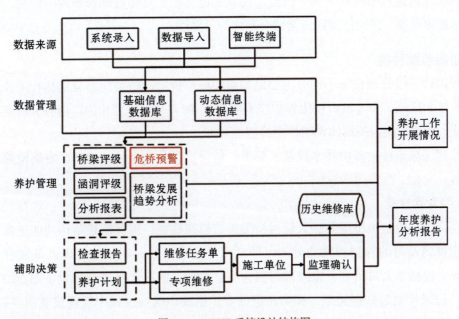

图 26.2　CBMS 系统设计结构图

桥梁检查与检测

桥梁检查与检测的目的和意义

1. 及时掌握桥梁的技术状态，保证桥梁安全运营。

通过对桥梁主体结构及其附属构造物的技术状况进行的全面检查，可以及时掌握在役桥梁的技术状态，为桥梁的使用及维修加固提供必要的依据。

现有道路上的桥梁由于营运使用多年，主要部位会出现缺陷，如裂缝、错位、沉降等。通过对现有桥梁进行检查，了解其各部位损坏的程度，核定其承载能力，为桥梁的维修加固提供必要的依据。

当桥梁遭受特大灾害时，如因地震、洪水等而受到严重损坏或在建造、使用过程中发生严重缺陷（如质量事故、过度的变形和严重裂缝以及意外的撞击受损断裂等），均须通过对其检查，核定其承载能力，为桥梁的管养提供可靠依据。

2. 积累必要的技术资料，建立桥梁养护数据库。

目前国内已经建立或使用的桥梁管理系统，还处于数据积累阶段。早期桥梁大多资料不全，需要通过检查，重新建立和积累技术资料，系统地收集这些桥梁技术数据，建立桥梁数据库，为加强科学管理和提高桥梁管理养护技术水平提供必要条件，并能指导今后的桥梁养护、加固与维修工作。

3. 为发展桥梁结构设计理论提供依据。

通过对现有桥梁的检查，可评定其设计及施工质量，确定工程的可靠度；对采用新型结构的桥梁，可验证理论的实践性和可靠性，进一步发现问题，总结经验，以便对结构设计理论及结构形式加以改进，使其更臻完善；对经过维修加固的桥梁，可检验维修加固质量，并验证加固方案的合理性与可靠性。

桥梁检测种类

我国桥梁按管理权属不同分为公路桥梁和城市桥梁，桥梁检测分别执行《公路桥涵养护技术规范》和《城市桥梁养护技术规范》。两者基本原理相同，但各有特点。以下以城市桥梁检测为例具体说明桥梁检测的种类。

按照《城市桥梁养护技术规范》要求，桥梁检测分为经常性检查、定期检测和特殊检测。

·经常性检查

经常性检查是由桥梁养护人员对桥梁进行巡视检查，确保桥梁结构功能正常，使结构能得到及时的养护和紧急处治，通常由经过培训的专职桥梁管理人员或有一定经验的工程技术人员负责，检查以目测为主，并配备简单工具进行测量（图 26.3、图 26.4），记录桥梁的缺损类型，提出相应的养护措施。巡检过程中发现设施明显损坏，影响车辆和行人安全，应及时采取相应的维护措施。

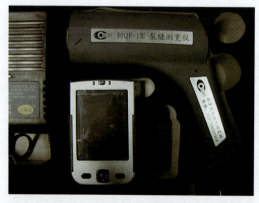

图 26.3　混凝土裂缝测宽仪

图 26.4　内窥镜

经常性检查主要检查内容包括：

1. 桥面系及附属结构物的外观缺损情况；

2. 上下部结构异常变化、缺陷、变形、沉降、位移，伸缩装置的阻塞、破损、联结松动等情况；

3. 桥区施工作业情况或各类违章现象；

4. 桥梁限载标志、交通标志设施等各类标志完好情况。

· **定期检测**

定期检测是对桥梁主体结构及附属构造物的技术状况的全面检查，是对桥梁及其附属设施的可靠性等进行的定期检查评估。定期检测分为常规定期检测和结构定期检测。

常规定期检测每年进行一次，结构定期检测的频率根据桥梁养护类型不同而不同。

常规定期检测由专职桥梁养护工程技术人员或实践经验丰富的桥梁工程技术人员负责，以目测为主，并应配备如照相机、裂缝观测仪、探查工具及现场的辅助器材与设备等必要的量测仪器。实地判断病害原因，作出质量状况评分，并估计需要维修的范围及方法，或提出限制交通的建议。

常规定期检测主要内容：

1. 现场核实桥梁基本数据；

2. 实地判断损坏原因，估计维修范围和方案；

3. 对难以判断其损坏程度和原因的构件，提出作特殊检测的建议；

4. 对损坏严重、危及安全的桥梁提出限载以至暂时限制交通的建议。

常规定期检测包括下列范围：

· 桥面系：桥面铺装、桥头搭板、伸缩装置、排水系统、人行道、护栏等；

· 上部结构：主梁、主桁梁、主拱圈、横梁、横向联系、主节点、挂梁、联结件等；

· 下部结构：支座、盖梁、墩身、台帽、台身、翼墙、锥坡及河床冲刷情况。

常规定期检测完成后，需对桥梁状况进行评估。评估内容包括桥面系、上部结构、下部结构和全桥评估。采用先部位再综合的方法得出桥梁的完好状态等级。

结构定期检测由具有相应资质的专业单位承担，检测负责人应具有五年以上桥梁专业工作经验。

结构定期检测主要内容：

1. 查阅历次检测报告和常规定期检测中提出的建议；

2. 进行结构构件侧检测；

3. 通过材料取样试验确认材料特性、退化的程度和退化的性质；

4. 分析确定退化的原因，以及对结构性能和耐久性的影响；

5. 通过综合检测评定，确定具有潜在退化可能的桥梁构件，提出相应的养护措施。

结构定期检测需采用专用测试仪器对桥梁结构构件物理参数进行检测，图 26.5~图 26.9 为桥梁结构定期检测中使用的主要仪器设备。

图 26.5　桥梁检测用现场检测车

图 26.6　混凝土强度回弹仪

图 26.7　电阻率测定仪

图 26.8　钢筋扫描仪

图 26.9　钢筋锈蚀仪

· **特殊检测**

特殊检测是因各种特殊原因由专业单位依据一定的物理、化学无破损检验手段对桥梁进行的全面察看、测强和测缺，旨在找出损坏的明确原因、程度和范围，分析损坏所造成的后果以及潜在缺陷可能给结构带来的危险。桥梁在下列情况下需进行特殊

检测：

·遭受洪水冲刷、流冰、漂流物或车辆撞击、滑坡、地震、风灾、火灾、化学剂腐蚀、车辆荷载超过桥梁限载的车辆通过等特殊灾害造成结构损伤；

·常规定期检测中难以判明是否安全的桥梁；

·为提高或达到设计承载等级而需要进行修复加固、改建、扩建的桥梁；

·超过设计年限，需延长使用的桥梁；

·常规定期检测中桥梁技术状况为不合格级或 D 级、E 级的桥梁；

·常规定期检测发现加速退化的桥梁构件需要补充检测的桥梁。

特殊检测应包括以下内容：

1. 结构材料缺损状况诊断；

2. 结构整体性能、功能状况评估。

在特殊检测中，应根据桥梁构件材料的质量状况及其在结构中的实际功能，进行结构整体性能和功能状况评估，计算分析评估结构承载能力。当计算分析评估不满足或难以确定时，需用静力荷载（图 26.10）试验方法鉴定结构承载能力，用动力荷载方法测定结构力学性能参数和振动参数。

图 26.10　悬索桥荷载试验现场

桥梁健康监测

桥梁健康监测是根据结构的主要性能指标（如可靠性、耐久性等），结合无损检测和结构特性分析，从营运状态的桥梁结构中获取并处理数据。目的是为了诊断桥梁结构中是否有损伤发生，判断损伤的位置，估计损伤的程度以及损伤对结构将要造成的后果。通过对桥梁结构状态的监测与评估，在特殊气候、交通条件下或桥梁运营状况严重异常时触发预警信号，为桥梁维护、维修与管理决策提供依据和指导。

桥梁监测系统通常对以下几个方面进行监控：

·桥梁结构在正常环境与交通条件下运营的物理与力学状态；

·桥梁重要非结构构件和附属设施的工作状态；

·结构构件耐久性；

·工程所处环境条件等。

桥梁健康监测系统对桥梁结构评估的内容有三个方面，即承载能力、运营状态和耐久性能力。承载能力评估主要针对结构或构件的极限强度、稳定性，其目的是要找出桥梁结构的实际安全储备，以避免桥梁在日常使用中发生灾难性的后果；运营状态评估针对桥梁结构或其构件在日常荷载工作下的变形、裂缝，为桥梁定期养护维修提供依据；耐久性评估侧重于桥梁的损伤及其成因，以及其对材料的物理特性的影响，预测桥梁的退化速率。

桥梁健康监测分为如下四个水平层次：

·检测损伤的存在；

·确定损伤的位置；

·估计损伤程度；

·确定损伤的影响以及预测剩余的疲劳寿命。

桥梁健康监测系统主要由采集测量部分、数据传输部分、数据分析处理和控制部分组成（图 26.11）。

采集测量部分主要为测量桥梁结构物理参数的传感器（图 26.12、图 26.13）。

监测风、地震、温度、交通荷载的常用传感器有：风速仪、温度计、动态荷载记录仪、强震仪等。

监测桥梁各部位的静态位置、动态位置、沉降、倾斜、线形变化、位移等的常用传感器有：位移计、倾角仪、GPS、摄像机等。

监测桥梁的应变、应力、索力、动力反应（频率模态）、扭矩等的常用传感器有：应变仪、测力计、加速度计等。

数据传输部分主要为有线传输和无线传输。随着数字技术的发展，无线传输的抗干扰性也得到了稳步提高，在未来将有很大的应用空间。

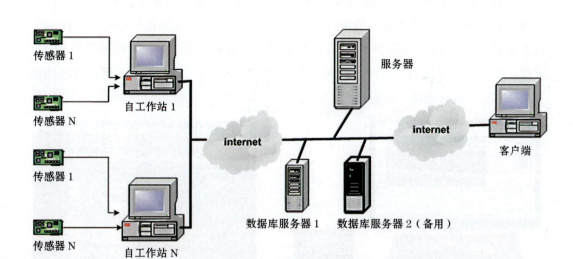

图 26.11　桥梁健康监测系统组成

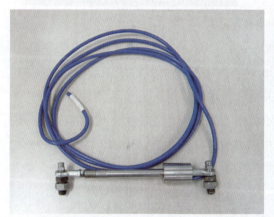

图 26.12　测试传感器

图 26.13　数据采集箱系统

　　数据分析处理和控制部分由专用的数据处理设备和处理方法来对信号进行存储、处理、分析和显示，最终显示给用户的是一段时间内连续采集的各个数据（图 26.14）。各方专家会同桥梁设计部门可以对某些数据设立警戒值，当某个数据超过了相应的警戒值，系统会主动报警，提醒管理人员及时做出反应。由专用的数据处理设备和处理方法来对信号进行处理、分析。

图 26.14　数据处理系统

　　国外桥梁结构健康监测的需求是从美国格瑞克（Silver Creek）大桥（1976 年）和维也纳瑞西斯（Reichsbrücke）大桥（1976 年）倒塌事件发生后才逐渐得到认同的。从 20 世纪 90 年代开始，随着计算机和相关硬件技术的发展，土木工程健康检测变得具有可行性。我国自 20 世纪 90 年代起开始，在一些大型重要桥梁上也建立了不同规模的健康监测系统，如香港的青马大桥、汲水门大桥和汀九大桥，内地的上海徐浦大桥、虎门大桥、江阴长江大桥、南京二桥、杭州湾大桥、苏通大桥等。国内外部分桥梁健康检测系统应用实例统计见表 26.1。

表 26.1　国内外桥梁健康监测系统部分应用实例

序号	桥　名	结构类型	跨　度（m）	健康监测系统信息	地点
1	迈尔克（Melk）大桥	组合桥	53+53+79+53+36	加速度计，反力质量激振器，测力传感器，温度传感器	奥地利
2	拿赛（Neisse）大桥	石拱桥	34 拱	应变计、速度传感器、裂缝传感器、温度传感器	德国
3	拿马 9 号（RAMA IX）大桥	斜拉桥	主跨 450	MPL 传感器，环绕型 MPL 传感器	泰国
4	泰图西亚（Titulcia）大桥	钢桁架桥	50+50+47.5	位移传感器	西班牙
5	施维耐森（Svinesund）大桥	拱桥	主跨 247	应变计，加速度计，温度传感器，风速仪，测力传感器，位移计	瑞典
6	厄勒（Øresund）大桥	斜拉桥	主跨 490	应变计，加速度计，温度传感器，气象站	丹麦，瑞典
7	波尔施俄依（Bolshoj Moskvoretsky）大桥	拱形箱梁桥	主跨 92	SOFO 传感器，热电偶传感器	俄罗斯

（续表26.1）

序号	桥　名	结构类型	跨　度（m）	健康监测系统信息	地点
8	科莫多（Commodore John Barry）大桥	钢桁架桥	主跨 1166	超声风速传感器，应变计，倾斜计，裂缝计，加速度计	美国
9	青马大桥	悬索桥	主跨：1377	风速仪，温度传感器，应变计，加速度计，位移传感器，GPS，动态称重仪，水平传感器，摄相机，在线监测系统	香港
10	台中大桥	斜拉桥	89.5+89.5	加速度计，速度传感器、风传感器、温度传感器	台北
11	昂船州大桥	斜拉桥	主跨：1018	风速仪，温度传感器，应变计，加速度计，位移传感器，GPS，动态称重仪，EM传感器，侵蚀传感器，光纤传感器，倾角仪，摄相机，气压计，湿度计，雨量计，在线监测系统	香港
12	润杨南汉桥	悬索桥	主跨：1490	风速仪，温度传感器，应变计，加速度计，位移传感器，GPS	江苏
13	苏通大桥	斜拉桥	主跨：1088	风速仪，温度传感器，应变计，加速度计，位移传感器，GPS，动态称重仪，侵蚀传感器，磁弹性测力仪，光纤传感器，倾角仪，湿度计，摄相机，在线监测系统	江苏
14	卢浦大桥	拱桥	主跨：550	温度传感器，应变计，加速度计，位移传感器	上海
15	大佛寺大桥	斜拉桥	主跨：450	温度传感器，应变计，加速度计，光纤传感器，水平传感器，在线监测系统	重庆
16	海沧大桥	悬索桥	主跨：648	风速仪，温度传感器，位移传感器，GPS	福建
17	舟山西堠门大桥	悬索桥	主跨：1650	风速仪，加速度计，温度传感器，GPS，位移传感器，FBG应变传感器，应变计，摄相机，气压计，湿度计，侵蚀传感器，雨量计，地震仪，动态称重仪	浙江
18	坝陵河大桥	悬索桥	主跨：1088	风速仪，加速度计，温度传感器，GPS，位移传感器，应变计，摄相机，气压计，湿度计，地震仪，倾角仪，EM传感器，动态称重仪	贵州

桥梁养护工程

桥梁养护工程是指为保持桥梁及其附属构筑物的正常使用而进行的经常性保养及维修作业，以及预防和修复桥梁的灾害性损坏及为提高桥梁使用质量和服务水平而进行的改造。通过桥梁的养护工程，对桥梁结构及其附属设施的较大损坏进行周期性的综合修理，以全面恢复或提高桥梁原设计标准。

桥梁养护工程应遵循的原则

1. 桥梁养护按"预防为主，防治结合"的原则，以桥面养护为中心，以承重部件为重点，加强全面养护，提高桥梁结构耐久性、安全性和适应性；

2. 对于区域或线路上的多座桥梁养护，应遵循"先重点、后一般，先干线、后支线"原则，对重要路线及具有重大政治、经济、国防意义路线，要优先安排；

3.鼓励推广应用先进的养护技术和科学的管理方法，提高养护技术水平；

4.桥梁养护工程应重视经济技术方案比选，充分利用原有工程材料和原有工程设施，以降低造价、节约成本；

5.桥梁养护设计与施工应降低对道路交通的影响，对于阻断交通的桥梁修复工程应优先安排。

桥梁养护工程分类

城市桥梁根据养护类别、完好状态，所采用的养护工程措施包括保养、小修、中修工程、大修工程以及加固、改扩建工程。见表26.2。

公路桥梁根据桥梁技术状况等级，养护工程也包括保养、小修、中修工程、大修工程以及加固、改扩建和重建工程。见表26.3。

表26.2　城市桥梁根据完好状态的养护工程分类

序号	养护类别	完好状态		所采取养护措施	备注
1	I 类	合格级		保养、小修	
2		不合格级		立即修复	立即限制交通
3	II ~ V类	A 级	完好状态	日常保养	
4		B 级	良好状态	日常保养和小修	
5		C 级	合格状态	进行专项检测后保养小修	
6		D 级	不合格状态	检测后进行中修或大修	
7		E 级	危险状态	检测评估后进行大修、加固或改扩建	立即限制交通

表26.3　公路桥梁根据技术状况进行养护工程分类

序号	桥梁评定	技术状况等级 DJ	养护措施	备注
1	适应性评定划定桥梁	满足	维持保养	
2		不满足	采取改造措施	
3	一般评定划定桥梁	1 类桥梁	正常保养	
4		2 类桥梁	小修	
5		3 类桥梁	中修	酌情进行交通管制
6		4 类桥梁	大修或改造	及时进行交通管制
7		5 类桥梁	改建或重建	及时关闭交通

·小修、保养工程

小修保养工程是指对桥涵及其附属构造物进行预防性保养和修补其轻微损坏部分，使其保持完好状态的工程项目。

·中修工程

中修工程是指对桥涵及其附属构造物一般性磨损和局部损坏进行定期的修理加固，以恢复原状的小型工程项目。部分中修工程施工前后对比见图 26.15、图 26.16。

图 26.15　桥面铺装中修工程前后对比

图 26.16　伸缩缝中修工程前后对比

·大修工程

大修工程是指对危险桥梁、承载能力不足桥梁以及宽路窄桥等进行加固或加宽，以恢复或达到桥梁设计技术标准，保证道路安全畅通的工程项目。

桥梁大修工程选介：

1. 桥面板大修

某桥桥面板出现比较严重的网状开裂，且呈现明显劣化趋势，桥梁技术状况评定为 D 级，属不合格状态。桥面板开裂破损导致其刚度明显降低，承载能力不足，严重影响荷载横向传递。

为确保桥面板大修前桥梁结构、桥面行车的安全，桥梁大修利用混凝土桥面板下主梁之间的有效空间，设计安装格构式钢桁架支撑装置，对碎裂桥面板起到支撑作用，同时加强主梁之间横向联系。桥面板大修时，支撑装置顶面钢板上焊接剪力键，使得支撑装置与新浇筑桥面板共同作用，作为永久结构使用（图 26.17）。

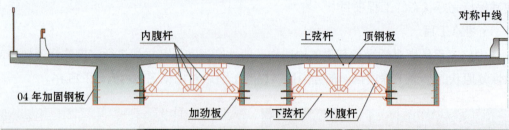

图 26.17　桥面板大修工程

2. 桥梁抗震加固大修工程

早期建设的桥梁（20 世纪 70 年代前），桥梁支座形式以及中墩墩柱和桩基础的配筋及构造措施不满足现行抗震规范标准和要求。这类桥梁很多位于交通干线上，采用

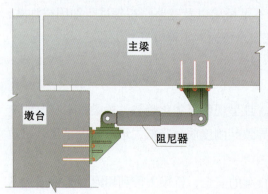

图 26.18　桥梁抗震加固大修工程

常规的抗震加固技术对现况交通影响较大。因此在桥梁抗震加固大修工程中，可根据桥梁具体特点和场地特性，采用减隔震技术进行该桥抗震加固，选用消能减震液体粘滞阻尼器有效地解决桥梁结构的整体抗震问题。大修后桥梁抗震标准达到现行标准要求。与常规抗震加固方式相比，减隔震抗震加固避免了对桥上、桥下繁忙路段交通的影响（图 26.18）。

·改扩建工程

改扩建工程是指对桥涵及其附属构造物因不适应交通、荷载、泄洪要求而提高技术等级，或因道路局部改移需要重建，或为了显著提高通行能力而进行的较大型、大型工程项目。

桥梁改扩建工程选介：

北京市永定河上某桥桥梁原上部结构采用 17 孔净跨 30m 空腹式双曲拱桥，桥宽 15m，原设计荷载为采用交通部 1967 年版的《公路桥涵车辆荷载及净空标准暂行规定》中的汽—26、拖—100 级。该桥位于城市交通干线上，桥梁宽度和荷载标准不能满足现况交通需求，桥梁检测也发现该桥病害严重，跨间腹板、腹拱间立柱、立柱上部横梁等承重构件均存在严重的损伤，已经进入全面劣化阶段，经论证决定对其进行拆除重建。新建桥梁上部结构采用 16 孔 35.5m 预应力钢筋混凝土先简支后连续预制小箱梁。下部结构为钢筋混凝土盖梁接柱式墩，钻孔灌注桩基础。桥梁设计荷载等级提高到城—A 级。桥面宽度实现规划断面，由原桥 15.6m 扩建为 26m。

该桥经过改扩建工程后（图 26.19），消除了安全隐患，提高了荷载等级和通行能力，为保障道路的安全、缓解周边交通拥堵做出了贡献。

图 26.19　改扩建后的卢沟新桥（罗保恒　摄）

周边环境影响时桥梁安全保障措施

桥区周边地下施工

随着社会的发展，各种配套设施的建设与日俱增。许多新建地下工程（地铁、管线、管沟等）需要穿越既有桥梁。地下工程施工中，会对邻近的既有桥梁基础产生扰动，从而引起基础变位，而过大的基础变位又会引起桥梁结构的内力发生变化，导致桥梁损伤，甚至直接危及桥梁使用的安全。如何在地下工程施工过程中保证既有桥梁的安全是桥梁管理者面临的重要课题。

北京市针对地下施工队既有设施的监管制定了北京市地方标准《穿越既有交通基础设施工程技术要求》（DB11/T 716），该标准明确了地下工程穿越既有桥梁施工过程中，对既有桥梁保护的安全防护体系。其主要流程和内容包括：

·施工前对既有桥梁的前评估

施工前对地下工程施工可能影响到的既有桥梁进行前评估。内容包括：既有桥梁的现状检测、根据检测结果计算分析桥梁的剩余抗力，提出地下工程施工时桥梁控制指标。前评估结果作为下一步桥梁保护的依据。

·依据桥梁前评估结果，制定地下施工时桥梁保护的专项设计方案和施工组织方案

地下工程的设计及施工单位对既有桥区地质、附近管线作充分、细致的调查，确认地下施工所采用的施工工法是否能够满足前评估咨询提出的桥梁控制指标。如不能满足控制指标，地下工程设计单位需依据控制指标进行专项设计，采取桥梁加固、顶升等有效措施，确保桥梁结构安全。根据专项设计，施工单位制定满足设计要求的施工组织方案。

·施工过程中进行第三方监测

在地下施工过程中，除了施工单位自身的桥梁控制指标监测外，业主单位需委托第三方进行施工监测。根据前评估提出的桥梁控制指标，确定施工预警值和控制值，指导地下施工，确保桥梁结构安全。

·制定应对突发事件的施工应急预案

地下施工往往具有不确定性，施工前需分析施工过程中主要的风险源，制定相应的应急预案。贮备应急物资，并进行人员应急演练。

·施工完成后的桥梁状态后评估

地下施工完成后需进行桥梁工后检测，并结合第三方检测报告，对涉及桥梁进行后评估，确定地下工程对既有桥梁的影响程度，并给出处理措施。

采取以上措施可以使桥梁管理者对地下工程施工进行有效监管，将地下施工对桥梁安全影响降到最低。

・地下工程穿越桥梁安全保障案例选介

北京地铁 7 号线隧道结构从广安门桥东西异形板桩基下方穿过，隧道结构距桩底垂直距离 4m（图 26.20）。

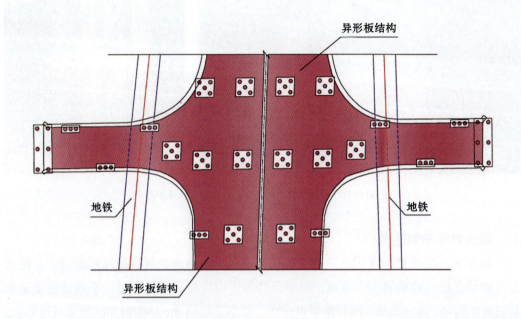

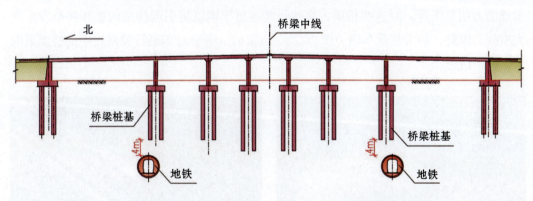

图 26.20　地铁盾构区间与广安门桥梁桩基位置关系

由于异形板结构受力复杂，对沉降较为敏感，为确保桥梁在地铁隧道施工过程中的安全运行，对该桥在隧道影响范围内的墩柱采取主动顶升和基础深层注浆措施。首先对桩基础进行深层注浆，加强桩基的桩侧摩阻力和桩尖承载力，减小沉降的发生。地铁盾构穿越桥桩时，采用实时监控措施，当墩柱的沉降值达到预警值时，立即对桥梁上部结构进行顶升（图 26.21），确保异形板处于安全状态。

通过采取以上防护措施，7 号线地铁盾构安全通过广安门桥区，没有对广安门立交异形板结构产生不利影响。

图 26.21   广安门桥上部结构异形板采用支顶保护措施

超大超重车辆过桥

近年来，随着我国现代化工业及基础设施建设的迅速发展，道路运输特大、特重型工业设备已日趋频繁。一方面，原有公路桥梁设计荷载等级较低，不能适应超重车辆过桥的需要，另一方面，现有桥梁也存在一些隐患和问题，早期修建的桥梁日益老化，承载能力明显下降。对这些桥梁，突然行驶超重车辆就将引起桥梁的损坏甚至发生重大事故。因此，超大超重车辆（图 26.22）运输前，需要对车辆行驶路线中的桥梁采取安全保护措施。

图 26.22   超重车辆过桥

超重车辆过桥，必须进行荷载验算工作。验算前应进行资料的收集整理，然后对结构进行分析计算，确定是否许可超重车辆通行。

验算前的资料收集包括桥梁结构资料及超重车辆资料。桥梁结构资料包括桥梁的原始资料和使用状况资料两个方面。原始资料是指桥梁的基本几何尺寸、设计荷载、

修建历史等；使用状况资料主要指桥梁建成后历年来的养护维修情况及现有结构的完整程度这两方面的资料。超重车辆资料主要指车辆的种类、车辆的平面尺寸，装载货物后的轴重，轮胎对桥面的压力、最大高度等。这些资料应由货运单位提供并经进一步的核实。

根据验算结果，确定桥梁是否需要采取安全防护措施，如支顶、增加跨越桥等，并提出安全通过方式。

为确保超重车辆安全过桥，除了进行桥梁验算工作，还应对车辆及荷载采取相应管理措施。包括：

·车上货物装置平衡、适中、分散均匀，避免产生偏载；

·超重车辆过桥时，不得有其他车辆及人群荷载，以尽可能降低桥梁所承受的外荷载；

·除非计算指定，超重车辆尽量沿桥面中心线行驶。在桥梁的横向分布计算中，靠边的偏载常是荷载横向分布的最不利位置，而靠中对称行驶可使桥梁结构横向各部分受力比较平均，对桥梁的整体受力更为有利；

·超重车辆过桥时要低速行驶，限速 5km/h，同时严禁在桥上变速、制动，减少车辆对荷载的冲击效应；

·与交通管理部门、桥梁养护部门密切配合，选择在交通量较小的时间里通行，确保运营安全；

·做好应急预案应对突发事件发生，重车通过时要注意对桥梁进行观测，并随时做好记录。

参考文献

[1] 赫尔穆特·文策尔著.伊廷华，叶肖伟译.桥梁健康监测[M].北京：中国建筑工业出版社，2014.

[2] 陈惟珍，徐俊，龙佩恒等著.现代桥梁养护与管理[M].北京：人民交通出版社，2010.

[3] 中华人民共和国行业标准.城市桥梁养护技术规范（CJJ 99—2003 J 281—2003）北京：中国建筑工业出版社，2003.

[4] 北京市地方标准.穿越既有交通基础设施工程技术要求.DB 11/ T 716—2010.北京市质量技术监督局，2010.

27

桥梁工程的历史回顾与宏伟发展前景

撰文：葛耀君　同济大学教授、桥梁工程系主任、土木工程防灾国家重点实验室主任
　　　　　　国际桥梁及结构工程协会（IABSE）副主席
　　　　项海帆　中国工程院院士、同济大学荣誉资深教授、土木工程学院名誉院长、
　　　　　　中国土木工程学会桥梁及结构工程分会名誉理事长
　　　　　　国际桥梁及结构工程协会（IABSE）前副主席

桥梁工程的历史回顾与宏伟发展前景

历史的回顾

在人类文明的发展史中，桥梁占有重要的一页。中国古代桥梁技术曾经有过辉煌的业绩。中国古代首创了浮桥和索桥，并在木桥、石桥和铁索桥建设方面长时间占据世界领先地位。18 世纪的英国工业革命促进了欧美各国相继进入近代桥梁工程的新时期，1779 年英国第一座跨度 30.65m 的铸铁拱桥煤溪谷（Coalbrookdale）桥的诞生标志着西方只能用木、石等天然材料建造桥梁的时代的结束（图 27.1）。

图 27.1　1779 年英国第一座跨度 36.05m 的铸铁拱桥煤溪谷桥（Coalbrookdale Bridge）

近代桥梁（1800~1945 年）

1801 年伦敦泰晤士河上跨度达 183m 的铁拱桥的建成则代表着 18 世纪西方建桥技术的最高成就。19 世纪是钢桥的世纪，1850 年英国第一座跨度 141m 的铁路箱梁桥布列塔尼亚（Britannia）桥，1883 年美国纽约跨度 486m 的布鲁克林（Brooklyn）悬索桥

（后来在其旁又相继建成了一座钢拱桥与一座悬索桥），以及 1890 年苏格兰福斯（Forth）湾跨度 520m 的悬臂桁梁桥可以说是三座里程碑式的钢桥。它们标志着桥梁的最大跨度已从 19 世纪初的不足 200m 到世纪末突破了 500m。这是一个了不起的成就，它凝聚了许多桥梁先驱者的智慧和艰辛。

图 27.2　美国旧金山金门悬索桥

图 27.3　澳大利亚悉尼海港钢拱桥

进入 20 世纪以后，电气、汽车、飞机以及作为人造石料的混凝土的发明，使人类的生活发生了巨大变化。在与土木工程有关的"住"和"行"两个方面，即高层建筑和高速公路的建造，推动了土建技术的进步。尽管 20 世纪内发生了两次世界大战，使人类文明遭到了惨重的破坏，但是在两次世界大战后的 30 年代和 50 年代，各国人民为重建家园而大兴土木，桥梁工程也取得了巨大的成就。其中，预应力混凝土技术的发展占据了中心的地位，它不但使桥梁的跨度飞速增加，而且完全改变了桥梁施工的方式；19 世纪末已接近 500m 跨度的悬索桥，在进入 20 世纪以后又在 1931 年建成突破千米跨度的 1067m 的纽约华盛顿桥和 1937 年建成的跨度 1280m 的旧金山金门大桥（图 27.2）；这一时期的钢拱桥跨度也突破了 500m，澳大利亚 1932 年建成的跨度 503m 的悉尼钢拱桥（图 27.3）是该时期中具有里程碑意义的代表作。

现代桥梁（1945~2000 年）

20 世纪 50 年代，由于结构材料、计算技术和施工方法的进步，在德国出现了斜拉桥复兴的形势。由于莱茵河的河面宽度适合建造 300m 左右跨度的桥梁，斜拉桥这一新桥型以其多姿多彩的造型、方便的施工和经济的造价在德国取得了巨大成功，并在 60 年代迅速向全世界传播。从全钢斜拉桥发展成全预应力混凝土斜拉桥以及各种结合方式的钢和混凝土混合斜拉桥，成为 20 世纪大跨度桥梁的最主要桥型。它使得第二次世界大战前常用的一些大跨度钢桥，如钢拱桥和钢桁梁桥在竞争中失败，还迫使悬索桥向更大跨度方向退让。各类斜拉桥则在 200~1000m 跨度的大范围内显示出强大的优势。

20 世纪 60 年代开始，北美洲相继实施了一些跨海工程项目。美国东部弗吉尼亚州的切萨皮克湾在弗吉尼亚海滩和特拉华半岛的查礼士角之间，峡湾宽约 28km，于 1964 建成了桥隧结合工程，共有两座隧道和四段桥梁组成，其中 24.6km 是跨海桥梁。同年，美国还建成了纽约湾主跨 1298m 的韦拉札诺桥，再次刷新了悬索桥跨度的世界纪录。20 世纪末，加拿大建成了连接爱德华王子岛的北美最大跨海工程——联邦大桥，被世人称之为"现代桥梁工程颠峰之作"。联邦大桥桥梁全长 12.9km，除两端采用较小桥跨之外，中间 43 孔均为 250m 跨度的整体吊装预应力混凝土梁。

20 世纪 60 年代末，日本和丹麦两个岛国开始实施宏伟的跨海工程计划。日本以主跨 720m 的关门悬索桥为起点，建设包括东、中、西三条线的本州到四国的联络线工程。在全部 17 座跨海大桥中，除了西线大三岛桥为中承式钢拱桥和与岛桥为钢桁梁桥外，共有 10 座悬索桥，5 座斜拉桥，其中包括创造世界跨度记录的 1991m 明石海峡悬索桥（图 27.4）和 890m 多多罗斜拉桥（图 27.5）。丹麦则从 80 年代小贝尔特海峡桥建设开始，最终于 1998 年建成 1624m 的大贝尔特海峡桥（图 27.6），成为新崛起的桥梁大国。之后又于 2000 年建成了连接瑞典和丹麦的跨越厄勒海峡的厄勒海峡大桥（图 27.7）。此外，挪威、瑞典和葡萄牙也紧跟跨海工程的潮流建造了一些高水平的跨海桥梁，如挪威于

图 27.4 日本明石海峡悬索桥

图 27.5 日本多多罗斜拉桥

图 27.6　丹麦大贝尔特海峡悬索桥

图 27.7　丹麦—瑞典厄勒海峡斜拉桥

1991 年建成了创造混凝土斜拉桥跨度世界记录的 530m 斯卡松代特（Skarnsundet）桥（图 27.8），1998 年和 1999 年相继建成了全世界最大跨度的预应力混凝土 T 型刚构桥——301m 的斯托尔马桥（Stolma）桥（图 27.9）和 298m 的拉弗圣德（Raflsundet）桥。

图 27.8 挪威斯卡松代特斜拉桥

图 27.9 挪威斯托尔马连续刚构桥

　　法国在塞纳河上也建造了一系列大桥。特别是 1977 年建成的跨度 320m 的单索面的布鲁东（Brottone）预应力混凝土斜拉桥（图 27.10）和 1995 年建成的破世界纪录跨度的 856m 的混合桥面诺曼底（Normandy）斜拉桥（图 27.11），都以其独特的设计构思

图 27.10　法国布鲁东斜拉桥

图 27.11　法国诺曼底斜拉桥

图 27.12　上海南浦大桥

获得了国际桥梁工程界的赞誉。

中国封建社会自明朝以后的长期闭关自守造成科学技术停滞不前。1840 年的鸦片战争又使中国一蹶不振，蒙受了百年屈辱。1949 年中华人民共和国的诞生宣告中国人民在政治上终于站起来了。然而，旧中国留下的大桥中，除了唯一一座由茅以升先生主持设计施工的钱塘江大桥外，长江仍然是天堑，黄河上的几座大桥也都是由外商主持设计和施工的。

中华人民共和国建立以后，中国开始了大规模经济建设，交通建设作为先行官也得到了迅速的发展。上世纪 50 年代初武汉长江大桥的兴建标志着我国大桥建设开始起步。从 1957 年起到 70 年代后期中国由于政治运动不断，耽误了经济的发展。尽管如此，在这段时间内，我国的桥梁工作者在公路拱桥和铁路桁梁桥的建设上仍然取得了不少成就（详见本书第 8、9、11 篇），到 70 年代跨度已接近 200m。

自上世纪 70 年代后期实行改革开放政策以来，中国的桥梁建设进步神速。广东省率先起步，并吸引了全国的桥梁工作者参加建设。上世纪 80 年代开始的上海南浦大桥（图 27.12）、杨浦大桥和徐浦大桥等大跨度斜拉桥的自主建设是一个突破，不仅创造了斜拉桥跨度的世界纪录，而且带动了全国范围兴建大桥的高潮。进入 90 年代以后，中国又迎来了建设现代悬索桥的新时期，五座悬索桥（跨度 452m 的汕头海湾大桥、跨度 450m 的丰都长江大桥、跨度 888m 的虎门珠江大桥、跨度 900m 的西陵长江大桥和跨度 1385m 的江阴长江大桥）的相继建成，标志着中国正在走向世界桥梁强国之列。到

图 27.13　重庆万县长江大桥

20 世纪末，中国建成的主跨 420m 的重庆万县长江大桥（图 27.13）和主跨 146m 的丹河大桥（见图 11.4）双双创造了混凝土拱桥和石拱桥的跨度世界纪录，还建成了主跨618m 的武汉白沙洲大桥、主跨 312m 公铁两用斜拉桥——芜湖长江大桥等一大批大跨度桥梁。

本世纪初的桥梁（2001~2013 年）

　　进入 21 世纪以来，尽管发达国家桥梁建设需求不高，世界各国还是相继建成了一系列大跨度斜拉桥和悬索桥。在大跨度斜拉桥建设方面，法国于 2004 年建成了 6 个主跨 320m 的米洛多跨斜拉桥（图 27.14），次年，希腊也年建成了 4 个主跨 560m 的里翁—安蒂里翁多跨斜拉桥（图 27.15），韩国于 2009 年建成了主跨 800m 的仁川斜拉桥，俄罗斯分别在 2011 年和 2012 年建成了主跨 737m 的金角湾（Zolotoy）斜拉桥和世界最大跨度的主跨 1104m 的海参崴（Russky）斜拉桥（图 27.16）；在大跨度悬索桥建设方面，挪威于 2013 年建成了主跨 1310m 的哈德安格（Hardanger）悬索桥，韩国于 2012 年建成了主跨 1545m 的李舜臣悬索桥（图 27.17）。

图 27.14　法国米洛斜拉桥

图 27.15　希腊里翁—安蒂里翁斜拉桥

图 27.16　俄罗斯海参崴俄罗斯岛斜拉桥

图 27.17　韩国李舜臣悬索桥

　　中国在 21 世纪初的十多年时间里在大跨度悬索桥、斜拉桥、拱桥和梁桥建设以及跨海大桥建设方面均取得了举世瞩目的成就。在大跨度悬索桥建设方面，中国相继建成了主跨 1000m 以上的悬索桥 9 座。其中包括主跨 1650m 的舟山西堠门大桥（图 27.18）、主跨 1490m 的润扬长江大桥和双主跨 1080m 的泰州长江大桥和马鞍山长江大桥等；在大跨度斜拉桥建设方面，中国相继建成了主跨 700m 以上的斜拉桥 8 座，其中包括主跨 1088m 的苏通长江大桥（图 27.19）、主跨 1018m 的香港昂船洲大桥（图 27.20）、主跨 926m 的鄂东长江二桥和主跨 508m 的武汉天兴洲公铁两用桥等；在大跨度拱桥建设方面，中国相继建成了主跨 400m 以上的拱桥 10 座，其中包括主跨 552m 的重庆朝天门长江大桥、主跨 550m 的上海卢浦大桥（图 27.21）、主跨 530m 的四川波司登大桥、主跨 360m 的南京大胜关公铁两用桥（图 27.22）等；在大跨度梁桥建设方面，中国相继建成了主跨 330m 的混合连续刚构桥——重庆石板坡长江大桥复线桥（图 27.23），创造了梁式桥跨度的世界记录；在跨海大桥工程建设方面，中国相继建成了全长 32.5km 的东海大桥（图 27.24）、全长 36km 的杭州湾跨海大桥、全长 36.48km 的青岛海湾大桥（见第 7 篇首页左页下图）和全长 48.16km 舟山大陆连岛工程（见图 17.5）等。

图 27.18　舟山西堠门大桥

图 27.19　苏通长江大桥

图 27.20　香港昂船洲大桥

图 27.21　上海卢浦大桥

图 27.22　京沪高速铁路南京大胜关跨越长江的世界首座 6 线铁路桥

图 27.23　重庆石板坡长江大桥复线桥

图 27.24　东海大桥

21 世纪宏伟桥梁工程的展望

在 20 世纪桥梁工程所取得的巨大成就的鼓舞下，一些发达国家的桥梁工程师们开始构想更大跨度和更大规模的跨海工程，以期使世界五大洲除大洋洲外可以用陆路相连，形成全球交通网，其主要交通网和著名海峡和交通跨越工程的位置如图 27.25 所示。

欧洲跨海工程

欧洲是世界经济较发达的地区。一些岛国如英国和丹麦以及拥有较多沿海岛屿和曲折海岸线的国家，如挪威和瑞典，想用桥梁把国土的各部分连接起来。还有一些跨海湾工程也在规划之中，以缩短沿海岸公路干线的距离。

英国和法国于 1993 年 12 月建成了跨越英吉利海峡①的隧道后，英国还计划在英格兰和爱尔兰之间的圣乔治海峡②以及苏格兰和爱尔兰之间、苏格兰和赫布里底群岛之间、苏格兰和奥克尼群岛之间建设跨海工程。

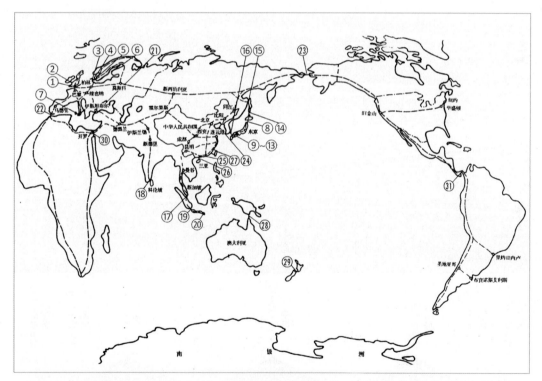

①英法海峡；②英国圣乔治海峡；③丹麦小贝尔特海峡；④丹麦大贝尔特海峡；⑤丹麦—瑞典厄勒海峡；⑥丹麦—德国费马恩海峡；⑦意大利墨西拿海峡；⑧日本津轻海峡；⑨~⑬日本诸海湾和海峡；⑭日俄拉普鲁兹海峡；⑮俄罗斯鞑靼海峡；⑯朝鲜海峡；⑰马来西亚—印尼马六甲海峡；⑱印度—斯里兰卡宝克海峡；⑲印尼巽他海峡；⑳印尼巴厘海峡；㉑亚欧博斯普鲁斯海峡；㉒欧非直布罗陀海峡；㉓美亚白令海峡；㉔中国渤海海峡；㉕中国珠江口伶仃洋；㉖中国琼州海峡；㉗中国台湾海峡；㉘澳大利亚—新几内亚托雷斯海峡；㉙新西兰南北岛海峡；㉚苏伊士运河；㉛巴拿马运河。

图 27.25 世界主要陆路交通网和跨海工程位置

连结英国和法国之间的英吉利海峡隧道是欧洲已经实现了的最大的跨海工程，该隧道建成后不久，茅赛尔（Maunsell）土木及结构工程师和法国赛托罗特（Scetauroute）被指定作跨越英吉利海峡第二通道工程预可行性研究，英国勃朗（Brown Beech B2）公司提出四联双主跨的悬索桥方案，每联悬索桥跨度布置为 1250m+2×2500m+1250m=7500m，即两个主跨为 2500m，主缆布置矢跨比为 1/10.65，加劲梁采用双开槽断面、全宽 42m。

丹麦由日德兰半岛、菲英岛、西兰岛及其许多小岛组成，首都哥本哈根位于西兰岛上。日德兰半岛与菲英岛之间的小贝尔特海峡③和菲英岛与西兰岛之间的大贝尔特海峡④是波罗的海通往北海的主要水道。小贝尔特海峡早在 1933 年就已建成钢桁梁桥小贝尔特海峡一桥，主桥总长仅 825m，最大跨度 220m，是一座公铁两用单层桥面的钢桁梁桥。1970 年又在其侧建成了一座主跨 600m 的悬索桥——小贝尔特海峡二桥，之后又建成了主跨 1624m 的大贝尔特海峡桥。

丹麦和瑞典之间的厄勒海峡⑤是南欧和北欧的分界线，2000 年厄勒海峡桥建成后，

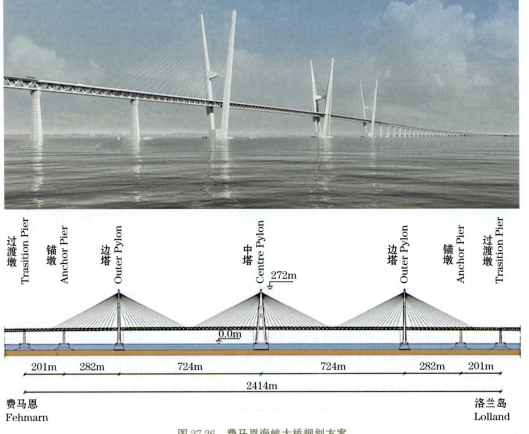

图 27.26　费马恩海峡大桥规划方案

德国通过丹麦到达北欧的联络线可以走小贝尔特海峡桥—大贝尔特海峡桥—厄勒海峡桥。但是，更为便捷的通道应该是自汉堡向北跨越费马恩海峡⑥到洛兰岛。德国和丹麦政府正在合作规划这一工程，桥梁规划方案为主跨201m+282m+724m+724m+282m+201m钢桁梁斜拉桥，总长2414m，为双层结构公铁两用桥（图27.26）。

除了欧洲这些热点跨海工程外，还应提到早在1955年就开始规划的意大利墨西拿海峡⑦大桥。它是连接意大利本土南端到西西里岛的跨海工程，经历了50余年的漫长准备，多次修改方案，最后考虑到水文、地质和地震等因素，已确定采用主跨为3300m的单孔悬索桥（图27.27），西西里侧边跨为960m，加拉伯利亚侧边跨为810m，锚碇到锚碇总长计5070m，设计使用寿命按200年标准，主塔高376m，桥面宽60m，主缆直径1.24m，估计造价超过100亿美元。它将是世界跨海大桥工程的又一座丰碑。但是，由于意大利政治和经济形势多变，尽管已经成立了项目跨国联合建设部门，目前项目启动仍处于无限期停顿状态。

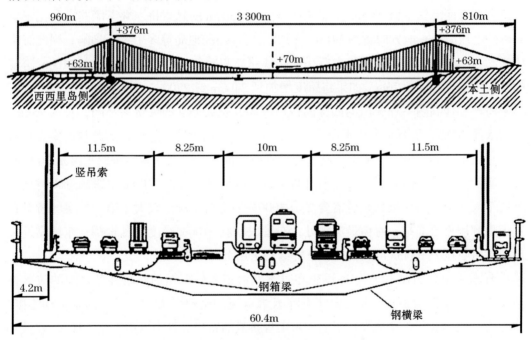

图 27.27　意大利墨西拿海峡大桥设计方案

亚洲跨海工程

亚洲是当今经济发展最迅速的地区，也是规划建设跨海大桥最多的地区（图27.25），特别是日本、韩国和中国的崛起，令世界瞩目。日本是一个岛国，第二次世界大战以后经过了一段时间的休养生息就率先开始实施跨海工程的宏伟计划，1988年率先建成了跨越津轻海峡⑧的青函隧道，并到上世纪末完成了本州四国三条联络线，为了实现《第二国土轴计划》，提出了修建东京湾⑨和伊势湾⑩的海湾大桥，以及在纪淡海峡⑪（本州和四国间）、丰予海峡⑫（四国与九州间）、长岛海峡⑬（九州西部）和津轻海峡（本州与北海道间）等处修建跨海工程。

　　日本第二国土轴所涉及到四个跨海工程都难度极大。其中，最北面的津轻海峡⑧，是连接北海道和本州的海峡，是一条国际航道，必须确保2000m的航道宽度。跨海工程的海上桥梁全长约18km，1994年设想的方案为中间两联双主跨2000m的悬索桥，两边分别为单主跨1500m和1800m的悬索桥，1998年的方案为中间是双主跨4000m的悬索桥，两边各有一联单主跨2000m的悬索桥。尽管东京湾的最小宽度约7km，考虑到陆地地形、海底地形、路网线型、自然环境、社会环境、船舶航行等条件，现在规划的跨越东京湾口的海上桥梁总长约12km。主桥是主跨为2300m左右的三跨悬索桥，主塔基础水深在50m左右，其他部分海上桥梁的跨度不是太大。伊势湾口跨越目前有三条可供选择的路线，即从伊良湖岬至神岛至大筑海岛至答志岛、从伊良湖岬至神岛至管岛至鸟岛、伊良湖岬至神岛至管岛至答志岛，伊良湖岬与神岛海面需要2000~2300m跨度的悬索桥，神岛与管岛海面需要两座1000m跨度的悬索桥，神岛与大筑海岛海面需要主跨2300m的悬索桥或2跨1500m的悬索桥。介于淡路岛和纪伊半岛间的纪淡海峡东西方向宽约11km，海域中有冲岛和地岛等多个大小岛屿，因此海山桥梁约6~7km，大跨度悬索桥主要是连接淡路岛和冲岛时所需要的，其中2100m跨度的悬索桥基础水深为70m，如果将跨度增加到2400m或2700m，相应水深可以浅一些。丰予海峡在像鸟嘴一样突出的四国的佐田岬和九州大分县的佐贺关之间，长约15km，最大水深200m，主要是由于水深的原因，不得不采用大跨度悬索桥的跨越方案。目前主要有三个方案：第一方案由三座3跨悬索桥组成，其中两座悬索桥的主跨是2000m，另一座的主跨是2800m；第二方案由两座悬索桥组成，其中2100m主跨的悬索桥技术难度不大，但是另一座悬索桥需要2个3000m的主跨，难度较大；第三方案的桥梁布置设想利用海底高地，避免最深水处，布置成三座2100m跨度的悬索桥，东侧靠近佐田角采用中孔为1000m的斜拉桥，下部结构采用沉井基础。

　　日本一家公司在1994年还设想在日本北海道和俄罗斯的萨哈林岛之间的拉普鲁兹海峡⑭建造跨海工程，并且向北再跨越7km宽的鞑靼海峡⑮和俄罗斯本土相连接。1997年《日经建设》杂志发行了向土木工程挑战的特集。日本川田工业（株），技术开发部中崎俊三代理部长提出了拉彼鲁兹海峡的桥梁设想方案，为主跨21.5km的三跨连续悬索桥，如此异乎寻常的桥跨与明石海峡大桥相比，简直是巨人和侏儒的关系。此外，从日本九州的福冈跨越朝鲜海峡⑯到韩国的釜山和亚洲大陆相连，从而在东北亚形成一个环形交通线，使日本、朝鲜、中国以及俄罗斯的西伯利亚连成一片。朝鲜海峡跨海工程以隧道方案为主，目前主要有沉管隧道、盾构隧道和传统施工法隧道，壹岐岛到唐津有建桥梁的方案。

　　东南亚的菲律宾、马来西亚和印度尼西亚都是千岛之国。随着经济实力的增强，目前用轮船联络众多岛屿的交通将会逐渐被跨海工程所替代。马来西亚与印度尼西亚

之间的马六甲海峡⑰，印度与斯里兰卡之间的保克海峡⑱都有可能修建跨海工程。马来西亚与印度尼西亚之间的马六甲海峡有过桥梁和隧道方案的研究。1997 年 6 月，马来西亚的玲珑集团，与印度尼西亚苏哈托之女西蒂所组织的公司，完成桥梁方案的初步研究报告，玲珑集团向马来西亚总理马哈蒂尔作了报告，也向印尼苏哈托总统作了报告。2013 年 10 月，马六甲州又重启马六甲海峡通道研究，最新方案是全长 48.7km 的跨海大桥，包括一座 2600m 的悬索桥和一座三塔斜拉桥（图 27.28），工程总造价 173 亿美元。

图 27.28　马六甲海峡大桥项目

菲律宾可建和需建不少跨海工程。1972 年建成了联结赛普（Cebu）岛和马坦（Mactan）岛的马坦曼道（Mactan-Mandaue）一桥，是一座长 864m、宽 9m 的钢桁架桥，主跨 145m。马坦曼道二桥也于 1999 年建成，是一座主跨 185m、总长 1237m 的矮塔斜拉桥。

印度尼西亚位于赤道，大小共 13667 个岛屿，如以固定桥隧一一加以联结，既非必要，亦非力所能及。除了和马来西亚相隔的马六甲海峡外，还有苏门答腊岛和爪哇岛之间的巽他海峡⑲，海峡宽约 28km，桥梁设想方案为从厄拉尔（Ular）岛到桑江（Sangiang）岛主跨 3000m 的悬索桥和从桑江岛到普拉久利（Prajurit）岛主跨 2500m 的悬索桥（图 27.29）。然而，其他规模较小的连岛计划，如将巴丹（Batam）岛和其相邻的一串小岛（Tonton，Nipah，Setoko，Rempang，Galang，Galang Baru）造桥联结起来，

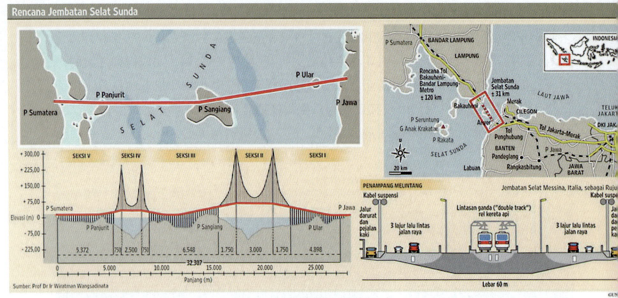

图 27.29　巽他海峡大桥项目

建设成自由贸易工业区，其经济意义十分重大，其中中跨 350m 的巴丹通彤（Batam-Tonton）桥已于 1998 年 2 月建成。再如马杜拉（Madura）岛和苏拉巴雅（Surabaya）岛及爪哇岛和巴厘岛等较小的海道。1998 年，对巴厘海峡⑳大桥，英国的弗林特（Flint&Neill）公司提出了千米级的大跨斜拉悬索协作体系桥设计方案。

洲际跨海工程

　　欧、亚之间的博斯普鲁斯海峡㉑位于土耳其境内，海峡宽度仅 1km。1973 年就建成了第一座主跨 1074m 的悬索桥。随着交通量的增长，1989 年又建成了第二座主

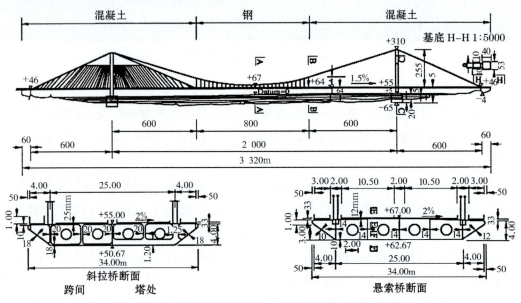

图 27.30　伊兹米特海湾大桥主跨 2000m 斜拉悬索组合方案（单位：m）

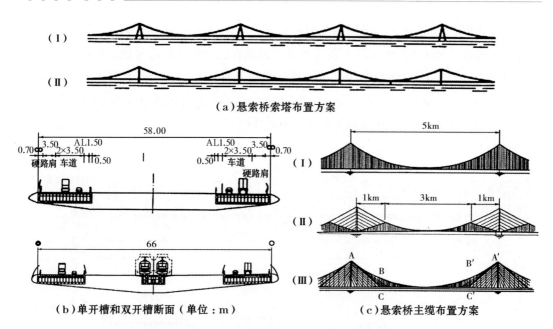

（a）悬索桥索塔布置方案

（b）单开槽和双开槽断面（单位：m）

（c）悬索桥主缆布置方案

图 27.31　直布罗陀海峡大桥各种方案

跨 1090m 的悬索桥。在博斯普鲁斯海峡二桥施工期间，土耳其政府于 1987 年已开始准备三桥的方案以应付增长甚快的交通量，目前的方案主要有科崴（COWI）公司和勃朗（Brown Beech B2）公司的主跨 1200m 左右的悬索桥方案。土耳其政府在道路网布置中，还有跨越伊兹米特海湾的建桥计划，该桥除了主跨 1540m 和 1668m 两种悬索桥方案之外，还有一个主跨 2000m 的斜拉悬索组合桥方案（图 27.30）。在实施伊兹米特海湾跨越架桥的同时，土耳其还有作为该国南北道路整备工程一环的达达尼尔海峡跨越架桥规划，准备修建一座主跨 1440m 的四车道悬索桥。

欧、非两洲之间的直布罗陀海峡㉒是由地中海进入大西洋的通道，位于欧洲的西班牙和非洲的摩洛哥之间。西、摩两国政府自 1979 年起就组成联合委员会进行规划工作。直布罗陀海峡长约 87km，跨海工程主要有两条规划路线：峡谷线的东线峡宽 14km，最大水深 950m；浅坝线的西线峡宽 26km，最大水深 300m。经过多次国际会议征集方案，有各种多跨桥梁方案。因为水深过大，认为桥跨应在 1500~5000m 之间，于是只有悬索桥是合适的（图 27.31）。对于多主跨悬索桥，中间桥塔主要有两种形式，即可承受相邻两跨非均布活载所产生的不平衡水平力的 A 型刚性索塔和不能承受不平衡水平力的 I 型柔性索塔加中间墩〔图 27.31（a）〕。超大跨度悬索桥的跨度布置主要有三种，即 3500m 主跨、4200m 主跨和 5000m 主跨，对应于不同的索塔和加劲梁形式。为了确保超大跨度悬索桥的抗风稳定性，加劲梁分别采用了单开槽和双开槽断面〔图 27.31（b）〕。为了提高主缆的刚度，分别比较了经典式悬索桥主缆、双伸臂式悬索桥主缆和混合式悬索桥主缆〔图 27.31（c）〕。直布罗陀海峡大桥将成为本世纪最具挑战性的跨海桥梁工程。

　　白令海峡㉓位于亚洲的俄国和美洲的美国之间。早在 1894 年美国人就提出过修建跨海工程建议。20 世纪 50 年代苏联工程师又建议在白令海峡修建水坝，利用水位差发电，坝上可通车。1980 年美籍华人著名桥梁工程师林同炎提出用公铁两用的预应力多孔桥跨越总长达 75km 的海峡（图 27.32（a））。1991 年美国还成立了白令海峡铁路隧道集团，规划用高速铁跨连接美洲和亚洲的铁路网。担任 50 年代我国武汉长江大桥建

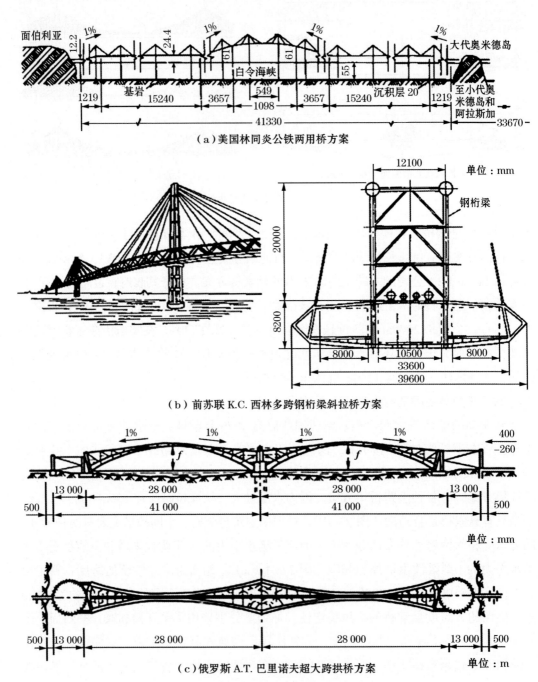

（a）美国林同炎公铁两用桥方案

（b）前苏联 K.C. 西林多跨钢桁梁斜拉桥方案

（c）俄罗斯 A.T. 巴里诺夫超大跨拱桥方案

图 27.32　白令海峡大桥设计方案

设顾问组组长的前苏联著名桥梁工程师 K.C. 西林也提出过自己多跨钢桁梁斜拉桥设计方案（图 27.32（b））。1996 年，俄罗斯 A.T. 巴里诺夫提出了更加大胆超前的方案，将 83km 总长的白令海峡，利用中部大小达奥曼岛以及两个 28000m 超大跨度提篮式上承拱，实现白令海峡双线铁路和双向双车道公路跨越〔图 27.32（c）〕。这一耗资巨大的"和平之桥"，有望在 21 世纪付诸现实。

中国跨海工程

中国是一个发展中的国家，在上世纪已建成的铁路和公路网主干线的基础上，21 世纪中国的交通必将有规模更大的发展。图 27.33 为中国国道主干线系统布局规划，主要有五纵七横共十二条主干线，其中，南北方向的五纵包括黑龙江省同江到海南省三亚的同三线、北京到广东省珠海、北京到福建省福州、重庆到广东省湛江、内蒙古二连市到云南省河口市；东西方向的七横包括江苏省连云港到新疆霍城县、上海到四川省成都、黑龙江省绥芬河市到内蒙古满洲里、辽宁省丹东市到西藏拉萨市、山东省青岛市到宁夏银川市、上海到云南省瑞丽市、湖南省衡阳市到云南省昆明市。

上世纪末以前已首先实现了二纵二横，本世纪初完成其余的三纵五横。其中，南北公路主干线之一的同江—三亚线上还将修建三个跨海工程，它们是自北向南依次为

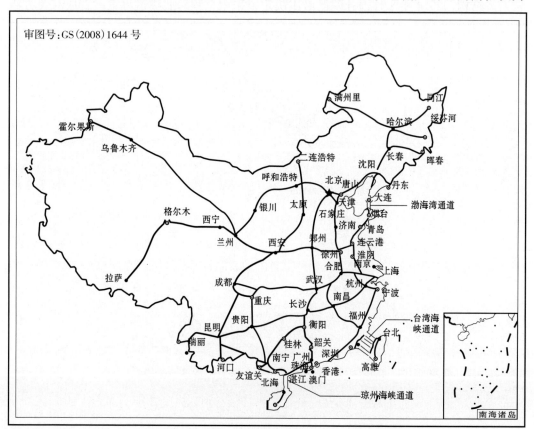

图 27.33　中国国道主干线系统规划及三大跨海工程

渤海海峡㉔工程、珠江口伶仃洋㉕跨海工程以及琼州海峡㉖工程（图 27.33），从而使该线实现真正的贯通以代替目前的轮渡连接和绕行过渡通道。此外，除渤海海峡和琼州海峡之外的台湾海峡㉗（图 27.33）为我国三大海峡之一，海峡宽 140~250km，但平均水深仅 50m，因此完全有条件修建跨海工程。

20 世纪 90 年代由烟台市会同国家计委政策研究室对渤海海峡㉔跨海通道进行过研究，研究方案利用渤海海峡的有利地形，由辽宁省旅顺市南下至山东省经长岛至蓬莱市，海域全长为 105km，如图 27.34 所示。共有两大方案：一是"南桥北隧"方案；二是全程海底隧道方案。建成后将全面沟通环渤海高速公路圈，成为纵贯南北的中国沿海"同三线"大动脉的组成部分，使大连市至烟台市间的陆路交通可缩短 1800km。该通道的北段跨越渤海主航道（老铁山水道），水面宽 42km，水深为 42~86m，建设公、铁两用隧道，造价约为 350 亿元。南段由蓬莱市贯通北面的庙岛列岛诸岛，列岛附近水深大多不超过 10m，可以修筑中小跨度桥梁组成的长桥，其中桥梁全长为 49km，岛陆公路段长 27km，估计造价为 250 亿元。如果北段跨越渤海主航道要改建桥梁，必须考虑 2000m 左右主跨的悬索桥以及 50 左右水深的索塔基础施工。设想的方案有采用斜拉悬吊体系的方案来跨越渤海海湾，主通航孔为 500m+2500m+500m 的双塔双索面斜拉悬索桥结构。2014 年 8 月国务院已做出决定，采用全程海底隧道方案，责成有关方面

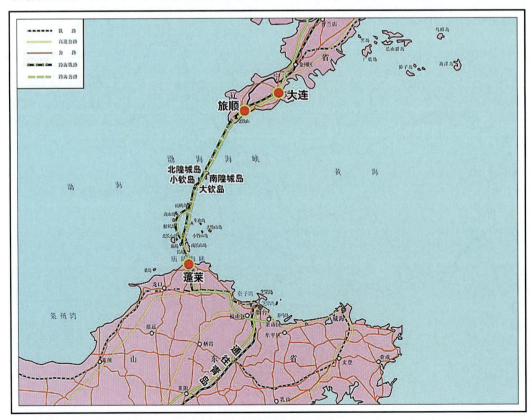

图 27.34　渤海海峡跨越路线

做好前期论证工作。

　　尽管珠江口已经启动连接香港、珠海和澳门三地的港珠澳通道工程，由于它无法满足国道主干线同三线（从黑龙江省同江市到海南省三亚市的高速公路大通道）的交通要求，仍需要考虑珠江口同三线国道主干线通道的建设，其建设方案和地点有通过立项论证的伶仃洋大桥方案，该方案将跨越金星水道、灯笼水道、伶仃水道及矾石水道，后两个水道又称为伶仃西航道与伶仃东航道，是珠江口的两个主航道。目前，在珠江口伶仃洋㉕上已经建成了珠江黄埔大桥和虎门大桥，正在建设的有港珠澳大桥和虎门二桥，正在设计的有莲花山通道和深中通道（深圳到中山），规划中的有深圳至茂名公铁两用大桥，所有这 7 个珠江口伶仃洋通道的规划如图 27.35 所示。

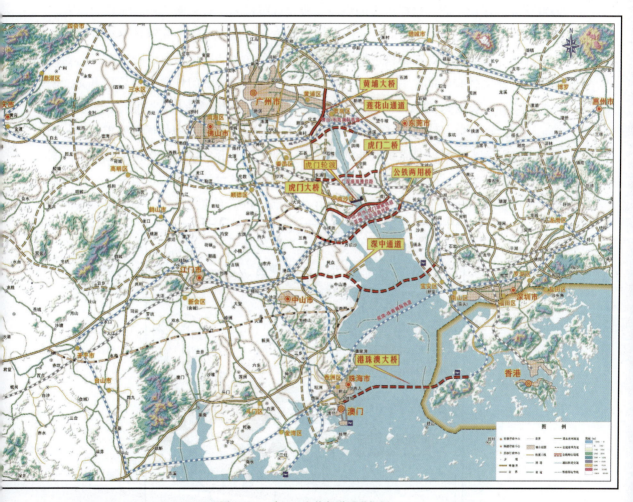

图 27.35　珠江口和伶仃洋通道规划

　　连接广东省雷州半岛和海南省的琼州海峡㉖通道工程是"同三线"上难度最大，自然条件最复杂的一项跨海工程。早在 1996 年就编制完成了预可行性研究报告，2002年完成了第二阶段工程可行性研究报告与概念设计报告，较早否定了离海口最近的东

线桥位，提出了中线和西线两个桥位，为工程立项提供了必要的基础性材料。最新工程可行性研究报告提出了避开施工难度较大、自然条件较差的离海口市较近的中线桥位，选择了西线桥位，并提出了三个方案，即方案 A 为 36.6km 沉管隧道、方案 B 为 31.6km 跨海桥梁和方案 C 为 33km 桥隧结合。其中，公铁两用跨海桥梁将包括 1400m 跨度的悬索桥，桥塔基础的水深在 80m 左右；公铁分建桥梁中的公路桥梁包括 2800m 跨度的双塔悬索桥或 2 个 1500m 跨度的三塔悬索桥，桥塔基础水深在 60m 左右。

根据海峡两岸专家学者的六次讨论，设想中的台湾海峡㉗通道全长约 125~150km，是目前世界上最长的跨海大桥——36km 长的杭州湾通道的四倍，建设难度很高，施工总量初步估计为三峡工程及英法海底隧道工程的 3 倍以上，造价估计将在 4000 亿元到 5000 亿元人民币之间。这样巨大的海底工程，放眼世界没有先例可循。海峡两岸专家已经设计出了三个连接两岸的台湾海峡通道的方案（图 27.36），分别是北线方案：从福建省的福清经平潭岛到新竹，长约 122km；中线方案：从福建的莆田经南日岛到台湾苗栗，全长在 128km 左右；南线方案：由福建的厦门经金门到澎湖最后到嘉义，全长约 174km。长度为 122km 的北线地区，水深大多在 40m 至 60m 之间，最深不超过 80m，属于浅海区，且底部岩层坚硬，非常适宜建桥，仅仅需要根据通航要求布置一到两个 2000m 左右主跨的悬索桥就能满足要求。邓文中提出 2000m 斜拉桥或悬索桥方案跨越台湾海峡是可行的。林元培提出 3500m 悬索桥跨越台湾海峡的设想方案。项海帆建议采用多跨 800m（或 1000m）斜拉桥作为主航道桥，而避免采用需要深水锚碇的多

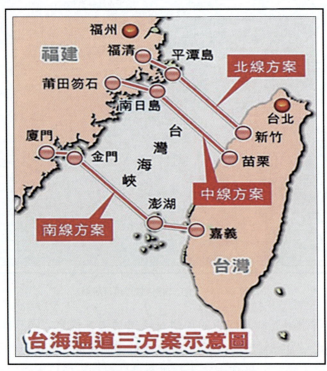

图 27.36　台湾海峡通道三方案示意图

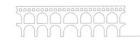

跨悬索桥方案，对于大量非通航孔桥，建议在 60~80m 的深水区，采用 400~600m 跨度的多跨斜拉桥，如需公铁一起过海，则公铁两用的多孔双层桁架桥面斜拉桥将是十分经济合理的选择。

除了以上介绍的 27 个跨海通道工程之外，在大洋洲还有连接澳大利亚和新几内亚的托雷斯海峡㉘和连接新西兰两大岛的南北岛海峡㉙，均适合于修建跨海陆路交通通道；此外，早在 1869 年和 1914 年就已经分别建成了连接大西洋和印度洋的苏伊士运河㉚以及连接太平洋和大西洋的巴拿马运河㉛，在这两大运河上修建有多座桥梁也属于跨海通道工程的一部分，并且将在未来根据需求建设更多的运河桥梁。

我们有理由预言：在 21 世纪的前半叶，北欧四国和东北亚日本和中国将是世界大桥建设跨海大桥的两个热点，而且一定会取得比 20 世纪更加辉煌的成就。可以大胆的设想，到 21 世纪末，澳洲也会有陆上通道和亚洲大陆相连。人类通过征服海峡，将实现建成全球五大洲陆路交通网的宏伟蓝图。

21 世纪宏伟桥梁工程的挑战

超大跨度的跨海大桥工程建设面临着许多技术难点的挑战，需要提前做好充分准备。在桥梁工程研发计划方面，韩国的经验值得借鉴。韩国科技部在 1997 年启动了"Bridge 200"的十年振兴计划，规划了 103 个跨海连岛工程，2007 年又决定继续支持桥梁建设的新十年计划，称为"Super Bridge 200（2007~2017）"，用更高水平的创新技术完成这一宏伟的桥梁工程计划。中国应当制订相应的桥梁工程研发计划，主要研究内容有以下几个方面。

高性能材料研发和应用

建筑材料性能的提高是桥梁工程不断进步的重要原动力。现代桥梁工程仍以钢材和混凝土为主要建筑材料。在过去的 60 年里，国外的钢材强度从 S343 发展到了 S1100，而且品种齐全，混凝土强度也从 C30 提高到了 C150，有了长足的进步。各种轻质高强符合材料和智能材料已在桥梁工程中得到应用。高性能材料显示出来的巨大优势已经掀起了全世界桥梁工程奋起应用它的国际潮流。高性能钢材可以通过现代炼钢技术，提高钢材强度以及各种工作性能，例如焊接性能、疲劳性能、耐腐蚀性能等。高性能混凝土可以通过改变混凝土配合比、混入纳米材料或纤维材料改制成，用高性能混凝土建造的桥梁结构不仅在材料强度和结构关系表现出与传统混凝土桥的较大差别，而且可能带来几何非线性（例如大变形）、时变非线性（例如徐变）、失效模式（例如静力稳定）等变化。高性能纤维复合材料，主要是将 FRP 纤维混入混凝土得到的 FRP 纤维混凝土和用 FRP 纤维织成的 FRP 型材代替钢型材（例如钢筋和钢管）。这些高性能材料将在未来桥梁建设中大显身手。

桥梁结构耐久性

桥梁结构的耐久性是指抵抗自然风化、化学侵袭、机械磨损以及其他性能退化后的能力。一个耐久性好的钢结构或混凝土结构，当裸露于正常环境时，能够保持其初始的构件外形、结构质量和服役功能。我国现有的规范规定，桥梁结构的耐久性或使用寿命为 100 年，但实际上桥梁结构在规定使用期内就不得不重建，部分桥梁甚至在预期的一半寿命内就需要拆除重建。这些耐久性不足的桥梁，往往在使用期内首先表现出开裂、变形、下挠等耐久性问题，其中，混凝土斜拉桥的开裂、混凝土梁式桥的下挠和正交异性钢桥面的疲劳裂缝是桥梁耐久性研究中最常见也是最需要解决的问题。对于未来重大桥梁工程，不仅必须保证 100 年的设计使用寿命，而且应当探索 150 年、200 年寿命期桥梁结构的设计、施工和养护。

深水基础技术

目前国际上最深的大桥基础是日本明石海峡大桥的水深为 70m 的巨型沉井基础。我国桥梁工程界通过建造长江大桥已积累了 30m 左右水深各类基础工程的设计和施工经验。海峡水深往往在 100m 以上，需要借鉴海洋钻井平台的基础工程技术来创造新型的桥梁深水基础型式。由于受海港码头的吃水深度的限制，远洋船舶的吨位和尺度大小的发展也是有限度的。2000m 的桥梁跨度从通航角度看应该是足够的。深水基础技术的进步和造价的降低将会减轻人类被迫向超大跨度桥梁进军的压力。

钢与混凝土组合结构桥梁

在传统的钢梁和混凝土结合梁的基础上发展起来了许多不同形式的组合结构，例如：在支点处可用上下双层结合的竖向结合梁桥、钢筋混凝土边梁与钢横梁的横向结合梁以及中跨钢梁与边跨混凝土梁的纵向结合梁（混合梁），把钢材与混凝土两种材料的优点结合起来、充分发挥各自的特点。为了减轻自重和方便施工，用钢腹板或钢桁架代替混凝土实腹板，形成一种既经济又便于施工的组合结构桥梁。

斜拉桥跨度的拓展

斜拉桥的极限跨度一般认为可以达到 1500m 左右，主要是桥面中轴向压力、长拉索的非线性效应以及长悬臂施工中的变形和振动等问题将随跨度的增大而变得困难，从而减弱了斜拉桥的合理性和竞争性。应当通过研究，克服弱点，进一步拓展斜拉桥的跨越能力。由于多跨悬索桥中塔鞍座的抗滑问题尚未得到根本解决，因此，应当慎重采用多塔悬索桥，而优先考虑经济合理和施工方便的多跨斜拉桥方案。两孔 1500m 斜拉桥已能满足未来 50 万吨级的分孔自由航行要求，而且，不需要锚锭的斜拉桥的经济性将大大优于悬索桥。目前多塔斜拉桥的跨度已经突破 600m。多主跨斜拉桥的关键技术问题是如何保证结构体系具有足够的刚度，特别是主梁的刚度。在未来的跨海长

桥中，多塔斜拉桥必将展示其独特的优越性，成为跨越海峡的主流桥型。

计算方法及软件

有限元分析理论与计算机技术的发展为桥梁结构计算方法及其软件的研发奠定了基础。国际上已经出现了许多大型商用软件，IT 技术和计算机处理能力的进一步提高以及相应结构分析软件的不断进步将使桥梁设计日益精细化，为实现仿真数值模拟和"虚拟现实"技术创造了条件，建立起一种基于全桥结构空间非线性应力水平的设计和计算方法，并充分考虑配筋和预应力配索以及斜拉索等的实际空间分布，同时计及不同部位混凝土的空间强度分布，以精确地控制实际的应力状况和材料的强度状况，保证结构在施工和运营中的安全性。在桥梁建设过程中实现继机械化、电气化、电子信息化之后的第四次工业革命——智能化，研发适合于桥梁工程的 BIM 软件。

施工工法及装备

国内外现代桥梁建设实践表明：桥梁施工工法经历了从有支架到无支架、从现场浇筑到预制装配、从分段分片到整体化施工的逐步发展历史，而桥梁施工装备也从小型机具向大型自动化机器人方向发展，并相应地快速减少施工人员、提高工程施工质量。为了建造优质和耐久的桥梁结构必须研发先进的施工工法和技术装备，利用最先进的机电一体化技术发展大型施工装备，为未来巨型跨海工程、恶劣施工环境、超长使用寿命的桥梁建设做好充分准备。

结束语

西方有人预言："21 世纪是太平洋的世纪"，甚至说："21 世纪是中国的世纪"。这至少说明西方观察家已经看到了改革开放的中国正在迅速崛起。国际桥梁工程界也已听到中国桥梁建设不断迫近的步伐。然而，应当清醒地认识到中国的桥梁工作者不仅面临着跨海工程中超大跨度桥梁和超深水基础控制难点的挑战，同时也面临着外国同行利用先进技术占领中国桥梁市场的激烈竞争。我们要承认差距，不甘落后。只要我国继续坚持自主设计和建设的原则，勤劳智慧的中国人民一定能在 21 世纪的宏伟桥梁工程建设中创造出令世界震惊的成就，成为国际桥梁工程界的重要一员，重现东方文明的辉煌。

中国桥梁界在未来的国内跨海工程（如琼州海峡、渤海海峡、台湾海峡等）建设中应当鼓励创新，加速高性能材料、超深水基础、高耐久性结构等研发工作，储备好先进技术，克服质量和耐久性方面的不足，只有通过真正的自主创新才能实现超越。韩国的"Super Bridge 200"计划已经向我们发出了警示，其他桥梁强国也都在为迎接世界新高潮的到来进行准备。一些巨型跨海工程（例如欧亚博斯普鲁斯海峡、欧非直布罗陀海峡、美亚白令海峡、亚洲马六甲海峡、印尼巽他海峡和巴厘海峡等）的前期规

划工作都是由发达国家的品牌公司所做的，可以说他们已占得了先机，对于面临的挑战已做好了准备。从这个意义上来说，我们已落后了至少 20 年，这也正是我们和世界桥梁强国之间的差距所在。

展望未来的桥梁工程，我们将面临长大而又雄伟、轻质而又超重、基深而又桥高、大跨而又宽阔的超级桥梁工程。这些工程将挑战宽阔海峡、战胜自然灾害、化解飓风和海况等地球力量，并且担负着连接人与人、国与国、大陆与大陆的使命。我们需要将这些工程在尽可能短的时间内建成，在尽可能长的时间内使用，用尽可能方便的方式养护，这就是全世界桥梁工程师们共同的使命。我们中国的桥梁工程师必须认清差距、急起直追、重视质量、走出误区，改革体制、加强研发和原始创新；同时还要积极参加国际会议，参与国际交流和竞争，在国际舞台上发出声音，在中国从桥梁大国走向桥梁强国的道路上继续迈进。

参考文献

[1] 唐寰澄 . 世界著名海峡交通工程 [M]. 北京：中国铁道出版社，2004.

[2] 肖汝诚 . 桥梁结构体系 [M]. 北京：人民交通出版社，2013.

[3] 伊藤学，川田忠树 . 超长达桥梁建设的序幕——技术者的挑战 [M]. 北京：人民交通出版社，2009.

[4] 项海帆，肖汝诚，葛耀君等 . 桥梁概念设计 [M]. 北京：人民交通出版社，2010.

[5] 周孟波 . 斜拉桥手册 [M]. 北京：人民交通出版社，2004.

[6] 周孟波 . 悬索桥手册 [M]. 北京：人民交通出版社，2003.

[7] 万明坤，程庆国，项海帆等 . 桥梁漫笔 [M]. 北京：中国铁道出版社，1997.

[8] 葛耀君 . 大跨度悬索桥抗风 [M]. 北京：人民交通出版社，2011.

[9] 项海帆，葛耀君 . 国际桥梁与结构工程协会 2009 年研讨会论文集 [C]. 北京：人民交通出版社，2009.

[10] 中国公路学会桥梁与结构工程分会 . 面向创新的中国现代桥梁 [M]. 北京：人民交通出版社，2009.

[11] 王应良，高宗余 . 欧美桥梁设计思想 [M]. 北京：中国铁道出版社，2008.

[12] 中国公路学会桥梁与结构工程分会 .2010 年全国桥梁学术会议论文集 [C]. 北京：人民交通出版社，2010.

[13] 中国公路学会桥梁与结构工程分会 . 第十九届全国桥梁学术会议论文集 [C]. 北京：人民交通出版社，2010.

[14] 中国公路学会桥梁与结构工程分会 . 第二十届全国桥梁学术会议论文集 [C]. 北京：人民交通出版社，2010.

[15] 同济大学桥梁工程系 . 桥梁结构理论与实践—项海帆教授论文选集 [C]. 上海：同济大学出版社，2007.

附录1　各篇首页插画桥名录

　　著有《中国科学技术史》的著名英国科学家李约瑟说："没有一座中国桥是欠美的，并且有很多是特出的美。"从中国科学技术馆前常务副馆长张泰昌教授为本书绘制的81幅以全国各省市著名古桥和富于地方乡土特色的桥梁为内容的精美插画中，读者可以充分领略中国桥梁之美。现将这些插画分别置于正文为各篇之篇首页上。插画桥名分别说明如下（按篇由左至右）：

1	河北赵州安济桥	李春像	福建泉州洛阳桥
2	湖北驿道桥	湖南三眼桥	广东潮州湘子桥
3	北京卢沟桥	天津天成寺石桥	四川泸定桥
4	江苏苏州宝带桥	江苏苏州枫桥	江苏苏州吴门桥
5	浙江云和梅崇桥	浙江临海中津浮桥	江苏南京七桥瓮桥
6	浙江杭州跨虹桥	浙江杭州三潭印月九曲桥	浙江绍兴太平桥
7	浙江杭州钱塘江桥	黑龙江宁安大石桥	浙江杭州断桥
8	山西景德桥	辽宁沈阳西郊永安桥	辽宁王宝和桥
9	海南孟果波桥	广西三江程阳桥	广西桂林花桥
10	西藏拉萨积木桥	西藏拉萨公园桥	云南双龙桥
11	广西阳朔迁龙桥	甘肃渭源灞陵桥	甘肃文县阴平桥
12	云南云县大花桥	云南丽江黑龙潭桥	云南大理观音堂桥
13	陕西西安灞桥	陕西三原龙桥	陕西赤水河桥上桥
14	贵州祝圣桥	四川万县陆安桥	河北赵县永通桥
15	宁夏红星桥	新疆乌瓦门桥	内蒙古水磨桥
16	溜索	栈道	西藏墨脱籐網桥
17	扬州五亭桥	江苏扬州廿四桥	上海放生桥
18	台湾太鲁阁峡谷慈母桥	吉林北江桥	桂林花桥
19	四川鱼戏河寿相桥	四川泸州龙蟠桥	四川丰都九溪沟大桥
20	云南永平霁虹桥	四川灌县安澜竹索桥	四川夹江竹浮桥
21	贵溪信江大桥	浙江龙游虎头山浮桥	沈阳永安桥
22	上海迎祥桥	山东益都万年桥	江西庐山栖贤桥
23	北京颐和园玉带桥	福建漳州江东桥	福建泉州安平桥
24	福建汴派桥	湖北咸宁汀泗桥	湖北蹬步桥
25	安徽登封桥	江西南城万年桥	河南小商桥
26	浙江绍兴八字桥	山西太原晋祠鱼沼飞梁桥	北京颐和园长堤石桥
27	北京颐和园十七孔桥	河北井陉桥楼殿	青海昆仑桥

Essays on Bridges
Appendix in English

--*Cultural exchange is one of the main driving forces for social progress. Advancement of human society depends on learning from and complementing each other. It's ultimate goal has to be a certain form of the Great Harmony.*

> —Mr.Xianlin Ji (1911~ 2009), great authority in academic cireles, master of Oriental Scholarship

--*Scientists, especially famous ones, can operate from a strategically advantageous position when they participate in science popularization. Their science exploring experience, passion for science and scientific thinking would be inspirational for young generation.*

> —Mr.Jiaxi Lu (1915~2001), physical chemist, former president of Chinese Academy of Science (1981~1987)

--*Modern history shows repeatedly that a society with a poor knowledge of science is always extremely fragile and powerless. The collective strength of a modern society greatly depends on its possession of scientific knowledge.*

> —Mr.Shouguan Wang (1923~), astronomer, academician of Chinese Academy of Sciences

Brief Introduction of the Book

This book is a comprehensive introduction of popular bridge knowledge, co-authored by more than 50 influential experts and scholars. The book covers bridge's history, culture, type, structure, site survey, design, manufacture, installation, construction, testing, monitoring, management, maintenance, sustainability assessment and future prospects. It also introduces hydrology, geology, meteorology, earthquake, wind damage, material, physical, mechanical and aesthetic knowledge related to bridges.

Essays on Bridges reflects the development of bridge science and technology in the 21st century. With the introduction of famous domestic and international bridges completed with text and pictures, this book is an encyclopedic reference, which could be a good reference for those who undertake research and construction of bridges and a useful guide on the topic for university teachers and students. This book is also accessible for people who are interested in bridges including younger audiences from junior high school onward.

Preface of the New Edition

It is a generally held view that ancient Romans and Chinese were the greatest bridge engineers. Existing ancient bridges in China are examples of brilliance in the art and technology of bridge. However, while China was suffering from constant civil wars and foreign invasions for decades after the Opium War in 1840, the West was reaping the scientific and technological benefit from the Industrial Revolution for its bridge. The past glories of Chinese bridge construction became no more but a legacy.

During the second half of the last century after the establishment of the People's Republic, China's bridge science and technology achieved remarkable progress. Despite all the adversities, by the end of the last century, China had firmly placed itself among the most accomplished bridge building nations in the world.

With the reform and opening-up of China since the 1970's, Chinese bridge technology and construction entered into a new era during the 21st century as China saw a booming economy, increased infrastructure construction, and made remarkable achievements in expressway and highspeed railway networks both on technical advancement and the scale.

China, with a population of 1.37 billion, should not be satisfied with this work. The nation should keep an eye on the big picture — while China has made progress, so have others. The country must learn more from advanced countries in the following aspects: being bold, challenging and innovative, being detail oriented, maintaining strict management, and applying modern science to bridge design. Progress must also be made in embodying humanization, artistry and a romantic spirit. It is also essential for China to focus on advanced countries and learn thorough rigorous supervision and controlled management.

While China saw a dramatic economic growth over the past 30 years, a minority of people and a few government sectors tend to be eager for instant success and quick profits which resulted in disobedience to the law of science; and the neglect of management during construction and maintain phase is also a serious problem. Although the above situation is in the minority, attention should be challenged.

Bridges are closely related to almost everyone's daily life. Beginning from 1935, the construction of the country's first modern bridge, Hangzhou Qiantang River Bridge, directed by Yisheng Mao and chief engineer Ying Luo was independently constructed in China during the exceptionally difficult period of 1935 to 1937 during which Japan invaded China. We devotes to provide a review and summarization of the historical development and achievement in Chinese bridge building during the past 80 years, from the very beginning of modern Chinese bridge building in 1935 to current 21st century developments. This is original motive for us to compilation and publication of the new edition of this book after 20 years since the first edition published.

While retaining the frame, style and other characteristics of the first edition, the new edition has added several chapters and adjusted a few contexts. Following the advances in development and practice in all aspects of bridge construction during the past twenty years, we have revised, complemented and rewrote parts of the first edition. The new edition adds five new chapters: high-speed railway bridges, sea-crossing bridges, gorges-crossing bridges, management and maintenance of bridges; and sustainability & sustainability assessment of bridges.

As a continuation and development of the first edition, the new edition has kept the first edition's preface as a historical record by which we can see the changes bridge development has undergone. This book tries to emphasize interesting, informative and thoughtful content in an accessible voice to make the book useful to readers of different cultural and professional backgrounds. The format is designed so that readers can select relevant chapters according to their interest.

The first edition of this book was submitted to the International Book Fair at Leipzig, Germany in 1998. For the convenience of visitors, a 30-page booklet in German was edited, introducing the content, authors and titles of every section. The German booklet has been added in the new edition as an appendix, and also an English translation of the booklet was added for the convenience of international communication.

China Railway Publishing House has made a great effort to make the new edition meet the highest

standards of quality in publishing, with high quality paper, well designed typography and figures, color pages and a superb cover. All authors and editors have spared no effort to present this new edition as a brand-new book to the public while retaining the characteristics of the previous edition.

With the publication of the new Essays on Bridges, we cherish the work of the specialists and professors who participated in editing this book twenty years ago. We appreciate their professional dedication and the foundation they established which allows the publication of the new edition. Three members participated in planning the first edition who deserve special mention — Guohao Li, Qingguo Cheng and Xin Chen. Mr. Guohao Li and Mr. Xin Chen also participated in writing one of the chapters in the first edition.

Academician Guohao Li was a world-renowned scholar of bridge engineering and educator. He noted the value of this book as an original and comprehensive scientific publication that contains a depth of knowledge and which is useful in science popularization. He also inscribed the title of the book, and it was through his active support that the authors and editors of the two editions were stimulated and inspired.

Academician Qingguo Cheng, as the former president of the Academy of Railway Sciences, united all the staff to conduct significant, initiative and fundamental research on Chinese bridge technology. Research achievement in this field supported effectively the development of China's bridges and cultivated talent in China.

Academician Xin Chen made several important discoveries in the design and construction of deep water foundations of long-span bridges. He insisted on proper design principles — bridges should be safe, practical, economic and artistic. He was awarded the honorary title "Chinese Engineering-Design Master" by the nation. He participated step by step in the great progress that Chinese bridge technology made during his life. This participation extended to hosting most of the design and construction of important long-span bridges in China, and he worked at the front line until the construction of the Beijing-Shanghai high-speed railway Dashengguan Yangtze River Bridge in Nanjing.

Mr. Guohao Li, Mr. Qingguo Cheng and Mr. Xin Chen passed away in 2005, 1999 and 2011. These three academicians, representing the predecessors of all Chinese bridge engineers, are good examples for their strict working style and spirit of innovation.

As the initiators and chief-editors of the new edition, we appreciate the creative work of all the authors who have participated in the adaption. We also express our appreciation to all the members of the editorial team for their contributions to the new edition. If there is any progress in the new edition, it is due to their effort. We are grateful for the support from Beijing Jiaotong University, Tongji University, China Railway Major Bridge Engineering Group Co., Ltd, China Railway Major Bridge Reconnaissance & Design institute Co., Ltd, Beijing General Municipal Engineering Design and Research Institute Co., Ltd, China Academy of Railway Sciences, Southwest Jiaotong University, Chongqing Jiaotong University, Central South University and China Railway Publishing House. All of them are important factors to ensure the smooth process of the adaption. At last, we would like to thank Academician, Prof. Mengshu Wang of Beijing Jiaotong University, Academician, Prof. Qingyuan Zeng and Academician, Prof. Baochen Liu of Central South University for their enthusiastic encouragement and effective support for the compilation and publication of the book. Thanks to former Deputy Director of the China Science and Technology Museum, Professor Taichang Zhang, for drawing 81 illustrations of famous Chinese bridges for this book. We also wish to thank several foreign friends' generosity and enthusiasm to help for the translation of English and German appendix.

Commissioned by the editorial meeting, Shijie Xu, Jing Guo checked the book text and the charts; Mingkun Wan and Wei Song approved the draft and finalized the manuscript.

Mingkun Wan
Haifan Xiang
Shunquan Qin
Ling Luo
Beijing, October, 2015

Introduction of Illustrations

British scientist Joseph Needham, author of "Science and Civilization in China", said: "None of Chinese bridges is less beautiful, and many of them are outstandingly beautiful." Readers can fully appreciate the beauty of Chinese bridges in the book from the 81 fabulous illustrations of historical bridges and bridges with local characteristics, which are drawn by former Deputy Director of China Science and Technology Museum, Professor Taichang Zhang. These illustrations are respectively arranged in the jacket and the leaf of each chapter. Names of the bridges on these illustrations are listed in the appendix of the book.

Cover Description
Chinese Cover

Inscription of the title: Guohao Li, academician of Chinese Academy of Sciences and Chinese Academy of Engineering, former president of Tongji University, former vice-chairman of International Association for Bridge and Structural Engineering (IABSE).

Pressure-shaped concave bridge: Anji Stone Arch Bridge in Zhaozhou, Hebei province, built in 605-618, spans 37.02m, see Figure 1.6

Color photos: Dashengguan steel arch bridge with span of 336m, 6-lane high-speed rail line, crossing the Yangtze River in Nanjing.

English Cover

Pressure-shaped concave bridge: Garde stone arch bridge in the city of Nimes in southern France, built in ancient Rome at 18th century BC, the largest span of hole is 24.4m, see Figure 1.3

Color photos: Cable-stayed bridge with span of 1092m, 6-lane highway with four high-speed rail line, crossing the Yangtze River in Nantong.

Abstract of each Chapter

Part 1. History of Bridges

1. Tales about Bridges through History and from Different Parts of the World
Mingkun Wan

Professor, former president of Beijing Jiaotong University

Former vice president of China Railway Society

Former standing vice president of Western Returned Scholars Association and Chinese Overseas-educated Scholars Association

- Bridges in pre-historic times
- Bridges of ancient era
- Modern and contemporary bridges
- Role of bridges to politics and economy
- Bridges and war
- History marks on some bridges
- Reflection of rich culture and social connotation by bridges
- Symbolic meaning of bridges

2. Ancient Bridges in China
Huancheng Tang

Professor-level senior engineer, China Railway Major Bridge Engineering Group Co., Ltd.

- Introduction
- Beam bridges
- Arch bridges
- Cable bridges
- Pontoon bridges
- Conclusions

Part 2. Introductions of Bridges

3. Foundation Knowledge on Bridge
Mingkun Wan

Professor, former president of Beijing Jiaotong University

Former vice president of China Railway Society

Former standing vice president of Western Returned Scholars Association and Chinese Overseas-educated Scholars Association

- Definition of bridge
- Classification of bridges with function
- Bridge components and their function
- Five basic bridge superstructure — beam bridges, arch bridges, suspension bridges, cable stayed bridges, rigid-framed bridges and their span record
- Piers of bridge substructures and their height record
- Combination system bridges

4. Installation and Construction Methods of Bridge Superstructure
Kehua Shao

Professor-level senior engineer and former chief engineer, China Railway Major Bridge Engineering Group Co., Ltd.

Dongfa Pan

Professor-level senior engineer and chief engineer, China Railway Major Bridge Engineering Group Co., Ltd.

- Installation by falsework
- Installation by gantry crane erection machine
- Installation by gantry crane
- Installation by floating method
- Construction of prestressed concrete girder by cantilever method
- Installation of prestressed concrete girder by launching gantry crane
- Construction of cast-in-place concrete box girder span by span with movable scaffolding system
- Installation of prestressed concrete girder by incremental launching method
- Installation of prestressed concrete girder by horizontal rotating method
- Installation of long-span steel truss bridges by balanced cantilever method
- Installation of long-span steel truss bridges by balanced cantilever method with double-layer supporting cable tower
- Mid-span closure of long-span steel truss beam
- Full span lifting method of long-span steel truss erection
- Assembly and span closure of steel rigid frame bridges with inclined legs

5. Types and Construction Methods of Bridge Substructure

Juntang Li

Professor-level senior engineer and deputy chief engineer, China Railway Major Bridge Engineering Group Co., Ltd.

Pu Zhou

Professor-level senior engineer, China Railway Major Bridge Engineering Group Co., Ltd.

- Overview of bridge substructures
- Types and selections of bridge foundation
- Shallow foundation
- Pile foundation
- Tubular column foundation
- Pneumatic caisson foundation
- Composite foundation
- Special type of foundation
- Future prospects of bridge substructure

6. Bridge Bearings and Deck Expansion Installation

Junsheng Zhuang

Research Fellow, former deputy director of the Bridge Laboratory, Railway Engineering Research Institute, China Academy of Railway Sciences

- Action and types of bridge bearings
- Steel bearings
- Elastomeric bearings and pot bearings
- Cylindrical and spherical PTFE bearings
- Anti-seismic bearings and devices
- Action and types of expansion joints for bridges
- Expansion joints for railway bridges

Part 3. Bridges Constructed with Different Materials

7. Reinforced Concrete Bridges and Prestressed Concrete Bridges

Lin Zhang

Senior research fellow, former chief of Railway Engineering Research Institute, China Academy of Railway Sciences

Bin Niu

Research fellow, director of the Bridge Laboratory, Railway Engineering and Research Institute, China Academy of Railway Sciences

- From stone bridges to reinforced concrete bridges
- Basic principles and processes of prestressed concrete
- Basic material of prestressed concrete
- Apply prestressing
- New development of prestressing technology
- Prestressed concrete bridges

8. Steel Bridges

Jiyan Pan

Senior research fellow, former director of the Bridge Laboratory, Railway Engineering Research Institute, China Academy of Railway Sciences, professor of Nanchang University

Yuling Zhang

Research fellow, former deputy director of the Bridge Laboratory, Railway Engineering Research Institute, China Academy of Railway Sciences

- Main characteristics and application scope of steel bridges
- Materials used in steel bridges
- Connection and joints of steel bridges
- Manufacture of steel bridges
- Structural types of steel bridges
- Development situation of domestic and foreign bridges
- Three milestones and one new era on progress of steel bridges in China
- Prospects of steel bridges

Part 4. Different Types of Bridges

9. Girder Bridges – the Most Widely Used Bridge Type

Qinguo Cheng

Member of Chinese Academy of Science, Senior research fellow and former president of China Academy of Railway Sciences

Suoting Hu

Associate research fellow, assistant of Railway Engineering Research Institute, China Academy of Railway Sciences

- Big brother in bridge family
- Characteristics of girder bridges and its popularity
- Structural development of girder bridge—simple-supported girder bridges, continuous girder bridges and cantilever girder bridges
- Types of girder's cross section—plate girder, truss girder and box girder
- Combined girder bridges, composite girder bridges, hybrid girder bridges
- Design standardization, industrialization of fabrication and erection of girder bridges
- Brief introduction of several representative girder bridges domestically and abroad
- Some representative girder bridges domestically and abroad

10. Rigid Bridges – A Special Bridge Type
Gonglian Dai
Professor, dean of Department of Bridge Engineering, School of Civil Engineering, Central South University

- What is rigid bridge?
- Common types and applicable scope of rigid bridges
- Mechanical characteristics of rigid bridges
- Types of rigid bridge pier columns and pier beam joint structure
- Cases of long-span highway prestressed concrete rigid bridges
- Cases of long-span railroad prestressed concrete rigid bridges
- Challenges and prospects of long-span rigid bridge

11. Arch Bridges – A Type of Ancient yet Young Bridge
Anbang Gu
Professor of Chongqing Jiaotong University, former vice president of Chongqing Jiaotong College

- A type of ancient yet young bridge
- Types of arch bridges
- Stone arch bridges
- Two-way curved arch bridges
- Box section reinforced concrete arch bridges
- Reinforced concrete ribbed arch bridge
- Reinforced concrete truss arch bridges
- Reinforced concrete rigid-framed arch bridges
- Concrete-filled steel tube arch bridges
- Concrete stiff skeleton arch bridges
- Progress of construction technology
- Steel arch bridges
- Some representative data of arch bridges domestically and abroad

12. Cable-stayed Bridges – A Kind of Bridge Type Booming in 1950s
Rucheng Xiao
Professor, director of Research Division for Long-span Bridges, Tongji University, executive vice president, Division of Bridge and Structural Engineering, China Civil Engineering Society

Jin Cheng
Research fellow, Tongji University

Lingsen Yao
Professor, Tongji University

- Development of cable-stayed bridges
- Structural systems and mechanical performance of cable-stayed bridges
- Components of cable-stayed bridges
- Typical examples of cable-stayed bridges
- Concluding remarks
- Data collections of some typical cable-stayed bridges domestically and abroad

13. Suspension Bridges – Most Suitable for Long-span Bridges
Ruili Shen
Professor, Southwest Jiaotong University

Dongsheng Qian
Senior Professor, Southwest Jiaotong University

Shizhong Qiang

Professor, former dean of School of Civil Engineering, Southwest Jiaotong University

- Ancient suspension bridges
- Beginning of modern suspension bridges
- Main load-bearing components
- Other special members
- Concept of gravity stiffness, and reasons for suspension bridge used as long-span bridge
- Construction process
- An overview for long-span suspension bridges
- Prospect of suspension bridge
- Representative data of suspension bridge domestically and abroad

Part 5. Bridges with Various Functions

14. Overpass Bridges

Baoheng Luo

Former deputy chief engineer, professor-level senior engineer, Beijing General Municipal Engineering Design & Research Institute Co.,Ltd.

Kunling He

Professorate senior engineer, professor-level senior engineer, Beijing General Municipal Engineering Design & Research Institute Co., Ltd.

Yonggang Qin

Senior engineer , Beijing General Municipal Engineering Design & Research Institute Co.,Ltd.

- Definition and classification of urban bridges
- Characteristics of urban bridges
- Overpass bridges
- Viaduct bridges
- Pedestrian overpass bridges

15. Urban River-crossing Bridge and Rail Transit Bridge

Ling Luo

Former chief engineer, Chinese Engineering-Design Master, professor-level senior engineer of Beijing General Municipal Engineering Design & Research Institute Co., Ltd.

Yimin Han

Former deputy director, senior engineer, Beijing General Municipal Engineering Design & Research Institute Co., Ltd.

Yong Yang

Senior engineer, Beijing General Municipal Engineering Design & Research Institute Co., Ltd.

- River-crossing bridges
- Rail transit bridges
- Standardization of medium and small bridge structures

16. Gorge-crossing Bridges

Yadong Li

Professor, dean of Department of Bridge Engineering, Southwest Jiaotong University

- Introduction
- Valley types in mountain area
- Types of gorge-crossing bridges

- Features of design and construction for gorge-crossing bridges
- Famous gorge-crossing bridges domestically and abroad
- Conclusions
- Data collection of representative gorge-crossing bridges domestically and abroad

17. Sea-crossing Bridges

Juntang Li

Professor-level senior engineer and deputy chief engineer, China Railway Major Bridge Engineering Group Co., Ltd.

Shunquan Qin

Member of Chinese Academy of Engineering and director of Science, Chairman of the board of China Railway Major Bridge Engineering Group Co., Ltd., director of China Railway Major Bridge Reconnaissance & Design institute Co., Ltd.

- Introduction of sea-crossing bridges
- Non-navigational channel bridges
- Navigational channel bridges
- Challenges for sea-crossing bridges

18. High-speed Railway Bridges

Zongyu Gao

Chinese Engineering-Design Master, professor-level senior engineer and chief engineer, China Railway Major Bridge Reconnaissance & Design Institute Co., Ltd.

- Overview of high-speed railway bridges
- Engineering concept and technical standard of high-speed railway bridges
- Examples of high-speed railway bridges
- Conclusions

Part 6. Basic Theory of Bridge Conceptual Design

19. Design Concept and Process of Large Bridges

Xin Chen

Member of Chinese Academy of Engineering, Chinese Engineering-Design Master, professor-level senior engineer, China Railway Major Bridge Engineering Group Co., Ltd.

Rongyao Dai

Research fellow, former direetor of Water Hydrology and Engineering Research Division, China Academy of Railway Sciences

Tiancheng Shen

Professor-level senior engineer, China Railway Major Bridge Reconnaissance & Design Institute Co., Ltd.

Qiyu Wang

Professor-level senior engineer and former deputy chief engineer, China Railway Major Bridge Engineering Group Co., Ltd.

- The division of design stages of large bridge and its relationship with construction program
- Preliminaries——formation of pre-feasibility study report and feasibility study report
- Preliminary design
- Working drawing design
- Scientific research project
- Design of bridge crossings

20. Bridge Aesthetics

Yadong Li
Professor, dean of Department of Bridge Engineering, Southwest Jiaotong University

Huancheng Tang
Professor-level senior engineer, China Railway Major Bridge Engineering Group Co., Ltd

- Introduction
- What is beauty
- Properties of beauty
- Basic rules of bridge aesthetics
- Evaluation and selection for beautiful bridges
- Conclusions

21. Sustainability & Sustainability Assessment of Bridges

Yuanfeng Wang
Professor, School of Civil Engineering, Beijing Jiaotong University

Wenjie Wu
Ph.D. student, School of Civil Engineering, Beijing Jiaotong University

Huibing Xie
Ph.D. student, School of Civil Engineering, Beijing Jiaotong University

- Sustainable development and sustainable engineering
- Sustainability of bridges
- Basic evaluation method of bridge sustainability
- Comprehensive evaluation method of bridge sustainability
- Conclusions

Part 7. Scientific Problems and Future Development of Bridges

22. Physical and Mechanical Problem in Bridge Design

Yingjun Chen
Senior professor, Beijing Jiaotong University

- Bridge design from experience to theory
- Forces of bridge
- Physical and mechanical performance of material
- Awareness of safety
- Deepen the awareness of safety
- Mechanics and mechanical laws
- Objects of study, nature of problem, analytical methods, mathematical tools
- Perspectives

23. Seismic Design of Bridge

Jianzhong Li
Professor, deputy dean of College of Civil Engineering, Tongji University.

Lichu Fan
Senior professor of Tongji University, Member of Chinese Academy of Engineering

- Damage of bridges under earthquakes
- Characterization of earthquake and earthquake distribution
- Magnitude and intensity
- Seismic design of bridge
- Isolation for bridge and seismic measures

- Shaking table test
- Conclusions

24. Bridge Wind Resistance
Zhixing Lin

Research fellow, former vice director, State Key Laboratory for Disaster Reduction in Civil Engineering of Tongji University

- Wind disaster of bridges
- Natural wind characteristics and its action to bridge resonance
- Wind-resistant design for bridges
- Physical wind tunnel test of bridges
- Numerical wind tunnel test of bridges
- Control for wind-induced vibration of bridges

25. Bridge Structural Testing
Penghui Liu

Associate research fellow, Railway Engineering Research Institute, China Academy of Railway Sciences

- Some typical accident caused by bridges
- Goal of bridge structural testing and problems to be solved
- Measuring technique of bridge structural testing
- Static load testing of bridge structural
- Dynamic load testing of bridge structural
- Analysis of time domain and frequency domain in vibration test
- Strain sensor of remarkable effect
- Dynamic coefficient of bridge
- Tendency of bridge structural testing

26. Management and Maintenance of Bridges
Kai Zhang

Professor-level senior engineer, deputy president of Research Institute, Beijing General Municipal Engineering Design & Research Institute Co., Ltd.

Lianpu Zhang

Professor-level senior engineer, Beijing General Municipal Engineering Design & Research Institute Co., Ltd.

Jing Jin

Engineer, Beijing General Municipal Engineering Design & Research Institute Co., Ltd.

- Life cycle of bridges
- Management and maintenance of bridges
- Bridge inspection and detection
- Bridge maintenance engineering
- Measures to ensure safety of bridge when surrounding environment impact

27. Historical Overview and Prospect of Bridge Engineering
Yaojun Ge

Professor, dean of Department of Bridge Engineering, director of State Key Laboratory of Disaster Reduction in Civil Engineering, Tongji University, Vice-Chairman of International Association for Bridge and Structural Engineering (IABSE).

Haifan Xiang

Member of Chinese Academy of Engineering, Senior professor, honorary dean of College of Civil

Engineering, Tongji University, honorary president of Institution of Bridge and Structural Engineering of China Civil Engineering Society, Former vice-chairman of International Association for Bridge and Structural Engineering (IABSE)

- Historical review
- Prospect of 21st century grand bridge engineering
- Challenge of 21st century grand bridge engineering
- Conclusions

English translators and proofreaders

Yuanfeng Wang   (Beijing Jiaotong University)

Jesse Forrest Fabian   (Beijing Jiaotong University)

Huibing Xie   (Beijing Jiaotong University)

附录 3　德译本书内容摘要

Essays über Brücken
ANHANG IN DEUTSCH

Kulturaustauch ist eine der wichtigsten Triebkräfte für den Fortschritt der Menschheit. Die Menschen sollen voneinander lernen, die Vorzüge der anderen übernehmen und die eigenen Mängel ausgleichen. Erst dann können sie ständig Fortschritte machen und das Endziel des Fortschrittes der Menschheit—eine notwendige "große Harmonie" jeglicher Form in der Welt—erreichen.

> —Herr Xianlin Ji (1911~2009), große Autorität in akademiescher Kreise und Osten-Gelehrsamkeit Meister.

Wenn Wissenschaftler, insbesondere berümte Wissenschaftler, die populärwissenschaftliche Arbeit tatkräftig unterstützen, dann können sie einen Einfluß ausüben, der so gewaltig ist wie die Kraft herabstürzender Wassermesser. Die auf wissenschaftlichen Gebiet gewonnenen Erfahrungen, die Liebe zur Wissenschaft und die wissenschaftliche Denkweise, die solche Leute selbst haben, üben eine unglaubliche Anziehungskraft auf den Nachwuchs aus.

> —Herr Jiaxi Lu (1915~2001), physikalische Chemieer, ehemaliger Präsident der Chinesischen Akademie der Wissenschaften (1981~1987).

Die moderne Geschichte hat wiederholt gezeigt, daß ein Land arm und schwach ist, wenn das Land ein niedriges Bildungsniveau hat. Die Stärke einer Gesellschaft stüzt sich immer auf das Bildungs- und Erziehungsniveau.

> —Herr Shouguan Wang (1923~　　　), Astronom, Mitglied der Chinesischen Akademie der Wissenschaften.

Inhaltsangabe

Das vorliegende Buch ist ein Nachschlagebuch über allseitige Kenntnisse der Brücken und wurde von mehr als 50 einflußreichen Brückenbau-Experten und -Gelehrten gemeinsam verfassen. In diesem Buch werden die verschiedensten Aspekte des Brückenbaus berührt: Geschichte, Kultur, Typen, Strukturen, Untersuchung, Vermessung, Entwerfe, Herstellung, Montage, Bauausführung, Prüfung, Kontrolle, Instandhaltung, Wartung, Verwaltung, Einschätzungsregister system der Aufrechthaltenfähigen Entwicklung der Brücken sowie damit verbundenen Kenntnisse der Hydrologie, Geologie, Meteorologie, Seisnologie, Windschaden, Materials-Kunde, Physik, Mechanik und der Ästhetik.

Das buch hat die neusten Informationen seit der 21 Jahrhundert über riesenschrittend entwickelten Brückenbau-wissenschaften und -Techniken in China und in Ausland in vollem Umfang nachgezeichnet und hat alle berühmte Brücken in China und in Ausland mit einer Situation vertraut gemacht. Das Buch dient als Nachschlagebuch wie ein Mini-Enzyklopädie mit reichen Bilder und Text-Inhalten für Personen aus dem wissenschaftlich-technischen Bereich und aus dem Aufbau-Bereich des Brückenbaus und für die Lehrer und Studenten an Universität sowie an Fachschule , darüberhinaus wendet es sich an alle am Brückenbau Interessierten sowie an Jugendliche ab Unterstufe der Mittelschule.

Vorwort der Redakteure zur Neuauflage

Wie weltweit anerkannt, sind die alten Römer und Chinesen die größten Brücken-Ingenieure in der Geschichte der Menschheit. Die antiken chinesischen Brücken, die bis heute geblieben sind, zeigen sowohl in technischer als auch in künstlerischer Hinsicht brillante Leistungen auf. In den Jahrhunderten nach dem Opium-Krieg, während der westlichen Brückenbau-Wissenschaft und -Technik mit Hilfe der Fortschritte der Industriellen Revolution sich stetig weiterentwickelte, litt China weiterhin unter diversen Kriegen und Aggressionen. Dies hat die chinesische Brückenbau-Wissenschaft und -Technik gegenüber der westlichen Länder bei Weitem zurückgeworfen. Die Glanzleistungen, die die antiken chinesischen Brückenbau-Arbeiter erzielt hatten, gehört bereits der Geschichte an.

Nach der Gründung der Volksrepublik China, in der zweiten Hälfte des letzten Jahrhunderts, hat die chinesische Brückenbau-Wissenschaft und -Technik erhebliche Fortschritte gemacht; ihre Aufholjagd zurück zur internationalen Spitzenposition hat begonnen. Unter den schwachen, ursprünglichen Bedingungen hat es China seitdem, durch harte Arbeit, zurück in die Reihe der Weltmächte des Brückenbaus geschafft.

Besonders erfreulich ist es, daß aufgrund des von Reforms- und Öffnungs-Politik seit dem siebzige Jahre des 20 Jahrhunderts getriebenen schnellen Wachstums zur wirtschaftlichen Stärkung und aufgrund des großen Bedarfs an Verkehrswegen, und der damit verbundenen Entwicklung des Autobahnnetzes und Neubaustreckennetzes (Eisenbahn mit Hochgeschwindigkeit von 200~350km/Std.), der Fertigstellung von vielen Brücken über Meer und Schluchten, das Niveau der chinesischen Brückenbau-Wissenschaft und -Technik und die Aufbau-Praxis der Brücken seit Anfang dieses Jahrhunderts gestiegen ist. Nicht nur das Niveau, sondern auch im Hinblick auf das Ausmaß sind bemerkenswerte Erfolge erzielt worden. Für ein Land mit 1.37 Milliarden Einwohnern ist es dennoch noch nicht genug, um stolz sein zu können. Ganz im Gegenteil ,wenn wir bedenken, daß während wir fortschreiten, die anderen auch Fortschritte machen. China muß noch viel von den wissenschaftlich und technisch im Brückenbau fortgeschrittenen Ländern lernen; mit großer Bescheidenheit, z.B. den Mut zur Herausforderung, die wagemutige Innovation, die Beachtung zum Detail, die strenge Verwaltung, die Einführung der neuen modernen wissenschaftlichen und technischen Errungenschaften in den Brücken-Design sowie die Verkörperung des Geistes der Humanisierung, der Kunst und der Romantik usw. Hinsichtlich des Brücken-Bauprozesses und -Betriebs ist es für China notwendig von den wertvollen Erfahrungen der fortgeschrittenen Länder in der Errichtung eines strengen und soliden Management- und Kontroll-Systems zu lernen und als Vorbild zu nehmen.

In den letzten 30 Jahren wächst die chinesische Wirtschaft rasant.Aber leider hat sich bei wenigen Leuten und bei einigen Abteilungen das Streben nach schnellen Erfolge und nach großem Profit, sowie die Verantwortungslosigkeit vermehrt, wodurch das wissenschaftliche Gesetz verletzt wird und das strenge und solide Managment im Brücken-Bauprozess und-Betrieb ignoriert wird.Dies verrursacht einige unzumutbare negative Auswirkungen auf den Brückenbau, obwohl dies die Nebensache und nicht die Hauptsache ist, sollten die Alarmlocke in den Ingenieurkreisen geläutert werden.

Brücken spielen in unserem täglichen Leben eine wichtige Rolle. Wir glauben, es ist notwendig im Rückblick, die Erfolge des chinesischen Brückenbaus in Rahmen einer historischen Aufnahme zusammenzufassen. Ebenfalls soll die Öffentlichkeit sehen, was die chinesische Brückenbau-Arbeiter in letzten 80 Jahren seit der Errichtung der ersten modernen Brücken—Hangzhou Qiantangjiang Brücke, die von Hrn. Yisheng Mao geleitet, von Chefingenieur Hrn. Ying Luo die gameinsame Beiträge kräftig geleistet und zwischen dem Jahre 1935 und der Invasion Japans in China im Jahre 1937 unter schwierigsten Bedingungen errichtet wurde, bis Heute im 21. Jahrhundert, um die Entwicklung des Brückenbauwesens Chinas hart gekämpft und geleistet hat. Dabei ist es auch zwingend, die Erfolge, die von anderen Ländern erzielt wurde, anzuerkennen. Dies sind der anfängliche Wunsch und der geschichtliche Hintergrund nach 20 Jahren seit Ende des letzten Jahrhunderts um dieses Buch zu Umschreiben, um das die Arbeitskräfte heute neu organisiert werden.

In der neuen Auflage versuchen wir den Text mit einfachen Worten einen tiefen Sinn zu geben, sowie den Inhalt von Interesse, Wissen und Gedanke zu verkörpern, um die Leser, die für den Brückenbau interessiert sind, anzupassen. Gleichzeitig sollen der Lese-Bedarf des Lesers aus unterschiedlichem Bildungsniveau, des professionellen Lesers und der Hobbyisten berücksichtigt werden. Es ist tatsächlich kein leichtes Unterfangen. Der Autor strebt nur nach einem angemessenen Gleichgewicht. Die Leser können nach eigenen Interessen und Bedarf bestimmtes Kapitel und bestimmter Inhalt des Buches auswählen und lesen.

Im Vergleich zu der ersten Auflage werden die Inhalte in der neuen Auflage in kleinem Umfang umgestaltet. Entsprechend den Änderungen in den letzten 20 Jahren werden die Inhalte der ersten Auflage in unterschiedlichem Formen geändert, ergänzt oder neu geschrieben. Neue Inhalte werden in die neue Auflage hinzugefügt. Die fünf neue Kapitel sind 《Brücken über Meer》,《Brücken über Schlucht》,《Hochgeschwindigkeit-Eisenbahn Brücken》,《Brücken-Verwaltung und–Instandhaltung》, 《Aufrechthaltenfähige Entwicklung der Brücken und Einschätzungsregister System》. Aber der grundlegende Rahmen, der Stil und die Eigentümlichkeit der ersten Auflage werden beibehalten. Außerdem ist die neue Auflage die Weiterführung und Weiterentwicklung der ersten Auflage. Besonders das Vorwort der Redakteure zur ersten Auflage wird als eine historische Aufnahme in der neuen Auflage erhalten bleiben. Damit könnten die Leser der neuen Generation einen Überblick über einige weitere Veränderungen in verschiedenen Bereichen und die Fortschritte der Brückenbau-Wissenschaft und -Technik herausfinden.

Die erste Auflage des Buches wurde im Jahr 1998 für die Ausstellung auf der Leipzig Internationalen Buchmesse ausgewählt. Um den Besucher einen Eindruck von dem Buch gewinnen zu lassen und um die deutschen Leser die Buchinhalte zu zeigen, haben wir extra eine 30 seitige Broschüre herausgegeben. In der Broschüre wurden die Inhalte des Buches, die Autoren verschiedener Kapitel, die Kapiteltitel und die Programmtitel der verschiedenen Kapitel vorgestellt. Die deutsche Broschüre hatte ein gutes Resultat erzielt. In der neuen Auflage wird neben der deutschen Broschüre das Vorwort der Redakteure zur neuen Auflage hinzugefügt und als Anhang am Ende des Buches angehängt. Damit das Buch dem internationalen Austausch in weiteren Kreisen erleichtert, wird am Ende der neuen Auflage noch ein englischer Anhang mit gleichen Inhalten wiedergegeben.

Nach der Anforderung nach einem Buch mit hoher Qualität hat sich der China Eisenbahn Verlag für die neue Auflage viel Mühe gegeben. Einschließlich der Auswahl von Papier, das Drucken von Texte und Diagramme, das Drucken des Buches in Farbe, bis zu der feierlichen und neuartigen äußeren Gestaltung des Buches, sind möglichst mit großer Sorgfalt durchgeführt worden.

In diesem Augenblick der Erscheinung der neuen Auflage 《Essays über Brücken》wollen wir uns besonders einem Teil von berühmten Experte und Gelehrte, die vor zwanzig Jahre bei der ersten Auflage zusammengestellt hatten und inzwischen verstorben waren, nach sehnen. Wir gedenken an ihrer Hingabe bei der Zusammenstellung dieses Buches und bedanken uns für ihren Beitrag zu der ersten Auflage des Buches. Sie hatten ein gutes Fundament für die neue Auflage gelegt. Insbesondere wollen wir drei Akademiemitglieder Guohao Li, Qingguo Cheng und Xin Chen, die sich an der Vorbereitungs- und Zusammenstellungsarbeit der ersten Auflage beteiligt hatten, besonders erwähnen. Qingguo Cheng und Xin Chen hatten noch jeweils für die erste Auflage ein Kapitel geschrieben.

Guohao Li ist ein internationaler anerkannter Brückenbau-Gelehrter und Pädagoge. Er guthieß in vollem Maße das Schreiben von solch einem Buch, das bisher International noch nicht in Erscheinung getreten ist und in dem die Kenntnis über Brückenbau in vollem Umfang vermittelt wird. Er glaubte, daß das Buch sowohl eine gewisse Tiefe und zugleich auch ein populärwissenschaftliches Buch sein soll. Er unterstützte die Zusammenstellung der ersten Auflage aktiv und kalligraphisierte auf Einladung der Redakteure den Buchtitel. Seine Unterstützung motivierte und spornte alle Mitarbeiter an, die bei der ersten Auflage und bei der neuen Auflage teilgenommen hatten.

In der Zeit als Qingguo Cheng der Leiter von China Akademie der Eisenbahn-Wissenschaften war, wurden unter seiner Leitung viele wichtigen und wegweisenden Grundlagen-Forschungen zu dem Fortschritt der Brückenbau-Wissenschaft und -Technik geleistet. Die Forschungen auf diesem Gebiet hatten stark die

Weiterentwicklung des chinesischen Brückenbauwesens unterstützt und dadurch eine große Zahl von Talenten für Staat herangebildet.

Xin Chen hatte in der Entwicklung des Bauentwurfs und der Bauausführung des Fundaments von großen Brücken in Tiefwasser viel Neues hervorgebracht. In den Aufbauten von Brücken beharrte stetig Xin Chen sich auf der richtigen Richtlinie: Sicherheit, Zweckmäßigkeit, Wirtschaftlichkeit und Schönheit. Ihm wurde den Ehrentitel " Chinesischer Bauwerk-Design Meister " verliehen. Das Leben von Xin Chen ist der beste Beleg auf dem Verlauf, in dem die chinesische Brückenbau-Wissenschaft und -Technik Schritt für Schritt vorwärtsgegangen ist. Er hatte die Leitungsarbeit des Bauentwurfs und Bauausführung vieler wichtigen und großen Brücken über Yangzijiang und einigen anderen Flüsse teilgenommen und für eine lange Zeit an der Frontlinie der Baustelle bis zu den Bau der Dashengguan Brücke über Yangzijiang bei Nanjing auf Beijing-Schanghai Neubaustrecke gearbeitet.

Drei Akademiemitglieder Guohao Li, Qingguo Cheng, Xin Chen verschied jeweils im Jahre 2005, 1999, 2011. Sie waren die Vertreter der älterern Generation der Brückenbau-Arbeiter. Die von ihnen geprägte bescheidene und ernsthafte Arbeitsstil und der Geist, unaufhaltsam sich zu verbessern und Innovation zu finden, wird immer für den Nachfolge ein großes Vorbild sein.

Als die Initiatoren und Organisatoren der neuen Auflage wollen wir uns zunächst für die schöpferische Arbeit der Autoren, die auf Einladung bei dem Umschreiben des Buches teilgenommen haben, bedanken. Vielen Dank auch für die Hingabe aller Redaktions-Mitarbeiter, die von ganzen Herzen und mit vollem Elan Ihre Beiträge geleistet haben. Durch die kollektive Zusammenarbeit ist es erst möglich, solch ein großes Buch-Projekt zu vollenden. Falls die neue Auflage im Vergleich zu alter Auflage sich verbessert hat, ist es ihren Bemühungen zu danken. Auch sind wir der Beijing Jiaotong Universität, der Tongji Universität, der China Eisenbahn Großbrückenbau Gruppe GmbH, der Gruppe des Instituts für Untersuchung Vermessung und Konstruktion GmbH, der Beijing General Städtebau-Design und -Forschung Institut GmbH, der China Akademie der Eisenbahn-Wissenschaften, der Südwest Jiaotong Universität, der Chongqing Jiaotong Universität, der Zentralsüd Universität und dem China Eisenbahn Verlag sehr dankbar, die seit der Anfang der Plannungs- und Verbereitungs-Arbeit für die neue Auflage dieses Buches ihre Unterstützung im Hinsicht auf der menschlichen und materiellen Ebene zugesprochen haben. All dies ist ein wichtiger Faktor für die reibungslose Durchführung des Buches. Schließlich wollen wir dem besten Dank für die leidenschaftlichen Ansporn und wirksame Unterstützungen von Akademiemitglieder, Prof. Mengshu Wang der Beijing Jiaotong Universität, Akademiemitglider, Prof. Qingyuan Zeng und Akademiemitglieder, Prof. Baochen Liu der Zentralsüd Unversität bei der Zusammenstellung und Erscheinung dieses Buches. für die 81 handgemalten Zeichnungen auf dem Titelblatt jedes kapitels von Professor Taichang Zhang, dem ehemaligen ständigen Vizepräsident des China Museums der Wissenschaft und Technik und für die begeisterte Hilfe von einigen ausländischen Freunden um die perfekten übersetzten Texte ins Englische und Deutsche, aussprechen.

Shijie Xu und Jing Guo sind mit der Text, Abbildung- und Tabelle-Korrekturarbeit des gesamten Buches beauftragt. Mingkun Wan und Wei Song sind mit der Text-Klarheit und -Verständlichkeit Abbildung-Verbesserung und Text-Koordination des gesamten Buches beauftragt.

Mingkun Wan
Haifan Xiang
Shunquan Qin
Ling Luo
Beijing, Oktober, 2015.

Erklärung der Zeichnungen

Joseph Needham, Der berühmte britische Wissenschaftler und Autor des Werk《Sience and Civilisation in China》(The Syndies of the Cambridge University Press, 1980) sagte einmal "Es gibt keine Brücke in China, die nicht schön wäre, doch einige Brücken sind von außerordentlicher Schönheit". Durch die von Professor Taichang Zhang, dem ehemaligen ständigen Vizepräsident des China Museums der Wissenschft und Technik, für dieses Buch gemalten 81 vorzüglichen Zeichnungen von Brücken, die sich in verschiedenen Provinzen, Städte, autonomer Gebiete der Nationalitäten Chinas befinden, kann man die Schönheit der chinesischen Brücken in vollem Maße kennenlernen und würdigen. Diese Zeichnungen werden abschnittsweise auf den Titelblättern jedes Kapitels gedruckt. Die Namen der einzelnen Brücken in den Zeichnungen sind in Anhang des Buches (ausglassen).

Erklärung des Umschlags
Umschlag in Chinesisch

Kalligraphie des Buchtitels: Guohao Li, Akademiemitglied der Chinesischen Akademie der Wissenschaften und der Chinesischen Akademie der Ingenieurwissenschaften. Ehemaliger Präsident der Tongji Universität. Ehemaliger Vizepräsident der Internationnalen Assoziation für Brücken und Struktur-Ingenieur (IABSE).

Tiefdruckform-Brücke: Anji -Steinbogenbrücke in Zhaozhou, Provinz Hebei, fertig gestellt 605~618, Spannweite 37.02m, siehe Abbildung 1.6.

Farbphotographie: Dashengguan Stahlbogenbrücke, Spannweite 336m, mit 6 Hochgeschwindigkeit-Eisenbahnlinien über Yangzijiang bei Nanjing.

Umschlag in Englisch

Tiefdruckform-Brücke: Gard-Steinbogenbrücke in Nîmes in Süd-Frankreich, fertig gestellt 18 B.C. von alten Römer, größte Spannweite 24.4m, siehe Abbildung 1.3.

Farbphotographie: Schrägseilbrücke, Spannweite 1092m, mit 6 Autobahlinien und 4 Hochgeschwindigkeit-Eisenbahnlinien über Yangzijiang bei Nantong.

Zusammenfassung der einzelnen Kapitel

Teil 1. Kurz gefaßte geschichtliche Materialien über Brücken

1. Erzählung der Geschichte über Brücken zu allen Zeiten und in allen Ländern
Mingkun Wan

Professor und ehemaliger Rektor der Beijing Jiaotong Universität

Ehemaliger Stellvertretende Vorsitzender der Chinesischen Gesellschaft für Eisenbahnwesen

Ehemaliger Ständiger Vizepräsident des Verbandes der aus Europa und Amerika zurückgekommen Chinesischen Akademiker & des Verbandes der in Ausland gebildeten Chinesischen Akademiker

- Brücken in grauer Vorzeit
- Brücken aus alten Zeiten
- Brücken aus jüngerer und heutiger Zeit
- Die wichtige Rolle der Brücken auf dem Gebiet der Wirtschaft und Politik
- Brücken und Krieg
- Die auf bestimmten Brücken hinterlassenen geschichtlichen Zeugnisse
- Die vielfältige Bedeutung von Brücken in Kultur und Gesellschaft
- Die tiefe Bedeutung des Wortes "Brücke" im Gesellschaftsleben

2. Brücken im alten China
Huancheng Tang

Dienstältester Professor-Niveau hoher Ingenieur der China Eisenbahn Großbrückenbau Gruppe GmbH

- Überblick
- Balkenbrücken
- Bogenbrücken
- Hängebrücken
- Pontonbrücken
- Schlußwort

Teil 2. Grundriß der Brücken

3. Elementare Kenntnisse über Brücken
Mingkun Wan

Professor und ehemaliger Rektor der Beijing Jiaotong Universität

Ehemaliger Stellvertretende Vorsitzender der Chinesischen Gesellschaft für Eisenbahnwesen

Ehemaliger Ständiger Vizepräsident des Verbandes der aus Europa und Amerika zurückgekommenen Chinesischen Akademiker & des Verbandes der in Ausland gebildeten Chinesischen Akademiker

- Difinition der Brücken
- Klassifikation der Brücken nach Verwendungszweck
- Bestandteile der Brücken und deren Funktion
- Fünf Grundtypen der Brücken und deren Rekord von Spannweite bis zum heutigen Tag: Balkenbrücke, Rahmenbrücke, Bogenbrücke, Schrägseilbrücke und Hängebrücke
- Brücken mit Hochpfeiler und deren Rekord von Pfeilerhöhe bis zum heutigen Tag
- Kombinationsystem von Brücken

4. Montage und Bauverfahren des Brücken-Überbaus
Kehua Shao

Professor-Niveau hoher Ingenieur der China Eisenbahn Großbrückenbau Gruppe GmbH und ehemaliger Chefingenieur der China Eisenbahn Großbrückenbau Gruppe GmbH

Dongfa Pan

Professor-Niveau hoher Ingenieur der China Eisenbahn Großbrückenbau Gruppe GmbH und Chefingenieur der China Eisenbahn Großbrückenbau Gruppe GmbH

- Aufstellung mit dem Gerüst für Brücken-überbau
- Anlegung mit dem Gleisfahrbaren Kran für Balken
- Anlegung mit dem Gleisfahrbaren Portalkran für Balken
- Anlegung mit dem Schwimmkasten für Brücken-überbau
- Ausführung des Balkenträgers aus Spannbeton mit der auslegermethode
- Montage des Balkenträgers aus spannbeton mit dem Brückenmontagegerät
- Betonierung des Hohlbalkenträgers aus Spannbeton öffnung für öffnung an Ort und Stelle auf verschiebbarem Gerüst
- Montage des Balkenträgers aus Spannbeton mit der Vorwärtsvorantreibungsmethode
- Anlegung des Balkenträgers aus Spannbeton mit der Waagerechtdrehungsmethode
- Montage des Brückenfachwerks von großer Spannweite mit Auslegermethode
- Freischwebende Montage eines Brückenfachwerks von großer Spannweite mit doppeltem Hilfsschrägkabel, das das sich im Auslegerzustand befinde Stahlfachwerk an zwei Punkten stützt
- Fertige Montage eines Fachwerks mit großer Spannweite zur zusammenverbindung in der Mittespannweite
- Anhebung und Anlegung der gesamten Fachwerksträger
- Montage und Endzusammensetzung der Rahmenbrücke mit Stahlschrägstützungen

5. Typen und Bauverfahren des Brücken-Unterbaus

Juntang Li

Professor-Niveau hoher Ingenieur der China Eisenbahn Großbrückenbau Gruppe GmbH

Vize Chefingenieur der China Eisenbahn Großbrückenbau Gruppe GmbH

Pu Zhou

Professor-Niveau hoher Ingenieur der China Eisenbahn Großbrückenbau Gruppe GmbH

- Überblick über den Brücken-Unterbau
- Art des Fundaments und dessen Auswahl
- Flache Fundamente
- Pfahlfundamente
- Gebohrtes Pfahlfundament mit Rohrpfahl
- Senkkastenfundament
- Zusammengesetztes Fundament
- Spezielles Fundament
- Perspektive des Brücken-Unterbaus

6. Brücken-Auflager und Anlage für die Dehnung der Brücken-Fahrbahn

Junsheng Zhuang

Wissenschaftsrat der China Akademie der Eisenbahn-Wissenschaften

Ehemaliger Vizedirektor der Forschungsabteilung für Brückenbau des Eisenbahnbau-Forschung Instituts der China Akademie der Eisenbahn-Wissenschaften

- Funktionen und Klassifikationen der Brücken-Auflager
- Stahlauflager
- Plattenförmige und topfförmige elastomere Gummi-Auflager
- Zylinderauflager und Kalottenauflager
- Auflage und Anlage für Schwingung-Verringerung und-Trennung

- Funktionen und Klassifikationen der Anlage für die Dehnung der Brücken-Fahrbahn
- Anlage für die Dehnung der Schiene auf Eisenbahn-Brücke

Teil 3. Brücken aus verschiedenen Baumaterialien

7. Brücken aus Stahlbeton und Spannbeton

Lin Zhang

Dienstältester Wissenschaftsrat der China Akademie der Eisenbahn-Wissenschaften

Ehemaliger Leiter des Eisenbahn-Forschung Instituts der China Akademie der Eisenbahn-Wissenschaften

Bin Niu

Wissenschaftsrat der China Akademie der Eisenbahn-Wissenschaften

Direktor der Forschungsabteilung für Brückenbau des Eisenbahnbau-Forschung Instituts der China Akademie der Eisenbahn-Wissenschaften

- Von der Steinbrücke bis zu Stahlbetonbrücke
- Grundprinzipien und Technologien des Spannbetons
- Grundwerkstoffe des Spannbetons
- Wie wird die Spannkraft ausgeübt
- Neue Entwicklung der Technologien für Beton-Vorspannung
- Brücken aus Spannbeton

8. Stahlbrücken

Jiyan Pan

Dienstältester Wissenschaftsrat der China Akademie der Eisenbahn-Wissenschaften

Ehemaliger Direktor der Forschungsabteilung für Brückenbau des Eisenbahnbau-Forschung Instituts der China Akademie der Eisenbahn-Wissenschaften

Professor der Nanchang Universität

Yuling Zhang

Wissenschaftsratin der China Akademie der Eisenbahn-Wissenschaften

Ehemalige Vizedirektorin der Forschungsabteilung für Brückenbau des Eisenbahnbau-Forschung Instituts der China Akademie der Eisenbahn-Wissenschaften

- Besonderheiten und Anwendungsbereiche der Stahlbrücken
- Baumatarial für Stahlbrücken
- Verbindung der Elemente der Stahlbrücken
- Herstellung der Stahlbrücken
- Konstruktionstypen der Stahlbrücken
- Forschungszustand der Stahlbrücken im In- und Ausland
- Drei wichtige Meilensteine und der Begin einer neuen Aera in der Entwicklung des chinesischen Brückenbaus
- Perspektive des Stahlbrückenbaus

Teil 4. Brücken von verschiedenen Typen

9. Die Balkenbrücke – ein häufig benutzter Brückentyp

Qinguo Cheng

Akademiemitglied der Chinesischen Akademie der Wissenschaften, Wissenschaftsrat und ehemaliger Präsident der China Akademie der Eisenbahn-Wissenschaften

Suoting Hu

Außerordentlicher Wissenschaftsrat der China Akademie der Eisenbahn-Wissenschaften

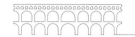
Assistierender Leiter des Eisenbahnbau-Forschung Instituts der China Akademie der Eisenbahn-Wissenschaften

- Der große Bruder in der Brückenfamilie
- Konstruktionsbesonderheiten der Balkenbrücken und deren umfangreiche Verwendung
- die Entwicklung des Konstruktionssystems der Balkenbrücken - undurchlaufender Balken, durchgehender Balken und durchlaufender Balken mit Gelenken
- Querprofiltypen der Balken – Plattenbalken, Fachwerkbalken und Hohlkastenbalken
- Verbundene Balkenbrücken, Kombinationssytem-Brücken und Mischformen-Brücken
- Normierung der Konstruktion und Indutialisierung der Herstellung und der Montage der Balkenbrücken
- Kurzinformationen einiger repräsentive Balkenbrücken im In- und Ausland
- Materialiensammmlung einiger repräsentive Balkenbrücken im In- und Ausland

10. Die Rahmenbrücke – ein einzigartiger Brückentyp
Gonglian Dai

Professor und Dekan der Fakultät für Brückenbauwesen des Instituts für Bauingenieurswesen der Zentralsüd Universität

- Konstrutionsbesonderheiten der Rahmenbrücken
- Grundtypen und deren Verwendungsbedingungen der Rahmenbrücken
- Arbeitsbesonderheiten der Rahmenbrücken
- Pfeilerstypen und Knotenstruktur zwischen Pfeiler und Balken der Rahmenbrücken
- Beispiele der Straßen-Rahmenbrücken aus Spannbeton mit großer Spannweite
- Beispiele der Eisenbahn-Rahmenbrücken aus Spannbeton mit großer Spannweite
- Herausforderung und Perspektive des Rahmenbrückenbauwerks

11. Die Bogenbrücke – ein sowohl uralter als auch junger Brückentyp
Anbang Gu

Professor der Chongqing Jiaotong Universität

Ehemaliger Vizepräsident der Chongqing Jiaotong Fachhochschule

- Ein uralter und zugleich junger Brückentyp
- Verschiedene Arten von Bogenbrücken
- Steinbogenbrücken
- Bogenbrücken mit in zwei Richtungen gebogenen Rippen
- Stahlbeton-Bogenbrücken mit Kastenprofil
- Stahlbeton-Bogenbrücken mit Rippen
- Stahlbeton-Fachwerksbogenbrücken
- Stahlbeton-Rahmenbogenbrücken
- Stahlbeton-Bogenbrücken mit Beton im Stahlrohr
- Bogenbrücken aus stahlbeton mit Steifegerippen
- Fortschreitende Entwicklung der Technik für Bauausführung der Bogenbrücken
- Stahlbogenbrücken
- Materialiensammlung einiger repräsentive Bogenbrücken im In- und Ausland

12. Die Schrägseilbrücke–ein in den letzten 50 Jahren des 20. Jahrhunderts rasant entwickelter Brückentyp
Rucheng Xiao

Professor und Direktor der Forschungsabteilung für Brücken mit großer Spannweite der Tongji Universität

Ständiger Vizevorsitzender der Zweiggesellschaft der Brücke und Struktur der China Bauingenieurswesen Gesellschaft

Jin Cheng

Wissenschaftsrat der Tongji Universität

Lingsen Yao

Professor der Tongji Universität

- Überblick über die Entwicklung der Schrägseilbrücken
- Konstruktionssysteme und Besonderheiten der Schrägseilbrücken
- Struktur der Schrägseilbrücken
- Typische Beispiele für Schrägseilbrücken
- Schlußwort
- Materialiensammlung einiger repräsentive Schrägseilbrücken im In- und Ausland

13. Die Hängebrücke–ein für große Spannweiten äußerst geeigneter Brückentyp

Ruili Shen

Professor der Südwest Jiaotong Universität

Dongsheng Qian

Dienstältester Professor der Südwest Jiaotong Universität

Shizhong Qiang

Professor und ehemaliger Präsident des Instituts für Bauingenieurswesen der Südwest Jiaotong Universität

- Hängebrücken aus alten Zeiten
- Der Anfang der modernen Hängebrücken
- Haupttragelemente der Hängebrücken
- Andere Sonderelemente der Hängebrücken
- Der Begriff der Gravitationsstarrheit und der Grund für die besondere Eignung der Hängebrücken für große Spannweiten
- Bauausführungsprozeß der Hängebrücken
- Überlick der Hängebrücken mit großer Spannweite in der Welt

Teil 5. Brücken in verschiedenen Anwendungsbereichen

- Perspektive für die künftigen Hängebrücken
- Materialiensammlung einiger repräsentive Hängebrücken im In- und Ausland

14. Kreuzung mit Überführungen der Stadtbrücken

Baoheng Luo

Professor-Niveau hoher Ingenieur und ehemaliger vize Chefingenieur der Forschungsabteilung der Beijing General Städtebau-Design und -Forschung Institut GmbH

Kunling He

Professor-Niveau hohe Ingenieurin und Fach-Chefingenieurin der Beijing General Städtebau-Design und -Forschung Institut GmbH

Yonggang Qin

Hoher Ingenieur der Beijing General Städtebau-Design und -Forschung Institut GmbH

- Difinition und Klassifikation der Stadtbrücken
- Besonderheiten der Stadtbrücken
- Kreuzung mit Überführungen der Stadtbrücken
- Viadukt der Stadtbrücken
- Brücken für Fußgängerüberführung

15. Stadtbrücken über Flüsse und für Gleisverkehr

Ling Luo

Professer-Niveau hohe Ingenieurin und ehemalige Chefingenieurin der Beijing General Städtebau-Design und -Forschung Institut GmbH

Chinesische Bauwerk-Design Meisterin

Yimin Han

Hoher Ingenieur und ehemalige Leiter der Forschungsabteilung der Beijing General Städtebau-Design und -Forschung Institut GmbH

Yong Yang

Hoher Ingenieur der Beijing General Städtebau-Design und -Forschung Institut GmbH

- Brücken über Flüsse
- Brücken für Gleisverkehr
- Baukonstruktion-Standardisierung der Brücken mit mittlerer und kleiner Spannweite

16. Brücken über Schlucht

Yadong Li

Professor und Dekan der Fakultät für Brückenbauwesen des Instituts für Bauingeniurswesen der Südwest Jiaotong Universität

- Überblick der Brücken über Schlucht
- Verschiedene Topographie der Schluchten im Gebirgsgebiet
- Auswahl der Brücken-Planung über Schlucht
- Bauprojekt- und Bauausführungsbesonderheit der Brücken über Schlucht
- Beispiele der berühmten Brücken über Schlucht im In- und Ausland
- Schlußwort
- Materialiensammlung einiger repräsentive Brücken über Schlucht im In- und Ausland

17. Brücken über Meer

Juntang Li

Professor-Niveau hoher Ingenieur und vize Chefingenieur der China Eisenbahn Großbrückenbau Gruppe GmbH

Shunquan Qin

Akademiemitglied der Chinesischen Akademie der Ingenieurwissenschaften

Vorsitzender des Verwaltungsrats der Gruppe des Instituts für Untersuchung, Vermessung und Konstruktion GmbH

Vorsitzender des Komitees der Wissenschaft und Technik der China Eisenbahn Großbrückenbau Gruppe GmbH

- Überblick der Brücken über Meer
- Brücken über Meer für unbefahrbares Gewässer
- Brücken über Meer für Schiffbares Gewässer
- Herausforderungen gegenüber den Brücken über Meer

18. Brücken auf Hochgeschwindigkeitseisenbahn

Zongyu Gao

Chinesischer Bauwerk-Design Meister

Professor-Niveau hoher Ingenieur und Chefingenieur der Gruppe des Instituts für Untersuchung, Vermssung und Konstruktion GmbH

- Überblick der Brücken auf Hochgeschwindigkeitseisenbahn
- Aufbau-Ideen und Technik-Norm der Brücken auf Hochgeschwindigkeitseisenbahn
- Beispiele der Brücken auf Hochgeschwindigkaitseisenbahn
- Schlußwort

Teil 6. Basis des Begriffsprojekts der Brücken

19. Konstruktions-Ideen und -Stadien großer Brückenbau

Xin Chen

Akademiemitglied der Chinesischen Akademie der Ingenieurwissenschaften

Chinesischer Bauwerk-Design Meister

Professor-Niveau hoher Ingenieur der China Eisenbahn Großbrückenbau Gruppe GmbH

Rongrao Dai

Wissenschaftsrat der China Akademie der Eisenbahn-Wissenschaften

Ehemaliger Direktor der Forschungsabteilung für Wasserbauwerk und hydrologische Untersuchungen

Tiancheng Shen

Professor-Niveau hoher Ingenieur der Gruppe des Instituts für Untersuchung, Vermessung und Konstruktion GmbH

Qiyu Wang

Professor-Niveau hoher Ingenieur und ehemaliger vize Chefingenieur der China Eisenbahn Großbrückenbau Gruppe GmbH

- Einteilung der Konstruktionsstadien und Zusammenhang mit den Baustufen großer Brückenbau
- Vorarbeiten-Ausarbeiten des Grob- und Fein-Durchführbarkeitsberichts
- Grobkonstruktion großer Brückenbau
- Bauausführungsplan großer Brückenbau
- Forschungsprojekt großer Brückenbau
- Auswahlkriterien des Brücken-übergangs

20. Ästhetik der Brücken

Yadong Li

Professor und Dekan der Fakultät für Brückenbauwesen der Südwest Jiaotong Universität

Huancheng Tang

Professor-Niveau dienstältester hoher Ingenieur der China Eisenbahn Großbrückenbau Gruppe GmbH

- Überblick über ästhetisches Empfinden der Brücken
- Was ist ästhetisches Empfinden der Brücken
- Attribut des ästhetischen Empfinden der Brücken
- Grundlegengde Gesetze des ästhetischen Empfinden der Brücken
- Beurteilung des ästhetischen Empfinden der Brücken
- Schlußwort

21. Aufrechthaltenfähige Entwicklung der Brücken und Einschätzungsregister system

Yuanfeng Wang

Professor des Instituts für Bauingenieurswesen der Beijing Jiaotong Universität

Wenjie Wu

Doktorand des Instituts für Bauingenieurswesen der Beijing Jiaotong Universität

Huibing Xie

Doktorand des Instituts für Bauingenieurswesen der Beijing Jiaotong Universität

- Aufrechthaltenfähigkeit des allgemeinen Bauwerks
- Aufrechthaltenfähigkeit des Brückenbaus
- Grunglegende Einschätzungsmethode der Aufrechthaltenfähigkeit des Brückenbaus
- Zusammenfassende Einschätzungsmethode der Aufrechthaltenfähigkeit des Brückenbaus
- Schlußwort

Teil 7. Die wissenschaftlichen Probleme und die zukünftigen Entwicklungen der Brücken

22. Physikalische und mechanische Probleme der Brückenkonstruktion

Yingjun Chen

Dienstältester Professor der Beijing Jiaotong Universität

- Brückenkonstruktion-von praktischen Erfahrungen bishin zur Theorie
- Wirkungskräfte auf Brücken
- Physikalische und mechanische Beschaffenheiten des Werkstoffs
- Erkenntnisse über Sicherheit
- Vertiefung der Erkenntnisse über Sicherheit
- Mechanik und deren Gesetzmässigkeit
- Forschungsobjekt, Wesen des Problems, Analysemethode, mathematische Berechnung
- Perspektive der physikalischen und mechanischen Probleme der Brückenkonstruktion

23. Erdbebensicherheit der Brücken

Jianzhong Li

Professor und Vizepräsident des Instituts für Bauingenieurswesen der Tongji Universität

Lichu Fan

Dienstältester Professor der Tongji Universität und Akademiemtglied der Chinesischen Akademie der Ingenieurwissenschaften

- Brückenkatastrophen durch Erdbeben
- Eigenschaften des Erdbeben und Verteilung der Erdbebenzone in der Welt
- Erdbebenstärke und Grad auf der Erdbebenintensitätskala
- Konstruktionsmaßnahmen gegen Erdbeben der Brücken
- Techniken der Schwingung-Verringerung und-Trennung und Maßnahmen zur Erhöhung der Erdbebensicherheit der Brücken
- Erdbebensimulationstest
- Schlußwort

24. Windbestädigkeit der Brücken

Zhixing Lin

Wissenschaftsrat und ehemaliger Vizedirektor des staatlichen Schlüssel-Laboratoriums für Vorbeugung gegen Bauwerks-Katastrophen der Tongji Universität

- Brückenkatastrophen durch Wind
- Eigenschaften des Windes und deren Wirkung auf die Brücken
- Brückenkonstuktionen gegen Windeinwirkung
- Windkanalsimulationstest der Brücken
- Windkanaldigitalstest der Brücken
- Kontrolle über die durch Windkraft bedingte Brückenschwingungen

25. Konstruktionstest der Brücken

Penghui Liu

Außerordentliecher Wissenschaftsrat des Eisenbahn-Forchung Instituts der China Akademie der Eisenbahn-Wissenschaften

- Einige typische Einsturzunfälle aus Brücken-Resonanzsehwingung
- Die Zielsetzungen und die zu lösende Probleme beim Konstruktionstest der Brücken
- Die Meßtechnik des Brücken-Konstruktionstests
- Konstruktionstest der Brücken unter statischer Belastung
- Konstruktionstests der Brücken unter dynamischer Belastung
- Analyse der Zeitbereich und der Freguenzbereich des Schwingungsignals
- Verdienstvoller und Erfolgreicher Dehnungsmesser-Sensor

- Dynamischer Koeffizient der Brücken
- Entwicklungstendenz des Brücken-Konstruktionstests

26. Brücken-Verwaltung und -Instandhaltung

Kai Zhang

Professor-Niveau hoher Ingenieur und vize Präsident der Forschungsakademie der Beijing General Städtebau-Design und -Forschung Institut GmbH

Lianpu Zhang

Professor-Niveau hoher Ingenieur der Beijing General Städtebau-Design und -Forschung Institut GmbH

Jing Jin

Ingenieur der Beijing General Städtebau-Design und -Forschung Institut GmbH

- Lebenserwartung-Frist der Brücken
- Nachprüfung und Untersuchung der Brücken
- Instandhaltung-Bauprojekt der Brücken
- Instandhaltung und Verwaltung der Brücken
- Untersuchung und Gewährleistungsmaßnahmen der Brücken bei der Beeinträchtigung von Umgebung

27. Geschichtliche Rückschau und hervorragende Entwicklungsperspektive des Brückenbaus

Yaojun Ge

Professor, Dekan der Fakultät für Brückenbauwesen und Direktor des staatlichen Schlüssel-Laborateriums für Vorbeugung gegen Bauwerkskatastrophen der Tongji Universität

Vize Vorsitzender der Internationalen Assoziation für Brücke und Struktur-Ingenieur (International Association for Bridge and Structure Engineering-IABSE)

Haifan Xiang

Akademiemitglied der Chinesischen Akademie der Ingenieurwissenschaften

Dienstältester Professor und Ehrenpräsident des Instituts für Bauingenieurwesen der Tongji Universität

Ehrenvorsitzender der Zweiggesellschaft der Brücke und Struktur-Ingenieur der China Bauingenieurwesen Gesellschaft

Ehemaliger Vizevorsitzender der Internationalen Assoziation für Brücke und Struktur-Ingenieur (IABSE)

- Geschichtliche Rückschau des Brückenbaus
- Hervorragende Entwicklungsperspektive des Brückenbaus im 21. Jahrhundert
- Herausforderung des hervorragenden Brückenbaus in 21.Jahrhundert
- Schlußwort

Übersetzer und Korrektur

Mingkun Wan　　(Beijing Jiaotong Universität)
Susanne Chen　　(Ruhr-Universität Bochum)
Changyü Li　　(Universität Heidelberg)

(Erklärung: Die Photographien dieses Buches werden teilweise aus den Internet entnommen. Wir können einige Autoren nicht auffinden und möchten die betreffenden Autoren aufrichtig bitten, uns zu kontaktieren. Der China Eisenbahn Verlag möchte den Autoren unseren herzlichen Dank übermitteln und wird nach gewöliches Normal-Honorar den Autoren vergüten)

附录 4

参加本书筹划与组织实施工作人员

Member of the Preparation, Organization and Accomplishment Work of the Book

Mitglieder der Vorbereitungs-, Organisierungs- und Durchführungsarbeit des Buches

万明坤	执行主编	Mingkun Wan	Executive editor in chief	Exekutiver Chefredakteur
项海帆	主　编	Haifan Xiang	Chief editor	Chefredakteur
秦顺全	主　编	Shunquan Qin	Chief editor	Chefredakteur
罗　玲	主　编	Ling Luo	Chief editor	Chefredakteurin
肖汝诚	副主编	Rucheng Xiao	Deputy editor	Stellv.[1] Chefredakteur
李亚东	副主编	Yadong Li	Deputy editor	Stellv.[1] Chefredakteur
牛　斌	副主编	Bin Niu	Deputy editor	Stellv.[1] Chefredakteur
罗宝恒	咨询专家	Baoheng Luo	Consultant	Konsultant
庄军生	咨询专家	Junsheng Zhuang	Consultant	Konsultant
王元丰	咨询专家	Yuanfeng Wang	Consultant	Konsultant
叶庆旱	咨询专家	Qinghan Ye	Consultant	Konsultant
田京芬	社　长	Jingfen Tian	President of CRPH[2]	Präsidentin des CEV[3]
钟加栋	副社长	Jiadong Zhong	Vice president of CRPH[2]	Vize Präsident des CEV[3]
王俊法	编辑顾问	Junfa Wang	Consultative editor	Redaktionsberater
许士杰	责任编辑	Shijie Xu	Responsible editor	Verantwortlicher Redakteur
宋　薇	责任编辑	Wei Song	Responsible editor	Verantwortliche Redakteurin
郭　静	编辑助理	Jing Guo	Assistant editor	Assistent Redakteurin
崔丽芳	美术编辑	Lifang Cui	Graphic editor	Graphische Redakteurin

[1] Stellv. = Stellvertretender
[2] CRPH = China Railway Publishing House
[3] CEV = China Eisenbahn Verlag

后 记 POSTSCRIPT

新版《桥梁漫笔》自2013年6月开始筹划工作以来，经过二十多个月的工作，终于和读者见面了。

我们首先要感谢参与本书编写的五十余位作者所付出的辛勤劳动，不厌其烦地反复修改，力求按照本书的宗旨，在有限的篇幅内，掌握好深浅适度，以及为充分反映出执笔篇目的精华部分，煞费苦心。表现在27个篇目体裁各异，互相又不可分割，环环相扣，内容的信息量巨大。在写作风格上，有的结构紧凑、逻辑严谨、思维缜密，充满科学精神；有的文采飞扬、思路宽广、富含启迪，充满人文关怀。阅读这27个篇目，犹如阅读一部图文并茂的普及版桥梁百科全书，欣赏一部以桥梁为主旋律的交响乐。

其次要感谢四位主编所发挥的重要作用。没有他们在工程界与教育界的声望，不可能有这么大的号召力，吸引全国这么多位桥梁界精英，既有众多德高望重的资深专家、学者，又有大批后起之秀，齐心协力地参与本书的写作。四位主编多已高龄，出于对中国文化教育事业与科普事业的认知与高度责任感，在长达两年多的编书过程中，"忍累负重"，通过数百次电话、面谈和大量电子邮件，就日常工作中遇到的各类问题，包括制定本书宗旨、筹备大小会议、编制大量文件、与散居全国各地作者的信件联系、与本社四位执行编辑及部分作者耐心讨论，切磋，释疑，解答，与国外同行交流等。

中国铁道出版社挑选的三位高学历文字编辑和一位美术编辑，在四位主编的精心指导和严格要求下，努力做到任劳任怨，不辞辛劳，精益求精，恪尽职守，虚心听取各方面意见，尽到了编辑应尽的职责，与作者和主编建立了融洽的工作关系。

在四位主编的建议下和四位编辑的积极配合执行下，新版全书除一方面注意保持各篇的相对独立性，完整性与趣味性外；另一方面将27个篇目的编排较初版在科学性，系统性和观赏性方面做了较大的改进，包括部分图片的调整和补充，便于提高读者的兴趣和按自己的需要择篇阅读。

我们把本书奉献给读者，希望能达到以下三个目的：

第一，希望通过对中国与外国所取得的桥梁科学技术的进步与建设实践巨大成就的介绍，能够让国际社会从一个侧面，加深对当代中国的了解，看到包括广大桥梁工作者在内的中国人民近百年来为实现国家复兴所付出的努力与牺牲，支持中国正在进行的沿途充满荆棘、道路极不平坦的伟大变革；能够让中国朝野，包括政府、媒体、广大读者，通过扩大国际视野，虚心学习别国的有益经验，在各自的岗位上少走弯路，使中国更好地融入世界大家庭，携手共同进步。

第二，希望中国的进步，不能仅是体现在物质建设上，也要体现在 13.7 亿国民的科技文化水平与人文素养的提高上。重现被历朝历代至近、当代各种负面影响所损害的中国各民族创造的优秀文化传统光辉的一面，把一个古老的中国转变为一个现代中国。

第三，希望有更多各领域的专家、学者拿起笔，写出更多不同科技领域与人文领域、适合于不同文化层次读者阅读的科普读物来，投身于全面提高正在大踏步前进的中国的全体国民综合素质的伟大事业。

中国铁道出版社还要就许多无名作者对本书的贡献作一说明：就是本书有不少精美图片是作者从网络上下载的。显然，相关篇目的作者不可能亲自到现场去摄下他所需要用于书中的合适图片，只得部分求助于发达的现代网络，我们已经通过正规渠道购买了大部分图片的版权，但由于无法找到其余图片的作者，无法署上原作者的大名。就此，作为本书法人，中国铁道出版社郑重表示：一是希望图片作者见到本人作品被用于本书后，能与本社联系，本社将与图片作者协商，以适当方式，表达对图片作者的尊重与感谢；二是希望图片作者对于其作品被选用于本书，能视为既是对发展文化教育事业、科普事业与国际文化交流事业的贡献，也是对这部凝聚了五十多位专家，学者心血的读物和全体参编人员为达到以上三个目的所做努力的有力支持。

最后，本书系由分散在全国各地的五十多位专家，学者分工编写而成。为了确保成书的系统性、连贯性与质量，编审会议特决定由本书执行主编会同四位专职编辑对全书内容进行了统稿与定稿工作和文字与图表的校核工作。在此基础上编制定稿清样。在对定稿清样进行终审，对内容与装帧进行进一步修改完善后才正式付印出版。虽然我们做出了努力，但本书仍可能存在不足之处。我们诚恳欢迎各界读者的批评指正，帮助我们改进工作。

中国铁道出版社

2015 年 10 月